Oldenbourg Geschichte für Gymnasien 12

Herausgegeben von Manfred Treml

Erarbeitet von Manfred Franze, Diethard Hennig, Edmund Neubauer, Manfred Treml, Siegfried Ziegler

Oldenbourg

Oldenbourg Geschichte für Gymnasien
herausgegeben von Bernhard Heinloth (6–10),
Karl-Heinz Ruffmann (11), Manfred Treml (12–13)

Das Papier ist aus chlorfrei gebleichtem Zellstoff hergestellt, ist säurefrei und recyclingfähig.

© 1994 R. Oldenbourg Verlag GmbH, München

Das Werk und seine Teile sind urheberrechtlich geschützt. Jede Verwertung in anderen als den gesetzlich zugelassenen Fällen bedarf deshalb der vorherigen schriftlichen Einwilligung des Verlages.

1. Auflage 1994

Unveränderter Nachdruck   01   00   99   98
Die letzte Zahl bezeichnet
das Jahr des Drucks.

Lektorat: Dr. Karin Friedrich, Renate Wolf (Assistenz)
Herstellung: Eva Fink
Grafik: Achim Norweg, München;
Peter Schimmel, München
Umschlagkonzept: Mendell & Oberer, München
Umschlagfotos: obere Bildleiste: „Die Vereinten Nationen von Europa", Lithographie v. Frederic Sorrieu um 1848 (Bildarchiv Preußischer Kulturbesitz, Berlin); untere Bildleiste: Fackelzug am 30. Januar 1933 anläßlich Hitlers Ernennung zum Reichskanzler. Die Aufnahme wurde im Laufe des Sommers 1933 während der Dreharbeiten zu einem Propagandafilm nachgestellt.
Satz und Reproduktion: Satzstudio „Süd-West" GmbH, Planegg
Druck und Bindung: R. Oldenbourg Graph. Betriebe GmbH, München

ISBN 3-486-**17155**-0

Vorwort des Herausgebers

Vom Ende des Alten Reiches bis zur Etablierung des Dritten Reiches, von der alteuropäischen Ständegesellschaft des 18. Jahrhunderts bis zur totalitären Diktatur des 20. Jahrhunderts reicht dieser Band. Er beschreibt in Texten und Quellen einen Lehrpfad durch die Geschichte, der von Revolutionen als Wegmarken und von Ideologien als Wegbegleitern gesäumt wird.

Idee und Wirklichkeit des Verfassungsstaates begegnen dem Leser ebenso wie der deutsche Nationalstaat in seiner freiheitlich-bürgerfreundlichen und in seiner aggressiv-imperialistischen Variante. Europa gerät ins Blickfeld: Friedensstiftende Einheit und Ordnungsfaktor war es, aber auch Schauplatz mörderischer Selbstzerfleischung, seit 1917 aufgeteilt in ideologische Blöcke, welche für die politischen Strukturen nahezu des gesamten 20. Jahrhunderts bestimmend wurden.

In sechs Kapiteln werden folgende Fragen an die Geschichte gestellt:
- Wie hat sich in einem typisch deutschen Mittelstaat das Verfassungsleben ausgeformt, und welchen Verlauf nahmen die politische und wirtschaftliche Entwicklung in Bayern zwischen 1800 und 1871?
- Welche Kräfte führten Deutschland nach der gescheiterten Revolution von 1848/49 in ein gemeinsames Deutsches Reich und wie war die Machtverteilung geregelt?
- Unter welchen Bedingungen entfaltete sich die moderne Industriegesellschaft in Deutschland, und welche Faktoren beeinflußten die deutsche Außenpolitik bis hinein in den Ersten Weltkrieg?
- Welche Folgen hatte der Erste Weltkrieg für die politischen Strukturen Europas, und welche Chancen und Belastungen trug die Weimarer Republik zeit ihres kurzen Bestehens in sich?
- Aus welchen Ursachen und in welchen Formen etablierten sich im Europa der Zwischenkriegszeit totalitäre und autoritäre Systeme, die in den Zweiten Weltkrieg und zur ideologischen Spaltung der Welt führten?
- Wie entwickelte sich in Deutschland die nationalsozialistische Diktatur, und mit welchen Methoden baute sie das totalitäre Herrschaftssystem auf?

Antwort auf diese globalen Fragen versuchen jeweils Einzelkapitel zu geben, die bewußt einheitlich strukturiert sind. An ein möglichst aussagekräftiges Auftaktbild und eine Einführung schließen sich Einzelabschnitte an, die jeweils aus einem Text- und Quellenteil bestehen. Ein Zahlen-Daten-Gerüst gibt zu Beginn eine chronologische Übersicht, Marginalien am Rand des Textes erleichtern den Zugang zu den inhaltlichen Aussagen, Karten, Schaubilder, Statistiken und Illustrationen veranschaulichen die Zusammenhänge. Die einzelnen Quellen, die neben herkömmlichen Textgattungen bewußt auch Zeugnisse aus Kunst, Literatur und Musik enthalten, sind durch Einführungen erschlossen, Arbeitsfragen und Anregungen helfen bei der intensiveren Bearbeitung. Am Ende eines Unterkapitels steht eine Kurzzusammenfassung, am Schluß eines jeden Großkapitels das Gesamtergebnis.

„Thematische Spezialeinheiten" erlauben zusätzliche Verknüpfungen und anregende Perspektiven, die „Kleine Quellenkunde" will einen Blick in die Werkstatt des Historikers bieten und zugleich auf Voraussetzungen und Grenzen historischer Erkenntnis hinweisen. Literaturhinweise, Glossar und Register sollen als Hilfsmittel dienen und auch weiterführen, sei es für schulbezogene Aufgaben wie Referate, sei es zur persönlichen Orientierung.

Inhalt

I. Bayern auf dem Weg zum modernen Staat *(Manfred Treml)* 9

Zur Einführung 10

1. Territoriale Neuordnung und Reformen unter Montgelas 11
Gebietsveränderungen in Bayern seit 1803 11
Politische Reformen 12

Kleine Quellenkunde: Historisch-politische Volkslieder 18

2. Bayerns Politik im Deutschen Bund (1815–1866) 19
Die Bayerische Verfassung von 1818 19
Restaurative Bundespolitik unter der Führung Metternichs 20
Neoabsolutistische Politik 21
Das „Kulturkönigtum" Ludwigs I. 22
Revolution von 1848/49 in Bayern 22
Die Entwicklung der Parteien 23

3. Wirtschaftspolitik und Wirtschaftsentwicklung 31
„Geminderte" Industrialisierung in Bayern 31
Faktoren der Industrialisierung 32
Staatliche Maßnahmen 33

Thematische Spezialeinheit: Lebensläufe bayerischer Unternehmer 34

Zum Ergebnis 40

II. Von der Reaktion zur Reichsgründung (1850–1871) *(Edmund Neubauer)* 41

Zur Einführung 42

1. Das Jahrzehnt der Reaktion (1850–1860) 45
Kennzeichen des Jahrzehnts der Reaktion 45
Restaurative Maßnahmen im Deutschen Bund 46
Reaktionspolitik in den Großstaaten des Deutschen Bundes 46
Fortschrittliche Tendenzen der Reaktionszeit 48
Erstarken nationaler Kräfte 48
Ergebnisse der nachrevolutionären Entwicklung 49

2. Innen- und Außenpolitik Preußens unter Bismarck 55
Otto von Bismarck als preußischer Ministerpräsident 55
Die Außenpolitik der europäischen Großmächte 57

3. Auf dem Weg zur Reichsgründung 64
Der Deutsch-Dänische Krieg (1864) 65
Der Preußisch-Österreichische Krieg (1866) 65
Die Gründung des Norddeutschen Bundes (1867) 66
Der Deutsch-Französische Krieg (1870/71) 66

Kleine Quellenkunde: Karikaturen 68

4. Die Gründung des Deutschen Reiches 1871 75
Obrigkeitsstaatlicher Vollzug der Reichsgründung 75
Prinzipien der Reichsverfassung 76
Reichsgründung 1871 – Lösung der deutschen Frage im 19. Jahrhundert? 77

Thematische Spezialeinheit: Historienmalerei . 78

Zum Ergebnis 86

III. Die Entwicklung Deutschlands zum Industriestaat und zur Großmacht (1800–1914) *(Siegfried Ziegler)* 87

Zur Einführung 88

1. Die Industrialisierung Deutschlands 89

Entwicklungsrückstand in Mitteleuropa .. 89
Wirtschaftliche Impulse seit Napoleon I. . 89
Zusammentreffen industrieller Voraussetzungen 90
Unterschiedlich rasche Modernisierung .. 90
Wirtschaftliche vor politischer Einigung .. 92
Beschleunigung der Industrialisierung ... 92
Neuansätze in der Landwirtschaft 93
Deutschland wird Industriestaat 93
Erfindernation Deutschland 94

2. Gesellschaftlicher Wandel und soziale Frage 100

Krisenmerkmale 100
Die soziale Frage und Versuche zu ihrer Lösung 101
Soziale Theorien 102
Die Theorien von Marx und Engels 102
Die Entstehung von Arbeiterparteien 103
Gesellschaft zwischen Beharrung und Aufbruch 104

Thematische Spezialeinheit:
Die Juden in Deutschland 113

3. Parteien, Konflikte und organisierte Kräfte im Kaiserreich 115

Katholische Opposition und Kulturkampf 115
Liberale und Konservative 116
Selbstbehauptung der Sozialdemokratie .. 117
Wirtschaftliche Stagnation und Bismarcks „konservative Wende" 118
Die Entwicklung des Verbandswesens ... 118

4. Deutsche Außenpolitik im Wandel 124

Deutsches Reich und europäische Großmächte 124
Bismarcks Bündnispolitik 125
Mit Großbritannien auf Distanz 126
Caprivis Mißerfolg 126
Aggressive Außenpolitik 127

Kleine Quellenkunde: Monumentaldenkmäler.. 128

5. Krisenjahre und Kriegsbeginn 134

Imperialismus europäischer Mächte 134
Neue Bündniskonstellationen 135
Rußlands innere und äußere Schwäche .. 136
Internationale Krisen 136
Der Ausbruch des Ersten Weltkrieges ... 137
Kriegsgeschehen 139

Zum Ergebnis 146

IV. Die Neuordnung Europas und die Weimarer Republik *(Diethard Hennig)* ... 147

Zur Einführung 148

1. Die Russische Revolution 1917 149

Allgemeine Unruhen und deren Auslöser 149
Die Februarrevolution 1917 149
Die Oktoberrevolution 151

2. Innenpolitische Entwicklung in Deutschland während des Ersten Weltkrieges (1914–1918) 157

„Burgfriedenspolitik" in Deutschland 157
Friedensbemühungen und Reformversuche 158
Kriegsjahr 1918 158

3. Die Deutsche Revolution 1918/19 163

Revolutionsverlauf 163
Zwischen Rätesystem und Parlamentarisierung 165
Die Anfänge der Weimarer Republik 166

4. Revolution und Gegenrevolution in Bayern (1918–1920) 174

Eisners Staatsstreich 174
Die Regierung Hoffmann 175

5. Die Pariser Vorortverträge und die europäische Nachkriegsordnung 178

Friedenspläne in Versailles 178
Kriegsschuldfrage und Dolchstoßlegende 181

6. **Krisenjahre der Weimarer Republik (1920–1923)** 184

    Kapp-Putsch und politische Morde 184
    Das Ende der „Weimarer Koalition" 185
    Krisenjahr 1923 186

7. **Konsolidierung und relative Stabilisierung (1924–1929)** 196

    Deutsche Außenpolitik: Zwischen Revision, Erfüllung und Verständigung... 196
    Stabilisierung der Währung und der Wirtschaftslage 197
    Von der bürgerlichen zur „Großen Koalition" 198
    Verteidiger und Gegner der Republik 199
    Die Kultur der Weimarer Republik 200

8. **Weltwirtschaftskrise und Untergang der Republik (1930–1933)** 209

    Ursachen der Weltwirtschaftskrise 209
    Auswirkungen auf das Reich 210
    Die Präsidialkabinette 211

Kleine Quellenkunde: Film 222

*Thematische Spezialeinheit:
Schauspielerinnen in der Weimarer Republik* . 224

Zum Ergebnis 226

V. Totalitäre und autoritäre Systeme in Europa *(Manfred Treml)* 227

Zur Einführung 228

1. **Rußland unter Lenin** 229

    Ideologische Grundlagen 229
    Territoriale und innere Entwicklungen ... 230
    Kriegskommunismus und Neue Ökonomische Politik (NEP) 231
    Elemente des Zwangsstaates 232

2. **Die UdSSR unter Stalin** 238

    Politisch-ideologische Neuorientierung ... 238
    Wirtschaftliche und gesellschaftliche Umwälzungen 239
    Ausbau des totalitären Herrschaftssystems 240
    Stalin und der Stalinismus – eine Bilanz .. 243

Spezialeinheit: Literarische Lebenszeugnisse aus der Sowjetunion 248

*Kleine Quellenkunde:
Autobiographien und Memoiren* 251

3. **Der Faschismus in Italien** 252

    Ursachen und Selbstverständnis 252
    Machtergreifung und Umgestaltung von Staat und Gesellschaft 254
    Außenpolitik Italiens bis zum Kriegsbeginn 256

Zum Ergebnis 262

VI. Deutschland unter dem Nationalsozialismus *(Manfred Franze)* 263

Zur Einführung 264

1. **Von der Regierungsübernahme zur Alleinherrschaft Hitlers** 265

    Das „Kabinett der nationalen Konzentration" 265
    Notverordnungen und Ermächtigungsgesetz 266
    Gleichschaltung 267

Kleine Quellenkunde: Fahnen und Flaggen 270

2. **Ideologie und Gesellschaftspolitik** 279

    Wurzeln und Struktur der nationalsozialistischen Ideologie 279
    Das Parteiprogramm 280
    „Führer"-Gedanke und „Volksgemeinschafts"-Ideologie 280
    Wirtschafts- und Sozialpolitik 282

3. **Machtentfaltung und Herrschaftstechnik** .. 292

    Entwicklung der NSDAP zur Massenpartei 292
    System der totalen Indoktrination 293
    Erziehung, Wissenschaft und Kultur 295
    Die Kirchen und der Nationalsozialismus 298

4. **Unterdrückung und Verfolgung** 307

    Der Polizeiapparat 307
    Die Justiz im Dritten Reich 310
    Rassenpolitik und Gewalt gegen Juden .. 311

Thematische Spezialeinheit:
Lebensläufe im 20. Jahrhundert 313

Zum Ergebnis 320

Literaturhinweise 321

Glossar 325

Personen- und Sachregister 338

Textquellenverzeichnis 343

Bildquellenverzeichnis 346

I.
Bayern auf dem Weg zum modernen Staat

Grundsteinlegung der Konstitutionssäule zu Gaibach am 26. Mai 1821
(Ausschnitt aus einem Gemälde von Peter von Heß, Bildformat 159 x 208 cm,
Mainfränkisches Museum Würzburg)

Zur Erinnerung an die Bayerische Verfassung von 1818 plante Erwin Graf von Schönborn-Wiesentheid, ein hochrangiger fränkischer Adeliger, die Errichtung einer Säule. Graf Schönborn gehörte als Reichsrat der Ersten Kammer des Bayerischen Landtages an und war ein enger Vertrauter des Kronprinzen Ludwig. Zur Grundsteinlegung versammelte sich am dritten Jahrestag der Verfassungsgebung eine Zahl angesehener Persönlichkeiten des Landtages, der Verwaltung und des Hofes, um den Schwur auf die Verfassung zu erneuern. Das Bild ist ein sprechender Beleg für den Verfassungsenthusiasmus dieser Jahre, der bis in die adelige Führungsschicht reichte (▷ siehe auch Q 2.2).
Das Bild von Peter von Heß hält den Höhepunkt dieser Feier fest: Die Erneuerung des Schwurs der anwesenden Mitglieder der Ersten und Zweiten Kammer auf die Verfassung. Ein gerahmtes Bild des geplanten Denkmals lehnt an einem Mast, an dem eine weiß-blaue Fahne flattert. Adelige Abgeordnete und Beamte stehen erhöht in der Mitte, in geziemendem Abstand von diesen Honoratioren drängt sich zu Füßen des entstehenden Denkmals eine größere Menge neugieriger Zuschauer.
Die Wolken und die flatternde Fahne geben dem Bild eine dynamische Grundstimmung, die aber nicht frei ist von betonter Feierlichkeit und übersteigertem Pathos.

Zur Einführung:

In all den wechselnden deutschen Staatsformen des 19. und 20. Jahrhunderts, im Deutschen Bund, im Deutschen Reich, in der Weimarer Republik und in der alten und neuen Bundesrepublik hat Bayern sich als „Hort des Föderalismus" verstanden und dieses Prinzip nicht zuletzt im Bündnis mit anderen süd- und mitteldeutschen Staaten zu stärken versucht. Bayern, Baden und Württemberg sind Jahrzehnte vor den Großmächten Österreich und Preußen Verfassungsstaaten geworden und haben mit ihren Konstitutionen auch Frühformen des deutschen Parlamentarismus begründet. Im Banne des Nationalstaates hat man sich später gerne über die süddeutschen „Konstitutiönchen" lustig gemacht, den Staaten undeutschen Partikularismus vorgeworfen und ihre Monarchen als Herrscher von Napoleons Gnaden abgewertet. Gerade die moderne Forschung jedoch hat diese Negativbewertung einer übersteigert nationalen Geschichtsbetrachtung deutlich korrigiert. In ihr erhalten die süddeutschen Staaten und ihre konstitutionellen Systeme den Rang zugewiesen, den sie als Vorläufer von Demokratie, Rechts- und Verfassungsstaat und Parlamentarismus auch verdienen. Betont wird ebenfalls die enge Beziehung zur westeuropäischen Verfassungsentwicklung, wobei Frankreich und seine Revolutionen von 1789, 1830 und 1848 die stärksten Impulse lieferten. Gerade diese Wurzeln in europäischer Aufklärung, Revolution und Freiheitsbewegung hat die spätere Nationalideologie überdeckt und bewußt verdrängt.

Stärker als diese geistigen Verbindungslinien wirkten vor allem nach dem Scheitern der Revolution von 1848 die wirtschaftlichen Interessen, die auch das Agrarland Bayern auf den vergrößerten Wirtschaftsraum eines Deutschen Reiches verwiesen. Der erste Industrialisierungsschub erfolgte nach der Reichsgründung. Bald wurde Wirtschaftswachstum mit Fortschritt, ökonomisches Zusammenwachsen mit nationaler Identität gleichgesetzt. Bayerns gesellschaftliche und politische Entwicklung wurde davon nachhaltig geprägt.

Das folgende Großkapitel wird daher einige Entwicklungslinien bayerischer Staatlichkeit aufzeigen, die vom 1806 untergegangenen Alten Reich bis zum Bismarckreich von 1871 reichen. Im Mittelpunkt stehen moderne Staatlichkeit, süddeutscher Konstitutionalismus und mittelstaatliche Wirtschaftspolitik.

Das Beispiel Bayern ist dabei repräsentativ für eine Reihe anderer deutscher Staaten, deren Entwicklung ähnlich verlief. Darstellung und Quellen konzentrieren sich auf folgende Fragestellungen:

– Wie und aus welchen Wurzeln entstand der moderne Monopolstaat, und welche bis heute bedeutsamen Strukturen wurden durch ihn begründet?
– Welche Rolle spielten die österreichische Politik und der Deutsche Bund für das süddeutsche Verfassungsleben?
– Welche politischen Ziele verfolgte Ludwig I. mit seinem restaurativen „Kulturkönigtum", welche die liberale Opposition?
– Welches waren die wirtschaftlichen Ausgangsbedingungen Bayerns im frühen 19. Jahrhundert, welche Folgen hatte die Wirtschaftspolitik für Staat und Gesellschaft?

1.
Territoriale Neuordnung und Reformen unter Montgelas

1797	Friede von Campoformio
1799–1825	Max Joseph (IV.: Kurfürst, I.: König ab 1806)
1801	Friede von Lunéville
1803	Reichsdeputationshauptschluß
1805	Vertrag von Bogenhausen
1806	Rheinbund
	Bayern Königreich
1808	Konstitution
1813	Vertrag von Ried
1817	Sturz Montgelas'

Gebietsveränderungen in Bayern seit 1803. Der moderne bayerische Staat, das heutige Staatsbayern, entstand aus dem Geist der Aufklärung und der Französischen Revolution. Napoleons starke Hand und noch mehr der politische Wille des entscheidenden Politikers dieser Jahre, Maximilian Joseph Freiherr von Montgelas, formten es zur staatlichen Einheit.

Montgelas

Maximilian Joseph Freiherr von Montgelas (1759–1838); Sohn eines bayerischen Generals; juristische und diplomatische Ausbildung.
Nachdem er in Bayern wegen seiner politischen Haltung in Ungnade gefallen war, trat er in den Dienst des Herzogs Max Joseph von Pfalz-Zweibrücken, wurde 1796 dessen wichtigster Berater und stieg 1799 zum leitenden Minister auf, als Max Joseph bayerischer Kurfürst wurde. Von 1799 bis 1817 blieb Montgelas die führende politische Persönlichkeit in Bayern. Er gilt als der Schöpfer des modernen bayerischen Staates.

Wie viele deutsche Intellektuelle seiner Zeit sympathisierte auch er, der von aufklärerischem Denken und seiner französischen Erziehung geprägt war, mit manchen Errungenschaften der Revolution. So schrieb er im Jahre 1791 an einen Freund: „Offen gesagt, ich liebe den philanthropischen (menschenfreundlichen) Rahmen der neuen Regierungsform. Ich zolle Beifall dem Ruin des Klerus, der uneingeschränkten Gewissensfreiheit, der Gleichheit der Besteuerung, der Permanenz der Gesetzgeber, den getroffenen Vorkehrungen zur Sicherung der persönlichen Freiheit. Ich liebe nicht die Abschaffung des Adels, die Erniedrigung des Thrones, die zu häufige Wiederkehr der Wahlen, den periodischen Wechsel der Richter und ich verachte vor allem die ... Schurken, die ... auf den kostbaren Grundsätzen herumtrampeln, welche das Glück der Staaten und die Würde des Menschen ausmachen." (E. Weis)
Die territoriale Neuordnung höchst vielfältiger und unterschiedlicher Herrschaftsgebiete stellte sich für Montgelas bald als vordringlichste Aufgabe. Tiefgreifend waren

insbesondere die Veränderungen, die im Gefolge zweier Friedensschlüsse mit Frankreich eintraten. Im Frieden von Campoformio (1797) erhielt Frankreich alle linksrheinischen Gebiete, dafür gestattete der Frieden von Lunéville (1801) den betroffenen deutschen Fürsten, sich am Reichsbesitz innerhalb ihres Territoriums schadlos zu halten. Zwei Jahre später faßte eine spezielle Abordnung des Reichstages einen entsprechenden Beschluß und sanktionierte sowohl die Gebietsabtretungen als auch die Entschädigungsansprüche per Reichsgesetz. Bayern zog daraus erheblichen territorialen Gewinn. Mit der Übernahme der geistlichen Territorien und der Klosterbesitzungen in weltlichen Besitz (Säkularisation), wurde die erste wichtige Voraussetzung für einen modernen Einheitsstaat geschaffen. Gleiches gilt für die Mediatisierung, durch die alle reichsunmittelbaren Gebiete, darunter vor allem die Reichsstädte, ihre Selbständigkeit verloren. Dabei ging der Staat nicht selten massiv vor und setzte seine Macht rücksichtslos ein. Die wirtschaftlichen und politischen Interessen aber, die als Triebfeder wirkten, wurden meist von einer aufklärerischen Ideologie überdeckt, die an der Richtigkeit des eigenen Tuns nicht den geringsten Zweifel gestattete und mit der Tradition rigoros brach (▷ Q 1.2).

Reichsdeputationshauptschluß

Säkularisation

Mediatisierung

Seit 1805 war Bayern durch den Vertrag von Bogenhausen an Napoleon gebunden. 1806 schlossen sich Bayern und andere deutsche Mittelstaaten mit dem Kaiser der Franzosen im Rheinbund zusammen und sagten sich damit vom Reich los. Franz II. legte daraufhin die Kaiserkrone nieder, das Heilige Römische Reich Deutscher Nation war endgültig erloschen.

Rheinbund

Bayerns Herrscher aber erhielt seine Belohnung. Als Max I. Joseph (1806–1825) wurde er erster bayerischer König (▷ Q 1.1), von Napoleons Gnaden allerdings, wie die zeitgenössische und spätere Kritik polemisch bemerkte (▷ Q 1.4). Für Montgelas dagegen war das Bündnis mit Frankreich nur ein Akt kühler Staatsräson (▷ Q 1.3), der bei Bedarf geändert werden konnte. Der verheerende Rußlandfeldzug, der auch 30 000 bayerischen Soldaten das Leben kostete, brachte in der öffentlichen Meinung den Umschwung gegen Napoleon (▷ S. 18). 1813 vollzog Bayern im Vertrag von Ried ebenfalls die Wende, schloß sich Österreich und Preußen an und war damit bei den Verhandlungen auf dem Wiener Kongreß erneut auf der Seite der Sieger. Das Ergebnis dieser Jahre war ein erheblich verändertes Bayern, das neben den alten Stammlanden Ober- und Niederbayern und Oberpfalz nun die neubayerischen Gebiete Frankens, Schwabens und der territorial getrennten Rheinpfalz umfaßte. Länder unterschiedlichster Größe, Struktur und Tradition sahen sich damit – nicht selten gegen ihren Willen – in einem Gesamtstaat vereinigt.

Bayern Königreich

Politische Reformen. Diesen „Fleckerlteppich" mit einer einheitlichen Verwaltung zu überziehen und damit regierbar zu machen, war das Ziel des umfassenden Reformwerkes Montgelas'. In einer „Revolution von oben" schuf er den modernen Monopolstaat, der eine ungeteilte Souveränität beanspruchte. Das wichtigste Instrument dazu war eine wirkungsvolle Staatsverwaltung. Deshalb bildete die Verwaltungsreform den Kern der Montgelasschen Maßnahmen. Eine Zentralregierung mit Fachministern bündelte den Entscheidungsprozeß, Mittelbehörden, den heutigen Bezirksregierungen vergleichbar, verwalteten die zunächst nach Flüssen benannten 13 bayerischen Kreise; die Kommunen wurden fest an den Staat gebunden.

Monopolstaat

Verwaltungsreform

Neugeordnet wurden auch Gerichtsverfassung und Rechtspflege. Die unterste staatliche Ebene, die Landgerichte, vergleichbar den heutigen Landkreisen, umfaßten bis 1862 Justiz und Verwaltung gemeinsam. Besonderes Augenmerk richtete man auf die Schaffung einer gut ausgebildeten Beamtenschaft. Die Wirtschaftsreform vereinheitlichte Maße, Gewichte und Münzen, hob innerstaatliche Zölle auf, schränkte die feudale Grundherrschaft ein und nahm den Zünften ihre alte Stellung. Auch der Bildungsbereich wurde nun vom Staat organisiert und beaufsichtigt. Der Zuwachs an

Rechtsreform

Wirtschaftsreform

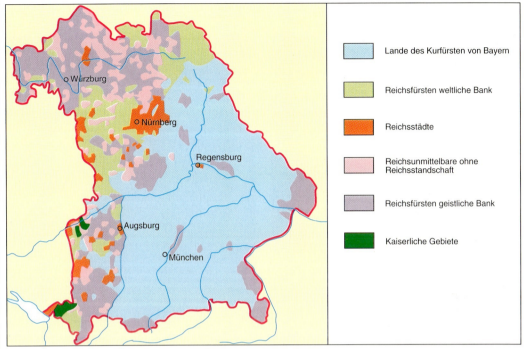

Bayern nach Säkularisation und Mediatisierung (ohne Rheinkreis)

überwiegend protestantischen Gebieten verlangte eine tolerantere Religionspolitik. Seit 1809 galt zwischen Katholiken und Protestanten endgültig konfessionelle Parität, den Juden wurde immerhin der Status einer Privatkirche zugestanden.

Religiöse Toleranz

In Form einer Zusammenfassung und zugleich als Gipfelpunkt der seit 1799 durchgeführten Maßnahmen wurde 1808 eine Konstitution veröffentlicht, die allen Bürgern Freiheits- und Gleichheitsrechte gewährte und den Schutz des Eigentums sicherte. Außerdem versprach sie eine, wenn auch noch sehr eingeschränkte Form der Volksvertretung, eine nationale Repräsentation.

Konstitution von 1808

Mit dieser Konstitution war Bayern an der Schwelle zum Rechts- und Verfassungsstaat angelangt. Doch die veränderte politische Lage nach dem Ende der Ära Napoleon, die Vorbehalte Montgelas' gegen eine zu mächtige Volksvertretung und schließlich sein Sturz ließen die Konstitution nie in Kraft treten, so daß erst mit dem Jahre 1818 die konstitutionelle Phase bayerischer Geschichte beginnen konnte.

Ohne Frage ist Montgelas mit all diesen Maßnahmen zum Schöpfer des modernen bayerischen Staates geworden, dessen politische Strukturen und bürokratischer Aufbau bis heute davon geprägt sind. Die Ambivalenz dieses Modernisierungsvorgangs, der oft auch vorschnell über Althergebrachtes hinwegging und in einer wahren Reglementierungswut alles und jedes seiner Ordnung zu unterwerfen versuchte, ist auch den Zeitgenossen bereits bewußt gewesen (▷ Q 1.5).

Q 1.1
Max I. Joseph, König von Bayern (1806–1825)

Max I. Joseph im Krönungsornat (1809)

Ölgemälde von Moritz Kellerhoven, 1809, 205 x 308 cm, Bayerische Staatsgemäldesammlungen, München.
Kellerhovens Bild ist eines der ersten Porträts, die Max I. Joseph in seiner neuen königlichen Würde zeigen. Der König ist mit dem Krönungsornat bekleidet, der dem Ornat Napoleons von 1804 nachempfunden ist. Um den Hals trägt Max I. Joseph Kette und Stern des Hubertusordens, einer adeligen Gesellschaft, an seiner linken Seite das Reichsschwert des Königreiches Bayern. Neben dem König ruht auf einem Kissen die Krone, die, ebenso wie die anderen Kroninsignien, ein Pariser Goldschmied in den Jahren 1806/07 angefertigt hat. Das Gemälde zeigt den Monarchen als den obersten Repräsentanten des Staates. Kleidung und Insignien weisen antike bzw. mittelalterliche Reminiszenzen auf und orientieren sich am Vorbild Napoleons.

Max I. Joseph am Schreibtisch (1814)

Ölgemälde von Joseph Stieler, 1814, 135 x 200 cm, Privatbesitz.
Das Porträt Stielers drückt das neue konstitutionelle Selbstverständnis der Monarchie in Bayern aus. Der König sitzt in biedermeierlich-bürgerlicher Kleidung an einem Schreibtisch. Nur ganz im Hintergrund verweisen eine Allegorie der Staatskunst, eine Figur mit Steuerruder, und das Königswappen auf die Bedeutung dieses Mannes, der sich wie ein hoher Beamter oder ein Wissenschaftler präsentiert. Unter dem Tisch stehen mächtige Folianten, die auf dem Rücken die Namen der Verfasser tragen: Tacitus als Vertreter der Geschichtsschreibung, Buffon als Vertreter der Naturwissenschaften, Montesquieu als Vertreter der Philosophie und der Staatslehre.

Q 1.2
Die Säkularisation – ein epochaler Einschnitt

a) Ende des Mittelalters

Johann Christoph Freiherr von Aretin (1773–1824), als Jurist, Publizist und belesener Bücherkenner wichtiger Mitarbeiter Montgelas', unternahm 1803 im Auftrag der Regierung eine „literarische Geschäftsreise in die baierischen Abteyen". Deutlich geprägt vom aufklärerischen Denken widmete er sich der Aufgabe, die bibliophilen (schöne und seltene Bücher) Schätze, die in den seit dem 1. April 1803 aufgelösten Klöstern lagerten, zu sichern und in Staatsbesitz zu übernehmen.

Zwischen gestern und heute stand eine Kluft von tausend Jahren: Heute ist der Riesenschritt über diese unermeßliche Kluft gewagt. Von heute an datiert sich eine Epoche der bayerischen
5 Geschichte, so wichtig, als in derselben bisher noch keine zu finden war. Von heute an wird die sittliche, geistige und physische Kultur des Landes eine ganz veränderte Gestalt gewinnen. Nach tausend Jahren noch wird man die Folgen
10 dieses Schrittes empfinden. Die philosophischen Geschichtsschreiber werden von der Auflösung der Klöster, wie sie es von der Aufhebung des Faustrechts taten, eine neue Zeitrechnung anfangen, und man wird sich dann den Ruinen der
15 Abteyen ungefähr mit eben dem gemischten Gefühle nähern, mit welchem wir jetzt die Trümmer der alten Raubschlösser betrachten. Glau-

ben Sie nicht, lieber Freund, daß mich hier der Enthusiasmus zu weit hinreiße. Wenn Sie den bisherigen Einfluß unserer Klöster, die das Drittel des Landes inne hatten, näher kennenlernen, so bin ich überzeugt, Sie werden mit mir die Wichtigkeit der Änderung einsehen, die den Zeitgenossen nie oder nur selten im wahren Lichte erscheinen kann.

Nur nach solchen Epochen muß man Geschichte studieren und schreiben. Nicht an einzelne Regenten, noch selten an ganze Fürstenhäuser knüpft sich der Faden der philosophischen Geschichte an. Große Begebenheiten allein, die auf den Charakter, auf die Kultur des Volks mächtig wirken, müssen dem echten Historiker die Leitsterne in seinem Studium sein.

Johann Christoph Freiherr von Aretin: Briefe über meine literarische Geschäftsreise in die baierischen Abteyen, München 1971, S. 51.

b) Der Untergang des Prälatenstandes

Bereits am 9. März gaben die Landschaftsvertreter des Prälatenstandes eine Erklärung ab, in der sie die bevorstehende Säkularisation als Undankbarkeit gegen einen verdienten Stand anprangerten.
...
Der Prälatenstand, seit Jahrhunderten treu seinem Fürsten, ergeben seinem Vaterlande, keinen Dienst jemals beschuldigt – steht im Begriffe seine Landstandschaft, und mit ihr seine bürgerlichen Rechte, sein Eigentum, die Früchte und den Genuß seiner Anstrengungen, die Ruhe und Zufriedenheit, die Wohltaten der von ihm gewählten Lebensweise – kurz Alles, was ihm werth und selig war, auf einmal zu verlieren. Wir haben viele mühselige Zeiten erlebt, und stets ausgeharrt in der tröstlichen Hoffnung, es werde doch einst ein Tag kommen, dessen erquickendes Licht uns für alle unsere Leiden schadlos halten würde. Aber dieser Tag ist nicht gekommen; im Gegentheil erblicken wir die herannahende ewige Nacht, in welcher unsere Existenz begraben werden soll.

Wir treten ab und nehmen nichts mit uns, als das Bewußtsein, unsere Pflicht nach allen Kräften erfüllt zu haben; – nichts als das zarteste Dankesgefühl für so viele Verwendungen des hohen Collegiums zum Besten des ganzen Prälatenstandes, für so manche Nachsicht gegen die Verordneten dieses Standes, und für so unzählige Gnaden gegen alle Individuen ohne Ausnahme ...

A. M. Schleglmann: Geschichte der Säkularisation im rechtsrheinischen Bayern, Bd. I, Regensburg 1903, S. 271f.

Q 1.3
Bayerische Außenpolitik mit und gegen Napoleon

In seinen Erinnerungen begründete Montgelas den politischen Wechsel von 1813 ohne Beschönigung mit den Erfordernissen der Staatsräson:

Unsere Allianz mit Frankreich war die natürliche Folge von Umständen gewesen, die ich weiter oben erörtert habe: sie war weder aus besonderer Vorliebe für diesen Staat, noch aus Hass gegen irgend einen anderen, sondern lediglich desshalb abgeschlossen worden, weil sie dem Lande Sicherheit und Nutzen versprach, auch bei der damaligen Lage Deutschlands die feste Stütze, deren wir nicht entbehren konnten, sich sonst nirgends darbot. Diese Politik hatte uns auch in der That bedeutende Vortheile gewährt, wenn sie gleich nicht das Mass dessen erreichten, was zu erwarten gewesen wäre, hätten wir es nicht mit einem so misstrauischen Regenten wie Napoleon zu thun gehabt. Wie schon bemerkt, war das Königreich Bayern im Jahre 1810 unmittelbar nach dem Wiener Frieden, zu derjenigen Abrundung und Abgrenzung gelangt, welche seiner Lage am besten zusagte: es war aber auch seine Stellung gegenüber den fremden Mächten nicht minder befriedigend. Das Uebergewicht Frankreichs und dessen enge Verbindung mit Russland gewährten Sicherheit gegen die Gelüste Oesterreichs und das Uebelwollen Preussens. Uebrigens bewegte sich auch mit diesen Staaten unser Verkehr in gefälligen Formen, und Bayern nahm dabei unvermerkt einen Ton der Gleichheit an, welcher auf seine Souveränität begründet war und es zum Rang einer europäischen Macht erhob. In der Schwäche Oesterreichs und Preussens lag unsere Stärke ... Erst der unvorsichtige und unerklärliche Feldzug des Jahres 1812 gegen Russland bedrohte diese für uns so günstige Gestaltung der Dinge, denn wie immer auch dessen Ausgang sich gestaltete, konnte er nur das bestehende Gleichgewicht stören und die Lage Europa's verändern. Wir mussten ihn nothwendig bedauern und konnten nur mit einem gewissen Widerwillen den Verpflichtungen nachkommen, welche wir damals fast mit ganz Europa theilten. Um so mehr mussten die unglücklichen Ergebnisse dieses Krieges und die daran sich knüpfenden Folgen für uns bedenklich erscheinen. Man fühlte das Herannahen grosser Ereignisse: in der allgemeinen Politik vollzog sich ein Umschwung, al-

15

te Leidenschaften erwachten und bisher unterdrückte Gesinnungen drohten gefährlich zu werden. Diese Gestaltung der Menschen und Dinge konnte auf das Schicksal des Landes erheblich einwirken und es in einem einzigen Tag alles dessen berauben, was in mehreren Jahren mit so vieler Mühe errungen worden war. Demnach trachtet man, soviel als möglich der vorsichtigen und anscheinend unparteiischen Handlungsweise Oesterreichs sich anzuschliessen; man suchte Jedermann zu schonen, nach keiner Seite Uebelwollen zu erwecken und, ohne noch das Bündnis mit Frankreich aufzugeben, bei jeder Gelegenheit den Wunsch nach Frieden und die Absicht kundzugeben, zu dessen Herstellung wie immer thunlich mitzuwirken. Ein derartiges Verfahren liess sich beobachten, so lange der Wiener Hof selbst im Bunde mit dem französischen Kaiser oder doch wenigstens neutral verblieb; es wurde aber von dem Augenblick an bedenklicher, wo auch dieser sich für die Coalition erklärte, denn nun vertrat ganz Europa eine Sache, für die sich auch die Volksstimme mehr und mehr aussprach.

Denkwürdigkeiten des Bayerischen Staatsministers Grafen von Montgelas, übers. v. M. Frhr. v. Freyberg-Eisenberg, hrsg. v. L. Gf. v. Montgelas, Stuttgart 1887, S. 137f. und 299ff.

Q 1.4
Napoleon als Königsbäcker

Karikatur von James Gillray, kolorierter Kupferstich, 1806, British Museum, London.
Die Karikatur trägt in der Übersetzung den Titel:
„Didi Doll, der große französische Lebkuchenbäcker, zieht einen neuen Schub Könige aus dem Ofen." Napoleon steht vor einem großen Backofen, aus dem er mit einer Schaufel gerade eine Anzahl frischgebackener Lebkuchenkönige holt. Die vordersten von diesen tragen die Aufschriften „Bavaria", „Wirttemb." und „Baden". Über der Öffnung des Ofens findet sich die Aufschrift „neuer französischer Ofen für kaiserliche Lebkuchen", während die Hölle darunter „Aschenloch für zerbrochene Lebkuchen" überschrieben ist. Sie quillt über von Skeletten und Insignien gestürzter Könige. Rechts wartet auf einer Kommode der nächste Schub gekrönter Häupter, den ein Zettel darüber als „kleine Teigvizekönige" ausweist. Links im Vordergrund steht ein Korb mit fertigen „echten korsischen Königlein für Eigenverbrauch und Export", rechts daneben liegt ein ausgeschütteter Beutel mit Kronen, Zeptern und anderen Insignien, auf dem zu lesen ist: „Scharf gewürzte Lebkuchen, ganz scharf, herbei wer in meinen Glücksbeutel greifen will."

Q 1.5
„Deutschland und die Revolution"

Fundamentale Kritik übte Joseph Görres (1776–1846) am modernen Staatsgedanken, wie er sich in den Rheinbundstaaten unter französischem Einfluß entwickelt hatte. Massive Vorwürfe erhob er vor allem gegen die verantwortlichen Staatsmänner, die der neuen Staatsidee zum Durchbruch verholfen hatten.

Gewalttätig wird alles der jedesmal herrschenden Idee aufgeopfert; nichts mag so fest gegründet stehen, daß der Wirbel ihrer Organisationswut es zuletzt nicht niederreißt: alles Große, 5 was, die Wurzeln tief in die Zeit geschlagen, ruhig gesichert in sich beharren will, erscheint ihnen strafbar und rebellisch; und sie bieten alle Elemente auf, es zu sprengen und im Grunde zu zerstören, damit nichts als ihre perspektivisch 10 gemalten Riesenwerke übrig bleiben ... Ihre Verfassungen sind nicht gesellige Vereine, von selbständigen Menschen zu wechselseitiger Bindung und Befreiung eingegangen; es sind Bücher, deren Blätter einst gegrünt, dann zu Lum- 15 pen zerrieben, zerstampft ... Durchgängig Männer von Kraft, Wille, Geist und Talent, hätten sie das Salz ihres Vaterlandes werden können; aber, weil die Hoffart sie bemeistert, sind sie ihm ein fressendes Gift geworden; und indem 20 ihre wilden feurigen Geister in die eine Hälfte Deutschlands hineingefahren, jene trägen, gnomischen aber der andern Hälfte sich bemeistert, mußten wir das Vaterland in jenem jämmerlichen Zustand erblicken, wo es auf einer Seite 25 wie vom Schlagflusse gelähmt, auf der andern im Veits-Tanz sich bewegt.

Joseph Görres: Teutschland und die Revolution, Koblenz 1819, S. 34ff.

Fragen und Anregungen:

1. *Wie wird in Q 1.2 der Vorgang der Säkularisation beurteilt? Was halten Sie von diesen Argumenten?*
2. *Vergleichen Sie die beiden Porträts von Max I. Joseph (▷ Q 1.1) und zeigen Sie auf, welche unterschiedlichen Vorstellungen vom Königtum sie repräsentieren. Aus welcher Perspektive schildert demgegenüber Q 1.4 die bayerische Königswürde?*
3. *Womit begründet Montgelas (▷ Q 1.3) seinen politischen Wechsel von 1813? Halten Sie seine Argumente für stichhaltig?*
4. *Informieren Sie sich mit Hilfe der Karte auf S. 13, welches die wichtigsten Territorien in Ihrem Regierungsbezirk gewesen sind.*
5. *Analysieren Sie das bei der „Kleinen Quellenkunde" abgedruckte Napoleon-Lied auf seinen historischen Gehalt (▷ S. 18). Berücksichtigen Sie bei Ihrer Interpretation auch die Wirkungsgeschichte (Erstveröffentlichung 1871; Wiederabdruck in einer Sammlung im Jahre 1913).*
6. *Verschaffen Sie sich einen Überblick über die Geschehnisse in Frankreich und Deutschland ab 1789, indem Sie die wichtigsten Ereignisse und Persönlichkeiten in ein Übersichtsschema eintragen (▷ Referat).*
7. *Warum kritisiert Görres den modernen Staatsgedanken (▷ Q 1.5)? Diskutieren Sie diese Argumente, die Grundfragen des Verhältnisses zwischen Staat und Individuum ansprechen.*
8. *Überlegen Sie, welche der Reformen Montgelas' heute noch faßbar sind.*

Zusammenfassung:

Im Bündnis mit Napoleon und später in den Befreiungskriegen gegen ihn vergrößerte Bayern sein Territorium um die neubayerischen Gebiete Frankens und Schwabens und wurde zum Königreich erhoben.

Aus dem Geist der Aufklärung und der Französischen Revolution heraus ist auch das moderne Staatsbayern entstanden, das Graf Montgelas in einer „Revolution von oben" schuf. Sein umfassendes Reformprogramm, das die Konstitution von 1808 zusammenfaßte, begründete nicht nur den modernen Zentralstaat, sondern schuf auch wesentliche Grundlagen für die Entwicklung des Rechts- und Verfassungsstaates in Bayern.

Kleine Quellenkunde: Historisch-politische Volkslieder

Volkslieder mit historischem und politischem Inhalt sind eine Quellengattung, mit der sich zwar die Literaturwissenschaft und die Volkskunde, kaum aber die Geschichtswissenschaft befaßt hat. Das ist umso bedauerlicher, als sich in diesen Liedern volkstümliche Geschichtsanschauung ausdrückt und große Ereignisse ebenso wie bedeutende Persönlichkeiten aus der Perspektive der kleine Leute dargestellt werden.

Da es für das Volkslied keine einheitliche Definition gibt, ist die Abgrenzung zu anderen, verwandten Liedbereichen nicht ganz einfach. Rein politische Lieder, die als Kampf-, Partei- oder Bekenntnislieder Gesinnungen und Ideologien beinhalten, zählen nicht dazu. Häufig dienen diese Lieder, die oft aus der politischen Lyrik ihrer Zeit hervorgehen, der Integration der eigenen Gruppe oder Partei und der hymnischen Überhöhung der eigenen Position.

Die historisch-politischen Volkslieder, wie das Napoleon-Lied, sind dagegen meist mündlich tradiert und über längere Zeit im Volk gesungen. Neben den besonders beliebten Kriegs- und Kampfliedern, die oft bedeutsame Schlachten und Belagerungen besingen, werden auch große Heldengestalten Gegenstand solcher Lieder, wobei Napoleon besonders viel Interesse gefunden hat. Je nach der Position der Sänger oder Übermittler sind die Texte als Spott- oder Huldigungslieder abgefaßt. Besonders reiche Bestände gibt es aus der Zeit der konfessionellen Auseinandersetzungen; viel gesungen wurden Türken-, Polen- und Auswandererlieder und eine große Zahl unterschiedlichster Napoleontexte und -melodien.

„Übergang der Bayern zu den Alliierten"

O Kaiser Napoleon, Du großer Potentat,
Wie sind wir deines Dienstes so überflüssig satt!
Du hast uns gehudelt, gebudelt und geschabt,
Daß wir kein heiles Fleckchen am Leibe mehr gehabt.

Du kamest ja so freundlich herein in's Bayerland,
Und wolltest uns nur reichen die liebe Bruderhand;
Doch kaum warst du darinne, so griffest du auch zu,
Nach Mann und Roß und Wagen, nach Kalb mitsamt der Kuh.

Und erst deine Soldaten, die wurden ja nie satt
Mit Fressen und mit Saufen, von fruh bis in die Nacht!
In Weine mußten's baden, zu schlecht war alles Brod,
Kein Braten wollt mehr schmecken, geflucht gleich Schwerenoth.

Wir mußten mit dir ziehen, in jeden Krieg und Streit
Davon in Rußland blieben an dreißigtausend Leut;
Selbst unser General litt dort den bittern Tod –
Es war ein großer Jammer, erschrecklich harte Noth.

Jetzt woll'n wir's aber zeigen, wo Barthel holt den Most
Wenn du die bayerische Fäuste hast auch einmal verkost;
Denn unser König Max tritt den Alliierten bei,
So ist es schon beschlossen, von dir sind wir nun frei.

Wir legen eh'r nicht nieder unser Waffen und Gewehr,
Bis daß wir dich gejagt mit deinem ganzen Heer.
Hurrah, ihr deutschen Brüder, jetzt ziehen wir mit euch:
König Max und der soll leben, General Wrede auch zugleich!

Bayern 1813. Vaterländisches Gedenkbuch, München 1913, S. 80f.

Das Lied, das 1871 in der Liedersammlung „Die historischen Volkslieder des bayerischen Heeres" erstmals veröffentlicht wurde, ist im Jahre 1913 zum 100. Jahrestag des Befreiungskrieges gegen Napoleon in einem „Vaterländischen Gedenkbuch" wiederabgedruckt worden. Markig heißt es dort im Begleittext: „Ein Gedanke beseelt alle diese Sänger: Durch das begeisterte und begeisternde Wort zu fördern die Ehre, das Gedeihen, die Freiheit des geliebten Vaterlandes. In dieser Zeit der Jubelfeier des großen Jahres 1813 erscheint es aber als patriotische Pflicht, der Tatsache zu gedenken, daß unser engeres Vaterland bei gerechter Würdigung der Verhältnisse sich Deutschlands Bruderstimmen kühn zur Seite stellen darf mit Schwert und Leier."

2.
Bayerns Politik im Deutschen Bund (1815–1866)

1814/15	Wiener Kongreß
1818	1. Bayerische Verfassung
	Badische Verfassung
1819	1. Bayerische Ständeversammlung (Landtag)
	Württembergische Verfassung
	Karlsbader Beschlüsse
1821	Gaibacher Verfassungsfeier
1825–1848	Ludwig I.
1830	Juli-Revolution in Frankreich
1832	Hambacher Fest; Demagogenverfolgungen
1848/49	Revolutionen in Frankreich und Deutschland
1848–1864	Max II.
1863	Gründung der liberalen Fortschrittspartei
1864–1886	Ludwig II.
1866	Gründung der konservativen Patriotenpartei

Der Wiener Kongreß ordnete nicht nur die europäischen Territorialverhältnisse, sondern schuf auch die deutsche Bundesakte, in der die politische Neuordnung Deutschlands geregelt wurde. An die Stelle des 1806 zerfallenen Reiches trat nun ein Bund souveräner Einzelstaaten unter Führung Österreichs. Zu den liberalen Forderungen der Zeit, welche die Bundesakte als Programmsätze aufnahm, gehörte, als besonderes Zugeständnis an die liberale Bewegung, der Artikel 13: „In allen Bundesstaaten wird eine landständische Verfassung stattfinden."

Bundesakte

Die Bayerische Verfassung von 1818. Schon während des Wiener Kongresses beriet man in Bayern über eine eigene Verfassung, um österreichischen Wünschen zuvorzukommen. Nach dem Sturz Montgelas' (1817) nahm die neue Verfassung schnell Gestalt an. Wie schon 1808 wirkte ein Bündel außen- und innenpolitischer Motive zusammen: die politische und territoriale Integration der neuen Landesteile, die Sanierung der Staatsfinanzen und ein ausgeprägter Souveränitätswille gegenüber dem Deutschen Bund und dem österreichischen Staatskanzler Metternich.

Entstehungsgründe

Die Väter der Verfassung von 1818 hatten sich am Vorbild der französischen Verfassung von 1814 orientiert, mit der nach der Verbannung Napoleons die Monarchie der Bourbonen durch Ludwig XVIII. wiederhergestellt worden war. So garantierte auch die Bayerische Verfassung zwar bürgerliche Freiheits- und Gleichheitsrechte und sah eine Volksvertretung vor, sie revidierte aber die Konstitution von 1808 (▷ S. 13), indem sie dem Monarchen ein deutliches Übergewicht verlieh. Als Geschenk des Königs war sie gegeben, kraft königlicher Souveränität oktroyiert. Die Staatsgewalt blieb so trotz aller Zugeständnisse beim Monarchen. In Titel II, § 1 war dieses monarchische Prinzip unmißverständlich festgelegt: „Der König ist das Oberhaupt des Staates, vereinigt in sich alle Staatsgewalt und übt sie unter den von Ihm gegebenen, in der gegenwärtigen Verfassungsurkunde festgesetzten Bestimmungen aus."

Merkmale

Die „Standschaft" war nach dem englischen Zweikammersystem aufgebaut, um ein Übergewicht der Volksvertretung zu verhindern. Doch auch die Kammer der Abgeordneten war noch ständisch strukturiert, und der Zugang zu ihr blieb aufgrund eines strengen Zensuswahlrechtes nur auf etwas mehr als ein Prozent der Bevölkerung beschränkt (▷ Q 2.1).

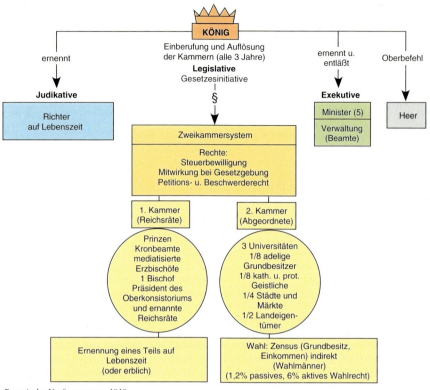

Bayerische Verfassung von 1818

Die Tendenz zur Ausweitung und gesetzlichen Absicherung der bürgerlich-liberalen Ansprüche führte bald zum Konflikt mit dem Monarchen. Während die liberalen Abgeordneten auf dem 1. Bayerischen Landtag ihren Willen dokumentierten, die repräsentativen Elemente der Verfassung auszuschöpfen und den Einfluß der Volksvertretung auszuweiten, waren der König und seine Minister ängstlich auf Wahrung der monarchischen Souveränität bedacht. Die anfängliche Hoffnung und der Wunsch Max I. Josephs, die Verfassung als einigende Klammer der staatlichen Integration nutzen zu können (▷ Q 2.2), wurden bald enttäuscht. Angesichts der unerwarteten Schwierigkeiten erwog man sogar, die Verfassung wieder aufzuheben, nahm aber schließlich aus Angst vor der Reaktion der bürgerlichen Öffentlichkeit davon Abstand.

1. Landtag von 1819

Restaurative Bundespolitik unter der Führung Metternichs. Umso bereitwilliger aber nahmen Regierung und Herrscher die Hilfe des österreichischen Staatskanzlers Metternich und des Deutschen Bundes an. Mit dem Instrument der Bundespolitik wurde so das Verfassungsleben der frühkonstitutionellen Staaten bereits gehemmt, ehe es eine wirkliche Bewährungschance erhalten hatte. Der Deutsche Bund, der ursprünglich die Freiheits- und Einheitswünsche der Liberalen zu erfüllen schien, wandelte sich nun zum Instrument der Restauration. Mit überlegener Taktik schuf Metternich ein System, das die europäische Politik bis 1848 bestimmte. Konsequent bekämpfte er alle Versuche politischer Modernisierung. Seine besondere Aufmerksamkeit widmete er nicht zufällig den süddeutschen Verfassungsstaaten: Baden, dessen 2. Kammer nur noch aus aus gewählten Abgeordneten der „Städte und Ämter" bestand, Württemberg, wo die Verfassung zwischen König und Volk vereinbart worden war und der Landtag bereits ein modernes Budgetrecht besaß und Bayern, das als größter deut-

Metternich

scher Mittelstaat in die Rolle des Vorreiters für das deutsche Verfassungsleben geraten war. Jede Gewaltenteilung, jede Einengung der fürstlichen Souveränität betrachtete Metternich als Sieg der Revolution. Von dieser Überzeugung geprägt betrieb er eine Politik, deren Ziel letztlich die Unterdrückung der liberalen Einheits- und Freiheitsbewegung war (▷ Q 2.3).

Die Beschlüsse des Kongresses von Karlsbad markierten einen ersten Höhepunkt in dieser Richtung. Von Metternich einberufen, einigten sich die beiden deutschen Großmächte und einige deutsche Mittelstaaten, darunter auch Bayern, auf einschneidende Maßnahmen gegen Studenten, Professoren und die Presse. Eine strenge Vorzensur schränkte die Pressefreiheit ein, eine zentrale Untersuchungskommission fahndete nach „revolutionären Umtrieben" und veranstaltete „Demagogenverfolgungen", die alle liberalen Hoffnungen auf die Stärkung von Freiheit und Einheit jäh zerstörten. Der Versuch, auch das Verfassungsversprechen des Artikels 13 umzudeuten, scheiterte allerdings am Widerstand der süddeutschen Staaten, die aus Angst vor der Öffentlichkeit keine Verfassungsrevision wagten.

Karlsbader Beschlüsse

Andererseits büßten unter dem System Metternichs die konstitutionellen Staaten Süddeutschlands erhebliche Teile ihrer Souveränität ein, die Verfassungsbewegung stagnierte, der Liberalismus wurde in den Untergrund oder in die Emigration getrieben. Daran konnten auch pathetische Verfassungsfeiern (▷ Auftaktbild S. 9) nichts ändern, die einem politisch wirkungslosen Patriotismus huldigten. Langfristig allerdings blieben die Forderungen des Konstitutionalismus lebendig; die Volksvertretungen der süddeutschen Staaten wurden trotz der Übermacht der Monarchen Modell und Vorbild für die weitere Verfassungsentwicklung und waren deshalb als beachtenswerte Frühform des deutschen Parlamentarismus von weiterwirkender Bedeutung.

System Metternich

Neoabsolutistische Politik. Alle Hoffnungen nach mehr Freiheit und Mitbestimmung richteten sich 1825 auf Ludwig I., der als Kronprinz dem Verfassungsgedanken enthusiastisch gehuldigt hatte. In den ersten Jahren seiner Regierungszeit schienen sich diese Erwartungen auch zu erfüllen. Doch nach der Juli-Revolution in Frankreich (1830), in deren Verlauf der reaktionäre Bourbonenkönig Karl X. zur Abdankung und Flucht gezwungen wurde und der liberale „Bürgerkönig" Louis Philippe das Regiment übernahm, vollzog der Monarch eine Wende, die von Angst vor der Presse und vor Unruhen bestimmt war. Mit Unterstützung des Deutschen Bundes wollte Ludwig nun den Liberalen im eigenen Land Einhalt gebieten.

Ludwig I.

Die radikale Presse, die inzwischen immer vehementer Kritik am politischen System übte (▷ Q 2.4), bestärkte ihn in seinen Absichten. Besonders in Franken und der Pfalz waren die Zentren der Opposition, die selbst die Monarchie als Regierungform in Frage stellten und den Deutschen Bund als Unterdrücker von Einheit und Freiheit anklagten. Johann Wirth und Philipp Siebenpfeiffer, die bedeutendsten Wortführer dieser demokratischen Bewegung, gaben auch den Ton bei der ersten großen Protestveranstaltung des deutschen Liberalismus an, dem Hambacher Fest. Dieses spektakuläre „Verfassungsfest", an dem 30 000–40 000 Menschen teilnahmen, um für Volkssouveränität, Nationalstaat und internationale Solidarität die Stimme zu erheben, war voller Sprengkraft für das Metternichsche System und den österreichischen Vielvölkerstaat. Zugleich aber bot es dem Staatskanzler die Möglichkeit, gezielt einzugreifen. Ludwig I. nützte die Gelegenheit, seine Vorstellungen von monarchischer Herrschaft mit dem Gewaltmonopol des Staates durchzusetzen. Ab 1832 fanden auch in Bayern „Demagogenverfolgungen" statt, wurden politische Prozesse geführt, verschwanden die liberalen Wortführer entweder in den Gefängnissen oder wanderten aus.

Radikale Presse

Opposition

Hambacher Fest

Spätestens zu diesem Zeitpunkt gab es keinen Zweifel mehr an der neoabsolutistischen Ausrichtung der bayerischen Monarchie. Dominierendes Element in Ludwigs

Selbstherrschertum Ludwigs I.

21

Staatsvorstellung war die monarchische Souveränität. Widerspruch oder gar Opposition lehnte er ab. Deshalb sollten auch seine Minister nur Schreiber sein. Dem Landtag von 1831 verzieh er seine Aufmüpfigkeit nie; Untertanen, nicht Staatsbürger, wollte er in Bayern haben, wie er 1837 auf einen ministeriellen Antrag schrieb; sogar die Strafmaßnahme der Abbitte vor dem Bild des Königs wurde in seiner Regierungszeit wieder eingeführt.

Das „Kulturkönigtum" Ludwigs I. Auch die Pflege von Kunst und Geschichte, für die Ludwig I. bekannt und berühmt geworden ist, stand im Dienste der Politik. Insbesondere München hat er nachhaltig geprägt. Das Ensemble der Ludwigstraße, von der Feldherrnhalle zum Siegestor, der Königsplatz mit Antikensammlung und Glyptothek, die beiden Pinakotheken, das Kloster St. Bonifaz, der Königsbau der Residenz, die neugotische Maria-Hilf-Kirche und die Ruhmeshalle mit der gigantischen Bavaria – sie alle zeugen von der rastlosen Präsenz dieses „Kunstkönigs". Aber auch der Provinz galt sein Augenmerk. Die Walhalla bei Regensburg, die Ruhmeshalle in Kelheim und das Pompejanum in Aschaffenburg, Historienmalerei und Bildhauerei waren Bestandteile eines umfassenden volkspädagogischen Erziehungsprogrammes

Geschichte (▷ Q 2.5). In der Geschichte fand der König das wirksamste Heilmittel gegen „revolutionäre Neuerung und wider ungeduldiges Experimentieren" und ein „kräftiges Bindemittel zwischen Volk und Dynastie", wie er 1830 schrieb. Als „Gestalt gewordene Geschichtspoesie" propagierten daher Denkmäler, Bauwerke und Gemälde im öffentlichen Raum monarchische Herrschaft, bayerischen Staatspatriotismus und „teutsches" Nationalbewußtsein. In einem rigoros kontrollierten Geschichtsunterricht wurde zu „strengstem Gehorsam, zur Furcht Gottes, zur Treue gegen den Monarchen, zur Ehrfurcht gegen die Obrigkeit …" angehalten, wobei die Vaterlandsgeschichte als „trefflichste Schutzwaffe der Dynastie" galt. Das Herrscherhaus und der Monarch wurden so zum Bindeglied, indem aus der Geschichte eine Identität zwischen Fürst und Volk abgeleitet und für die Gegenwart propagiert wurde. Eine wichtige Funktion hatten Kunst und Geschichte auch bei Ludwigs Bemühen,

Patriotismus aus den alt- und neubayerischen Gebieten eine einheitliche Staatsnation zu schaffen. In Abkehr vom extrem zentralistischen System Montgelas' erweckte er die historisch längst überholten Stammesnamen zu neuem Leben und ließ die Regierungsbezirke historisierend nach Stämmen oder besonderen regionalen Traditionen benennen.

Ohne Schwierigkeiten vereinigte Ludwig bayerischen Patriotismus mit einem schwär-

National- merischen deutschen Nationalbewußtsein. Gewachsen im Kampf der Befreiungskrie-
bewußtsein ge und geprägt vom romantischen Denken jener Zeit war dieser Patriotismus ganz der monarchischen Tradition verpflichtet. Mit der Berufung auf das Althergebrachte, auf deutsche Tugend und Treue und auf das mittelalterliche Reich diente er wiederum der Rechtfertigung und historischen Begründung des Königtums.

Revolution von 1848/49 in Bayern. Sowohl das politische wie das kulturelle Konzept Ludwigs I. zerbrachen in der Revolution von 1848/49, von der auch Bayern nicht verschont blieb.

Ein erstes Wetterleuchten hatte es bereits Ende 1847 gegeben, als der Monarch durch seine Affäre mit der spanischen Tänzerin Lola Montez das Bürgertum gegen sich aufbrachte. Nach Unruhen im Januar und mehreren Ministerwechseln ging erneut von Frankreich der revolutionäre Funke aus. Die Februar-Revolution in Paris, die Frankreich zunächst die Republik bescherte und schließlich ins Kaisertum Napoleons III. führte, griff schnell auch auf Deutschland über. In den neubayerischen Gebieten, vor allem in der Pfalz und in Franken, kam es zu revolutionären Aufständen;

Märzunruhen in München fanden vom 2. bis 4. März gewalttätige Auseinandersetzungen statt, am 3. März wurde eine „Volksadresse" der Münchner Bürger erlassen, am 4. März stürmte das Volk sogar das Zeughaus und bewaffnete sich. Am 6. März machte Ludwig I. in einer Proklamation eine Reihe von Zugeständnissen (▷ Q 2.6), so daß in Bayern die Revolution nicht den blutigen Verlauf wie in Wien oder Berlin nahm. Der König setzte das Aufbegehren des liberalen Bürgertums mit Empörung und Treuebruch gleich. Über seine Vorstellung vom Königtum war die Zeit hinweggegangen; am 20. März trat er zurück.

Rücktritt Ludwigs I.

Verbittert schrieb er am 28. März an seinen Sohn, König Otto von Griechenland: „Treu dem, was ich immer geäußert, handelte ich: ein König wie der von England würde ich nie sein. Die Empörung siegte, mein Thron war verschwunden. Nach unserer Verfassung, in welcher das monarchische Prinzip waltet, herrscht und regiert der König. Das aber konnte nicht mehr sein, nachdem die Empörung gesiegt."

Die Entwicklung der Parteien. Die neuen bürgerlichen Kräfte und erste Vorformen der Arbeiterbewegung organisierten sich im Verlaufe der Revolution 1848 in politischen Vereinen, die der Staat zunächst genau überwachte und später verbot (▷ Q 2.7). Sie artikulierten sich in einer Vielfalt neuer Presseorgane, die ebenfalls zum Mittelpunkt für politische Bewegungen wurden. Diese Macht der Öffentlichkeit war damit ein Faktum, mit dem der monarchische Staat künftig zu rechnen hatte.

Der Reformlandtag von 1848 erfüllte unter dem neuen König Max II. zentrale Forderungen der Liberalen. Er beschloß die Verantwortlichkeit der Minister gegenüber dem Landtag, das Recht des Landtags auf Gesetzesinitiative, ein neues Wahlrecht für die Kammern, die Einführung der Pressefreiheit und das Recht auf Vereinsbildung auch für politische Gruppierungen, die Unabhängigkeit der Richter, die Öffentlichkeit und Mündlichkeit der Rechtspflege und schließlich die endgültige Abschaffung der Grundherrschaft und der grundherrlichen Gerichtsbarkeit, mit der der Adel endgültig seine Sonderrolle als Gerichtsherr in den bayerischen Hofmarken verlor.

Reformlandtag von 1848

Dieser stattliche Katalog von erfüllten Forderungen räumte aber längst nicht alle Probleme aus dem Wege, wie die Wahlen vom Dezember 1848 zeigten, deren Ergebnisse die Regierung mit Sorge erfüllen mußten. Einem rechten konservativ-katholischen altbayerischen stand ein linker liberaler und stark protestantisch bestimmter neubayerischer Block gegenüber, wobei die Mehrheit bei der oppositionellen Linken lag. Max II. vertagte deshalb den Landtag im März 1849 und löste ihn wenige Monate später auf. Nach der Ablehnung der Reichsverfassung durch die bayerische Regierung drohten Unruhen in Franken und vor allem der Pfälzer Aufstand von 1849 zur Zerreißprobe für das Königreich zu werden. Nur mit Waffengewalt und der militärischen Hilfe Preußens gelang es Bayern, diese demokratischen Bewegungen zu unterdrücken. Erneut begann eine Phase der Reaktion, in der manche Versprechen von 1848/49 rückgängig gemacht, aber auch viele Reformen zu Ende geführt wurden. Wenngleich das Verfassungsleben unter dem Einfluß des Deutschen Bundes und der konservativen Großmächte Österreich und Preußen für Jahre stagnierte, so entstanden doch aus den politischen Formationen von 1848 letztendlich Parteigruppierungen und Parteistrukturen, deren Auswirkungen bis in die Gegenwart reichen. Als Fortschrittspartei konstituierte sich 1863 in Bayern die liberale Bewegung. Sie erlangte nach dem Preußisch-Österreichischen Krieg 1866 erheblichen Einfluß auf die bayerische Politik, ohne jedoch die Mehrheit in der bayerischen Abgeordnetenkammer zu erreichen.

Politische Blöcke

Parteien

Ihr politischer Gegner, die Patriotenpartei, war katholisch-konservativ. Sie entstand 1866 aus der Gegnerschaft zur kleindeutschen Lösung der deutschen Frage und stellte sich gegen die Dominanz Preußens.

Neben der Patriotenpartei, die später zum Bayerischen Zentrum wurde, und der Liberalen Partei, die sich im Verlauf der 80er Jahre in mehrere Gruppierungen aufspaltete, entstanden zur gleichen Zeit die Organisationen der Arbeiterbewegung; jedoch erst ab 1893 war die Sozialdemokratische Partei auch im Parlament vertreten. Einfluß auf die Regierungsbildung aber erreichte keine dieser Parteien, selbst wenn sie über eine klare Mehrheit im Parlament verfügten. Denn in Bayern galt bis 1918 das konstitutionelle System, in dem der Monarch die Regierung unabhängig vom Willen der Kammern ernannte und entließ. So blieben die Parteien trotz ständigen Anwachsens ihrer Bedeutung von der politischen Macht und Verantwortung ausgeklammert, bis 1918 die Revolution das konstitutionelle System und die Monarchie hinwegfegte.

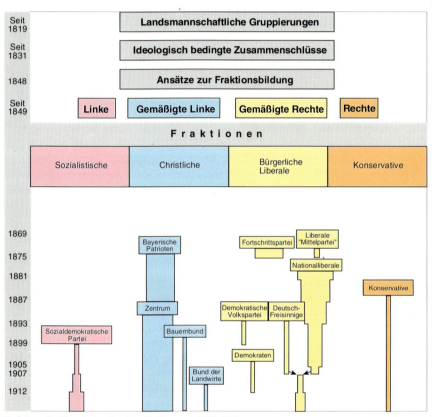

Fraktionen im Bayerischen Landtag (2. Kammer) 1818–1918

Q 2.1
Die Bayerische Verfassung von 1818

Die Präambel, eine Art Vorwort, enthält grundsätzliche Aussagen über Herkunft und Intention der Verfassung und erlaubt damit auch Rückschlüsse auf das Spannungsverhältnis zwischen monarchischer Souveränität und Volksrechten:

Maximilian Joseph, von Gottes Gnaden König von Baiern. Von den hohen Regentenpflichten durchdrungen und geleitet, haben wir Unsere bisherige Regierung mit solchen Einrichtungen
5 bezeichnet, welche Unser fortgesetztes Bestreben, das Gesammtwohl Unserer Unterthanen zu befördern, beurkunden ... Die gegenwärtige Acte ist, nach vorgegangener reifer und vielseitiger Berathung und nach Vernehmung Unseres
10 Staatsrathes, das Werk Unseres ebenso freyen als festen Willens. Unser Volk wird in diesem Inhalte desselben die kräftigste Gewährleistung Unserer landesväterlichen Gesinnungen finden.
Freyheit der Gewissen und gewissenhafte Schei-
15 dung dessen, was des Staates und der Kirche ist.
Freyheit der Meinungen, mit gesetzlichen Beschränkungen gegen den Mißbrauch.
Gleiches Recht der Eingebornen zu allen Graden des Staatsdienstes und zu allen Bezeichnun-
20 gen des Verdienstes.
Gleiche Berufung zur Pflicht und zur Ehre der Waffen.
Gleichheit der Gesetze und vor dem Gesetze.
Unpartheylichkeit und Unaufhaltbarkeit der
25 Rechtspflege.
Gleichheit der Belegung und der Pflichtigkeit ihrer Leistung.
Ordnung durch alle Theile des Staats-Haushaltes, rechtlicher Schutz des Staats-Credits, und
30 gesicherte Verwendung der dafür bestimmten Mittel.
Wiederbelebung der Gemeindekörper und durch die Wiedergabe der Verwaltung der ihr Wohl zunächst berührenden Angelegenheiten.
35 Eine Standschaft – hervorgehend aus allen Klassen der im Staate ansässigen Staatsbürger, – mit den Rechten des Beyrathes, der Zustimmung, der Billigung der Wünsche und der Beschwerdeführung wegen verletzter verfassungsmäßiger
40 Rechte, – berufen, um in öffentlichen Versammlungen die Weisheit der Berathung zu verstärken, ohne die Kraft der Regierung zu schwächen.
Endlich eine Gewähr der Verfassung, sichernd
45 gegen willkürlichen Wechsel, aber nicht hindernd das Fortschreiten zum Bessern nach geprüften Erfahrungen.
Baiern! – Das sind die Grundzüge der aus Unserm freyen Entschlusse euch gegebenen Verfas-
50 sung, – sehet darin die Grundzüge eines Königs, welcher das Glück seines Herzens und den Ruhm seines Thrones nur von dem Glücke des Vaterlandes und von der Liebe seines Volkes empfangen will!

Verfassungsurkunde des Königreichs Baiern vom 26. Mai 1818, München 1818, S. 3ff.

Q 2.2
Medaille zur Eröffnung der Ständeversammlung am 4. Februar 1819

Medaille des Graveurs E. Neuß (1819)
Goldgeprägt, auch Silber, Durchmesser 3,3 cm, Staatliche Münzsammlung, München.
Auf der abgebildeten Münze ist eine allegorische Szene dargestellt, in der der König seinem Land die Verfassung übergibt. Der König, mit einem Lorbeerkranz geschmückt und mit einem römisch-antiken Kostüm bekleidet, steht in der linken Bildhälfte vor der bekrönten Bavaria und hebt sie aus ihrem Kniefall auf, indem er mit seiner Linken ihren rechten Arm faßt. Mit der Rechten reicht er ihr die Verfassungsurkunde, auf der das Wort „Carta" steht. Hinter der Bavaria steht der Löwe. Die Umschrift lautet: „Der Tag der Eröffnung der Kammern ist der schönste meines Lebens." Im Abschnitt unten steht das Datum: den 4. Februar 1819. Links neben Max I. die Signatur des Medailleurs: Neuß E.

Q 2.3
Der Geist von Karlsbad

Clemens Fürst Metternich (1773–1859), österreichischer Außenminister und Staatskanzler, steuerte als „Kutscher Europas" die deutsche und europäische Politik in der Epoche der Restauration. Dem Kampf gegen die liberale Bewegung galt sein Streben. Einen ersten entscheidenden Erfolg im Sinne seines „Prinzips der Erhaltung" erzielte er mit dem Kongreß von Karlsbad im Jahre 1819. Seine Aufzeichnungen vom August 1819 geben Auskunft über die Ziele der österreichischen Politik.

Die drei südlichen Höfe: Bayern, Württemberg und Baden, stehen in einer eigenen Klasse, sie herrschen über einen von dem norddeutschen verschiedenen Volksstamm. Der Norddeutsche
5 lebt mehr in der Idee, der Südlichere mehr in der Tat. Theorien finden demnach im Norden viel leichter Eingang als im Süden. Der Norddeutsche verfolgt die Idee im moralischen Gebiete und übertreibt sie bis zum Hirngespinst. Er
10 spricht und schreibt, er handelt weniger und versteckt sich hinter mystische[1] Formeln; der Süddeutsche faßt die Idee weit schwerer auf, bald tritt sie aber ins Leben über, er handelt sodann mehr und räsoniert[2] weniger. Eine Revo-
15 lution ist demnach im Süden weit leichter anzuspinnen und weit schwerer zu bekämpfen als im Norden. Wie die Völker sind gewöhnlich auch die Regierungen. Die Konstitutionsideen haben sich zuerst im Norden entsponnen und dennoch
20 hat heute kein einziger norddeutscher Staat eine sogenannte Volksrepräsentation … Bayern und Baden dagegen sind bereits im Besitze eigentlicher Konstitutionen, demnach revolutioniert, und Württemberg im Kampfe mit den un-
25 vermeidlichen Folgen des von der Regierung als Basis aufgestellten rein demagogischen Grundsatzes, des Paktierens zwischen Regenten und Volk. Der König von Bayern hat noch vor 14 Tagen zu Minister von Berstett[3] gesagt: „Ich se-
30 he heute ein, welche Fehler ich begangen habe. Meine Haare sind grau geworden und ich habe meine Krone zerbrochen. Fürst Metternich hatte Recht in allem, was er mir vorhergesagt hat. Aber wie konnte ich anders handeln? Der Rat
35 ist von Österreich gekommen und von Feinden muß man keinen Rat annehmen." Das Eigentliche im Benehmen seiner Regierung war die Sucht allen anderen vorzuglänzen, und da es auf politischem Wege nicht gehen wollte, auf libera-
40 lem der erste der deutschen Staaten zu werden. Der württembergische Hof steht außer jeder Berechnung, denn er weiß selbst nie mehr den folgenden Tag, was er den vorhergehenden gewollt hat. Der König wagt und fürchtet alles, er ist
45 persönlich zugleich Despot und liberal; er huldigt jedem Satze, wenn er nur grell ist, und er verläßt ihn mit eben dem Leichtsinn, mit welchem er ihn auffaßte. Baden ist bona fide[4] in das Konstitutionswerk getreten. In Karlsruhe
50 hat sich niemand einer Berechnung gewidmet. Der preußische Geschäftsträger v. Barnhagen, einer der schlauesten und findigsten Revolutionäre, hat eigentlich die ganze Sache geleitet und auf eine solche Höhe gebracht, daß die Ba-
55 denschen Kammern als eigentliche Muster der Revolution dienen können. In allen Plänen betrogen, sind diese drei Höfe von einer schwindelnden Hilfe bei dem Hofe, welchen sie täglich beleidigten.

Karl Glossy: Politik in Karlsbad. Aus Metternichs Geheimakten. In: Österreichische Rundschau, Bd. 60, Wien 1919, S. 130.

1) geheimnisvoll, dunkel
2) vernünftig reden, hier negativ: Kritik üben
3) Frhr. Wilhelm v. Berstett (1769–1837), badischer Minister
4) gutgläubig

Q 2.4
Kampf um die Pressefreiheit

Die zunehmend reglementierte Presse wich bald auf unperiodisch erscheinende Flugschriften und Zeitschriften aus, die nicht der Zensur unterlagen. Im Mittelpunkt ihrer Angriffe stand der Deutsche Bund, in dem man den eigentlichen Hemmschuh für die liberalen Forderungen nach Einheit und Freiheit des Vaterlandes sah.
Der Franke Johann Georg August Wirth (1798–1848), einer der Vorkämpfer für eine freie Presse, wollte ursprünglich die wissenschaftliche Laufbahn einschlagen, wurde aber im Gefolge der Revolution in Frankreich zum politischen Journalisten, der die bayerischen, deutschen und europäischen Zustände vehement angriff. Mit der Zeitung „Deutsche Tribüne" und seiner Teilnahme am Hambacher Fest ist er berühmt geworden. Beides hat ihm aber auch lange Jahre der Haft und Emigration eingebracht.
Das abgedruckte Titelblatt fand sich in der Beilage zu einem Brief des österreichischen Staatskanzlers vom 29. August 1831 an den preußischen Minister von Wittgenstein, in dem sich Metternich über das „alle Grenzen des Schlechten, sogar des Verruchten übersteigende[n] Münchner Blatt" beschwert. Seine Schlußfolgerung, für die er die preußische Unterstützung sucht, lautet: „Wenn hier nicht gemessene Maßregeln eintreten, so besteht kein Bund, ja sogar kein deutscher Staat, mehr."

Unzulänglichkeit des deutschen Bundes.

Die Cholera ist in Deutschland angelangt, uns nachdrücklich über die Folgen der Zerstückelung unseres gemeinsamen Vaterlandes zu belehren, und die Unzulänglichkeit des Bundesstaates ins helle Licht zu setzen. Ein ernster Rückblick wird durch die Noth der Zeit geboten. Der deutsche Bund, der ein Erlaß für die Zerstückelung Deutschlands seyn sollte, hat im Gegentheile neue Leiden über uns gebracht, indem er uns gleich Unmündigen der österreichischen Vormundschaft unterwarf, unsern Fürsten den letzten Rest der Unabhängigkeit raubte und ihnen kein anderes Recht ließ, als despotisch über ihre Unterthanen zu herrschen, nicht aber sich alles Ernstes mit ihnen zur Herstellung und Entwickelung einer zeitgemäßen freien Verfassung zu verbinden. Man gestattete ihnen zwar die repräsentative Verfassung zum Schein und zur Täuschung der Völker einzuführen, sorgte aber dafür, daß durch jesuitische Artikel der Charte allen, dem Despotismus nachtheiligen, Folgen der repräsentativen Verfassung vorgebeugt und so die Verfassung verfassungsmäßig zur Lüge gemacht wurde. Nicht für das deutsche Interesse, sondern um ein Werkzeug in der Hand des Fürsten Metternich zu seyn, lebte und wirkte der Bundestag. In der Blüthezeit der heiligen Allianz wurde dem Machtspruch des Wiener-Cabinets auch überall demüthige Folge geleistet; die Fürsten, von Wien aus aufgefordert, verfolgten die Geister durch Zensur, die noch überdem durch die österreichischen Diplomaten controlirt wurde. Die Fürsten behandelten die Studenten, ihrer Träumereien wegen, als Staatsverbrecher, bezahlten mit großen Kosten die nicht nur unnütze, sondern auch entehrende Mainzer Inquisition, drückten den Handel durch vielfältige Mauthlinien und wiegten sich in der Hoffnung, die Zeit des Absolutismus verewigt zu haben, mit solcher Sicherheit, daß sie nicht für nöthig erachteten, sich mit dem Geiste des neunzehnten Jahrhunderts durch volksthümliche Institutionen zu versöhnen …

Geheimes Hausarchiv Berlin, Nachlaß Wittgenstein (Rep 192, Nr. VI, 3, 1–3).

Q 2.5
Königliche Selbstdarstellung

Die Abbildung aus dem Jahre 1835/37 zeigt Ludwig I. in einem Brustbild mit Ruhmeskranz. Gerechtigkeit und Beharrlichkeit, Personifikationen der Regierungsdevise des Königs (gerecht und beharrlich) begleiten es. In das Lorbeer- und Eichenlaub des Kranzes sind Bänder gewunden, welche an die großen Taten des Herrschers in Wort und Bild erinnern: Pflege von Kunst und Wissenschaft, Bau des Ludwig-Kanals, Zollverein, Mildtätigkeit, Erwerbung der griechischen Krone, Landesverteidigung. Eingeflochtene Zeichen der Kirche und eine Leier bezeichnen die Bedeutung von Religion und Poesie für Ludwig I.
In der Mitte der Komposition erscheint darunter das neue München, dessen große Neubauten überragt werden von der Walhalla, hinter der die Sonne des Königs aufgeht. Im Vordergrund bewacht der bayerische Löwe, der von Waffen und Siegesfahnen der großen Schlachten vergangener Zeiten umgeben ist, die Kroninsignien des Reiches.

Ludwig, König von Bayern (Lithographie von Gottlieb Bodmer, 1835/37, 76,8 x 55 cm, Germanisches Nationalmuseum Nürnberg)

Q 2.6
Proklamation Ludwigs I. vom 6. März 1848

Unter dem Druck der Öffentlichkeit und aus Angst vor dem aufrührerischen Volk fand der König sich zu einer Erklärung bereit, in der die seit Jahrzehnten angemahnten Forderungen der Liberalen aufgenommen wurden.

Ich habe mich entschlossen, die Stände Meines Reiches um Mich zu versammeln; dieselben sind den 16. dieses Monats in die Hauptstadt zu berufen.

Die Wünsche Meines Volkes haben in Meinem Herzen jederzeit Widerhall gefunden.
An die Stände des Reiches werden ungesäumt Gesetzes-Vorlagen gelangen, unter anderen:
über die verfassungsmäßige Verantwortlichkeit der Minister,
über die vollständige Pressefreiheit,
über Verbesserung der Stände-Wahl-Ordnung,
über Einführung der Öffentlichkeit und Mündlichkeit in der Rechtspflege mit Schwurgerichten,
über die in der IX. Verfassungs-Beilage angedeutete umfassende Fürsorge für die Staatsdiener und deren Relikten, dann deren Ausdehnung auf die übrigen Angestellten des Staates,
über die Verbesserung der Verhältnisse der Israeliten.
Ferner ordne ich in diesem Augenblick die schleunige Abfassung eines Polizei-Gesetz-Buches an; ebenso befehle Ich die unverzügliche Beeidigung Meines Heeres auf die Verfassung und lasse Ich von heute an die Zensur über äußere und innere Angelegenheiten außer Anwendung treten.
Bayern! Erkennt in diesem Entschluß die angestammte Gesinnung der Wittelsbacher!
Ein großer Augenblick ist in der Entwicklung der Staaten eingetreten. Ernst ist die Lage Teutschlands. Wie Ich für teutsche Sache denke und fühle, davon zeugt mein ganzes Leben. Teutschlands Einheit durch wirksame Maßnahmen zu stärken, dem Mittelpunkt des vereinten Vaterlandes neue Kraft und nationale Bedeutsamkeit mit seiner Vertretung der teutschen Nation am Bunde zu sichern und zu dem Ende die schleunigste Revision der Bundes-Verfassung herbeizuführen, wird Mir ein teurer Gedanke, wird Ziel Meines Strebens bleiben.
Bayerns König ist stolz darauf, ein teutscher Mann zu sein.
Bayern! Euer Vertrauen wird erwidert, es wird gerechtfertigt werden! Scharet euch um den Thron! Mit euerem Herrscher vereint, vertreten durch euere verfassungsmäßigen Organe, laßt uns erwägen, was Uns, was dem gemeinsamen Vaterlande not tut.
Alles für mein Volk! Alles für Teutschland!
München, 6. März 1848
Ludwig.

Regierungsblatt für das Königreich Bayern, Nr. 8, 6. März 1848.

Q 2.7
Politisches Vereinswesen

Nach der Revolution von 1848 erlebte das politische Vereinswesen eine Blüte wie nie zuvor. Die Vereine wurden zum Mittelpunkt politischer Bewegungen, die sich später zu Parteien formierten.
Die Kreisregierungen beobachteten nicht ohne Sorge das ungewohnte politische Treiben und meldeten ihre Ergebnisse an das Innenministerium, das seinerseits eine Übersicht anfertigte.

Aus den bei dem Staatsministerium des Innern einlaufenden Berichten der Kreisregierung über die Wirksamkeit der in Bayern bestehenden politischen Vereine erhellt, daß nur einige sich geweigert haben, dem diesbezüglichen Reichsministerialerlasse Folge zu leisten. Bei weitem die Mehrzahl hat Statuten und Beschlüsse bereitwillig vorgelegt, überzeugt, daß die Absicht der Regierung keineswegs auf eine Beschränkung des Assoziations-Wesens dabei gerichtet war, und daß es sich nur um statistische Erhebungen handelte, um die vorwaltende politische Gesinnung des Landes kennen zu lernen. Protestationen wurden vorzugsweise von den pfälzischen und einigen fränkischen Volks- und Demokraten-Vereinen erhoben. Im Ganzen erscheint das rein konstitutionell-monarchische Prinzip überwiegend, mit Ausnahme der Regierungsbezirke der Pfalz, von Mittelfranken und einiger Theile Oberfrankens und Schwabens. In der Provinz Niederbayern hat sich bis jetzt, wie es scheint, kein Verein von eigentlich politischer Geltung gebildet; nur haben sich vorhandenen gewerblichen Vereinen politische Elemente beigesellt.
In Oberbayern bestehen politische Vereine zu München, Dachau, Indersdorf; in der Oberpfalz zu Regensburg und Stadtamhof, Sulzbach, Amberg, Tirschenreuth; in Oberfranken zu Bayreuth, Hof, Bamberg, Schwarzach, Gräfenberg, Herzogenaurach, Wunsiedel, Redwitz, Schwarzenbach an der Saale; in Unterfranken zu Würzburg; in Schwaben und Neuburg zu Augsburg,

Kempten und Nördlingen; in Mittelfranken zu Ansbach, Dinkelsbühl, Erlangen, Fürth, Nürnberg, Schwabach, Altdorf, Weissenburg, Windsheim; dazu kommen noch eine Anzahl Bauernvereine in den Landgerichten Erlangen und Nürnberg, welche zusammen mehr als tausend Mitglieder zählen; in der Pfalz endlich zu Speier, Zweibrücken, Kaiserslautern, Kirchheim, Neustadt, Dürkheim, Edenkoben, Frankenthal, Grünstadt, Lambsheim. – Derjenigen, welche unverhohlen die republikanische Staatsform anzubahnen suchen, sind wenige; manche lassen die Frage der Staatsform offen; viele verlangen Durchführung der demokratischen Grundlage in der konstitutionellen Monarchie. Der letzteren Statuten beweisen übrigens, daß eben hierin die Begriffe äußerst unklar und schwankend (und daher die Tendenz der Vereine selbst wohl auch wandelbar) sind. Die meisten scheinen nicht den konsequenten äußersten Verfolg des Grundsatzes der Volkssouveränität zu wollen, sondern nur die natürliche Erbeinsetzung gewisser demokratischer Prinzipien im konstitutionellen Staate, nachdem nämlich das aristokratische Element in Deutschland durch die Märzbewegung gestürzt und beseitigt worden ist.

Eine Demokratie als gesetzliche und rechtliche Beteiligung der Volksgemeinde am allgemeinen Staatswesen aufgefaßt, zählt auch Anhänger außer den Demokratenvereinen.

Neue Münchner Zeitung, Nr. 129, 16. November 1848.

Fragen und Anregungen:

1. Stellen Sie aus Q 2.1 die wichtigsten Rechtsgarantien zusammen. Arbeiten Sie heraus, wo Verbindungen zur amerikanischen und westeuropäischen Verfassungstradition bestehen und welche dieser Grundrechte im Grundgesetz der Bundesrepublik fixiert sind.

2. Welche grundlegenden Rechte haben die Stände, wo sind im Vergleich zu einem modernen Parlament deutliche Einschränkungen feststellbar? Welche Position nimmt der Monarch im politischen System ein? Werten Sie dazu auch die Grafik auf S. 20 und Q 2.6 aus.

3. Metternich formuliert in Q 2.3 seine antikonstitutionellen Positionen. Welches sind seine Hauptargumente? Untersuchen Sie die Aussage auf ihre Stichhaltigkeit und nehmen Sie Stellung dazu.

4. Stellen Sie die Hauptvorwürfe zusammen, die Wirth (▷ Q 2.4) gegen den Deutschen Bund erhebt. Welche Gedankengänge waren für die damalige Zeit radikal? Nennen Sie einige Gründe dafür.

5. Zeigen Sie an Beispielen aus Q 2.5, daß Kunst und Geschichte für Ludwig I. Mittel der Politik waren. Stellen Sie eine Übersicht der wichtigsten durch Ludwig veranlaßten Kunst- und Kulturprojekte zusammen. Holen Sie dazu auch kunsthistorische Informationen ein (auch als Referatthema möglich).

6. Benennen und erklären Sie die wichtigsten Reformen, die Ludwig I. in seiner Proklamation (▷ Q 2.6) in Aussicht stellt.

7. Welche politischen Grundrichtungen lassen sich auch aus Q 2.7 erschließen? Fertigen Sie dazu eine kleine Übersicht an und ordnen Sie die genannten Vereine den Parteien der Folgezeit (▷ Schaubild S. 24) zu.

Zusammenfassung:

Die 1. Bayerische Verfassung wurde 1818 von Max I. Joseph oktroyiert und hatte bis zum Jahre 1918 Bestand. Trotz der klaren Festschreibung des monarchischen Prinzips und eines engen Zensuswahlrechts war sie ein wesentlicher Schritt zum modernen Rechts- und Verfassungsstaat. Vor allem das Prinzip der Volksrepräsentation, das durch die Zweite Kammer garantiert war, versprach eine allmähliche Entwicklung in Richtung auf ein parlamentarisches System, das allerdings erst 1918 durch die Revolution erzwungen wurde.

Doch schon der 1. Landtag von 1819 ließ den Dualismus zwischen König und Ständeversammlung deutlich hervortreten und gab Metternich Anlaß zu Beschwerden. Mit dem Mittel der Bundespolitik betrieb der österreichische Staatskanzler nun seinen Kampf gegen Verfassungen, Landtage und Presse. Nach den Karlsbader Beschlüssen von 1819 stagnierte das süddeutsche Verfassungsleben, wenngleich Kronprinz Ludwig und andere Verfassungsfreunde demonstrative Konstitutionsfeiern abhielten.

Nach der französischen Juli-Revolution von 1830 vollzog Ludwig I. eine politische Wende, die sich vor allem gegen die liberale Presse und die Landtagsopposition richtete. Das Hambacher Fest bot endgültig die Gelegenheit, in engem Schulterschluß mit Metternich die liberale Bewegung zum Schweigen zu bringen. Gleichzeitig aber praktizierte Ludwig ein „Kulturkönigtum", das ihn berühmt gemacht hat. Mit der Pflege von Kunst und Geschichte wollte er einen bayerischen Patriotismus schaffen, der die unterschiedlichen Landesteile integrieren sollte.

In der Revolution von 1848 jedoch zerbrach sein neoabsolutistisches System endgültig. Nun bildeten sich erste politische Gruppierungen heraus, die in den 60er Jahren in die drei großen Parteien mündeten: die liberale Fortschrittspartei, die konservative Patriotenpartei und etwas später auch die Sozialdemokratische Arbeiterpartei. Da jedoch die Parlamentarisierung des politischen Systems bis zur Revolution 1918 unterblieb, waren die Parteien ohnmächtig und die politischen Strukturen durch extreme Stagnation gekennzeichnet.

3.
Wirtschaftspolitik und Wirtschaftsentwicklung

1815	Polytechnischer Verein
1828	Zollverein mit Württemberg
1833	Einführung von Polytechnischen und Gewerbeschulen
1834	Deutscher Zollverein
1835	Eisenbahn zwischen Nürnberg und Fürth
	Gründung der Bayerischen Hypotheken- und Wechselbank in München
1843	Einrichtung von Handelskammern
1867	Neugründung des Zollvereins
1868	Errichtung der Technischen Hochschule in München
	Einführung der Gewerbefreiheit

„Geminderte" Industrialisierung in Bayern. Im 19. Jahrhundert hat Bayern nur eine „geminderte" Industrialisierung (Karl Bosl) erfahren, die sich auf einige wenige großstädtische Entwicklungskerne wie Nürnberg, Augsburg und später München konzentrierte. Während etwa im Reich und in Sachsen schon Mitte des 19. Jahrhunderts die Industrialisierung mit all ihren Erscheinungsformen einsetzte und im Nachbarland Württemberg immerhin um 1900 dieser Prozeß seinen ersten Höhepunkt erreichte, blieb in Bayern bis weit ins 20. Jahrhundert hinein der agrarische Sektor dominierend. Um 1800 waren 80 % der Bevölkerung Landvolk, 1850 immer noch 50 %. *Agrarland*
Erst in der zweiten Hälfte des Jahrhunderts verschoben sich durch eine zunehmende Land-Stadt-Wanderung die Anteile. Gleichzeitig entstanden die städtischen und industriellen Ballungszentren.
Zwischen 1840 und 1890 wuchsen München von 96 000 auf 351 000, Nürnberg von 47 000 auf 143 000, Augsburg von 37 000 auf 76 000 Einwohner an, wobei sich die Zuwachsraten in den folgenden Jahrzehnten noch erheblich vergrößerten.
Trotz Säkularisation und territorialer Veränderung erhielten sich die landwirtschaftlichen Grundstrukturen: Klein- und Mittelbetriebe überwogen, und ein gut entwickeltes ländliches Gewerbe versorgte weitgehend das flache Land. Die Modernisierung der Landwirtschaft, die häufig gefordert wurde, ließ noch geraume Zeit auf sich warten. Allerdings hat Bayern gerade in diesem Bereich, etwa der Landmaschinentechnik, der Veredelungsindustrie oder der Technik im Brauwesen und in der Milchwirtschaft später eine führende Rolle eingenommen.
Für eine frühe industrielle Entwicklung waren die Voraussetzungen alles andere als *Schwierige* günstig. Die Binnenlage erschwerte den Transport von Rohstoffen und Wirtschafts- *Voraussetzunge* gütern, es fehlte an Bodenschätzen, an städtischen Zentren und an Kapital. Aufgrund des geringen Bevölkerungswachstums fehlte auch ein Angebot an billigen Arbeitskräften, mit dem sich der Aufbau von Fabriken hätte kostengünstig betreiben lassen. Dadurch ist Bayern aber auch die Verschärfung der sozialen Frage erspart geblieben, wie sie Engels für England beschrieben hat und wie sie die wirtschaftlich expandierenden deutschen Großstädte schon früh erschütterte.
Obwohl es an Aktivitäten und Vorschlägen für eine industrielle Entwicklung nicht fehlte (▷ Q 3.1), war das politische Klima insgesamt eher hinderlich. Ludwig I. *Gegner der* fürchtete die Konsequenzen einer gezielten Industrialisierungspolitik (▷ Q 3.2) und *Industrialisierung* ließ daher nur halbherzig und zögerlich entsprechende Maßnahmen zu. Insgesamt dominierten wie im staatlichen Bereich die strenge Aufsicht und ängstliche Fürsorge, so daß sich für Investitionen und unternehmerische Tätigkeit wenig Anreize boten. In den katholischen Regionen Altbayerns war die Ablehnung des Industriesystems weitaus massiver als in den neubayerischen Gebieten, wo die Arbeitsethik des Protestantismus zusätzlich positive Wirkungen zeitigte.

31

Unternehmer

Faktoren der Industrialisierung. So ist es wohl kein Zufall, daß die führenden Persönlichkeiten des neuen Unternehmertums größtenteils aus Schwaben und Franken kamen. Sie entstammten den verschiedensten Berufen, waren Bankiers, Großhändler, Fabrikherren, Erfinder, Handwerker und Techniker. Diese Männer bauten durch Kapitaleinsatz, eigene Erfahrungen und Erfindungen oder durch Technologietransfer ihre neuen Betriebe auf. Bereitschaft zu Innovation und Risiko war ihnen allen gemeinsam: Klett und Cramer, den Gründern der Maschinenbauaktiengesellschaft Nürnberg, ebenso wie Koenig und Bauer in Oberzell mit ihrer Schnellpressenfabrik, dem Pionier Maffei, der in München die erste Eisenbahn herstellte, nicht weniger als dem Bankier Schaezler, der in Augsburg die Mechanische Baumwollspinnerei und Weberei einrichtete, aber auch Utzschneider, der dem Autodidakten Joseph von Fraunhofer die Voraussetzung bot, um die Optik zu revolutionieren und damit einen ganzen Industriezweig zu begründen (▷ S. 34f.).

Verkehrs-erschließung

In fränkischen Landen wurde auch die Verkehrserschließung mit größerem Nachdruck betrieben als anderswo. Mit der ersten deutschen Eisenbahn war Bayern durchaus an der Frühphase der Industrialisierung beteiligt.

Verkehrswege
In den neubayerischen Gebieten nahm die Verkehrserschließung insgesamt einen wesentlich rasanteren Verlauf als in Altbayern. So waren in Franken und Schwaben schon im 18. Jahrhundert viele Straßen nach französischem Vorbild zu Chausseen ausgebaut worden. Besonders gefördert wurde vom bayerischen Staat die Binnenschiffahrt. Dazu wurden nicht nur die vorhandenen Flüsse schiffbar gemacht, sondern auch zusätzliche Kanäle geschaffen. Der Holzstich in der Leipziger Zeitung zeigt eine geradezu idealtypische Situation in der Nähe von Erlangen, wo die vier Transportwege unmittelbar nebeneinander liegen: die Eisenbahn zwischen Nürnberg und Bamberg, die ausgebaute Chaussee, der Ludwig-Donau-Main-Kanal und die Regnitz (Holzstich, Leipziger Illustrierte Zeitung 3/1844, Nr. 63, S. 169).

An diesem Symbol und Schwungrad der Frühindustrialisierung lassen sich alle Elemente des Industrialisierungsprozesses besonders klar beschreiben: Aus einem Komplex technischer Neuerungen entstanden, basierte sie letztlich auf der massenhaften Nutzung natürlicher Rohstoffe. Zu ihrer Herstellung und zum Bau der Schienenwege war die siegreiche Expansion des Fabriksystems und der Sieg der freien Lohnarbeit

Voraussetzung. Um ihre Finanzierung zu ermöglichen, war Kapitalakkumulation in Form von Aktiengesellschaften notwendig, das Handelskapital wurde so zum strategischen Produktionsfaktor und damit zum Industriekapital. „Damit ist der moderne Industriekapitalismus Vater, Bruder und Sohn von Eisenbahnbau und Industrialisierung geworden. Die Aktiengesellschaften zentralisierten die Geldfonds und machten Geld zu Macht, später Großmacht in Bayern und Deutschland – der Start dazu war der Eisenbahnbau." (Karl Bosl) Auch die Gründung der Bayerischen Hypotheken- und Wechselbank durch den König ist vor diesem Hintergrund zu sehen und nur verständlich aus dem rapide wachsenden Kapitalbedarf dieser Jahre (▷ Q 3.4).

Bankwesen

Staatliche Maßnahmen. Schon 1815 fanden sich, von staatlichen Stellen unterstützt, im Polytechnischen Verein Bürger zusammen, die technische Innovationen und Wirtschaftsförderung anstrebten. Die Einrichtung von Handelskammern, wie sie im Rheinkreis schon 1802 bestand, fand wenig Zustimmung bei Ludwig I., so daß erst 1843 eine entsprechende Verordnung erging. Immerhin war Bayern im Deutschen Bund damit der Vorreiter der Handelskammergesetzgebung geworden und hatte damit eine bis heute wirksame, inzwischen um den Bereich der Industrie erweiterte Einrichtung geschaffen. Mit der Einführung sogenannter Polytechnischer und Gewerbeschulen, die ihre Ausbildung gezielt auf den neuen wirtschaftlichen Bedarf ausrichteten, wurde im Jahre 1833 ein wichtiger bildungspolitischer Schritt getan. Vor allem aber schien die bayerische Zollvereinspolitik den Interessen des wirtschaftlichen Liberalismus entgegenzukommen. Mit der Aufhebung der Binnenzölle im Jahre 1807 war der erste Schritt zu einem einheitlichen Wirtschaftsraum getan, dem weitere, nun grenzüberschreitende folgen sollten. 1828 traf Bayern mit Württemberg eine Übereinkunft, die die Zollschranken aufhob und damit eine wesentliche Voraussetzung für den freien Verkehr von Waren und Gütern schuf. Der Deutsche Zollverein von 1834 (▷ S. 56f.), dem Bayern ebenfalls angehörte, hat ganz entschieden Weichen gestellt, auch für die künftige politische Entwicklung in Deutschland. Seine Auswirkungen auf die verschiedenen sozialen Gruppen und den Staat waren allerdings ebenso umstritten (▷ Q 3.3) wie die Reichseinigung im Jahre 1870, die ohne die wirtschaftlichen Vorstufen des Zollvereins und seit 1867 des Zollparlaments nicht vorstellbar ist.

Polytechnischer Verein

Handelskammern

Polytechnische Schulen

Zollpolitik

In Bayern waren trotz dieser frühen Blüte wirtschaftlicher Fördermaßnahmen die industrialisierungsfeindlichen Kräfte stärker. So stagnierte nach hoffnungsvollen Ansätzen der Industrialisierungsprozeß, das Einkommensgefälle zu den industriellen Zentren vergrößerte sich.

Nach spürbaren politischen Anstößen durch die Revolution von 1848/49 ging Bayern erst im Gefolge der kleindeutschen Entscheidung von 1866 zu einer liberalen Wirtschaftspolitik über. Die Einführung der Gewerbefreiheit und die Gründung der Technischen Universität in München im Jahre 1868 waren auch Zeichen für den ernsthaften Willen, industriefreundliche Politik zu betreiben. Nach der Reichsgründung trat Bayern verstärkt in Kooperation und Konkurrenz mit anderen deutschen Bundesstaaten und erlebte nun, gestützt auf die liberale Führungsschicht in seinen Ministerien und seiner Bürokratie, eine verstärkte Industrialisierung, in der die chemische und die Elektroindustrie zunehmend zu führenden Branchen wurden.

Gewerbefreiheit

Folgen für Staat und Gesellschaft

Trotz erkennbaren Strukturwandels blieb Bayern im 19. Jahrhundert Agrarland, seine Industrialisierung verlief im Vergleich zu anderen deutschen Regionen und Ländern sehr gemessen (▷ Q 3.5).

Thematische Spezialeinheit:
Lebensläufe bayerischer Unternehmer

Die Unternehmer des 19. Jahrhunderts kamen aus den verschiedensten Berufen. Auch ihre Bildungsvoraussetzungen und ihre Lebenserfahrungen unterschieden sich erheblich. Alle aber bauten sie erfolgreich Betriebe auf und trugen wesentlich zur Industrialisierung Bayerns im 19. Jahrhundert bei.

Joseph von Utzschneider (1763–1840)

Herkunft: geb. 2. März 1763 in Rieden am Staffelsee, Vater Bewirtschafter eines landwirtschaftlichen Gutes
Ausbildung: Dorfschule Uffing, Lateinschule Kloster Polling, Privatunterricht in München, 1773–78 Wilhelmsgymnasium München; 1779 Marianische Landesakademie und königlich-bayerisches Kadettencorps; 1782/83 Universität Ingolstadt, dort Studienabschluß mit Lizentiat und Promotion in Philosophie
Beruf: 1783 Tätigkeit an der Akademie der Wissenschaften, Titel eines Landschaftsgeometers, später Professor für Kameralwissenschaften und zugleich Verwalter des herzoglichen Gutes Schwaiganger; 1784 kurfürstlicher Hofkammerrat; 1784–86 Mitglied einer Forstdeputation, 1786–91 Leitung des Oberforstkommissariats, ab 1791 Förderung des Salinenwesens in Berchtesgaden, 1795–99 Hauptsalzadministrator der Saline Berchtesgaden, 1799 geheimer Referendar im Finanzministerium bei Montgelas, 1801 Versetzung in den Ruhestand wegen revolutionärer Vorschläge; 1807 Wiedereinstellung als Generaladministrator, 1840 Rücktritt aus allen staatlichen Ämtern
Politik: 1818–23 zweiter Bürgermeister von München; 1819–40 Mitglied der Kammer der Abgeordneten
Unternehmer: 1800 Lederfabrik in München, angeschlossen eine Leimfabrik; 1801 Produktion von Handschuhen in Reichenhall; 1803 Vertrag mit Reichenbach und Liebherr zur Herstellung von optischen Geräten; 1805 Kauf des Klosters Benediktbeuern als landwirtschaftlicher Musterbetrieb, Landwirtschaftsschule und Institut zur Herstellung von Glas, 1806 Einbeziehung von Fraunhofer, Werkstatt in Benediktbeuern; 1816 Errichtung einer Tuchfabrik; 1818 Verkauf von Benediktbeuern an den Staat wegen wirtschaftlicher Schwierigkeiten, allerdings unter Ausklammerung der dortigen Glasfabrik

Friedrich Koenig (1774–1833)

Herkunft: geb. 17. März 1774 in Eisleben, Vater Anspänner
Ausbildung: 1783 Gymnasium Eisleben und Privatunterricht, 1790–94 Lehre als Buchdrucker in Leipzig, zugleich Gasthörer an der Universität in den Fächern Mathematik, Physik und Fremdsprachen
Beruf: 1802–04 Versuche in Eisleben, Suhl und Meiningen zur Herstellung verbesserter Druckpressen, 1806 Reise nach Petersburg, 1807 Aufenthalt in London als Buchdrucker, Geschäftsführer einer Buchhandlung und dann Vertrag mit Bensley über Bau einer Druckmaschine; 1809 erstes Patent und Zusammenarbeit mit Andreas Friedrich Bauer, 1811 Bau der ersten Zylinderdruckmaschine für die Zeitung „Times", später Doppelmaschine, 1814 erste Druckmaschine mit Dampfantrieb; 1816 Kauf des Klosters Oberzell und Errichtung einer Fabrik für Druckereimaschinen, dort allmählicher Aufbau mit Aufschwung in den Jahren 1824–1830; 1825 Verheiratung mit der 17jährigen Fanni Hofmann; nach dem Tode Friedrich Koenigs Weiterführung der Fabrik durch die Witwe und durch Andreas Friedrich Bauer zu einem Großunternehmen; 1838: 100. Presse, 1844: 200., 1865: 1000. und im Jahre 1895: 5000. Druckpresse

Theodor von Cramer-Klett (1817–1884)

Herkunft: geb. 27. September 1817 in Nürnberg, Vater Großkaufmann

Ausbildung: 1828 Gymnasium, 1832 kaufmännischer Lehrling im väterlichen Großhandelsgeschäft, 1834 nach Auflösung des Geschäftes und finanziellem Zusammenbruch Umzug der Familie nach Wien; 1836 Ausbildung an der Wiener Handelsakademie, 1837 Banklehre in Prag, 1838/39 Vorlesungen an der Universität München

Beruf: 1839 Eintritt in die väterliche Seifenfabrik in Wien, 1840 leitende Position in einem Genfer Bankhaus; 1844 Verlag und Redaktion der Zeitung „Nürnberger Kurier"; 1847 Verheiratung mit der Tochter des Eisengießers und Fabrikanten Johann Friedrich Klett, Entwicklung eines neuen unternehmerischen Konzepts und einer neuen Art der Personalführung; 1852 Bau der Münchner Schrannenhalle, 1854 Bau des Glaspalastes für die Münchner Gewerbeausstellung, in der Folgezeit Entwicklung der Firma zu einer der größten Eisengießereien und Maschinenfabriken Deutschlands; 1854 Kronenorden und persönlicher Adel, 1866 Ernennung zum lebenslänglichen Reichsrat; in der Folgezeit Gründung von Bankkonsortien und Versicherungsgesellschaften, Unterstützung kultureller und künstlerischer Vorhaben; 1873 Ehrendoktor der staatswirtschaftlichen Fakultät der Universität München; 1873 Gründung der süddeutschen Brückenbau AG, 1875 Kauf des Guts Hohenaschau im Chiemgau, 1877 Kauf des Schönborn-Palais; 1876 Erhebung in den Freiherrnstand, 1878 Ernennung zum erblichen Reichsrat

Lothar von Faber (1817–1896)

Herkunft: geb. 12. Juni 1817 in Stein bei Nürnberg, Sohn des Bleistiftfabrikanten Leonhard Faber

Ausbildung: Volksschule, zwei Jahre Lateinschule Nürnberg, ein Jahr Realschule; kaufmännische Lehre in einem Nürnberger Bankhaus; Englisch, Französisch, Italienisch im Selbststudium

Beruf: 1836 Eintritt in die Firma Faber; Reise nach Paris und Anstellung bei Pariser Bleistiftfirma, 1837 erstmals neues Bleistiftprodukt, 1839 Reise nach London; Übernahme der Firma, neues Unternehmerkonzept und Steigerung der Produktion; 1840 technische Neuerungen nach französischen und englischen Vorbildern, Nutzung der Dampfkraft, 1842 Einführung des Markenbleistiftes und erste Normierung von Bleistiften; 1856 Erwerb eines Graphitbergwerks in Rußland; Geschäftsreisen durch ganz Europa, Einrichtung von Filialen in Paris, New York, London, Wien und Berlin; 1861 Ehrenbürger von Nürnberg, 1863 Zivildienstorden Bayerns, 1865 Zivildienstorden Württembergs, 1865 lebenslanger Reichsrat, 1867 Orden der französischen Ehrenlegion, 1873 königlich-bayerischer Ludwigsorden für Industrie, 1881 erblicher Freiherr, 1882 Komturkreuz vom Orden des Heiligen Michael; 1861 Zweigwerk in Geroldsgrün, 1875 Wegbereiter eines einheitlichen Markenschutzes; zahlreiche soziale Einrichtungen wie Fabrikkrankenkasse, Arbeitersparkasse, Fabrikbibliothek, fabrikeigene Schule, Arbeiterwohnungen etc.; Mitbegründer von Banken, Versicherungen und Gewerbeanstalten

Q 3.1
Bayerns Wirtschaft um 1840

In einem wissenschaftlichen Artikel analysierte 1847 Karl Hornstein, Lehrer an der königlichen Landwirtschafts- und Gewerbeschule in Passau, die Situation der bayerischen Industrie. Seine Bilanz der Mängel verband er mit einer Reihe von Vorschlägen, die sich sowohl auf die Landwirtschaft als auch auf die Industrie bezogen.
Nach einer detaillierten Aufzählung aller Einfuhr- und Ausfuhrgüter und einer genauen Berechnung des Gesamtwertes zog er folgendes Fazit:

Liest man nun diese Rechnungen, ohne auf die einzelnen Zahlenausdrücke besondere Rücksicht zu nehmen, so ergeben sich folgende Resultate als das allgemeine Bild unserer Industrie:
Bayern, welches allgemein für einen Agrikulturstaat gilt, bezieht aus anderen Ländern von landwirtschaftlichen Artikeln, die es selbst erzeugen könnte, beinahe das Doppelte von Dem, was es nach Auswärts absetzt, und es erscheint also die baierische Landwirtschaft bedeutend im Nachtheil, das heißt, sie betreibt einen Passivhandel.
Die einzelnen Artikel, deren Produktion in Quantität und Qualität zu steigern wäre, sind etwa folgende: Rindvieh, Schafe, Ziegen, Kaninchen, Federvieh, Fisch, Blutegel, Bienen, Seidenraupen – Roggen, Runkelrüben, Tabak, Oelpflanzen, Senf, Kleesamen, Farbekräuter, Cichorie, Anis, Fenchel, Flachs, Hanf, Obst, besonders aber Futter- und Wiesenpflanzen.
Baiern, von welchem man meint, es eigne sich nicht zu einem Fabrikstaate, hat, im Vergleich mit der Ausfuhr seiner Landwirtschaft, eine beiläufig viermal stärkere Ausfuhr an Produktion der übrigen Gewerbe; verdient durch seine Manufaktur- und Fabrikindustrie mehr als das Doppelte von Dem, was es für fremde Rohprodukte und Fabrikate bezahlt, deckt damit sogar den Ausfall der landwirtschaftlichen Industrie, und macht hiedurch den baierischen Handel im Ganzen genommen zu einem Aktivhandel, der jedoch mit der Bevölkerung verglichen, immer noch ein sehr kleiner genannt werden kann.
Die Zweige, die etwa zu heben wären, sind etwa folgende: Die Eisenproduktion und Fabrikation in allen ihren Abteilungen mit Einschluß der Drähte und Bleche, der Blech- und Stahlwaaren, Maschinen und Werkstühle etc. – Die Verfertigung von Bronce- und Messingarbeiten, Druckerschriften, Steingeschirre (Steingut), Spiegelgläser, Galanteriewaaren, Uhren, Schießpulver – die Fabriken aller chemischen Produkte, auch Salpeter, Schwefelsäure, Farben und Tusche etc. – alle Spinnereien für Baumwolle, Flachs, Hanf und Wolle – die Fabriken für Schnitt-, Seiden-, Tuch- und Baumwollwaaren aller Art, auch die Fabrikation von Zucker und Zucker- oder Conditoreiwaaren, von feinen Stroh- und Basthüten, Spitzen oder Blonden, Kanten etc., selbst die Färbereien in einzelnen Artikeln, z. B. Türkischroth – und endlich die für die Landwirtschaft so wichtigen amerikanischen Mahlmühlen, Oelfabriken und Ortskäsereien.
Hebung der Gesammtindustrie erscheint demnach als ein dringend nothwendiges, ja laut schreiendes Bedürfnis, sonst verfallen wir einer immer steigenden Armuth und einer stets sich mehrenden Abhängigkeit von fremden Ländern. Allerdings ist seit der Zeit, welche die Veranlassung zu den oben genannten Resultaten lieferte, vieles bereits geschehen; viele der genannten Fabriken sind schon entstanden, andere im Werden begriffen, und. auch bei der Landwirtschaft, wo die Hebung der Urproduktion, wie die vorstehenden Ziffern bezeugen, am allerdringlichsten ist, fängt ein reger Eifer an, selbst diesen Zweig der Industrie zu heben und zu verbessern.
Besonders Großes und Wichtiges ist durch die Errichtung der technischen Schulen geschehen; denn die Erziehung und Bildung für die Industrie muß jedem andern Mittel zur Vervollkommnung derselben vorangehen; Hebung und Förderung dieses Unterrichts auf eine möglichst fruchtbringende Art ist demnach die erste Bedingung; aber damit allein reichen wir nicht aus, und eben hier können wir uns vielleicht eine Vorstellung machen, wie gefährlich es wäre, auf dem halben Wege zur Sicherung des materiellen Wohles in Baiern stehen zu bleiben, wenn wir uns die allenfallsige Möglichkeit denken wollen, daß dann gerade die tüchtigsten Zöglinge jener Anstalten, aus Mangel an Unterkommen im eigenen Lande gezwungen sind, ihre Subsistenz in den verschiedenen Industriezweigen fremder Länder zu suchen und so, mit den technischen Kenntnissen, welche sie sich in ihrer Heimat erworben haben, möglicher Weise von auswärts her noch dazu beitragen würden, ihr Vaterland einer stets größeren Armuth und Abhängigkeit zu überliefern.

Karl Hornstein: Einiges über Bayerns Industrie. In: Zeitschrift des deutschen Vereins für Statistik, 1847, S. 830ff.

Q 3.2
Angst vor Industrialisierung

Ludwig I. betrachtete die Dynamik, die vom Ausbau des Eisenbahnnetzes ausging, mit tiefer Skepsis. So favorisierte er den Donau-Main-Kanal, um damit in Konkurrenz zur Eisenbahn Verkehrsangebote zu schaffen, und leistete gleichzeitig gegen Eisenbahnprojekte beharrlichen Widerstand.
In einem seiner Gedichte, die weniger als literarische Produkte, dafür aber um so mehr als geschichtliche Quellen von Interesse sind, läßt er seinen Bedenken freien Lauf.

Die Dampfwagen

„Aufgeh'n wird die Erde in Rauch", so steht es geschrieben,
Was begonnen bereits; überall rauchet es schon.
Jetzo lösen in Dampf sich auf die Verhältnisse alle,
Und die Sterblichen treibt jetzo des Dampfes Gewalt,
Allgemeiner Gleichheit rastloser Beförd'rer. Vernichtet
Wird die Liebe des Volk's nun zu dem Land der Geburt.
Ueberall und nirgends daheim, streift über die Erde
Unstät, so wie der Dampf, unstät das Menschengeschlecht.
Seinen Lauf, den umwälzenden, hat der Rennwagen begonnen
Jetzo erst, das Ziel lieget dem Blicke verhüllt.

Toni Liebl: Aufgeh'n wird die Erde in Rauch. Geschichte der ersten privaten Eisenbahnen in Bayern, München 1985, S. 5.

Q 3.3
Kontroverse Stimmen zur bayerischen Zollpolitik

Der gesellschaftliche Streit um die Folgen liberalen Freihandels einerseits und merkantilistischer Schutzzollpolitik andererseits hielt über Jahrzehnte an. Bayerns Verbindung mit Württemberg und 1834 mit den anderen deutschen Staaten hatte zwar die Weichen bereits gestellt, die politischen Kontroversen und die wirtschaftlichen Interessenkonflikte dauerten jedoch fort.
Kurz nach dem Regierungsantritt ließ Maximilian II. die wissenschaftliche Preisaufgabe stellen, wie der materiellen Not der unteren Volksklasse abzuhelfen sei. In den eingereichten Schriften finden sich auch Aussagen zur Zollpolitik.

Miehler, Joseph (ohne Berufsangabe), Zusmarshausen, 24. Dezember 1848:

Der Zollverein ist für das Vaterland noch verderblicher, als die Maschinen, dadurch wird das Vaterland mit ausländischen Produkten aller Art so überschwemmt, das unsere Gewerbs-
5 Leute, welche sich anher mit ihrer Familie hinlänglich Nahrung verschaffen konnten, nahrungslos gemacht werden, der Verarmung preisgegeben sind, und selbst Unterstützung bedürfen. Bekanntlich ist Bayern in industrieller Be-
10 ziehung weit zurück, und bey gegenwärtigem Verhältniß muß Bayern noch weiter in den Hendergrund gedrängt werden. Es liegt daher offenbar vor, das durch gegenwärtiges Zoll-Gesetz das noch in Bayern befindliche Geld ver-
15 schwendet, das Ausland genährt, und das Vaterland zugrund gerichtet wird.

Bühlmayer, C. (Rechnungsführer bei der K. Eisenbahn-Section), Würzburg, Januar 1849:

Wer die jüngsten Kunst- und Gewerbeausstellungen nur in Nürnberg und Würzburg zu sehen Gelegenheit hatte, muß der deutschen Industrie alle Anerkennung zollen, und nur schade ist es,
5 daß jetzt leider schon alle deutschen Kaufläden, Märkte und Messen mit französischen, niederländischen, amerikanischen und englischen Fabrikaten angefüllt und überschwemmt sind: Man unterstütze und lohne daher vor allem den
10 deutschen Gewerbefleiß dadurch, daß man insbesondere die Einfuhr aller fremden Tücher, Seidenwaren, Leder etc. so anderer Fabrikate – welche aus fremden Ländern kommen – zwar nicht verbiethe, – aber so schleunig als möglich
15 hoch genug besteure, was auch vorerst mit allen fremden und überseeischen Landes-Producten und Luxus-Artikeln der Fall sein müßte, die nicht ausschließlich Bedürfniß des gemeinen Mannes geworden, und nicht etwa zu Arzneien
20 in der Apotheke oder wie Farbstoffe in den Färbereien unumgänglich nothwendig sind.

Aufbruch ins Industriezeitalter. Zur Wirtschafts- und Sozialgeschichte Bayerns von 1750–1850, Bd. 1: Linien der Entwicklungsgeschichte (= Veröffentlichungen zur Bayerischen Geschichte und Kultur, Nr. 6/85, hrsg. v. Claus Grimm), München 1985, S. 161f.

Q 3.4
Eine Aktie der Bayerischen Hypotheken- und Wechselbank von 1837

Für den Eisenbahnbau oder die Errichtung von Fabriken wurden Geldmittel in bisher nicht gekannter Größenordnung benötigt. Um das Risiko zu verteilen, wurden auch in Bayern Aktiengesellschaften gegründet, an denen sich auch Privatbanken beteiligten.

Die Bayerische Hypotheken- und Wechselbank, gegründet 1835 unter maßgeblichem Einfluß Ludwigs I. und mit dem Geld jüdischer Hoffinanziers, die dem Land schon Jahrzehnte wertvolle Dienste geleistet hatten, betätigte sich ebenfalls in diesem neuen, gewinnträchtigen Geschäft. Die vorliegende Aktie repräsentiert fast ein Jahrhundert bayerischer Wirtschaftsgeschichte, vom Ausgabetag und dem Erstbesitzer über die verschiedenen Wertkorrekturen bis hin zum Einzugsdatum im März 1931. Der Nennwert der Aktie überstieg im 19. Jahrhundert heutige Stückelungsbeträge erheblich. Die hier gezeichneten 500 Gulden entsprachen immerhin dem durchschnittlichen Jahreseinkommen eines Industriearbeiters, so daß für die Anlage von Vermögen in Aktien nur eine kleine, wohlhabende Oberschicht in Frage kam.

Q 3.5
Entwicklung der Berufszugehörigkeit

a) Berufsgliederung Bayerns

Jahr	Land- und Fostwirtschaft abs.	%	Industrie, Gewerbe, Handel, Verkehr, Lohnarbeit abs.	%	Sonstige %
1840	2 869 702	67,5	1 123 635	25,7	8,6
1852	3 092 606	67,9	1 035 925	22,7	9,4
1882	2 681 265	50,9	1 967 000	37,3	11,8
1895	2 647 665	45,8	2 403 455	41,6	12,6

König Maximilian II. von Bayern 1848–1864, hrsg. v. Haus der Bayerischen Geschichte, Rosenheim 1988, S. 188.

b) Berufszugehörige in % der Gesamtbevölkerung 1895

	Landwirtschaft	Industrie, Handwerk	Handel und Verkehr
Deutsches Reich	35 %	39 %	11 %
Bayern	46 %	31 %	10 %
Württemberg	45 %	35 %	8 %
Baden	42 %	35 %	10 %
Sachsen	15 %	58 %	14 %

Gerhard A. Ritter (Hrsg.): Der Aufstieg der deutschen Arbeiterbewegung, München 1990, S. 103.

Fragen und Anregungen:

1. Worin sieht Hornstein (▷ Q 3.1) die Hauptschwächen der wirtschaftlichen Situation in Bayern und welche Lösungsvorschläge unterbreitet er?
2. Benennen und beurteilen Sie die Bedenken Ludwigs I. gegen den „Dampfwagen" (▷ Q 3.2). Diskutieren Sie seine Position auch im Zusammenhang mit gegenwärtigen Problemen, die sich als Folge von neuen Technologien ergeben.
3. Fassen Sie die Argumente der Texte in Q 3.3 zusammen und klären Sie insbesondere zwei Fragen, indem Sie sich im Fach Wirtschaft und Recht und aus Tageszeitungen Informationen beschaffen:
   a) Wen begünstigt aus welchen Gründen ein Schutzzollsystem?
   b) Welche Rolle spielen derartige wirtschaftspolitische Fragen heute? Nennen Sie dazu einige Beispiele.
4. Erschließen Sie die Aktie in Q 3.4, indem Sie Kenntnisse aus dem Fach Wirtschaft und Recht einbringen oder sich bei einem Geldinstitut über heutige Möglichkeiten der Aktienanlage informieren.
5. Vergleichen Sie Herkunft, Ausbildung und beruflichen Werdegang der in der Spezialeinheit vorgestellten Unternehmer (▷ S. 34f.). Worin liegt nach Ihrer Einschätzung der Schlüssel zum Erfolg?
   Informieren Sie sich über weitere Unternehmensgeschichten und Unternehmerbiographien ggf. auch in Betrieben der eigenen Region.
6. Beschreiben Sie die Entwicklung der Berufszugehörigkeit in Bayern (▷ Q 3.5a) und vergleichen Sie sie mit anderen Ländern und dem Deutschen Reich (▷ Q 3.5b). Welche Schlußfolgerungen lassen sich aus den Angaben für die Entwicklung Bayerns ziehen?

Zusammenfassung:

Bayern ist im 19. und bis weit ins 20. Jahrhundert hinein Agrarland geblieben und hat zunächst nur eine „geminderte" Industrialisierung erlebt. Trotz aktiver Unternehmerpersönlichkeiten waren die strukturellen und politischen Voraussetzungen bis in die 60er Jahre für eine forcierte industrielle Entwicklung nicht besonders günstig. Dennoch hatte das Land Anteil an der modernen Verkehrserschließung, am Bank- und Aktienwesen und war durch eine liberale Zollpolitik auch zunehmend stärker mit dem deutschen Markt verflochten. Staatliche Wirtschaftspolitik und unternehmerisches Bemühen reagierten seit 1848 auch verstärkt auf die soziale Frage, die in Bayern nicht die Zuspitzung erlebte wie in Regionen mit höherer Industrialisierung und größerer Bevölkerungsdichte.

Zum Ergebnis:

Das heutige Staatsbayern entstand im Bündnis mit Napoleon und in den Befreiungskriegen, als Bayern sein Territorium um die neubayerischen Gebiete Frankens und Schwabens vergrößern konnte. Der moderne Staat, der damals unter dem maßgeblichen Einfluß des Ministers Graf Montgelas in einer „Revolution von oben" geschaffen wurde, stand geistig in der Tradition der Aufklärung und der Französischen Revolution. Zugleich wies er mit seiner zentralen Verwaltung, seinem Gewaltmonopol, der Garantie von Freiheits- und Eigentumsrechten und den Frühformen eines parlamentarischen Systems in die Zukunft. Mit der Verfassung von 1818 trat Bayern in den Kreis der süddeutschen konstitutionellen Staaten ein, die zu den frühen Vertretern des Rechts- und Verfassungsstaates in Deutschland gerechnet werden können.

Trotz der Fixierung des monarchischen Prinzips und eines engen Zensuswahlrechts gingen dem österreichischen Staatskanzler Metternich diese Verfassungen entschieden zu weit in ihrer Liberalität. Deshalb bekämpfte er sie mit allen Mitteln der Bundespolitik bis zu seinem Sturz im Jahre 1848. In den Jahren 1819 und 1832 gelangen ihm mit den Karlsbader Beschlüssen und im Anschluß an das Hambacher Fest die entscheidenden Schläge gegen den Liberalismus, der sich im Gefolge dieser Politik radikalisierte. Trotz früherer Verfassungsbegeisterung und erklärten Souveränitätswillens schloß Ludwig I. sich nach 1830 dieser restaurativen Politik an. An die Stelle eines ausgeprägten Verfassungspatriotismus trat nun die intensive Pflege von Geschichte und Kunst, ein erklärtes „Kulturkönigtum", mit dem er die unterschiedlichen Landesteile zu integrieren und zugleich sein neoabsolutistisches Herrschaftssystem zu legitimieren versuchte. In der Revolution von 1848 jedoch zerbrach Ludwigs „Kulturkönigtum" ebenso wie sein Neoabsolutismus.

Im Gefolge der Revolution entstanden Vereine, Presseorgane und schließlich die drei großen Parteien: die liberale Fortschrittspartei, die konservative Patriotenpartei und später die Sozialdemokratische Arbeiterpartei. Da jedoch die Parlamentarisierung des politischen Systems bis zur Revolution 1918 unterblieb, waren die Parteien ohnmächtig und die politischen Strukturen durch extreme Stagnation gekennzeichnet. Trotz mancher Reformen, etwa beim Wahlrecht oder in der Sozialgesetzgebung, hinkte daher das politische System immer stärker der gesellschaftlichen Entwicklung hinterher. Am Beharrungsvermögen der Führungsschichten in Staat und Gesellschaft scheiterten alle Reformversuche, bis die Revolution 1918 die alte Monarchie und ihr überholtes konstitutionelles System hinwegfegte.

Wirksam waren die Kräfte der Beharrung auch im Wirtschaftsleben. Dennoch erlebte das Agrarland Bayern erste Stadien seiner „geminderten" Industrialisierung schon frühzeitig. Maßgeblichen Anteil daran hatten dynamische Unternehmerpersönlichkeiten, die vor allem in den neubayerischen Gebieten ganze Wirtschaftszweige neu aufbauten, bei der Verkehrserschließung des Landes mitwirkten und ein blühendes Bankwesen einrichteten. Der Staat trug – zurückhaltend und schwankend – mit mancherlei Maßnahmen, vor allem auch der Zollpolitik, zur wirtschaftlichen Entwicklung bei. Die Verflechtungen mit dem deutschen Markt wurden so immer enger, so daß Bayerns Weg ins kleindeutsche Reich schon lange vor dem politischen Einigungswerk Bismarcks begann.

Dieser Vorgang steten Wandels aber rief nicht nur gesellschaftliche Konflikte zwischen alten bäuerlichen Bevölkerungsgruppen, neuen industriellen Führungsschichten und der ständig anwachsenden Schicht der Arbeiter hervor, er beeinflußte auch das daraus resultierende Parteiensystem und das konstitutionell-monarchische Staatswesen. Der Verlust traditioneller Werte und die permanente Umgestaltung der natürlichen Umwelt waren überdies bittere Konsequenzen, die uns heute nach drei „industriellen Revolutionen" verstärkt über die Grenzen dieses säkularen Prozesses nachdenken lassen.

II.
Von der Reaktion zur Reichsgründung (1850–1871)

Reichskanzler Otto von Bismarck als Schmied der deutschen Einheit.

Das Schwert, auf dem das lateinische Wort „unitas" (Einheit) steht, reicht er der Germania. Bismarck, der „Eiserne Kanzler", wurde schon zu Lebzeiten als Reichsgründer gefeiert und zur nationalen Kultfigur erhoben. Sein Biograph, der Historiker Lothar Gall, schrieb, es habe ein Prozeß der Entrückung der Person Bismarcks in ein Heldenzeitalter stattgefunden, das den Gestalten der germanischen Sagenwelt weit näher war als der Welt des ausgehenden 19. Jahrhunderts. Erinnert sei an die Nibelungensage. Dort tötet Siegfried mit seinem eigenhändig geschmiedeten Schwert den gefürchteten Lindwurm. Siegfried gewinnt dadurch ein noch besseres, wundertätiges Schwert, den „Balmung", und mit dessen Hilfe den Schatz der Nibelungen.
(Druck nach einem Gemälde von Guido Schmitt, um 1880)

Zur Einführung:

Französische Revolution und ihre Folgen. Die Französische Revolution markiert den endgültigen Übergang von der frühen Neuzeit, die mit der Entdeckung Amerikas und der Reformation begann, zur Moderne. Bürgertum, Bauern und städtische Unterschichten beteiligten sich, wenn auch aus unterschiedlichsten Motiven, an diesem umfassenden Veränderungsprozeß. Wie die Revolution von 1848 war aber auch die Französische Revolution ideenmäßig eine primär vom Bürgertum getragene Bewegung.

Den Ausschlag für das zunehmende Selbstbewußtsein des Bürgertums gaben zunächst die Ideen der europäischen Aufklärung, dann jedoch auch im Zuge der beginnenden Industrialisierung sich auflösende soziale und wirtschaftliche Bindungen.

Wesentliche, die Zukunft prägende Veränderungen fanden auf der verfassungspolitischen Ebene statt. Als erstes zeigte das französische Beispiel die Konfrontation der revolutionären Ideen von Freiheit, Gleichheit und Brüderlichkeit mit dem absolutistischen Staat. Wichtigstes Zwischenergebnis war 1791 die Verfassung einer konstitutionellen Monarchie. Das Vorbild dazu lieferte die englische Geschichte, wo das Parlament 1688 die politische Macht gegenüber dem Königtum errungen hatte.

Die deutsche Geschichte der ersten Hälfte des 19. Jahrhunderts ist geprägt vom beständigen Wechsel zwischen Bewegung und Beharrung, zwischen Revolution und Restauration.

Von den Ideen der Französischen Revolution von 1789 hatten die deutschen Liberalen ihre Forderungen nach Einheit und Freiheit abgeleitet. Der Ruf nach dem Rechts- und Verfassungsstaat einerseits und dem Nationalstaat andererseits verstummte nie ganz, wenngleich den Phasen unbotmäßigen Aufbegehrens stets solche der Unterdrückung und „untertänigen" Anpassung folgten. Verschlungen waren die Wege, auf denen das deutsche Bürgertum seinen Aufstieg und seine Anerkennung als neue Gesellschaftsschicht zu erreichen suchte.

Restauration und Unterdrückung (1815–1819). Nach der nationalen Begeisterung der Freiheitskriege (1813/14) stellte sich bald tiefe Ernüchterung ein, als der Wiener Kongreß das napoleonische Europa territorial und geistig umgestaltete. Seine Prinzipien der Restauration der alten politischen Ordnung, der Legitimität der herkömmlichen Monarchien und des Interventionsrechtes gegen alle Abweichungen von diesen Prinzipien galten ganz besonders für den Deutschen Bund, der in Wien gegründet wurde. Dieser Zusammenschluß aller deutschen Staaten, der mit einem Gesandtenkongreß in Frankfurt und einer Bundesakte als Verfassungsgrundlage ausgestattet war, widersprach den Forderungen des liberalen Bürgertums ganz und gar. Denn er bedeutete Stagnation der konstitutionellen Entwicklung und Behinderung der Einheitshoffnungen. Gerade dies aber entsprach dem politischen Willen des österreichischen Staatskanzlers Metternich, der zur führenden Persönlichkeit dieser Jahrzehnte zwischen 1815 und 1848 wurde.

Das Aufbegehren der Liberalen ließ nicht lange auf sich warten: 1817 artikulierte sich im Wartburgfest der studentische Protest, 1819 ermordete der radikale Student Karl Ludwig Sand den Staatsrat Kotzebue. Die Antwort des Deutschen Bundes waren die Karlsbader Beschlüsse, die Universitäten und Presse hart trafen. Eine Zentral-Untersuchungskommission sorgte für Verfolgung und Bestrafung und schuf bald eine Ruhe, für die die behaglich-beschauliche Bezeichnung „Biedermeier" sicher zutreffend war.

Unruhen und Demagogenverfolgung (1830–1834). Impulsgeber für die nächste Unruhephase in Deutschland war wiederum Frankreich. Die Juli-Revolution läutete 1830 das Ende der alten französischen Monarchie ein. In Deutschland brachen Unruhen aus, neue Verfassungen wurden erzwungen. Während die deutschen Fürsten verunsichert und ängstlich reagierten, organisierte Metternich erneut den Kampf gegen den Liberalismus. Das Hambacher Fest von 1832 bot ihm dazu die erwünschte Gelegenheit. In der bayerischen Pfalz trafen sich Liberale aus Deutschland, Frankreich und Polen zu einem politischen Volksfest, das lauter denn je radikale Forderungen nach Volkssouveränität und einer Republik artikulierte. Die konstitutionelle Monarchie, wie sie sich inzwischen in einigen süd- und mitteldeutschen Staaten voll etabliert hatte, schien als Garant für Bürgerfreiheit und nationale Einheit nicht mehr ausreichend. Der staatliche Zugriff war entsprechend hart und durchschlagend. Mit Waffengewalt, Verhaftungen und Prozessen wurde der bürgerliche Protest zum Schweigen gebracht; Emigration oder Anpassung waren für viele Alternativen, um diesen erneuten „Demagogenverfolgungen" zu entgehen. Für mehr als ein Jahrzehnt war Deutschland im Sinne der Metternichschen Politik befriedet.

Revolution von 1848/49. Doch die erzwungene Ruhe der Vormärz-Jahre war schlagartig beendet, als wiederum in Frankreich die Februar-Revolution des Jahres 1848 wie ein Fanal zündete. Schon im März erschütterten Unruhen die Hauptstädte Berlin, Wien und München. Konzessionen der Regierenden schlossen sich an.

Der deutsche Nationalstaat schien in greifbare Nähe gerückt, als nach einigen mühsamen Vorstufen am 18. Mai die Abgeordneten der ersten deutschen Nationalversammlung in die Frankfurter Paulskirche einzogen. Drei Grundfragen hatte diese würdige Versammlung gegen den Widerstand der deutschen Regenten und den der radikalen Linken zu lösen: die konstitutionelle Frage, die in der Alternative von Monarchie oder Republik eine Zuspitzung fand, die nationale Frage nach der Organisation des deutschen Gesamtstaates und die territoriale Frage nach dem Umfang des deutschen Staates, die in den Konflikt zwischen Großdeutschen und Kleindeutschen mündete.

Nach gründlicher Beratung der Grundrechte und der Wahl des Habsburger Erzherzogs Johann zum Reichsverweser schien sich ein Lösungsmodell abzuzeichnen. Doch schon die Schleswig-Holstein-Krise wurde zur ersten Zerreißprobe. Der Anspruch des dänischen Königs auf die beiden Herzogtümer ließ das nationale Hochgefühl auch in der Paulskirche überschäumen. Bundestruppen unter Führung Preußens wiesen den Dänenkönig bald in die Schranken. Unter dem Druck der Großmächte England und Rußland, die das Machtgleichgewicht im Norden Europas gefährdet sahen, mußte ein Waffenstillstand geschlossen werden, den Preußen ohne Genehmigung durch die Nationalversammlung unterzeichnete. Zugleich geriet das Parlament unter den Druck der radikalen Linken, die im September 1848 in Frankfurt einen blutigen Aufstand inszenierten.

Die Verfassungsberatungen, die von Oktober 1848 bis März 1849 dauerten, hatten zunächst einen großdeutschen Bundesstaat mit erbkaiserlicher Spitze zum Ergebnis. Nachdem der österreichische Staatskanzler Schwarzenberg auch den Kompromißvorschlag eines engeren und weiteren Bundes abgelehnt hatte, siegte die kleindeutsche Richtung. Der preußische König Friedrich Wilhelm IV. lehnte jedoch die „mit dem Ludergeruch der Revolution" behaftete Kaiserwürde ab, die ihm die Paulskirchenversammlung anbot. Mit dem Rücktritt Heinrich von Gagerns, des Präsidenten der Nationalversammlung, und der Abberufung der österreichischen und preußischen Abgeordneten war der erste Versuch der Deutschen gescheitert, Einheit und Freiheit in ein verfassungsrechtliches System zu bringen und damit die deutsche Frage im Sinne liberaler Vorstellungen zu lösen.

So hat die Revolution von 1848/49 ihr ursprüngliches Ziel nicht erreicht, und der Paulskirche blieb der Erfolg versagt. Doch trotz der schweren Niederlage der liberal-demokratischen Kräfte ist die Frucht dieser Jahre unübersehbar: Die Verfassungsbewegung war unaufhaltsam geworden, der Drang zur nationalen Einheit nur aufgestaut, die Fixierung unveräußerlicher Grundrechte zum wertvollen Traditionsbestand deutscher Geschichte geworden, der vor allem im 20. Jahrhundert einen wichtigen Orientierungspunkt darstellte.

Zunächst aber schlug die Stunde der Reaktion, die zugleich die Stunde des preußischen Junkers Bismarck war. Unter seiner Führung wurde tatsächlich der deutsche Nationalstaat geschaffen, anders freilich als sich ihn die Liberalen des Vormärz erträumt hatten und mit anderen Folgen als das Brüderlichkeits-Pathos der Hambacher erwartet hatte.

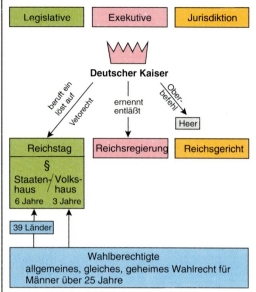

Nicht verwirklichte Reichsverfassung von 1849

Die Zeit der Reaktion (1850–1860). Der Zeit zwischen 1850 und 1871 kommt in der europäischen Geschichte des 19. Jahrhunderts besondere Bedeutung zu. Waren die nationalen und liberalen Zielsetzungen des Vormärz im Deutschen Bund durch den Zusammenbruch der Revolution von 1848 gescheitert, so wurde seit Bismarcks Amtsantritt als preußischer Ministerpräsident, 1862, die nationale Idee von oben her, durch Bismarck selbst, wieder aufgegriffen und im Reichsgründungsakt, 1871, ohne Österreich in Form der kleindeutschen Lösung vollzogen. Dieser von Bismarck nahezu im Alleingang vollendete obrigkeitsstaatliche Akt war möglich, weil die deutschen Einzelstaaten in den Jahren zwischen 1850 und 1860 innenpolitische Gegner durch härteste Reaktionspolitik auszuschalten versuchten. Viele von ihnen entzogen sich der Exekution oder der Inhaftierung durch Flucht in das Ausland. In diesem Zusammenhang stellen sich folgende Fragen, mit denen sich dieses Kapitel beschäftigt:

– Welche reaktionären Maßnahmen wurden im einzelnen ergriffen?
– Welche Unterschiede bestanden in der Handhabung der Reaktionspolitik zwischen den deutschen Einzelstaaten?
– Warum arbeiteten große Teile des liberalen Bürgertums mit den monarchisch–konservativen Kreisen zusammen?
– Welche gesellschaftlichen und wirtschaftlichen Strukturveränderungen wurden in diesem Zusammenhang politisch wirksam?
– Wie entwickelte sich die Verfassungsbewegung in Preußen und Österreich?

Reichsgründung: Voraussetzung – Bewertung – Ausblick. Das folgende Kapitel muß auch Fragen nach der außenpolitischen Konstellation in Europa stellen, die es Bismarck ermöglichte, auf kriegerischem Wege Preußens Vorrangstellung in Deutschland bis hin zur Reichsgründung zu sichern:

– Welche wichtige Rolle spielte Italien?
– Warum wurden Österreich und Frankreich die großen Verlierer dieses Mächtespiels?

Schließlich wird das Kapitel zu zeigen versuchen, daß die obrigkeitsstaatlich vollzogene Reichsgründung in Gestalt des kleindeutschen Nationalstaates vom Bürgertum zwar mehrheitlich mitgetragen wurde, daß aber eine liberale Gestaltung des politischen Lebens und die innere Einheit der Nation nicht zustande kamen.

Die Beschäftigung mit der deutschen Frage des 19. Jahrhunderts wird insbesondere mit Bezug auf die Gegenwart zu weiteren Fragen anregen können. Die deutsche Wiedervereinigung vom 3. Oktober 1990 durch den Beitritt der DDR zur Bundesrepublik Deutschland hat auch der Auseinandersetzung mit der deutschen Frage des 19. Jahrhunderts neue Aktualität verliehen. Vielleicht lassen sich in der Auseinandersetzung mit der Vergangenheit auch Fragen an die Gegenwart stellen. Ein wichtiger Punkt dabei ist, wie die Integration aller Bürger aus den neuen Bundesländern in das vereinigte Deutschland gelingen wird, ein anderer der, wie sich die europäischen Nationalstaaten in das Konzept eines vereinten Europa einfügen werden. Welche Rolle wird der nationale Machtstaat am Übergang vom zweiten zum dritten Jahrtausend im zerfallenen Ostblock spielen? Wird eine Integration der osteuropäischen Völker und Nationen unter ein gemeinsames europäisches Dach erfolgen können? Der Rückblick auf die deutsche Frage des 19. Jahrhunderts und ihre in mancher Hinsicht unglückliche Lösung im nationalen Machtstaat Bismarcks bietet sicherlich Ansatzpunkte zu eigener Urteilsfindung und Entscheidung.

1.
Das Jahrzehnt der Reaktion (1850–1860)

1850	Januar	Inkrafttreten des preußischen Verfassungsoktroy
1850–1851	Dezember–Mai	Dresdener Konferenzen Wiederherstellung des Deutschen Bundes Beginn des preußisch-österreichischen Dualismus
1851	August	Aufhebung der Grundrechte für die Länder des Deutschen Bundes
	Dezember	Rücknahme der 1849 oktroyierten Verfassung in Österreich
1854		Bundespressegesetz
1859		Gründung des Deutschen Nationalvereins

Kennzeichen des Jahrzehnts der Reaktion. Nach dem Ende der Paulskirche (▷ S. 43) ist für das Jahrzehnt zwischen 1850 und 1860 zunächst der in allen europäischen Staaten beschleunigte gesellschaftliche, wirtschaftliche und technische Wandel kennzeichnend geworden (▷ S. 48). Der Staat unterstützte dabei zwar die wirtschaftlichen Interessen der aufstrebenden bürgerlichen Gesellschaft, im Gegenzug erwartete er aber von seinen Untertanen Loyalität, Unterordnung und Opferbereitschaft. Die streng nach nationalen Interessen ausgerichtete Außenpolitik diente in diesem Zusammenhang als eine Staat und Gesellschaft umklammernde Idee. Die Politik der Reaktionszeit wandte in ganz Europa harte Repressionen gegenüber revolutionären Kräften an. Die meisten Regierungen hatten die Paulskirchenverfassung abgelehnt und ihre Abgeordneten aus Frankfurt zurückgerufen. In Sachsen, Baden und in der Pfalz kam es daraufhin zu bewaffneten Aufständen radikaler Demokraten. Das in Frankfurt verbliebene Rumpfparlament wich vor den preußischen Truppen nach Stuttgart aus. Dort wurde es am 18. Juni 1849 endgültig auseinandergetrieben. Rastatt, die letzte Bastion der badisch-pfälzischen Revolutionäre, mußte sich am 23. Juli ergeben. Mehrere tausend dieser Revolutionäre starben durch Krankheit, Verwundung oder durch die Vollstreckung der Todesstrafe. Vielerorts waren schon 1849 die in der Revolutionszeit gewährten Garantien für individuelle Freiheit und Rechtssicherheit wieder abgebaut, das Recht auf Pressefreiheit beseitigt und gewährte Rechte auf Vereinigungs- und Versammlungsfreiheit aufgehoben worden. Diese repressiven Maßnahmen hatten bereits ab 1849 zu Flüchtlingsströmen in liberale Länder wie die Schweiz, nach England und in die Vereinigten Staaten geführt. So verließen rund 80 000 Verfolgte, ein Fünftel der badischen Bevölkerung, ihre Heimat. Nach dem Scheitern der deutschen Einigung von unten her, durch das Volk, versuchte der preußische König Friedrich Wilhelm IV., die Einigung durch eine Fürstenunion, also von oben, zu erreichen. Der Berater des Königs, Freiherr Joseph Maria von Radowitz (1797–1853), ging dabei von einer „Deutschen Union", einem kleindeutschen Reich unter dem Vorsitz Preußens, aus. Dieser „engere Bund" der außerösterreichischen deutschen Staaten zielte auf eine Erweiterung, einen „weiteren Bund" mit dem österreichischen Kaiserstaat, aber unter Führung des preußischen Königs. Doch blieb bereits das Dreikönigsbündnis zwischen Preußen, Sachsen und Hannover (26. Mai 1849), das ein erster Schritt in Richtung Unionsziel sein sollte, ein Torso. Der Unionsreichstag in Erfurt scheiterte, als Österreichs Ministerpräsident Fürst Felix Schwarzenberg mit Unterstützung Rußlands, das Preußen mit Krieg drohte, den preußischen Plänen Einhalt gebot.

Repressionspolitik

Rumpfparlament

Fürstenunion

Restaurative Maßnahmen im Deutschen Bund. Die Politik der Reaktion – wie die Politik des Deutschen Bundes und der deutschen Einzelstaaten in den 50er Jahren des 19. Jahrhunderts bezeichnet wird – war bestrebt, den konservativen Obrigkeitsstaat gegen alle Tendenzen des Liberalismus zu festigen. Sie formte sich in den Einzelstaaten unterschiedlich aus, obwohl der nach den Dresdener Konferenzen (Dezember 1850 – Mai 1851) wiederhergestellte Deutsche Bund eine einheitliche Linie durchzusetzen versuchte. Jedoch unterwarfen sich die deutschen Einzelstaaten nicht uneingeschränkt dem Druck eines neuen Deutschen Bundes. Preußen hatte schon im Vertrag von Olmütz im November 1850 (▷ Q 1.1) auf Unionspläne mit preußischem Führungsanspruch verzichten müssen, sich aber auch erfolgreich den Plänen für ein „Siebzigmillionenreich" unter österreichischer Führung widersetzt. Auf den Dresdener Konferenzen und im Anschluß daran wurden zwar von Preußen und Österreich akzeptierte Beschlüsse im Sinne einer repressiven Reaktionspolitik verabschiedet, doch nahm hier auch der politische und militärische Dualismus zwischen beiden Staaten seinen Anfang. Beschlossen wurde, daß die Verfassungen der Einzelstaaten ihrer liberalen und demokratischen Elemente weitgehend beraubt werden sollten. Das monarchische Prinzip, wonach alle Staatsgewalt in der Person des Monarchen konzentriert ist, galt es, in den Staaten des Deutschen Bundes zu festigen. Pressefreiheit, Budgetrecht der Landtage sowie die in Ansätzen demokratischen Wahlverfahren hingegen waren abzubauen. Der Reaktionsausschuß des Deutschen Bundes überwachte mit Hilfe von Kommissionen die Einhaltung der verordneten Reaktionspolitik. Am 23. August 1851 wurden auf Antrag Österreichs und Preußens die Grundrechte des deutschen Volkes für den Bereich des Deutschen Bundes formell aufgehoben. Ab 7. Juli 1854 schränkte ein Gesetz die Presse- und Vereinigungsfreiheit ein. Der Deutsche Bund achtete darauf, daß die Einzelstaaten selbst die Reaktionspolitik durchsetzten, um die öffentliche Meinung nicht allzusehr gegen den Bund aufzubringen.

So wurde in allen deutschen Staaten die Erhaltung der inneren Sicherheit zu einem wesentlichen politischen Ziel. Schulen und Lehrerausbildung mußten sich verstärkter staatlicher Kontrolle unterziehen. Demokraten und Sozialisten wurden überwacht. Sie antworteten auf diese Einschränkungen vielfach mit Wahlboykott. Das öffentliche Vereinswesen wurde kontrolliert. In den Einzelstaaten des Deutschen Bundes machte sich ein Klima der Verängstigung breit.

Zu Musterländern der Reaktion mit Zurücknahme der liberalen Verfassungsänderungen von 1848 entwickelten sich Kurhessen und Württemberg. Baden hatte auf eine solche Zurücknahme verzichtet. Bayern verfolgte bis 1852 noch eine konservativ-liberale Reformpolitik. Erst nach 1852 kam es hier zum ständigen Konflikt zwischen Regierung und Kammern. Die liberalen Errungenschaften der Märzrevolution blieben in Bayern jedoch bestehen (▷ S. 22f.).

Reaktionspolitik in den Großstaaten des Deutschen Bundes. Preußens König Friedrich Wilhelm IV. hatte im Dezember 1848 im Zuge der Revolutionsereignisse eine Verfassung oktroyiert, welche Ende Januar 1850 in Kraft trat. Sie kam den Vorstellungen der Liberalen weit entgegen (▷ Q 1.2 und Q 4.3), denn sie bestimmte die Aufhebung der gutsherrlichen Gerichtsbarkeit, legte Gleichheit vor dem Gesetz sowie Presse- und Religionsfreiheit fest. Der Verzicht auf eine rein feudale erste Kammer berührte angestammte Privilegien der Junker. Die zweite Kammer, das Abgeordnetenhaus, war zusammen mit der ersten Kammer für die Verabschiedung von Gesetzen zuständig. Sie wurde nach dem allgemeinen Wahlrecht gewählt, wenngleich die Wahlbürger – nach der oktroyierten Wahlrechtsverordnung vom Mai 1849 – in drei Steuerklassen eingeteilt worden waren. Jede Steuerklasse wählte ein Drittel der Abgeordneten. Dies führte zu einer Benachteiligung der zahlenmäßig größten Gruppe, nämlich der dritten Klasse mit dem geringsten Steueraufkommen. Auch war das

Wahlverfahren indirekt und öffentlich und verhinderte eine wirklich freie Repräsentation des Volkswillens. Die Verfassung verankerte das monarchische Prinzip. Der König herrschte vor der Verfassung „von Gottes Gnaden" und aus eigenem Recht. In seiner Hand lagen die Exekutive, also Regierung und Verwaltung, ebenso der Oberbefehl über das Heer. Der König ernannte Minister und Beamte, die ihm verantwortlich waren und in seinem Namen handelten. Schließlich lagen Außenpolitik sowie Entscheidung über Krieg und Frieden in der Zuständigkeit des Königs.

Die Kammern erkannten das neue Wahlrecht an. Im Unterschied zum verfassungslosen Österreich wurde Preußen bis 1918 auf der Grundlage dieser mit weitgehenden Individualrechten ausgestatteten Verfassung regiert.

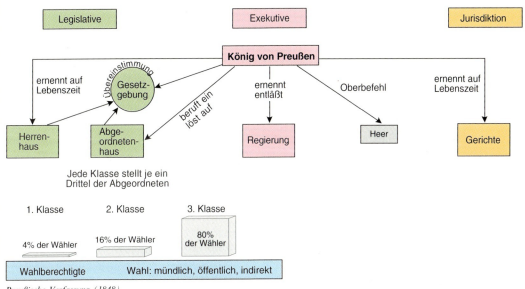

Preußische Verfassung (1848)

Weite Kreise des kapitalstarken Wirtschaftsbürgertums setzten – vom wirtschaftlichen Aufschwung beflügelt – hinsichtlich der deutschen Frage des 19. Jahrhunderts ihre nationalen Hoffnungen künftig auf die Führungsrolle Preußens, auch wenn sich die Verfassungspraxis ausgesprochen reaktionär gestaltete: Wahlbeeinflussungen zur Unterstützung der Regierungspolitik, Demokraten- und Sozialistenverfolgungen, Spitzel- und Agentenwesen, Pressezensur- und Disziplinarrechtsverschärfungen für Beamte, Einschränkungen der gerichtlichen Überprüfung von Verwaltungsakten wie auch die Einschränkung der städtischen Selbstverwaltung waren Maßnahmen dieser bürokratischen, auf Heer und Beamtentum gegründeten Reaktionspolitik in Preußen. Arbeiterschaft und Kleinbürgertum nahmen, insbesondere im Zeichen fortschreitender Industrialisierung in Preußen, zunehmend am Dreiklassenwahlrecht Anstoß. In diesen Schichten, die den wirtschaftlichen Aufschwung durch Einsatz ihrer Arbeitskraft mit ermöglichten, machte sich mangels echter politischer Mitwirkungsmöglichkeiten Politik- und Staatsverdrossenheit breit. Verlierer der Politik der Reaktion waren in Preußen auch diejenigen liberalen Kräfte, die an politischer Freiheit und Mitwirkung interessiert waren, ebenso aber die Erzkonservativen, die Schicht der preußischen Junker. Diese politischen Gruppierungen sahen ihre Ziele weder in der Verfassung noch in der Verfassungswirklichkeit repräsentiert.

Repressive Maßnahmen

In Österreich wurde kurz vor Auflösung des im November 1848 nach Kremsier verlegten Reichstags eine Verfassung oktroyiert (März 1849), aber schon im Dezember

Österreich absolutistisch

Kaiser

1851 wieder zurückgenommen (▷ Q 4.3); es blieb bis 1918 ein absolutistischer Staat. Nach dem Tode des österreichischen Staatskanzlers, Fürst Felix Schwarzenberg, 1852, regierte der Kaiser allein. Er errichtete ein antiliberales, bürokratisches und zentralistisches Polizei- und Militärsystem. Für Wien und Prag galt noch bis 1853 der im Zuge der Niederschlagung der Revolution ausgerufene Belagerungszustand. Ungarn und seine Nebenländer blieben dem gegenrevolutionären, zentralistischen Österreich eingegliedert. Da der österreichische Zentralismus gegen die Autonomiewünsche der tschechischen oder ungarischen Nation von Deutschen durchgesetzt wurde, wuchs von daher auch die Opposition gegen die Deutschen. Der italienische Krieg 1859 (▷ Q 1.3, auch S. 58) führte schließlich nach der österreichischen Niederlage zur finanziellen und politischen Krise des Systems.

Fortschrittliche Tendenzen der Reaktionszeit. Die Bevölkerung Europas hatte im Zeitraum von 1750 bis 1850 um mehr als 90 % zugenommen. Neues und Altes miteinander zu verbinden, war zunächst ein Grundanliegen der westeuropäischen Staaten. Frankreich kam dabei eine Vorreiterrolle zu. Die Pariser Weltausstellung von 1855 wurde zum Schaufenster der industriellen Entwicklungen. Liberalisierung der Wirtschaftspolitik bedeutete, sich mit den neuen wirtschaftlichen und sozialen Kräften zu arrangieren. Der wirtschaftliche Aufschwung in den Jahren zwischen 1850 und 1860 sorgte in Preußen wie in Österreich dafür, daß sich das liberale Bürgertum in dieser Zeit politisch zurückhaltend verhielt. Dazu trug auch bei, daß die Regierungen der Reaktionszeit in wichtigen Bereichen die Gesellschaft modernisieren halfen. So wurde in Preußen die Bauernbefreiung abgeschlossen, in Österreich durchgeführt. Die ständischen regionalen Vorrechte des Adels wurden in Österreich abgeschafft, das Rechtswesen, insbesondere im Sinne der Befreiung des Eigentums, reformiert. Der Ausbau der Infrastruktur – Eisenbahnbau, Wegfall der Binnenzölle, Förderung der Industrie, Gründung von Aktiengesellschaften und Banken, Liberalisierung des Berggesetzes – versprach dem Bürgertum weiteren wirtschaftlichen Aufschwung. Auch waren, von Österreich abgesehen, die meisten deutschen Einzelstaaten am Ende der Reaktionszeit Rechts- und Verfassungsstaaten geblieben oder es – wie Preußen – geworden.

Modernisierung in wichtigen Bereichen

Erstarken nationaler Kräfte. Das Scheitern der Revolution von 1848/49 hatte bei den sie tragenden liberal-demokratischen und nationalen Kräften zu kritischer Selbstbesinnung geführt. Die deutsche Einheit, die Errichtung eines deutschen Nationalstaates, gewann nun für weite Kreise der liberalen Bewegung Vorrang vor demokratischen Reformen. Es galt, den Nationalstaat kleinschrittig und mit Pragmatismus zu verwirklichen, ohne zu sehr auf die Kraft und Wirksamkeit von Ideen zu vertrauen. Der durch die Industrialisierung bedingte wirtschaftliche Aufschwung führte zum Erstarken bürgerlicher Kräfte, denen die Durchsetzung der politischen Einheit wichtiger wurde als die Durchsetzung politischer Freiheitsideale oder gar sozialistischer Staatsvorstellungen, wie sie Karl Marx und Friedrich Engels in ihrem „Manifest der Kommunistischen Partei" im Februar 1848 entwickelt hatten. Die in Staat und Wirtschaft Einfluß besitzenden Schichten ignorierten die theoretischen Ansätze, die von der Diktatur des Proletariats ausgingen, in der die Arbeiterklasse die Macht ergreift und die Produktionsmittel in die eigene Hand überführt. Das Ziel der klassenlosen Gesellschaft, in der es keine Unterdrückung mehr gibt und in der sich jeder Mensch nach seinen Fähigkeiten und Bedürfnissen verwirklichen kann, erschien den bürgerlichen Kräften als pure Utopie. „Realpolitik" war dagegen gefragt. Der Publizist August Ludwig von Rochau hatte 1853 diesen Begriff geprägt. Die im Zusammenwirken von traditioneller Machtpolitik und organisiertem Volkswillen erfolgreich betriebene italienische Einigung (▷ Q 1.3) ermutigte große Teile der deutschen Natio-

Nationalstaat als Ziel

„Realpolitik"

nalbewegung, auch hinsichtlich der deutschen Frage den Weg der „Realpolitik" zu beschreiben. So wurde, als konkretes Zeichen, nach dem direkten Vorbild der „Società Nationale" Italiens, 1859 der Deutsche Nationalverein gegründet. Sein Ziel war die Errichtung des kleindeutschen Nationalstaates ($\triangleright$ Q 1.4). Die „Neue Ära" in Preußen, die mit dem Regierungsantritt des späteren Königs Wilhelm I., des Bruders von König Friedrich Wilhelm IV., 1858, begann, förderte zudem die Hoffnungen auf einen kleindeutschen Nationalstaat unter preußischer Führung. Auch die 1861 gegründete Deutsche Fortschrittspartei sah in der Unterstützung einer nationaldeutschen Politik Preußens eine Existenzfrage für das Land ($\triangleright$ Q 1.5). *Deutsche Fortschrittspartei*

Trotz der repressiven Maßnahmen der Reaktionszeit kam das kulturelle Leben zu reger Entfaltung. Während sich die Naturwissenschaften verstärkt in den Dienst von Technik und Industrialisierung stellten, zeigte die Literatur zunächst Züge von Weltabkehr und Hinwendung zur individuellen Persönlichkeit. Adalbert Stifters „Nachsommer" (1857) und Mörikes „Mozart auf der Reise nach Prag" (1856) geben Zeugnis davon. Das Scheitern der Revolution von 1848 hatte bei den Dichtern der nachfolgenden Jahrzehnte zur Abkehr von der politisch-agitatorischen Literatur geführt, wie sie zum Beispiel Heinrich Heine oder Ludwig Börne in der Zeit des Vormärz vertraten. Um so stärker war seit der Reaktionszeit in der Literatur die Hinwendung zur Geschichte spürbar. So wie das Denken der Zeit nach 1850 im Historismus alle Deutungen der Gegenwart aus dem einfühlenden Verstehen der Vergangenheit schöpfte, so wandte sich die Literatur verstärkt der historisch-realistischen Erzählkunst zu ($\triangleright$ Q 1.6). *Literatur*

Historismus

Theodor Storm, Wilhelm Raabe, Gottfried Keller, Gustav Freytag oder Theodor Fontane sind zu bedeutenden Vertretern des literarischen Realismus geworden. Die Darstellung des im Alltag an Beispielen aus der Vergangenheit Erfahrbaren war ihnen ebenso ein Anliegen wie die Vermittlung der Vorstellung, daß Einheit der Nation, Bildung und Sittlichkeit unbedingt anzustrebende und hoch zu achtende Werte seien. Zielgruppe solcher Werte war das nach nationaler Einheit strebende liberale Bürgertum. *Realismus*

Ergebnisse der nachrevolutionären Entwicklung. An ihren liberalen, demokratischen und nationalen Zielsetzungen gemessen, ist die Revolution von 1848/49 gescheitert. Die Ideenpolitik der Paulskirche wich in den Jahren nach 1849 zunehmend pragmatischer Macht- und Realpolitik. Das deutsche liberale Wirtschaftsbürgertum konzentrierte sich vorrangig auf den sich seit 1850 abzeichnenden wirtschaftlichen Aufschwung. Seit jeher hatte es den Weg der Reform dem der Revolution vorgezogen. Auch glaubten viele, aus den Erfahrungen der Jahre 1848/49 erkennen zu müssen, daß Einheit und Freiheit zusammen nicht erreicht werden können. Bei den Anhängern der nationalstaatlichen Einigungsbewegungen wuchs daher die Bereitschaft, die Freiheit der Einheit nachzuordnen. Die demokratisch-sozialen Kräfte resignierten angesichts des Scheiterns der Revolution. Sie stagnierten vollends nach den Repressionsmaßnahmen der einzelstaatlichen Regierungen im Jahr 1854 ($\triangleright$ S. 45f.). Weitergewirkt aber hat in den nachrevolutionären Jahren die Verfassungstradition, welche die liberal-demokratische Bewegung seit der Epoche des Vormärz begründet hat. Auch Weimarer Verfassung und Grundgesetz stehen in dieser Tradition. In dem nachrevolutionären Jahrzehnt erfolgte in den meisten deutschen Einzelstaaten die weitere Beseitigung ständischer Vorrechte. Dies trug erheblich zur Verbürgerlichung der Lebensverhältnisse bei. Die reaktionären nachrevolutionären Jahre konnten die im Vormärz entwickelten liberalen und demokratischen Ideen nur gewaltsam eindämmen. Zurückhalten oder gar auslöschen konnten sie diese nicht.

Q 1.1.
Verteidigung des Vertrages von Olmütz

Preußen mußte in dieser Konvention dem außenpolitischen Druck Österreichs und Rußlands nachgeben und seinen Plan einer norddeutschen Union unter preußischer Führung aufgeben. Unter österreichischer Führung wurde der Deutsche Bund wiederhergestellt. Bismarck spricht am 3. Dezember 1850 vor dem preußischen Abgeordnetenhaus:

Es ist leicht für einen Staatsmann, sei es in dem Cabinette oder in der Kammer, mit dem populären Winde in die Kriegstrompete zu stoßen und sich dabei an seinem Kaminfeuer zu wärmen oder von dieser Tribüne donnernde Reden zu halten, und es dem Musketier, der auf dem Schnee verblutet, zu überlassen, ob sein System Sieg und Ruhm erwirbt oder nicht. Es ist nichts leichter als das, aber wehe dem Staatsmann, der sich in dieser Zeit nicht nach einem Grunde zum Kriege umsieht, der auch nach dem Kriege noch stichhaltig ist ...

Die preußische Ehre besteht nach meiner Überzeugung nicht darin, daß Preußen überall in Deutschland den Don Quixote spiele für gekränkte Kammer-Celebritäten, welche ihre locale Verfassung für gefährdet halten. Ich suche die preußische Ehre darin, daß Preußen vor allem sich von jeder schmachvollen Verbindung mit der Demokratie entfernt halte, daß Preußen in der vorliegenden wie in allen andern Fragen nicht zugebe, daß in Deutschland etwas geschehe ohne Preußens Einwilligung, daß dasjenige, was Preußen und Österreich nach gemeinschaftlicher unabhängiger Erwägung für vernünftig und politisch richtig halten, durch die beiden gleichberechtigten Schutzmächte Deutschlands gemeinschaftlich ausgeführt werde ...

Die Hauptfrage, die Krieg und Frieden birgt, die Gestaltung Deutschlands, die Regelung der Verhältnisse zwischen Preußen und Österreich und der Verhältnisse von Preußen und Österreich zu den kleinern Staaten, soll in wenigen Tagen der Gegenstand der freien Conferenzen werden, kann also jetzt nicht Gegenstand eines Krieges sein. Wer den Krieg durchaus will, den vertröste ich darauf, daß er in den freien Conferenzen jederzeit zu finden ist: in vier oder sechs Wochen, wenn man ihn haben will. Ich bin weit davon entfernt, in einem so wichtigen Augenblicke, wie dieser ist, die Handlungsweise der Regierung durch Rathgeben hemmen zu wollen. Wenn ich dem Ministerium gegenüber einen Wunsch aussprechen wollte, so wäre es der, daß wir nicht eher entwaffnen, als bis die freien Conferenzen ein positives Resultat gegeben haben; dann bleibt es noch immer Zeit, einen Krieg zu führen, wenn wir ihn wirklich mit Ehren nicht vermeiden können oder nicht vermeiden wollen.

Wie in der Union die deutsche Einheit gesucht werden soll, vermag ich nicht zu verstehn; es ist eine sonderbare Einheit, die von Hause aus verlangt, im Interesse dieses Sonderbundes einstweilen unsre deutschen Landsleute im Süden zu erschießen und zu erstechen; die die deutsche Ehre darin findet, daß der Schwerpunkt aller deutschen Fragen notwendig nach Warschau und Paris fällt. Denken Sie sich zwei Theile Deutschlands einander in Waffen gegenüber, deren Machtverschiedenheit nicht in dem Grade bedeutend ist, daß nicht eine Parteinahme auf einer Seite, auch von einer geringeren Macht als Rußland und Frankreich ein entscheidendes Gewicht in die Wagschale legen könnte, und ich begreife nicht, mit welchem Recht jemand, der ein solches Verhältnis selbst herbeiführen will, sich darüber beklagen darf, daß der Schwerpunkt der Entscheidung unter solchen Umständen nach dem Auslande fällt ...

Otto v. Bismarck: Gedanken und Erinnerungen, Bd. 1, Stuttgart 1936, S. 69ff.

Q 1.2
Ein Historiker zur preußischen Verfassung 1848

Versuchen wir, dieses preußische System insgesamt zu charakterisieren. Auf der einen Seite ist die Monarchie wieder im Besitz der Staatsgewalt. Der König ist der Herr der Exekutive, der Militärgewalt, der auswärtigen Politik und des Ausnahmezustands; er beruft die Kammern und beeinflußt auf diese oder jene Weise ihre Zusammensetzung; der König ist der Herr des Verfahrens; er ist über seine Regierung die eigentliche Kraft der Initiative, ist das Zentrum der Politik. Militär und Bürokratie sind die Säulen dieser Herrschaft. Der Staat bleibt Königs-, Beamten- und Militärstaat. Und die politischen Privilegien des Adels, seine Mitentscheidungsmacht sind erhalten, ja über das Herrenhaus neu konsolidiert. Auf der anderen Seite ist Preußen nun aber doch ein Verfassungs- und Rechtsstaat, es ist nicht mehr absolutistisch. Es gibt verbürgte Grundrechte; es gibt Gewaltenteilung;

es gibt eine Volksvertretung – trotz des Klassenwahlrechts, ist sie nicht eine Repräsentation von Ständen oder Interessengruppen, sondern eine Repräsentation des Ganzen; es gibt die Mitwirkung dieser Vertretung an der Gesetzgebung und am Budget, und es gibt ihr Vetorecht. Es gibt nicht die parlamentarische, wohl aber eine juristisch-politische Verantwortlichkeit der Minister. Und auf die Dauer war deshalb die Unabhängigkeit der Regierung vom Parlament nicht so absolut, wie es formal scheinen mochte. Die alten Mächte waren wieder im Besitz der Staatsgewalt, aber es war nicht mehr wie vor der Revolution; man hatte eine Verfassung, die Krone hatte mit der bürgerlich-konstitutionellen Bewegung einen Kompromiß geschlossen. Die Revisionen von 1850–1854 und die Regierungspraxis zudem haben diesen Konstitutionalismus konservativ überformt, ja gedehnt und manchmal bis an den Rand eines Scheinkonstitutionalismus deformiert. Das Schwergewicht der Politik lag bei Krone und Regierung, und die Konservativen konnten eine neue, institutionell modernere – aber eben konstitutionelle – Machtposition aufbauen. Aber in solcher Dehnung überlebte die Konstitution und damit die Möglichkeit einer sinngemäßeren Verwirklichung oder Erneuerung, einer anderen Verteilung der Gewichte …

Thomas Nipperdey: Deutsche Geschichte 1800–1866, München 1983, S. 681.

Q 1.3
Italien als Vorbild für den nationalen Einigungsprozeß (1815–1870)

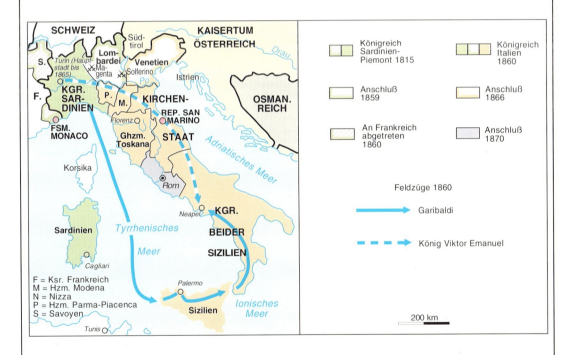

Q 1.4
Karikatur auf den Deutschen Nationalverein

„... oben stoßen wir leider häufig an."

Mit der „Società Nationale" hatte das soeben national geeinte Italien (Figur rechts) deutschen Patrioten ein Vorbild geliefert. Sie forderten in der „Eisenacher Erklärung" die Einigung Deutschlands unter Preußens Führung, eine Zentralregierung und die Einberufung einer Nationalversammlung (17. Juli 1859). Liberale Abgeordnete des Königreiches Hannover nahmen diese Zielsetzung auf. Am 15./16. September 1859 erfolgte die Gründung des Deutschen Nationalvereins in Frankfurt a. M. Somit war die nationale Idee vom europäischen Süden bis an die Nordseeküste (Emden war hannoveranisch) wiederbelebt. Trotz ihrer maßvollen Forderungen erregte die im wesentlichen aus Honoratioren bestehende Bürgerinitiative Anstoß nach oben: So gingen mit Ausnahme des Großherzogs von Baden und des Herzogs von Sachsen-Coburg-Gotha die deutschen Fürsten nicht auf sie ein.

Q 1.5
Der erste Wahlaufruf der Deutschen Fortschrittspartei (29. September 1861)

Die Deutsche Fortschrittspartei, der neben Mitgliedern der altliberalen Fraktion auch neugewählte 1848er Demokraten angehörten, strebte die Einigung Deutschlands unter preußischer Führung und die Begründung des verfassungsmäßigen Rechtsstaates an. In der Parlamentarisierung Preußens sah sie die Voraussetzung für die Einigung.

Daß die nächsten Jahre von einer entscheidenden Wichtigkeit in der großen Bewegung unserer Tage sein werden, ist niemandem zweifelhaft. In gespannten Verhältnissen der inneren und äußeren Lage drängen die höchsten Fragen der Gesetzgebung und der Politik zur Entscheidung. Auf die Art dieser Entscheidung muß der Ausfall der bevorstehenden Wahlen einen mächtigen Einfluß üben. Zu ihnen werden daher von allen Seiten die Kräfte in Bewegung gesetzt. Die absolutistisch-aristokratische Partei, welche sich die konservative nennt, rüstet sich, die vor drei Jahren verlorene Herrschaft wieder zu gewinnen. Gelänge es ihr, das Haus der Abgeordneten zu beherrschen, wie sie das gegenwärtige Herrenhaus beherrscht, so würde eine Periode der Reaktion wiederkehren, wie sie zehn Jahre lang Preußen im Inneren zerrüttet und vor dem Auslande erniedrigt hat. Ihr gegenüber wird die große liberale Mehrheit des Landes überall einig zusammenstehen. Sie ist einig in dem Streben nach einer fortschreitenden Entwicklung unserer Gesetzgebung auf dem konstitutionellen Boden, wie in dem Streben nach einer Einigung

Deutschlands unter preußischer Führung in Verbindung mit einer deutschen Volksvertretung. Sie muß auch einig sein in der Erkenntnis und in dem festen Willen, daß nicht länger gezögert werden darf, diesen Bestrebungen tatsächliche Resultate zu gewinnen, während die reaktionären Gegner unter Vorspiegelung der Selbstregierung nur eine absolutistische Willkür zu fördern wußten, mit der alles regiert wird, was nicht zum privilegierten Kreise der Aristokratie gehört, und jetzt im Bunde mit den preußenfeindlichen Elementen der deutschen Staaten die Erhaltung der alten Zerrissenheit, ja sich geradezu als antinationale Partei proklamieren, weil sie wissen, daß die Einheit Deutschlands nur unter dem liberalen Banner möglich ist. Wir meinen, daß überhaupt eine den bestehenden Gesetzen entsprechende Verwaltung allein in dem drängenden Ernst der europäischen Verhältnisse nicht genügt, daß eine entschlossene Beseitigung der retrograden[1] Gesetze, deren Erlaß die Führer der konstitutionellen Partei einst vergeblich bekämpft haben, und durchgreifende Reformen notwendig sind, um die materiellen, geistigen und moralischen Kräfte derartig zu heben und zu entwickeln, daß wir mit Vertrauen in die Zukunft blicken und hoffen dürfen, auch das Vertrauen Deutschlands zu gewinnen, zu dem großen Ziele, daß ein festes Band die kleineren Staaten in militärischer, diplomatischer und handelspolitischer Beziehung mit Preußen verbinde. Wir meinen, daß das neue Haus der Abgeordneten eine entschlossene Initiative ergreifen und von seinen verfassungsmäßigen Rechten einen entscheidenden Gebrauch machen muß, um neben einer starken Regierung ein selbsttätiges und kraftvolles öffentliches Leben, neben der Ordnung eine fortschreitende Entwicklung zu sichern. Wir halten vor allen Dingen, und wenn irgendwelche Erfolge erzielt werden sollen, eine Umgestaltung des Herrenhauses auf verfassungsmäßigem Wege für so dringend erforderlich, daß wir sofortige Schritte dazu jedem unserer Vertreter zur ersten Pflicht machen müssen ... Wir erinnern an die große Bedeutung des nahenden Wahlkampfes und fordern unsere politischen Freunde auf, in diesem Sinne alle ihre Kräfte anzustrengen zum Heile des Vaterlandes.

Michael Freund (Hrsg.): Der Liberalismus, Stuttgart 1965, S. 203ff.

1) rückgebildet; hier: veraltet

Q 1.6
Lob des Herkommens

Der Schweizer Schriftsteller Gottfried Keller (1819–1890) verfaßte während seines Aufenthaltes in Berlin in den Jahren 1854–1855 den autobiographisch gefärbten Roman „Der grüne Heinrich". In den Jahren 1879/80 hat Keller den Roman in einer zweiten Fassung überarbeitet. Das in der Tradition des „Bildungsromans" stehende Hauptwerk des poetischen Realismus weist schon in seinem ersten Teil „Lob des Herkommens" typische Merkmale dieser literarischen Epoche auf.

Mein Vater war ein Bauernsohn aus einem uralten Dorfe, welches seinen Namen von dem Alemannen erhalten hat, der zur Zeit der Landteilung seinen Spieß dort in die Erde steckte und einen Hof baute. Nachdem im Verlauf der Jahrhunderte das namengebende Geschlecht im Volke verschwunden, machte ein Lehenmann den Dorfnamen zu seinem Titel und baute ein Schloß, von dem niemand mehr weiß, wo es gestanden hat; ebensowenig ist bekannt, wann der letzte „Edle" jenes Stammes gestorben ist. Aber das Dorf steht noch da, seelenreich und belebter als je, während ein paar Dutzend Zunamen unverändert geblieben und für die zahlreichen, weitläufigen Geschlechter fort und fort ausreichen müssen. Der kleine Gottesacker, welcher sich rings an die trotz ihres Alters immer weiß geputzte Kirche legt und niemals erweitert worden ist, besteht in seiner Erde buchstäblich aus den aufgelösten Gebeinen der vorübergegangenen Geschlechter ...

Das Dorf zählt kaum zweitausend Bewohner, von welchen je ein paar Hundert den gleichen Namen führen; aber höchstens zwanzig bis dreißig von diesen pflegen sich Vetter zu nennen, weil die Erinnerungen selten bis zum Urgroßvater hinaufsteigen. Aus der unergründlichen Tiefe der Zeiten an das Tageslicht gestiegen, sonnen sich diese Menschen darin, so gut es gehen will, rühren sich und wehren sich ihrer Haut, um wohl oder wehe wieder in der Dunkelheit zu verschwinden, wenn ihre Zeit gekommen ist. Wenn sie ihre Nasen in die Hand nehmen, so sind sie sattsam überzeugt, daß sie eine ununterbrochene Reihe von zweiunddreißig Ahnen besitzen müssen, und anstatt dem natürlichen Zusammenhange derselben nachzuspüren, sind sie vielmehr bemüht, die Kette ihrerseits nicht ausgehen zu lassen ...

Mein Vater starb so früh, daß ich ihn nicht mehr von seinem Vater konnte erzählen hören;

ich weiß daher so gut wie nichts von diesem Manne; nur so viel ist gewiß, daß damals die Reihe einer ehrbaren Unvermöglichkeit an seiner engeren Familie war.[1] Da ich nicht annehmen mag, daß der ganz unbekannte Urgroßvater ein liederlicher Kauz gewesen sei, so halte ich es für wahrscheinlich, daß sein Vermögen durch eine zahlreiche Nachkommenschaft zersplittert wurde; wirklich habe ich auch eine Menge entfernter Vettern, welche ich kaum noch zu unterscheiden weiß, die, wie die Ameisen krabbeln, bereits wieder im Begriffe sind, ein gutes Teil der viel zerhackten und durchfurchten Grundstücke an sich zu bringen ...

Gottfried Keller: Der grüne Heinrich. Vollständige Ausgabe. Nach dem Text der Ausgabe von 1879/80. Mit einem Nachwort und Anmerkungen von Helmuth Nürnberger, München ¹⁰1991, S. 7ff.

1) Seine Familie hat unverschuldet ärmliche Lebens- und Besitzverhältnisse geerbt.

Fragen und Anregungen:

1. Grenzen Sie „Restaurationspolitik" und „Reaktionspolitik" inhaltlich gegeneinander ab! Nehmen Sie dabei Bezug auf die politisch-gesellschaftliche Situation der Restaurations- und Reaktionszeit (▷ Referat).
2. a) Mit welchen Argumenten verteidigt Bismarck den Vertrag von Olmütz (▷ Q 1.1)?
   b) Warum war der Vertrag „nicht nur eine strategische Niederlage, sondern auch ein taktischer Sieg der preußischen Politik", wie der Historiker Theodor Schieder geurteilt hat?
3. a) Fassen Sie den Text von Q 1.5 in häuslicher Vorbereitung zunächst in eigenen Worten thesenartig schriftlich zusammen.
   b) Welche politischen Ziele verfolgt die Deutsche Fortschrittspartei?
   c) Wo sehen Sie Schwierigkeiten bei der Realisierung dieser Ziele?
   d) Ermitteln Sie Gemeinsamkeiten und Unterschiede zwischen dem Deutschen Nationalverein und der Deutschen Fortschrittspartei (▷ Q 1.4–Q 1.5).
4. a) Nennen Sie Voraussetzungen für die Entwicklung der Realpolitik in der zweiten Hälfte des 19. Jahrhunderts.
   b) Zeigen Sie am Beispiel des Textauszuges aus Gottfried Kellers „Der grüne Heinrich" Merkmale des poetischen Realismus auf (▷ Q 1.6).
   c) Erklären Sie am Beispiel des poetischen Realismus ansatzweise den Zusammenhang zwischen Politik, Gesellschaft und Kultur einer bestimmten Epoche.

Zusammenfassung:

Die Dresdener Konferenzen leiteten nach Wiederherstellung des Deutschen Bundes eine repressive Reaktionspolitik ein, der insbesondere die erkämpften Grund- und Freiheitsrechte im Bereich des Deutschen Bundes zum Opfer fielen.

Während die preußische Verfassung mit dem Dreiklassenwahlrecht und weitgehenden Individualrechten eine gewisse Rechtssicherheit garantierte und politische Mitwirkung in Ansätzen ermöglichte, wurde in Österreich die 1849 oktroyierte Verfassung 1851 zurückgenommen. Österreich blieb somit bis 1918 ein absolutistisch regierter Staat. Im Zuge des wirtschaftlichen Aufschwungs erstarkte in ganz Europa das liberale Bürgertum. Der 1859 gegründete und vom Bürgertum getragene Deutsche Nationalverein wie auch die 1861 gegründete Deutsche Fortschrittspartei waren schon aus wirtschaftlichen Gründen an der Herstellung der deutschen Einheit unter preußischer Führung interessiert. Dabei stellten sie auf Durchsetzung individueller Freiheit gerichtete politische Ziele zurück.

2.
Innen- und Außenpolitik Preußens unter Bismarck

1862	Verfassungskonflikt im Streit um die Heeresreform
	Bismarck wird preußischer Ministerpräsident
	„Lückentheorie" Bismarcks
1867	Abspaltung der Nationalliberalen Partei von der Deutschen Fortschrittspartei
	Reform des Zollvereins – Zollparlament

Otto von Bismarck als preußischer Ministerpräsident. Bismarck trat als konservativer Abgeordneter erstmals im Vereinigten Landtag Preußens 1847 an die Öffentlichkeit. Unbedingte Loyalität gegenüber der Krone Preußens, ausgeprägtes Machtbewußtsein und die Überzeugung, daß dem preußischen Staat die Führungsrolle in der nationalen Frage zukomme, kennzeichneten die Persönlichkeit des Abgeordneten. 1851 wurde er Gesandter Preußens beim Frankfurter Bundestag (▷ Q 2.5), 1859 Gesandter in Petersburg, 1862 Botschafter am Hof Napoleons III. Im selben Jahr übernahm er die Leitung des preußischen Ministeriums. Für seine wichtigen politischen Ziele, die preußische Expansions- und kleindeutsche Einigungspolitik, nützte er jetzt die für diese Ziele insgesamt günstige außenpolitische Gesamtlage in Europa. Auch kam ihm zustatten, daß die Erfolge der italienischen Einigungsbewegung gegen Österreich 1859 auch die deutsche Nationalbewegung beflügelten.

Otto Fürst von Bismarck (1815–1898)
1847 Abgeordneter im Vereinigten Landtag
1851–1859 Gesandter Preußens beim Frankfurter Bundestag
1859–1862 Gesandter in Petersburg
1862 Gesandter in Paris
1862 Preußischer Ministerpräsident
1871–1890 Reichskanzler

Bismarcks Berufung zum Ministerpräsidenten im September 1862 erfolgte, als in Preußen im Konflikt um die Heeresreform die Macht der Krone am Widerstand des Landtags zu zerbrechen schien. König Wilhelm I. unterstützte den Wunsch der konservativen Kreise, die Wehrpflicht von zwei auf drei Jahre zu erhöhen. Ferner sollte das adelige Offizierskorps vermehrt, die Zahl der bürgerlichen Offiziere aber durch Reduzierung der Landwehr zugunsten des königlichen Heeres, der „Linie", vermindert werden. Seit dem Frühjahr 1861 spitzte sich die Lage in Preußen zu. Die liberale Landtagsmehrheit der im Juni 1861 gegründeten Fortschrittspartei (▷ S. 49; auch Q 1.5) lehnte die Verlängerung der Wehrpflicht ebenso ab wie die Umwandlung des Offizierskorps (▷ Q 2.1). Nach den Wahlen vom Dezember 1861 war die Deutsche Fortschrittspartei mit 109 Abgeordneten die stärkste Gruppe im Parlament geworden

Verfassungskonflikt

und verfügte zusammen mit dem linken Zentrum über die Mehrheit. Eine Vereinbarung mit diesen Kammern hielt die Regierung für unmöglich, war doch die Auseinandersetzung jetzt zu den Grundfragen der politischen und gesellschaftlichen Verfassung vorgestoßen. Die preußische Militärmonarchie suchte die Grundlagen ihrer Macht von den im Parlament vertretenen Kräften des Bürgertums unabhängig zu halten. Für den Kampf um die preußische Vormachtstellung in Deutschland war für das militaristische Altpreußentum die Armee Grundlage und Voraussetzung. Das liberale preußische Bürgertum dagegen sah im Erhalt und Funktionieren des preußischen Verfassungsstaates die moralische Basis für eine Führungsrolle Preußens in Deutschland.

Als im März 1862 die Kammermehrheit der Regierung die Möglichkeit nehmen wollte, die Mehrkosten der Heeresvermehrung aus anderen Bereichen des Staatshaushaltes zu decken, wurde die Kammer aufgelöst, die liberalen Minister wurden entlassen. Nachdem die Neuwahlen des Landtags den Liberalen mit 230 von 352 Sitzen eine überwältigende Mehrheit brachten, erwog der König die Abdankung.

In dieser Situation einer echten Staatskrise empfahl der konservative Kriegsminister Albrecht von Roon dem König, Otto von Bismarck zum Ministerpräsidenten zu berufen. Bismarck verhinderte schließlich als Ministerpräsident die erwogene Abdankung des Königs, als auch der Kronprinz die ihm angebotene Krone nicht annehmen wollte. Er regierte ohne den vom Landtag bewilligten Etat. Mit Hilfe der „Lückentheorie" sah er eine Lücke in der Verfassung, wenn diese für einen bestimmten Konflikt keine Regelung vorsieht oder wenn Herren- und Abgeordnetenhaus sowie die Regierung in Fragen der Gesetzgebung nicht übereinstimmen (▷ Q 2.1). In diesen Fällen entscheidet – nach Auffassung Bismarcks – der König, da er die Macht in Händen hat. Durch außenpolitische Erfolge versuchte Bismarck nun, den innenpolitischen Konflikt zu überspielen. Dieser verschärfte sich weiter, als 1863 der Landtag aufgelöst wurde. Daß es dennoch nicht zu Unruhen kam, lag vor allem an der sehr günstigen wirtschaftlichen Entwicklung seit 1862. Beflügelt von den militärischen Erfolgen Preußens im Deutsch-Dänischen Krieg 1864 (▷ S. 65), im Preußisch-Österreichischen Krieg 1866 (▷ S. 65) und ausgelöst von der 1866 von Bismarck für den Verfassungsbruch von 1862 vorgelegten Bitte um Indemnität (Straffreiheit), kam es zu einer Spaltung des liberalen Bürgertums. 1867 ging aus der Deutschen Fortschrittspartei die Nationalliberale Partei hervor. Deren Mitglieder scherten, vom wirtschaftlichen Aufschwung und der preußischen Einigungspolitik profitierend, aus der Opposition gegen Bismarck aus und sicherten ihm für mehr als ein Jahrzehnt die Mehrheit im Parlament (▷ Q 2.2–Q 2.4).

Dem wirtschaftlichen Aufschwung wie auch der Durchsetzung der nationalen Einheit diente die politische Belebung des Deutschen Zollvereins. Theoretisch vorbereitet von Friedrich List und dem badischen Minister Nebenius, war der Deutsche Zollverein am 1. Januar 1834 durch Zusammenschluß des Preußisch-Hessischen und des Süddeutschen Zollvereins gegründet worden. Unter preußischer Führung betrachtete

„Lückentheorie"

Spaltung des liberalen Bürgertums Nationalliberale Partei

Belebung des Zollvereins

Friedrich List (1789–1846), 1817 Professor für Staatswirtschaft und Staatspraxis in Tübingen; als Abgeordneter der Württembergischen Kammer 1822 wegen angeblich „staatsfeindlicher Aufreizung" zu Festungshaft verurteilt, wanderte er nach Amerika aus; 1832 kehrte er als amerikanischer Konsul nach Deutschland zurück. Er setzte sich für die Errichtung des Eisenbahnnetzes ein und erwarb sich als Wirtschaftspolitiker durch sein Eintreten für die deutsche Zolleinigung und die Mitbegründung des deutschen Eisenbahnnetzes große Verdienste.

Die Zollvereinigungen der deutschen Länder

ihn Bismarck als eine Vorstufe zur kleindeutschen Lösung der nationalen Frage. Seit 1867 war nach der Reform des Zollvereins mit dem Zollparlament eine erste gesamtdeutsche gesetzgebende Körperschaft geschaffen worden.

Zollparlament

Vom Verfassungskonflikt im Inneren ablenkend, konzentrierte sich Bismarck schon kurz nach seiner Berufung zum Ministerpräsidenten hauptsächlich auf die Außenpolitik (▷ Q 2.5). Sein außenpolitisches Konzept beruhte dabei im wesentlichen auf folgenden Grundlagen:

Außenpolitik

– klassische Kabinetts- und Geheimdiplomatie, verbunden mit der Mobilisierung der öffentlichen Meinung und der nationalen Leidenschaften;
– Eindämmung des Radikalismus der Linken im Inneren und Bewahrung der konservativen Grundlagen der bestehenden Staats- und Gesellschaftsordnung;
– das Bestreben, den Deutschen Bund wie auch die Habsburger Monarchie politisch gegenüber Preußen in das zweite Glied zu rücken und Preußen schließlich die Vormachtstellung in Mitteleuropa zu verschaffen;
– Krieg als Mittel der Politik zur Durchsetzung des politischen Hauptziels, der nationalen Einigung.

Die Außenpolitik der europäischen Großmächte. Bismarcks erste Rede im preußischen Landtag offenbarte seine politische Überzeugung: „Nicht auf Preußens Liberalismus sieht Deutschland, sondern auf seine Macht. Preußens Grenzen, wie sie die Wiener Verträge geschaffen haben, sind zu einem gesunden Staatskörper nicht günstig. Nicht durch Reden und Majoritätsbeschlüsse werden die großen Fragen der Zeit entschieden – das ist der Fehler von 1848 und 1849 gewesen –, sondern durch Eisen und Blut." In den drei Kriegen, die auf dem Weg zur deutschen Einheit geführt wurden (▷ S. 65ff.), hat Bismarck dieses „Eisen- und Blutkonzept" umgesetzt. Er hat dabei die außenpolitischen und militärischen Möglichkeiten und Grenzen der anderen Großmächte geschickt ausgelotet.

Die Großmacht England zeigte sich infolge der Notwendigkeit einer Konsolidierung des Empire in den 60er Jahren außenpolitisch gebunden. Im europäischen Raum war es das Hauptanliegen Englands, russische Vorstöße auf Konstantinopel und die Dardanellen zu verhindern. Ein direktes Eingreifen in europäische Konflikte stand

England

für das zu diesem Zeitpunkt militärisch schwache England außer Frage; es war im wesentlichen auf Mäßigung und Vermittlung bedacht.

Rußland Rußland hatte im Krimkrieg (1853–1856) sein entscheidendes Übergewicht über Mittel- und Südosteuropa sowie am Bosporus verloren. Es war von einem ehedem mächtigen Militärstaat zu einem mit innenpolitischen Schwierigkeiten behafteten militärisch zweitrangigen Staat degradiert worden. Infolge einer veralteten Sozialstruktur, einem verknöcherten politischen System und einer altertümlichen Militärverfassung hatte Rußland seine vormalige Offensivstärke verloren. Es mußte nach den Bestimmungen des Pariser Friedens (1856) auf den Status einer maritimen Großmacht verzichten. Dennoch blieb der offene Gegensatz zu England eine Konstante der europäischen Politik. Weiteres Kennzeichen der russischen Außenpolitik blieb die Fixierung auf den Balkan. In der europäischen Politik spielte Rußland nach dem Krimkrieg eine untergeordnete Rolle. Ein russischer Diplomat klagte 1866: „..., daß wir in Europa ohnmächtig sind."

Die innenpolitischen Reformmaßnahmen, die Bauernbefreiung (1861), die Einführung der ländlichen Selbstverwaltung (1864) sowie die Justizreform (1864), banden die Kräfte des russischen Staates im Inneren. Preußen führte, trotz der Schwächung Rußlands, seine traditionelle Anlehnung an Rußland fort.

Frankreich Napoleon III. strebte in Europa eine Politik des Status quo an. Von Preußen erwartete er in diesem Zusammenhang die Respektierung der Mainlinie. Als Fernziel wünschte Frankreich ein in Struktur, Wirtschaft und Politik modernisiertes Europa, eine Art europäische Konföderation, in der Frankreich die gewichtigste Rolle zukommen sollte.

Italien Italien hatte mit Unterstützung Napoleons III. im Kampf um die nationale Einheit nach zwei blutigen Schlachten in Magenta (1859) und Solferino-S. Martino (1859) von Österreich die Lombardei erkämpft und nach Gründung des Königreiches Italien (1861) den Nationalstaat errichtet. Während Preußen in den französischen Auseinandersetzungen neutral geblieben war, führte die empfindliche Niederlage Österreichs zum Verlust der Hegemonie im Deutschen Bund. Die nationale Bewegung in Deutschland erhielt dagegen durch den italienischen Einigungsprozeß neuen Auftrieb. War der nationale Einigungskampf Italiens von der mit Frankreich verbündeten Staatsmacht Piemont-Sardinien ausgegangen und unterstützt worden (▷ Q 1.3), so mußte diese Initiative Vorbildfunktion für preußische Initiativen in der deutschen Frage erhalten.

Österreich Österreichs Schwächung infolge der Niederlage in Italien sowie der schon seit dem Krimkrieg deutlich zu Tage getretene und durch die russische Balkanpolitik geradezu als Bedrohung empfundene Gegensatz zu Rußland banden die Kräfte Österreichs und machten es für Bismarck zu einer kalkulierbaren Größe. Von Österreich war nichts zu befürchten.

So brachte Preußen die österreichischen Pläne zur Neuordnung des Deutschen Bundes zum Scheitern. Österreich hatte vorgeschlagen, den Deutschen Bund in einen Bundesstaat umzuformen. Ein von den Mitgliedsstaaten beschicktes Parlament sollte für Wirtschafts- und Zollfragen zuständig sein. Die bislang erforderliche Einstimmigkeit der Bundesbeschlüsse sollte hinfort abgeschafft werden. Doch Preußen verhinderte durch seinen Widerspruch die Realisierung dieser Pläne auf dem Frankfurter Fürstentag (1863) (▷ Q 2.6–Q 2.7). In der deutschen Frage gab Preußen hinfort den Ton an.

Q 2.1
Rede Bismarcks während der Zeit des Verfassungskonflikts (27. Januar 1863)

Der Verfassungskonflikt brach in Preußen wegen der Frage der Heeresreform aus. Nach Art. 99 der preußischen Verfassung hatte das Abgeordnetenhaus den Heeresetat mitzubestimmen. Es war bereit, die zur Reform notwendigen Gelder gegen Herabsetzung der Dienstzeit von drei auf zwei Jahre zu bewilligen. Der König aber benützte die vorläufige Bewilligung der Geldmittel zur Abschaffung der Landwehr. Dies war eine ungesetzliche Maßnahme. Sie erregte die Erbitterung der Abgeordneten, denn diese betrachteten die Landwehr als Volksheer, das nicht von adeligen Berufsoffizieren kommandiert werden sollte.

Sie finden die Verfassungsverletzung in specie bei Art. 99. Art. 99 lautet, wenn ich mich der Worte erinnere: „Alle Einnahmen und Ausgaben des Staates müßen für jedes Jahr im Voraus
5 veranschlagt und auf den Staatshaushaltsetat gebracht werden."
Wenn darauf folgte: „Letzterer wird jährlich durch das Haus der Abgeordneten festgestellt", dann hätten Sie in Ihren Beschwerden in der
10 Adresse vollkommen Recht, dann wäre die Verfassung verletzt. Es folgt aber im Text des Art. 99: „Letzterer, der Staatshaushaltsetat, wird jährlich durch ein Gesetz festgestellt." Wie nun ein Gesetz zu Stande kommt, sagt Art. 62 mit
15 unwiderleglicher Klarheit: Er sagt, daß zum Zustandekommen eines jeden Gesetzes, also auch des Budgetgesetzes, die Übereinstimmung der Krone und der beiden Kammern erforderlich ist. Daß das Herrenhaus berechtigt ist, ein von
20 der zweiten Kammer beschlossenes und ihm nicht convenirendes[1] Budget zu verwerfen, ist außerdem noch in dem Artikel hervorgehoben ...
Wenn eine Vereinbarung zwischen den drei Ge-
25 walten nicht stattfindet, so fehlt es in der Verfassung an jeglicher Bestimmung darüber, welche von ihnen nachgeben muß ...; eine Alleinherrschaft [des Abgeordnetenhauses] ist nicht verfassungsmäßiges Recht in Preußen. Die
30 Verfassung hält das Gleichgewicht der drei gesetzgebenden Gewalten in allen Fragen, auch in der Budgetgesetzgebung, durchaus fest; keine dieser Gewalten kann die andere zum Nachgeben zwingen; die Verfassung verweist daher auf
35 den Weg der Compromisse zur Verständigung. Ein constitutionell erfahrener Staatsmann hat gesagt, daß das ganze Verfassungsleben jederzeit eine Reihe von Compromissen ist. Wird der Compromiß dadurch vereitelt, daß eine der be-
40 teiligten Gewalten ihre eigne Ansicht mit doctrinärem Absolutismus durchführen will, so wird die Reihe der Compromisse unterbrochen, und an ihre Stelle treten Konflikte, und Konflikte, da das Staatsleben nicht stillzustehen ver-
45 mag, werden zu Machtfragen; wer die Macht in Händen hat, geht dann in seinem Sinne vor, weil das Staatsleben auch nicht einen Augenblick stillstehen kann ...

Horst Kohl (Hrsg.): Die politischen Reden des Fürsten Bismarck. Historisch-kritische Gesamtausgabe, Bd. 2: 1862-1865, Stuttgart 1903 (Neudruck der 2. Aufl. Aalen 1970), S. 80ff.

1) passendes, annehmbares

Q 2.2
Aus dem Gründungsprogramm der Nationalliberalen Partei von 1867

Nach dem Preußisch-Österreichischen Krieg von 1866 trennte sich die Nationalliberale Partei von der Fortschrittspartei, die Bismarcks Bitte um Indemnität ablehnte. Die Nationalliberale Partei bejahte Bismarcks Politik. Als Erbin des Nationalvereins war sie von vornherein keine preußische, sondern eine deutsche Partei. Sie wurde von 1867–1878 die führende Partei des Reichstages.

... denn uns beseelt und vereinigt der Gedanke, daß die nationale Einheit nicht ohne die volle Befriedigung der liberalen Ansprüche des Volkes erreicht und dauernd erhalten, und daß
5 ohne die tatkräftige und treibende Macht der nationalen Einheit der Freiheitssinn des Volkes nicht befriedigt werden kann. Deshalb ist unser Wahlspruch: Der Deutsche Staat und die deutsche Freiheit müssen gleichzeitig mit denselben
10 Mitteln errungen werden. Es wäre ein verderblicher Irrtum, zu glauben, daß das Volk, seine Fürsprecher und Vertreter nur die Interessen der Freiheit zu wahren brauchen, die Einheit dagegen auch ohne uns durch die Regierung auf
15 dem Wege der Kabinettspolitik werde aufgerichtet werden.
Die Einigung des ganzen Deutschlands unter einer und derselben Verfassung ist uns die höchste Aufgabe der Gegenwart ...
20 Im Parlament erblicken wir die Vereinigung der lebendig wirkenden Kräfte der Nation. Das allgemeine, gleiche, direkte und geheime Wahlrecht ist unter unserer Mitwirkung zur Grundlage des öffentlichen Lebens gemacht ...

Freund: a. a. O., S. 206.

Q 2.3
Selbstkritik des Liberalismus

Der Historiker und liberale Politiker Hermann Baumgarten (1825–1893) verfaßte mit seiner Selbstkritik des Liberalismus, die in den Preußischen Jahrbüchern im Herbst 1866 erschienen ist, das aufschlußreichste Dokument des Wandels von 1866 im liberalen Denken.

Der Bürger ist geschaffen zur Arbeit, aber nicht zur Herrschaft, und des Staatsmanns wesentliche Aufgabe ist zu herrschen. Die tüchtigen Kräfte des Bürgertums haben sich von unten
5 heraufgearbeitet, ihre Wiege stand in einem engen Stübchen, in engen und ärmlichen Verhältnissen war ihre Jugend ein Kampf mit Not aller Art. Erst spät errangen sie eine Stellung, die einen freieren Blick gewährt über die Lage der
10 Welt, und Arbeit und Mühe für ihr Haus, ihr Geschäft bleibt in der Regel das Los ihres Lebens, bis die schöpferische Kraft verbraucht ist. Ein solcher Lebenslauf ist der menschlichen Tüchtigkeit das Förderlichste, was gedacht wer-
15 den kann, er gibt Charakter, Freiheit und Reinheit der Seele. Aber wer sich so emporgerungen hat, der ist in einem gewissen Sinn für die Politik zu gut ... Nachdem wir erlebt haben, daß in einem monarchischen Staat der Adel einen un-
20 entbehrlichen Bestandteil ausmacht, und nachdem wir gesehen haben, daß diese viel geschmähten Junker für das Vaterland zu kämpfen und sterben wissen trotz dem besten Liberalen, werden wir unsere bürgerliche Einbildung
25 ein wenig einschränken und uns bescheiden, neben dem Adel eine ehrenvolle Stelle zu behaupten. Wir meinen, mit unserer Agitation die deutsche Welt von Grund auf umzukehren: nun, lediglich uns selber hinauszukehren waren wir im
30 besten Zuge; ich denke, wir werden diese Erfahrung beherzigen. An den größten Erlebnissen, die unsere Augen gesehen haben, sind wir gewahr geworden, wie höchst hinfällig doch selbst diejenigen Hypothesen waren, auf die wir wie
35 auf Felsengrund unsere nationale und liberale Politik in den letzten Jahren gebaut hatten. Fast alle Elemente unseres politischen Systems sind durch die Tatsachen als irrtümlich erwiesen ...

Hermann Baumgarten: Der Deutsche Liberalismus. Eine Selbstkritik, hrsg. von Adolf M. Birke, Frankfurt 1974, S. 43, 146.

Q 2.4
Für ein starkes Königtum

Der nationalliberale Historiker Heinrich von Treitschke (1834–1896) plädierte für ein starkes preußisches Königtum. 1869 benützte er die soziale Frage als Argument gegen ein parlamentarisches System:

Die unzufriedenen Massen, man täusche sich nicht, hegen mehr Vertrauen zu dem Königtum als zu dem Parlamente. Die sozialen Zustände sind in Deutschland im Ganzen gesünder, die
5 Klassengegensätze minder schroff als in Frankreich. Doch ein starkes Königtum, das über den sozialen Gegensätzen steht, ist uns unentbehrlich, um den Frieden in der Gesellschaft zu wahren und zu festigen, die gewaltigen Probleme,
10 welche die rasch anwachsende Volkswirtschaft noch aufwerfen wird, unbefangen zu lösen ... Erwägen wir diese Macht des preußischen Königtums und die großen Aufgaben, welche die deutsche Nation noch mit seiner Hilfe zu lösen
15 hat, so scheint unverkennbar, daß unser Liberalismus einige seiner Lieblingswünsche ermäßigen muß, die mit einer lebendigen monarchischen Gewalt sich nicht vertragen. Dazu zählt vornehmlich das Verlangen nach einer Parteiregie-
20 rung im englischen Sinne und nach dem Rechte der unbeschränkten Steuerverweigerung ... Eine monarchische Regierung besitzt unleugbar größere Stetigkeit als ein Parteiregiment; daß sie den Fortschritt hemme, ist durch die Erfahrung
25 nicht erwiesen ... Das Verlangen nach parlamentarischer Parteiregierung entstammt der urteilslosen Bewunderung englischer Zustände; der Gedanke des absoluten Steuerverweigerungsrechts dagegen ist das rechtmäßige Kind neu-
30 französischer Doktrinen ...

Heinrich von Treitschke: Das constitutionelle Königtum in Deutschland. Zit. in: Ders.: Historische und politische Aufsätze, Leipzig 1870, S. 806f., 817.

Q 2.5
Bismarck über die politische Lage und Zukunft des Deutschen Bundes (12. Mai 1859)

Schon als Gesandter in Frankfurt, Petersburg und Paris lernte Bismarck die Schwächen des Deutschen Bundes kennen. In diesen Jahren entwarf er sein außenpolitisches Programm:

Aus den acht Jahren meiner Frankfurter Amtsführung habe ich als Ergebnis meiner Erfahrungen die Überzeugung mitgenommen, daß die dermaligen Bundeseinrichtungen für Preußen im Frieden eine drückende, in kritischen Zeiten eine lebensgefährliche Fessel bilden, ohne uns dafür dieselben Aequivalente zu gewähren, welche Österreich, bei einem ungleich größern Maße eigner freier Bewegung, aus ihnen zieht ...; die Auslegung des Zweckes und der Gesetze des Bundes modifiziert sich nach den Bedürfnissen der österreichischen Politik ... Ausbildung des Bundesverhältnisses mit österreichischer Spitze ist das natürliche Ziel der Politik der deutschen Fürsten und ihrer Minister; sie kann in ihrem Sinne nur auf Kosten Preußens erfolgen und ist notwendig nur gegen Preußen gerichtet, so lange Preußen sich nicht auf die nützliche Aufgabe beschränken will, für seine gleichberechtigten Bundesgenossen die Assekuranz gegen zu weit gehendes Übergewicht zu leisten ... Das Wort „Deutsch" für „Preußisch" möchte ich gern erst dann auf unsere Fahne geschrieben sehn, wenn wir enger und zweckmäßiger mit unseren übrigen Landsleuten verbunden wären, als bisher; es verliert von seinem Zauber, wenn man es schon jetzt, in Anwendung auf seinen bundestäglichen Nexus[1], abnützt ... Ich sehe in unserm Bundesverhältnis ein Gebrechen Preußens, welches wir früher oder später ferro et igni[2] werden heilen müssen, wenn wir nicht bei Zeiten in günstiger Jahreszeit eine Kur dagegen vornehmen. Wenn heute lediglich der Bund aufgehoben würde, ohne etwas andres an seine Stelle zu setzen, so glaube ich, daß schon auf Grund dieser negativen Errungenschaft sich bald bessere und natürlichere Beziehungen Preußens zu seinen deutschen Nachbarn ausbilden würden als die bisherigen.

Bismarcks Briefwechsel mit dem Minister Freiherrn von Schleinitz 1858–1861, hrsg. von Alexander von Schleinitz, Stuttgart 1905, S. 11ff.

1) Verbindung
2) wörtlich: mit Schwert und Feuer; als Redewendung: mit Feuer und Schwert (ferro ignique)

Q 2.6
Bismarck über den deutschen Fürstentag (2. August 1863)

Bismarck erläutert, warum es notwendig war, den preußischen König von einer Teilnahme am Frankfurter Fürstentag abzuhalten.

Österreichs Bestreben war es, auf dem Frankfurter Fürstentag eine stärkere Einheit im großdeutschen Sinn zu erreichen. So schlug es eine einheitliche Regierung unter österreichischem Vorsitz und ein aus Vertretern der Länderparlamente bestehendes Parlament vor.
... Wenn ich meinen Widerstand gegen das Streben des Königs nach Frankfurt aufgegeben und ihn seinem Wunsche gemäß dorthin begleitet hätte, um in dem Fürstenkongreß die preußisch-österreichische Rivalität in eine gemeinsame Bekämpfung der Revolution und des Constitutionalismus zu verwandeln, so wäre Preußen äußerlich geblieben, was es vorher war, hätte freilich unter dem österreichischen Präsidium durch bundestägliche Beschlüsse die Möglichkeit gehabt, seine Verfassung in analoger Weise revidieren zu lassen, wie das mit der hannöverschen, der hessischen und der mecklenburgischen und in Lippe, Hamburg, Luxemburg geschehen war, damit aber den nationaldeutschen Weg geschlossen.
... Es wurde mir nicht leicht, den König zum Fernbleiben von Frankfurt zu bestimmen ... Ich glaubte den Herrn überzeugt zu haben, als wir in Baden anlangten. Dort aber fanden wir den König von Sachsen, der im Auftrage aller Fürsten die Einladung nach Frankfurt erneuerte (19. August). Diesem Schachzug zu widerstehen, wurde meinem Herrn nicht leicht. Er wiederholte mehrmals die Erwägung: „30 regirende Herrn und ein König als Courier!" und er liebte und verehrte den König von Sachsen, der unter den Fürsten für diese Mission auch persönlich der Berufenste war. Erst um Mitternacht gelang es mir, die Unterschrift des Königs zu erhalten für die Absage an den König von Sachsen.

Otto Fürst von Bismarck: Gedanken und Erinnerungen, Neue Ausgabe, Bd. 1, Stuttgart/Berlin 1921, S. 389f.

Q 2.7
Deutscher Fürstentag in Frankfurt mit Kaiser Franz Josef I. von Österreich

Lithographie nach einer Zeichnung von V. Katzler, 1863

Um den Deutschen Bund zu reformieren, berief der österreichische Kaiser Franz Josef einen Fürstentag nach Frankfurt am Main ein. Diese Initiative wurde in der deutschen Öffentlichkeit sehr beachtet, wurde doch dadurch die deutsche Frage neu belebt.

Unter dem Bild Karls des Großen mit den Reichsinsignien demonstriert der österreichische Kaiser, umgeben von 22 Fürsten und den vier Bürgermeistern der Freien Städte Frankfurt am Main, Hamburg, Bremen und Lübeck, seinen Anspruch auf Vorherrschaft im Deutschen Bund. Bismarck bewog den preußischen König, dem Frankfurter Fürstentag fernzubleiben. Da an einen Sonderbund mit Österreich – aber ohne Preußen – keiner der Anwesenden dachte, scheiterte der Fürstentag am Interessengegensatz der beiden deutschen Großmächte Preußen und Österreich.

Auf der symbolreichen Abbildung steht der Germania (rechts) die Austria (links) gegenüber. Germania hält leere Versprechungen in der Hand. Austria kann auf die Reformakte des Kaisers hinweisen. Der leere Stuhl neben dem Kaiser weist auf die Abwesenheit des preußischen Königs hin, der durch sein Fehlen aus österreichischer Sicht einen deutschen Gesamtstaat verhindert habe.

(Nach: Ekkehard Kuhn: Einigkeit und Recht und Freiheit. Die nationalen Symbole der Deutschen, Berlin/Frankfurt a. M. 1991, S. 60.)

Fragen und Anregungen:

1. *Ermitteln Sie, wie Grundgesetz und Landesverfassung die Verabschiedung des Staatshaushalts (Budget) regeln, und vergleichen Sie diese Regelung mit den von Bismarck zitierten Passagen von Art. 99 der preußischen Verfassung (▷ Q 2.1).*
2. *a) Skizzieren Sie die Entwicklung des Steuerbewilligungsrechts seit dem Mittelalter in England, Frankreich und Deutschland (▷ Referat).*
   b) Erklären Sie unter Bezugnahme auf die historische Entwicklung des Budgetrechts, ob Bismarcks Vorgehen im Verfassungskonflikt mit der europäischen Verfassungswirklichkeit in bezug auf das Budgetrecht übereinstimmt (▷ Q 2.1, Q 4.3; Referate).
3. *Welche Gründe bewogen die Nationalliberale Partei, den politischen Kurs Bismarcks zu unterstützen (▷ Q 2.2–Q 2.4)?*
4. *a) Nennen Sie Entwicklungsstufen des Deutschen Zollvereins (▷ Karte S. 57).*
   b) Inwiefern bildete der Deutsche Zollverein eine wichtige Vorstufe auf dem Weg zur Reichsgründung?
5. *Weshalb ist Bismarck gegen eine Revision der Bundesverfassung und gegen die Teilnahme des preußischen Königs am Frankfurter Fürstentag (▷ Q 2.5–Q 2.7)?*

Zusammenfassung:

Im Verfassungskonflikt um die Heeresreform zwischen Krone und Landtag war Bismarck als loyaler Monarchist 1862 preußischer Ministerpräsident geworden. Mit der von ihm entwickelten „Lückentheorie" regierte er ohne einen vom Landtag bewilligten Etat. Die positive wirtschaftliche Entwicklung seit 1862 und Bismarcks außenpolitische Erfolge führten dazu, daß sich die Nationalliberale Partei 1867 von der Deutschen Fortschrittspartei trennte und Bismarcks machtstaatliche Einigungspolitik unterstützte. Die isolationistische Europapolitik Englands, die Schwäche Rußlands, die Status-quo-Politik Frankreichs wie auch die Schwächung Österreichs infolge der Niederlage in Italien kamen dabei dem preußischen Anspruch auf die Führungsrolle in der deutschen Frage und einer militärisch-machtstaatlichen Vorbereitung eines kleindeutschen Reiches sehr entgegen.

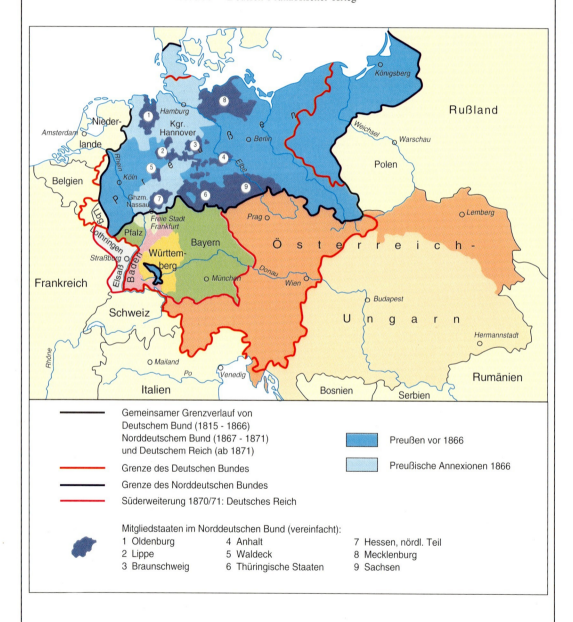

Der Deutsch-Dänische Krieg (1864). Wie sehr die österreichische Politik in Abhängigkeit von Preußen geraten war, wurde im Deutsch-Dänischen Krieg offenkundig. Die vorausgehende schleswig-holsteinische Krise bildete hinsichtlich der dabei zu Tage tretenden politischen Raffinesse einen ersten Höhepunkt der an Erfolgen reichen politischen Laufbahn Bismarcks. Sie offenbarte darüber hinaus die Ohnmacht Englands im Hinblick auf eine Mitgestaltung Europas.

In den Londoner Protokollen 1850 und 1852 waren die seit dem Spätmittelalter als „up ewig ungedeelt" geltenden Herzogtümer Schleswig und Holstein dem dänischen Königshaus unterstellt worden. Als sich 1863 Dänemark das nicht zum Deutschen Bund gehörende und im Norden von Dänen bewohnte Schleswig einverleibte, forderte die deutsche Öffentlichkeit den Anschluß beider Herzogtümer an den Deutschen Bund. Bismarck hielt nach außen hin am Londoner Protokoll fest und verpflichtete so die Großmächte zur Neutralität. Die nationale Empörung in ganz Deutschland nützte er, um Österreich für einen begrenzten Krieg weit außerhalb seiner eigentlichen Interessensphären zu gewinnen. Preußische und österreichische Truppen marschierten 1864 in Jütland ein. Der dänische König mußte Lauenburg sowie die Herzogtümer Schleswig und Holstein abtreten. Nach der Niederlage Dänemarks wurde im Vertrag von Gastein (1865) Schleswig der Verwaltung Preußens, Holstein der Verwaltung Österreichs unterstellt (▷ Q 3.1–Q 3.2). Der in dieser Lösung angelegte Konfliktstoff führte darauf zum Preußisch-Österreichischen Krieg.

Neutralität der Großmächte

Kriegsteilnahme Österreichs

Vertrag von Gastein

Der Preußisch-Österreichische Krieg (1866). Das Herzogtum Holstein hatte schon aufgrund der geographischen Entfernung zu Österreich für Habsburg wenig Bedeutung. Dagegen strebte Preußen den Erwerb beider Herzogtümer an. Bismarck wies jedoch österreichische Vorschläge zurück, im Tausch gegen Holstein Teile Schlesiens oder eine preußische Garantieerklärung für österreichische Besitzungen in Italien zu erhalten. So erwies sich der Vertrag von Gastein schon bald als ein vorläufiger Kompromiß. Denn Bismarck kam es darauf an, in einem Krieg mit Österreich die preußische Führungsrolle in der nationalen Frage zu zementieren. Er verhandelte mit Italien und in Paris mit Napoleon III. Mit beiden schloß er ein Offensiv- und Defensivbündnis. Napoleon III. versprach Neutralität. Er forderte dafür spätere preußische Gebietsabtretungen am Rhein. Rußlands Neutralität war eine Gegenleistung für preußische Nichteinmischung bei der Niederschlagung des polnischen Aufstands durch Rußland im Jahr 1863. Im April 1866 beantragte Preußen beim Frankfurter Bundestag Wahlen zu einem deutschen Parlament. Diese hätten zur deutschen Einigung ohne das absolutistische Österreich führen können. Im Gegenzug beantragte Österreich, den Frankfurter Bundestag über die Zukunft Schleswigs und Holsteins entscheiden zu lassen und beschuldigte Preußen, den Gasteiner Vertrag gebrochen zu haben. Es forderte den Deutschen Bund auf, Maßnahmen gegen Preußen zu ergreifen. Als Preußen daraufhin einen Teil Holsteins besetzte, bewirkte Österreich beim Bund die Mobilmachung der nichtpreußischen Bundestruppen. Preußen erklärte daraufhin den Bund für aufgelöst. Der Angriff preußischer Truppen gegen Österreich und die mehrheitlich mit Österreich verbündeten Bundesstaaten führte bereits nach drei Wochen zur militärischen Niederlage Österreichs in der Schlacht bei Königgrätz (Juli 1866).

Bündnis mit Italien und Frankreich

Ende des Deutschen Bundes

Bismarck setzte sich gegenüber der militärischen Führung durch und erhob gegen Österreich keine Gebietsansprüche. Er konnte damit drohende Interventionen Frankreichs und Rußlands vermeiden. Im Vorfrieden von Nikolsburg mußte Österreich aber die Auflösung des Deutschen Bundes anerkennen, ebenso die Annexionen Preußens in Norddeutschland und die Hegemonie Preußens im künftigen Norddeutschen Bund (▷ S. 66).

Prager Friede — Im Prager Frieden (August 1866) stimmte Österreich der Neugestaltung Deutschlands ohne österreichische Beteiligung zu (▷ Q 3.3).

Der in der Reaktionszeit die österreichisch-preußischen Beziehungen dominierende Dualismus beider Staaten war damit zugunsten Preußens entschieden worden.

Die Gründung des Norddeutschen Bundes (1867). Angesichts der außenpolitischen Erfolge erteilte das preußische Abgeordnetenhaus Bismarck mit einer Mehrheit von 230 gegen 75 Stimmen Indemnität (Straffreiheit) im Hinblick auf sein rigoroses Vorgehen im Verfassungskonflikt um den Heeresetat (▷ S. 56). Nach seinem Erfolg gegen Österreich konnte sich Bismarck bezüglich einer Politik des preußischen Machtstaates der Unterstützung der Nationalliberalen Partei sicher sein. Diese glaubte nun, die nationale Machtidee mit der des liberalen Rechts- und Verfassungsstaates verbinden zu können (▷ Q 2.2–Q 2.4). So stießen auch Bismarcks Annexionen nach dem Preußisch-Österreichischen Krieg in Preußen selbst kaum auf Widerspruch.

Indemnität

Annexionen — An größeren Territorien waren es Schleswig und Holstein, das Königreich Hannover, Kurhessen, das Großherzogtum Nassau und die Freie Stadt Frankfurt, die so auf dem Weg der Annexion in den preußischen Staat einbezogen wurden (▷ Karte S. 64). Diese Annexion war Teil von Bismarcks Revolution „von oben", die somit auch vor der Auflösung souveräner, monarchisch-fürstlicher Herrschaftsträger nicht haltmachte (▷ Q 3.4–Q 3.5). Im August 1866 schlossen die preußische Regierung und zahlreiche nord- und mitteldeutsche Staaten einen Vertrag zur Gründung eines Norddeutschen Bundes. Die von Bismarck für den Norddeutschen Bund ausgearbeitete

Verfassung — Verfassung trat im Juli 1867 in Kraft. Sie schrieb die territoriale und politische Vormachtstellung Preußens fest: Es war mit vier Fünftel des Territoriums (▷ Karte S.

Bundesrat — 64) größter Bundesstaat. Im Bundesrat war es mit 17 von 43 Stimmen vertreten und besaß damit Vetorecht bei Verfassungsänderungen. Den Vorsitz im Bundesrat führte der vom preußischen König ernannte preußische Ministerpräsident als Bundeskanzler. Verkörperte der Bundesrat die föderative Komponente, so vertrat der aus allgemei-

Reichstag — nen, direkten und geheimen Wahlen hervorgegangene Reichstag das unitarische Element. Er wirkte bei der Gesetzgebung des Bundes mit. Die süddeutschen Staaten Bayern, Württemberg und Baden wurden durch geheime Schutz- und Trutzbündnisse

Zollvereinsverträge — wie auch durch neue Zollvereinsverträge militärisch und wirtschaftlich eng mit Preußen und dem Norddeutschen Bund verklammert. Bismarcks Absicht in bezug auf die süddeutschen Staaten war es, ein immer dichter werdendes Geflecht von Bindungen und strukturellen Einflußmöglichkeiten im Heereswesen, in der Handels- und Zollpolitik durch Angleichung gesetzlicher Normen auf vielen Gebieten zu schaffen. Die süddeutschen Monarchen und ihre Regierungen sollten, durch dieses Geflecht gebunden, später aus Gründen der Staats- und Machträson zum Anschluß an den Norden veranlaßt werden. Die politische Kraft des süddeutschen Staatsbewußtseins und insbesondere der Druck Napoleons III. waren aber ausschlaggebend dafür, daß die Neuordnung Deutschlands zunächst noch auf den Norden beschränkt geblieben war.

Der Deutsch-Französische Krieg (1870/71). Der Aufstieg Preußens bis zur Gründung des Norddeutschen Bundes war zweifellos ein Erfolg der Diplomatie Bismarcks. Die außenpolitische Gesamtkonstellation – die sich gegenseitig in Schach haltenden Großmächte England, Rußland und Österreich – war Bismarcks Hegemonieplänen bis dahin sehr entgegengekommen. Für die Zukunft wurde nun das Verhältnis zu Frankreich entscheidend. Für den innenpolitisch bedrängten Napoleon III. war die Eindämmung Preußens ein wichtiges Ziel, um gegenüber der dem nationalen Prestigedenken verhafteten Opposition in Frankreich bestehen zu können. Die Perspektive einer großpreußisch-obrigkeitsstaatlichen Lösung der deutschen Frage traf französische Sicherheitsinteressen ganz erheblich. Deshalb nützte die französische Regierung den Patriotismus der Massen in der Frage der spanischen Thronkandidatur. Leopold von Hohenzollern-Sigmaringen sollte nach dem Angebot Spaniens den dortigen Königsthron besteigen. Der preußische König Wilhelm I. mußte als Chef des Hauses Hohenzollern der Kandidatur zustimmen. Die im Falle einer hohenzollernschen Kandidatur drohende Umklammerung Frankreichs führte zur französischen Kriegsdrohung. Leopold und Wilhelm zogen daraufhin die Kandidatur zurück. Als der französiche Botschafter Benedetti in Bad Ems von König Wilhelm I. einen dauernden Verzicht auf den spanischen Thron forderte, lehnte Wilhelm I. ab. Den telegraphischen Bericht über das Gespräch in Bad Ems ließ der preußische König an Bismarck nach Berlin senden. Bismarck kürzte den Bericht, verschärfte ihn dadurch und übergab ihn der Presse (▷ Q 3.7).

Spanische Thronkandidatur

Emser Depesche

Dieses in Frankreich als Demütigung empfundene Vorgehen führte zur Kriegserklärung Napoleons III. an Preußen. Er glaubte, dadurch einen schweren persönlichen Prestigeverlust in der französischen Öffentlichkeit verhindern zu können. Doch sahen die europäischen Großmächte in Frankreich den Aggressor. Der Norddeutsche Bund und die süddeutschen Staaten traten an die Seite Preußens. Denn Frankreichs Streben nach der Rheingrenze rief neben Preußen auch die süddeutschen Staaten, insbesondere Bayern mit seinem pfälzischen Gebietsanteil, zur Wachsamkeit. Wiederum war es Bismarck geglückt, den Konflikt zu begrenzen und den Kriegsgegner außenpolitisch zu isolieren. Der Krieg entfachte auf beiden Seiten nationale Leidenschaften. Die deutsche Truppenüberlegenheit führte nach einer Serie von militärischen Niederlagen zur Kapitulation eines Großteils der französischen Armee nach der Schlacht bei Sedan und zur Gefangennahme des Kaisers am 2. September 1870 (▷ Q 3.8–Q 3.9). Auch wenn daraufhin Léon Gambetta in Frankreich als Innen-, Finanz- und Kriegsminister nach Proklamation der Republik den Volkskrieg im Sinne einer Massenbewegung zu organisieren versuchte, gelang es schließlich den verhandlungsbereiten Kräften um die beiden Führer der demokratischen Republikaner, Jules Favre und Adolph Thiers, am 28. Januar 1871 einen Waffenstillstand zu schließen. Im Frieden von Frankfurt am 10. Mai 1871 wurde Frankreich die Abtretung Elsaß-Lothringens und eine auf 5 Milliarden Goldfranken festgesetzte Kriegsentschädigung auferlegt (▷ S. 85).

Kriegserklärung Napoleons III.

Frankfurter Frieden

Die Sedanfeier in Berlin am Abend des 2. September 1870

Kleine Quellenkunde: Karikaturen

Das Wort „Karikatur" ist der italienischen Sprache entlehnt. Das Verb „caricare" heißt dort „beladen", „übertreiben". Im 16. Jahrhundert hat der italienische Maler und Zeichner Annibale Carracci (1560–1609) die Begriffe „caricatura" und „ritrattini carichi" (übertriebene Bildnisse) als künstlerische Gattungsbegriffe geprägt. Carracci und sein Künstlerkreis hatten die Absicht, den Betrachter durch Übertreibung von Mängeln, die die Natur selbst hervorgebracht hat, zu erheitern.

Im 17. Jahrhundert entstand dann aus der Feder des berühmten italienischen Architekten und Bildhauers Gianlorenzo Bernini (1598–1680) die Porträt-Karikatur. Berninis Karikaturen wollten über die äußere Erscheinung hinaus das innerste Wesen der Karikierten freilegen. Nach seiner Definition waren Karikaturen Porträts, deren Ähnlichkeit im Häßlichen und Lächerlichen bestand. Bloße Scherzhaftigkeit und humorvolles Verhöhnen traten damit zurück. Die Karikatur wurde zur Waffe im politischen Kampf. Anders verlief die Entwicklung in England. Dort setzte im Sinne eines offenen Karikaturbegriffs um 1750 mit einer Vermischung der Formen auch eine Verzerrung der Begriffe ein. Unter Karikatur verstand man ein Sammelsurium zeichnerischer Formen, von der Kinderzeichnung bis zum Bilderrätsel. Sie galt als „schlechte" Kunst.

Auf dem Kontinent hingegen lebte der italienische Karikaturbegriff fort. In der berühmten Encyclopédie (1751/53) wird die Karikatur als eine der Entspannung dienende Gestaltung grotesker Figuren und übertriebener Disproportionen erläutert, deren Wahrheit und Ähnlichkeit einzig zur Steigerung der Lächerlichkeit verändert wird.

Im 19. und 20. Jahrhundert wurde die Karikatur vollends zum kalkulierten Mittel psychologischer Kriegsführung, zum Mittel oppositioneller Kritik und politischer Propaganda. Heute versteht man im deutschen Sprachgebrauch unter Karikatur die aus vielfältigen Elementen komponierte satirisch-politische Pressezeichnung.

Worin besteht nun der spezielle Bezug der Karikatur zu unserem Kapitel? Die Ereignisse während der Reaktionszeit und der machtstaatlichen Einigungspolitik Bismarcks forderten geradewegs die Gründung kritisch-sarkastischer Zeitschriften mit verschiedensten Illustrationen heraus. Der Siegeszug der Lithographie seit Beginn des 19. Jahrhunderts kam dem ebenso entgegen wie die Entwicklung der Photographie seit 1839. Politische Karikaturen fand man in der zweiten Hälfte des 19. Jahrhunderts bevorzugt in den bekannten Witzblättern und politischen Zeitschriften: im Berliner „Kladderadatsch" zum Beispiel, im Münchner „Punsch", in den Hamburger „Wespen", dem Stuttgarter „Eulenspiegel", der Frankfurter „Laterne" und deren ausländischen Entsprechungen.

Welchen Wert besitzt die Karikatur für den Historiker? Als interpretierende Kunstform ist sie zugleich auch historische Quelle, die zum Beispiel die Wirkung von Persönlichkeiten, deren Handlungen oder Verhaltensweisen auf bestimmte gesellschaftliche Gruppen oder einzelne Personen vor Augen führt. Die Karikatur als historische Quelle ist demnach in hohem Maß interpretationsfähig, aber auch interpretationsbedürftig. Denn ihr Inhalt ist nicht die historische Realität an sich, wie sie sich etwa oft sehr eindeutig im Rechtsgeschäft einer Urkunde darstellt. Die Absichten einer Karikatur, zu kritisieren, aufzuklären, überraschende Verknüpfungen zu schaffen, Nachdenklichkeit, Lachen, aber auch Widerspruch zu erzeugen, komplexe Zusammenhänge anschaulich zu machen oder Propaganda zu üben, all dies erfordert vom interpretierenden Betrachter ein relativ hohes Maß an Vorwissen. Er muß zum Beispiel die Entstehungsumstände, die Zeit, die dargestellten Personen und Symbole kennen. Dies ist um so wichtiger, wenn – wie im Geschichtsunterricht notwendig – eine Bewertung der Karikatur erfolgen soll. Eine Reihe interessanter Fragen kann in diesem Zusammenhang gestellt werden:

– Trifft die Karikatur den Sachverhalt?
– Sind Komik und Übertreibung sowie die Betonung der häßlichen, schlechten, unschicklichen Eigenschaften einer Persönlichkeit, gemessen an ihren Leistungen, auch wirklich gerechtfertigt?
– Von welchem Standpunkt aus werden Spott oder vielleicht sogar Verleumdung geübt und warum?

Karikaturen könnten somit wertvolle Anstöße zur gründlichen Erörterung und Vertiefung historischer Sachverhalte geben.

Q 3.1
Der Vertrag von Gastein (14. August 1865)

Der auf Betreiben Bismarcks zwischen Österreich und Preußen geschlossene Vertrag regelte primär die Aufteilung der Herzogtümer Schleswig und Holstein zwischen den beiden deutschen Großmächten. Lauenburg ging durch den Vertrag von Gastein in den Besitz Preußens über, das an Österreich eine Entschädigung zahlte. Der Vertrag barg die Gefahr von Konflikten zwischen beiden Staaten in sich.

Art. 1. Die Ausübung der von den hohen vertragschließenden Teilen durch den Art. 3 des Wiener Friedenstractates vom 30. Oktober 1864 gemeinsam erworbenen Rechte, wird unbeschadet der Fortdauer dieser Rechte beider Mächte an der Gesamtheit beider Herzogtümer, in Bezug auf das Herzogtum Schleswig auf Seine Majestät den König von Preußen, in Bezug auf das Herzogtum Holstein auf Seine Majestät den Kaiser von Österreich übergehen …

Art. 4. Während der Dauer der durch Art. 1 der gegenwärtigen Übereinkunft verabredeten Teilung wird die Königl. Preußische Regierung zwei Militärstraßen durch Holstein, die eine von Lübeck auf Kiel, die andere von Hamburg auf Rendsburg, behalten …

Art. 7. Preußen ist berechtigt, den anzulegenden Nord-Ostsee-Canal je nach dem Ergebnis der von der … Regierung eingeleiteten technischen Ermittelungen durch das Holsteinische Gebiet zu führen. Insoweit dies der Fall sein wird, soll Preußen das Recht zustehen, die Richtung und die Dimensionen des Canals zu bestimmen, die zur Anlage erforderlichen Grundstücke im Wege der Expropriation[1], gegen Ersatz des Wertes, zu erwerben, den Bau zu leiten, die Aufsicht über den Canal und dessen Instandhaltung zu führen, und das Zustimmungsrecht zu allen ihn betreffenden reglementarischen Bestimmungen zu üben.

v. Bismarck   v. Blome

Johannes Hohlfeld: Dokumente der deutschen Politik und Geschichte von 1848 bis zur Gegenwart, Bd. 1, Berlin/München 1951–1956, S. 148f.

[1] Enteignung

Q 3.2
Die Herzogtümer Schleswig und Holstein nach dem Vertrag von Gastein

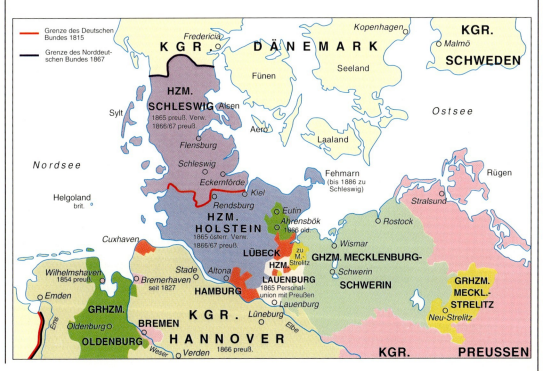

Q 3.3
Der Prager Friede (23. August 1866)

Der Prager Friede beendete den Deutschen Krieg von 1866. Österreich verlor durch den Prager Frieden jeden staatsrechtlichen Zusammenhang mit anderen deutschen Staaten; der Deutsche Bund wurde aufgelöst.

Art. 4. Seine Majestät der Kaiser von Österreich erkennt die Auflösung des bisherigen Deutschen Bundes an und gibt Seine Zustimmung zu einer neuen Gestaltung Deutschlands
5 ohne Beteiligung des österreichischen Kaiserstaates. Ebenso verspricht Seine Majestät das engere Bundesverhältnis anzuerkennen, das Seine Majestät der König von Preußen nördlich von der Linie des Mains begründen wird, und
10 erklärt sich damit einverstanden, daß die südlich von dieser Linie gelegenen deutschen Staaten in einen Verein zusammentreten, dessen nationale Verbindung mit dem Norddeutschen Bunde der nähern Verständigung zwischen beiden vorbe-
15 halten bleibt, und der eine internationale, unabhängige Existenz haben wird.

Art. 5. Seine Majestät der Kaiser von Österreich überträgt auf seine Majestät den König von Preußen alle seine im Wiener Frieden vom
20 30. Oktober 1864 erworbenen Rechte auf die Herzogthümer Holstein und Schleswig mit der Maßgabe, daß die Bevölkerungen der nördlichen Distrikte von Schleswig, wenn sie durch freie Abstimmung den Wunsch zu erkennen ge-
25 ben, mit Dänemark vereinigt zu werden, an Dänemark abgetreten werden sollen ...

Johannes Hohlfeld: Deutsche Reichsgeschichte in Dokumenten, Urkunden und Aktenstücke zur inneren und äußeren Politik des Deutschen Reiches, Bd. 1, Berlin/Leipzig 1932, S. 35f.

Q 3.4
Der preußische „Revolutionär"

War Bismarcks politisches Handeln in bezug auf den Krieg von 1866 und seine Folgen revolutionär? Eine Frage, die auch Friedrich Engels, den Mitbegründer des revolutionären Marxismus, beschäftigt hat.

A la guerre comme à la guerre.

Der Ausdruck beweist bloß, daß Bismarck den deutschen Bürgerkrieg 1866 für das erkannte, was er war, nämlich eine Revolution, und daß
5 er bereit war, diese Revolution durchzusetzen mit revolutionären Mitteln. Und das tat er. Sein Verfahren gegenüber dem Bundestag war revolutionär. Statt sich der verfassungsmäßigen Entscheidung der Bundesbehörden zu unterwerfen,
10 warf er ihnen Bundesbruch vor – eine reine Ausrede –, sprengte den Bund, proklamierte eine neue Verfassung mit einem durch das revolutionäre allgemeine Stimmrecht gewählten Reichstag und verjagte schließlich den Bundes-
15 tag aus Frankfurt.

... Im Frieden nahm er für Preußen die sämtlichen Besitzungen dreier legitimer deutscher Bundesfürsten und einer Freien Stadt weg, ohne daß diese Verjagung von Fürsten, die nicht min-
20 der „von Gottes Gnaden" waren als der König von Preußen, sein christliches und legitimistisches Gewissen irgendwie beschweren. Kurz, es war eine vollständige Revolution, mit revolutionären Mitteln durchgeführt. Wir sind natür-
25 lich die letzten, ihm daraus einen Vorwurf zu machen. Was wir ihm vorwerfen, ist im Gegenteil, daß er nicht revolutionär genug, daß er nur preußischer Revolutionär von oben war, daß er eine ganze Revolution anfing in einer Stellung,
30 wo er nur eine halbe durchführen konnte ...

Friedrich Engels: Die Rolle der Gewalt in der Geschichte 1887–1888; aus dem Nachlaß. Zit. in: Karl Marx und Friedrich Engels. Deutsche Geschichte im 19. Jahrhundert, hrsg. von Iring Fetscher, Frankfurt am Main 1969, S. 238f.

Q 3.5
„Deutschlands Zukunft unter der Pickelhaube"

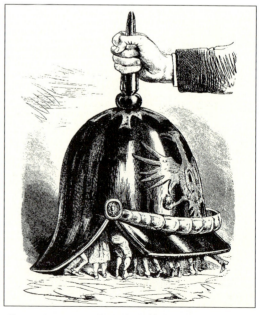

„Kommt es unter einen Hut? Ich glaube, 's kommt eher unter eine Pickelhaube!" (österreichische Karikatur aus der Wiener Zeitschrift „Kikeriki", 1870)

Q 3.6 „Todesgeister"

Die Lithographie gehört zu einer Serie von vier Blättern, die neben Bismarck und Kaiser Wilhelm I. auch Napoleon III. und Papst Pius IX. als Elend und Not bringende Genien des Todes brandmarkt (anonym, Staatsbibliothek Berlin).

Q 3.7
Die Emser Depesche (13. Juli 1870)

In der spanischen Thronkandidatur des Prinzen Leopold von Hohenzollern sah Frankreich die Gefahr eines Zweifrontenkrieges.

a) Das Telegramm, das am 13. Juli 1870 von Geheimrat Abeken in Ems aufgegeben worden war:

Se. Majestät schreibt mir: „Graf Benedetti fing mich auf der Promenade ab, um auf zuletzt sehr zudringliche Art von mir zu verlangen, ich sollte ihn autorisieren, sofort zu telegraphieren, daß ich für alle Zukunft mich verpflichte, niemals wieder meine Zustimmung zu geben, wenn die Hohenzollern auf ihre Candidatur zurückkämen. Ich wies ihn zuletzt etwas ernst zurück, da man à tout jamais dergleichen Engagements nicht nehmen dürfe noch könne. Natürlich sagte ich ihm, daß ich noch nichts erhalten hätte und, da er über Paris und Madrid früher benachrichtigt sei als ich, er wohl einsähe, daß mein Gouvernement wiederum außer Spiel sei." Seine Majestät hat seitdem ein Schreiben des Fürsten bekommen. Da Seine Majestät dem Grafen Benedetti gesagt, daß er Nachricht vom Fürsten erwarte, hat Allerhöchstderselbe, mit Rücksicht auf die obige Zumutung, auf des Grafen Eulenburg und meinen Vortrag beschlossen, den Grafen Benedetti nicht mehr zu empfangen, sondern ihm nur durch einen Adjutanten sagen zu lassen: daß seine Majestät jetzt vom Fürsten die Bestätigung der Nachricht erhalten, die Benedetti aus Paris schon gehabt, und dem Botschafter nichts weiter zu sagen habe. Seine Majestät stellt Eurer Exzellenz anheim, ob nicht die neue Forderung Benedettis und ihre Zurückweisung sogleich sowohl unsern Gesandten als in der Presse mitgeteilt werden sollte.

Otto von Bismarck: Gedanken und Erinnerungen, Bd. 1, Stuttgart 1936, S. 444.

b) Die von Bismarck gekürzte und dadurch verschärfte Fassung der Emser Depesche:

Nachdem die Nachrichten von der Entsagung des Erbprinzen von Hohenzollern der kaiserlich-französischen Regierung von der königlich spanischen amtlich mitgetheilt worden sind, hat der französische Botschafter in Ems an Seine Majestät den König noch die Fordrung gestellt, ihn zu autorisieren, daß er nach Paris telegraphire, daß Seine Majestät der König sich für alle Zukunft verpflichte, niemals wieder seine Zustimmung zu geben, wenn die Hohenzollern auf ihre Candidatur wieder zurückkommen sollten. Seine Majestät der König hat es darauf abgelehnt, den französischen Botschafter nochmals zu empfangen, und demselben durch den Adjutanten vom Dienst sagen lassen, daß Seine Majestät dem Botschafter nichts weiter mitzutheilen habe.

Bismarck: a. a. O., S. 446f.

Q 3.8
Der Sedantag (2. September 1870) –
lange Zeit ein deutsches Nationalsymbol

Die politische Symbolik, in der die wilhelminische Gesellschaft sich erkannte und an der sie erkannt werden kann, fand z. B. neben der Uniformgläubigkeit auch in der alljährlichen Feier des Sedantages ihren Ausdruck. Der kriegsentscheidende Tag, an dem die französische Armee in der Festung Sedan eingeschlossen worden und Kaiser Napoleon III. in deutsche Gefangenschaft geraten war, sollte Jahr für Jahr am 2. September alle Deutschen feiernd vereinen. Der Journalist und bekannte historische Publizist Sebastian Haffner beschreibt das Ausmaß nationalistischen Hochgefühls an diesem „Nationalfeiertag" folgendermaßen:

Der Sedantag war ein rundes halbes Jahrhundert lang der deutsche Nationalfeiertag, mit Paraden, Beflaggung, Schulfeiern, patriotischen Reden und allgemeinen Hochgefühlen. Und zwar war es, muß man wahrheitsgemäß und mit einiger Beschämung gestehen, der einzige effektive Nationalfeiertag, den die Deutschen je gehabt haben. Was nachher an seine Stelle trat, der 11. August, Verfassungstag der Weimarer Republik, der 1. Mai der Nazis, der 17. Juni der Bundesrepublik, das war alles nichts Rechtes mehr: halt ein freier Tag und ein paar Weihestunden und Reden, die keinen sonderlich interessierten. Aber der 2. September, Sedantag, mein Gott, da war wirklich noch was los! Das war eine Stimmung – ich finde für die heutige Zeit keinen anderen Vergleich –, als ob die deutsche Nationalmannschaft die Fußballweltmeisterschaft gewonnen hätte, und zwar jedes Jahr aufs neue ...

Alle Jahre wieder wurde die große Schlacht im Geiste noch einmal siegreich durchgekämpft, immer wieder brachen die französischen Kavallerieattacken im deutschen Musketenfeuer zusammen, immer wieder übergab der französische Kaiser als gebrochener Mann, dem es nicht vergönnt war, an der Spitze seiner Truppen zu fallen, dem Preußenkönig seinen Degen. Jeder trug im Kopf die triumphalen Bilder, die damals zu Hunderttausenden in Deutschlands guten Stuben hingen: König Wilhelm, der Heldengreis, inmitten seiner Paladine auf der Höhe von Frésnois; Moltke bei den Kapitulationsverhandlungen, den Handrücken lässig auf der Generalstabskarte, auf die die französischen Unterhändler wie auf ein Todesurteil starrten; der gigantische Bismarck neben dem häßlichen Zwerg Napoléon auf der schütteren Holzbank vor dem Weberhäuschen in Domchérie – alle diese Szenen des Triumphs Jahr für Jahr aufs neue nachzuschmecken, das war ein wirkliches Fest. Von den Hochgefühlen patriotischen Selbstgenusses, mit denen das gefeiert wurde, macht man sich heute kaum noch eine Vorstellung.

Sebastian Haffner: Im Schatten der Geschichte. Historisch-politische Variationen aus zwanzig Jahren, Stuttgart 1985, S. 65. Zit. nach: Christian Graf von Krockow: Die Deutschen in ihrem Jahrhundert 1890–1990, Hamburg 1992, S. 41, 379.

Q 3.9
Charakterisierung Bismarcks in einem französischen Geschichtswerk

Wenngleich der Deutsch-Französische Krieg jahrzehntelang das Verhältnis beider Staaten belastet hat, so bemüht sich die Geschichtsschreibung beider Nationen heute um größtmögliche Objektivität bei der Darstellung dieser Epoche. In einem gängigen französischen Geschichtswerk, das auch an höheren Schulen Frankreichs benützt wird, findet sich folgende Charakterisierung Bismarcks:

a) Bismarck: seine Anfänge

Bismarck, der 1815 in Brandenburg, dem Herzstück des preußischen Staates, in eine Familie von Junkern, die der Herrscherfamilie ergeben war, geboren wurde, ist ein höhnischer und ungestümer Riese mit ungeheurem Appetit, ein Landmensch, der, sooft er kann, sich in die Wälder zurückzieht. Dieser Riese ist aber auch ein empfindsamer Mensch mit schwachen Nerven; ein guter Ehemann, ein guter Vater, religiösen Eingebungen gegenüber offen. Er ist hochintelligent, steigert sich aber in seinem Haß auf einen Gegner bis aufs Extremste. Er ist ein Kavalier mit großen Gebärden, der in Gesellschaft bezaubernd ist, bis zu dem Augenblick, wo ein heftiges Verlangen, etwas mitzuteilen, das seine innere Unruhe verrät, bei seinen Zuhörern Anstoß erregt …

Bismarck ist wie Cavour und Napoleon III. ein Außenseiter, der sich durch Arglist und Gewalt im Schutze der Gesellschaft eine günstige Position geschaffen hat. Als Student hat Bismarck weder wie ein Beamter noch wie ein Offizier gelebt …

Mit 47 Jahren kannte Bismarck Deutschland und Europa. Er hatte den Charakter Napoleons III., der damals auf dem Gipfel seiner Macht war, ausreichend studiert. Trotz der Witzeleien, die er an seine Person verschwendete, hat sich Bismarck für seine Methoden begeistert, unterscheidet sich aber durch seinen Realitätssinn vom französischen Kaiser.

Collection d'Histoire 1848–1914, dirigée par Louis Girard, © Bordas, Paris, S. 145. Übersetzt von Renate Wolf.

b) Scheitern Napoleons III.
Das französische Geschichtswerk „Collection d'Histoire" bewertet die Rolle Frankreichs und Preußens in Europa vor Ausbruch des Deutsch-Französischen Krieges:

Ganz Europa spürte, daß das Schwergewicht auf dem Kontinent sich von Paris nach Berlin verlagerte. Um sein Ansehen zu wahren, versuchte Napoleon III. „Kompensationen" zu finden, die Bismarck „Trinkgelder" nannte: im Rheinland, dann in Luxemburg und in Belgien. Bismarck lehnte ab, wobei er Europa über seine verdächtigen Verhandlungen auf dem laufenden hielt. 1867 schien der Krieg wegen Luxemburg bevorzustehen. Aber Napoleon zog einen Rückzug einem zu unsicheren Kampf vor, das diplomatische Eingreifen Englands machte es ihm möglich, sein Gesicht zu wahren.

Preußen erschien als Schutzmacht Europas gegen den unersättlichen Ehrgeiz des verfallenden Französischen Reichs … Nichtsdestoweniger bevorzugten in Bayern und Württemberg Katholiken und Demokraten den „Status quo" gegenüber einer preußischen Oberherrschaft. Bismarck glaubte, daß die politische Einheit nur aus einem gemeinsamen Krieg gegen Frankreich geboren werden könnte. Im Juli 1870 fand er einen Anlaß.

Collection d'Histoire: a. a. O., S. 150f.

Fragen und Anregungen:

1. Welche Interessen Preußens in der schleswig-holsteinischen Frage erkennt Österreich im Vertrag von Gastein an? Inwiefern sind Konflikte vorprogrammiert (▷ Q 3.1– Q 3.2)?
2. Worin liegt die Bedeutung des Prager Friedens für die deutsche Geschichte des 19. Jahrhunderts (▷ Q 3.3)?
3. Nehmen Sie kritisch Stellung zur Bewertung Bismarcks als preußischer „Revolutionär" (▷ Q 3.4).
4. Fassen Sie unter Zuhilfenahme der Karte (▷ S. 64) die einzelnen Schritte und die jeweiligen Voraussetzungen auf dem Weg zur deutschen Einheit von 1864–1871 zusammen. Beschreiben und interpretieren Sie in diesem Zusammenhang auch Q 3.5– Q 3.7.
5. a) Setzen Sie sich am Beispiel der Feier des Sedantages kritisch mit der Funktion von Nationalsymbolen auseinander (▷ Q 3.8, auch Bild S. 67).
   b) Beschreiben Sie am Beispiel heutiger Nationalsymbole deren Funktionswandel, und erklären Sie diesen.
6. Bismarck und die Einigungskriege aus der Sicht eines gebräuchlichen französischen Geschichtswerkes. Bewerten Sie die Aussagen in Q 3.9 hinsichtlich ihrer Objektivität und begründen Sie Ihre Bewertung.

Zusammenfassung:

Die 1863 erfolgte Einverleibung Schleswigs durch Dänemark schürte die nationale Empörung in der deutschen Öffentlichkeit. Bismarck gewann Österreich für einen begrenzten Krieg gegen Dänemark mit dem Ergebnis, daß Schleswig preußischer und Holstein österreichischer Verwaltung unterstellt wurde. Der in dieser Lösung angelegte Konfliktstoff führte 1866 zum Preußisch-Österreichischen Krieg mit der Niederlage Österreichs bei Königgrätz (Juli 1866). Im Prager Frieden (August 1866) erhob Preußen keine Gebietsansprüche gegenüber Österreich, doch mußte Österreich der Auflösung des Deutschen Bundes zustimmen und die Führungsrolle Preußens in der deutschen Frage anerkennen. Nach Bismarcks Erfolgen in den beiden Kriegen erteilte ihm das preußische Abgeordnetenhaus Indemnität in bezug auf sein Verhalten im Verfassungskonflikt. Auch Bismarcks militärisch vollzogene Annexionen im Norden und der Mitte Deutschlands wurden von den Nationalliberalen mitgetragen. So konnte im Juli 1867 die Verfassung des Norddeutschen Bundes in Kraft treten. Nach dem Deutsch-Französischen Krieg und den damit auch bei den süddeutschen Staaten entfachten nationalen Leidenschaften kam es Bismarck nun darauf an, den Norddeutschen Bund durch Beitritt der süddeutschen Staaten zu einem kleindeutschen Reich zu erweitern.

4.
Die Gründung des Deutschen Reiches 1871

1870	15. November	Baden und Hessen schließen sich mit den Staaten des Norddeutschen Bundes zu einem „Deutschen Bund" zusammen.
	23. November	Beitritt des Königreiches Bayern
	25. November	Beitritt des Königreiches Württemberg
	10. Dezember	„Deutscher Bund" wird zum „Deutschen Reich" umbenannt.
1871	18. Januar	Kaiserproklamation im Spiegelsaal zu Versailles
	16. April	Reichsverfassung

Obrigkeitsstaatlicher Vollzug der Reichsgründung. Im November 1870 trat der König von Bayern in den Versailler Verträgen mit dem König von Preußen einem „Deutschen Bund" bei. Diesen hatten die Staaten des Norddeutschen Bundes im November 1870 mit Baden und Hessen abgeschlossen. Kurz darauf trat diesem Bund auch das Königreich Württemberg bei. Die Verträge räumten Bayern und Württemberg erhebliche Sonderrechte (Reservatrechte) ein. Heftige Auseinandersetzungen im Bayerischen Landtag und der Widerstand eines Großteiles der Bayerischen Patriotenpartei vor der Ratifizierung der Verträge waren kennzeichnend für die Reserviertheit und Ablehnung, die ein Teil der süddeutschen Bevölkerung der Reichsgründung entgegenbrachte (▷ Q 4.1, Q 4.3 und Q 4.5). König Ludwig II. hatte jedoch – nach Bismarcks Zusage hoher Geldzahlungen – dem preußischen König schriftlich die Kaiserwürde angetragen. Bei der Kaiserproklamation in Versailles am 18. Januar 1871, die ohne Rücksicht auf die noch ausstehende Ratifizierung der Verträge mit Bayern erfolgt war, waren Fürsten, Offiziere, der Kaiser, Bismarck, Generalstabschef Graf von Moltke, einige hohe Staatsbeamte, aber nur wenige Zivilisten anwesend.

Widerstand Bayerns

Kaiserproklamation in Versailles

Kaiserproklamation 1871 (Anton v. Werner, 1877)
Das Bild hing im Weißen Saal des Berliner (Stadt-)Schlosses. Es hatte eine Größe von 4,34 m x 7,32 m.
Zur Entstehungsgeschichte und historisch-politischen Einordnung des im Krieg verlorengegangenen Gemäldes ▷ S. 78ff.

So ist die Zusammensetzung der Delegation von Versailles Spiegelbild für den obrigkeitsstaatlich vollzogenen Akt der Reichsgründung gewesen, wenngleich für die große Mehrheit der Deutschen die Reichsgründung den Höhepunkt der nationalen Entwicklung darstellte. Die Bevölkerung selbst war am Gründungsakt nicht beteiligt. In der europäischen Öffentlichkeit herrschte der Eindruck vor, daß mit der Bildung des kleindeutschen Reiches eine politisch vernünftige Lösung der deutschen Frage gefunden sei.

Prinzipien der Reichsverfassung. Vorbild für die Verfassung des Deutschen Reiches (▷ S. 77 und Q 4.3) war die des Norddeutschen Bundes. Mit der Reichsverfassung schuf Bismarck die staatsrechtliche Grundlage für eine starke Regierungsgewalt, für weitgehende Zugeständnisse an die Mitgliedsstaaten und für einzelne – besonders auf das Wahlrecht bezogene – demokratische Zugeständnisse. Das deutsche Kaiserreich war ein Bundesstaat. 25 deutsche Einzelstaaten gehörten ihm an. 22 Fürsten und drei Senate der Freien Städte bildeten im Bundesrat eine gemeinsame Gesamtregierung. Er war das föderative Organ der Reichsverfassung. Er wirkte an der Reichsgesetzgebung mit, hatte Mitspracherechte im Falle einer Kriegserklärung und bei völkerrechtlichen Verträgen. Der Bundesrat sicherte das monarchische System und verhinderte Verfassungsänderungen im Hinblick auf den Parlamentarismus.

Bundesstaat
Bundesrat

Reservatrechte Reservatrechte behielten den süddeutschen Staaten in bestimmten Bereichen hoheitliche Kompetenzen vor. So hatte zum Beispiel Bayern den Oberbefehl über das Heer in Friedenszeiten, die Hoheit über die Eisenbahn, das Post- und Telegraphenwesen, über die Bier- und Branntweinsteuer; es behielt auch das Recht, eigene Gesandtschaften zu unterhalten. Der preußische Ministerpräsident übernahm als Reichskanzler den Vorsitz. Mit 17 von 41 Stimmen konnte Preußen durch ein Veto politische Beschlüsse des Bundesrates verhindern. Der Kaiser war im Kriegsfall Oberbefehlshaber des aus Kontingenten der Einzelstaaten gebildeten Heeres. Er vertrat das Reich völkerrechtlich gegenüber dem Ausland. Die Kaiserwürde war erblich im Hause Hohenzollern.

Vorrang Preußens
Kaiser

Reichskanzler Der Reichskanzler erledigte mit Zustimmung des Kaisers die eigentlichen innen- und außenpolitischen Regierungsgeschäfte. Für seine Amtsführung bedurfte es des kaiserlichen Vertrauens; Bundesrat, Kaiser und Reichskanzler unterlagen keiner parlamentarischen Kontrolle.

Reichstag Der Reichstag, der aufgrund des sehr fortschrittlichen allgemeinen, gleichen, geheimen und direkten Mehrheitswahlrechts gewählt wurde, wirkte bei der Gesetzgebung und in Finanzfragen mit. Er verkörperte das unitarische Element, die Einheit des Reiches, gegenüber dem föderalistischen Bundesrat. Der Reichstag sollte die liberalen und demokratischen Kräfte dem Staat verbunden machen, denn er bildete ein Forum für politische Parteien. Sie konnten im Reichstag Ziele und Programme artikulieren und, soweit es die Reichsverfassung zuließ, in die Praxis umsetzen. Dem Bundesrat stand aber das Recht zu, mit Zustimmung des Kaisers den Reichstag aufzulösen.

Konstitutionelle Monarchie Mitwirkung bei der Bildung oder Abberufung der Regierung hatte Bismarck als überzeugter Monarchist dem Reichstag nicht gewährt. Demnach gehörte die Reichsverfassung zum Verfassungstyp der konstitutionellen Monarchie. Nicht strenge Gewaltenteilung, sondern Gewaltenverschränkung kennzeichnete ferner die Verfassung, denn der Bundesrat war Exekutiv- und Legislativorgan zugleich.

Gewaltenverschränkung

Finanzverfassung Finanziell war das Reich „Kostgänger der Einzelstaaten", wie Bismarck es ausdrückte. Das Reich nahm lediglich Zölle, einige Verbrauchssteuern und die Reinerträge der Reichspost ein. Es war auf Matrikularbeiträge (nach der Einwohnerzahl der Bevölkerung veranlagte Beiträge der Bundesstaaten zu den Reichsausgaben) angewiesen. Die Einzelstaaten erhielten die Erträgnisse aller übrigen, insbesondere der direkten Steuern; Bayern erhielt außerdem den sog. Malzaufschlag. Die Kosten für das Reichskriegswesen mußten alle Bundesstaaten gleichmäßig tragen. Auf dem Weg der Gesetzgebung war diesbezüglich gerechte Lastenverteilung herzustellen.

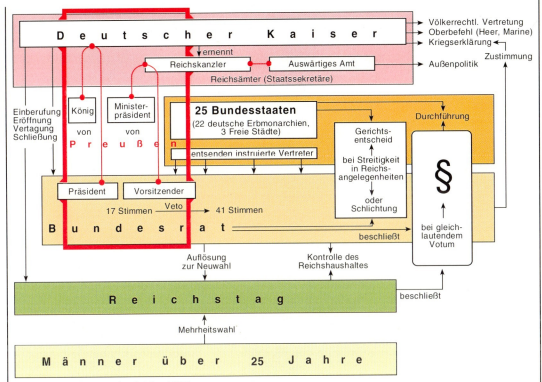

Die Verfassung des Deutschen Reiches (1871)

Reichsgründung 1871 – Lösung der deutschen Frage im 19. Jahrhundert? Es bestehen unterschiedliche Meinungen darüber, ob mit Reichsgründung und Reichsverfassung eine Lösung der deutschen Frage im 19. Jahrhundert erreicht worden ist. Große Teile des liberalen Bürgertums, das überwiegend protestantisch oder konfessionsungebunden war, wurden – z.B. auch in Bayern – von einer Reichsbegeisterung erfaßt. Sie erhofften sich zunächst von einer engeren Verbindung mit dem Norden ein Gegengewicht zur bäuerlich-katholisch-konservativen Welt. Die Verfassung des Deutschen Reiches wie auch die herausragende Persönlichkeit Bismarcks hatten jedoch nicht nationalen Ausgleich und Integration, sondern Preußens militärische, territoriale und politische Hegemonie begründet. Der kleindeutsche Nationalstaat ist zudem als „Obrigkeitsstaat" gegründet und geführt worden. Er war nicht aus dem Volkswillen, aus dem Willen der Nation, hervorgegangen, sondern oktroyiert worden. Bismarcks Geringschätzung des Reichstages wie auch der politischen Parteien schwächte darüber hinaus deren politisches Verantwortungsbewußtsein (▷ Q 4.4). Die ungeregelten Minderheitenfragen innerhalb des kleindeutschen Territoriums, die später einsetzende Unterdrückung politisch oder weltanschaulich Andersdenkender im Kulturkampf und durch das Sozialistengesetz wie auch das Bestreben, das gesellschaftliche Normensystem nach den Prinzipien des preußischen Junkertums auszurichten (▷ Q 4.6), zeigen, daß die Reichsgründung zwar eine territoriale Teillösung der deutschen Frage gebracht hat, die politische Teilhabe und Integration der Nation jedoch weitgehend unterblieben ist. Aus der Sicht anderer europäischer Nationalstaaten hat die Reichsgründung das europäische Gleichgewicht erheblich gestört (▷ Q 4.2; auch Zusammenfassung S. 85).

Thematische Spezialeinheit: Historienmalerei

Das 19. Jahrhundert – das Zeitalter von Historismus und Realismus – war auch die Zeit der Historienmalerei. Der Begriff „Historia" für eine bestimmte Art der Malerei stammt jedoch aus der Renaissance. Florentiner Maler wie Donatello, Masaccio, Uccello oder Leonardo wollten durch Darstellung erzählender Szenen aus den Evangelien und aus dem Leben Christi die Anteilnahme wecken, den Betrachter ergreifen und belehren. In dieser ursprünglichen Form, wie sie die Renaissance ausprägte, war der Historienmalerei daran gelegen, die Erinnerung an ein heilsgeschichtliches Ereignis mit Hilfe eines Gemäldes lebendig zu halten. Sie wollte aber auch Verehrung und Anbetung bewirken. Der Historienmalerei des 19. Jahrhunderts ging es dagegen um die Darstellung historischer Sachverhalte. Der Maler stand dabei vor einem schwierigen Problem: Sollte er künstlerisch interpretierend arbeiten, also ein Kunstwerk mit eigenen Intentionen schaffen, oder sollte er das historische Ereignis realistisch und mit ebensolcher Genauigkeit nach- oder abmalen? Anders gefragt: Kann ein Bild eine „gemalte Urkunde" sein, oder ist es zwangsläufig bereits selbst interpretierte Geschichte?

Die Kaiserproklamation im Spiegelsaal von Versailles, 18. Januar 1871. Auf dem Podium vorn links der Kronprinz (später Kaiser Friedrich III.), rechts von ihm Kaiser Wilhelm I., daneben der Großherzog von Baden, der den preußischen König zum Kaiser proklamiert, vor dem Podium Bismarck und Moltke. Außerdem ist am Fuß der Fürstenestrade rechts neben dem Großherzog von Baden der 1879 verstorbene Kriegsminister Albrecht von Roon zu sehen. Obwohl am Proklamationstag verhindert, ließ ihn der Auftraggeber des Bildes, Kaiser Wilhelm I., wegen der freundschaftlichen Beziehung Roons zu Bismarck in das Bild aufnehmen.
(Gemälde von Anton von Werner, 1885. Friedrichsruher Fassung mit Prunkrahmen. Dieser beinhaltet die Widmungsinschrift der kaiserlichen Familie für Bismarck. Das Bild wird heute im Bismarck-Museum Friedrichsruh aufbewahrt. Es hat eine Größe von 1,67 m x 2,02 m.)

Am Beispiel der Gemälde des Anton von Werner (1843–1915) zum Reichsgründungsakt von 1871, die in den zeitlichen und thematischen Rahmen dieses Kapitels gehören, wird deutlich, daß Historienmalerei zwar eine Quelle wie jede andere ist, daß bei ihr aber Fragen nach der Person des Malers, vor allem aber nach Auftraggeber und Entstehungsumständen eines Bildes ganz besonders wichtig sind.

Viele Geschichtsbücher bieten bei der Behandlung der Reichsgründung von 1871 Werners Bild der Kaiserproklamation zur Veranschaulichung an (▷ S. 78). Anton von Werner hat es 14 Jahre nach der Reichsgründung, 1885, gemalt. Es war ein Geschenk des königlichen Hauses zu Bismarcks 70. Geburtstag. Dieses Bild von 1885 – die Friedrichsruher Fassung – entwickelte sich unter den Wünschen des Auftraggebers Kaiser Wilhelm I. zur offiziellen Fassung des Proklamationsbildes. Als Vorlage diente eine 1882 als Wandbild für die Ruhmeshalle des Berliner Zeughauses bestimmte Fassung (Zeughausfassung ohne Abbildung von Roons; diese Fassung ging im Krieg verloren). Im Mittelpunkt der Gemälde von 1882 und 1885 steht Bismarck, durch weiße Kürassieruniform und stramme Haltung herausgehoben, schräg neben ihm Moltke. Der entscheidende Moment, der in den Bildern festgehalten wird, ist das „Hoch" des Großherzogs von Baden auf Kaiser Wilhelm. Säbel werden gezückt (ist das im dichten Gedränge ohne weiteres möglich?), Fahnen und Helme werden geschwenkt. Gesamteindruck: Bismarck, die Proklamationsurkunde in Händen, wird zum „Schmied des Deutschen Reiches". Maßgeblich mitgewirkt haben Fürsten und Militärs. Das Volk ist nirgends zu sehen. Der kleindeutsche Nationalstaat wurde von oben, ohne Mitwirkung der Nation, gegründet.

Lange vor diesem Gemälde, schon 1877, hat Anton von Werner im Auftrag der Bundesfürsten ein Bild zur Kaiserproklamation gemalt. Er war – wohl als einziger Zivilist – zur Fertigung von Skizzen am 18. Januar 1871 nach Versailles gekommen. Er berichtete, die Zeremonie sei „in prunklosester Weise und äußerster Kürze" vor sich gegangen: Wilhelm habe etwas gesprochen, Graf Bismarck mit hölzerner Stimme etwas vorgelesen. Erst beim „Hoch" des Großherzogs von Baden sei er, Anton von Werner, „aus der Vertiefung erwacht". Die deutschen Fürsten schenkten dieses Bild (▷ S. 75) am 22. März 1877 Kaiser Wilhelm I. zum 80. Geburtstag „als gemalte Urkunde für die Aufrichtung des Deutschen Reiches". Das Bild hing, von der Öffentlichkeit weniger beachtet, in der Bildergalerie des Berliner Schlosses.

Die gesamte Szene wirkt hier nüchterner und weniger pathetisch. Bismarck steht im dunklen Waffenrock eher am Rand. Der Blick des Betrachters ist auf den Kaiser gerichtet. Das Militärische tritt zurück. Warum wird nun dieses zeitlich und inhaltlich dem Ereignis näherstehende Bild von 1877 kaum zur Veranschaulichung der Kaiserproklamation herangezogen?

Sicher deshalb, weil der Künstler hier weniger das nationale Heroentum und die pathetische Übersteigerung des nationalen Hochgefühls herausstellt als in seinen Bildern von 1882 und 1885. Dieses Reichspathos paßte zum nationalen Selbstverständnis einer breiten Öffentlichkeit in den 80er Jahren des 19. Jahrhunderts bis weit in das 20. Jahrhundert hinein. Es war darüber hinaus schon ein Bismarckmythos, der Mythos vom „Schmied der deutschen Einheit" und vom „Eisernen Kanzler" entstanden. Mit anderen Worten: Die Historienmalerei sakralisierte bereits die nationale Geschichte, indem sie historische Mythen konstruierte; ein Vorgang, der ebenso in der Denkmalbewegung des 19. Jahrhunderts erkennbar ist (▷ S. 41 und S. 128ff.). Auch hatte der nationale Machtstaat bereits mehrfach und überdeutlich seine Facetten gezeigt. Nicht die Parlamente hätten bei der Reichsgründung mitgewirkt, sondern sie sei ausschließlich das Werk Bismarcks und einiger hoher Militärs gewesen. Diese Bewertung stand als Idee hinter den Bildern von 1882 und 1885. Insbesondere aber die Friedrichsruher Fassung von 1885 wirkte in Schulbüchern fort und prägte den Bismarckmythos bei Generationen von Schülern. Nichts ist auf dem Bild von der Niedergeschlagenheit Bismarcks zu spüren, der im Januar 1871 aus Versailles an seine Frau schrieb, er habe „hier keine menschliche Seele zum Reden über Zukunft oder Vergangenheit", und er „ängstige sich oft, daß die anmaßende Selbstüberschätzung des Generalstabes an uns noch gestraft" werde.

Der Legendenbildung in bezug auf die Person Bismarcks leisteten die Bilder Anton von Werners aus den Jahren 1882 und 1885 jedenfalls Vorschub. Dies wird durch einen Blick auf die Verfassungslage noch deutlicher: Die Reichsgründung kam durch ein ergänzendes Nebeneinander von Regierungsverträgen, Zustimmung der Parlamente der süddeutschen Staaten und Billigung durch den Norddeutschen Reichstag zustande. Dem „Hoch" der Fürsten und Militärs in Versailles vom 18. Januar 1871 war am 18. Dezember 1870 ein weiterer parlamentarischer Akt vorausgegangen: die Bitte Eduard von Simsons, des Präsidenten des Norddeutschen Reichstags, an König Wilhelm von Preußen, die Kaiserkrone anzunehmen. Verfassungsrechtlich war das die eigentliche Kaiserproklamation durch eine parlamentarische Delegation. Diese Szene wurde in folgendem Holzstich festgehalten:

Der Präsident des Norddeutschen Reichstags, Eduard von Simson, bittet König Wilhelm von Preußen am 18. Dezember 1870 im Schloß von Versailles um die Annahme der Kaiserkrone (zeitgenössischer Holzstich).

Warum ist dieses Bild relativ unbekannt geblieben? Vielleicht deshalb, weil es nicht für die Tradition des Machtstaates steht, weil es nicht die Legende vom „Eisernen Kanzler" stützt, weil es nicht die „Reichsgründung von oben" verdeutlicht, die aus unserem Demokratieverständnis heraus abzulehnen ist. Dabei stünde aber doch gerade der in dem zeitgenössischen Holzstich festgehaltene politische Akt für einen erfolgreichen Schritt in Richtung Demokratie. Denn es war eben jener Eduard von Simson, der als Präsident der Paulskirche 1848 mit einer Delegation von Abgeordneten die Ablehnung der Kaiserkrone durch den preußischen König Friedrich Wilhelm IV. entgegennehmen mußte. 22 Jahre später, 1870, nimmt König Wilhelm von Preußen die Kaiserkrone „aus der Hand" einer von Simson angeführten Parlamentsdelegation an. Fordert nicht die historische Sachlichkeit bei der Behandlung der Gründung des „Bismarckreiches" neben den dominanten Kräften von „oben" auch die von „unten" zu erwähnen, die an der Gründung zumindest beteiligt waren?

Fragen dieser Art können jedenfalls Anlaß sein, auch anhand von Historienmalerei über das Verhältnis eines Volkes zu seiner Geschichte nachzudenken. Man muß sich dabei bewußt sein, daß jede Bildquelle ein Stück Realität aus der Vergangenheit anschaulich in unsere Gegenwart bringt. Die Bildquelle ist aber in sich schon Interpretation ihrer Gegenwart, denn der Maler hat ausgewählt und weggelassen, verdichtet und gestellt. Gerade bei den Bildquellen des 19. Jahrhunderts mit ihrer scheinbar photographischen Treue darf uns diese Erkenntnis nicht verlorengehen.

Q 4.1
Bayern und das Deutsche Reich

Rede des langjährigen Führers der bayerischen Patriotenpartei im bayerischen Landtag Josef Edmund Jörg (1819–1901) anläßlich der Debatte um den Eintritt Bayerns in das Bismarckreich, gehalten am 11. Januar 1871 in der Abgeordnetenkammer:

Dr. Jörg (Referent der Ausschußmajorität): Meine Herren! Seitdem der von Ihnen erwählte besondere Ausschuß mich mit der schweren Bürde betraut hat, der ich nun gerecht werden soll, habe ich mit Anstrengung aller meiner freilich schwachen Kräfte gearbeitet, um durch meine Schuld eine Verzögerung der Berathung über den hochwichtigen Gegenstand nicht zu veranlassen ...
Es müßte sich uns die schwere Frage nahe legen, ... wie es kam, daß die k. Staatsregierung bei dem entschiedenen Gegentheile ihrer ursprünglichen Absicht angekommen ist, und uns nun Verträge vorliegen, von denen ich mir noch einmal zu sagen erlaube, meine Herren, ihr Inhalt und ihre unausbleiblichen Folgen bedeuten die Mediatisierung unseres Landes ...
Als erstes Motiv der Zwangslage, welche die Annahme dieser Verträge von Seite der k. Staatsregierung zur unausbleiblichen Nothwendigkeit gemacht haben soll, ist genannt, und wird soviel genannt, die politische Isolirung unseres Landes ... Sie lesen ... in meinem Berichte, daß ich glaube, gerade die Annahme der Verträge würde uns isoliren gegenüber einer Nachbarschaft entlang unserer Grenzen ... Sie lesen in meinem Berichte, daß nach meiner Meinung jeder ruhigen und, meine Herren, ich erlaube mir zu sagen, nicht überreizten Politik unserer Staatsregierung sich dringend hätte anrathen sollen, auf dieser unserer wichtigsten Grenze, ich möchte sagen, auf dieser unserer historischen Grenze, mitten durch die uns nächst verwandten deutschen Völkerschaften nicht eine chinesische Mauer errichten zu lassen ... Ich habe mir eben darum erlaubt in meinem Berichte zu sagen, daß nach meiner Meinung die Frage bezüglich der Annahme dieser Verträge für Bayern von vorneherein himmelweit anders gestanden habe, als für die drei andern ehemaligen süddeutschen Staaten ...
Ich will es auch dahin gestellt sein lassen, meine Herren, ob, wenn bei Preußen die Absicht wirklich bestünde, uns den Zollverein zu künden ..., ob die Ausführung jetzt, nachdem nicht nur Baden, sondern auch Hessen und Württemberg in den Nordbund oder in den Deutschen Bund eingetreten sind, – ob die Ausführung jetzt möglicher wäre, als wenn Baden allein eingetreten wäre. Daß im letzteren Falle die Kündigung des Zollvertrages eine absolute Unmöglichkeit gewesen wäre, weil dieselbe identisch gewesen wäre mit dem augenblicklichen wirtschaftlichen Ruin Badens: das hat Graf Bismarck selbst in der bekannten Reichstagssitzung vom 24. Februar v. Js. mit den schlagendsten Gründen bewiesen. Jedenfalls, meine Herren, wenn die Absicht bestehen sollte, – ich sage noch einmal: wenn, – dann bin ich sicher, daß unsere schwäbischen Nachbarn drüben sich ihrer Haut zu wehren wissen würden, und daß man ihr Geschrei, wenn ich so sagen darf, in Berlin kaum überhören wird ...
Meine Herren, erwägen Sie, was ich in meinem gedruckten Berichte gesagt habe, und sagen Sie dann: habe ich denn wirklich bloß gedichtet, wenn ich in meinem Referate gesagt habe: daß durch die vorliegende Verfassung „nach zwei Seiten hin Zustände der Nordbundverfassung in die Deutsche Bundesverfassung herübergenommen seien, in welchen der Ausfluß des absolutistischen Geistes und das charakteristische Merkmal des Militärstaates nicht zu verkennen seien." ...
Ich fahre fort, meine Herren, diese loyale Basis einer wirklich deutschen Föderation hat Preußen selbst zerstört durch die Art und Weise, wie es seinen traurigen Sieg von 1866 ausgebeutet hat. Indem Preußen sofort jede Rücksicht auf die bisherige erste deutsche Großmacht und auf die vielen Millionen Deutschen in diesem Reiche bei Seite setzte, hat es constatirt seine Verirrung in den Geist der falschen Nationalitätenpolitik und indem Preußen vier oder fünf deutsche Gebiete gewaltsam unterjochte, indem Preußen die bekannten widerrechtlichen Annexionen vornahm, hat Preußen constatirt seine Verirrung in den Geist der Eroberungspolitik ...
Ich habe darum in meinem gedruckten Referate gesagt, wer nicht so glücklich sei, an einen ewigen Frieden in Folge des gegenwärtigen Kriegs glauben zu können, für den liege der Gedanke außerordentlich nahe, daß die Verträge im Laufe weniger Jahre uns zwingen würden, an Seite Preußens und Rußlands gegen die 10 Millionen deutscher Brüder in Oesterreich zu fechten ...
Um aber offen zu sprechen, könnte man denn,

ohne von einem voreingenommenen Parteistandpunkte auszugehen, in Wahrheit sagen, daß das Deutschland kein Deutschland wäre, wenn innerhalb der deutschen Nation, die dereinst so lebhaft ventilirte Triasidee in der angedeuteten Weise ins Leben träte: Ein deutscher Kaiser mit einer Suite mediatisirter Fürsten, ein wirklicher König in Deutschland und der Erzherzog der deutschen Ostmark.

Sehen Sie, meine Herren, bis zu diesem Grade, glaube ich, ist das Großdeutschthum auch heute noch möglich ...

Ich fühle mich, meine Herren, mit Einem Worte nicht bevollmächtigt, in irgend einer Weise unser liebes altes Bayerland aus unseren Händen zu geben und an Preußen auszuliefern ...

Wie dem aber immer sei, ich weiß kein anderes Mittel als: Fragen Sie das Volk, ob es will oder nicht will. Ich weiß keinen anderen Rath, ich stehe hier und kann nicht anders.

Landtagsverhandlungen, Kammer der Abgeordneten, 1870/71, IV, LXXII. Stenographischer Bericht der öffentlichen Sitzung vom 11. Januar 1871.

Q 4.2
Reichsgründung und europäisches Gleichgewicht

Der britische Oppositionsführer Benjamin Disraeli (1804–1881) äußert sich nach der Reichsgründung, am 9. Februar 1871, zur Frage des europäischen Gleichgewichts:

Dieser Krieg bedeutet die deutsche Revolution, ein gräßlicheres politisches Ereignis als die französische des vergangenen Jahrhunderts ... Nicht ein einziger der Grundsätze der Handhabung unserer auswärtigen Angelegenheiten ... steht noch heute in Geltung. Wir stehen vor einer neuen Welt ..., das Gleichgewicht der Macht ist völlig zerstört; und das Land, welches am meisten darunter leidet, ... ist England.

Günter Schönbrunn: Das bürgerliche Zeitalter (= Geschichte in Quellen, Bd. 4, hrsg. v. Wolfgang Lautemann und Manfred Schlenke), München ¹1980, S. 376f.

Q 4.3
Europäische Verfassungsstaaten bis zum Jahr 1908

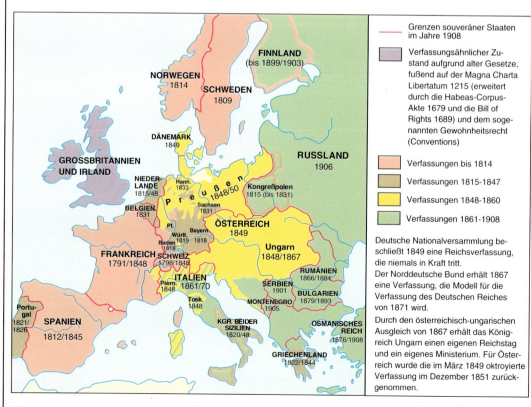

Q 4.4
Die Reichsverfassung – ein Scheinkonstitutionalismus?

Der sozialdemokratische Abgeordnete August Bebel (1840–1913) äußert sich am 8. November 1871 im Reichstag zur Reichsverfassung:

Meine Herren, das Volk ist nicht der Regierung wegen da, sondern die Regierung des Volkes wegen; die Regierung soll den Willen des Volkes ausführen, sie soll nichts weiter sein als die vollziehende Gewalt. Wie steht es aber in Wahrheit? Die Regierungen haben die Macht, die Regierungen haben den Willen, und die Volksvertretung hat einfach ja zu sagen und zu gehorchen, und wenn sie das nicht tut, so gibt man ihr moralische Fußtritte, wie sie dieselben schon so oft bekommen hat. Wir haben das ja erlebt in der vorigen Session, beispielsweise bei der Beratung über die Annexion von Elsaß, wo der Reichskanzler brüsk wie in der schönsten Konfliktzeit aufgetreten ist … Der Herr Reichskanzler äußerte in den letzten Tagen, er glaube nach jedem Kriege konstitutioneller geworden zu sein. … Nicht der Reichskanzler ist seit dem Jahre 1866 konstitutioneller geworden, sondern die liberalen Parteien, die parlamentarischen Versammlungen sind nachgiebiger geworden, das ist des Pudels Kern. (Große Unruhe) … Meine Herren, mit einer solchen Verfassung kann allerdings ein jeder Minister regieren, das ist weiter nichts als der Scheinkonstitutionalismus in rohester Form, das ist der nackte Cäsarismus.

Stenographische Berichte über die Verhandlungen des Reichstages. 1. Legislaturperiode. 2. Session, Bd. 1, Berlin 1871, S. 185.

Q 4.5
Karikatur auf den Kaisereinzug in Berlin

So wird er erscheinen auf heimischer Scholle,
Und jubelnd ruft Deutschland: Hoch Wilhelm der Olle!

Generalprobe in Versailles für den bevorstehenden Kaisereinzug in Berlin (Wien, satirische Zeitschrift „Figaro", 17. Dezember 1870). Hinter dem martialisch aufgeputzten preußischen König flüstert Bismarck in dem eigens mitgeschleppten Souffleurkasten hinter vorgehaltener Hand die Rollen vor. Der Titel des Stücks „Blut und Eisen" steht auf dem Textbuch. König Ludwig II. von Bayern (mit Schnurrbart) und die anderen deutschen Fürsten befinden sich im Gefolge von Kaiser und Bismarck.

Q 4.6
Theodor Fontane: Effi Briest

Die politische und gesellschaftliche Entwicklung nach der Reichsgründung führte dazu, daß Fontane (1819–1898) im Adel eine überlebte gesellschaftliche Form erkannte. In Preußen sah er einen rückständigen Staat. „Mir, dem Verherrlicher des Märkischen, ist alles Märkische so schrecklich", schrieb er einmal. Die gesellschaftlichen Normen des preußischen Junkertums, den Ehrbegriff etwa, betrachtete er zusehends als überholte Konventionen.
Der folgende Textauszug aus Fontanes „Effi Briest", das Gespräch zwischen Geheimrat Wüllersdorf und Baron von Innstetten, kann dies verdeutlichen. Dieses Gespräch zählt im übrigen zu den größten Dialogpassagen des deutschen Romans:

Innstetten war aufgesprungen, trat ans Fenster ... „Es steht so, daß ich unendlich unglücklich bin; ich bin gekränkt, schändlich hintergangen, aber trotzdem, ich bin ohne jedes Gefühl von Haß oder gar von Durst nach Rache ... ich liebe meine Frau, ja, seltsam zu sagen, ich liebe sie noch, und so furchtbar ich alles finde, was geschehen, ich bin so sehr im Bann ihrer Liebenswürdigkeit, eines ihr eignen heiteren Charmes, daß ich mich, mir selbst zum Trotz, in meinem letzten Herzenswinkel zum Verzeihen geneigt fühle."
Wüllersdorf nickte. „Kann ganz folgen, Innstetten, würde mir vielleicht ebenso gehen. Aber wenn Sie so zu der Sache stehen und mir sagen: 'Ich liebe diese Frau so sehr, daß ich ihr alles verzeihen kann' und wenn wir dann das andere hinzunehmen, daß alles weit, weit zurückliegt, wie ein Geschehnis auf einem andern Stern, ja, wenn es so liegt, Innstetten, so frage ich, wozu die ganze Geschichte?"
„Weil es trotzdem sein muß. Ich habe mir's hin und her überlegt. Man ist nicht bloß ein einzelner Mensch, man gehört einem Ganzen an, und auf das Ganze haben wir beständig Rücksicht zu nehmen, wir sind durchaus abhängig von ihm. Ging' es, in Einsamkeit zu leben, so könnt ich es gehen lassen ... Aber im Zusammenleben mit den Menschen hat sich ein Etwas ausgebildet, das nun mal da ist und nach dessen Paragraphen wir uns gewöhnt haben alles zu beurteilen, die andern und uns selbst. Und dagegen zu verstoßen geht nicht; die Gesellschaft verachtet uns, und zuletzt tun wir es selbst und können es nicht aushalten und jagen uns die Kugel durch den Kopf ... Also noch einmal, nichts von Haß oder dergleichen, und um eines Glückes willen, das mir genommen wurde, mag ich nicht Blut an den Händen haben; aber jenes, wenn Sie wollen, uns tyrannisierende Gesellschafts-Etwas, das fragt nicht nach Charme und nicht nach Liebe und nicht nach Verjährung. Ich habe keine Wahl. Ich muß."
„Ich weiß doch nicht, Innstetten ..."
Innstetten lächelte. „Sie sollen selbst entscheiden, Wüllersdorf. Es ist jetzt zehn Uhr. Vor sechs Stunden, diese Konzession will ich Ihnen vorweg machen, hatt ich das Spiel noch in der Hand, konnt ich noch das eine und noch das andere, da war noch ein Ausweg. Jetzt nicht mehr, jetzt stecke ich in einer Sackgasse ... Ich ging zu Ihnen und schrieb Ihnen einen Zettel, und damit war das Spiel aus meiner Hand. Von dem Augenblicke an hatte mein Unglück und, was schwerer wiegt, der Fleck auf meiner Ehre einen halben Mitwisser, und nach den ersten Worten, die wir hier gewechselt, hat es einen ganzen. Und weil dieser Mitwisser da ist, kann ich nicht mehr zurück."
„Ich weiß doch nicht", wiederholte Wüllersdorf. „Ich mag nicht gerne zu der alten abgestandenen Phrase greifen, aber doch läßt sich's nicht besser sagen: Innstetten, es ruht alles in mir wie in einem Grabe."
„Ja, Wüllersdorf, so heißt es immer. Aber es gibt keine Verschwiegenheit. Und wenn Sie's wahr machen und gegen andere die Verschwiegenheit selber sind, so wissen Sie es ... Ich bin, und dabei bleibt es, von diesem Augenblicke an ein Gegenstand Ihrer Teilnahme (schon nicht etwas sehr Angenehmes), und jedes Wort, das Sie mich mit meiner Frau wechseln hören, unterliegt Ihrer Kontrolle, Sie mögen wollen oder nicht, und wenn meine Frau von Treue spricht oder, wie Frauen tun, über eine andere zu Gericht sitzt, so weiß ich nicht, wo ich mit meinen Blicken hin soll ... Habe ich recht, Wüllersdorf, oder nicht?"
Wüllersdorf war aufgestanden. „Ich finde es furchtbar, daß Sie recht haben, aber Sie haben recht ... Die Welt ist einmal, wie sie ist, und die Dinge verlaufen nicht, wie wir wollen, sondern wie die andern wollen. Das mit dem 'Gottesgericht', wie manche hochtrabend versichern, ist freilich ein Unsinn, nichts davon, umgekehrt, unser Ehrenkultus ist ein Götzendienst, aber wir müssen uns ihm unterwerfen, solange der Götze gilt."

Theodor Fontane: Effi Briest. Mit einem Nachwort und Anmerkungen von Gotthard Erler, Berlin/Weimar 1985, S. 233ff.

Fragen und Anregungen:

1. a) Fassen Sie die wichtigsten Argumente Josef Edmund Jörgs gegen den Eintritt Bayerns in das Bismarckreich in Thesenform zusammen.
   b) Bewerten Sie die Argumente Jörgs hinsichtlich ihrer Stichhaltigkeit (▷ Q 4.1).
2. a) Wo enthält die Reichsverfassung vom 16. April 1871 Elemente des preußischen Machtstaates?
   b) Beschreiben Sie die Gewaltenverschränkung in der Reichsverfassung.
   c) Zeigen Sie, daß es sich bei der Reichsverfassung von 1871 um den Verfassungstyp der konstitutionellen Monarchie handelt (▷ S. 76; Schaubild S. 77; auch Q 4.4).
3. a) Beschreiben und interpretieren Sie ausgewählte Bilder und Karikaturen zu Bismarck und der Reichsgründung.
   b) Stellen Sie die darin enthaltenen unterschiedlichen Bewertungen Bismarcks und der Reichsgründung dar, und versuchen Sie auf Grund Ihrer Kenntnisse der historischen Fakten eine Beurteilung der entsprechenden Bilder und Karikaturen hinsichtlich ihres historischen Wahrheitsgehalts (▷ „Kleine Quellenkunde – Karikaturen" S. 68; Q 3.5–Q 3.6; Q 4.5; Bilder S. 41, 55, 75, 78).
   c) Sammeln und erläutern Sie weitere Karikaturen aus der Bismarckzeit (▷ Referat).
4. Ermitteln Sie anhand des Textauszuges aus Fontanes „Effi Briest" die kritischen Ansätze des Dichters gegen das Normensystem der Adelsgesellschaft, wie es sich nach Gründung des Bismarckreiches weiter ausprägte (▷ Q 4.6).
5. a) Diskutieren Sie – ausgehend von der Reichsverfassung von 1871 –, ob der gegenwärtige europäische Einigungsprozeß auf einen Staatenbund, auf eine föderale Ordnung oder auf Unitarismus hin orientiert sein sollte.
   b) Gibt es andere Alternativen?

Zusammenfassung:

Die Reichsgründung beruhte im wesentlichen auf folgenden Voraussetzungen:
– dem Ausschluß Österreichs nach dem verlorenen Krieg von 1866
– der militärischen Niederlage Frankreichs
– der preußischen Macht- und Annexionspolitik, die zur Gründung des Norddeutschen Bundes führte
– dem Einigungswillen der Fürsten
– dem Patriotismus und der nationalen Begeisterung eines Großteils der Bevölkerung.

Hatte die Mehrheit der Deutschen in der Gründung des Deutschen Reiches und in der Kaiserproklamation den Höhepunkt der nationalen Entwicklung gesehen, so regte sich in Kreisen der süddeutschen Bevölkerung – zum Beispiel bei einem Großteil der Mitglieder der Bayerischen Patriotenpartei – starker Widerstand gegen den obrigkeitsstaatlichen Vollzug der Reichsgründung und die nach der Reichsverfassung sich abzeichnende Dominanz des preußischen Machtstaates. Die Verfassung des Kaiserreiches vereinte über den Reichstag unitarische, d. h. auf Einheit hin ausgerichtete, über den Bundesrat föderalistische, d. h. die bundesstaatliche Ordnung sichernde, und über das allgemeine, gleiche, geheime und direkte Mehrheitswahlrecht demokratische Elemente in sich. Sie betonte andererseits das monarchische Prinzip in einer konstitutionellen Monarchie.

Die im Frankfurter Frieden vom 10. Mai 1871 (▷ S. 67) festgelegte Abtretung Elsaß-Lothringens an Deutschland, die das Ergebnis der militärischen Niederlage Frankreichs war, vergiftete das Verhältnis beider Staaten und Völker über sieben Jahrzehnte lang und barg viel Sprengstoff für das Europa der vollendeten Nationalstaaten bis hin zu den beiden Weltkriegen des 20. Jahrhunderts.

Zum Ergebnis:

Die politische Reaktion auf die liberal-demokratische Bewegung des Vormärz und die Revolution von 1848/49 begann nach der Wiederherstellung des Deutschen Bundes 1851. Dieser wie auch die deutschen Einzelstaaten führten eine – zwar graduell unterschiedlich intensive – repressive (unterdrückende) Politik gegenüber liberalen und demokratischen Kräften durch. Abschaffung der im Vormärz errungenen Grund- und Freiheitsrechte und Verfolgung liberal-demokratischer Führer gehörten zu dieser Reaktionspolitik ebenso wie ein zentralistisch organisierter Polizei- und Überwachungsapparat. In Österreich wurde sogar die 1849 oktroyierte Verfassung im Dezember 1851 aufgehoben. Österreich blieb damit bis 1918 absolutistisch regiert, während in Preußen die 1850 in Kraft getretene Verfassung mit Dreiklassenwahlrecht bis 1918 Staats- und Gesellschaftsordnung bestimmte. Preußen blieb somit immerhin Verfassungsstaat. Die Hoffnungen der national-liberal gesinnten Bürger richteten sich daher im Hinblick auf die Verwirklichung der deutschen Einheit künftig auf Preußen. Da die Regierungen der Einzelstaaten bei aller Reaktionspolitik in bezug auf bürgerliche Freiheitsrechte dennoch wirtschaftlich-industrielle und strukturelle Reformen durchführten und unterstützten, profitierte das kapitalstarke Bürgertum wirtschaftlich von dieser Politik. Es war geneigt, der Durchsetzung der politischen Einheit den Vorzug vor der Durchsetzung von Freiheitsrechten zu geben. 1859 wurde zur Realisierung dieser Zielsetzung der Deutsche Nationalverein, 1861 die Deutsche Fortschrittspartei gegründet. Der leidenschaftliche Monarchist Otto von Bismarck nutzte als preußischer Ministerpräsident den wirtschaftlichen Aufschwung und die nationale Ausrichtung eines Großteils des Bürgertums für seine politischen Ziele. Seine außenpolitischen Erfolge im Deutsch-Dänischen und Preußisch-Österreichischen Krieg, die Stärkung der preußischen Position unter Ausschaltung Österreichs, führten 1867 zur Abspaltung der Nationalliberalen Partei von der Deutschen Fortschrittspartei. Die Nationalliberale Partei wurde künftig zu einem Eckpfeiler der von Bismarck angestrebten kleindeutschen Lösung der deutschen Frage. Selbst die gewaltsamen Annexionen in Nord- und Mitteldeutschland als Voraussetzung für die Gründung des Norddeutschen Bundes 1867 haben die Nationalliberalen mitgetragen. Der Deutsch-Französische Krieg 1870/71 entfachte schließlich auch in der Bevölkerung der süddeutschen Staaten die nationalen Leidenschaften. So gelang es Bismarck nach entsprechenden Verhandlungen, die süddeutschen Staaten – trotz heftiger Widerstände etwa von seiten der Bayerischen Patriotenpartei – zu einem Beitritt zum Norddeutschen Bund zu bewegen. Mit der Kaiserproklamation im Spiegelsaal zu Versailles am 18. Januar 1871, dem offiziellen Gründungsakt des kleindeutschen Reiches, hielt die Mehrheit der Deutschen das Ziel der nationalen Bewegung des 19. Jahrhunderts für erreicht. Nach Erlaß der Reichsverfassung vom 16. April 1871 war jedoch die Dominanz des preußischen Machtstaates offensichtlich. Wenngleich die Reichsverfassung unitarische, föderalistische und über das Wahlrecht demokratische Elemente in sich vereinte, so hatte – wie auch die spätere Verfassungswirklichkeit zeigen sollte – die nationale Bewegung über die liberale gesiegt oder, anders ausgedrückt: die Einheit über die Freiheit.

III.
Die Entwicklung Deutschlands zum Industriestaat und zur Großmacht (1800–1914)

Reichsbanknote „Ein Hundert Mark" vom 7. Februar 1908.

Die bildliche Darstellung hebt den Zusammenhang von Industrialisierung, wirtschaftlicher und politischer Einigung, militärischer Rüstung und Weltmachtanspruch deutlich hervor.
Hammer, Amboß und Zahnrad symbolisieren die metallerzeugende und -verarbeitende Industrie sowie den Maschinenbau, der Scharpflug die modernisierte Landwirtschaft, der Merkurstab den Handel und Verkehr, das Paket das zur „Reichspost" zusammengefaßte staatliche Versand- und Kommunikationswesen, Schwert und Schild die Rüstung. Mehrere dieser Gegenstände bezeugen zugleich die Bedeutung des hochwertigen Stahls, dessen Erzeugung lange Zeit als Indikator für die Fortschrittlichkeit eines Industriestaates galt.
Auf gemeinsame Kultur und Tradition weist die „deutsche Eiche" hin, während die Germania mit Kaiserkrone, Schwert und Reichsadler das Wilhelminische Reich verkörpert.
Die Schlachtschiffe sind Ausdruck der aktuellen Situation nach 1900, als das Kaiserreich sein Weltmachtstreben durch Flottenbau zu unterstreichen suchte. Der jetzige Betrachter erkennt in den Schlachtschiffen jedoch eher einen der Gründe für die Zuspitzung des Gegensatzes zwischen Großbritannien und dem Deutschen Reich im Vorfeld des drohenden Weltkrieges.

Zur Einführung:

Die Industrialisierung als eine Entwicklung, die seit etwa 1750 allmählich ganz Europa erfaßt hat, griff ab 1800 von England über Belgien und Nordfrankreich auf die deutschen Staaten über. Im Gegensatz zum britischen Königreich und zu Frankreich, wo die industrielle Entwicklung auf dem Boden schon geeinter Staaten einsetzte, ging Mitteleuropa den Weg in umgekehrter Abfolge. Hier lief die Industrialisierung der politischen Einigung voraus und verlangte in ihrer Eigendynamik gegen den gelegentlichen Widerstand der Einzelstaaten nach vereinheitlichenden Maßnahmen, so daß auch die politische Einigung vorbereitet wurde.

So ist folgenden Fragen nachzugehen:
– Wodurch überwand Deutschland seinen Entwicklungsrückstand?
– Welche wirtschaftlichen Vorstufen gingen der politischen Einigung Deutschlands voraus?

1870/71 befand sich das neu entstandene Bismarckreich auf einer schon fortgeschrittenen wirtschaftlichen Entwicklungsstufe, von der aus die gemeinsame Gestaltung der nächsten Jahre zu bedenken war. Dabei wurden Unterschiede zwischen Industrie und Landwirtschaft zur innenpolitischen Herausforderung. Der Wettbewerb mit anderen Nationen zwang zu staatlichen Eingriffen in die Wirtschaft und motivierte andererseits zu wichtigen Erfindungen.

In diesem Zusammenhang ist zu fragen:
– Welche Rolle ist der Industrie und der Landwirtschaft im Deutschen Reich zugedacht?
– Wodurch reiht sich das Deutsche Reich in die vorderste Reihe der Industriestaaten ein?

Einen tiefgreifenden Wandel erlebte die Bevölkerung. Die negativen Folgen summierten sich in der sozialen Frage. Dabei war das preußische Staatsgebiet neben reformerischen Ansätzen zunächst auch das Betätigungsfeld der revolutionären Denker Marx und Engels. Die internationale Arbeiterbewegung erhielt aus Deutschland wichtige Anstöße.

Damit stellen sich z. B. diese Fragen:
– Unter welchen Lebensverhältnissen existierten die damaligen unteren Bevölkerungsschichten?
– Wie versuchten die Reformer, wie die Revolutionäre, die soziale Frage zu lösen?

Mit dem politischen Auftreten des vierten Standes fächerte sich das vorhandene Parteienspektrum weiter auf. Reichskanzler Bismarck sah sich vor parteipolitische Forderungen gestellt, die aus seiner Sicht weit über das Zumutbare hinausreichten, ja sogar den neuen Staat in Teilen oder als Ganzes in Frage stellten. So entstanden scharfe innenpolitische Auseinandersetzungen und Kämpfe, die von wirtschaftlichen Forderungen, wie z. B. dem Verlangen nach Schutzzöllen, überlagert wurden.

Mit Blick auf die sehr unterschiedlichen Gegner Bismarcks ist zu fragen:
– Welche Ziele verfolgt und was erreicht Bismarck im Kampf gegen den politischen Katholizismus und die Sozialdemokratie?
– Wie kommt es zur konservativen Wende in Bismarcks Politik?
– Welche politischen Kräfte entwickeln sich außerhalb der Parteien?

Ab 1870/71 fühlten sich die Nachbarstaaten des Deutschen Reiches durch dessen Stärke herausgefordert. Die deutsche Außenpolitik suchte dem jungen hochgerüsteten Staat Dauer und Stabilität zu verleihen. Obwohl das Gleichgewichtssystem der älteren Großmächte durch das Deutsche Reich gestört war, gelang es diesem, sich in die Staatengemeinschaft einzuordnen und dabei seine machtpolitische Stellung zu behaupten.

Angesichts der insgesamt erfolgreichen Außenpolitik Bismarcks ergibt sich folgende Fragestellung:
– Wie definiert Bismarck Deutschlands Rolle unter den Großmächten?
– Was kennzeichnet das Bündnissystem zu Bismarcks Zeit und danach?

Tatsächlicher Machtzuwachs und weiterer Machtanspruch veränderten unter Kaiser Wilhelm II. die bisherige Situation. Ins Blickfeld der deutschen Öffentlichkeit geriet nun die Weltpolitik. Das Deutsche Reich verlor den Bündnispartner Rußland und kam in Gegensatz zu Großbritannien. Die vielfältigen Spannungen entluden sich im Ersten Weltkrieg.

Bei dieser Thematik gilt es herauszufinden:
– Mit welchen Ansprüchen schließt sich das Deutsche Reich dem europäischen Imperialismus an?
– Wodurch isoliert sich das Reich?
– Welchen Anteil hat das Reich an der Auslösung von Krisen und des Ersten Weltkrieges?

Diese Fragen stehen schon am Beginn des 20. Jahrhunderts.

1.
Die Industrialisierung Deutschlands

1807	Preußen: Edikt zur Bauernbefreiung
1818	Zolleinheit in Preußen
1834	Deutscher Zollverein
ab 1850	Verstärkte Industrialisierung
1869	Liberale Gewerbeordnung im Norddeutschen Bund
1871	Einheitliche Reichswährung
1876	Erfindung des Benzinmotors

Entwicklungsrückstand in Mitteleuropa. Ab 1750 begann in England und Schottland die Industrialisierung, ausgelöst und begünstigt durch den verstärkten Einsatz von Dampfmaschinen, durch risikobereite Unternehmer, investitionsfreudige Kapitalgeber und eine starke, den Markt belebende Konkurrenz (▷ Q 1.1). Bergwerke, Metallbetriebe und Spinnereien förderten durch vermehrten Bedarf technische Neuerungen und fanden in Kontinentaleuropa sowie in den Kolonien große Absatzmärkte. Die Fabrikanten beschäftigten billige, zunächst ungeschulte Arbeitskräfte, die arbeitsteilig produzierten und sich allmählich spezialisierten. Im Schutz der Kontinentalsperre (ab 1806) förderte Napoleon I. die Industrialisierung Nordfrankreichs sowie des französisch beherrschten Lüttich-Aachener Reviers. In den deutschen Staaten mit traditionellem Merkantilismus hingegen überließ das Bürgertum jede Modernisierung dem Souverän.

Vorreiter England

Industrielle Ansätze in Kontinentaleuropa

Den um 1800 noch agrarisch geprägten deutschen Staaten mangelte es an Initiative und Kapital; die ländliche und kleinbürgerliche Bevölkerung begrenzte ihre Nachfrage auf Nahrung, Kleidung und Gebrauchsgegenstände. Bedarf an Luxus- bzw. Rüstungsgütern hatten fürstliche Residenzen und Armeen. Die meist ummauerte Kleinstadt war der Lebenshorizont der Handwerksmeister, in deren Familie durchschnittlich zwei Gesellen und ein Lehrling eingegliedert waren. Die noch zünftisch organisierten Berufe arbeiteten ohne lokalen Konkurrenzdruck. Weniger Alltägliches in Mode und Möbeln boten angesiedelte Flüchtlinge, meist französischer Herkunft, an. In größeren Mengen produzierten fürstliche Manufakturen, die an Adelskreise oder ins Ausland lieferten.

Zunfttradition

Offenes Feuer oder die von Mühlenrädern übertragene Wasser- oder Windkraft lieferte den Werkstätten die nötige Energie. Menschliche und tierische Körperkraft diente dem Transport auf Binnengewässern und zu Land. Gut befahrbare Straßen, Kanäle, schiffbare Flüsse waren in Mitteleuropa selten. Viele Zollgrenzen, unterschiedliche Maß-, Münz- und Gewichtssysteme verlangsamten den Handel. Die ehemaligen süddeutschen Handelszentren Augsburg und Nürnberg verloren an Bedeutung durch die von Briten und Niederländern vollzogene Verlagerung der Warenströme auf den Atlantik. Einen Vorrang wahrten noch Leipzig als Messestadt und Hamburg als Nordseehafen. Ab 1819 forderte der Volkswirt Friedrich List, die Binnenzölle abzubauen, durch umsichtige Planung eines Eisenbahnnetzes der Einigung Deutschlands vorzuarbeiten, industrielles Produzieren einzuüben und durch „Erziehungszölle" nach außen die einheimische Wirtschaft zu schützen (▷ Q 1.4). Er stieß jedoch mit diesen Vorschlägen auf wenig Verständnis.

Veraltete Methoden

Hemmnisse

Friedrich List

Wirtschaftliche Impulse seit Napoleon I. Mitte bis Ende des 18. Jahrhunderts kam es zu einem verstärkten Bevölkerungswachstum. Besonders hohen Zuwachs (von 120 auf 180 Millionen) hatte vor allem der Raum zwischen Maas und Weichsel. Die Nahrung wurde knapp, die Preise zogen an. Bei sinkendem Absatz geriet das Handwerk in eine Krise, als Folge davon zerfielen die zünftischen Strukturen. Der beginnenden Massenarmut suchte man durch bewußten Einstieg in die Industrialisierung beizu-

Bevölkerungszunahme

Französisches Vorbild kommen, wie zum Beispiel im Großherzogtum Berg (▷ Q 1.1), das die französische Entwicklung zum Vorbild nahm. Es führte 1809 Gewerbefreiheit für das Handwerk, das Recht freier Niederlassung und 1811 die französische Gerichtsordnung ein, die auf der Grundlage einer Verfassung bürgerliche Freiheit und Gleichheit garantierte.

Zusammentreffen industrieller Voraussetzungen.

Städte im Ruhrgebiet	1860	1870
Dortmund	4 000 Ew.	28 000 Ew.
Essen	4 800 Ew.	31 000 Ew.
Bochum	2 000 Ew.	12 000 Ew.

Provinzen im Vergleich (Ausgangswert 100 im Jahr 1819)		
	Land	Stadt
1867: Brandenburg	170,08	193,98
Schlesien	168,75	194,34
Rheinprovinz	149,72	248,64

Bevölkerungsentwicklung in Preußen (Wolfgang Mickel/Lothar Baumgarten/Eduard Müller-Temme (Hrsg.): Politik und Gesellschaft. Grundlagen der modernen Welt, Bd. 1: Von 1789–1914, Frankfurt/Main 1973, S. 105.)

Nach der militärischen Niederlage von 1806 gegen Frankreich suchte das vom Bevölkerungsanstieg ebenfalls erfaßte Preußen der staatspolitischen Verdrossenheit seiner Untertanen gegenüber der absolutistischen Regierungsweise durch Reformen abzuhelfen. So wurde 1807 durch den Minister Karl Reichsfreiherr von und zum Stein *Bauernbefreiung* die bäuerliche Erbuntertänigkeit aufgehoben, d. h. die Landbevölkerung in die persönliche Freiheit entlassen, allerdings ohne daß für eine gesicherte Existenz dieser Menschen gesorgt worden wäre. Sie bildeten ein Arbeitskräftereservoir für den beabsichtigten Einstieg ins Industriezeitalter.

1810/11 nahm Preußen Impulse des französischen Vorbilds auf, indem es eine be- *Gewerbefreiheit* grenzte Gewerbefreiheit einführte, und begann mit dem Ausbau eines einheitlichen *Zolleinheit* Zollgebietes, indem es 67 Wegezölle auf seinem Staatsgebiet beseitigte und nunmehr Zölle an seinen Staatsgrenzen erhob.

Bei der Neuordnung Europas auf dem Wiener Kongreß (1815/20) wurde Preußen durch den Hinzugewinn rechts- und linksrheinischer Gebiete Nachbar Frankreichs *Bodenschätze* und besaß nun die Kohlelager der Ruhr, der Saar und Oberschlesiens sowie die Eisenerzlager zwischen Ruhr und Sieg. Es kontrollierte fast den ganzen Oderlauf und wich- *Verkehrslage* tige Strecken von Rhein und Elbe. Mit der Ruhr besaß es den bis 1845 meistbefahrenen Fluß Europas, der über den Rhein Zugang zur Schweiz und zur Nordsee bot.

In der angegliederten Rheinprovinz, so im Aachener Revier und im Bergischen, hielt die aufstrebende Industrie mit ihren Erzeugnissen der Konkurrenz des qualitativ überlegenen britischen Eisens stand. Aus dem Rheinland kamen wichtige wirtschafts-, gesellschafts- und rechtspolitische Anregungen für die übrigen Teile des preußischen Staates. Sein vereinheitlichter Wirtschaftsraum, in dem rund 10 Millionen Menschen lebten, reichte von Aachen bis zur Memel, war allerdings unterbrochen durch das Territorium Hannovers und einiger Kleinstaaten. Preußen strebte daher eine Landverbindung von seinem Kernland zu den Westprovinzen an.

Unterschiedlich rasche Modernisierung. Reformwillig öffnete der preußische Staat seine Betriebe den technischen Neuerungen. Bis in die 30er Jahre versuchte die preußi- *Staatliche Wirtschaftsförderung* sche Bürokratie durch liberale Gesetzgebung und Gewerbeförderung, mitunter auch durch unmittelbares Eingreifen, die wirtschaftliche Entwicklung voranzubringen. Eine große Bedeutung hatte auch der Auf- und Ausbau des technischen Ausbildungswesens. Studienreisen nach England und Gespräche mit Experten vermittelten Kenntnisse in Betriebsausstattung und -organisation. Ausländischer Einfluß zeigte sich mit John Cockerills Maschinenbau- und der Englischen Gasanstalt in Berlin. Hier und in den Rheinprovinzen versuchten sich jedoch auch Deutsche als Unternehmer und trugen unter anderem mit dazu bei, das Transportwesen zu verbessern. Die Werft Franz Haniel in Ruhrort baute ab den 30er Jahren Lastschiffschlepper, die Maschinenfabrik August Borsig in Berlin ab 1841 Lokomotiven. Zum Antrieb von Fertigungsanlagen und zum Erschließen von tief lagernden Bodenschätzen nutzte man die Dampfmaschine.

Technische Ausbildung

Technische Innovationen

Jahr	Stück	PS insgesamt
1830	245	4 485
1846	1 139	21 715
1855	3 050	61 690
1861	6 779	137 377
1878	35 431	958 366

Einsatz von Dampfmaschinen
(Ernst Deuerlein: Gesellschaft im Maschinenzeitalter, Hamburg 1970, S. 22.)

Einen entscheidenden Fortschritt erfuhr das Ruhrgebiet, als mit verbesserter Bergbautechnologie 1837 die Mergelschicht durchstoßen, die begehrte Fettkohle gefördert und diese mittels eines neuartigen Verfahrens in Koks umgewandelt werden konnte. Auch im Saarland entwickelte sich seit der Zugehörigkeit zu Preußen die Schwerindustrie auf Steinkohlebasis. Hier entstanden weitgestreute, bevölkerungsreiche Zechenorte und, diesen benachbart, große Arbeiterdörfer. Grundlage für die wirtschaftliche Entwicklung an der Saar war die Bahnverbindung zum Eisenerz im französischen Lothringen und an den Rhein. Der seit dem 18. Jahrhundert staatlich beaufsichtigte Kohleabbau im preußischen Oberschlesien wurde mit der Einbindung ins europäische Eisenbahnnetz erst gegen 1890 rentabel.

Eisenbahnbau

1835	6 km	1860	11 023 km
1840	549 km	1880	33 865 km
1845	2 131 km	1900	49 878 km
1850	5 822 km	1910	59 031 km

Ausbau des deutschen Eisenbahnnetzes
(Wilhelm Treue/Herbert Pönicke/Karl-Heinz Manegold: Quellen zur Geschichte der industriellen Revolution, Göttingen 1966, S. 93.)

Unter Einbeziehung der meisten Staaten des Deutschen Bundes waren die wichtigsten Städte bis 1860 durch Bahnlinien miteinander verbunden. Preußen hatte zudem bereits zwischen 1815 und 1830 durch vermehrten Straßen- und Kanalbau wichtige infrastrukturelle Vorleistungen für die Industrialisierung erbracht.

Ausbau der Infrastruktur

Bergbau, Eisen- und Stahlerzeugung sowie Eisenbahnbau steigerten den Kapitalbedarf weit über die finanziellen Möglichkeiten einzelner Unternehmen hinaus. Die erforderlichen Summen wurden durch Aktiengesellschaften und ab 1848 zunehmend durch Kreditbanken bereitgestellt.

Kapitalbeschaffung

Binnenlage, viele Zollkontrollen auf dem Weg zur Küste und Mangel an Bodenschätzen benachteiligten auch weiterhin die Königreiche Bayern, Württemberg und das Großherzogtum Baden (▷ S. 31ff.). Bevölkerungsdruck und Massenarmut, die sich wegen der in fränkischen und südwestdeutschen Regionen üblichen Realteilung verschärfte, zwangen viele Menschen zur Auswanderung. Diese Entwicklung war nur zu bremsen, wenn der Staat die Ansiedlung von Industrie erleichterte, wie z. B. in und um Stuttgart. Bedeutende Firmengründer in diesem arbeitskräfteorientierten Industrieraum waren Robert Bosch, Gottlieb Daimler und Carl Benz.

Süddeutschlands Rückstand

Auswanderung

Wirtschaftliche vor politischer Einigung. Mit der Beibehaltung, Um- oder Neubildung von insgesamt 39 souveränen deutschen Staaten, die sich zum lose gefügten Deutschen Bund zusammenfanden, setzte der Wiener Kongreß bis 1866 den Maßstab politischer Stabilität, aber auch territorialer und gesellschaftspolitischer Unveränderlichkeit. Daher bedeuteten geplante Zoll- und Handelsabkommen zunächst den Probefall für die Souveränität jedes Einzelstaates. Preußens Zollvereinheitlichung indes zwang die dreizehn von Preußen umschlossenen und die süddeutschen Staaten zu einer angemessenen Reaktion. 1828 entstanden gegeneinander abgegrenzte Zollbündnisse: die „Süddeutsche Zollvereinigung" von Bayern und Württemberg, das Übereinkommen Preußens mit Hessen-Darmstadt und bald auch Kurhessen, sowie der unter Sachsens Führung gebildete „Mitteldeutsche Handelsverein". Dieser löste sich in dem Moment auf, als eines seiner Mitglieder Verkehrsabsprachen mit Preußen traf. Über eine Verständigung zwischen dem nördlichen und dem südlichen Zollbündnis kam es am 1. Januar 1834 zur Bildung einer mitteleuropäischen Freihandelszone in Form des „Deutschen Zollvereins" (▷ S. 57). Auf wirtschaftlicher Ebene zeichnete sich ein geeintes Deutschland ohne Donaumonarchie ab. Der Verein senkte die überhöhten Zollasten unter seinen Mitgliedern, glich die Steuern an, suchte Wirtschaftsgesetze zu harmonisieren, schuf 1838 mit dem „Vereinstaler" eine erste gemeinsame Währung und trat gegenüber dem nicht zum Deutschen Bund gehörenden Ausland als Vertragspartner auf. 1840/44 verhinderten Schutzzölle die Billigeinfuhr von Eisen. Erst 1888 war mit Hamburgs zollrechtlichem Beitritt die wirtschaftliche Einigung des Deutschen Reiches abgeschlossen.

Deutscher Bund

Zollbündnisse

„Deutscher Zollverein"

Beschleunigung der Industrialisierung. Nach der revolutionären Erschütterung von 1848 gaben die Verwaltungen vieler deutscher Staaten den Widerstand gegen den Industriekapitalismus auf. Brachliegende Geldmittel wurden für Investitionen genutzt. Niedriglöhne sicherten Wettbewerbsvorteile. Als hilfreich für Neugründungen erwies sich die zunehmende Kreditbereitschaft von Sparkassen, Volks- und Genossenschaftsbanken. Der „große Spurt" in der Industrialisierung Deutschlands im größeren Umfang begann 1850. Der eisen- und stahlerzeugenden Schwer- und der vielfältigen Zulieferindustrie verschaffte der andauernde Bedarf, der sich vor allem aus dem Bau und Instandhalten von Eisenbahnen ergab, eine lange anhaltende Hochkonjunktur und einen Innovationsschub (▷ Q 1.2). Zwischen 1840 und 1867 erlebte die Schwerindustrie bedeutende technologische Neuerungen, die eine Steigerung der Produktivität, der Schnelligkeit und Qualität bei der Herstellung und Verarbeitung von Eisen und Stahl ermöglichten (Hochöfen, Schmelz- und Gießverfahren, Walzwerke). Mit fortschreitendem Bahnbau sanken die Transportpreise spürbar. Der grenzüberschreitende Verkehr verlangte nach Vereinheitlichung von Währung, Maßen und Gewichten. Nach dem Sieg Preußens über die Donaumonarchie 1866 verstärkte sich die wirtschaftliche Integration des auf politische Einigung zustrebenden Deutschland. 1867 entstanden ein Zollbundesrat und ein Zollparlament, die über den von Preußen angeführten Norddeutschen Bund hinaus auch die mittel- und süddeutschen Staaten einbezogen.

Rasches Industriewachstum ab 1850

Innovationen

Zollparlament

Ab 1871 trat das Deutsche Reich zum Wettbewerb mit den europäischen Wirtschaftsnationen an. Zur Stärkung des liberalen Unternehmertums sorgte der Staat durch Gesetze für wirtschaftliche Erleichterungen und enthielt sich ökonomischer Eingriffe. Die ersten Jahre des Reiches – „Gründerjahre" – waren durch den Geldzufluß von 7 Mrd. Francs Kriegsentschädigung begünstigt. Die bereits angesiedelte Industrie wie die Neugründungen erlebten einen stürmischen Aufschwung. Das Reich übernahm die gesetzgeberischen Vorleistungen des Norddeutschen Bundes zur wirtschaftlichen Integration, wie freie Wahl des Wohnsitzes, einheitliches Handelsgesetzbuch, Gewerbeordnung, Münzreform und gemeinsame Regelung für Maße und

Auswirkungen der Reichsgründung

Gewichte. 1871 wurde die Mark geschaffen und die Währungsgrundlage auf den bis dahin nur in London geltenden Goldstandard umgestellt. Dem metrischen System mit den Grundgrößen Meter, Kilogramm, Sekunde schloß sich das Reich ebenfalls an.

Neuansätze in der Landwirtschaft. Um 1800 betrug der Anteil der ländlichen Bevölkerung 80 Prozent. Anstöße zur Umgestaltung der Agrargesellschaft kamen mit der napoleonischen Vorherrschaft. Preußens Bauernbefreiung 1807 unter den Ministern Stein und Hardenberg benachteiligte die Bauern, da diese ihren Grundherren bei der Entlassung aus den Feudalpflichten bis zur Hälfte ihres Grund und Bodens abgeben mußten. Zusammen mit besitzlosen Landarbeitern und in ihrer Existenz ruinierten Handwerkern fanden sie nur schlecht bezahlte Beschäftigungen, die ihren Lebensunterhalt nicht angemessen gewährleisteten. Die 20er und 30er Jahre des 19. Jahrhunderts waren von Massenarmut, dem sogenannten Pauperismus, gekennzeichnet. Auch in Gebieten mit Realteilung, wie den Rheinlanden, der Pfalz, Baden, Württemberg und Franken, führte die Ablösung von den grundherrschaftlichen Bindungen zu hoher Verschuldung der Kleinbauern. Die verarmten Massen drängten entweder zur Auswanderung oder – seit der vermehrten Bereitstellung von industriellen Arbeitsplätzen – in die Industrieorte. Damit begann eine weit in die 2. Hälfte des 19. Jahrhunderts hinein andauernde Landflucht, die sich in Preußen besonders auffällig als große Binnenwanderung von Schlesien und Polen nach Berlin und ins Ruhrgebiet bemerkbar machen sollte (▷ Q 1.3).

Bauernbefreiung

Pauperismus

Landflucht

Auf den durch Zusammenlegung vergrößerten Agrarflächen kamen Dünger und Dampfpflug zum Einsatz, die traditionelle Dreifelderwirtschaft wurde durch die Fruchtwechselfolge abgelöst. Kartoffeln, Mais, Zuckerrüben, Weißkohl und Luzerne wurden für den Markt produziert. Die Züchtung leistungsfähiger Viehrassen und die Erzeugung von Futterpflanzen machten die Tierhaltung lohnender. Zusätzliche Gewinne erwirtschafteten ländliche Nebenbetriebe, wie Sägewerke, Schnapsbrennereien oder Zuckerrübenfabriken. Ab 1830 erzielte die mechanisierte Landwirtschaft (▷ Q 1.5, Q 1.6) bei abnehmender Beschäftigtenzahl erhöhte Erträge und verbesserte Einkommen.

Neue Agrarmethoden

Ertragssteigerung

Kanäle und Bahnlinien verbanden die Erzeuger von Getreide und Fleisch mit den großstädtischen Konsumenten. Mehr Verbraucher erhielten billigere, reichhaltigere und gesündere Nahrung.

Nahrungsmittelversorgung

Deutschland wird Industriestaat. Nach 1870 lebte die Hälfte der Deutschen vom Erwerb in der Landwirtschaft. Ab 1890 übertraf die industrielle die agrarische Wertschöpfung, ab 1897 überwogen die Industriebeschäftigten.

Jahr	Sektoren (in v. H. aller Beschäftigten)			Beschäftigte insgesamt
	primärer[1]	sekundärer[2]	tertiärer[3]	in Millionen
1780	65	19	16	10,0
1800	62	21	17	10,5
1825	59	22	19	12,6
1850	55	24	21	15,8
1875	49	30	21	18,6
1900	38	37	25	25,5
1914	34	38	28	31,3

[1] Primärsektor: Land- und Forstwirtschaft
[2] Sekundärsektor: Bergbau, Industrie, Handwerk
[3] Tertiärsektor: Handel, Banken, Verkehr, Verwaltung

Beschäftigte in Deutschland (Friedrich Wilhelm Henning: Die Industrialisierung in Deutschland 1800 bis 1914, Paderborn 1973, S. 20.)

Verstädterung Besonders auffällig wandelte sich das Ruhrgebiet. An die südliche Städtezone von Ruhr und Hellweg mit den traditionsreichen, inzwischen gewachsenen Orten, wie Essen und Dortmund, lagerten sich von den 90er Jahren ab die jungen Städtereihen längs der Emscher und Lippe an. Im einstigen rheinisch-westfälischen Bauernland wuchs die Zahl der Bergbaubeschäftigten zwischen 1873 und 1890 von 10 000 auf 400 000.

Landschaftlicher Wandel Standorte der Schwerindustrie unterlagen am deutlichsten der Umwandlung zur Industrielandschaft, bestehend aus Kohlezechen, Verladestationen, Gleisanlagen, Eisenhütten, Walzwerken, Gießereien und Maschinenfabriken. Der Bedarf an Maschinen, wie Pressen, Bohr-, Dreh- und Textilmaschinen, anstelle von herkömmlichen Werkzeugen, brachte den neuen Industriezweig Maschinenbau voran. Als vielseitig verwendbar erwies sich die Dampfmaschine: im Verkehr bei Lokomotive, Lokomobil (einer auf Räder gesetzten Dampfmaschine) und Dampfschiff, im Bergbau für Pumpen, zur Belüftung und Förderung, in der Fabrik als Antriebsmotor.

Umwelt und Gesundheit waren schwer belastet. Die arbeitende Bevölkerung drängte sich in fabriknahen Reihensiedlungen, Mietskasernen städtischer Außenbezirke oder lichtlosen Hinterhofquartieren der Altstädte zusammen. Vor neuen Aufgaben standen die Kommunen hinsichtlich Wasser-, Gas- und Elektrizitätsversorgung, Kanalisierung, Krankenhaus-, Milchhof- und Schlachthofbau, Einrichtung von Großmärkten und Personenbeförderung mittels Pferdeomnibus und Straßenbahn.

Massenversorgung

Erfindernation Deutschland. In die seit dem 18. Jahrhundert nicht unterbrochene Kette von Erfindungen reihten sich im 19. Jahrhundert auch deutsche Beiträge ein.

Elektrotechnik Wichtige Fortschritte gelangen in der Schwach- und Starkstromtechnik. 1833 entwickelten Gauß und Weber den elektromagnetischen Telegrafen. Die 1847 gegründete Firma Siemens und Halske baute Telegrafenleitungen und verlegte Unterseekabel, außerdem konstruierte Werner Siemens Generatoren und Motoren und erprobte mit Erfolg die Nutzung von Starkstrom. Die Allgemeine Elektrizitäts-Gesellschaft (AEG), 1881 von Emil Rathenau gegründet, erlangte Weltruf. Die Entdeckung der elektromagnetischen Wellen durch Heinrich Hertz 1886 war Voraussetzung für drahtlose Telegrafie, Telefon, Rundfunk und Fernsehen. Langjährige Forschungen

Chemie über die Zusammensetzung der Steinkohle nutzte die Großchemie zur Produktion von Farben, Düngemitteln, Pharmazeutika und Kampfstoffen. Die Isolierung von Anilinfarben aus Steinkohlenteer durch A. W. Hofmann und Adolf von Baeyers Entdeckung der Herstellung von Indigoersatz 1879 waren die entscheidenden Stationen zur synthetischen Gewinnung lichtechter Farben (▷ Q 1.7).

Motorenbau Eine neue Ära zeichnete sich mit der Erfindung des Benzinmotors durch Nicolaus Otto (1876) und seiner Verwendung im Automobil (1887) ab. Der von Rudolf Diesel entwickelte Motor (1893) eignete sich vor allem für Zugmaschinen und Schiffe. Zum Jahrhundertende zeigten sich erste größere Erfolge bei der Chemiefaser- und Kunststofferzeugung, im internationalen Rahmen bei der drahtlosen Nachrichtenübermittlung, im Fluggerätebau und in der Atomphysik.

Kennzeichnend für das Deutsche Reich war die Symbiose von Labor und Fabrik, das wissenschaftliche Forschen zum Zweck technischer Anwendbarkeit. Industriebanken, wie die Deutsche Bank (1870) und die Dresdener Bank (1872), boten Kredite für großindustrielle Aufgaben oder wurden selbst unternehmerisch aktiv. Über

Konzernbildung Aktiengesellschaften wuchsen ab etwa 1890 Riesenkonzerne heran, deren Rohstoffinteressen jenseits nationaler Grenzen zu außenpolitischen Konflikten führen konnten.

Q 1.1
Frühanalyse (1793): Rückstand und Fortschritt

Der vermutliche Verfasser, Felix Franz Hofstätter (1741–1814), Lehrer der Schönen Wissenschaften, Schriftsteller in Wien, bereiste wohl um 1788 das Wuppertal, dessen Textilfabriken damals als Sehenswürdigkeit ersten Ranges galten.

Die Klagen, welche von jeher wider das Maschinenwesen in Fabriken erhoben worden sind, haben hier und da in so fern durchgedrungen, daß auch weise Staaten auf den Einfall geriethen, 5 der Privatsucht wider das allgemeine Wohl durch Verordnungen Schranken zu ziehen. Sie stützten sich auf den Grundsatz, daß zwar Maschinen dem Eigennutz der Fabrikeigenthümer, aber Menschenhände dem ganzen Lande vor- 10 theilhafter sind. Seit sich die Meinung festgesetzt hat, daß das Glück eines Landes auf der Menge seiner Bewohner ruht, scheint wohl auch beym ersten Anblicke nichts natürlicher zu seyn. Durch Eine Maschine wird oft so viel verfertigt, 15 als kaum zehn Menschen zu Stande bringen können; es scheint also nichts richtiger, als daß Menschen durch Maschinen verdrängt, das Land entvölkert, und der Wohlstand desselben in dem Maße herab gesetzt werde, in welchem 20 der Eigennutz des Fabrikanten beförderd wird. Mit derley Vorstellungen von Menschenliebe und allgemeiner Fürsorge schmeicheln sich Staaten, deren Fabrikwesen in jeder Rücksicht noch sehr zurück ist, und scheinen ihr Auge vor 25 dem blühenden Wohlstand derjenigen zu schließen, die ihre Macht und ihren Reichthum wohlbestellten Fabriken und das Wachsthum ihrer Fabriken den künstlichen Maschinen zu danken haben.

30 Ich könnte vor allen hier England nennen. Es zieht bereits seit langem durch Handlung und Fabriken die Schätze aller Nationen an sich. Niemand, der daselbst die vortreffliche Einrichtung und den großen Umfang der Fabriken ge- 35 sehen hat, kann die Wohlthat der Maschinen verkennen; ihnen verdankt England, daß seine Fabriken noch bestehen, daß sie vorzüglich blühen, daß ihre Erzeugnisse abgesetzt, daß sie gesucht werden.

40 Allein man beredet sich leicht, daß dasjenige, so anders wo unsern Grundsätzen und unsern Gewohnheiten zuwider blüht, seinen Grund in besonderen Eigenheiten und Verfassungen eines Landes hat, welche es hindern, sogleich die An- 45 wendung auf uns zu machen, daß wir in einer ganz verschiedenen Lage sind. Ich hoffe aber mehr Wirkung von einem Beyspiele, so aus Deutschland selbst geholt, einem alten Vorurtheile durch neue Ereignisse näher zu Leibe 50 geht.

Wer die Gegend von Elverfeld unweit Düsseldorf vor etwa dreyßig Jahren gesehen hat, und jetzt sieht, muß von [der] Wahrheit überzeugt seyn. Elverfeld zählt bey 1200 Häuser und faßt 55 16 000 Einwohner; denn es sind keine gemeinen Feuerstellen, die wie gewöhnlich nur 5 Einwohner enthalten, sondern es sind weitläufige Gebäude, Fabriken, Waarenlager und geräumige Wohnungen.

60 Das merkwürdigste in Rücksicht auf die Frage, die wir aufgestellt haben, ist, daß dieser Ort vor 50 Jahren gar nicht, vor 30 Jahren kaum noch standt; das mehreste, so hier zu sehen ist, kam erst durch Fabriken hinzu, und die Fabriken, 65 was uns eigentlich angeht, haben ihren Wohlstand, ihre Aufnahme künstlichen Maschinen zu danken.

Rolf Becker: „Maschinen und Menschenhände". Ein Bericht des Wieners Felix Franz Hofstätter über die Mechanisierung des Textilgewerbes in Wuppertal (1793). Zit. nach: Jürgen Reulecke und Burkhard Dietz (Hrsg.): Mit Kutsche, Dampfroß, Schwebebahn. Reisen im Bergischen Land II (1750–1910), Neustadt/Aisch 1984, S. 63f.

Q 1.2
Produktionsentwicklung in Bergbau und Eisenindustrie in Deutschland 1800–1850

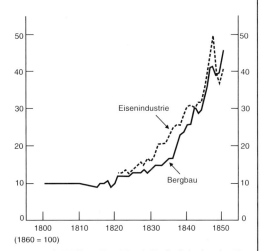

(1860 = 100)

Hermann Aubin/Wolfgang Zorn (Hrsg.): Handbuch der deutschen Wirtschafts- und Sozialgeschichte, Bd. 2: Das 19. und 20. Jahrhundert, Stuttgart 1976, S. 334.

Q 1.3
Maschinenstürmer (1844)

Aus einem nordböhmischen Weberlied, das in unmittelbarer Folge des schlesischen Weberaufstandes im Bezirk Reichenberg entstand.

Da wird der Mensch von Kummer gequält
Und um Nahrung zu suchen wohl hier in der Welt,
Mit Weib und mit Kindern und mit traurigem Sinn,
Das hat man zu verdanken den verdammten Maschin'n.

5 Vor 30 bis 40 und noch mehr Jahren,
Da hat man von Maschinen noch wenig erfahren;
Da sah man auch Männer als Meister da stehn,
Die jetzt den Landmann um Nahrung anflehn.

O Freunde, o Freunde, es wird schwerlich mehr besser,
10 Denn durch die Maschinen wird's Elend immer größer;
Sie studieren und spekulieren auf die Habsucht und Kampf,
Und was die Maschin' nicht verrichtet, verrichtet der Dampf.

In Hammerstein ist jetzt die Rebellion,
Dort laufen die Bauer wohl alle zusamm'n.
15 Die meisten haben ja alle einen Sinn:
Sie schlugen zusammen die verdammten Maschin'.

Wolfgang Steinitz: Deutsche Volkslieder demokratischen Charakters aus sechs Jahrhunderten, Bd. I, Westberlin 1979, S. 244 f.

Q 1.4
Ruf nach Freihandel (1819)

Im Auftrag des Deutschen Handels- und Gewerbevereins verfaßte der Professor der Staatswissenschaften in Tübingen, Friedrich List, eine Bittschrift an die Bundesversammlung, das oberste Organ des Deutschen Bundes. 1820 entzog ihm die württembergische Regierung deswegen seine Professur.

Es ist unter den Staatspraktikern eine Meinung Lehrsatz geworden, deren Irrigkeit jedem gebildeten Kaufmann und Fabrikanten als ausgemachte Sache erscheint: daß nämlich die inländische Industrie durch Zölle und Mauten geweckt werden könne.
Trostlos ist dieser Zustand für Männer, welche wirken und handeln möchten; mit neidischen Blicken sehen sie hinüber über den Rhein, wo ein großes Volk vom Kanal bis an das Mittelländische Meer, vom Rhein bis an die Pyrenäen, von der Grenze Hollands bis Italien auf freien Flüssen und offenen Landstraßen Handel treibt, ohne einem Mautner zu begegnen. Zoll und Maut können, wie der Krieg, nur als Verteidigung gerechtfertigt werden. Je kleiner aber der Staat ist, welcher eine Maut errichtet, desto größer das Übel, desto mehr würgt sie die Regsamkeit des Volkes, desto größer die Erhebungskosten; denn kleine Staaten liegen überall an der Grenze. Daher sind diese 38 Mautlinien dem Volke Deutschlands ungleich schädlicher als eine Douanenlinie an Deutschlands Grenzen, wenn auch die Zollsätze dort dreimal höher wären. Und so geht dann die Kraft derselben Deutschen, die zur Zeit der Hansa, unter dem Schutz eigener Kriegsschiffe, den Welthandel trieben, durch 38 Maut- und Zollsysteme zugrunde.
Wir glauben Gründe genug angeführt zu haben, um diese erhabene Bundesversammlung zu überzeugen, daß nur die Aufhebung der Zölle und Mauten im Innern Deutschlands und die Errichtung einer allgemeinen Zollinie des ganzen Bundes dem deutschen Handels- und Gewerbestand und somit dem Nahrungsstande überhaupt wieder aufhelfen können.

Friedrich List: Werke, Bd. I, 2. Teil, Berlin 1933, S. 491ff.

Q 1.5 Dampfbetriebene Dreschmaschine

Das Lokomobil, eine auf Räder gesetzte Dampfmaschine, wurde in der ersten Hälfte des 19. Jahrhunderts das wirksamste Antriebsaggregat in der Landtechnik und fand bis in die vierziger Jahre des 20. Jahrhunderts noch Verwendung. Die Entwicklung von Dreschmaschinen, die vor allem in England vorangebracht wurde, war 1860 ausgereift. Ein Transmissionsriemen übertrug die Kraft. Derartige Maschineneinheiten wurden zumeist von Ochsengespannen zum Einsatzort gebracht und sehr häufig von Lohndreschern bedient.

Q 1.6
Technisierung der Landwirtschaft

Die Ausführungen Viebahns stehen am Beginn der konsequenten Mechanisierung der Landwirtschaft im Deutschen Zollverein. Im Gegensatz zum optimistischen Hofstätter (▷ Q 1.1) liefert Viebahn eine differenzierte Bewertung der Auswirkungen des technischen Fortschritts.

Während Männer von Fach noch vor wenigen Jahrzehnten einen ernstlichen Streit darüber führen konnten, ob der Gebrauch der Maschine in der deutschen Landwirtschaft eine Zukunft
5 habe, hat derselbe in den letzten Jahren bedeutende Fortschritte gemacht, und gegenwärtig sind die mannigfachsten landwirtschaftlichen Maschinen in den meisten Ländern [des Deutschen Zollvereins] in Anwendung.
10 Allerdings beschränkt sich die Einführung landwirthschaftlicher Maschinen, schon der nicht unbeträchtlichen Kosten wegen, zur Zeit noch auf die größeren Güter; allein in einzelnen Fällen hat man den empfehlenswerthen Ausweg ge-
15 troffen, daß eine ganze Gemeinde oder wenigstens mehrere Wirthe sich zur gemeinschaftlichen Anschaffung einzelner Maschinen vereinigt haben. Auch bei der Landwirthschaft hat man Betriebsmaschinen (Motoren) und Arbeitsma-
20 schinen zu unterscheiden.
Durch den Gebrauch besserer Pflüge kann ein Drittel der Zugkraft entbehrt, durch die Saemaschine ein Drittel des Saamens, durch die Dreschmaschine ein Drittel der Dreschkosten
25 erspart, durch zweckmäßige Futterschneider die Wirksamkeit des Futters bedeutend erhöht werden. Keineswegs aber darf bei diesen vollkommneren Werkzeugen das Verständniß des Landwirths abnehmen; die Maschinen erfordern
30 nicht blos besseres und mannigfaltigeres Material in ihrem Bau und bei ihrer Unterhaltung: auch Sorgfalt, Sachkenntniß und Direktionstalent mußten in gleichem Maaße steigen, um die bewunderungswürdigen Leistungen herbei-
35 zuführen, welche unsere auf der Höhe der Zeit stehenden Wirthschaften dem Besucher vor Augen stellen.

Georg v. Viebahn: Statistik des zollvereinten und nördlichen Deutschlands. Bd. 2, Berlin 1862, S. 850 ff.

Q 1.7
Triumphe der modernen Chemie

Karl Helfferich (1872–1924) gehörte dem Vorstand der Deutschen Bank an und übernahm die Leitung der deutschen Finanzpolitik. Nach 1918 Mitglied der Deutschnationalen Volkspartei, wirkte er bei der Sanierung der inflationsgeschädigten deutschen Währung mit.

Der Riesenentwicklung der Eisen- und Stahlbereitung gleichwertig sind die Triumphe der modernen Chemie auf dem Gebiete der Kohle. Was in vorliegendem Zusammenhang in erster
5 Linie interessiert, ist die Tatsache, daß es gelungen ist, aus der Kohle, insbesondere der Steinkohle eine Reihe bisher großenteils unbekannter Stoffe von erheblich wirtschaftlicher Brauchbarkeit zu gewinnen. Die Gewinnung von Leucht-
10 gas bei der Herstellung von Koks aus Steinkohle gehört bereits einer früheren Zeit an. Dagegen ist die Verwertung von Steinkohlenteer, der bei der Kokserzeugung entsteht, ein Erfolg der letzten Jahrzehnte. Die Kohlenstoffverbindungen, die
15 aus dem Steinkohlenteer hergestellt werden können, sind die Grundlagen neuer, großer Industrien geworden, in denen Deutschland, entsprechend seinen wissenschaftlichen Verdiensten, die bisher unbestrittene Führung hat. Es sei nur an
20 die wichtigsten Teerprodukte erinnert, an die Anilin- und Alizarinfarben, an die pharmazeutischen Präparate, wie Aspirin und Phenazetin, an das Saccharin, an die verschiedenen Teeröle.
Bei einigen Metallen hat die Anwendung der
25 Elektrizität eine ganz besondere Bedeutung erlangt; es sei hier besonders an das Aluminium erinnert, dessen Gewinnung aus Tonerde erst durch das elektrische Verfahren aus einem kostspieligen Laboratoriumsexperiment zu einer
30 großen Industrie geworden ist, deren Vervollkommnung ihrerseits wieder für den modernen Luftschiff- und Aeroplanbau eine entscheidende Bedeutung erlangt hat. Die glänzende Entwicklung in der Verarbeitung des Steinkohlenteers
35 hat ihr Seitenstück in der Synthese organischer Farbstoffe (künstlicher Indigo), in der chemischen Holzverarbeitung (Zellulose), in der Herstellung von Kalkstickstoff aus der atmosphärischen Luft, in den auf den Fortschritt der Bio-
40 chemie beruhenden Verbesserungen in den auf Gärungsprozessen beruhenden Industrien (Brauerei, Hefefabrikation etc.).

Karl Helfferich: Deutschlands Volkswohlstand 1888–1913, Berlin ¹1915, S. 32f.

Q 1.8
„Vor 30 Jahren und heute". Am Ufer eines oberbayerischen Sees

Die karikierende Gegenüberstellung von 1888 enthält zahlreiche Hinweise auf technische Neuerungen und deren wirtschaftliche und gesellschaftliche Folgen. Unübersehbar sind auch die Eingriffe in die Natur.

Fragen und Anregungen:

1. Wie ist die unterschiedliche Bewertung der Verwendung von Maschinen im Arbeitsprozeß zu erklären (▷ Q 1.1, Q 1.3, Q 1.6)?
2. Vergleichen Sie auf einer geeigneten Geschichtskarte die von List genannten Handelsräume Frankreich und Deutscher Bund nach Größe und Lage. Diskutieren Sie Lists Vorschlag, den Zoll nur an den äußeren Grenzen des Deutschen Bundes zu erheben (▷ Q 1.4).
3. Welcher innere Zusammenhang besteht zwischen den Zollvereinigungen Deutschlands und dem Eisenbahnbau?
4. Stellen Sie anhand des statistischen Materials dieses Kapitels Verläufe und Zusammenhänge während der Industrialisierung dar.
5. Weisen Sie nach, daß mit der Mechanisierung der Landwirtschaft ein bis ins einzelne festgelegter Arbeitsrhythmus zu befolgen ist (▷ Q 1.5).
6. Welche Problemstellungen für die moderne Landwirtschaft sind bereits 1862 erkennbar (▷ Q 1.6)?
7. Inwiefern führte die wissenschaftliche Forschung zu höherer Rentabilität der chemischen Industrie (▷ Q 1.7)?
8. Naturnahe oder kommerzialisierte Lebensweise: Wägen Sie Vor- und Nachteile aus der Sicht eines Zeitgenossen von 1890 gegeneinander ab (▷ Q 1.8).
9. Wie verlief die Industrialisierung in Ihrer Heimatregion? Referieren Sie über Bevölkerungsentwicklung und Verstädterung, Geschichte einer bedeutenden Firma oder Erfindung.

Zusammenfassung:

Die Industrialisierung setzte in Mitteleuropa verspätet ein; gemeinsam mit der Zolleinigung und dem Eisenbahnbau brachte sie den Staaten des Deutschen Bundes wirtschaftliche Fortschritte und bereitete die kleindeutsche Einigung vor. Bevölkerungswachstum und -wanderung, Mechanisierung und modernisierte Erzeugung in der Landwirtschaft, maschinengestützte Produktion in Fabriken und Verstädterung waren neben der sozialen Frage Kennzeichen der industriellen Revolution. Ab 1871 rückte das im zweiten Kaiserreich geeinte Deutschland durch beschleunigte Industrialisierung und bahnbrechende Erfindungen in die Reihe der führenden Industrienationen auf.

2.
Gesellschaftlicher Wandel und soziale Frage

1825/26	Agrar- und Gewerbekrise in Deutschland
1840	Erste bayerische Arbeiterschutzverordnung
1848	Innere Mission (Johann H. Wichern)
	Karl Marx, Friedrich Engels: „Kommunistisches Manifest"
1849	Katholischer Gesellenverein (Adolph Kolping)
1859	Genossenschaftsverband (Hermann Schulze-Delitzsch)
1863	„Allgemeiner Deutscher Arbeiterverein"
1869	„Sozialdemokratische Arbeiterpartei"
1875	„Sozialistische Arbeiterpartei Deutschlands"
1885–1892	Letzte große Auswanderungswelle in Deutschland
1891	Sozialenzyklika „Rerum Novarum"
1894	„Bund deutscher Frauenvereine"

Krisenmerkmale. Die Veränderungen von Alltagsablauf, Arbeitsrhythmus, Lebensgrundlagen, zwischenmenschlichen Beziehungen und Umwelt durch die Industrialisierung griffen tief in die Existenz des einzelnen ein. Die neue Agrartechnik zerstörte altbewährte ständische und lokale Gewohnheiten auf dem Land. Im Gegensatz zu den sanierten Großbetrieben gerieten in den 30er Jahren die mittleren und kleinen Hofstellen in Überschuldung, ihre Besitzer fanden sich auf dem kärglichen Niveau des rasch anwachsenden Landproletariats wieder. Übermäßig lange Arbeitszeiten, menschenunwürdige Unterbringung und gutsherrliche Willkür bestimmten die ländlichen Arbeitsbedingungen in Ostelbien. Die Forderungen der Landarbeiter nach Nutzflächen oder höherem Lohn erhoben sich auch angesichts des allgegenwärtigen Pauperismus, jener massenhaften Verarmung auf dem Land, die wegen der noch zu geringen Aufnahmekapazität der Industrie vorerst nicht abzubauen war.

Verschärfter Pauperismus 1830–1845

Handwerkskrise

Inzwischen gingen Kleinhandel und -gewerbe durch industrielle Konkurrenz und, seit Wegfall des Existenzschutzes, durch Einführung der Gewerbefreiheit zugrunde. Wer nicht in untergehenden Berufen und Hausindustrien dahinkümmern wollte, suchte sein Auskommen als Fabrikarbeiter. Überlebende Handwerksbetriebe verlegten sich unter dem Druck des Industriekapitals auf Reparaturen. Bezeichnend für die Krise des Handwerks war in den 30er und 40er Jahren der Überhang an Meistern gegenüber den Gesellen. Weitverbreitete Existenznot, verstärkt durch Hunger- und Gewerbekrisen der Jahre 1830 und 1845-1847, führte zur Auswanderung vor allem in die USA (▷ Q 2.4). Diese Tendenz begleitete die industrielle Umwälzung in Deutschland bis in die 90er Jahre.

Wohnungselend in den Städten

Das Überangebot an Arbeitskräften in den Städten drückte die Löhne. Bodenspekulationen und wildes Wachstum an den Stadträndern brachten dicht belegte Mietskasernen und provisorische Elendsquartiere hervor. Wegen des Mietanstiegs infolge davoneilender Grundstückspreise nahm man zur Verbesserung der finanziellen Lage oft Schlafgänger in der engen Wohnung auf. Das dichte Beieinander – um 1867 hielten sich in einem Raum einer Berliner Arbeiterwohnung durchschnittlich 6 bis 7 Personen auf – hemmte die persönliche Entfaltung, erschwerte ein geordnetes Familienleben, belastete die mitmenschlichen Beziehungen und leistete dem Alkoholismus und der Prostitution Vorschub. Ansteckende und umweltbedingte Krankheiten waren häufig, zumal es an Bädern, Toiletten und Kanalisation mangelte. Zeitweise brachen gefährliche Seuchen, wie die Cholera, aus. Hoch war die Säuglingssterblichkeit. Der planmäßige Produktionsablauf in den Fabriken, seine Zerlegung in Teilschritte und deren koordinierte Zusammenführung unterwarfen die Arbeitenden einem von Maschinen und Apparaten diktierten Rhythmus und verlangten strenge Disziplin, damit Massen- oder Spezialgüter in gleichbleibender Qualität erzeugt wurden. Der Arbeitstag dauerte 12 bis 14, manchmal 17 Stunden, bei nur kurzen, unbezahlten Pausen. Sonntagsarbeit war nicht selten. In den 60er Jahren wurde die Tagesarbeit auf 12,

Krankheiten

Arbeitsrhythmus

um 1900 auf 11 Stunden verkürzt. Verstöße gegen die Betriebsordnung hatten Lohnabzug zur Folge. Arbeitskräfte waren jederzeit kündbar. Zur persönlichen Begegnung des Fabrikherrn und des Arbeiters kam es nur noch bei Abmachungen über Umfang und Entlohnung der Arbeit (▷ Q 2.2). Als psychisch belastend empfand die Arbeiterschaft die Fremdbestimmung ihres Daseins.

So erlebte sich der einzelne in der Frühphase der freien Lohnarbeit als hilfloses Wesen (▷ Q 2.1). Neben Arbeitslosigkeit drohten Unfälle und Berufskrankheiten, Invalidität und früher Tod infolge mangelnder Schutzvorrichtungen am Arbeitsplatz. Vereinzelte Fabrikinspektionen gab es erst in den 40er Jahren. Sozialleistungen auf gesetzlicher Grundlage waren unbekannt. Erkrankte erhielten zumeist keine Lohnfortzahlung, Betriebskrankenkassen beglichen nur Behandlungskosten. Jeder Leistungsausfall des „Ernährers" brachte dessen Familie in Not (▷ Q 2.3). Mitverdiener waren Frau und Kinder, weshalb Kinderreichtum erstrebenswert schien. Vor 1850 hatten Frauen zu 20, Kinder zu 10 Prozent Anteil an der Fabrikarbeit; höher waren die Prozentsätze in der Heimindustrie. Die Mehrfachbelastung der Frau durch Fabrik, Haushalt, Schwangerschaft, Kindererziehung, ebenso die Überbeanspruchung des kindlichen Körpers, in Einzelfällen vom 3. Lebensjahr an, bedrohten die Volksgesundheit. Kritik an der Kinderarbeit erhob in den 30er Jahren eine preußische Untersuchungskommission aus Sorge um leistungsfähigen Rekrutennachwuchs. Zwar verhängte Preußen 1839, sechs Jahre nach dem englischen Vorbild, ein Verbot für Fabrikarbeit von Kindern, doch dieses blieb, wie auch die bayerischen und badischen Schutzgesetze von 1840 oder das österreichische von 1842, praktisch wirkungslos. Erst ab 1878 schränkte ein preußisches Gesetz Kinderarbeit ein.

Gefahren der Arbeit

Frauen- und Kinderarbeit

Die soziale Frage und Versuche zu ihrer Lösung. Gegen den frühliberalen Optimismus, das freie Spiel der wirtschaftlichen Kräfte werde das „größte Glück der größten Zahl" hervorbringen, hatten sich in Wirklichkeit zwei gegensätzliche Gesellschaftsklassen, „Kapitalisten" und „Proletarier", in der Phase der Frühindustrialisierung herausgebildet. Auf die komplexe soziale Frage, die Mißstände und Mängel bei den Wohn- und Arbeitsverhältnissen, der Gesundheitsvorsorge, den sozialen Leistungen, den staatlichen Eingriffsmöglichkeiten, der Mitsprache der Arbeiterschaft, hatten weder Staat noch Kirche prompte und umfassende Antworten. Die deutschen Souveräne überließen es den Unternehmern, ob sie soziale Initiativen ergreifen wollten. Die Kirchen hielten sich aus der Tagespolitik, also auch aus der Sozialpolitik, heraus. So wuchsen unter den Arbeitern Staats-, Reform- und Kirchenverdrossenheit; viele erwarteten eine revolutionäre Umwälzung.

Versagen von Kirche und Staat

Betriebliches Eigeninteresse, patriarchalisches Selbstverständnis und christlich-humanitäre Haltung bewogen einzelne Unternehmer, erzielten Gewinn auch zugunsten ihrer Arbeiter einzusetzen. Angeregt durch den Engländer Robert Owen und seine Sozialmaßnahmen in der Textilfabrik im schottischen Lenark, bot der Textil- und Dampfmaschinenfabrikant Friedrich W. Harkort in den 20er Jahren seiner Belegschaft auf Burg Wetter an der Ruhr eine Alters-, Kranken- und Invalidenversicherung, unterstützte den Erwerb von Grundstücks- und Hauseigentum, gestattete Mitberatung im Betrieb und baute ein Bildungssystem vom Kindergarten bis zur Erwachsenenfortbildung auf. Unermüdlich mahnte er den Staat, das Volksschulwesen, die allgemeine Schulpflicht, das Verbot von Kinderarbeit und die Begrenzung der Arbeitszeit zu regeln.

Sozialinitiativen von Unternehmern

Der Herr des größten deutschen Stahl- und Rüstungsimperiums, Alfred Krupp, suchte seine Arbeiterschaft durch überdurchschnittliche Löhne und Weiterbeschäftigung der Stammarbeiter in Krisenzeiten an den Betrieb zu binden. Konsumgenossenschaften boten den „Kruppianern" Lebensmittel zu günstigen Preisen und Bekleidung. Zum Selbstkostenpreis wurden 3 200 firmeneigene Familienwohnungen vermietet. An Krupps Betriebs- und Pensionskassensystem, dessen Beiträge zur Hälfte die

Firma trug, orientierte sich später die staatliche Gesetzgebung. Der Konzernherr an der Saar, Ferdinand Stumm, faßte seine Wohlfahrtseinrichtungen gar als Kampfansage an die Sozialdemokraten und christlich-sozialen Arbeitervereine auf (▷ Q 2.5).

Kirchliche Initiativen

Sich den Menschen am Rand der Gesellschaft zuzuwenden, erzeugte Argwohn bei den Kirchenleitungen. Auf evangelischer Seite konzipierten und organisierten die Pfarrer Theodor Fliedner und Wilhelm Löhe die Diakonie unverheirateter Frauen zum Dienst am bedürftigen Nächsten. Die Bethelschen Anstalten bei Bielefeld unter der Betreuung von Friedrich von Bodelschwingh nahmen Arbeitslose, Epileptiker und Geisteskranke auf. Johann Hinrich Wichern gründete 1833 das „Rauhe Haus" bei Hamburg, ein Rettungsdorf für gefährdete Kinder und Jugendliche, die in Gruppen wohnten und handwerklich ausgebildet wurden. Ab 1843 entstanden ähnliche Einrichtungen der männlichen Diakonie in weiteren deutschen Staaten. 1848 schuf Wichern mit der Inneren Mission die umfassendste Sozialeinrichtung des deutschen Protestantismus (▷ Q 2.7). Auf katholischer Seite widmete sich der Schustergeselle und Priester Adolph Kolping den Mitmenschen in Not. 1846 Vorsitzender eines Gesellenvereins in Elberfeld, gründete er 1849 den Kölner „Katholischen Gesellenverein", um jugendlichen und erwachsenen unverheirateten Männern eine Heimstatt zu bieten. 1855 zählte das Kolpingwerk unter seiner Leitung 12 000 Mitglieder in 104 Vereinen, 1864 schon 60 000 in 420 Vereinen (▷ Q 2.6). Der Mainzer Bischof Wilhelm Emanuel von Ketteler wurde ab 1848 zum unbequemen Mahner von Unternehmern und Staat. Nachdrücklich trat er für staatliche Sozialpolitik, Arbeiterschutz und -bildung ein (▷ Q 2.9a).

Selbsthilfe durch Genossenschaften

Gemäß der liberalen Auffassung, jeder müsse seine Existenz aus eigener Kraft aufbauen, vertrat der preußische Abgeordnete Hermann Schulze-Delitzsch den Gedanken der „Hilfe durch Selbsthilfe". In Selbstverantwortung und gemeinschaftlich verbundenem Egoismus sollten Personen mit geringer Kaufkraft über Genossenschaften an verbilligte Nahrungsmittel, Sachgüter und Rohstoffe zur Weiterverarbeitung gelangen. Der von Schulze-Delitzsch 1859 für das Handwerk gegründete „Allgemeine Verband der deutschen Erwerbs- und Wirtschaftsgenossenschaften" umfaßte 1864 bereits 400 lokale Zusammenschlüsse. Friedrich Wilhelm Raiffeisen, ein Bürgermeister im Westerwald, betrieb die Bildung landwirtschaftlicher Genossenschaften, die im Kredit-, Bezugs-, Molkerei- und Zuchtwesen tätig wurden. Spät, ab 1890, waren auch Arbeiter in der Lage, mit ihrem Ersparten einem Konsumverein beizutreten, um günstig einzukaufen.

„Kathedersozialismus"

Soziale Theorien. Unter Abwandlung älterer liberaler Ansichten gelangten Gustav Schmoller und Lujo Brentano zu der Überzeugung, der Staat müsse in Wirtschaft und Sozialleben eingreifen, um die Klassengegensätze zu mildern, den sozialen Frieden herzustellen und den gesellschaftlichen Aufstieg zu fördern (▷ Q 2.8). Diesen „Kathedersozialisten" verdankte Bismarck Impulse für seine Sozialgesetze.

Katholische Soziallehre

Sehr spät äußerte sich die höchste katholische Autorität zur sozialen Frage. 1891 ließ Papst Leo XIII. die Sozialenzyklika „Rerum Novarum" veröffentlichen. Diese offiziell verbindliche kirchliche Soziallehre erinnerte Unternehmer und Arbeiter an ihre gemeinsame Verantwortung, nahm den Staat weit mehr als bisher gefordert in die soziale Pflicht und verdeutlichte den Unternehmern, daß ihre Auffassung vom „Warencharakter" der Arbeitskraft dem zeitgemäßen christlichen Verständnis nicht entspreche (▷ Q 2.9b). Damit war der Handlungsrahmen für christlich orientierte politische Parteien abgesteckt.

Die Theorien von Marx und Engels. Folgenreich bis in die Gegenwart wirkte die Aufarbeitung der sozialen Frage durch den Marxismus. Anregungen bezog Marx von den „utopischen Sozialisten" Frankreichs, die das Gleichheitsideal der Französischen Revolution auch auf den vierten Stand anwandten. Die Kenntnis ihrer Ideen, das Studium der Hegelschen Geschichtsphilosophie und die durch seinen Freund Friedrich Engels vermittelten Beobachtungen über „Die Lage der arbeitenden Klasse in England" (1834) bewogen Karl Marx zur Ausformung einer gesellschaftsbezogenen Ideologie, die das Ende des Kapitalismus durch den Sieg des Kommunismus weltweit voraussagte (▷ Q 2.10).

Die gesellschaftliche Entwicklung gehört nach Marx in den Zusammenhang naturgesetzlicher Abläufe. Menschliche Organisations- und Kulturformen, wie Staat, Recht, Kunst, Religion, gründen auf materieller Basis, die von Produktionsverhältnissen und -kräften, also den Produktionsmitteln und den sie handhabenden Menschen, bestimmt ist. *Basis-Überbau*

Im Industriekapitalismus sind die Produktionsmittel Eigentum der Kapitalisten. Diese verfügen zudem in einem ausbeuterischen Lohnverhältnis über die Arbeitskraft der Proletarier. Da die Lohnkosten vom Wert der Produkte übertroffen werden, gelangt der Unternehmer in den Genuß eines Mehrwertes, den er zur Modernisierung und Rationalisierung nutzt. Das bedeutet Entlassung von Arbeitern und Lohnsenkung: Das Heer der Arbeitslosen vergrößert sich und verelendet. Doch auch von den Unternehmern überleben im Verdrängungsprozeß nur die Stärksten. Deren Monopolstellung ruft eine Überproduktion mit anschließender Absatzkrise hervor, die wegen der gesunkenen Kaufkraft der Massen nicht zu beheben ist. Zu diesem Zeitpunkt werden die vielen Proletarier die wenigen Ausbeuter durch Revolution enteignen. Unter der Diktatur des Proletariats wird durch die Vergesellschaftung der Produktionsmittel die Stufe des Sozialismus erreicht. Im anschließenden Kommunismus ohne Klassengegensätze werden Gerechtigkeit, Freiheit und Humanität verwirklicht sein. *Kapital und Proletariat* *Mehrwert*

Da nach Marx das materielle Sein das politische Bewußtsein bestimmt, ist das notwendige Handeln der Arbeiter erschließbar: Indem der vierte Stand die Gesetzmäßigkeit der Geschichte und seine künftige Rolle begreift, wird er sein Klassenbewußtsein schärfen und sich planvoll auf die von ihm zu tragende Revolution vorbereiten, um die ganze Menschheit für alle Zukunft auf eine neue Entwicklungsstufe zu heben.

Die Entstehung von Arbeiterparteien. Neben seinen Visionen entwarf der Marxismus auch Anleitungen für aktuelle Aktionen und unterstützte den Aufbau einer sozialistischen Arbeiterbewegung. Den 1836 vom deutschen Utopisten Wilhelm Weitling in Paris gegründeten illegalen „Bund der Gerechten" benannten Marx und Engels 1847 in London im „Bund der Kommunisten" um und gaben ihm im Revolutionsjahr 1848 mit dem Kommunistischen Manifest die Grundlage (▷ Q 2.10). 1864 folgte die Gründung der I. Internationalen Arbeiterassoziation („Internationale"). Von den seit 1857 in Deutschland bereits zahlreich vorhandenen, zunächst bürgerlich geführten Arbeitervereinen geriet der „Verband der deutschen Arbeitervereine" 1867, vier Jahre nach der Gründung, durch die neuen Leiter August Bebel und Wilhelm Liebknecht unter den Einfluß der „Internationale". Auf dem Vereinstag in Nürnberg 1868 waren bereits deutlich internationalistische Bestrebungen zu erkennen; sie beeinflußten auch die Gründung der „Sozialdemokratischen Arbeiterpartei" in Eisenach 1869. Gegen Marx' Auffassung vom Staat als Druckmittel der beherrschenden Klasse setzte Ferdinand Lassalle auf staatliche Reformen zugunsten der Arbeiter und auf eine günstige Entwicklung durch Einführung des allgemeinen, gleichen Wahlrechts. Seine Anhänger lösten sich von bürgerlicher Bevormundung und gründeten in Leipzig 1863 den „Allgemeinen Deutschen Arbeiterverein" (ADAV) als erste sozialistische Partei, die im Kampf gegen den „Hauptfeind", das liberale Bürgertum, zunächst Unterstützung bei der preußischen Regierung suchte. Nach Lassalles Tod 1864 nahm der ADAV Kontakte zur internationalistischen Richtung Bebels auf. Um staatlichen Einmischungsversuchen entgegenzuwirken, vereinigten sich beide Richtungen auf der Grundlage eines allerdings von Marx scharf kritisierten Kompromißprogramms in Gotha 1875 zur „Sozialistischen Arbeiterpartei Deutschlands" (SAPD) (▷ Q 2.11). In ihr gewann die marxistische Richtung die Führung und brachte die Sozialdemo- *„Bund der Kommunisten"* *SDAP* *Lassalleaner* *SAPD* kraten in doppelte Gegnerschaft zum Bismarckstaat: Gegen das nationale Zusammenrücken und die Stärkung der Nation betonte die deutsche Arbeiterbewegung ihren Klassencharakter und die internationale Solidarität. Der nationale Rahmen galt als künstliche Barriere, die geeignet war, die Klassengegensätze hinzuziehen und das erwartete Absterben des Staates hinauszuzögern. Wenn Bismarck traditionelle Gesellschaftsstrukturen zu bewahren suchte, so setzten Sozialdemokraten gerade an diesem Punkt ihren innenpolitischen Kampf an.

Ob akzeptiert oder abgelehnt, lieferte der Marxismus europa- und weltweit wesentliche Grundlagen für Selbstverständnis und Politisierung der Arbeiterschaft. Auch Staatsführung, wirtschaftliche und gesellschaftliche Eliten gerieten durch diese Denkrichtung – aus Sorge vor radikalem Umsturz – in Handlungszwang. Mit Hilfe sozialreformerischer Programme oder interventionistischer Gesetze sollte die Revolution aufgehalten werden.

Adel **Gesellschaft zwischen Beharrung und Aufbruch.** Unberührt vom Wandel in den unteren Volksschichten blieb in der Gesellschaft des Kaiserreiches der längst in Etikette und Repräsentation erstarrte Adel. Den Schritt ins Unternehmertum wagten nur vereinzelt Adelige und Großgrundbesitzer. Großen Beharrungswillen bewiesen ebenfalls die Gutsherren, „Junker" genannt, im Osten des Reiches. Junge Adelige sahen ihre Aufgabe nach den drei „Einigungskriegen" in der Absicherung des Reiches nach außen und wählten die hoch angesehene höhere Militärlaufbahn. Über die allgemeine Wehrpflicht erlebten die einfachen Soldaten „nationale Erziehung" und lernten Gehorsam zum Zusammenhalt gegen mutmaßliche, oft übertrieben negativ dargestellte „äußere Feinde". Trotz der Bevorzugung des Adels bei der Besetzung von Staatsposten und wichtigen Verwaltungsstellen lag die sachkundige Durchführung staatlicher Aufgaben in erster *Bürgertum* Linie bei akademisch geschulten bürgerlichen Beamten, zu deren beruflichen Tugenden Staatstreue, Pflichtbewußtsein und Unbestechlichkeit zählten. Sie bildeten ein stabilisierendes Element in der sich wandelnden Industriegesellschaft. Standesbewußtsein prägte auch aus der Handwerkerschicht zu Großindustriellen aufgestiegene Unternehmer. Dieser Geldadel fand beim Geburtsadel durch Heirat Zugang und Anerkennung. In Nachahmung adeliger Lebensweise pflegten großbürgerliche Kreise einen luxuriösen Lebensstil. Bescheidener, eher unpolitisch, lebte das Bildungsbürgertum, wie Professoren, Theologen, Wissenschaftler. Es schätzte Ruhe, Ordnung, Fleiß und vertraute der deutschen Außenpolitik. Politisieren war Männer-, „Kinder, Küche, Kirche" Frauensache. Organisatorische Fähigkeiten konnte die großbürgerliche Hausherrin im Tagesablauf, über ihre Bediensteten, bei der Gestaltung von Festen und „Gesellschaften" entwickeln. Angst empfanden Vertreter der Staatsorgane und der mittleren bis gehobenen Gesellschaftsschichten vor den Forderungen der Arbei-*Vierter Stand* ter. Deren Wohnverhältnisse, Arbeits- und Lohnbedingungen besserten sich allmählich in den 80er Jahren. Bescheidenes Freizeitvergnügen suchte die arbeitende Bevölkerung im Umkreis der Städte. Die zahlreichen Bahnlinien erhöhten die Mobilität auch der sozial Benachteiligten. Die staatlichen Bemühungen um Integration der unteren Gesellschaftsschichten ab 1890 aber hatten keinen dauerhaften Erfolg, weil die Zugeständnisse zu gering waren. Streiks, Mitsprache- und Demokratiebestrebungen ließen den vierten Stand als ständigen Unruhefaktor erscheinen.

Frauenfrage Die Unterdrückung der Frau, über Jahrtausende in der europäischen Geschichte verfestigt, wurde von der fortschrittsbewußten Industriegesellschaft zunächst kaum wahrgenommen. Dennoch war es offenkundig, daß vor allem Frauen aus der Kleinbürger- und Arbeiterschicht sich in eine neue Rolle finden mußten.

Wandel der Familie Haushalt und Lebenserwerb waren nun getrennt, die Familie wandelte sich von einer Lebens-, Wohn- und Produktions- zu einer Konsumgemeinschaft. Noch lebten im Familienverband städtischer Unterschichten bis zu drei Generationen zusammen;

allerdings lockerte sich der Zusammenhalt wegen der verschiedenen Arbeitsplätze der Eltern, der weiten Wege dorthin, der langen Arbeitszeiten – auch wegen der Notwendigkeit, daß Heranwachsende nach dem Volksschulbesuch mit 12, spätestens mit 14 Jahren ins Berufsleben überwechselten. – Die jungen Frauen strebten in die Ehe; blieben sie unverheiratet, fanden sie sich später oft in der Rolle einer Geldgeberin für die bedürftige Verwandtschaft.

Anspruchsvollere, höhere Schulbildung erhielten die Kinder bürgerlicher Familien, die Mädchen überwiegend im musischen Bereich; jung und wenig lebenserfahren wurden sie an erheblich ältere, über Studium und Berufspraxis fertig ausgebildete und finanziell abgesicherte Männer verheiratet. Allmählich setzte sich im Bürgertum die Tendenz zur Einschränkung der Kinderzahl durch. Mitverdienenden Frauen boten sich weder Berufsalternativen noch Aufstiegschancen oder betriebliche Mitsprache. Frauenarbeit, schlechter als Männerarbeit entlohnt, galt als Zeichen der Armut. Selbst wo weibliche Arbeitskräfte in der Überzahl waren, hatten sie Männer als Vorgesetzte. Gleichgültig, ob als Ungelernte tätig oder in einem typischen Frauenberuf, wie Textil-, Metall- oder Porzellanarbeiterin, Stenotypistin, Telefonistin: Beruf und Haushalt verschafften den Frauen eine anstrengende, oft gesundheitsschädigende Mehrfachbelastung. Frauen waren vom Studium, vom Wahlrecht wie auch von der aktiven Politik ausgeschlossen. Die Publizistin Louise Otto-Peters verlangte 1848, im Jahr der Revolution, die Erziehung der Frauen zu selbständiger wirtschaftlicher und geistiger Arbeit im Dienst nationaler und sozialer Ideen (▷ Q 2.12). Der 1865 gegründete „Allgemeine Deutsche Frauenverein" organisierte die deutsche Frauenbewegung, forderte Mädchenbildung und zusätzliche Frauenberufe. In den 80er und 90er Jahren entstanden zahlreiche andere Frauenorganisationen. 1894 schlossen sich die Einzelgruppen zum „Bund deutscher Frauenvereine" zusammen. Aus internationaler Zusammenarbeit mit dem westlichen Ausland holte er Anregungen von den kämpferischen Suffragetten. Unermüdlich wirkten die Frauenrechtlerinnen auf die Gleichstellung in Beruf, Rechtsprechung und Staatsleben hin. Offiziell durften Frauen bis 1907 keinen politischen Vereinigungen angehören. Doch trat die Sozialdemokratische Partei für Gleichberechtigung ein und ließ bereits während der Zeit des Sozialistengesetzes (▷ vgl. S. 117) Frauen ihr politisches Talent innerhalb der Partei und bei illegalen Aktionen erproben. Aber erst nach dem Zusammenbruch des deutschen Kaiserreiches errangen die Frauen ihren ersten großen Erfolg: sie erhielten das aktive und passive Wahlrecht.

Louise Otto-Peters

„Bund deutscher Frauenvereine"

Wahlrecht

Die Abbildung gibt eine Veranstaltung sozialdemokratischer Frauen in Berlin im Jahre 1891 wieder. Nach dem Wegfall des Sozialistengesetzes kam eine breite Diskussion um die Zukunft der Arbeiterbewegung und das Selbstverständnis sozialdemokratisch denkender Frauen in Gang.

Q 2.1
Armut

Neujahrsfeier des armen Mannes in der ganzen Welt (1848). Die „Leipziger Illustrierte Zeitung" veröffentlichte mit diesem Holzstich eines der seltenen Bilddokumente, auf denen die Wohnverhältnisse von Arbeitern im frühen 19. Jahrhundert belegt sind.

Q 2.2
Arbeitsbedingungen

Ottilie Baader (1847–1925) berichtet aus eigenem Erleben über die Arbeit als Fabrikarbeiterin. Sie war in späteren Jahren maßgeblich am Aufbau der Gewerkschaften beteiligt.

Wir hatten von dicken Wolltupfen dünnere Stränge zu spinnen. Wenn nun die Wolle schleuderte und Schlingen warf, die wieder in Ordnung gebracht werden mußten, durfte nicht etwa die Maschine angehalten werden, sondern wir mußten in das laufende Getriebe hineinfassen, in aller Geschwindigkeit die dicken Stellen herausnehmen, die Fäden wieder zusammenwirbeln und knoten, damit sie durch die Öse gingen. Das gab zerschundene Hände und Knie …
Die Aborte lagen neben dem Arbeitssaal. Da noch alle Kanalisation fehlte, kam es nicht eben selten vor, daß sie überliefen und im Arbeitssaal eine kaum zu ertragende Luft verbreiteten …
Dann mußte sehr oft nachts gearbeitet werden. Das geschah in der Weise, daß gewöhnlich die Nacht vom Freitag auf den Sonnabend eingelegt wurde … Das heißt also, es waren drei Tagesschichten hintereinander, ohne nennenswerte Pausen dazwischen. In der Nacht gab es eine Tasse Kaffee, d. h. dicke Zichorienbrühe, die ich nicht herunterbringen konnte. Ich war damals so elend, daß ich wohl wie eine halbe Leiche an der Maschine stand. Das fiel sogar dem Chef auf. Ich höre noch, wie er zu dem Werkführer sagte: „Wie sieht denn die aus? Die ist wohl krank?" – „Ja", sagte der Werkführer, „die kann das Nachtarbeiten eben nicht vertragen. Das ist auch zuviel für ein ordentliches Mädchen." …
Dieser Chef führte dann auch eine neue Lohnmethode ein, wie es hieß, zu unserm Vorteil. Wir sollten die vollgesponnenen Rollen abwiegen, und was wir mehr als ein bestimmtes Quantum hatten, sollte uns extra bezahlt werden.
Wir waren natürlich, verlockt durch die Aussicht, mehr zu verdienen, dazu bereit und arbeiteten nun um die Wette. Da hatte eine der Arbeitnehmerinnen ein für die damalige Zeit merkwürdig richtiges Einsehen. Ich sehe sie noch, wie sie eines Tages mitten unter uns stand, ein hübsches, rotblondes Mädchen aus Rixdorf, und uns sagte: „Kinder, seid doch nicht dumm! Der will doch bloß sehen, wieviel wir arbeiten können. Wenn wir wirklich ein paar Wochen lang ein paar Groschen mehr dabei haben, das ziehen sie uns doch nachher wieder ab."

Ottilie Baader: Maschinennäherin in der Fabrik 1855–70. Zit. nach: Wolfgang Emmerich (Hrsg): Proletarische Lebensläufe. Autobiographische Dokumente zur Entstehung der zweiten Kultur in Deutschland, Bd. 1, Reinbek 1974, S. 133f.

Q 2.3
Lebenshaltungskosten

a) Fünfköpfige Maurerfamilie in Berlin um 1800

In den Städten wurden um 1800 bis zu einem Viertel der Einwohner durch Hilfsmaßnahmen unterstützt, da keine zusätzlichen Einkommensmöglichkeiten vorhanden waren. Die Kaufkraft der Bauarbeiterlöhne verschlechterte sich bis 1805 noch drastisch.

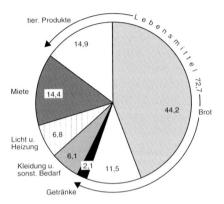

Wilhelm Abel: Massenarmut und Hungerkrisen im vorindustriellen Deutschland, Göttingen 1972, S. 15.

b) Sechsköpfige Arbeiterfamilie in Nürnberg um 1874

1. Miete	172,— M
2. Nahrungsmittel	1146,60 M
3. Kleidung	140,40 M
4. Reinigen u. Ausbessern von Wäsche	36,— M
5. Heizung, Licht	184,20 M
6. Küchen- und Hausgeräte	5,50 M
7. Arzt, Apotheke	18,— M
8. Schulgeld (für Volksschule)	51,84 M
9. Einkommensteuer	2,52 M
10. Kreisumlage	2,34 M
11. Krankenkasse	46,80 M
12. Zeitung	7,20 M
Summe jährlich	1813,30 M

Diesen für notwendig erachteten Ausgaben stand ein Facharbeiterlohn von jährlich 780 Mark oder gar ein Tagelöhnereinkommen von knapp 600 Mark gegenüber.

Dieter Rossmeissl: Arbeiter bei Klett. Die erste Generation. In: Lebensgeschichten, hrsg. v. Wolfgang Ruppert: Zur deutschen Sozialgeschichte 1850–1950, Nürnberg 1980, S. 30.

Q 2.4
Ziel Amerika

Der Volksliedforscher von Ditfurth (1801–1880) sammelte Gedichte historischen Inhalts vom Dreißigjährigen Krieg bis in seine Gegenwart vorwiegend aus dem süddeutschen Raum.

Die unglückliche Auswanderung

(nach Amerika 1848 aus Bayern, Württemberg, Baden und der Schweiz, wo viele Hunderte ihr Unglück fanden.)

Ach, aus allen Landen strömet
Nach Amerika vieles Volk!
Weil sie Noth und Armuth kränket,
Geht es ihnen auch nicht wohl;
5 Denn die Theurung treibt den Armen
Hier aus seinem Vaterland;
Ach, es ist ja zum Erbarmen,
Alles flieht zum Meeresstrand.

Wie viel Mütter sieht man weinen,
10 Wenn man hin nach Havre kommt,
Denen keine Sonn' mehr scheinet
Aus dem schönen Vaterland,
Denn zurück ist keine Gedanke,
Und über's Meer reicht es nicht hin,
15 Ach, wie traurig und wie wankend
Steht Mancher im betrübten Sinn.

Mancher machte sich die Hoffnung,
Dort die neue Welt zu sehn,
Und er faßt sich in Gedanken
20 Dort, dort wird es anders gehn.
Aber wie viel Deutsche Freunde
Seh ich dort im Elend flehn,
Ach, wie mancher Vater weinte,
Kann die Heimath nicht mehr sehn!

25 Seht hier, meine Deutschen Freunde:
Alles liegt an Zeit und Glück!
Wem das Glücke hier nicht scheinet,
Dem scheint's auch in Amerika nicht.

Franz Wilhelm Freiherr von Ditfurth: Historische Volkslieder der Zeit um 1756 bis 1871, Bd. 2, Berlin 1871–1872, S. 123.

Q 2.5
„König" Stumm und seine Arbeiter

Unter Carl Ferdinand Stumm (1836–1901) erreichte der Neunkirchener Konzern mit Bergwerken, Eisen- und Stahlwerken sowie weiterverarbeitenden Betrieben an der Saar, in Lothringen und Luxemburg europäischen Rang.

Wenn ihr König sie ruft, so stehen die Angehörigen des Neunkircher Werkes wie ein Mann zusammen, wenn es gilt, die Konkurrenz sowohl wie die finstern Mächte des Umsturzes zu be-
5 kämpfen. Bleiben wir siegreich, so ist dies zu unser aller Nutzen; unterliegen wir, so haben wir alle den Schaden davon, und Ihr sicherlich weit mehr noch als ich. Zum Siege ist aber bei uns wie in der Armee die strenge Aufrechter-
10 haltung der Disziplin unerläßlich.
Das Aufhören der Autorität der Arbeitgeber erscheint mir um so gefährlicher, als sie sich auf die Dauer nicht auf diejenigen Stände beschränken wird, um die es sich hier zunächst handelt.
15 Hat der Arbeiter einmal die Autorität des Arbeitgebers über den Haufen geworfen, dann wird die Autorität auf anderen Gebieten, in Staat und Kirche sehr bald folgen. Geschieht das aber, wird die Autorität auf der ganzen Li-
20 nie, in allen Erwerbszweigen zerstört. Dann wird da, wo die Autorität am nötigsten ist, in der Armee, es auch nicht lange dauern, bis sie angefressen ist.
Ich für meine Person würde keinen Augenblick
25 länger an Eurer Spitze aushalten, wenn ich an die Stelle meines persönlichen Verhältnisses zu jedem von Euch das Paktieren mit einer Arbeiterorganisation unter fremder Führung setzen müßte.
30 Ich glaube mit gutem Gewissen sagen zu dürfen, daß ich keinem meiner Berufsgenossen in den Wohlfahrtseinrichtungen nachstehe, jedenfalls nicht in dem Bestreben, nach bestem Wissen und Gewissen für Euer materielles und geistiges
35 Wohl zu sorgen und das praktische Christentum zu betätigen, wofür ich mich vor Gott verantwortlich fühle. Auf diese Weise hoffe ich, weit über meine eigenen Lebenstage dafür zu sorgen, daß Ihr für die Lockungen der Sozialdemokra-
40 ten und anderer falscher Propheten unempfänglich bleibt.

Fritz Hellwig: Carl Ferdinand Freiherr von Stumm-Halberg. Heidelberg/Saarbrücken 1936, S. 296ff.

Q 2.6
„Gesellenvater" Kolping

Adolph Kolping (1813–1865) suchte katholische Gesellen zu lebenstüchtigen Christen heranzubilden, die sich in Beruf, Familie und Öffentlichkeit bewährten. Das „Kolpingwerk" ist heute eine internationale Organisation.

Man richte nur in allen Städten, wenn nicht in allen größeren Gemeinden, einen freundlichen, geräumigen Saal ein, sorge am Sonn- und Feiertage, wie am Montagabend für Beleuchtung und
5 im Winter für behagliche Wärme dazu und öffne dann dies Lokal allen jungen Arbeitern, denen es mit ihrem Leben und ihrem Stande nur immer ernst ist. Da die jungen Leute, die der Einladung folgen, Gemeinsames mit ziemlich
10 gleichen Kräften wollen, bilden sie dadurch einen Verein, für dessen Bestehen und Gedeihen ein Vorstand von achtbaren Bürgern, die dem guten Zwecke zu dienen entschlossen sind, zu sorgen hätte, und an dessen Spitze ein Geistli-
15 cher stehen soll, der dieser Stelle mit all der persönlichen Hingebung und Aufopferung vorzustehen hat, welches sein heiliges, grade dem Volke gewidmetes Amt und die gute Sache erheischen. Je nützlicher und angenehmer, je frei-
20 er und würdiger der Aufenthalt in dem Vereinslokale für die jungen Leute gemacht wird, um so größer wird die Teilnahme sein, um so fester werden sie bei der guten Sache halten. Da dürfte es nicht an guten Büchern, Schriften und Zei-
25 tungen fehlen, nicht bloß, die das religiöse Interesse vertreten, sondern die auch, was ja nicht zu übersehen wäre, dem bürgerlichen Leben gelten, die gewerblichen Gegenstände behandeln und so viel wie möglich, jedem Handwerker von Nut-
30 zen sein können. Dazu muß das lebendige Wort treten. Da wäre die Gelegenheit günstig, die Religion, als die Grundlage des Volks- und Menschenglücks, wieder anzubauen.

Adolph Kolping: Der Gesellenverein. Zur Beherzigung für alle, die es mit dem wahren Volkswohl ernst meinen. Köln/Neuß 1849. Zit. nach: Adolph Kolping: Ausgewählte pädagogische Schriften, hrsg. v. H. Göbels, Paderborn 1964, S. 6ff.

Q 2.7
„Innere Mission" Wicherns

Johann Hinrich Wichern (1808–1881), evangelischer Theologe, gründete Einrichtungen der Sozialfürsorge. Mit der Denkschrift „Die Innere Mission der Deutschen Evangelischen Kirche" mahnte er den Protestantismus an dessen soziale Verantwortung.

Eine der unmittelbarsten Vorschulen hat die radikal-atheistische und kommunistische Partei in der französischen Schweiz aufgerichtet gehabt. Das freilich oft verdeckt gehaltene Hauptmittel zur Erreichung ihrer Zwecke ist der Atheismus[1] gewesen. Der Sitz aller neueren Revolutionsbestrebungen mit ihren fluchwürdigen satanischen Wühlereien sind die Handwerkerklubs, deren geheime Tendenzen die wenigsten gekannt haben.

Die innere Mission hat es jetzt schlechterdings mit der Politik zu tun, und arbeitet sie nicht in diesem Sinne, so wird die Kirche mit dem Staate untergehen. Zwar ist ihre Aufgabe nicht, über Staatsreformen zu urteilen und zwischen politischen Parteiungen als solche zu entscheiden, aber daß die Staatsbürger mit christlichem Geist erfüllt werden, muß eine ihrer ernsteren Aufgaben von heute an sein.

Johann Hinrich Wichern: Die Reden auf dem Wittenberger Kirchentag 1848. Rede vom 22. September 1848. Zit. nach: Johann Hinrich Wichern: Sämtliche Werke, hrsg. v. Peter Meinhold, Berlin/Hamburg 1962, Bd. I, S. 157ff.

1) Gottlosigkeit

Q 2.8
Staatliche Pflichten

Am 6. Oktober 1872 hielt der Nationalökonom und Historiker Gustav Schmoller (1838–1917) in Eisenach die Programmrede zur Gründung des Vereins für Sozialpolitik:

Wir wollten keine Aufhebung der Gewerbefreiheit, keine Aufhebung der Lohnverhältnisse; aber wir wollten nicht einem doktrinären Prinzip zuliebe die grellsten Mißstände dulden und wachsen lassen; wir treten für eine maßvolle, aber mit fester Hand geführte Fabrikgesetzgebung auf, wir verlangen, daß nicht ein sogenannter freier Arbeitsvertrag in Wahrheit zur Ausbeutung des Arbeiters führe, wir verlangen die vollste Freiheit für den Arbeiter, bei Feststellung des Arbeitsvertrages mitzureden.

Wir verlangen, daß die Freiheit überall durch die Öffentlichkeit kontrolliert werde, und daß, wo die Öffentlichkeit tatsächlich fehlt, der Staat untersuchend eintrete und, ohne in die Unternehmungen sich zu mischen, das Resultat publiziere. Wir verlangen von diesem Standpunkt ein Fabrikinspektorat, ein Bank-, ein Versicherungskontrollamt, wir fordern von diesem Standpunkt aus hauptsächlich Enqueten[1] in bezug auf die soziale Frage. Wir verlangen nicht, daß der Staat den unteren Klassen Geld zu verfehlten Experimenten gebe, aber wir verlangen, daß er ganz anders als bisher für ihre Erziehung und Bildung eintrete, wir verlangen, daß er sich darum kümmere, ob der Arbeiterstand unter Wohnverhältnissen, unter Arbeitsbedingungen lebt, die ihn notwendig noch tiefer herabdrücken.

Wir verlangen vom Staate, wie von der ganzen Gesellschaft und jedem einzelnen, der an den Aufgaben der Zeit mitarbeiten will, daß sie von [dem] großen Ideale getragen seien, einen immer größeren Teil unseres Volkes zur Teilnahme an allen höheren Gütern der Kultur, an Bildung und Wohlstand zu berufen, das soll und muß die große im besten Sinne des Wortes demokratische Aufgabe unserer Entwicklung sein.

Aus der Programmrede G. Schmollers bei der Gründung des Vereins am 6. Oktober 1872. Zit. nach: Georg Ritter (Hrsg.): Das Deutsche Kaiserreich 1871–1914. Ein historisches Lesebuch, Göttingen 1975, S. 243.

1) Untersuchungen

Q 2.9
Kirchliche Bemühungen

a) Sozialer Katholizismus

Wilhelm Emanuel von Ketteler (1811–1877) war zunächst Jurist, dann Priester, ab 1850 Bischof von Mainz. 1848 war er Abgeordneter der Paulskirche, ab 1871/72 Mitglied des Reichstages. Soziales Wirken des Katholizismus verstand er als Dienst am ganzen Menschen.

Um die sozialen Übel zu heilen, genügt es nicht, daß wir einige Arme mehr speisen und kleiden und dem Armenvorstande einige Taler Geld mehr durch unsere Dienstboten zusenden, das ist nur der allerkleinste Teil unserer Aufgabe: sondern wir müssen eine ungeheure Kluft in der Gesellschaft, einen tief eingewurzelten Haß zwischen Reichen und Armen ausgleichen; wir müssen eine tiefe sittliche Versunkenheit bei einem zahlreichen Teile unserer armen Mitbrüder, die allen Glauben, alle Hoffnung, alle Liebe zu Gott und den Nebenmenschen verloren haben, wieder heilen; wir müssen die geistige Armut der leiblich Armen wieder heben. Gerade wie bei dem Reichen, so ruht auch bei dem Armen die Quelle der sozialen Übel in der Gesinnung.

Wilhelm E. v. Ketteler: Adventspredigt im Dom zu Mainz 1848. Zit. nach: J. Mumbauer (Hrsg.): Wilhelm E. v. Kettelers Schriften, Bd. 2, Kempten/München 1911, S. 245.

b) Enzyklika „Rerum Novarum" (1891)

Die durch Papst Leo XIII. verkündete Enzyklika diente, wie zahlreiche andere dieser „Rundbriefe", der Orientierung der katholischen Gläubigen in zeitnahen Grundfragen, hier des sozialen Auftrags.

Die Arbeiter dürfen nicht wie Sklaven angesehen und behandelt werden; ihre persönliche Würde, geadelt durch ihre Würde als Christen, werde stets heilig gehalten; Handwerk und Arbeit erniedrigten sie nicht, vielmehr muß, wer vernünftig und christlich denkt, es ihnen als Ehre anrechnen, daß sie selbständig ihr Leben unter Mühe und Anstrengungen unterhalten; unehrenvoll dagegen und unwürdig ist es, Menschen bloß zu eigenem Gewinn auszubeuten und sie nur so hoch zu taxieren, wie ihre Arbeitskräfte reichen.

Habt auch die gebührende Rücksicht auf das geistige Wohl und die religiösen Bedürfnisse der Arbeiter; ihr seid verpflichtet, ihnen Zeit zu lassen für ihre gottesdienstlichen Übungen, ihr dürft sie nicht der Verführung und sittlichen Gefahren bei ihrer Arbeitsleistung aussetzen; den Sinn für Häuslichkeit und Sparsamkeit dürft ihr ihnen nicht ersticken.

Es ist ungerecht, sie mit mehr Arbeit zu beschweren, als ihre Kräfte tragen können, oder Leistungen von ihnen zu fordern, die mit ihrem Alter oder Geschlecht in Widerspruch stehen.

Zit. nach: Pius XII.: Die Sozialehre der Kirche, Nürnberg 1947, S. 96ff.

Q 2.10
Aus dem „Kommunistischen Manifest"

1847 regte der „Bund der Kommunisten" in London zur Darstellung seiner Grundsätze die Abfassung eines Manifestes an. Die Veröffentlichung fiel in das Revolutionsjahr 1848.

Die Kommunisten sind praktisch der entschiedenste immer weiter treibende Teil der Arbeiterparteien aller Länder, sie haben theoretisch vor der übrigen Masse des Proletariats die Einsicht in die Bedingungen, den Gang und die allgemeinen Resultate der proletarischen Bewegung voraus. Der nächste Zweck der Kommunisten ist derselbe wie der aller übrigen proletarischen Parteien: Bildung des Proletariats zur Klasse, Sturz der Bourgeoisieherrschaft, Eroberung der politischen Macht durch das Proletariat. Ihr entsetzt Euch darüber, daß wir das Privateigentum aufheben wollen. Aber in Eurer bestehenden Gesellschaft ist das Privateigentum für neun Zehntel ihrer Mitglieder aufgehoben; es existiert gerade dadurch, daß es für neun Zehntel nicht existiert. Ihr werft uns also vor, daß wir ein Eigentum aufheben wollen, welches die Eigentumslosigkeit der ungeheuren Mehrzahl der Gesellschaft als notwendige Bedingung voraussetzt. Wenn das Proletariat im Kampfe gegen die Bourgeoisie sich notwendig zur Klasse vereint, durch eine Revolution sich zur herrschenden Klasse macht, und als herrschende Klasse gewaltsam die alten Produktionsverhältnisse aufhebt, so hebt es mit diesen Produktionsverhältnissen die Existenzbedingungen des Klassengegensatzes der Klassen überhaupt, und damit seine eigene Herrschaft als Klasse auf. An die Stelle der alten bürgerlichen Gesellschaft mit ihren Klassen und Klassengegensätzen tritt eine Assoziation, worin die freie Entwicklung aller ist. Die Kommunisten erklären es offen, daß ihre Zwecke nur erreicht werden können durch den gewaltsamen Umsturz aller bisherigen Gesellschaftsordnung. Mögen die herrschenden Klassen vor einer Kommunistischen Revolution zittern. Die Proletarier haben nichts zu verlieren als ihre Ketten. Sie haben eine Welt zu gewinnen.

Proletarier aller Länder vereinigt euch!

Karl Marx: Manifest der kommunistischen Partei, hrsg. v. Theo Stammen, München 1969, S. 62ff.

Q 2.11
Aus dem Gothaer Programm (1875)

Der Vereinigungsparteitag der „Eisenacher" und der „Lassalleaner" fand vom 22. bis 27. Mai 1875 in Gotha statt. Wilhelm Liebknecht (1826–1900) hielt das Referat zur Begründung des Programms und suchte dessen Wortlaut im Sinne von Marx und Engels zu interpretieren:

Die Sozialistische Arbeiterpartei Deutschlands [erstrebt] mit allen gesetzlichen Mitteln den freien Staat und die sozialistische Gesellschaft, die Zerbrechung des ehernen Lohngesetzes durch Abschaffung des Systems der Lohnarbeit, die Aufhebung der Ausbeutung in jeder Gestalt, die Beseitigung aller sozialen und politischen Ungleichheit.

Die Sozialistische Arbeiterpartei Deutschlands, obgleich zunächst im nationalen Rahmen wirkend, ist sich des internationalen Charakters der Arbeiterbewegung bewußt und entschlossen, alle Pflichten, welche derselbe den Arbeitern auferlegt hat, zu erfüllen, um die Verbrüderung aller Menschen zur Wahrheit zu machen.

Die Sozialistische Arbeiterpartei Deutschlands fordert, um die Lösung der sozialen Frage anzubahnen, die Errichtung von sozialistischen Produktivgenossenschaften mit Staatshilfe unter der demokratischen Kontrolle des arbeitenden Volkes. Die Produktionsgenossenschaften sind für Industrie und Ackerbau in solchem Umfange ins Leben zu rufen, daß aus ihnen die sozialistische Organisation der Gesamtheit entsteht.

Die Sozialistische Arbeiterpartei Deutschlands fordert innerhalb der heutigen Gesellschaft: ...
2. Eine einzige progressive Einkommensteuer für Staat und Gemeinde, anstatt aller bestehenden, insbesondere der das Volk belastenden indirekten Steuern.
3. Unbeschränktes Koalitionsrecht.
4. Einen den Gesellschaftsbedürfnissen entsprechenden Normalarbeitstag. Verbot der Sonntagsarbeit.
5. Verbot der Kinderarbeit und aller die Gesundheit und Sittlichkeit schädigenden Frauenarbeit.
6. Schutzgesetze für Leben und Gesundheit der Arbeiter. Sanitäre Kontrolle der Arbeiterwohnungen. Überwachung der Bergwerke, der Fabrik-, Werkstatt- und Hausindustrie durch von den Arbeitern gewählte Beamte. Ein wirksames Haftpflichtgesetz.
7. Regelung der Gefängnisarbeit.
8. Volle Selbstverwaltung für alle Arbeiter-, Hilfs- und Unterstützungskassen.

Handbuch der sozialdemokratischen Parteitage von 1863 bis 1909, Bd. I, bearb. v. Wilhelm Schröder, München 1910, S. 468ff.

Q 2.12
Frau und Staat

Louise Otto-Peters (1819–1895) wurde im Gefolge der 48er Revolution führend in der deutschen Frauenbewegung.

So weit also wären wir, daß von allen die dem wahren Fortschritt huldigen, es anerkannt ist: „Die Teilnahme der weiblichen Welt am Staate ist eine Pflicht." Es handelt sich nun nicht mehr darum ein Prinzip festzustellen, sondern nur darum, das Prinzip auch im Leben geltend zu machen, es zu verwirklichen. Es ist Tatsache, daß die deutschen Frauen jetzt mehr Interesse an öffentlichen, nationalen und politischen Dingen bekunden.

Es ist noch Nichts getan für den Unterricht der weiblichen Jugend, es ist den Frauen noch keine selbständigere Stellung in der Gesellschaft angewiesen, als bisher. Noch immer gilt, was schon vor drei Jahren galt: die Erziehung der Bildung der Frauen steht mit unsern staatlichen und sozialen Verhältnissen im Widerspruch.

Es wird in unsern Schulen vielleicht alles gelehrt, was der weibliche Verstand bis in sein vierzehntes Jahr fassen kann – aber dann, in einem Alter, in dem alle Geisteskräfte sich erst recht zu entfalten beginnen, in dem wir erst die rechte Liebe zu wissenschaftlichen Interessen fassen, in dem wir erst einsehen können, wie notwendig es sei, sich Kenntnisse zu erwerben, wo wir erst die Fähigkeit gewinnen, nicht alles, was man uns sagt, auf Treu und Glauben blindlings hinzunehmen: – in einem solchen Alter wird die weibliche Bildung für vollendet betrachtet.

Selbständig müssen die deutschen Frauen werden, nur dann werden sie auch fähig sein, ihrer Pflicht, teil zu nehmen an den Interessen des Staates, immer und auf die rechte Weise nachzukommen.

Die meisten Frauen bleiben Zeit ihres ganzen Lebens hindurch – Kinder. Erst leben sie unter steter, ja stündlicher Aufsicht im Elternhause und wagen keine anderen Ansichten zu haben als die in der Familie herrschenden; dann werden sie Gattinnen, und lieben sie den Gatten, so ist die Umbildung ihrer früheren Ansichten in die seinen leicht geschehen.

Die Frau muß fähig sein, selbständig zu urteilen, oder sie verletzt die menschliche Würde und ihre Weiblichkeit.

Mit dem selbständigen Handeln der Frauen steht es eben so schlimm, wie mit ihren Urteilen, es ist eines die notwendige Folge des andern. Und doch hat jede Frau in der edlen, freientwickelten Weiblichkeit die Kraft, ohne fremden Einfluß ihr Denken und Tun zu regeln.

Louise Otto-Peters: Die Teilnahme der weiblichen Welt am Staatsleben, 1847. Zit. nach: Emanzipation und Literatur, hrsg. von Hansjürgen Blinn, Frankfurt a. M. 1984, S. 160ff.

Fragen und Anregungen:

1. Geben Sie über eine sorgfältige Bildbeschreibung hinaus eine historisch zutreffende Bildinterpretation (▷ Q 2.1). Berichten Sie in einem Referat über das Leben der Arbeiterschicht im 19. Jahrhundert.
2. Charakterisieren Sie die Arbeitsbedingungen in frühindustriellen Betrieben (▷ Q 2.2).
3. Prüfen Sie sorgfältig, unter welchen Voraussetzungen die Aufwendungen für den Lebensunterhalt einer Arbeiterfamilie im Vergleich von 1800 und 1874 günstiger zu erwirtschaften waren (▷ Q 2.3).
4. Welche „Tendenz" verfolgt das Auswanderungslied? Welche Argumente lassen sich entgegensetzen (▷ Q 2.4)?
5. Wie begründet Carl Ferdinand Stumm sein Eintreten für Autorität und für das „persönliche Verhältnis" von Arbeitgeber und Arbeiter (▷ Q 2.5)?
6. Arbeiten Sie weltanschauliche, politische und gesellschaftliche Grundpositionen sozialkritischer Äußerungen heraus (▷ Q 2.6–Q 2.11). Gehen Sie in einer Referatsreihe vergleichend auf Forderungen von Lassalle und Marx ein, berichten Sie über Leben und Werk beider Persönlichkeiten oder geben Sie einen Abriß über die Geschichte der Arbeiterbewegung.
7. Erziehung und Bildung: eine Grundvoraussetzung jeglicher Art von Emanzipation (▷ Q 2.12 und Abb. S. 105)? Stellen Sie in Referaten wichtige Führungspersönlichkeiten der deutschen Frauenbewegung vor.

Zusammenfassung:

Die Kehrseite des industriellen Fortschritts in der Frühphase zeigte sich in negativen sozialen Folgen, die für die große Masse der Arbeitenden zur Existenzbedrohung wurden. Finanzielle Not, beengtes Wohnen, Gefahren am Arbeitsplatz, Anfälligkeit für Krankheiten, Überbeanspruchung des Körpers bestimmten ein Dasein, dem Lebensperspektiven fehlten. Frauen- und Kinderarbeit sowie verstärkte Auswanderung waren Symptome einer Not, gegen die es auch in krassen Fällen kaum eine Absicherung gab. Versuche, die soziale Frage zu lösen, gingen anfangs von Einzelinitiativen aus. Kirche und Staat erkannten ihre Verantwortung erst später und unter dem Druck radikaler Forderungen des Kommunismus. Die in beharrende und dynamische Kräfte zerfallende Gesellschaft des Kaiserreiches geriet durch Forderungen nach Emanzipation der Frau in zusätzliche Bewegung.

Otto Wallach (1847–1931), Chemiker und Nobelpreisträger

Emmy Noether (1882–1935), Professorin für Mathematik

Thematische Spezialeinheit: Die Juden in Deutschland

Nach langem Bemühen seit der Aufklärung gelang im 19. Jahrhundert die Emanzipation der deutschen Juden. Zunächst war ihre Berufswahl stark eingeengt und der Zuzug in die Städte erschwert. Junge aufstiegswillige jüdische Familien stellten daher bis in die Jahrhundertmitte einen überproportionalen Anteil an Auswanderern in die USA. Einer, der dort zu Wohlstand gelangte, war der aus Oberfranken stammende Blue-Jeans-Hersteller Levi Strauss. Das Revolutionsjahr 1848 brachte den Juden die Wählbarkeit, berufliche Hindernisse fielen, und allgemeine Religions-, Gewissens- und Lehrfreiheit schien gewährt. Letzte Einschränkungen waren beseitigt, als die Reichsverfassung 1871 den Juden die politische und wirtschaftliche Freiheit und die soziale Gleichstellung einräumte. Kurz vorher waren 12 000 deutsch-jüdische Männer als voll anerkannte Staatsbürger in den Krieg gegen Frankreich gezogen.

Die Auswanderungstendenz ließ nach. Wer in wachstumsorientierten Industriezweigen tätig wurde, konnte auf raschen finanziellen Aufstieg hoffen. Eine steile Laufbahn begann der „Eisenbahnkönig" Bethel Strousberg, der den Eisenbahnboom nutzte, jedoch nach der Ausgabe von zu vielen Aktien bankrott ging. Er galt als der „böse Bube" der Gründerzeit und wurde wegen seiner jüdischen Herkunft sogleich zur Zielscheibe antisemitisch eingestellter Deutscher. – Als Pioniere der Hütten- und Großindustrie traten im oberschlesischen Kohlerevier jüdische Unternehmer hervor. In der Anwendung und Nutzung von Elektrizität hatte bald die Allgemeine Elektrizitäts-Gesellschaft (AEG) in Berlin Weltruf. Sie wurde von Emil Rathenau geleitet, dem Vater des späteren Außenministers der Weimarer Republik, Walther Rathenau. Der Aufbau eines differenzierten Verkehrs- und Transportwesens öffnete zusätzliche unternehmerische Chancen. So waren in der Fahrrad- und Motorradherstellung, bei Einführung und Betrieb von Pferdedroschken und -omnibussen jüdische Firmenchefs in vorderster Reihe.

Hoch war der Anteil jüdischer Persönlichkeiten bei Erfindungen und technisch verwertbaren Entdeckungen. Beispielsweise entwickelte Siegfried Marcus zwischen 1870 und 1888 einen Motorwagen, baute David Schwarz 1897 das starre Luftschiff, konstruierte Edmund Rumpler 1910 ein funktionsfähiges Flugzeug. Kenntnisse über das Fliegen hatte Otto Lilienthal in über 2 000 aufsehenerregenden Gleitflugversuchen systematisch erworben, ehe er 1896 bei der Erprobung eines Eindeckers tödlich verunglückte. Bahnbrechend wirkten für die moderne Kommunikationstechnik 1887/88 die Erkenntnisse von Heinrich Hertz zur Natur der elektromagnetischen Wellen. Der Erfinder von Schallplatte und Fernsprecher-Mikrophon, der US-Bürger Emil Berliner, stammte aus Deutschland.

In den Naturwissenschaften, vor allem in der Chemie, verdankte Deutschland viele wichtige Ergebnisse jüdischen Forschern und gewann hieraus seinen industriellen Vorsprung. Unbestritten waren die Erfolge des Bakteriologen Paul Ehrlich, des Erforschers von Blattgrün und Blutfarbstoff, Richard Willstätter, des Farbstoffexperten Adolf von Baeyer (der eine jüdische Mutter hatte), des Erfinders der Ammoniaksynthese, Fritz Haber, der im Ersten Weltkrieg Deutschland vom Salpeterimport unabhängig machte, und des Fachmanns für Geruchsstoffe, Otto Wallach. In der Physik, mit unübersehbaren Folgen für das moderne Weltbild und impulsgebend für die heutige Atomindustrie, formulierte Albert Einstein 1905 die Spezielle, 1917 die Allgemeine Relativitätstheorie. Die fünf zuletzt Genannten wurden jeweils mit dem Nobelpreis ausgezeichnet. Sie trugen damit erheblich zum guten Ruf der deutschen Wissenschaft bei.

Kaiser Wilhelm II. und Albert Ballin (1857–1918)

Hoch war der Anteil jüdischer Bankiers innerhalb der deutschen Finanzwelt. Aus dem Stand jüdischer Hoffaktoren, der Geldbeschaffer absolutistischer Herrscher, war aufgrund hervorragender Fachkenntnisse, gründlicher Erfahrungen und familiärer oder geschäftlicher Beziehungen ins Ausland der Typ des frei wirtschaftenden Bankiers hervorgegangen. Bismarck zog zur Sicherung der preußischen und der Reichsfinanzen regelmäßig den Bankier Gerson von Bleichröder zu Rate und vertraute diesem auch die Abwicklung der französischen Kriegsentschädigungszahlung an. Nahezu freundschaftlich war der Umgang Kaiser Wilhelm II. mit Albert Ballin, der die deutsche Handelsflotte ausbaute und mit der Hamburg-Amerika-Linie die größte Schiffahrtsgesellschaft der Welt leitete.

Je nach Lebensumständen und geistiger Grundhaltung waren deutsche Juden in allen politischen Lagern anzutreffen. Die Ausformung der Theorien des Kommunismus ist das Lebenswerk von Karl Marx, der sich damit von den sozialistischen Anschauungen eines Moses Heß oder Ferdinand Lassalle abgrenzte. Mitgestalter der Sozialdemokratischen Partei waren Paul Singer und Eduard Bernstein. Mitbegründer der Nationalliberalen Partei war Eduard Lasker, der auch zu den hochangesehen, seit 1848 mit wichtigen politischen und juristischen Ämtern und Aufgaben betrauten Eduard von Simson angehörte (▷ vgl. S. 80). Die Konservativen Preußens und des Reichs stützten sich auf die Staatslehre des Friedrich Julius Stahl.

„Deutschland mein Vaterland, Judentum mein Erbe", konnte ab 1870 als Lebensmotto für deutsche Juden gelten. Blieben sie auch im Justiz-, Militär- und Schuldienst zurückgesetzt, solange sie nicht zum Christentum übertraten, so fand ihr Schaffensdrang andere Tätigkeitsfelder. Hervorragende Ärzte, Rechtsanwälte, Publizisten, Kritiker, bildende Künstler, Musiker und Literaten waren oft jüdischer Herkunft. Vorstöße in Kunst und Wissenschaft unternahmen auch Frauen, die jüdischen Familien entstammten und emanzipatorische Ansprüche verwirklichten.

Deutliche Abwehrbestrebungen gegen die Gleichberechtigung von Juden gab es zu Zeiten gesellschaftlichen Aufbruchs: so während der napoleonischen Vorherrschaft, im Gefolge der 48er Revolution und nach der Reichsgründung. Scharfe Angriffe gegen Musiker jüdischer Herkunft führte bereits Richard Wagner (1850). Neben anderen gelten Wilhelm Marr, Karl Eugen Dühring und Paul de Lagarde als geistige Urheber des modernen Antisemitismus, deren Ausführungen angesichts der wirtschaftlichen Stagnation seit den späten 70er Jahren auch in der politischen Auseinandersetzung Beachtung fanden. Antisemiten stützten ihre Vorurteile u. a. auf den „Antisemiten-Katechismus" von Theodor Fritsch (1887) – ein Buch, das als „Handbuch der Judenfrage" bis zum Ende des Nationalsozialismus zahlreiche Auflagen erlebte. Die erste antisemitische Partei gründete der evangelische Hofprediger Stoecker 1879. Seine Vorurteile mündeten im Pauschalvorwurf: „Die Juden sind unser Unglück." In den Reichstag zogen 1893 16 Vertreter der Antisemitischen Partei ein. Als zunehmend hinderlich für die soziale Freiheit und Gleichheit der Juden erwies sich die Agitation des scharf antisemitisch eingestellten Alldeutschen Verbandes (1891/1894). Den Judenhaß durch Aufklärung abzubauen suchten der „Verein zur Abwehr des Antisemitismus" (1890) und der „Centralverein deutscher Staatsbürger jüdischen Glaubens" (1893).

Trotz dieser inneren Gegensätze galt das Deutsche Reich als Staat, der rechtlich handelte. Er wurde eine wichtige Anlaufstation für Juden, die den Verfolgungen im Zarenreich entflohen. Häufig kamen diese „Ostjuden", um in die USA auszuwandern. Manche gründeten jedoch schon in Deutschland eine neue Existenz. Das gab antisemitischen Tendenzen wieder Auftrieb, doch schien die vollständige Integration von Personen jüdischen Glaubens nur eine Frage der Zeit zu sein, zumal ihr Anteil nie 1 % der deutschen Gesamtbevölkerung überstieg. Als der Erste Weltkrieg ausbrach, haben Soldaten aus jüdischen Familien ganz selbstverständlich für ihr deutsches „Vaterland" an der Front einen hohen Blutzoll entrichtet. Doch bei Kriegsende war das fast schon vergessen. Fünfzehn Jahre danach begann unter dem Nationalsozialismus die Entrechtung der jüdischen Deutschen, 1939 die Vernichtung des europäischen Judentums.

3.
Parteien, Konflikte und organisierte Kräfte im Kaiserreich

1870	Unfehlbarkeitsdogma der Kirche
1871–1879/87	Kulturkampf
1876	„Centralverband deutscher Industrieller"
1878	Sozialistengesetz
1879	Beginn der Schutzzollpolitik
1883–1889	Früheste Sozialgesetze
1892	„Generalkommission der Gewerkschaften Deutschlands"
1893	„Bund der Landwirte"

Katholische Opposition und Kulturkampf. 1870 verkündete das 1. Vatikanische Konzil die Unfehlbarkeit des Papstes in Glaubens- und Sittenfragen. Politiker befürchteten, die päpstliche Autorität werde sich in Staatsangelegenheiten einmischen. Sie sahen in der kraftvoll hervortretenden Zentrumspartei ein von Rom geschaffenes, ferngelenktes politisches Instrument. Das Zentrum verkörperte gegenüber dem protestantischen Preußentum das katholische Element im Reich und war eine selbstbewußte, starke Minderheit. Die Anhänger stammten aus dem preußischen Rheinland, Westfalen, Oberschlesien und dem Ermland. In diese föderalistische Partei wechselten auch katholische Bayern von der Bayerischen Patriotenpartei über. Zugang fanden Gruppierungen, für die die deutsche Einigung durch Preußen grundsätzlich unerwünscht war: die Polen des preußischen Ostens, die Dänen aus Schleswig, die Elsässer, sogar die protestantischen Welfen, Parteigänger des 1866 durch Preußen beseitigten Königtums Hannover. Hartnäckig opponierte ihr Vorsitzender Ludwig Windthorst gegen Bismarck. Völlig unerwartet schlossen sich deutsche Katholiken, die um verfassungsmäßige religiöse Grundrechte rangen, mit polnischen Katholiken zusammen, die um den Erhalt ihrer Sprache und Kultur kämpften. Bismarck sah in dem katholischen „Internationalismus" und „Ultramontanismus" (papstfreundliche politische Haltung) eine große Gefahr für den jungen deutschen Nationalstaat (▷ Q 3.2).

Unfehlbarkeitsdogma

Zentrumspolitik

Sehr gezielt setzte er deshalb die Machtmittel des Reiches und seiner Einzelstaaten gegen den Katholizismus im sog. Kulturkampf ein. 1871 untersagte der „Kanzelparagraph" den Geistlichen die Erörterung staatlicher Angelegenheiten im Gottesdienst. Nach zweimaligem Antrag Bayerns im Bundesrat wurde 1872 der Jesuitenorden verboten. Die „Maigesetze" 1873 trafen kirchliche Ausbildung, Disziplinar-, Kirchenstrafrecht und die Regelung des Kirchenaustritts. Die Zivilehe erhielt Vorrang vor der kirchlichen Eheschließung. Standesämter nahmen den Pfarrstellen alle Arbeiten zur Beurkundung des Personenstandes ab. Den Widerstand von Bischöfen beantwortete Bismarck mit noch härteren Maßnahmen. Bis 1876 waren alle preußischen Bischöfe entweder verhaftet worden oder ins Ausland geflüchtet. 1875 griff Pius IX. mit einer Enzyklika in den Streit ein, erklärte die preußischen Kirchengesetze für ungültig und drohte jedem, der sie befolgte, mit der Exkommunikation. Auf dem Höhepunkt des Kampfes kündigte Preußen den römisch-katholischen Geistlichen alle finanziellen Zuwendungen, hob die meisten Klöster und Orden auf und befahl, die kirchlichen Vermögenswerte auf die Einzelgemeinden aufzusplittern (▷ Q 3.3).

Kampfgesetze

Den katholischen Gläubigen bereitete der staatliche Druck große Gewissensnot; sie hielten aber treu zu ihrer Kirche und stärkten als Wähler die Zentrumspartei. Erst als Bismarck überzeugt war, die schlimmsten Reichsfeinde seien die Sozialdemokraten, arrangierte er sich allmählich mit den „bewahrenden" Kräften des Katholizismus gegen den befürchteten sozialistischen Umsturz. Immerhin dauerte der schrittweise Abbau der Konfrontation von 1879 noch bis 1887. Nach sog. Milderungs- und Frie-

Katholiken als Wähler

densgesetzen endete der Kulturkampf damit, daß der katholischen Kirche einige Vorrechte genommen waren, Bismarck jedoch seine Ziele nicht erreicht hatte. Aus der Zerreißprobe, in der Bismarck die Liberalen zur Seite hatte, ging der politische Katholizismus gestärkt hervor.

Liberale und Konservative. Viele Liberale bewerteten die Reichspolitik der ersten Jahre wegen der wirtschaftlichen Impulse positiv und begleiteten im Bewußtsein, die nationale Hoffnung von 1848 sei erfüllt, in der Nationalliberalen Partei den weiteren Kurs Bismarcks. Sie unterstützten die liberale Gesetzgebung in Wirtschaft, Handel und Verkehr, wobei sie immer wieder Forderungen nach mehr Demokratie erhoben (▷ Q 3.1). Eine Minderheit der Liberalen jedoch hielt stets Distanz zu Bismarck: die nach parlamentarischer Demokratie strebende Deutsche Fortschrittspartei. Ihr traten 1878 diejenigen Nationalliberalen bei, deren Hoffnungen auf mehr politische Mitsprache Bismarck seit 1870 hingehalten und zuletzt enttäuscht hatte. Bismarckgegner waren auch die Altkonservativen, traditionsstolze Preußen, die nicht verschmerzten, daß die Großmacht Preußen nun als Bundesmitglied in eine größere Einheit einbezogen war.

Nationalliberale Partei

Deutsche Fortschrittspartei

Altkonservative

Soweit es gleiche Interessen gab, ging Bismarck mit einzelnen Parteien Zweckbündnisse ein, ohne sich von ihnen abhängig zu machen. Wie von einer Kommandozentrale aus steuernd, spielte er vielmehr Institutionen und Parteien auch gegeneinander aus. Sein Ziel war es, die Monarchie zu erhalten, den Parlamentarismus zu zügeln und im geeigneten Moment den Reichstag durch Staatsstreich wieder abzuschaffen.

„Steuermann" Bismarck

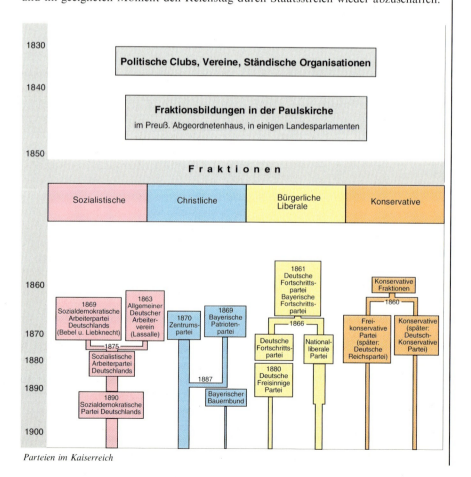

Parteien im Kaiserreich

Selbstbehauptung der Sozialdemokratie. Ähnlich wie das Zentrum entwickelte sich, begünstigt durch das allgemeine Wahlrecht, die „Sozialistische Arbeiterpartei" zur Massenpartei. Ihr stetes Anwachsen hielt Bismarck deshalb für gefährlich, weil ihre internationalistische Ausrichtung den Rahmen des innenpolitischen Kräftespiels einer Nation sprengen mußte. 1878 boten zwei Attentate auf Kaiser Wilhelm I. Anlaß, die Schuld den Sozialdemokraten anzulasten, den Reichstag aufzulösen und im Wahlkampf den Bürgern Angst vor den Sozialdemokraten einzujagen. Die im neuen Reichstag gestärkten konservativen Parteien halfen Bismarck, das Sozialistengesetz durchzubringen (▷ Q 3.4). Sozialdemokratische, sozialistische, kommunistische Vereine, Versammlungen und Druckschriften wurden verboten. Die Kandidatur für den Reichstag blieb ihren Mitgliedern allerdings möglich. Polizeikontrollen und Ausweisungen aktiver Sozialdemokraten fanden statt. 1881, 1884, 1886 wurde das Sozialistengesetz bestätigt, wozu sich liberale Abgeordnete jeweils nur schwer durchringen konnten. Die Sozialdemokraten begegneten diesen Maßnahmen mit Straffung der Parteidisziplin. Sie agitierten vom Ausland aus, etwa aus England und der Schweiz, und schleusten von dort illegale Zeitungen ein. Ihre Stimmengewinne bei Reichstagswahlen bewiesen bald, daß Bismarcks Unterdrückungsversuch erfolgreich abgewehrt wurde. Nach Aufhebung des Sozialistengesetzes 1890 verfolgte die wiedergegründete Sozialdemokratische Partei mit dem Erfurter Programm von Karl Kautsky einen marxistischen Kurs. Trotz beachtlichem Mitgliederzuwachs kam es zu einem Richtungsstreit, bei dem sich nach 1903 in der Praxis die gemäßigte Linie, der „Revisionismus" von Eduard Bernstein, durchsetzte.

Sozialistengesetz

Gegenreaktion der Sozialdemokraten

Den Kampf gegen die Sozialdemokratie begleitete Bismarck mit einer Sozialpolitik, die den Arbeiterstand mit dem Staat aussöhnen sollte. 1881 stellte die „Kaiserliche Botschaft" dem neueröffneten Reichstag das sozialpolitische Programm vor: Gegen Krankheit, Unfall, Alter und Invalidität sollten Arbeiterversicherungen eingerichtet werden.

Verabschiedung/ Gültigkeit ab...	Gesetz	Beiträge	Leistung im Versicherungsfall
1883/1884	Krankenversicherung	2/3 vom Arbeiter 1/3 vom Unternehmer	Bei Gesundheitsschaden durch Krankheit oder Unfall: freie ärztliche Behandlung und Krankengeld (50 % des Lohnes) vom 3. Tag an bis zu 13 Wochen lang
1884/1885	Unfallversicherung	1/1 vom Unternehmer	bei anhaltender Arbeitsunfähigkeit nach Unfall von der 14. Woche an: Kosten des Heilverfahrens, bei völliger Erwerbsunfähigkeit Rente (2/3 des Jahresdurchschnittsverdienstes)
1889/1891	Invalidenversicherung	1/2 vom Arbeiter	Bei Invalidität unter Erfüllung einer Wartezeit von 5 Jahren: 115–140 M. jährlich
	Altersversicherung		Nach Erreichen des Rentenalters von 70 Jahren (Männer und Frauen) unter Erfüllung einer Wartezeit von 30 Jahren und jährlich 47 Wochenbeiträgen: 106–190 M. jährlich

Die Rentenversicherung ruht auf dem Grundsatz, daß die Renten der inaktiven (älteren) Generation durch die jeweils aktive, verdienende (jüngere) Generation finanziert werden. Die hierbei notwendige Solidarität der Generationen heißt auch „Generationenvertrag".
Unter Wartezeit versteht man einen Zeitraum, über den hinweg Beiträge einzuzahlen sind, ehe eine Rente beansprucht werden kann. Ab 1889 wurde zu jeder Rente ein Reichszuschuß gewährt (zur Kaufkraft vgl. ▷ Q 2.3b).

Sozialgesetzgebung im Deutschen Reich

Sozialgesetze Von 1883 bis 1889 entstanden nacheinander die weltweit vorbildlichen Sozialgesetze (▷ S. 117). In Deutschland leiteten diese Verbesserungen den Übergang zum Wohlfahrtsstaat ein, konnten aber den Zulauf zur Sozialdemokratischen Partei nicht aufhalten, nicht zuletzt, weil das Gesetzeswerk durch staatliche Initiative ohne jede Beteiligung der Betroffenen zustande kam.

Wirtschaftliche Stagnation und Bismarcks „konservative Wende". Mit der Schaffung des Bismarckreiches erhöhte sich die umlaufende Geldmenge durch Frankreichs Reparationen erheblich. Bei schneller Schuldentilgung setzten die Banken viel Geld für *Gründerzeit* Spekulationsvorhaben frei. Breite Volksschichten erfaßte die Gründungswut, sie versuchten ihr unternehmerisches Glück; Betriebe expandierten. Gründungs- und Spekulationsfieber der „Gründerjahre" führten rasch zum Kollaps. Der „Große Krach" an der Wiener Börse im Mai 1873 griff ein halbes Jahr später auf die Berliner Finanzwelt über und löste eine lange Stagnation aus. An ihrem Tiefstand 1878/79 sah sich Bismarck genötigt, seiner Innenpolitik eine „konservative Wende" durch Rücknahme liberaler Zugeständnisse zu geben. Bis 1896 hielt die konjunkturelle Schwäche an. Die Preise, nicht so sehr die Löhne, sanken, die Arbeitsplätze wurden unsicher. Wieder nahm die Auswanderung zu.

Während der Krise verschlechterte sich die Zusammenarbeit Bismarcks mit den Liberalen. Die Verringerung der frei beweglichen Geldmenge traf besonders den preußischen Grundbesitz, dem fortan zum Aufkauf von Bauernland die Mittel fehlten. Landwirtschaftliche Großunternehmer und Bauern rückten zu einer Interessengemeinschaft zusammen. Sie spürten die überseeische Konkurrenz, seitdem die Dampfschiffahrt preisgünstige Getreideimporte aus Nordamerika, Indien und Osteuropa ermöglichte. Die deutsche Schwerindustrie fühlte sich trotz unternehmerischem Schwung der britischen Konkurrenz unterlegen. Industrielle und Agrarier forderten zur Sicherung ihrer Existenz die Hilfe des Staates (Protektionismus).

Zollpolitik Bismarcks Zolltarif-Pläne führten 1878 zum Bruch mit den Nationalliberalen und diese in eine Zerreißprobe. Nach Auflösung des Reichstages brachten die Neuwahlen jenes konservative Übergewicht, das die Maßnahmen gegen die Sozialdemokraten ermöglichte und die Schutzzölle durchsetzte. Eisen- und Getreidezölle zeigten scheinbar Wirkung. Beschäftigung, Nationaleinkommen und -vermögen, Spar- und Kapitaltätigkeit nahmen zu. Wie man heute weiß, lag die tiefere Ursache dieser positiven Entwicklung in einem weltweiten Wirtschaftsaufschwung.

Staat und Wirtschaft Bismarcks „konservative Wende" diente der Steigerung staatlicher Macht. Dazu gehörten genauso die staatliche Verbotspolitik im noch anhaltenden Kulturkampf und durch das Sozialistengesetz, die Schutzzollpolitik und die staatliche Beteiligung als Unternehmer.

Zwar scheiterte die Gründung einer Reichseisenbahn, aber die Zahl der von den einzelnen Bundesmitgliedern betriebenen Bahnen nahm seit 1877 sprunghaft zu. Der liberale Grundsatz der freien Konkurrenz wurde zugunsten staatlich geduldeter Kartell- und Konzernbildung durchbrochen.

Die Entwicklung des Verbandswesens. Selbständig neben der revolutionären Lehre von Marx entstand die Ansicht, die Arbeiter müßten ihre Interessen selbst äußern und ihr Dasein unabhängig von der Gnade der Fabrikherren gestalten lernen. So wurde vorgeschlagen, die Arbeiter sollten sich genossenschaftlich als Unternehmer betätigen. Eigeninitiative forderten auch die Gewerkschaften. Die sozialistisch orientierten Freien Gewerkschaften entstanden ab 1865, waren aber organisatorisch von *Freie Gewerkschaften* den Sozialdemokraten unabhängig. Hartnäckiges Verhandeln um Arbeitszeit und Lohn, notfalls den Streik, betrachteten sie als eine Form des Klassenkampfes, an dessen Ende sie das Gemeineigentum an Produktionsmitteln erhofften.

Das Sozialistengesetz unterband ihre Tätigkeit. 1892 begann die „Generalkommission der Gewerkschaften Deutschlands" unter Carl Legien mit der Wiedergründung, die möglichst alle Berufssparten unter einem Dachverband zu erfassen suchte. Arbeitskämpfe dauerten jetzt bis zum Abschluß von neuen Tarifverträgen.

Auf die seit 1845 bestehenden konfessionellen Arbeitervereine bauten ab 1894 die Christlichen Gewerkschaften auf. Anknüpfend an die christliche Soziallehre lehnten sie den Umsturz der Eigentumsverhältnisse ab, nutzten jedoch den Streik ebenfalls als Kampfmittel. Streitigkeiten zwischen Protestanten und Katholiken schwächten zeitweise ihre Durchsetzungskraft. Gering an Mitgliederzahl waren die Hirsch-Dunckerschen Gewerkvereine. Nach dem Vorbild englischer Gewerkschaften richteten sie Unterstützungskassen zur Selbsthilfe ein. In harmonisierendem Miteinander sollten Arbeitgeber und Arbeitnehmer gleichberechtigt die Verbesserungen für die Arbeiter aushandeln. Staatliche Maßnahmen zugunsten der Arbeiter lehnten sie ab.

Christliche Gewerkschaften

Gewerkvereine

	1877	1886	1888	1889	1890
Fachverbände	36	35	40	41	59
Zweigvereine	1266	2351	2007	2226	3305
Mitglieder	49055	81207	89706	121647	237039
Fachblätter	16	–	31	34	45
Auflagenhöhe	37025	–	70555	90392	148689
Vermögen (in Mark)	–	456415	398484	482600	812609

Die freien Gewerkschaften

Wirtschaftliche Ängste, das Vorbild der Gewerkschaften und die Geschlossenheit der Sozialdemokraten regten andere Gruppierungen zur Bildung von Verbänden an, um auf die Politik des Kaiserreiches einwirken zu können. Als im Kriegsjahr 1870 das deutsche Roheisen nicht ausreichte, wurden die Einfuhrzölle dafür gesenkt. Daraufhin wurde 1871 der Verein zur Wahrung der wirtschaftlichen Interessen rheinischer und westfälischer Unternehmer gegründet, ein Interessenverband, der niedrige Transportkosten für Kohle, Eisen und Stahl sowie höhere Einfuhrzölle auf schwerindustrielle Produkte verlangte. Die Schutzzölle von 1879 waren ein Erfolg u. a. des 1876 entstandenen Centralverbands deutscher Industrieller, dem vorwiegend rheinisch-westfälische Stahlerzeuger angehörten. Sie hatten in Denkschriften, Eingaben und Anträgen die Abschirmung des Binnenmarktes vor ausländischer Konkurrenz gefordert (▷ Q 3.5). Der 1891 zur Durchsetzung imperialer Interessen gegründete Alldeutsche Verband huldigte einem übersteigerten Nationalismus, propagierte eine deutsche „Lebensraum"-Politik und erstrebte ein „großgermanisches" Reich. Mittel- und ostdeutsche Großgrundbesitzer wiederum bildeten 1893 den „Bund der Landwirte". Als Partei erfolglos, gewannen sie Einfluß, indem sie die Kandidaten anderer Parteien für ihre Ziele, wie Schutzzölle und Steuerbegünstigungen, einspannten. Für niedrigen Zoll trat hingegen der 1895 von exportorientierten Mittel- und Kleinunternehmen gegründete „Bund der Industriellen" ein.

Industriellenverbände

Alldeutscher Verband

1908 schlossen sich 100 Zechen, die 94 Prozent der Ruhrkohle förderten, im Zechenverband zusammen, um Bergarbeiterstreiks gemeinsam und unnachgiebig zu begegnen.

Zechenverband

Der 1909 entstandene Hansabund vereinte Industrie, Handwerk und Handel, um die Schutzzollpolitik der „Landwirte" aufzuweichen und die Sozialdemokratie abzuwehren. Ein Zusammenschluß aus Groß- und Fertigwarenindustrie führte 1913 zur Vereinigung der Arbeitgeberverbände, die 1918 in Verhandlungen mit den Gewerkschaften dem gesetzlichen Achtstundentag zustimmte.

Hansabund

Arbeitgeberverbände

Wie die Gewerkschaften trugen die Verbände ihre gruppenegoistische Zielsetzung öffentlichkeits- und wählerwirksam vor. Die jeweiligen Forderungen setzten dem Staat politische Orientierungsmarken (▷ Q 3.6).

Q 3.1
Das Gründungsprogramm der Nationalliberalen Partei (1867)

Die am 28. Februar 1867 gegründete Partei ging aus der Spaltung der Fortschrittspartei hervor, einer zunächst gegen Bismarck agierenden, demokratisch-parlamentarisch eingestellten liberalen Kraft. Die Nationalliberalen waren die Partei des gebildeten und besitzenden Mittelstandes.

Als im vorigen Jahre der alte Bund zusammenbrach und die preußische Regierung den ernsten Willen bekundete, das nationale Band zu erhalten und die deutsche Einheit auf festeren Grundlagen
5 herzustellen, da war es uns nicht zweifelhaft, daß die liberalen Kräfte der Nation mitwirken müßten, wenn das Einigungswerk gelingen und zugleich die Freiheitsbedürfnisse des Volkes befriedigen sollte. Um dieses Zweckes willen waren wir
10 zur Mitwirkung bereit; möglich wurde sie erst dadurch, daß die Regierung von der Verletzung des Verfassungsrechtes abließ, die von der liberalen Partei so nachdrücklich verteidigten Grundsätze anerkannte, daß sie die Indemnität nachsuchte
15 und erhielt. Die Mitwirkung zu sichern, konnten die durch den Verfassungsstreit bedingten Gruppierungen innerhalb der Partei nicht genügen. Dem neuen Bedürfnis entsprach die Bildung der nationalliberalen Partei zu dem Zwecke, auf den
20 gegebenen Grundlagen die Einheit Deutschlands zu Macht und Freiheit herzustellen.
Nach wie vor verlangen wir die Ausführung der in der Verfassung verheißenen Gesetze und die Reform des Herrenhauses als Vorbedingung
25 aller Reformen. Von diesen stehen weit voran: Die Entfernung des ständischen Prinzips aus den Gemeinde-, Kreis- und Provinzialverfassungen und die Reform derselben nach den Grundsätzen der Gleichberechtigung und Selbstverwaltung;
30 die Aufhebung der gutsherrlichen Ortsobrigkeit und gutsherrlichen Polizei.
Unter den anderen zahlreichen Gegenständen nennen wir: den Schutz des Rechtszustandes durch unabhängige Richter; die Unabhängigkeit
35 und Erweiterung des Rechtsweges; die Revision der Gesetze über die Kompetenzkonflikte und die Administrativjustiz; die Ausdehnung der Geschworenengerichte auf alle politischen Strafsachen unter Aufhebung des Staatsgerichts-
40 hofes; die Abschaffung der Kautionen und der Steuer für Zeitungen und Zeitschriften.

Johannes Hohlfeld: Dokumente zur Deutschen Politik und Geschichte von 1848 bis zur Gegenwart, Berlin/München 1951–1956, S. 228ff.

Q 3.2
Konfession und Politik

Ludwig Windthorst (1812–1891) war zeitlebens Gegner oder zumindest kritischer Beobachter Bismarcks. Entschieden wandte er sich gegen zu hohe Machtansprüche des Staates. Seit 1871 war er Führer des Zentrums. Aus einer Debatte des preußischen Abgeordnetenhauses am 30. Januar 1872 in der Anfangsphase des Kulturkampfes:

[Bismarck:] Ich habe es von Hause aus als eine der ungeheuerlichsten Erscheinungen auf politischem Gebiet betrachtet, daß sich eine konfessionelle Fraktion in einer politischen Versammlung
5 bildete, eine Fraktion, der man, wenn alle übrigen Konfessionen dasselbe Prinzip annehmen wollten, nur die Gesammtheit einer evangelischen Fraktion gegenüber stellen müßte; dann wären wir allerseits auf einem inkommensurablen[1]) Bo-
10 den, denn damit würden wir die Theologie in die öffentlichen Versammlungen tragen ...
(Sehr gut! sehr richtig! Große Unruhe.)
[Windthorst:] Er [Bismarck] hat gesagt, daß, nachdem er aus dem Felde zurückgekommen
15 und die Bildung der Fraktion, der ich angehöre, erfahren, er dies als eine Mobilmachung zur Bekämpfung des Staates angesehen habe. Ich weiß nicht, was der Herr Minister-Präsident als Bekämpfung des Staates ansieht. Wenn der Herr
20 Minister-Präsident annimmt, daß jede Bekämpfung seiner Maßregeln und seiner Politik ein Kampf gegen den Staat ist, dann hat er vielleicht in diesem oder jenem Punkt Recht, aber, meine Herren, ich bin so frei, anzunehmen, daß
25 es noch nicht richtig ist, daß der Herr Minister-Präsident der Staat sei.
(Sehr gut! Bravo! im Centrum.)
Ich kann ein eifriger Anhänger des Staates und des Vaterlandes sein, und doch mich in meinem
30 innersten Gewissen genöthigt finden, viele Maßregeln zu bekämpfen, und zwar energisch zu bekämpfen, welche der Herr Minister-Präsident einzuleiten für gut findet.
(Bravo! im Centrum.)
35 Das ist in allen Staaten so gewesen, und es ist vor allem in England so gewesen, und kein Minister in England hat es noch gewagt zu sagen, wenn man seine Maßregeln bekämpfe, dann bekämpfe man den Staat! (Bravo! im Centrum.)

Otto von Bismarck: Die gesammelten Werke (= GW), Friedrichsruher Ausgabe, Bd. 11, Berlin ²1929, S. 226 f.
Stenographische Bericht über die Verhandlungen der beiden Häuser des Landtags. Haus der Abgeordneten. Erster Bank, 23. Situation vom 30. Januar 1872, Berlin 1872, S. 539 f.

1) unangemessen

Q 3.3
Der Kulturkampf in der Karikatur (1875)

Der „Kladderadatsch" wurde als satirische Zeitschrift und nationales Wochenblatt in Berlin gegründet. Papst Pius IX., eine gütige, liebenswürdige Persönlichkeit, versagte als Staatsmann in einer bewegten Zeit, die durch die Einigung Italiens, die Abschaffung des Kirchenstaates, das Unfehlbarkeitsdogma und den Kulturkampf gekennzeichnet war.

„Zwischen Berlin und Rom. 'Der letzte Zug war mir allerdings unangenehm; aber die Partie ist deshalb noch nicht verloren. Ich habe noch einen sehr schönen Zug in petto.' 'Das wird auch der letzte sein, und dann sind Sie in wenigen Zügen matt – wenigstens für Deutschland.'"
Auf Bismarcks Seite u. a.: Kanzelparagraph (1871), Jesuitengesetz (1872), Maigesetze (1873), Zivilehegesetze (1874), Expatriierungsgesetz[1] (1874), Brotkorbgesetz[2] (1875), Klostergesetz (1875), Inhaftierung unbotmäßiger Geistlicher (Folge der Maigesetze), die regierungsfreundliche und liberale Presse, der preußische Kultusminister Falk, die Symbolfigur Germania. Auf der Seite des Papstes Pius IX. u. a.: Zentrumsführer Ludwig Windthorst, der Syllabus[3] (1864), die Enzyklika „Quod numquam" (Androhung der Exkommunikation gegen Kleriker, welche die Maigesetze befolgten).

1) Ausweisung von Priestern
2) Verweigerung staatlicher Leistungen an die Kirche
3) „Verzeichnis" (von 80 „Zeitirrtümern")

Q 3.4
Sozialistengesetz (Gesetz gegen die gemeingefährlichen Bestrebungen der Sozialdemokratie)

Am 19. Oktober 1878 wurde das Sozialistengesetz im Reichstag mit 221 gegen 149 Stimmen angenommen. Bis zum Ende des Jahres wurden 236 Vereine, bis Mitte 1879 über 400 Druckschriften verboten.

§ 1 Vereine, welche durch sozialdemokratische, sozialistische oder kommunistische Bestrebungen den Umsturz der bestehenden Staats- oder Gesellschaftsordnung bezwecken, sind zu verbieten ...

§ 9 Versammlungen, in denen sozialdemokratische, sozialistische oder kommunistische auf den Umsturz der bestehenden Staats- oder Gesellschaftsordnung gerichtete Bestrebungen zu Tage treten, sind aufzulösen ...

§ 11 Druckschriften, in welchen sozialdemokratische, sozialistische oder kommunistische auf den Umsturz der bestehenden Staats- und Gesellschaftsordnung gerichtete Bestrebungen in einer den öffentlichen Frieden, insbesondere die Eintracht der Bevölkerungsklassen gefährdenden Weise zu Tage treten, sind zu verbieten ...

§ 19 Wer eine verbotene Druckschrift, oder wer eine von der vorläufigen Beschlagnahme betroffene Druckschrift verbreitet, fortsetzt oder wieder abdruckt, wird mit einer Geldstrafe bis zu eintausend Mark oder mit Gefängnis bis zu 6 Monaten bestraft ...

§ 22 Gegen Personen, welche sich die Agitation für die im § 1 Abs. 2 bezeichneten Bestrebungen zum Geschäfte machen, kann im Falle einer Verurteilung wegen Zuwiderhandlungen neben der Freiheitsstrafe auf die Zulässigkeit der Einschränkung ihres Aufenthaltes erkannt werden.

Ausländer können von der Landespolizeibehörde aus dem Bundesgebiet ausgewiesen werden.

Hohlfeld: a. a. O., S. 373f.

Q 3.5
Verbandsinteressen

Am 12. Juli 1877 überreichte der Vorstand des Centralverbandes deutscher Industrieller eine Eingabe an Kaiser Wilhelm I.:

Seit fünf Jahren herrscht in unserem deutschen Vaterlande eine gewerbliche Krisis, wie sie heftiger und verheerender seit Menschengedenken nicht aufgetreten ist. Von der Börse ausgehend, hat sie einen Industriezweig nach dem anderen ergriffen, und was etwa bis jetzt noch verschont geblieben ist, wird unausbleiblich in ihren vernichtenden Strudel hineingezogen werden.

Die Absicht der verbündeten Regierungen [d. h. des Bundesrats], von der notleidenden vaterländischen Industrie wenigstens die Nachteile abzuwenden, welche durch völlig ungerechtfertigte und vertragswidrige Ausfuhrbegünstigungen benachbarter Regierungen zugefügt werden, ist an der Haltung des Reichstags gescheitert. Die Wortführer der radikalen Freihandelsdoktrin haben die Bestrebungen der verbündeten Regierungen zunichte gemacht. Begreiflicherweise hat diese Haltung die gesamte Industrie Deutschlands mit den lebhaftesten Besorgnissen erfüllt; Gewerbetreibende aller Gattungen haben sich zu einem Zentralverbande deutscher Industrieller zusammengetan, und aus allen Gauen des deutschen Reichs sind die ersten angesehensten und renommiertesten Firmen aller Industriebranchen zu der am 16. Juni in Frankfurt a. M. stattgehabten Generalversammlung geeilt. Es waren dort nach der ehrfurchtsvoll beigeschlossenen Präsenzliste 499 Firmen vertreten, deren Etablissements einen Gesamtwert von Milliarden besitzen und die eine Arbeiterzahl beschäftigen, welche nach Hunderttausenden zu schätzen ist.

Der Herr Finanzminister hat im Reichstag erklärt, er halte das Bestehen und Gedeihen der deutschen Eisenindustrie für unser Vaterland für unentbehrlich, und er würde demzufolge, wenn er die Überzeugung gewönne, daß sie unter den gegenwärtigen Verhältnissen nicht existieren könne, keinen Augenblick anstehen, eine andere Handelspolitik einzuschlagen.

Christoph von Tiedemann: Aus sieben Jahrzehnten, Bd. 2: Sechs Jahre Chef der Reichskanzlei unter dem Fürsten Bismarck, Leipzig 1909, S. 178ff.

Q 3.6
Interessenverbände ohne politische Verantwortung

Im folgenden Auszug aus einer historischen Abhandlung wird der Widerspruch zwischen Verfassungs- und politischer Fortentwicklung am Ende des Kaiserreiches hervorgehoben:

Wenn das Reich die Bismarcksche Verfassung eines Semi-Parlamentarismus beibehielt, wenn Preußen sein Dreiklassenwahlrecht und damit ein konservativ vorgeprägtes Parlament nicht aufgab, so besagt das in unserem Zusammenhang, daß die Entwicklung der gesellschaftlichen Kräfte hin zu „demokratischen Organisationen", die auf freier Assoziation von Bürgern beruhen, schneller voranging als die Umwandlung der politischen Verfassung, daß zweifellos ein Widerspruch bestand zwischen der freien Organisation gesellschaftlicher und wirtschaftlicher Kräfte und der Beschränkung des Volkes in der Ausübung der politischen Rechte. Es war ein Widerspruch, wenn die freien Gewerkschaften zu einer Millionenorganisation heranwuchsen und schließlich von den Unternehmern de facto mehr und mehr als Sprecher der Arbeiterschaft anerkannt wurden, gleichzeitig aber der sozialdemokratischen Partei als der stärksten Fraktion im Reichstag jede Mitsprache, geschweige denn Regierungsverantwortung versagt blieb. Es war ein Widerspruch, wenn große Interessenverbände und Agitationsvereine wie der Flottenverein, der Alldeutsche Verband oder der Hansabund zwar ungestört einen deutschen Imperialismus propagieren konnten, politische Verantwortung dafür aber nicht zu tragen brauchten, weil noch immer der Kaiser den Kanzler bestellte und entließ, ohne auf politische Mehrheitsverhältnisse notwendig angewiesen zu sein, und damit die Repräsentanten deutschen bürgerlichen Weltmachtstrebens der vollen Konsequenz ihrer Reden ausweichen konnten.

Wolfram Fischer: Staatsverwaltung und Interessenverbände 1871-1914. In: Wirtschaft und Gesellschaft im Zeitalter der Industrialisierung, Göttingen 1972, S. 212ff.

Fragen und Anregungen:

1. Wie verbanden sich in der Nationalliberalen Partei Einheitsstreben und liberale Ziele (▷ Q 3.1)? Stellen Sie die Entstehungs- und Frühgeschichte deutscher Parteien in Referaten dar.
2. Nehmen Sie Stellung zur Verknüpfung von konfessioneller Überzeugung mit Politik unter Einbeziehung von Q 3.2 und Q 3.3.
3. Wie ist die Wirksamkeit des Sozialistengesetzes einzuschätzen (▷ Q 3.4)?
4. Wie beurteilen Sie die Einzelregelungen der Sozialgesetze, ihren Vorbildcharakter und die Notwendigkeit eines „Generationenvertrages" (▷ vgl. S. 117)?
5. Erörtern Sie die innen- und gesellschaftspolitische Bedeutung der freien Gewerkschaften bis zum Ende des 19. Jahrhunderts.
6. Bewerten Sie die Verbandspolitik unter dem Gesichtspunkt ihrer damaligen Verfassungsmäßigkeit (▷ Q 3.5, 3.6).
7. Referieren Sie über Leben und politische Tätigkeit Otto von Bismarcks, August Bebels und Kaiser Wilhelm I.

Zusammenfassung:

Bismarcks obrigkeitsstaatlich und antiparlamentarisch orientiertes Denken gestand den Parteien nicht zu, Träger eines politischen Willens zu sein. Die Zusammenarbeit des Reichskanzlers mit ihnen war – wie der Dissens – von den Prinzipien der Staatsräson und des Machterhalts des monarchischen Systems bestimmt. Im Kulturkampf suchte Bismarck den Einfluß des politischen Katholizismus einzudämmen, mit dem Sozialistengesetz unterdrückte er die deutsche Sozialdemokratie und deren internationalistische Tendenzen. Die beiden politischen Kräfte gingen jedoch aus diesem Konflikt gestärkt hervor. Mit den Sozialgesetzen wurde von staatlicher Seite eine Unterstützung bei sozialer Not gewährt, während die Gewerkschaften als Zusammenschluß auf Arbeiterseite um Verbesserungen kämpften. Auf Verbandsebene forderten Industrie und Landwirtschaft den Schutzzoll. Parteien und Verbände fanden in der Reichsverfassung keine Entsprechung und führten über deren Zeitgebundenheit hinaus.

4.
Deutsche Außenpolitik im Wandel

1873	Deutsch-russische Militärkonvention, Dreikaiserbund
1875	Krieg-in-Sicht-Krise
1878	Berliner Kongreß
1879	Zweibund (Deutsches Reich – Donaumonarchie)
1882	Dreibund durch Beitritt Italiens
1884	Beginn deutscher Kolonialpolitik, Kongo-Konferenz
1887	Deutsch-russischer Rückversicherungsvertrag Mittelmeerabkommen
1890	Sturz Bismarcks, Caprivis „Neuer Curs"
1892	Französisch-russische Militärkonvention
1898	Flottenbauprogramm (Tirpitz), deutsche „Weltpolitik" Faschoda-Zwischenfall

Deutsches Reich und europäische Großmächte. Die „Einigungskriege" brachten Mitteleuropa die kleindeutsche Lösung, einen starken Flächenstaat, angeführt von der Vormacht Preußen (▷ Q 4.1). Beendet war der Dualismus mit der Donaumonarchie, die von 1859 bis 1870 vom werdenden Nationalstaat Italien bedrängt wurde und sich ab 1866 verstärkt dem Balkanraum zuwandte. Die Schwäche des Osmanischen Reiches verhieß territorialen Gewinn, ließ aber auch das Zarenreich auf Erwerb der Meerengen Dardanellen und Bosporus hoffen. Das seit 1849 bei der Niederwerfung des Ungarnaufstandes durch die russische Armee entstandene Einvernehmen zwischen Wien und St. Petersburg schlug mit der russischen Besetzung der osmanischen Fürstentümer Moldau und Walachei sowie Österreichs Einmarsch in Rußlands Südwestflanke während des Krimkrieges (1853–1856) in eine Gegnerschaft auf dem Balkan um.

Balkaninteressen Österreichs

Die bürgerliche dritte französische Republik und das deutsche Kaiserreich standen sich seit dem Krieg 1870/71 unversöhnlich gegenüber. Großbritannien, zeitweise durch Überseepolitik abgelenkt, verfolgte die neue Machtlage argwöhnisch. Willkommen war ihm die Schwächung des alten Rivalen Frankreich, verdächtig schien ein auf der traditionellen preußisch-russischen Freundschaft aufbauendes Einverständnis der beiden Kaiserreiche. Von einem deutsch-russischen Kontinentalblock befürchtete Großbritannien Einbußen seines Einflusses in Europa und – wegen Rußlands Ausdehnung in Asien – bis hin zum Vizekönigreich Indien, das seit 1858 als Grundpfeiler weltweiter britischer Macht aufgebaut wurde.

Westmächte

Die Logik der deutschen Reichsgründung forderte, dem neuen Staat durch kraft- und maßvolle Außenpolitik Dauer zu verschaffen. Dafür knüpfte Bismarck, der das Auswärtige Amt leitete, ein ausgeklügeltes Bündnisgeflecht, er hielt am hohen Rüstungsstandard fest, sicherte ab 1879 die Wirtschaft protektionistisch ab und übernahm gelegentlich die Rolle eines europäischen Schiedsrichters.

Bismarcks Folgerungen

Bismarcks Außenpolitik folgte drei Grundregeln:

1. Der deutsche Machtstaat ist „saturiert", d. h.: er hat keine territorialen Ansprüche und erwirbt vorläufig keine Kolonien. Zur Sicherung des Gebietsstandes strebt Deutschland ein Vertragssystem nicht für den Kriegsfall an, sondern um Bündnisse gegen das Deutsche Reich zu verhindern.

2. Das europäische Mächtegleichgewicht ist das erneuerte Ziel; unvermeidbare Machtverlagerungen sind durch Gebietsabsprachen aufzufangen und zu kompensieren.

3. Spannungen zwischen den Mächten dürfen das Reich nicht in Verwicklungen hineinziehen, sondern sind an die Randgebiete Europas oder nach Übersee abzuleiten.

Bismarcks Bündnispolitik. Gegenüber dem auf einen weiteren Krieg sinnenden Frankreich, das sich wegen der Abtretung Elsaß-Lothringens und der Friedensbestimmungen von Frankfurt unversöhnlich zeigte, blieb nur eine Politik der Stärke, des Drohens, der Ablenkung und Isolierung. Unbelasteter schien die Beziehung zu Rußland. Eingedenk wohlwollender preußischer Neutralität im Krimkrieg und antirevolutionärer Solidarität im polnischen Aufstand 1863 hatte die russische Staatsführung die Reichsgründung gegen das ausgebootete Habsburg abgeschirmt. Einvernehmlich schlossen Deutschland und Rußland 1873 Beistand gegen den Angriff einer nicht genannten Macht, für die Russen Österreich, für die Deutschen Frankreich. Noch im selben Jahr wertete Bismarck diesen Vertrag durch Beitritt zum österreichisch-russischen Abkommen um. Dieses Dreikaiserabkommen äußerte im Geiste traditioneller monarchisch-konservativer Solidarität die persönliche Entschlossenheit der drei Monarchen, den Friedenszustand „gegen alle Erschütterungen" zu festigen (▷ Q 4.2). Somit war Frankreich isoliert, die maßvolle preußische Politik gegen den Verlierer von 1866 – Österreich – gerechtfertigt und die Verständigung mit zwei Staaten hergestellt, deren Balkangegensatz Deutschland vorerst nicht betraf. *Dreikaiserabkommen*

Im Mai 1875 fragte die Zeitung „Die Post" – Bismarcks politisches Sprachrohr – mit Blick auf das neue französische Wehrpflichtgesetz, ob „Krieg in Sicht" sei. Bismarcks öffentliches Gedankenspiel veranlaßte den französischen Außenminister, sich hilfesuchend an London und Moskau zu wenden. Während Bismarck klarstellte, daß kein Angriff auf Frankreich geplant sei, bekundeten die britische und die russische Großmacht trotz sonstiger Gegensätze ihr gemeinsames Interesse an einem starken Frankreich. Bismarck sah das Deutsche Reich augenblicklich isoliert und erkannte, daß eine weitere Schwächung Frankreichs durch Großbritannien und das Zarenreich verwehrt würde und daß an eine deutsche Hegemonie in Europa nicht zu denken war. Hierin gründete Bismarcks „cauchemar des coalitions" – der „Alptraum", ein gegnerisches Bündnis könnte das Reich umringen und erdrücken (▷ Q 4.3). *Krieg-in-Sicht-Krise*

In der Frühjahrskrise 1875 riß das feingesponnene Netz der Kabinettspolitik, wie es im Dreikaiserabkommen geknüpft war, durch die organisierten Interessen maßgebender Wirtschaftskreise in Deutschland und Rußland. Während die deutsche Industrie auf Export drängte und die Landwirtschaft nach Schutzzöllen rief, brauchte Rußlands Industrie noch Schutz, die Landwirtschaft jedoch auswärtige Absatzmärkte. Russische Zollforderungen in Goldrubel und Import von billigem Getreide aus der Ukraine beantwortete Deutschland mit den Agrarzöllen von 1879. Schon auf dem Berliner Kongreß (13. Juni - 13. Juli 1878) wurde der Zollkonflikt zum weltpolitischen Gegensatz. Thema des Kongresses war die von Großbritannien und Österreich-Ungarn geforderte Abänderung der Friedensbestimmungen von San Stefano vom 3. März 1878, die Rußland nach dem russisch-serbischen Krieg gegen das Osmanische Reich Landgewinn, vor allem Bessarabien, gebracht hatte. Der Zerfall des Osmanischen Reiches gefährdete das Gleichgewicht auf dem Balkan und somit auch die britische Stellung am östlichen Mittelmeer. Angesichts drohender Kriegsgefahr versuchte Bismarck, als „ehrlicher Makler" den europäischen Frieden zu erhalten. Das aber hieß Verkleinerung der russischen Beute. Das Deutsche Reich – so sah es die zaristische Regierung – bereitete Rußland eine diplomatische Niederlage, statt russisches Wohlverhalten von 1870/71 zu belohnen. Die Verschlechterung der Beziehungen zu Rußland hatte ein Jahr später den deutsch-österreichischen Zweibund zur Folge (▷ Q 4.4). *Trübungen der deutsch-russischen Beziehungen*

Berliner Kongreß

Zweibund

Der russisch-österreichische Interessengegensatz im europäischen Südosten und der deutsch-russische Handelskrieg machten einen französisch-russischen Zweibund denkbar. Bismarck konnte zwar diese Annäherung hinausschieben, als 1881 der Dreikaiservertrag mit der Zusage wohlwollender Neutralität geschlossen und 1884 verlängert wurde. Wie losgelöst die Abmachungen aber bereits von den Verbands- *Erneuerung des Dreikaiserabkommens*

125

Rückversicherungsvertrag und Gruppeninteressen in beiden Ländern waren, erweist sich darin, daß weder dieses Abkommen noch der auf drei Jahre befristete Rückversicherungsvertrag (1887) veröffentlicht wurde. Der Rückversicherungsvertrag stand zu zwei Tatsachen im Gegensatz: Entgegen der feindselig eingestellten öffentlichen Meinung suchte er auf diplomatischer Ebene insgeheim eine begrenzte Verständigung zwischen Deutschland und Rußland, und die Neutralitätszusage an Rußland konnte mit deutschen Zweibundverpflichtungen gegen Österreich kollidieren. Bismarck erhoffte damals für den befürchteten Ernstfall, den französisch-deutschen Krieg, lediglich eine Atempause, in der sich Rußland nicht sofort an Frankreichs Seite stellen sollte. 1887 erneuerte er

Dreibund den 1882 mit Italien und Österreich abgeschlossenen Dreibund, obwohl Italiens strategische Lage, seine Ambitionen in Afrika sowie im östlichen Mittelmeer und seine territorialen Ansprüche gegenüber Österreich den Apenninenstaat zu einem problematischen Bündnispartner machten. Inzwischen wurde der deutsch-russische Handelskrieg, der durch drastische Zollerhöhungen und Exportrückgänge geprägt war, auf beiden Seiten von militärischen Imponiergesten und Aufmarschbewegungen begleitet. Mittelfristig versuchte Bismarck, den verlorenen „Draht" nach Rußland durch ein Bündnis mit Großbritannien zu ersetzen (1889). Schon 1887 hatte er das

Mittelmeerabkommen Mittelmeerabkommen zwischen Großbritannien, Italien und der Donaumonarchie gefördert, weil es geeignet war, Rußlands Drang zum Balkan und zum Mittelmeer abzufangen, und weil es die drei Unterzeichner vorläufig als Gegner Rußlands festlegte. Während aber das direkte Bündnis mit dem Deutschen Reich an der Abneigung der britischen Diplomatie scheiterte, den Inselstaat am Rhein und in Elsaß-Lothringen zu verteidigen, orientierten sich die russischen Industrieanleihen auf Paris

Französisch-russisches Bündnis als Hauptfinanzplatz und verständigten sich 1892 Frankreich und Rußland auf eine Militärkonvention.

Der Zweifrontendruck war nach zwanzig Jahren deutscher Großmachtpolitik, zwei Jahre nach Bismarcks Entlassung, Wirklichkeit geworden (▷ Q 4.5).

Mit Großbritannien auf Distanz. Die deutsche Kolonialexpansion seit 1884 nach Ost-, Mittel- und Südwestafrika betrachtete Bismarck als Episode, nützlich dem Prestige. Nach heftigem diplomatischem Streit erkannten die Briten das weltpolitische Mitspracherecht des jungen Reiches an. Da Großbritannien in Afghanistan zu Rußland und in Afrika zu Frankreich in kolonialem Gegensatz stand, suchte sich Bismarck als

Kongo-Konferenz Schlichter auf der Berliner Kongo-Konferenz (1884/85) den Briten unentbehrlich zu machen. Um Konflikten mit England vorzubeugen, wollte er sogar nach fünf Jahren den Kolonialbesitz wieder privatisieren. Er scheiterte an der deutschen Kolonial-Lobby. Einziges Ergebnis der Entspannungspolitik gegenüber London war der unter Bismarcks Nachfolger Caprivi vereinbarte Helgoland-Sansibar-Tausch (1892).

Caprivis Mißerfolg. Bis zum 1. Flottenbaugesetz 1898 suchte das Reich das britische Bündnis, allerdings bedrängt vom öffentlich immer lauter vorgetragenen Anspruch der Deutschen auf einen „Platz an der Sonne". Caprivis „Neuer Curs" trug der Industrialisierung Rechnung und arbeitete durch industrie- und exportfreundliche Wirtschaft zugleich innerem Ausgleich und durch Protektionsabbau weltpolitischer Entspannung vor. Seit den 70er Jahren hatte die Exportabhängigkeit der deutschen Industrie zugenommen. Der Anteil der Exporte am Volkseinkommen sank jedoch, denn bei nahezu gleichbleibenden Rohstoffimporten gingen immer weniger deutsche Waren ins Ausland. Um dieser Entwicklung gegenzusteuern, die Auswanderung zu stoppen, Beschäftigung, Industriewachstum und steigenden Reallohn als Voraussetzung des sozialen Friedens zu sichern, brach Caprivi mit der Zollpolitik. Daraus er-

Handels- und Schiffahrtsvertrag mit Rußland wuchs der Handels- und Schiffahrtsvertrag mit Rußland. Die vertragsbejahende Mehrheit im Reichstag entsprach indes nicht jener Majorität, mit der sonst im Reich und in Preußen regiert wurde. Der Abwehrkampf gegen den Vertrag führte zur Bildung des „Bundes der Landwirte" (▷ S. 119). Dieser schürte Existenzangst, Nationalismus, Antisemitismus und Antimodernismus, um die wirtschaftlich kaum betroffenen Kleinlandwirte um die Getreidegroßproduzenten zu scharen. Die „Landwirte" trugen 1894 zu Caprivis Sturz bei.

Aggressive Außenpolitik. Die Wachstumsimpulse der Caprivi-Zeit haben das Vordringen der deutschen Elektro- und Chemieprodukte auf britischen, französischen und nordamerikanischen Märkten stark gefördert. Die Krise des Bismarckschen Regierungs- und Bündnissystems aber trat unter der rein symbolischen Regierungsweise *Symbolische Machtverwaltung* des greisen Kanzlers Hohenlohe-Schillingsfürst (1894–1900) wieder zutage, dessen Passivität dem Selbstregiment des Kaisers Wilhelm II. freie Bahn ließ. In Bismarcks Geist zu handeln gab die „Bismarcksche Sammlung" vor: auf Verbandsebene *Sammlungsbewegung* Schwerindustrie, Großlandwirtschaft, Alldeutsche, Wehrverbände; auf Parteiebene Deutsch- und Freikonservative, Nationalliberale, gelegentlich Zentrum. Diese Gruppierung wies mit Flottenbau und erneutem Agrarprotektionismus (1902) der deutschen Außenpolitik die Richtung. Zugleich konkurrierten deutsche und britische Industrielle verschärft um auswärtige Märkte. Auch politisch war das Verhältnis des Deutschen Reichs zu Großbritannien nie entspannt. So beglückwünschte Wilhelm II. den Präsidenten der südafrikanischen Burenrepublik Transvaal im sog. Krügertele- *Krügertelegramm* gramm zum militärischen Sieg über englische Eindringlinge und deutete dabei Deutschlands Freundschaft an. Verstimmt faßte Großbritannien dies als Einmischung in seine imperialen Pläne auf. Vorübergehend isolierte sich England wegen des Burenkrieges (1899–1902) und sondierte vergeblich Bündnischancen mit Deutschland. Scharfe koloniale Rivalitäten zwischen Großbritannien und Frankreich im Faschoda-Zwischenfall (1898), als eine französische Expedition und britische Truppen am oberen Nil aufeinanderstießen und gleichermaßen Ansprüche auf den Sudan erhoben, wurden 1899 vertraglich beigelegt. Unterdessen drängte die deutsche Industrie auf aggressive „Weltpolitik" (▷ Q 4.6). Mit dem Bau der Bagdadbahn bis Basra *Deutsche „Weltpolitik"* ins Erdölgebiet am Persischen Golf durch die Deutsche Bank band sich das Reich im Orient; es suchte überseeische Erfolge in Afrika, China, im Pazifik und begann den Bau der Schlachtflotte. Obwohl sie angeblich England von einem Angriff zur See abhalten sollte und deshalb verharmlosend als „Risikoflotte" bezeichnet wurde, zielte sie auf deutsche Seegeltung und symbolisierte nach innen den technisch-industriellen Führungsanspruch. Sie setzte zugleich einen höheren Rüstungsmaßstab für die Briten, deren Seekriegsstärke nach dem „Two-Power-Standard" stets die zweit- und drittstärkste Flotte zusammengenommen übertreffen sollte. Die Führung des Reiches und große Teile der Bevölkerung befürworteten den Aufbau einer Seemacht, um eine „Weltpolitik" zu ermöglichen. Besonders die Schwerindustrie war am Flottenbau interessiert. Diese Meinungsallianz gelangte nicht zur Einsicht, daß eine Annäherung an Großbritannien fortan stets in einer Wechselbeziehung zur Flottenrüstung stand.

Kleine Quellenkunde: Monumentaldenkmäler

Zwischen 1870 und 1914 wurden im Deutschen Reich unter hohem finanziellem und bautechnischem Aufwand und im Beisein hochrangiger Persönlichkeiten zahlreiche Freidenkmäler errichtet und eingeweiht (z. B. Siegessäule in Berlin 1873, Hermannsdenkmal im Teutoburger Wald 1875, Völkerschlachtdenkmal bei Leipzig 1913). Solche Monumente sollten das Nationalgefühl stärken. Diese Zwecksetzung äußert sich sowohl in Einzelzügen wie in deren Zusammenhang. Was dabei als historische Aussageabsicht zum Ausdruck kommt, läßt sich am Beispiel des Niederwalddenkmals verdeutlichen (▷ S. 129).

Zu beachten ist die Wahl des Standortes (Rhein – die von Frankreich häufig angestrebte „natürliche" Grenze) und die Wirkung aus der Ferne (Triumphalfigur der Germania). Der damaligen Stilauffassung gemäß sind die Figuren realistisch ausgearbeitet, wodurch die Porträtähnlichkeit von historischen Persönlichkeiten gewährleistet ist (ca. 190 Personen des Frontreliefs, ausschließlich Monarchen, Militärs und Politiker). Historische Treue ist auch den Staatssymbolen eigen (Wappen der 25 im Deutschen Reich vereinigten Bundesstaaten; Reichsadler).

Trotz bildnerischem Realismus sind aber die Seitenreliefs bereits in der Konzeption bedeutungsgeladen. Im „Abschied der Krieger" verkörpern die Personen die drei Hauptlandschaften Deutschlands, die verschiedenen Lebensalter und die Formen zwischenmenschlicher Beziehungen (Eltern – Jüngling, Liebende, Ehepaar – Kinder). Die „Heimkehr der Krieger" zeigt die Ankunft der (gesunden) Soldaten bei einer Gruppe von Frauen und Alten.

Setzt man die Zahl der Figuren, die Fläche und die Position der Reliefs zueinander in Beziehung, so ergibt sich ein Übergewicht zugunsten der Führungselite aus Adel und Militär. Daraus entsteht ein Widerspruch zur Frontinschrift „Zum Andenken an die einmütige siegreiche Erhebung des deutschen Volkes". In mehrfacher Hinsicht hält dieser Text einer historisch-kritischen Betrachtung nicht stand: Zum Krieg 1870/71 wurde das auf eine militärische Auseinandersetzung fiebernde Frankreich mit der Emser Depesche von Bismarck bewußt provoziert, das Volk griff nicht von selbst zu den Waffen, es handelte sich nicht um eine „Erhebung" (z. B. gegen eine fremde Besatzungsmacht). Auch die weiteren Inschriften sehen Krieg und Frieden dieser Jahre unter besonderer Beleuchtung: Die Liste der Schlachtenorte erinnert an die militärische, die Erwähnung des Friedens von Frankfurt an die anschließende diplomatische Demütigung Frankreichs. Deutlicher wird der Hegemonialanspruch gegenüber Frankreich in der allegorischen Figurengruppe am Fuß des Denkmals. Die Übergabe des Wächterhorns durch Vater Rhein an seine Tochter Mosel symbolisiert die Annexion Elsaß-Lothringens. Garantie dafür, daß keine Bedrohung für den Rhein von Frankreich mehr ausgeht, wie es die Inschrift nach dem Gedicht von Max Schneckenburger „Die Wacht am Rhein" (▷ S. 130) befürchten ließe, ist die allegorische Figur der Germania. Zum Zeichen der Wehrhaftigkeit hält sie das Schwert in der Linken. Gegenständlicher Höhepunkt dieser Figur ist jedoch die Krone in der Rechten, das machtvolle Zeichen des neuen Kaisertums. Die Allegorien von Krieg und Frieden in Höhe der Reliefs bilden den allgemeinen figürlichen Rahmen für die spezielle Thematik der Ereignisse 1870/71.

So ist dieses Denkmal ein Zeugnis für den „Geist der Zeit": für die programmatische Ausdeutung einschneidender Ereignisse, für Feindbilder und Vorbilder, Ideale und Ideen, Einstellung zum Krieg, Verhältnis von Regierenden und Regierten.

In besonderer Weise war die Gestalt Bismarcks nach seinem Rücktritt (1890), mehr noch nach seinem Tod (1898), Anlaß für die Bildung eines nationalen Mythos. Der Reichsgründer, der zeit seines Lebens dem Nationalismus eher reserviert gegenüberstand, wurde von begeisterten deutschen Nationalisten der wilhelminischen Zeit zum nationalen Idol umstilisiert. Die Pose des Siegers in Uniform und Kürassierstiefeln und sein im Sinne einer nationalen Grundwahrheit mißdeutetes Wort, große Fragen der Zeit würden durch „Eisen und Blut" entschieden, kennzeichneten die Auffassung vom „Eisernen Kanzler". Diesem Mythos errichtete man zwischen 1890 und 1914 im ganzen Reich unzählige Bismarcktürme und -denkmäler.

Q 4.1 Niederwalddenkmal bei Rüdesheim am Rhein

1 Germania
2 Lorbeerkranz und neue Kaiserkrone
3 Eichenblattkranz
4 Gewand mit Tiermotiven deutscher Sagen
5 gesenktes, lorbeerumwundenes Schwert
6 Thron mit Adlerwangen
7 – 10 Inschriften
11 Eisernes Kreuz
12 Reichsadler mit preußischem Wappenschild
13 Fries mit Wappen deutscher Bundesstaaten
14 Allegorie des Krieges
15 Allegorie des Friedens
16 – 17 Seitenreliefs
18 Hauptrelief
19 Inschrift
20 Figurengruppe

Entwurf: Johannes Schilling, Dresden   *Einweihung: 28. September 1883*

Erläuterungen
7, 10 Namen der Schlachtfelder 1870/71, 8 Inschrift: „Zum Andenken an die einmütige siegreiche Erhebung des deutschen Volkes und an die Wiederaufrichtung des Deutschen Reiches 1870–1871", 9 Inschrift: „Friede zu Frankfurt 10. Mai 1871", 13 Frontal: Wappen der vier deutschen Königreiche, 18 In der Rotunde: König Wilhelm von Preußen zu Pferde, im Aufbruch zum Kampf, umgeben von den deutschen Fürsten. Auf den Reliefflügeln die Generäle. Insgesamt 190 Personen. 20 Vater Rhein übergibt das Wächterhorn seiner Tochter, der Mosel.

Wortlaut der Inschrift auf dem Niederwalddenkmal
(Ziffer 19)
Nach dem Gedicht, das Max Schneckenburger bereits 1840 verfaßte, als in Frankreich wieder einmal die Rheingrenze diskutiert wurde, und das den Titel „Die Wacht am Rhein" trägt. – Die dritte Strophe ist unter das Relief Wilhelms zu Pferde gesetzt. Die Schlußzeile der Inschrift enthält den Refrain: „Lieb' Vaterland, magst ruhig sein: Fest steht und treu die Wacht, die Wacht am Rhein."

Es braust ein Ruf wie Donnerhall,
Wie Schwertgeklirr und Wogenprall:
Zum Rhein, zum Rhein, zum deutschen Rhein!
Wer will des Stromes Hüter sein?

5 Durch hunderttausend zuckt es schnell,
Und aller Augen blitzen hell:
Der Deutsche, bieder, fromm und stark,
Beschirmt die heil'ge Landesmark.

Er blickt hinauf in Himmels Au'n,
10 Wo Heldenväter niederschau'n,
Und schwört mit stolzer Kampfeslust:
Du Rhein bleibst deutsch wie meine Brust!

So lang ein Tropfen Blut noch glüht,
Noch eine Faust den Degen zieht,
15 Und noch ein Arm die Büchse spannt,
Betritt kein Feind hier deinen Strand.

Der Schwur erschallt, die Woge rinnt,
Die Fahnen flattern hoch im Wind.
Am Rhein, am Rhein, am deutschen Rhein,
20 Wir alle wollen Hüter sein!

Q 4.2
Das Dreikaiserbündnis

Das auf Sicherung des europäischen Friedens bedachte Bündnis (22. Oktober 1873) war lediglich eine persönliche Absprache zwischen den drei Monarchen, stellte aber als außenpolitisch defensive und innenpolitisch konservative Absichtserklärung das Grundprinzip der Bismarckschen Bündnispolitik dar.

Seine Majestät der Kaiser von Österreich und König von Ungarn und Seine Majestät der Kaiser aller Reußen[1] haben im Wunsche, dem Grundgedanken ihres intimen Einverständnisses
5 eine praktische Form zu geben, ferner in der Absicht, den gegenwärtig in Europa herrschenden Friedenszustand zu befestigen und die Möglichkeiten eines Krieges, die ihn stören könnten, zu entfernen, in der Überzeugung ferner, daß
10 dieser Zweck nicht besser erreicht werden kann, als durch eine direkte und persönliche Verständigung zwischen den Souveränen, eine Verständigung, die von den innerhalb ihrer Verwaltungen möglichen Veränderungen unabhängig ist,
15 sich über folgende Punkte geeinigt:
1. Ihre Majestäten versprechen sich wechselseitig, sobald die Interessen ihrer Staaten irgendwelche Abweichungen in bezug auf Sonderfragen darbieten sollten, sich zu verständigen, da-
20 mit diese abweichenden Ansichten nicht über Erwägungen höherer Art das Übergewicht gewinnen können. Ihre Majestäten sind entschlossen, zu verhindern, daß ihre Trennung auf dem Gebiete der Grundsätze gelingen könnte, die sie
25 als allein geeignet betrachten, die Aufrechterhaltung des europäischen Friedens gegen alle Erschütterungen zu sichern und wenn nötig zu erzwingen.
Schönbrunn, den 25. Mai/6. Juni 1873
30 Franz Joseph   Alexander

Seine Majestät der Kaiser von Deutschland hat von dem Übereinkommen Kenntnis genommen und tritt in allem den darin festgelegten Abmachungen bei.
35 Ihre Majestäten der Kaiser und König Wilhelm und der Kaiser Franz Joseph billigen und zeichnen diese Akzessionsakte[2] und werden sie zur Kenntnis Seiner Majestät des Kaisers Alexander bringen.
40 Schönbrunn, den 22. Oktober 1873
Wilhelm   Franz Joseph

Bernhard Schwertfeger: Die diplomatischen Akten des Auswärtigen Amtes 1871–1914, Teil I: Die Bismarckzeit, Berlin 1927, Nr. 129, S. 215ff.

1) Russen
2) Beitritt zu einem Staatsvertrag

Q 4.3
„Cauchemar des coalitions": Bismarcks Kissinger Diktat

Während eines Kuraufenthaltes in Bad Kissingen legte Bismarck Perspektiven für das Auswärtige Amt zur Lösung der orientalischen Frage und für Deutschlands Stellung innerhalb der Mächte fest (15. Juni 1877). Unmittelbarer Anlaß war der russisch-türkische Krieg:

Wenn England und Rußland auf der Basis, daß ersteres Ägypten, letzteres das Schwarze Meer hat, einig würden, so wären beide in der Lage, auf lange Zeit mit Erhaltung des status quo zu-
5 frieden zu sein, und doch wieder in ihren größten Interessen auf eine Rivalität angewiesen, die sie zur Teilnahme an Koalitionen gegen uns, abgesehen von den inneren Schwierigkeiten Englands für dergleichen, kaum fähig macht.
10 Ein französisches Blatt sagte neulich von mir, ich hätte „le cauchemar des coalitions"; diese Art Alp wird für einen deutschen Minister noch lange, und vielleicht immer, ein sehr berechtigter bleiben. Koalitionen gegen uns können auf
15 westmächtlicher Basis mit Zutritt Österreichs sich bilden, gefährlicher vielleicht noch auf russisch-österreichisch-französischer; eine große Intimität zwischen zweien der drei letztgenannten Mächte würde der dritten unter ihnen jederzeit
20 das Mittel zu einem sehr empfindlichen Drucke auf uns bieten. In der Sorge vor diesen Eventualitäten, nicht sofort, aber im Lauf der Jahre, würde ich als wünschenswerte Ergebnisse der orientalischen Krisis für uns ansehen: 1. Gravi-
25 tierung[1] der russischen und der österreichischen Interessen und gegenseitigen Rivalitäten nach Osten hin, 2. der Anlaß für Rußland, eine starke Defensivstellung im Orient und an seinen Küsten zu nehmen, und unseres Bündnisses zu
30 bedürfen, 3. für England und Rußland ein befriedigender status quo, der ihnen dasselbe Interesse an Erhaltung des Bestehenden gibt, welches wir haben, 4. Loslösung Englands von dem uns feindlich bleibenden Frankreich wegen
35 Ägyptens und des Mittelmeers, 5. Beziehungen zwischen Rußland und Österreich, welche es beiden schwierig machen, die antideutsche Konspiration gegen uns gemeinsam herzustellen.
Wenn ich arbeitsfähig wäre, könnte ich das Bild
40 vervollständigen und feiner ausarbeiten, welches mir vorschwebt: nicht das irgend eines Ländererwerbes, sondern das einer politischen Gesamtsituation, in welcher alle Mächte außer Frankreich unser bedürfen, und von Koalitionen ge-
45 gen uns durch ihre Beziehungen zueinander nach Möglichkeit abgehalten werden.

Johannes Lepsius/Albrecht Mendelssohn-Bartholdy/Friedrich Thieme (Hrsg.): Die große Politik der europäischen Kabinette 1871–1914. Sammlung der Diplomatischen Akten des Auswärtigen Amtes, Bd. II, Berlin 1922, Nr. 294, S. 153ff.

1) Verlagerung

Q 4.4
Das Bündnis mit der Donaumonarchie

Angesichts der Verstimmung Rußlands über die Beschlüsse des Berliner Kongresses erläuterte Bismarck Kaiser Wilhelm I. am 31. August 1879 die Vorteile eines Zusammengehens mit Österreich:

Ich halte einen Krieg mit Rußland für das größte Übel, welches uns auf diesem Gebiete widerfahren kann, schon weil er für uns kein Kampfziel hat, als nur die Abwehr eines barbarischen
5 Angriffs.
Das einzig wirksame Mittel, unseren Frieden sicherzustellen, sehe ich in einem Defensivbündnis zur Wahrung desselben. Es mag vom russischen Standpunkte aus leicht erscheinen, von War-
10 schau aus entweder Preußen oder Österreich anzugreifen, und Polen ist, solange beide deutsche Mächte getrennt sind, eine mächtige Angriffsposition gegen jede von ihnen. Sind sie aber einig und wehren sich gleichzeitig, so wird die Stel-
15 lung mehr zu einer Sackgasse für Rußland. Rußland wird Frieden halten, wenn es die deutschen Mächte ohne aggressive Tendenz zur Abwehr geeinigt weiß: es wird aber in absehbarer Frist den Frieden brechen, wenn diese Einigung
20 unterbleibt. Für Rußland könnte eine solche Defensivallianz nichts Verletzendes haben, da ihr jede Absicht und jede Möglichkeit zum Angriff fehlt.
Wenn Österreich Rußland angreifen wollte, so
25 würde es das ebensogut, wie zur Zeit des Deutschen Bundes, auf eigene Gefahr und ohne uns tun müssen. Dadurch würde auch Rußland gegenüber jede aggressive Tendenz des westmächtlich-österreichischen Bündnisses, welches
30 in der Bildung begriffen ist, gehemmt werden.
Damit komme ich zu einer anderen Seite der Frage.
Wenn Österreich bei Deutschland keinen Schutz gegen unberechenbare Entschließungen Ruß-
35 lands findet, so wird es dem Bedürfnis, bei Frankreich Anlehnung zu suchen, auf die Dauer nicht widerstehen, denn England kann ihm auf

131

dem Kontinente nicht hinreichenden Beistand leisten; es wird also in dem westmächtlichen Bunde Österreich in seiner vorgeschobenen Stellung auf die Länge mehr von Frankreich als England abhängig werden. Eine österreichisch-französische Intimität birgt aber für Deutschland dieselben Gefahren, wie eine österreichisch-russische; wie die letztere durch Frankreich, so kann die erstere jederzeit durch die launenhaften Entschließungen der russischen Politik zu einer erdrückenden Triplealliance gegen Deutschland werden.

Lepsius: a. a. O., Bd. III, Nr. 455, S. 29ff.

Q 4.5
Europäisches Bündnissystem vor 1890

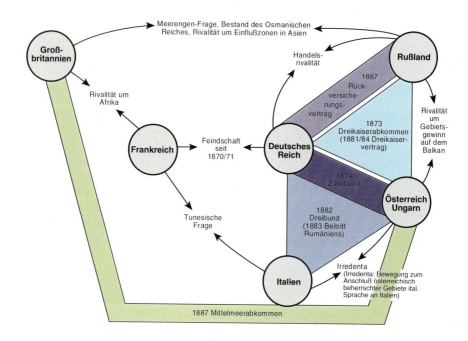

Q 4.6
Weltpolitik

In Gegenwart des Kaiserpaares taufte Prinz Rupprecht von Bayern am 3. Juli 1900 das Schiff „Wittelsbach". Wilhelm bemerkte beim anschließenden Festmahl:

Eure Königliche Hoheit haben sich dabei überzeugen können, wie mächtig der Wellenschlag des Ozeans an unseres Volkes Tore klopft und es zwingt, als ein großes Volk seinen Platz in der Welt zu behaupten, mit einem Wort: zur Weltpolitik. Der Ozean ist unentbehrlich für Deutschlands Größe. Aber der Ozean beweist auch, daß auf ihm in der Ferne, jenseits von ihm, ohne Deutschland und ohne den Deutschen Kaiser keine große Entscheidung mehr fallen darf ... Ich bin nicht der Meinung, daß unser deutsches Volk vor dreißig Jahren unter der Führung seiner Fürsten gesiegt und geblutet hat, um sich bei großen auswärtigen Entscheidungen beiseite schieben zu lassen. Geschähe das, so wäre es ein für allemal mit der Weltmachtstellung des deutschen Volkes vorbei, und Ich bin nicht gewillt,

es dazu kommen zu lassen. Hierfür die geeigneten und, wenn es sein muß, auch die schärfsten Mittel rücksichtslos anzuwenden, ist Meine Pflicht nur, Mein schönstes Vorrecht.
Ich bin überzeugt, daß ich hierbei Deutschlands Fürsten und das gesamte Volk festgeschlossen hinter Mir habe.

... Wie das Haus der Wittelsbacher im Jahre 1870 zu den Waffen griff, um für Deutschlands Ehre, seine Einigung und die Kaiserwürde zu fechten, so möge allezeit das Reich dieses edlen Geschlechtes Unterstützung sicher sein.

Ernst Johann (Hrsg.): Reden des Kaisers. Ansprachen, Predigten und Trinksprüche Wilhelm II., München 1966, S. 88f.

Fragen und Anregungen:

1. *Erschließen Sie die historische und politische Aussage des Niederwalddenkmals (▷ Q 4.1) in kritischer Betrachtung (▷ Vgl. dazu S. 128).*
2. *Wie ist die Tragfähigkeit des Dreikaiserbündnisses zu beurteilen (▷ Q 4.2)?*
3. *Interpretieren Sie das Kissinger Diktat als ein Schlüsseldokument für die deutsche Außen- und Bündnispolitik (▷ Q 4.3).*
4. *Weisen Sie am Zweibund den defensiven Charakter nach (▷ Q 4.4).*
5. *Untersuchen Sie die Wirkungsweise des Bismarckschen Bündnissystems und diskutieren Sie seine Schwächen (▷ Q 4.6).*
6. *Inwiefern war Caprivis „Neuer Curs" außen- und innenpolitisch nicht unproblematisch?*
7. *Weisen Sie die Veränderungen der deutschen Außenpolitik nach Bismarck und Caprivi anhand der Quellen Q 4.5–Q 4.6 und Q 5.4/S. 142 nach.*
8. *Referieren Sie in diesem Zusammenhang über die außenpolitische Wirkung von Reden Kaiser Wilhelm II.*
9. *Berichten Sie über Bismarckdenkmäler und -türme einer ausgewählten Region.*

Zusammenfassung:

Nach dem Krieg 1870/71 war das Mächteverhältnis in Europa zugunsten seiner Mitte, des geeinten Deutschen Reiches, verändert. Da von Frankreich Revanchebestrebungen ausgingen, zielte Bismarcks Außenpolitik auf Isolierung des westlichen Nachbarn und Absicherung des als „saturiert" erklärten Reiches durch ein zunehmend kompliziertes Bündnissystem, das auf den Verteidigungsfall hin ausgerichtet war und den Zweifrontenkrieg zu verhindern suchte. Das zunächst gute Verhältnis zu Rußland wurde zunehmend durch Handelsrivalitäten belastet, so daß das einvernehmliche Bündnis mit Österreich zum Kernstück der Bismarckschen Außenpolitik wurde. Es überdauerte sogar die Ära lautstark vertretener „Welt-" und Flottenpolitik bis hin in die Bündnisvoraussetzungen des Ersten Weltkrieges. Weder Bismarck noch seine Nachfolger vermochten Großbritannien nachhaltig zu binden noch die französisch-russische Verständigung letztlich zu verhindern.

5.
Krisenjahre und Kriegsbeginn

1904		Entente cordiale (Großbritannien, Frankreich)
1905		Niederlage Rußlands im Krieg gegen Japan; 1. Marokkokrise; Schlieffenplan
1907		Britisch-russischer Interessenausgleich
1908		Triple-Entente (Großbritannien, Frankreich, Rußland); Bosnienkrise
1911		2. Marokkokrise
1912–1913		1. und 2. Balkankrieg
1914	28. Juni	Attentat von Sarajewo
	1. August	Kriegsbeginn

Britische Seemacht **Imperialismus europäischer Mächte.** Grundlage für das britische Weltreich war die Seeherrschaft durch seine Kriegs- und Handelsflotte. Die überseeischen Besitzungen erleichterten eine Kontrolle der Schiffahrtswege, ermöglichten Nachschub und Absperrung, eröffneten den Zugang zum Hinterland. Stützpunkte sicherten das Handelsdreieck Europa-Afrika-Südamerika und den Seeweg nach Asien und Australien. Großbritannien besaß breite Landstreifen entlang des St.-Lorenz-Stroms und der südlichen Hudson-Bay, an Indiens Malabar- und Koromandelküste und im Gangesstromland. Als im 19. Jahrhundert andere europäische Staaten erneut als Mitbewerber um Kolonien auftraten, reagierte Großbritannien mit der Einbeziehung zusätzlicher kolonialer Gebiete. 1914 beherrschte es ein Fünftel der Erde. Indien als Ausgangsbasis gegen Persien, China und Rußland, als strategische Drehscheibe, Lieferant tropischer Kulturpflanzen, Abnehmer englischer Textilien und Stahlwaren, als Reservoir von Soldaten sollte durch die Beherrschung der Achsen Kairo-Kalkutta und Kairo-Kapstadt abgeschirmt werden. Bis zum Ende des Ersten Weltkrieges gelangte die Kap-Kairo-Linie gänzlich in britische Hand.

Französisches Kolonialreich Frankreich, das 1830 Algier erobert und bis zum Ende des Jahrhunderts seine Erwerbungen zwischen Marokko und Zentralafrika weiträumig zusammengefaßt hatte, verlor den Wettbewerb um Ägypten gegen Großbritannien. Nach der Krise um Faschoda, das französische Soldaten den britischen Ansprüchen im Sudan 1898 preisgeben mußten, mied es die Kap-Kairo-Linie, unterließ die völlige West-Ost-Durchdringung Afrikas und beschied sich östlich mit Randgebieten, die noch nicht britisch waren: Madagaskar, weiteren Inseln im Indischen Ozean, Indochina und südpazifischen Inselgruppen.

Kontinentaler Imperialismus Rußlands Im 17. und 18. Jahrhundert hatte Rußland Einfluß bis Ostsibirien und Alaska gewonnen. Westlich strebte es nach einem eisfreien Hafen und ungestörtem Zugang zum Mittelmeer und Atlantik. Drei Kriege, 1828–1829, 1853–1856, 1877–1878, setzten die gewaltsame Meerengenpolitik gegen das Osmanische Reich nicht durch. Doch in Asien brachte die „Jagd nach einer Grenze" islamisierte Gebiete: Kasachstan, die Kaukasusländer, Turkmenien, Turkestan. Ansprüche auf Persien und Afghanistan lösten das britische Kairo-Kalkutta-Programm aus. Mitbewerber in China waren gegen 1900 Großbritannien, Frankreich, Deutschland, Japan, die USA. In beispielloser Geschlossenheit hatte Rußland seinem Kernland die eroberten Gebiete angelagert.

Deutsche Kolonien Eilig, in nur einem dreiviertel Jahr von Kaufleuten erworben und unter kaiserlichen Schutz gestellt waren 1884/85 Deutsch-Südwestafrika, Kamerun, Togo, Deutsch-Ostafrika, ein Teil Neuguineas mit Nachbarinseln, sowie die Marshallinseln (▷ Q 5.1). 1899 wurden die Karolinen-, Marianen- und Palauinseln hinzugekauft. Mit dem Schritt nach Übersee gab das Reich die kontinentale Selbstbescheidung auf und trat – nach Bismarck und Caprivi – als imperiale Macht hervor.

Zur Rechtfertigung berief man sich auf die Lehre des englischen Naturforschers Charles Darwin und entwickelte die Auffassung, auch in der Menschheit setzten sich mit dem Recht des Stärkeren die Lebenstüchtigen und die überlegenen Rassen durch (▷ Q 5.2). Dieser Sozialdarwinismus in Verbindung mit Rassedenken, Zivilisations- und Missionseifer traten als ideologische Mischung bei jeder imperialistischen Macht zutage, abgewandelt durch deren jeweilige Tradition und nationalen Egoismus. Mit zunehmender Industrialisierung wuchs in den Mutterländern die Bevölkerungszahl, soziale Gegensätze brachen auf. Der innenpolitische Druck suchte zunächst eine Ableitung durch Auswanderung. Dann benötigte die auf Hochtouren produzierende Industrie die Öffnung nach außen. Das erwirtschaftete Kapital drängte nach Anlage, die Gütermenge nach Absatz, die Fabrikation verlangte Rohstoffe. Derartige Bedürfnisse stellten Kolonien oder vertragsmäßig gesicherte Einflußzonen zufrieden. Kapital erschloß das abhängige Gebiet mit Transportlinien und Anlagen zur Rohstoffgewinnung. Bevölkerungsreiche Kolonien kamen auch als Absatzmarkt in Frage. Die Wirtschaft einer imperialistisch geprägten Nation hatte somit Aussicht auf Wachstum und Gewinn, ohne von einer konkurrierenden Wirtschaftsmacht gestört zu werden (▷ Q 5.3). Deshalb wurde das Streben nach Autarkie (wirtschaftliche Unabhängigkeit) des eigenen Imperiums zur imperialistischen Grundregel. Noch liefen die Fäden der Weltpolitik in Europa zusammen, doch bald traten die USA, einst selbst Kolonialgebiet, und Japan als asiatische Macht in den Wettbewerb ein.
Innenpolitisch wurden imperialistische Ziele als Prestigeobjekt dargestellt, das sich zum Appell an Gemeinsamkeit, Geschlossenheit und Opferwillen eignete. Im Verhältnis der Staaten zueinander drohten Spannungen der Mutterländer sich zur globalen Krise auszuweiten; oder Streitfälle in den Kolonien drohten die europäischen Gegensätze zu verschärfen. Der Weltkriegsgefahr leistete zudem die Auffassung Vorschub, Krieg sei Fortsetzung der Politik mit anderen Mitteln.

Neue Bündniskonstellationen. Mit dem Übergang zum Imperialismus eiferte das Deutsche Reich dem Vorbild Großbritannien durch den verstärkten Ausbau einer Flotte nach, dabei in diesem Unterfangen unterstützt vom 1898 gegründeten Deutschen Flottenverein. Durch die Aufrüstung entstanden jedoch erhebliche außenpolitische Nachteile, denn die Entfremdung von Rußland ließ sich nun nicht problemlos durch ein Bündnis mit Großbritannien ersetzen. Die vermeintliche „Politik der freien Hand" täuschte über die drohende Isolierung Deutschlands hinweg, die kurz vor dem Weltkrieg von der Bevölkerung als „Einkreisung" mißdeutet wurde.
Selbstherrlich lehnte 1899 auf der 1. Haager Friedenskonferenz das Deutsche Reich eine wirksame internationale Schiedsgerichtsbarkeit ab, stimmte aber mit 25 Teilnehmerstaaten einer Landkriegsordnung und der Einrichtung eines Internationalen Schiedshofes in Den Haag zu. Durch den deutschen Flottenbau herausgefordert, erreichte England 1904 mit der Entente cordiale Anschluß an Frankreich und das französisch-russische Kontinentalbündnis. Seither bestand die Mächtekonstellation des Ersten Weltkrieges. 1905/06 erarbeitete der deutsche Generalstabschef von Schlieffen einen Plan für den Kriegsfall, wonach Deutschland eine rasche militärische Entscheidung im Westen herbeiführen und sich anschließend gegen Rußland wenden sollte. Das noch verbleibende Bündnis zum Partner Donaumonarchie geriet zum Risiko für das Deutsche Reich, denn ab 1866 war der Vielvölkerstaat schweren inneren Zerreißproben ausgesetzt (▷ Q 5.6).
Nach den Ungarn meldeten die Slawen ihr Recht auf Errichtung eines eigenen Staates an. Zudem galt es vom Panslawismus beeinflußte, prorussische oder auf Italien gerichtete Loslösungstendenzen abzuwehren. Mit diesem ums Überleben ringenden Österreich-Ungarn wagten sich die Regierenden des Deutschen Reiches auf den Kurs ihrer „Weltpolitik".

Rechtfertigungsversuche der Imperialisten

Zusammenhang mit der Industrialisierung

Innenpolitische Wirkung

Wettbewerb mit der Seemacht

1. Haager Friedenskonferenz

Entente cordiale

Schlieffenplan

Unruhen in der Donaumonarchie

Rußlands innere und äußere Schwäche. Das Russische Reich erschien gefährlich nicht nur wegen seiner ungeheuren Ausdehnung, sondern auch wegen des von ihm ausgehenden Panslawismus. Als orthodoxe und slawische Führungsmacht drohte es die europäische Mächteordnung zu sprengen, falls sich die Slawen im Deutschen und Osmanischen Reich sowie v. a. in der Donaumonarchie an Rußlands Seite begeben sollten. Doch im Innern war das traditionelle Herrschaftsgefüge – die Autokratie des Zaren, die orthodoxe Kirche, der einflußreiche Großgrundbesitz, das starke Heer und die allgewaltige Geheimpolizei – vom Zusammenbruch bedroht. Die Aufhebung der Leibeigenschaft 1861 hatte die sozialen Gegensätze zuungunsten der verschuldeten Bauern verschärft; Landhunger und Landnot der Bauern wurden zum unlösbaren Dauerproblem. Die Intelligenz verhielt und betätigte sich weitgehend staatsfeindlich; ihre radikalen Vertreter verübten im Kampf gegen das Zarentum und die sozialen Ungerechtigkeiten Sabotageakte und Attentate. Die Spirale der Dauerkrise bewegte sich zwischen Agrarrevolte und Streiks einerseits, Polizeikontrollen, Waffeneinsatz gegen Demonstranten und Judenverfolgungen andererseits. Vor diesem Hintergrund entwarf und propagierte ab 1902 Lenin sein Konzept zum bewaffneten Umsturz durch eine marxistische Elitepartei. Rußlands Niederlage im Krieg gegen Japan 1905 löste die erste Revolution im Zarenreich aus (▷ Q 5.5). Sie gipfelte nicht zuletzt in nationalen Aufständen der russisch beherrschten Balten, Polen und Ukrainer. Dank des Einsatzes massiver militärischer Machtmittel und – nur bedingt eingehaltener – Verfassungs- und Parlamentarisierungszusagen gewann die Autokratie noch einmal die Oberhand. Hinzu kam eine außenpolitische Atempause mit der 2. Haager Friedenskonferenz: 1907 einigten sich 44 Staaten auf Konventionen im Land- und Seekriegsrecht sowie auf bestimmte Rechte neutraler Staaten im Kriegsfall.

Panslawismus

Kampf gegen alte Ordnung

Lenin
Russisch-japanischer Krieg

2. Haager Friedenskonferenz

Internationale Krisen. Die Lähmung der Entente infolge Rußlands kriegerischer Verwicklung mit Japan nutzte Reichskanzler von Bülow zur Intervention in Nordafrika. Indem er gegen die „friedliche Durchdringung" Marokkos durch Frankreich protestierte, löste er die 1. Marokkokrise aus. Wilhelm II. unterstrich Bülows Politik durch eine Reise nach Tanger, wo er die Unabhängigkeit des Sultans betonte. Auf der nachfolgenden Algeçiras-Konferenz fand sich Deutschland bereits deutlich isoliert.

Als Österreich-Ungarn, ermutigt durch Wirren der Jungtürkischen Revolution, 1908/09 anfing, die einst osmanischen, seit dreißig Jahren von der Donaumonarchie verwalteten, vorwiegend von Serben bewohnten Gebiete Bosnien und Herzegowina zu annektieren, rief es türkischen Protest und serbische Mobilisierung hervor. Rußland, noch nicht wieder kriegsbereit, rückte wieder enger an die Entente, während Deutschland in „Nibelungentreue" zu Österreich hielt. Aus dem Zusammenspiel von Auswärtigem Amt und Alldeutschem Verband erwuchs 1911 die 2. Marokkokrise, in der anläßlich des französischen Aufmarsches gegen marokkanische Aufständische das deutsche Kanonenboot „Panther" nach Agadir entsandt wurde (▷ Q 5.7). Im Ergebnis mußte sich Deutschland mit wenig wirkungsvollen Zusicherungen wirtschaftlicher Meistbegünstigung in Marokko und der Aussicht auf den französischen Südkongo zufriedengeben. Diese Krise putschte überall in Europa nationalistische und imperialistische Emotionen hoch. In Deutschland wuchs die antienglische Hysterie, während das britische und französische Kabinett in der deutschen Politik nur noch die Wahl zwischen innenpolitisch unerträglichen Demütigungen mit Zerfall der Entente oder Krieg sah.

1. Marokkokrise

Bosnienkrise

2. Marokkokrise

Der enttäuschende Ausgang der 2. Marokkokrise erzeugte starken Druck zugunsten verstärkter Flottenrüstung. Schon damals hatte jedoch das Reich das maritime Wettrüsten verloren, da dem Reichsmarineamt weitaus weniger finanzielle Mittel zur Verfügung standen als der britischen Admiralty. Dennoch lehnte die deutsche

Reichsführung das Angebot des britischen Kriegsministers Haldane, den kostspieligen Flottenbau vertraglich zu begrenzen, ab. Torpediert wurden die Verhandlungen durch den Chef des Reichsmarineamtes von Tirpitz und den Kaiser. Die Politiker um Kanzler Bethmann Hollweg, gestützt von Teilen der Bildungsschicht, der Banken, des Handels, der Exportindustrien, zielten hingegen auf Rüstung als starke Landmacht, Weltwirtschaft und Verfassungsreform und suchten in berechenbarer Politik bis in den August 1914 das Verhältnis zu England durch eine Entspannungspolitik zu bessern. *Haldane-Mission*

Die bedrohliche Krise 1911/12, der absehbare Zerfall des Osmanischen Reiches, die Instabilität der österreichischen Staatsführung, die Aggressivität der von Rußland gestützten Balkanstaaten verstärkten in Deutschland das Gefühl der Bedrohung. Der „Kriegsrat" vom 8. Dezember 1912 stellte daher konkrete Überlegungen zur Auslösung eines Krieges an und nannte das Jahr 1914 (▷ Q 5.8). Die erste große Heeresvermehrung wurde 1913 beschlossen. Andererseits gab es kriegsverzögernde Ereignisse, wie das für Deutschland vorteilhafte Abkommen über Angola, das die portugiesische Kolonie in eine deutsche und eine britische Interessensphäre teilte. Mäßigend wirkten auch deutsche Industrieunternehmen, soweit sie durch Kapitalverflechtung an belgischen und nordfranzösischen Erzgruben beteiligt waren. Das galt nicht für deutsche Interessen an der Bagdadbahn, da in dieser Region auch Franzosen, Briten und Russen engagiert waren. Mit der südöstlichen Stoßrichtung wurde der ursprünglich defensive Zweibund zum Garanten für die Existenz der Donaumonarchie umgewertet, der deutsch-russische Gegensatz im Wettbewerb um die osmanische Erbfolge verschärft. *„Kriegsrat"*

Die Balkankriege 1912/13 eröffneten panslawistischen und militärischen Kräften Rußlands gedanklich den Ausweg einer „Flucht in den Krieg", um die innenpolitischen Spannungen nach außen zu verlagern. Den Deutschen erschien St. Petersburg als Hauptgegner im Nahen Osten; es reagierte gereizt auf die Ernennung eines deutschen Generals zum osmanischen Oberbefehlshaber, gefährdete durch Ausbau des strategischen Eisenbahnnetzes in Westrußland/Polen den Schlieffenplan, verständigte sich 1914 mit den Briten über Flottenfragen und vergrößerte sein Heer. Rußland erwartete insgeheim den Kriegsausbruch für 1916/17. Auch die deutsche Regierung Bethmann Hollweg kalkulierte mit dem Präventivschlag und der Stabilisationswirkung eines Krieges nach innen. *Balkankriege*

Der Ausbruch des Ersten Weltkrieges. Das Attentat, dem in der bosnischen Provinzhauptstadt Sarajewo am 28. Juni 1914 der österreichische Thronfolger Franz Ferdinand zum Opfer fiel, wurde zum Kriegsanlaß. Österreich fühlte sich von den Serben herausgefordert. Passivität drohte den Zerfall der Donaumonarchie nach sich zu ziehen. Damit war auch der Bündnispartner Deutschland zur Stellungnahme genötigt, wobei zu bedenken war, ob sich der Krieg auf dem Balkan lokalisieren ließ oder zum Weltkrieg eskalierte. In der Randbemerkung des Kaisers vom 2./4. Juli 1914 „Jetzt oder nie! Mit den Serben muß aufgeräumt werden!" scheint sich Hoffnung auf den Erfolg einer begrenzten Aktion zu äußern. Doch der Regierung Bethmann Hollweg war die risikoreiche, explosive Lage bewußt. *Mord von Sarajewo*

Kriegsrisiko

Deutschland stützte das schroffe österreichische Ultimatum an Serbien vom 23. Juli 1914. Während die Mobilmachung anlief, suchte der britische Außenminister zwischen Wien und St. Petersburg noch zu vermitteln. Nur kurz war damit Rußland die Entscheidung über Krieg und Frieden zugespielt, ehe die demütige serbische Antwort auf das österreichische Ultimatum der Strafaktion die Grundlage entzog. Da gab der Entschluß der Wiener Regierung, im Vertrauen auf deutsche Rückendeckung dennoch militärisch einzugreifen, den Ausschlag. Gegen letzte Vermittlungsversuche Bethmanns behielt der deutsche Generalstab die Oberhand. Die sofortige Mobil- *Ultimatum*

Mobilmachungen

Kriegsbegeisterte Berliner (August 1914)
Carl Zuckmayer berichtet von seiner Heimatstadt Mainz: „‚Seine Majestät der Kaiser und König hat die Mobilmachung von Heer und Flotte angeordnet. Erster Mobilmachungstag ist der zweite August.' (gez. Wilhelm II. R.) Sonst nichts. Wer damals dabei war, hat diesen Text nie vergessen. Da und dort traf ich Schulkameraden oder Freunde aus der Nachbarschaft, und auch das gehörte zu dem Unfaßlichen: wir sprachen kaum miteinander, wir berieten uns nicht, wir schauten uns nur an, nickten uns zu, lächelten: es war gar nichts zu besprechen. Es war selbstverständlich, es gab keine Frage, keinen Zweifel mehr: wir würden mitgehen, alle." (Carl Zuckmayer: Als wär's ein Stück von mir, Frankfurt 1967, S. 194 ff.)

Kriegserklärungen

machung am 31. Juli war geboten, um gemäß dem Schlieffenplan Frankreich niederzukämpfen, bevor die russische „Dampfwalze" begann. Am 1. August erklärte das Reich Rußland, am 3. August Frankreich den Krieg. Der für den Schlieffenplan unerläßliche Durchmarsch durch Belgien forderte sogleich die britische Kriegserklärung heraus (4. August).

Kriegsschulddiskussion

Aus Dokumenten zur Vorkriegszeit und zum Weltkrieg konnte die historische Forschung (Fritz Fischer, ab 1962) Deutschlands erhebliche Verantwortung am Ausbruch des Weltkrieges herausarbeiten (▷ Q 5.9). Das Reich war nicht um die Begrenzung auf den „kleinen" Krieg um Serbien bemüht, sondern riskierte den „großen" Krieg. Daraus ergibt sich die Frage, ob es nur um Deutschlands Selbsterhaltung ging oder um größere Erwartungen. Zwischen 1900 und 1914 war in der deutschen Politik von machtpolitischer Selbstbescheidung nichts zu spüren, dafür mehr von der Versuchung, den Besitzstand in der Welt zugunsten Deutschlands zu korrigieren. In

Deutsche Kriegsziele

den Kriegszielen, wie Bethmann Hollweg sie nach nur einem Monat Krieg notierte, scheint diese Versuchung nach Verwirklichung zu drängen. Wirtschaftlich wertvolle Gebietsgewinne und ein deutsch beherrschter „Großraum" im Osten hätten die kontinentale Hegemonie ausbauen und sichern sollen. 1916 kam die „Weltpolitik" wieder ins Blickfeld: Großbritannien sollte seine beherrschende Stellung von Gibraltar bis Indien zugunsten vergrößerten deutschen Kolonialbesitzes einbüßen. Auf seiten der Entente zeigte Großbritannien an einer territorialen Neuordnung Europas geringes Interesse; es hätte Deutschlands Großmachtstatus in Europa wohl nicht angeta-

Kriegsziele der Entente

stet. In Afrika jedoch erstrebte es den Besitz deutscher Kolonien, und im Vorderen Orient vereinbarte es mit Frankreich eine Aufteilung des Osmanischen Reiches. Frankreich suchte Elsaß-Lothringen zurückzugewinnen, das Saarland einzugliedern und auf die Bildung eines neutralen Rheinstaates hinzuwirken. Das zaristische Rußland hoffte auf Gebietszuwachs aus Preußens und Österreichs polnischem Anteil sowie auf den Besitz Konstantinopels und der Meerengen.

Kriegsgeschehen. Die Mittelmächte gerieten sogleich in den gefürchteten Zweifrontenkrieg. Die Kämpfe begannen eben nicht, wie es der Schlieffenplan erwarten ließ, zunächst in Frankreich und nach einer gewissen Zeit dann im Osten – vielmehr hatte der serbische Kriegsherd sogleich Rückendeckung durch die russische Mobilisierung. Um Frankreich dennoch rasch auszuschalten, verletzten die Deutschen mit ihrem Vormarsch die Neutralität Belgiens, was augenblicklich dessen Garantiemacht England an die Seite Frankreichs rief. Weit vor Paris stockte der deutsche Angriff, weil in Ostpreußen militärische Kräfte zur Abwehr russischer Massenheere benötigt wurden. So kam, statt einer schnellen Entscheidung, nach neun Wochen die Westfront in einem Stellungskrieg zum Stehen. Ab dem Zeitpunkt wurden für Sieg und Niederlage die Reserven an Menschen und Material sowie die innere Stabilität der kämpfenden Staaten bestimmend. Auch im Osten verfestigte sich ab 1915 die Kampflinie von der Ostsee bis zum Schwarzen Meer.

Zweifrontenkrieg

Stellungskrieg

Kennzeichnend für den noch jahrelang dauernden Stellungskrieg waren die extrem hohen Verluste an Soldaten und Kriegsgerät. Besonders verlustreich war 1916 die viermonatige Dauerschlacht um Verdun, die stärkste Befestigung der Franzosen: An Toten, Vermißten und Verwundeten gab es auf französischer Seite 362 000, auf deutscher 336 000.

Verdun

Günstige Zusagen der Westmächte zogen Italien 1915 auf die Seite Englands und Frankreichs. Die britische Seeblockade, der Italien damit entging, schnitt die Mittelmächte vom Welthandel ab, während Großbritannien im Schutz seiner überlegenen Flotte Rohstoffe und Nahrung, aus den USA auch Waffen, heranführen konnte.

Britische Seeblockade

Friedenssondierungen 1916/17 blieben erfolglos, da Deutschland mit der Forderung seiner Gegner, in Europa müsse die Nationalitätenfrage gelöst werden, den Zerfall der verbündeten Donaumonarchie und des Osmanischen Reiches befürchtete.

Friedensbedingungen

Als das Deutsche Reich mit dem uneingeschränkten U-Boot-Krieg begann, erklärte der Präsident der USA, Wilson, am 5. April 1917 den Deutschen den Krieg.

Kriegseintritt der USA

Waren seit 1914 durch die Beteiligung der Türkei und durch Kämpfe um die deutschen Besitzungen in Übersee bereits Teile Asiens und Afrikas in die Auseinandersetzungen einbezogen, so brachte die Beteiligung der USA die endgültige Wende zum Weltkrieg.

Die bolschewistische Revolution 1917 entzog Rußland dem äußeren Kriegsgeschehen; im Verlauf der dortigen inneren Wirren rückten die Truppen der Mittelmächte fast kampflos bis zur Donmündung vor, dann wurde Rußland der Friede von Brest-Litowsk am 3. März diktiert.

Oktoberrevolution 1917

Diese günstige Entwicklung rettete die Donaumonarchie und das Deutsche Reich nicht mehr vor dem Zusammenbruch. Angesichts stets frischer Truppen und neuartiger Waffen der Alliierten war nach zwei Hungerwintern die übermäßige kriegswirtschaftliche Kraftanstrengung von der Bevölkerung nicht mehr durchzuhalten. Am 21. Oktober 1918 löste sich die Donaumonarchie in Einzelstaaten auf, an der Wende zum November brachen in Deutschland Aufstände gegen die Fortsetzung des Krieges aus, der Ruf nach Waffenstillstand und Abdankung des Kaisers wurde unüberhörbar. Während die deutschen Truppen noch auf fremdem Territorium standen, wurde am 11. November 1918 der Waffenstillstand unterzeichnet.

Zusammenbruch der Mittelmächte

Waffenstillstand

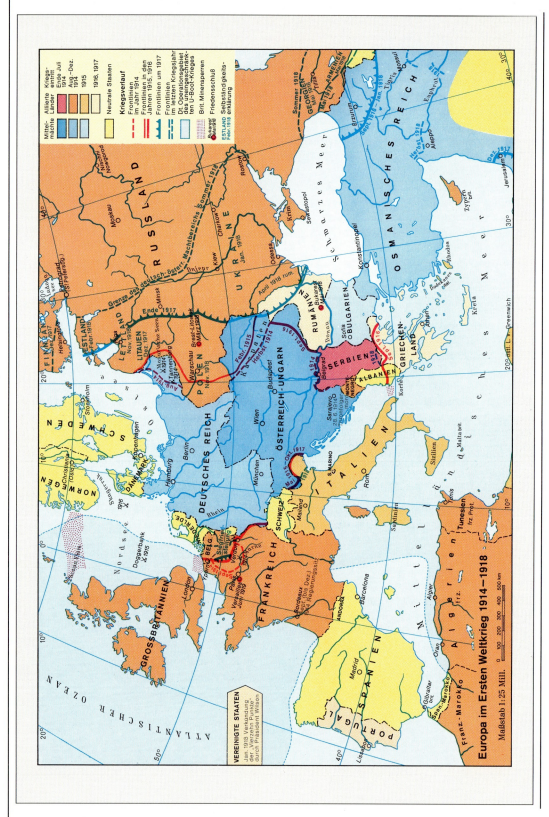

Q 5.1
Anfänge deutscher Kolonialpolitik

Aus einer Rede Bismarcks vor dem Reichstag (1884):

Ich wiederhole, daß ich gegen Kolonien – ich will sagen nach dem System, wie die meisten im vorigen Jahrhundert waren, was man jetzt das französische System nennen könnte – gegen Kolonien, die als Unterlage ein Stück Land schaffen und dann Auswanderer herbeizuziehen suchen, Beamte anstellen und Garnisonen errichten –, daß ich meine frühere Abneigung gegen diese Art Kolonisation, die für andere Länder nützlich sein mag, für uns aber nicht ausführbar ist, heute noch nicht aufgegeben habe. Ich glaube, daß man Kolonialprojekte nicht künstlich schaffen kann.

Etwas ganz anderes ist die Frage, ob es zweckmäßig, und zweitens, ob es die Pflicht des Deutschen Reiches ist, denjenigen seiner Untertanen, die solchen Unternehmungen im Vertrauen auf des Reiches Schutz sich hingeben, diesen Reichsschutz zu gewähren und ihnen gewisse Beihilfen in ihren Kolonialbestrebungen zu leisten, um denjenigen Gebilden, die aus den überschüssigen Säften des gesamten deutschen Körpers naturgemäß herauswachsen, in fremden Ländern Pflege und Schutz angedeihen zu lassen. Und das bejahe ich, allerdings mit weniger Sicherheit vom Standpunkt der Zweckmäßigkeit – ich kann nicht voraussehen, was daraus wird –, aber mit unbedingter Sicherheit vom Standpunkte der staatlichen Pflicht.

Unsere Absicht ist nicht, Provinzen zu gründen, sondern kaufmännische Unternehmungen, aber in der höchsten Entwicklung, auch solche, die sich eine Souveränität, unter seiner Protektion stehende kaufmännische Souveränität erwerben, zu schützen in ihrer freien Entwicklung sowohl gegen die Angriffe aus der unmittelbaren Nachbarschaft als auch gegen Bedrückung und Schädigung von seiten anderer europäischer Mächte.

Otto von Bismarck: Die Gesammelten Werke, Friedrichsruher Ausgabe, Bd. XII, Berlin ²1929, S. 479ff.

Q 5.2
Kampf ums Dasein

Ernst Hasse war als nationalliberaler Politiker Mitglied des Reichstages und seit 1894 Vorsitzender des Alldeutschen Verbandes. In seiner 1897 erschienenen Schrift „Deutsche Weltpolitik" umriß er die Ziele eines deutschen Weltreiches. Darwins Auffassung vom Kampf der Tierarten um ihr Dasein ist hier auf Menschengruppen übertragen, die als „Völker" gleich übergroßen Organismen um ihr Dasein kämpfen.

Eine deutsche Weltpolitik wird im schlimmsten Falle auch vor der Anwendung von Gewalt gegenüber anderen Kulturvölkern nicht zurückscheuen dürfen. Denn wenn sie verlangt und verlangen muß, daß keine Verschiebung der Machtverhältnisse, keine wesentliche Veränderung der Besitzverhältnisse zwischen den großen und mächtigen Völkern der Erde vor sich gehe, ohne daß Deutschland seine Zustimmung dazu erteilt, und wenn diese Zustimmung nur im Falle der Gewährung gleicher Vorteile auch an Deutschland ausgesprochen wird, so liegt darin eigentlich nur eine Übertragung der Jahrhunderte lang in Geltung gewesenen Politik des sogenannten Konzertes der europäischen Großmächte auf die heutigen Weltmachtverhältnisse. Aber es kann nicht geleugnet werden, daß diese Politik zu kriegerischen Auseinandersetzungen zwischen den großen Mächten führen kann. Im Kampf ums Dasein siegt eben nur der, der auch die Probe besteht.

Das, was ein modernes deutsches Weltreich von den Weltreichen der asiatischen Völker, Roms, aber auch Napoleons I. unterscheiden wird, das ist, daß Deutschland gemäß der duldsamen Natur des deutschen Volkes, niemals den Anspruch auf Alleinherrschaft in der Welt erheben, sondern daß es stets nur eine den anderen Weltreichen ebenbürtige Stellung anstreben wird. Und ein deutsches Weltreich wird auch stets darauf verzichten, die Oberherrschaft über andere Kulturvölker an sich zu reißen.

Das Einzige, was im Flusse der tausendjährigen Entwicklung Bestand hat, ist das Volk. Alles Andere sind vorübergehende Zustände. Die Staaten, als Zusammenfassungen von Völkern, kommen und gehen. Und noch viel vergänglicher sind die Verfassungen der Staaten und die Zustände der Gesellschaft.

Bernhard Pollmann (Hrsg.): Lesebuch zur deutschen Geschichte, Bd. III, Dortmund 1984, S. 69ff.

Q 5.3
Hobson: Imperialism

Der englische Sozialökonom John A. Hobson kennzeichnete den Imperialismus seit den 80er Jahren in Unterscheidung vom vorausgehenden Kolonialismus als einen Wettlauf rivalisierender Imperien und suchte die Ursachen dafür in sozioökonomischen Zuständen.

Jede Verbesserung der Produktionsmethoden, jede Konzentration des Eigentums und der Kontrolle scheint diese Tendenz [zur imperialistischen Expansion] zu verschärfen. In dem Maße, wie eine Nation nach der andern in das Maschinenzeitalter eintritt und fortgeschrittene industrielle Methoden übernimmt, wird es für ihre Unternehmer, Kaufleute und Finanziers schwieriger, ihre wirtschaftlichen Reserven unterzubringen, und sie werden mehr und mehr in Versuchung geführt, ihre Regierungen auszunutzen, um sich für ihre besonderen Zwecke irgendein fernes unentwickeltes Land durch Annexion und Schutzherrschaft zu sichern. Überall zeigen sich überschüssige Produktionskräfte und überschüssiges Kapital auf der Suche nach Investition.

Diese Lage der Dinge in der Wirtschaft bildet die Wurzel des Imperialismus. Wenn die Verbraucher dieses Landes den Standard ihrer Konsumtion so erhöhen könnten, daß sie in der Lage wären, mit jedem Anwachsen der Produktionskräfte Schritt zu halten, so gäbe es keinen Überschuß an Waren oder Kapital, der stürmisch nach dem Imperialismus verlangt, um ihn zum Ausfindigmachen von Märkten zu benutzen.

Der Imperialismus ist der Versuch der großen Industriekapitäne, den Abflußkanal für ihren überschüssigen Reichtum zu verbreitern, indem sie ausländische Märkte und Investitionsmöglichkeiten zur Abnahme der Waren und des Kapitals suchen, die sie zu Hause weder verkaufen noch anlegen können.

Die Fehlerhaftigkeit der Behauptung, die imperialistische Expansion sei unvermeidlich als notwendige Absatzmöglichkeit für die sich ausdehnende Industrie, ist jetzt klar. Es ist nicht das industrielle Wachstum, das nach Öffnung neuer Märkte und nach Gebieten für Investitionen verlangt, sondern die schlechte Verteilung der Kaufkraft, die die Absorption von Waren und Kapital innerhalb des Landes verhindert.

John A. Hobson: Imperialism, London 1902. Zit. nach: Der Marxismus, seine Geschichte in Dokumenten, hrsg. und übers. von Iring Fetscher, Band 2, München 1983, S. 461ff.

Q 5.4
Europäisches Bündnissystem vor dem Ersten Weltkrieg

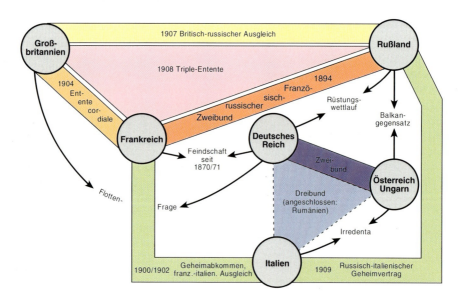

Q 5.5
Kritik am zaristischen System

„Der russische Doppeladler" (Karikatur aus „Der wahre Jacob", 1905).
Die Darstellung bezieht sich auf den „Petersburger Blutsonntag" (21. Januar 1905), an dem russisches Militär einen Petitionszug zum Zaren zusammenschoß, und auf den Überfall der Japaner auf den russischen Flottenstützpunkt Port Arthur (1904) im Gelben Meer mit dem daran anschließenden russisch-japanischen Krieg.

Q 5.6
Abneigung gegen Habsburg

Edvard Beneš (1884–1948), Dozent für Nationalökonomie, lehnte nach frühen politischen Enttäuschungen den österreichisch-ungarischen Staatsverband ab und strebte nach Errichtung eines tschechischen Nationalstaates. In der Tschechoslowakischen Republik, die 1918 ausgerufen wurde, hatte er hohe Ämter – Außenminister, Ministerpräsident, Staatspräsident – inne.

Ich war beim Verlassen der Heimat [1905] in sozialem und nationalem Sinn ein bewußter Malkontenter[1] gewesen, gegen Wien und Budapest eingenommen als national fühlender Tscheche;
5 zurückgekehrt, fühlte ich als politisch und philosophisch in Paris und London erzogener Europäer gleich elementar, wenn nicht noch elementarer diese Abneigung gegen das Reich der Habsburger.
10 Nach einiger Zeit [1907] versprach ich mir, in fast fanatischem Glauben an die Kraft und den Einfluß demokratischer Prinzipien, von der Einführung des allgemeinen Wahlrechtes in Österreich eine Wandlung und Erneuerung im Sinne
15 des Föderalismus und der Ideen Palackys und Havalíčeks. Die Entwicklung der Dinge in den Jahren 1909 bis 1914 bereitete mir immer größere Enttäuschungen. Innerlich bewußter und konsequenter Demokrat, wurde ich immer mehr
20 überzeugter Radikaler und Revolutionär. Der politische Kampf im Innern des österreichisch-ungarischen Reiches, der Kampf um das allgemeine Wahlrecht, die bosnische Annexionskrise von 1908, der Absolutismus in Böhmen und
25 Kroatien überzeugten mich davon, daß wir auch politisch eine große Krise durchlebten, die im Guten oder nach bösen Erschütterungen eine tiefe Wandlung herbeiführen würde.

Edvard Beneš: Der Aufstand der Nationen, Berlin 1928, S. 5f.

1) Unzufriedener

Q 5.7
Panther-Sprung nach Agadir

Die Rheinisch-Westfälische Zeitung, die sich als nationale Tageszeitung den Interessen der rheinisch-westfälischen Industrie verpflichtet sah, kommentierte am 11. Juli 1911 das Anlaufen des marokkanischen Hafens Agadir durch das deutsche Kanonenboot „Panther":

Eine Fülle von Demütigungen haben die Caprivi und Hohenlohe und Bülow auf unser Volk gehäuft, als ob wir nicht die volksstärkste Nation in Europa wären, als ob wir uns mit unse-
5 ren berechtigten Machtansprüchen nicht auf ein Heer von 5 Mio. Bajonetten stützen könnten und auf eine Flotte, die nicht mehr zu verachten ist, als ob wir nicht ein Volk seien, dessen ungeheurer Tüchtigkeit und höchster Anstrengung es
10 gelungen ist, die Jahrhunderte alten Weltvölker auf den Märkten aller Erdteile in steigendem Maße zu überbieten. Unser Volk hat gebetet, gemahnt und gemurrt, tiefster Unmut und völkische Verzweiflung haben Millionen zu der
15 Verblendung sozialdemokratischer Stimmenabgabe getrieben: das focht die nicht an, die berufen worden sind, des Volkes Willen zu erfüllen, sie haben weiter Deutschland hinabregiert.
Die Franzosen haben sich nicht um das Kaiser-
20 wort und nicht um Verträge gekümmert, sie schicken sich an, das reiche nordwestafrikanische Land sich vollends anzueignen; über unsere wohlerworbenen Ansprüche, über unsere gerechten Interessen hinweg. Gut!

Wenn sie sich unterfangen, in Marokko „Ordnung zu stiften", können wir dergleichen tun. Sie haben uns freie Hand gegeben, wir werden die Aktionsfreiheit benützen! Vor Agadir liegt nun ein deutsches Kriegsschiff. Die Verständigung mit uns über die Aufteilung steht ihnen noch frei. Wollen sie nicht, dann mag der „Panther" die Wirkung der Emser Depesche haben. Das deutsche Volk wird zeigen, daß es seine Ehre zu wahren weiß.
Endlich eine Tat, eine befreiende Tat!

Pollmann: a. a. O., Bd. III, S. 97f.

Q 5.8
„Je eher, je besser"

Die Notizen des Admirals von Müller geben die Haltung Kaiser Wilhelms im Kreise führender Militärs anläßlich der „Kriegsrat"-Konferenz vom 8. Dezember 1912 wieder:

S. M. habe sich folgendes Bild gemacht: Österreich müsse den auswärtigen Slaven (den Serben) gegenüber kraftvoll auftreten, sonst verliere es die Macht über die Slaven der österr.-ung. Monarchie. Wenn Rußland die Serben stützte, wäre der Krieg auch für uns unvermeidlich. Wir könnten aber hoffen, Bulgarien und Rumänien und auch Albanien, auch vielleicht die Türkei auf unserer Seite zu haben. Treten diese Mächte auf Österreichs Seite, dann seien wir soweit frei, um den Krieg mit ganzer Wucht gegen Frankreich zu führen. Die Flotte müsse sich natürlich auf den Krieg gegen England einrichten. Der vom Chef des Admiralstabes im letzten Vortrage erörterte Fall eines Krieges gegen Rußland allein werde nach der Haldaneschen Erklärung außer Betracht bleiben. Also gleich Unterseebootskrieg gegen englische Truppentransporte in der Schelde bzw. bei Dünkirchen, Minenkrieg in Themse. An Tirpitz. Schleunige Mehrbauten von U-Booten etc.
Gen. v. Moltke: „Ich halte einen Krieg für unvermeidbar und je eher, je besser. Wir sollten aber durch die Presse langsam die Volkstümlichkeit eines Krieges im Sinne der kaiserl. Ausführungen vorbereiten."

Walter Görlitz (Hrsg.): Der Kaiser. Aufzeichnungen des Chefs des Marinekabinetts Admiral Georg Alexander von Müller über die Ära Wilhelms II., Göttingen 1965, S. 124ff.

Q 5.9
Warum die Deutschen den Krieg wollten

1961 schockierte Fritz Fischers Werk „Griff nach der Weltmacht" die deutsche Öffentlichkeit, weil er über die Darstellung der deutschen Kriegsziele auch Deutschlands schuldhaften Anteil am Kriegsausbruch 1914 sehr stark betonte. Der Historiker Pogge von Strandmann bestätigt die These seines Lehrers aus der Kenntnis von 27 Jahren weiterer Forschung.

Ein Krieg bricht nur aus, wenn eine Macht ihn willentlich herbeiführt. Ein Krieg ist nicht plötzlich da, nur weil irgendwelche Zeichen auf Krieg stehen oder weil das Rüstungspotential stetig wächst. Entgegen der Annahme, daß zum Beispiel die Häufigkeit internationaler Krisen oder daß Bündnissysteme zum Krieg führen, muß betont werden, daß ein Krieg bewußt ausgelöst wird, daß keine Nation in einen Krieg schlittert und daß, wenn es zum Krieg kommt, es immer zumindest eine Macht gibt, die auf ihn gedrängt hat.
Wenn man die Ergebnisse der internationalen Forschung (bis heute) betrachtet, dann ergibt sich für die Ursachen des Krieges von 1914 deutlicher als je zuvor: Es waren Deutschland und Österreich-Ungarn, die dem übrigen Europa den Weltkrieg aufgezwungen haben.
Fritz Fischer stand mit seinem Werk „Griff nach der Weltmacht" 1961 zunächst allein. Die alte Forderung aus den sechziger Jahren, man brauche nun vergleichbare Studien über die Vorkriegs- und Kriegszielpolitik der anderen Großmächte, ist inzwischen erfüllt worden. Heute gibt es ausführliche, auf archivarischen Quellen beruhende Arbeiten, in denen die Außen- wie Innenpolitik aller am Krieg beteiligten Mächte eingehend analysiert wird. Das Ergebnis ist unzweideutig: Deutschland hat keinen Verteidigungskrieg geführt, sondern die Juli-Krise 1914 zur Herbeiführung des Weltkrieges genutzt.
Die Frage ist also nicht mehr, ob das Deutsche Reich den Krieg verursacht habe, sondern warum es, von Kolonialkriegen abgesehen, nach einem 43jährigen Frieden einen Krieg vom Zaun brach und wie es zu diesem Entschluß gekommen ist.
Wenn der Frieden so lange erhalten blieb, dann war auch der Krieg von 1914 vermeidbar. Für die Erhaltung des Friedens zwischen 1904 und 1914 waren aus deutscher Sicht die Bündniskonstellation, die unzureichende Rüstung, die Un-

sicherheit über die Haltung der Sozialdemokraten und schließlich auch der Friedenswille des Kaisers ausschlaggebend. 1914 war die Situation eine andere. Serbien konnte als Friedensstörer hingestellt werden, und die österreichisch-ungarische Doppelmonarchie glaubte einen Vorwand zu haben, gegen den Balkanstaat vorgehen zu können. Gemäß den österreichischen Expansionsbestrebungen mußte der serbische Staat entweder verschwinden oder ein Satellit Österreichs werden. Auch auf deutscher Seite drängte man auf eine „Lösung", mit den kaiserlichen Worten: „Je eher, desto besser."

Für die deutsche Regierung war die öffentliche Meinung von größter Wichtigkeit, deren Unterstützung nur dadurch sichergestellt werden konnte, daß man Rußland als Kriegsauslöser würde anprangern können.

Hartmut Pogge von Strandmann: Warum die Deutschen den Krieg wollten. In: Die Zeit, Nr. 10, 4. März 1988, S. 40.

Fragen und Anregungen:

1. *Kennzeichnen und beurteilen Sie die Argumentationsweise gegen und für eine deutsche Kolonialpolitik (▷ Q 5.1–Q 5.2).*
2. *Inwieweit ist Hobsons Analyse zeitgebunden bzw. auch auf die Gegenwart anwendbar (▷ Q 5.3)?*
3. *Welchen Zusammenhang sieht der Karikaturist zwischen Innen- und Außenpolitik des Zarenreiches (▷ Q 5.5)? Berichten Sie in einem Referat über Rußlands Entwicklung bis zur Oktoberrevolution.*
4. *Welche Strukturmerkmale des Habsburgerreiches erweckten Forderungen nach Veränderung? Worin bestanden diese (▷ Q 5.6)?*
5. *Vergleichen Sie die europäische Bündnislage vor 1914 mit der vor 1900 (▷ S. 152f., 134ff.).*
6. *Weisen Sie Deutschlands Entfremdung von den europäischen Mächten nach (▷ Q 5.7).*
7. *Die Notizen des Admirals von Müller – ein Zeugnis deutscher Einkreisungsangst oder eines riskanten Kalküls mit dem Weltkrieg (▷ Q 5.8)?*
8. *Ziehen Sie aus den Hinweisen zur Auslösung des Weltkrieges Folgerungen für Deutschlands Zielsetzungen (▷ Q 5.9). Geben Sie durch Referat und Koreferat einen zusammenfassenden Überblick über die Kriegsschulddiskussion.*
9. *Welche unterschiedlichen Einstellungen zum Krieg werden deutlich? Wo liegen die Gründe (▷ Q 5.7–Q5.9)?*

Zusammenfassung:

Die Rivalität der Mächte Europas setzte sich gegen Ende des 19. Jahrhunderts im imperialistischen Wettlauf um Einflußzonen und die Aufteilung der Welt fort. Die Gegensätze verschärften sich u. a. durch das Eintreten des Deutschen Reiches in die „Weltpolitik". Die deutsche „Risikoflotte" forderte Großbritannien heraus. Die Beteiligung an bzw. sogar die Auslösung von Krisen am Rande kriegerischer Zusammenstöße machte Deutschland als „Störenfried" verdächtig, was zum bündnismäßigen Zusammenrücken der anderen Mächte und zur Isolierung Deutschlands führte. Die Gefahr des Zweifrontenkrieges suchte Deutschland durch den Schlieffenplan zu bannen. Indem das Deutsche Reich fest auf die Bündnistreue der in ihrem Bestand gefährdeten Donaumonarchie zählte, riskierte es in den Wirren auf dem Balkan unmittelbar nach dem Attentat von Sarajewo (1914) durch bedingungslosen Rückhalt für Österreich den Weltkrieg. Gegen die Ansicht, die europäischen Mächte seien in den Krieg „hineingeschlittert" (Lloyd George), betont die deutsche Geschichtsforschung seit den 60er Jahren Deutschlands und Österreichs erheblichen Schuldanteil.

Zum Ergebnis:

Verspätet schloß sich Mitteleuropa der Industrialisierung an. Diese wurde mit zum Motor der deutschen Einigung, brachte aber auch erhebliche Belastungen durch die soziale Frage.

Aus der Einigung von 1870/71 erhielt das deutsche Kaiserreich kräftige Impulse zur Entfaltung als moderner Staat. Doch Innenpolitik, Wirtschaft und Gesellschaft öffneten sich dem Modernisierungsprozeß nicht in gleicher Weise. So war das System von politischer Führung, Repräsentation und Kontrolle lediglich ganz zu Beginn durch die Reichsverfassung um einen wichtigen Schritt fortentwickelt worden; die politische Macht wurde aber nicht neu verteilt. Zum Niederhalten politischer Gegner, z. B. des Zentrums oder der Sozialdemokraten, dienten staatliche Druckmittel. An eine zeitgemäße Umordnung der Gesellschaft war unter diesen Bedingungen nicht zu denken; die traditionelle Schichtung wurde beibehalten. Das politisch einst so unruhige Bürgertum war durch Erfolgs- und Aufstiegschancen in der voranschreitenden Industrialisierung abgelenkt und besänftigt. Indessen bewirkten technische Umstellungen und Neuerungen fortwährend tiefe Eingriffe in die Lebens- und Arbeitsverhältnisse der zahlenmäßig überlegenen Unterschichten. Deren berechtigtes Verlangen nach Existenzsicherung, mehr Wohlstand und politischer Teilhabe erschien gegenüber den Beharrungstendenzen von Mittel- und Oberschichten als Unruhefaktor. Zum Ausgleich der Widersprüche zwischen politischem System, Wirtschaft und Gesellschaft sah sich das Zeitalter Wilhelm II. nicht in der Lage. Bevor Ansätze zu einer Lösung erkennbar waren, brach der Erste Weltkrieg aus, an dessen Ende sich auch die Kaiserzeit überlebt hatte.

Dieser Krieg war nicht unausweichlich, aber er war in seinen Ursachen zum Teil schon Jahrzehnte vorher angelegt: in der Logik des europäischen Mächtesystems nach Bismarck, in der Verfestigung der Bündnisse, der Rüstungswettläufe, der auf die Innenpolitik berechneten machtpolitischen Imponiergesten, der kollektiven Ängste, der Tendenz der Machteliten zum Krieg als Ausweg vor sozialen Umwälzungen.

Dem Deutschen Reich kam wegen seiner Mittellage, seiner Hegemonialpolitik, wegen der Abhängigkeit seiner herrschenden Schichten vom militärischen Denken und der nationalistischen Einstellung der Massen eine Schlüsselrolle in der Frage von Krieg und Frieden zu. Ab 1905 ist dem Deutschen Reich ein erheblicher Anteil an der Verwicklung in Krisen und im Jahr 1914, als mit dem Attentat von Sarajewo der geeignete Anlaß gegeben schien, an der Auslösung des Weltkrieges zuzurechnen.

Im Zweifrontenkrieg konnten die Mittelmächte keine rasche Entscheidung erzwingen, hohe Verluste an Menschen und Material forderte der anschließende Stellungskrieg. Seit dem Epochenjahr 1917 wurden die rüstungsindustriell dominierenden USA kriegsentscheidend, während die Russische Revolution die ideologischen Fronten der kommenden Zeit aufriß. Mit dem Ersten Weltkrieg endet die Epoche des traditionellen europäischen Mächtesystems.

IV.
Die Neuordnung Europas und die Weimarer Republik

Nach der Ausrufung der Republik am 9. November 1918 durch Philipp Scheidemann vom Fenster des Berliner Reichstagsgebäude aus, gaben Ebert und seine Parteifreunde den Plan auf, ein sozialdemokratisch-bürgerliches Koalitionskabinett zu bilden. Sie verständigten sich mit der Führung der USPD und schufen vollendete Tatsachen noch vor Zusammentritt der Räteversammlung. Man beschloß eine provisorische Regierung, bestehend aus je 3 Mitgliedern von MSPD (Ebert, Scheidemann, Landsberg) und USPD (Haase, Dittmann, Barth). In der Bildmitte: Proklamation der Republik durch Philipp Scheidemann vom Fenster des Berliner Reichstagsgebäudes aus.

Zur Einführung:

Der Erste Weltkrieg und die nach militärischen Niederlagen ausgebrochenen Revolutionen veränderten die Staatenwelt vor allem in Mittel- und Osteuropa gründlich. Mächtige und traditionsreiche Dynastien wie die Romanows, die Habsburger und die Hohenzollern verschwanden und mußten parlamentarischen oder diktatorischen Systemen weichen.

Die Entstehung eines bolschewistischen Staates auf dem Boden des russischen Zarenreiches bedeutete für die europäische Politik der Zwischenkriegszeit eine ständige Herausforderung, weil der weltrevolutionäre Anspruch des Kommunismus die Stabilität der alten und neuen Nationalstaaten in ganz Europa zu bedrohen schien (▷ Kapitel 1).

Im Zeichen der militärischen Niederlage des deutschen Kaiserreiches entstand im Herbst 1918 aus der konstitutionellen eine parlamentarische Monarchie, die den Einfluß des Reichstages auf die Innenpolitik verstärkte (▷ Kapitel 2). Die Deutsche Revolution von 1918/19 beseitigte die Monarchie im Reich und in den Ländern und schuf nach heftigen Auseinandersetzungen den parlamentarischen Verfassungsstaat von Weimar (▷ Kapitel 3/4). In der Anfangsphase stand die junge Republik vor großen innen- und außenpolitischen Herausforderungen. Sie mußte die politische Verantwortung für die militärische Niederlage des Kaiserreiches und die Belastungen des Friedensvertrages von Versailles gleichermaßen tragen (▷ Kapitel 5). Zugleich hatte sie sich revolutionärer und gegenrevolutionärer Angriffe zu erwehren, die das republikanische System in seiner Existenz bedrohten. Als eine schwere Hypothek für die Weimarer Republik erwies sich die Übernahme des traditionellen Militär-, Verwaltungs- und Justizapparates durch die neue Staatsführung, weil sie die Ausbildung einer demokratischen Gesinnung in der Folgezeit erschwerte. Die Verdrängung der militärischen Niederlage trug wesentlich dazu bei, daß sich frühzeitig reaktionäre Kräfte organisieren konnten, die den republikanischen Politikern der ersten Stunde die Schuld am Zusammenbruch des Kaiserreiches gaben. Dem Vorwurf vom „nationalen Verrat" steht der des „Klassenverrats" (H. A. Winkler) gegenüber, den die Linksextremisten den regierenden Sozialdemokraten machten, um deren Zusammenarbeit mit den bürgerlichen Parteien in der sog. Weimarer Koalition zu verunglimpfen.

In den ersten Jahren mußte sich die Republik mit militärischen Staatsstreichversuchen, reaktionären Putschen, gewalttätigen Anschlägen gegen führende Repräsentanten von Staat und Gesellschaft und revolutionären Erhebungen auseinandersetzen. Zugleich hatte sie die Auflagen der Siegermächte zu erfüllen (▷ Kapitel 6).

Das Jahr 1923 war Höhe- und Wendepunkt innerer und äußerer Existenzbedrohungen. Vor dem Hintergrund der politischen Isolierung in Europa, wirtschaftlicher, gesellschaftlicher und geistiger Krisen begann der Aufstieg des Nationalsozialismus in Deutschland parallel zur Entwicklung des europäischen Faschismus. Durch eine friedliche Revisionspolitik und das Bemühen, das Reparationsproblem zu lösen, gewann die Republik in der Mitte Europas internationales Vertrauen und konnte in den zwanziger Jahren in den Kreis führender europäischer Mächte zurückkehren (▷ Kapitel 7).

Die Stabilitätsphase zwischen 1924 und 1929 war gekennzeichnet durch eine gesellschaftliche, technische und künstlerische Modernisierung, die vor allem der Metropole Berlin zu europäischer Bedeutung verhalf. Die Weimarer Republik präsentierte sich in dieser Zeit als ein fortschrittlicher, weltoffener Staat, in dem aber die vorrevolutionären Eliten weiterhin die entscheidenden Machtpositionen innehatten, wie die Wahl Hindenburgs zum Reichspräsidenten signalisierte.

Die demokratiezerstörenden Kräfte von links und rechts gewannen im Zusammenhang mit den Auswirkungen der Weltwirtschaftskrise in Deutschland einen starken Zulauf, während die Verteidiger der Republik zunehmend in die Defensive gerieten. Den demokratischen Parteien und ihren Repräsentanten traute man nicht mehr die Kompetenz zu, die wirtschaftlichen und sozialen Probleme der beginnenden dreißiger Jahre zu lösen (▷ Kapitel 8).

Zwischen 1930 und 1933 verlor der Staat die politische Unterstützung der Mehrheit seiner Bürger und der politischen, wirtschaftlichen und gesellschaftlichen Eliten. Die Zeit der Präsidialkabinette kann bereits als Hinwendung zum autoritären Staat gelten.

1.
Die Russische Revolution 1917

1917	23. Februar[1]/8. März	Spontane Streiks und Unruhen in Petrograd (bis 1914: St. Petersburg)
	2. März/15. März	Bildung der Provisorischen Regierung Abdankung des Zaren Nikolaus II.
	14. März/27. März	Manifest des Petrograder Sowjets „An die Völker der ganzen Welt"
	3. April/16. April	Verkündung von den „Aprilthesen" durch Lenin in Petrograd bei seiner Rückkehr aus dem Schweizer Exil
	8. Juli/21. Juli	Kerenski Ministerpräsident
	ab September	Bolschewistische Mehrheiten im Petrograder und Moskauer Sowjet
	25. Oktober/7. November	Beginn der bolschewistischen Revolution in Petrograd
	26. Oktober/8. November	Wahl des Rats der Volkskommissare unter Vorsitz Lenins durch II. Allrussischen Sowjetkongreß
	8. November/21. November	Friedensangebot an alle kriegführenden Mächte
	18. November/1. Dezember	Aufhebung der Pressefreiheit
	25. November/8. Dezember	Wahlen zur Konstituante
	2. Dezember/15. Dezember	Waffenstillstand von Brest-Litowsk
1918	6. Januar/19. Januar	Auflösung der Konstituante
	1. Februar/14. Februar	Einführung des Gregorianischen Kalenders
	25. Februar	Gründung der Roten Armee
	3. März	Frieden von Brest-Litowsk

Allgemeine Unruhen und deren Auslöser. Ab Mitte des 19. Jahrhunderts erlebte das russische Riesenreich (1913: 174 Mio. Bewohner) einen tiefgreifenden wirtschaftlichsozialen Wandel. In der überwiegend agrarischen Gesellschaft mit 77,1 % Bauern, 10,6 % Kleinbürgern, lediglich 0,5 % Besitzbürgern und 1,5 % Adeligen gab es gewaltige Modernisierungsschübe, wie die Verdoppelung der russischen Industrieproduktion zwischen 1890 und 1900 zeigte. Es war ein Vielvölkergebilde mit großen Unterschieden in sprachlicher, kultureller, historisch-politischer und religiöser Hinsicht. Das Freiheitsstreben der vielen nichtrussischen Nationen, der Landhunger der erst 1861 aus der Leibeigenschaft entlassenen Bauern und das erstarrte autokratische Herrschaftssystem des Zaren schufen gefährliche Dauerkrisen, die sich 1905 und 1917 in Revolutionen entluden.
Auslöser waren militärische Niederlagen, ab 1904 im Krieg gegen Japan, ab 1914 im Krieg gegen die Mittelmächte Deutschland und Österreich-Ungarn.

Wirtschaftlich-sozialer Wandel

Vielvölkergebilde

Die Februarrevolution 1917. Durch einige Zugeständnisse, darunter v. a. die Einrichtung eines gewählten, mit begrenzten Befugnissen ausgestatteten Parlaments, der Duma (▷ Q 1.1), und Agrarreformen zur Entschuldung der Bauern, hatte sich die zaristische Autokratie nach 1905 noch einmal behaupten können. Schon bei Ausbruch der Februarrevolution 1917, d. h. der spontanen Erhebung kriegsmüder und hungernder Massen im hauptstädtischen Petrograd, kapitulierte sie sofort.

Duma

---

[1] In Rußland galt bis 1918 der Julianische Kalender; dessen zeitliche Verspätung zum in Europa sonst gültigen Gregorianischen Kalender betrug ab Beginn des 20. Jahrhunderts 13 Tage.

Aufständische Soldaten im Februar 1917 mit der Losung: Freiheit, Gleichheit, Brüderlichkeit

Neue Machtträger — An die Stelle des abgedankten Zaren traten zwei neue Machtträger: die aus einem Exekutivkomitee der Duma hervorgegangene Provisorische Regierung und das schon drei Tage früher konstituierte Provisorische Exekutivkomitee des Petrograder Sowjets (Rates) der Arbeiter- und Soldatendeputierten (▷ Q 1.2). Letzteres belebte die erstmals 1905 entstandene demokratisch-sozialistische, jedoch nichtbolschewistische Sowjet(Räte)bewegung im ganzen Land wieder.

Daraus resultierte ein in dreifacher Hinsicht folgenschweres Geschehen:

1. Die durch die Februarrevolution als Werk kriegsmüder Massen von der Unterdrückung des zaristischen Systems befreite Gesellschaft blieb zutiefst gespalten.
2. Weil beide Institutionen die drei Forderungen dieser großen Bevölkerungsmehrheit nach Frieden, Land und Selbstbestimmung nicht glaubwürdig voranzutreiben, geschweige denn zu erfüllen vermochten, wurde aus ihrer Doppelherrschaft binnen weniger Monate ein Dualismus der Ohnmacht mit restlosem Autoritätsverfall der Regierung samt staatlicher Verwaltung ebenso wie mit weitgehender Handlungsunfähigkeit der zentralen Räteorgane. Die Folge war eine durch allgemeine Instabilität und Auflösungserscheinungen gekennzeichnete Dauerkrise.
3. Zum Hauptnutznießer dieser Entwicklung wurde Lenin. Bereits seine scheinbar utopischen „Aprilthesen" (▷ Q 1.3), erst recht aber die Losungen „Frieden um jeden Preis", „Alles Land den Bauern" und „Alle Macht den [bolschewistisch beherrschten!] Sowjets", bestimmten in sich schlüssig seinen radikalen, trotz zeitweiliger Rückschläge letztlich erfolgreichen Kampf gegen die Provisorische Regierung, die selbst noch unter dem sozialistischen Ministerpräsidenten Kerenski den Krieg an der Seite der westlichen Alliierten fortsetzte.

Die Oktoberrevolution. So betrachtet stellen die zielbewußt vorbereiteten und durchgeführten Aktionen von Lenins Bolschewiki am 25. Oktober/7. November 1917 mit Hilfe des hauptstädtischen Sowjets bzw. dessen von Leo Trotzki geleiteten militärrevolutionären Exekutivkomitees in Petrograd die Macht an sich zu reißen keineswegs nur einen gelungenen Staatsstreich dar (▷ Q 1.4). Die von der neuen Regierung, Lenins Rat der Volkskommissare, umgehend erlassenen Dekrete sahen Verbesserungen für Arbeiter und Bauern vor und zielten auf die Herbeiführung eines Friedensschlusses (▷ Q 1.5). Sie überwanden – zunächst – den bisherigen Zustand völliger Stagnation. *Lenin und die Bolschewiki*

Die Oktoberrevolution war, im Unterschied zum Elementarausbruch der spontanen Februarrevolution, die auf konspirativem Wege planmäßig betriebene Machtergreifung einer Minderheit mit der Schubkraft einer tiefen revolutionären Massenströmung. Ihre Übereinstimmung mit der Volksrevolution von unten währte jedoch nur kurz. Bereits im Dezember 1917 signalisierten Aufhebung der Pressefreiheit und Errichtung der Lenin direkt unterstellten Geheimpolizei „Tscheka" jene antidemokratische Grundentscheidung, die wenig später endgültig vollzogen wurde: Bei den noch von der Regierung Kerenski ausgeschriebenen Wahlen zu einer verfassunggebenden Nationalversammlung erreichte die Partei Lenins nur 175 von 707 Mandaten. Das Land stimmte für demokratische und sozialistische Parteien, nicht aber für den Bolschewismus. Daraufhin ließ Lenin im Januar 1918 die neugewählten Volksvertreter bei ihrer konstituierenden Sitzung, auf der sie die Politik der Volkskommissare mehrheitlich ablehnten, gewaltsam auseinanderjagen, fortan alle innenpolitischen Gegner mit großer Härte verfolgen und die Errichtung bzw. Sicherung der bolschewistischen Alleinherrschaft mit allen Mitteln vorantreiben (▷ Q 1.6). *Planmäßige Machtergreifung*

Bolschewistische Alleinherrschaft

Daran änderte auch der von den Mittelmächten diktierte Verzichtfrieden von Brest-Litowsk nichts. Lenin setzte dessen Unterzeichnung am 3. März 1918 gegen heftigen Widerstand in den eigenen Reihen durch, um politisch zu überleben und die bolschewistische „Diktatur des Proletariats" auf Dauer durchsetzen zu können, womöglich im weltrevolutionären Maßstab (▷ S. 229f. und Q 1.7).

Q 1.1
Manifest des Zaren (17. November 1905)

Am gleichen Tag, als sich der Sowjet der Arbeiterdeputierten bildete, unterzeichnete Zar Nikolaus II. das sog. Oktobermanifest, ein Reformprogramm, das sein Minister S. J. Witte entworfen hatte. Seine wesentlichen Bestimmungen:

Der Regierung erlegen wir als Pflicht die Erfüllung Unseres unerschütterlichen Willens auf:
1. Der Bevölkerung unerschütterliche Grundlagen der bürgerlichen Freiheit nach den Grundsätzen wirklicher Unantastbarkeit der Person, der Freiheit des Gewissens, des Wortes, der Versammlungen und der Vereine zu geben.
2. Ohne die angeordneten Wahlen zur Reichsduma aufzuhalten, jetzt zur Teilnahme an der Duma, soweit das bei der Kürze der bis zur Berufung der Duma bleibenden Zeit möglich ist, die Klassen der Bevölkerung heranzuziehen, die jetzt völlig des Wahlrechts beraubt sind, indem dabei die weitere Entwicklung des Grundsatzes des allgemeinen Wahlrechts der neueingeführten gesetzgeberischen Ordnung anheimgestellt bleibt, und
3. als unerschütterliche Regel festzustellen, daß kein Gesetz ohne Genehmigung der Reichsduma Geltung erhalten kann und daß den vom Volke Erwählten die Möglichkeit wirklicher Teilnahme an der Aufsicht über die Gesetzmäßigkeit der Akte der von Uns eingesetzten Behörden gesichert ist.

Richard Pipes: Die Russische Revolution, Bd. 1: Der Zerfall des Zarenreiches, Berlin 1992, S. 88.

Q 1.2
Russischer Appell an die Welt
(14./27. März 1917)

Der Petrograder Sowjet bestand aus Arbeitern, Soldaten und Mitgliedern bürgerlicher Gruppierungen. Er veröffentlichte folgenden Appell in der Presse und als Flugblatt:

An die Völker der ganzen Welt
Genossen, Proletarier und Werktätige aller Länder! Wir, die im Petrograder Sowjet der Arbeiter- und Soldaten-Deputierten vereinigten Arbeiter und Soldaten, entbieten Euch unseren flammenden Gruß und künden Euch von dem großen Ereignis: Die russische Demokratie hat den über Jahrhunderte andauernden Despotismus des Zaren gestürzt und tritt in Eure Familie als gleichberechtigtes Mitglied und eine gewaltige Macht im Kampf für unsere gemeinsame Befreiung. Unser Sieg ist der große Sieg der internationalen Freiheit und Demokratie. Die Hauptstütze der internationalen Reaktion und den „Gendarmen Europas" gibt es nicht mehr. Zu schwerem Granit soll die Erde über seinem Grab werden. Es lebe die Freiheit! Es lebe die internationale Solidarität des Proletariats und dessen Kampf für den endgültigen Sieg!
Unsere Sache ist noch nicht vollendet: Die Schatten der alten Ordnung sind noch nicht verzogen, und es gibt nicht wenige Feinde, die ihre Kräfte gegen die russische Revolution sammeln. Trotzdem sind unsere Eroberungen gewaltig. Die Völker Rußlands werden ihren Willen in der Konstituierenden Versammlung zum Ausdruck bringen, die in Bälde auf der Grundlage der allgemeinen, gleichen, direkten und geheimen Wahl einberufen werden wird ... Und indem wir uns an alle Völker, die in dem ungeheuerlichen Krieg vernichtet und ruiniert werden, wenden, erklären wir, daß die Zeit gekommen ist, den entscheidenden Kampf mit den Eroberungsgelüsten der Regierungen aller Länder zu beginnen, daß die Zeit gekommen ist, in der die Völker selbst die Lösung der Frage über Krieg und Frieden in die Hände nehmen müssen.
Im Bewußtsein ihrer revolutionären Kraft erklärt die russische Demokratie, daß sie mit allen Mitteln der Eroberungspolitik ihrer herrschenden Klassen entgegenwirken wird, und sie ruft die Völker Europas auf zu gemeinsamen entschlossenen Aktionen zugunsten des Friedens.
Wir wenden uns an unsere Brüder, die Proletarier der österreichisch-deutschen Koalition, und in erster Linie an das deutsche Proletariat: Von den ersten Tagen des Krieges an versuchte man Euch zu überzeugen, daß Ihr, indem Ihr die Waffen gegen das autokratische Rußland erhebt, die Kultur Europas vor dem asiatischen Despotismus schützt. Viele von Euch haben darin die Rechtfertigung für die Unterstützung gesehen, die Ihr dem Krieg angedeihen ließt. Jetzt gibt es diese Rechtfertigung nicht mehr: das demokratische Rußland kann keine Bedrohung für die Freiheit und die Zivilisation sein.

Manfred Hellmann (Hrsg.): Die russische Revolution 1917. Von der Abdankung des Zaren bis zum Staatsstreich der Bolschewiki (= dtv-Dokumente 227/28), München 1964, S. 181.

Q 1.3
Lenins „Aprilthesen" (1917)

Lenin, der am 16. April 1917 in Rußland eintraf, hielt vor einer Gruppe von Bolschewiki und Menschewiki[1] ein Referat über die Aufgaben des Proletariats, das später als „Aprilthesen" bekannt wurde:

1. In unserer Stellung zum Krieg, der seitens Rußlands auch unter der neuen Regierung Lwow und Konsorten, infolge des kapitalistischen Charakters dieser Regierung, unbedingt ein räuberischer, imperialistischer Krieg bleibt, sind auch die geringsten Zugeständnisse an die „revolutionäre Vaterlandsverteidigung" unzulässig.

Einem revolutionären Krieg, der die revolutionäre Vaterlandsverteidigung wirklich rechtfertigen würde, kann das klassenbewußte Proletariat seine Zustimmung nur unter folgenden Bedingungen geben: a) Übergang der Macht in die Hände des Proletariats und der sich ihm anschließenden ärmsten Teile der Bauernschaft; b) Verzicht auf alle Annexionen in der Tat und nicht nur in Worten; c) tatsächlicher und völliger Bruch mit allen Interessen des Kapitals.

In Anbetracht dessen, daß breite Schichten von Anhängern der revolutionären Vaterlandsverteidigung aus der Masse es zweifellos ehrlich meinen und den Krieg nur anerkennen in dem Glauben, daß er aus Notwendigkeit und nicht um Eroberungen geführt wird, in Anbetracht dessen, daß sie von der Bourgeoisie betrogen sind, muß man sie besonders gründlich, beharrlich und geduldig über ihren Irrtum, über den untrennbaren Zusammenhang von Kapital und imperialistischem Krieg aufklären und davon überzeugen, daß es ohne den Sturz des Kapitals unmöglich ist, den Krieg durch einen wahrhaft demokratischen Frieden und nicht durch einen Gewaltfrieden zu beenden.

Organisierung der allerbreitesten Propaganda dieser Auffassung unter den Fronttruppen. Verbrüderung.

2. Die Eigenart der gegenwärtigen Lage in Rußland besteht im Übergang von der ersten Etappe der Revolution, die infolge des ungenügend entwickelten Klassenbewußtseins und der ungenügenden Organisiertheit des Proletariats der Bourgeoisie die Macht gab, zur zweiten Etappe der Revolution, die die Macht in die Hände des Proletariats und der ärmsten Schichten der Bauernschaft legen muß.

Diesen Übergang kennzeichnet einerseits ein Höchstmaß an Legalität (Rußland ist zur Zeit von allen kriegführenden Ländern das freieste Land der Welt), andererseits das Fehlen der Anwendung von Gewalt gegen die Massen, und schließlich die blinde Vertrauensseligkeit der Massen gegenüber der Regierung der Kapitalisten, der ärgsten Feinde des Friedens und des Sozialismus.

Diese Eigenart fordert von uns die Fähigkeit, uns den besonderen Bedingungen der Parteiarbeit unter den unerhört breiten, eben erst zum politischen Leben erwachten Massen des Proletariats anzupassen.

3. Keinerlei Unterstützung der Provisorischen Regierung, Aufdeckung der ganzen Verlogenheit aller ihrer Versprechungen, insbesondere hinsichtlich des Verzichts auf Annexionen. Entlarvung der Provisorischen Regierung statt der unzulässigen, Illusionen erweckenden „Forderung", diese Regierung, die Regierung der Kapitalisten, solle aufhören, imperialistisch zu sein ...

5. Keine parlamentarische Republik – von den Sowjets der Arbeiterdeputierten zu dieser zurückzukehren wäre ein Schritt rückwärts –, sondern eine Republik der Sowjets der Arbeiter-, Landarbeiter- und Bauerndeputierten im ganzen Lande, von unten bis oben ...

Abschaffung der Polizei, der Armee, der Beamtenschaft. Entlohnung aller Beamten, die durchwegs wählbar und jederzeit absetzbar sein müssen, nicht über den Durchschnittslohn eines qualifizierten Arbeiters hinaus.

6. Im Agrarprogramm Verlegung des Schwergewichts auf die Sowjets der Landarbeiterdeputierten. Beschlagnahme der gesamten Ländereien der Gutsbesitzer. Nationalisierung des gesamten Bodens und Landes; die Verfügungsgewalt über den Boden steht den örtlichen Sowjets der Landarbeiter- und Bauerndeputierten zu. Schaffung besonderer Sowjets von Deputierten der armen Bauern.

Günter Schönbrunn: Weltkriege und Revolutionen 1914-1945 (= Geschichte in Quellen, Bd. 5, hrsg. v. Wolfgang Lautemann und Manfred Schlenke), München 1961, S. 71f.

[1] (russ. „Minderheitler") Bezeichnung für die gemäßigten Sozialdemokraten Rußlands nach dem 2. Parteikongreß (1903)

Q 1.4

Die russische Oktoberrevolution (25. Oktober/ 7. November 1917)

a) Der Kommandant des Petrograder Militärbezirks, Oberst Polkownikow, gab am Vorabend der Oktoberrevolution den folgenden Befehl:

1. Ich befehle allen Einheiten, in den Kasernen zu bleiben, in denen sie stationiert sind, bis Anweisungen vom Bezirksstab eintreffen. Ich verbiete alle unabhängigen Demonstrationen. Alle, die mit den Waffen auf den Straßen im Widerspruch zu diesem Befehl demonstrieren, werden wegen bewaffneter Rebellion vor Gericht gestellt.

2. Im Falle eigenmächtiger bewaffneter Ausbrüche oder in dem Falle, daß eigene Einheiten oder Gruppen von Soldaten gegen die vom Bezirksstab herausgegebenen Anweisungen auf den Straßen erscheinen, befehle ich den Offizieren, in den Kasernen zu bleiben. Alle Offiziere, die trotz der Befehle ihrer Vorgesetzten auf die Straße gehen, werden wegen bewaffneter Rebellion vor Gericht gestellt.

3. Ich verbiete den Truppen kategorisch, irgendwelche „Befehle" auszuführen, die von verschiedenen Organisationen ausgehen.

Bezirkskommandant, Oberst des Generalstabes, Polkownikow

b) Flugblatt vom 25. Oktober/7. November 1917, 10 Uhr morgens über den Staatsstreich der Bolschewiki:

An die Bürger Rußlands

Die Provisorische Regierung ist gestürzt. Die staatliche Gewalt ist in die Hände des Organs des Petrograder Rates der Arbeiter- und Soldatendeputierten, des militär-revolutionären Komitees, übergegangen, das an der Spitze des Proletariats und der Garnison von Petrograd steht.

Die Sache, für die das Volk gekämpft hat: unverzüglicher Abschluß eines demokratischen Friedens, Abschaffung des Eigentumsrechts der Gutsbesitzer am Lande, Arbeiterkontrolle über die Produktion, Schaffung einer Sowjetregierung – dies alles ist gesichert. So lebe die Revolution der Arbeiter, Soldaten und Bauern!

Das militär-revolutionäre Komitee des Petrograder Rates der Arbeiter- und Soldatendeputierten.

Hellmann: a. a. O., S. 303, 305.

Q 1.5

Dekret über Grund und Boden (26. Oktober/ 8. November 1917)

angenommen auf dem 2. Sowjetkongreß und von Lenin als Präsident des Rates der Volkskommissare unterzeichnet:

1. Das Eigentumsrecht der Gutsbesitzer an Grund und Boden wird unverzüglich aufgehoben. Eine Entschädigung wird nicht geleistet.

2. Die den Gutsbesitzern, Domänenverwaltungen, Klöstern und Kirchen gehörenden Ländereien gehen mit allem lebenden und toten Inventar, allen Baulichkeiten und allem Zubehör bis zur Einberufung der Konstituierenden Versammlung in die Verwaltung der Dorfagrarkomitees und der Kreisbauernräte über.

3. Jeder diesem konfiszierten Eigentum, das nun dem ganzen Volke gehört, zugefügte Schaden wird als schweres Verbrechen betrachtet und von den Revolutionsgerichten bestraft. Die Kreisbauernräte ergreifen alle notwendigen Maßnahmen zur Wahrung einer strengen Ordnung bei der Konfiskation des Gutsbesitzes, zur Bestimmung der der Konfiskation unterliegenden Ländereien und ihrer Grenzen, zur Aufstellung genauer Verzeichnisse des konfiszierten Eigentums und zur strengsten revolutionären Bewachung des ganzen in den Besitz des Volkes übergehenden Grundbesitzes mit allen Baulichkeiten, Geräten und Viehbeständen, Vorräten usw.

Hellmann: a. a. O., S. 315.

**Q 1.6
Propagandaplakat**

Zeitgenössisches Propagandaplakat: „Genosse Lenin säubert die Erde von Unrat."

**Q 1.7
Die Oktoberrevolution aus der Sicht eines Historikers** (1992)

Richard Pipes (geb. 1923) ist Professor für russische Geschichte an der Harvard Universität und war Berater mehrerer US-Präsidenten. Von ihm erscheint eine vierbändige Darstellung der Russischen Revolution, die für ihn in den 60er Jahren des vorigen Jahrhunderts beginnt und bis zum Tod Stalins 1953 andauert.

Ereignisse in einer solchen Größenordnung haben weder einen deutlich erkennbaren Anfang noch ein solches Ende. Die Historiker haben lange darüber debattiert, mit welchem Jahr man
5 das Mittelalter, die Renaissance oder die Aufklärung enden lassen sollte. Ebenso gibt es keine allgemein akzeptierte Methode zur Bestimmung der Zeitspanne, die von der Russischen Revolution ausgefüllt wird. Mit Sicherheit läßt sich le-
10 diglich sagen, daß sie nicht erst mit dem Zusammenbruch des Zarismus im Februar und März 1917 begann und daß sie mit dem Sieg der Bolschewiki im Bürgerkrieg drei Jahre später auch noch nicht beendet war. Die revolutionäre Be-
15 wegung wurde bereits in den sechziger Jahren des vorigen Jahrhunderts zu einem inneren Bestandteil der russischen Geschichte. Die erste Phase der Russischen Revolution im engeren Wortsinn (die der konstitutionellen Phase der
20 Französischen Revolution 1789–1792 entspricht) begann mit den Gewalttaten von 1905. Diese wurden durch eine Kombination aus Zugeständnissen und Unterdrückungsmaßnahmen unter Kontrolle gebracht, doch nach einer Un-
25 terbrechung von zwölf Jahren brachen die Gewalttätigkeit im Februar 1917 in noch größerem Ausmaß erneut aus und gipfelten im Staatsstreich der Bolschewiki im Oktober. Nach dreijährigen Kämpfen gegen innere und äußere
30 Gegner gelang es den Bolschewiki, die unangefochtene Herrschaft über den größten Teil des ehemaligen Russischen Reiches zu errichten.

Doch sie waren noch zu schwach, um ihr ehrgeiziges Programm einer wirtschaftlichen, gesellschaftlichen und kulturellen Umgestaltung zu verwirklichen. Das mußte um mehrere Jahre aufgeschoben werden, um dem verwüsteten Land Zeit zu geben, sich zu erholen. Die Revolution wurde 1927/28 wiederaufgenommen und zehn Jahre später nach furchtbaren Umwälzungen, die Millionen von Menschenleben forderten, zum Abschluß gebracht. Man könnte sagen, daß sie ihre Bahn erst mit dem Tod Stalins 1953 vollendete, als seine Nachfolger im Hauruckverfahren eine Art Gegenrevolution von oben initiierten und durchführten, die aus der Rückschau von 1990 offenbar zu einer Ablehnung eines Großteils des revolutionären Verhältnisses geführt hat.

Pipes: a. a. O., S. 14.

Fragen und Anregungen:

1. *Erörtern Sie, auf welchen weltanschaulichen Grundlagen das Oktobermanifest beruht.*
   Erarbeiten Sie, welche Rechte die künftige Duma haben sollte. Diskutieren Sie die Bedeutung dieses Reformprogramms (▷ Q 1.1).
2. *Stellen Sie die innen- und außenpolitischen Ziele des Petrograder Sowjets dar, und erörtern Sie seine Forderungen, die sich auf Deutschland beziehen. Erläutern Sie, warum die „ganze Welt" in den Appell einbezogen wird (▷ Q 1.2).*
3. *Stellen Sie die einzelnen Schritte von Lenins Aktionsprogramm dar. Erläutern Sie, worin der „revolutionäre" Charakter des Programms besteht und welche Aufgabe der bolschewistischen Partei zugeschrieben wird (▷ Q 1.3).*
4. *Analysieren Sie den Befehl Polkownikows und das Flugblatt der Revolutionäre (▷ Q 1.4).*
5. *Interpretieren Sie das zeitgenössische Flugblatt (▷ Q 1.6).*
6. *Referieren Sie über die Zeit von der Februar- bis zur Oktoberrevolution 1917. Berücksichtigen Sie dabei auch Q 1.7.*

Zusammenfassung:

Trotz Modernisierungsschüben führten gesellschaftliche Dauerkrisen und militärische Niederlagen 1905 und 1917 zu Revolutionen in Rußland. Nach der Februarrevolution von 1917, der Abdankung des Zaren und der Einrichtung einer Provisorischen Regierung, belebte sich die seit 1905 bestehende Rätebewegung im gesamten Land. Die Rivalität zwischen dem Petrograder Sowjet der Arbeiter- und Soldatendelegierten und der Provisorischen Regierung nutzten die Bolschewiken unter Lenin. Ihnen gelang zusammen mit Trotzkis „Roten Garden" und der Unterstützung kriegsmüder Massen im Oktober des gleichen Jahres der Staatsstreich, der Rußland zu einem bolschewistischen Staat umformte.

2.
Innenpolitische Entwicklung in Deutschland während des Ersten Weltkrieges (1914–1918)

1915	22. Februar	Beginn des U-Boot-Krieges
	23. Mai	Kriegserklärung Italiens an Österreich-Ungarn
1916	24. Juni	Materialschlachten an der Somme
	28. September	Einsetzung der 3. OHL unter Hindenburg und Ludendorff
	18. Dezember	Wilsons Friedensinitiative
1917	1. Februar	Beginn des uneingeschränkten U-Boot-Krieges
	12. März	Revolution in Rußland
	6. April	Kriegserklärung der USA
	7. April	„Osterbotschaft" Wilhelms II.
	9. April	Gründungskongreß der USPD
	19. Juli	Friedensresolution des Reichstages
1918	8. Januar	14 Punkte Wilsons
	28. Januar	Streikbewegung in Deutschland
	3. März	Frieden von Brest-Litowsk
	März	Beginn der deutschen Frühjahrsoffensive
	8. August	Durchbruch der Alliierten
	3. Oktober	Regierung Prinz Max von Baden unter Beteiligung von Vertretern der Mehrheitsparteien

„Burgfriedenspolitik" in Deutschland. Der sich aus der Juli-Krise entwickelnde europäische Krieg vom August 1914 eskalierte 1917 durch den Eintritt der USA auf seiten der Entente zum Weltkrieg. Wegen der revolutionären Umwälzungen in Rußland, die ebenfalls in diesem Jahr stattfanden, stellt dieses Datum eine tiefe Zäsur für das traditionelle europäische Staatensystem dar.

Seit der Verhängung des Kriegszustandes durch den Kaiser am 31. Juli 1914 und der Zustimmung der SPD zu den periodisch anfallenden Kriegskrediten gab es bis 1917 keine nennenswerte Opposition gegen die Expansionspolitik des kaiserlichen Deutschland und der sie tragenden Parteien. Die „Burgfriedenspolitik" der SPD, die Regierung in ihrem Kampf zu unterstützen, trat an die Stelle des vor 1914 propagierten „Klassenkampfes". Sie unterschied sich jedoch von den Forderungen annexionistischer Politiker, die im Verein mit der 3. Obersten Heeresleitung (OHL) unter Paul von Hindenburg und Erich Ludendorff weitreichende Kriegsziele verfolgten. Dennoch stützten die Fraktionsmehrheit der SPD unter Friedrich Ebert und auch die Gewerkschaften das monarchische System. Der Staat hatte durch sozialpolitische Zugeständnisse wie Anerkennung der Gewerkschaften und Einrichtung von Arbeiterausschüssen die organisierte Arbeiterbewegung dafür gewonnen, Kriegswirtschaft und Kriegspolitik mitzutragen. Durch die Technisierung gewann der Krieg eine völlig neue Dimension. Die Wirkung der Artillerie aufgrund größerer Kaliber und Reichweite konnte durch Trommelfeuer und endlose Materialschlachten noch gesteigert werden. Die beginnende Motorisierung zu Lande und in der Luft (Lastwagen, Tanks, Zeppelin, Flugzeug) und der Einsatz von Maschinengewehren, Flammenwerfern, Giftgas und U-Booten ließen die Menschenverluste ins Unermeßliche steigen (▷ Q 2.1). Da nahezu 17 Millionen Männer zwischen 15 und 60 Jahren an der Front standen, wurden immer mehr Frauen und Jugendliche in die Rüstungsproduktion eingegliedert. Die körperlichen und seelischen Belastungen der Zivilbevölkerung wuchsen angesichts gravierender Lebensmittelknappheit und führten zu vereinzelten Hungerrevolten und einer allgemeinen Demoralisierung und Kriegsmü-

Expansionspolitik

Annexionismus

Materialschlachten an der Front

Leiden der Zivilbevölkerung

digkeit. Nach Berechnungen des Reichsgesundheitsamtes verloren die Erwachsenen während des Krieges ca. 20 % ihres Körpergewichts. Ein Großteil aller Lebensmittel konnte nur über den Schwarzen Markt besorgt werden, der Kriegsgewinnler begünstigte, während Lohn- und Gehaltsempfänger nicht mithalten konnten und verarmten (▷ Q 2.2).

Seit 1915 wuchs die Zahl der Kriegskreditverweigerer. Sie gründeten am 9. April 1917 im Traditionsort Gotha die „Unabhängige Sozialdemokratische Partei Deutschlands" (USPD), deren Vorsitzender Hugo Haase wurde. Die Einheit der sozialistischen Bewegung ging somit während des Krieges verloren.

Kriegseintritt der USA

Friedensbemühungen und Reformversuche. Mit dem Beginn des rücksichtslosen und uneingeschränkten U-Boot-Krieges im Frühjahr 1917 verstärkte sich die Gefahr, daß die USA in den europäischen Konflikt eingreifen könnten. Ihre Kriegserklärung an das kaiserliche Deutschland im April des gleichen Jahres bedeutete eine Wende im militärischen Geschehen. Fast zur gleichen Zeit brach in Rußland die Revolution aus. Die vom Petrograder Sowjet ausgegebene Formel: „Frieden ohne Annexionen und Kontributionen" wurde von Streikenden in ganz Deutschland aufgegriffen und war die Grundlage einer Resolution des Deutschen Reichstages. Bei der parlamentarischen Vorbereitung zu diesem Beschluß bildeten die Linksliberalen, die Mehrheitssozialdemokraten (MSPD) und das Zentrum den „Interfraktionellen Ausschuß", von dem die Initiative ausging, die konstitutionelle in eine parlamentarische Monarchie umzuwandeln. Als Reaktion auf diese Friedensresolution gründeten Annexionisten wie Admiral von Tirpitz die Deutsche Vaterlandspartei, die sich zu einer starken politischen Kraft entwickelte.

„Interfraktioneller Ausschuß"

Nach der erfolgreichen Oktoberrevolution leiteten die Bolschewiki Waffenstillstands- und Friedensverhandlungen mit den Mittelmächten ein, an deren Ende der Diktatfriede von Brest-Litowsk im Frühjahr 1918 stand.

Kriegsjahr 1918. Zu Beginn des Jahres 1918 hatte der amerikanische Präsident Woodrow Wilson 14 Punkte präsentiert, die als Grundlage einer künftigen Friedensordnung für Europa gelten sollten (▷ Q 2.4a). Die OHL glaubte dagegen, mit den Verbänden, die im Osten nicht mehr gebraucht wurden, eine Entscheidungsschlacht an der Westfront herbeiführen zu können und reagierte zunächst nicht auf die Friedensvorschläge Wilsons. Die großangelegte Frühjahrsoffensive im März 1918 scheiterte nach Anfangserfolgen, da die Alliierten, im Gegensatz zu den Mittelmächten, Verluste an Menschen und Material durch den verstärkten Einsatz von Truppen und Kriegsgerät aus Amerika ausgleichen konnten. Zum schwarzen Tag des Heeres wurde der 8. August, als ein alliierter Tankangriff tief in die deutschen Linien eindrang. Unmittelbare Folgen dieser Gegenoffensive waren Gehorsamsverweigerungen ganzer Heeresverbände und Auflösungserscheinungen in der deutschen Armee. Die militärischen Erfolge der Kriegsgegner und der Abfall des Verbündeten Bulgarien führten bei Ludendorff und Hindenburg zu dem Entschluß, eine künftige Regierung zu bilden, die vom Vertrauen der Mehrheitsparteien im Reichstag und nicht mehr vom Kaiser abhängig sein sollte. Durch eine „Revolution von oben" wollte die OHL von den Alliierten Entgegenkommen bei künftigen Waffenstillstandsverhandlungen erreichen und die Verantwortung für die sich abzeichnende militärische Niederlage auf die Politiker des Reichstages abwälzen (▷ Q 2.3).

Schwere Niederlage der Mittelmächte

„Revolution von oben"

Kaiser Wilhelm II. mit Hindenburg und Ludendorff von der OHL (Anfang 1917)

Nach der Bildung einer parlamentarischen Regierung unter Prinz Max von Baden kam es zu einem Notenwechsel mit dem amerikanischen Präsidenten Wilson, in dessen Verlauf die USA eine grundlegende Änderung des politischen Systems in Deutschland forderten (▷ Q 2.4b). Ludendorffs Proteste und seine Drohung, die Kriegshandlungen wieder aufzunehmen, blieben wirkungslos. Er wurde entlassen und durch General Wilhelm Groener ersetzt. Die Regierung Max von Baden beauftragte daraufhin den Zentrumspolitiker Matthias Erzberger als Delegationsführer, um die Waffenstillstandsbedingungen der Ententemächte entgegenzunehmen. Die Übernahme der Verantwortung für die militärische Niederlage des Kaiserreiches durch zivile Politiker aus den Reihen der Mehrheitsparteien im Reichstag erwies sich in der Folgezeit als eine schwere Belastung für alle künftigen Regierungen. Max von Baden verkündete mit Zustimmung der OHL und im Hinblick auf die Forderungen Wilsons eine grundlegende Änderung der Reichsverfassung, die bald darauf durchgeführt wurde. Da auch die Regierungen der Einzelstaaten diesem Beispiel folgten und ihre Verfassungen entsprechend anpaßten, entstanden überall in Deutschland noch vor Kriegsende parlamentarische Monarchien.

Regierung Prinz Max von Baden

Parlamentarische Monarchien in den Einzelstaaten

Mitglieder von MSPD, Zentrum und Liberalen traten als Fachminister oder Staatssekretäre in neugebildete Regierungen ein, die künftig von Parlamenten gewählt und kontrolliert wurden. Es fand eine Machtverlagerung vom Kaiser auf die Volksvertretung statt (▷ Q 2.5).

Ungeachtet dieser „Oktoberreformen" von oben verstummten nicht die Forderungen, der Kaiser und der Kronprinz sollten zurücktreten, da man in beiden das Haupthindernis für einen endgültigen Frieden erblickte. So hatten Delegierte auf dem Landesparteitag der bayerischen MSPD am 13./14.Oktober in München die Abdankung Wilhelms II. verlangt, waren aber von dem neugewählten Vorsitzenden Erhard Auer, der die politische Linie Eberts verfolgte, in die Schranken gewiesen worden. Die Abdankungsfrage spielte auch bei den Auseinandersetzungen zwischen MSPD und USPD eine Rolle, während die unruhigen Massen in ganz Deutschland zuerst eine Beendigung des Krieges und danach die „Einheitsfront" der beiden sozialdemokratischen Parteien verlangten.

Q 2.1
Materialschlachten

Die Materialschlachten an der Westfront stellten an die kämpfende Truppe gänzlich neue Anforderungen. Artur Kutscher, der als Begründer der deutschen Theaterwissenschaft gilt, schrieb in seinen Erinnerungen „Der Theaterprofessor. Ein Leben für die Wissenschaft vom Theater" (1960) über diese Kriegsführung.

Nach einem Tage, der dem ersten nicht nachstand und dessen Schrecken durch die Gewöhnung nicht geringer geworden war, kamen wir auf 48 Stunden ins Ruhelager, mußten dann aber wieder auf zwei Tage in die Sandgrube. Die Nacht war noch ruhig, aber gegen 10 Uhr ging das wüste Artilleriefeuer wieder los. Es war heftiger noch und andauernder als das erste Mal. Eine Granate fuhr in das Grab, das wir zwei Tage zuvor für einen Kameraden geschaufelt hatten, und der Tote schaute plötzlich wieder aus der Erde. Alles, was wir je erlebt hatten in Charleroi, alle offenen Feldschlachten waren nichts gegen dies Stillhalten und Warten unter dem Granathagel. Die Pfosten bebten, die Luft heulte, Trichter bohrten sich in die Erde, und Erdstrudel spritzten vierzig Meter hoch und regneten prasselnd nieder. Ruhe behalten und Klarheit! Man steht seinen Mann, wenn etwas geschieht. Und ein stilles Vertrauen erwacht, und ich lege die Hände gelassen übereinander und schaue hinaus in den Streifen Sonne vor dem Unterstand. Hier ist eine Schutzhütte wie im Gebirge droben; draußen ist Unwetter und Sturm. Hoch sind wir über der Erde. Lebenswille! Glaube! Antrieb, wirken und schaffen zu wollen! Gewiß: wer sein Leben erhalten will, der wird es verlieren; aber vielleicht gibt es doch einen Glauben, der Berge versetzt. Ist das frivol? Ich weiß es nicht. Ich werde im schrecklichsten Toben ruhig.

Die Leute rufen nach dem Sanitäter, es sind Verwundete da. Ein Zugführer meldet, ein Grabenteil sei ganz eingestürzt, mehrere Soldaten seien verschüttet, vielleicht liegen aber noch welche darunter, einige werden noch vermißt. Es ist nichts zu machen, ehe nicht das rasende Feuer schweigt, es können nicht noch mehr Leben aufs Spiel gesetzt werden. Abends graben wir einen Erstickten aus, den andere, die selber sich mit Mühe aus den Erdmassen befreit hatten, noch um Hilfe schreien gehört haben. Er war ein prächtiger Mensch gewesen, einer meiner besten Unteroffiziere. Und ein Verwundeter sieht plötzlich, wie die Leiche seines Bruders vorüberzogen wird. Ein Unteroffizier ist längere Zeit von Sinnen. Ich gehe durch die Gräben und reiche den Leuten die Hand und kann die Tränen nicht zurückhalten. Wir sind fertig mit den Nerven.

Georg Kotowski (Hrsg.): Historisches Lesebuch, Bd. 3: 1914–1933 (= Fischer-TB, Nr. 825), Frankfurt/Main 1968, S. 46f.

Q 2.2
„Wucherers Christnacht" (1915)

„Ach, Gustav, wenn das doch die Friedensglocken wären!" – „Hör' auf, das wär' mir eine schöne Bescherung!"

Q 2.3
General Ludendorffs politische Vorstellungen

Albrecht von Thaer diente im Generalstabsdienst an der Front und in der OHL. In seinem Tagebuch berichtet er am 1. Oktober 1918 über die Wirkung einer Rede General Ludendorffs:

Ich habe aber S. M. gebeten, jetzt auch diejenigen Kreise an die Regierung zu bringen, denen wir es in der Hauptsache zu danken haben, daß wir so weit gekommen sind. Wir werden also
5 diese Herren jetzt in die Ministerien einziehen sehen. Die sollen nun den Frieden schließen, der jetzt geschlossen werden muß. Sie sollen die Suppe jetzt essen, die sie uns eingebrockt haben! Die Wirkung dieser Worte auf die Hörer war
10 unbeschreiblich! Während L. sprach, hörte man leises Stöhnen und Schluchzen, vielen, wohl den meisten, liefen unwillkürlich die Tränen über die Backen. Ich stand links neben dem Generalintendanten Gen. v. Eisenhart. Unwillkürlich hat-
15 ten wir uns an der Hand gefaßt. Ich habe die seine fast kaputt gedrückt.

Gerhard A. Ritter/Susanne Miller (Hrsg.): Die Deutsche Revolution 1918-1919. Dokumente (= Fischer TB, Allgem. Reihe, Nr. 4300), Frankfurt 1983, S. 27.

Q 2.4
Bemühen um eine künftige Friedensordnung

a) 14-Punkte-Programm:

1. Forderung nach Öffentlichen Friedensverträgen und Abschaffung der Geheimdiplomatie;
2. nach absoluter Freiheit der Schiffahrt im Krieg und im Frieden;
5 3. nach Aufhebung aller Handelsschranken und Schaffung allgemeiner gleicher Bedingungen des Welthandels;
4. nach Garantien zur Rüstungsbeschränkung;
5. nach unparteiischer Ordnung aller Kolonial-
10 ansprüche;
6. nach Räumung alles in Rußland besetzten Gebietes und Lösung aller Rußland betreffenden Fragen;
7. nach Wiederherstellung der belgischen Sou-
15 veränität;
8. nach Räumung Frankreichs und Rückgabe von Elsaß-Lothringen. Wiederaufbau der verwüsteten Landschaften;
9. nach einer Berichtigung der italienischen
20 Grenzen entsprechend den Nationalitätenlinien;
10. nach autonomer Entwicklung für die Völker der Donaumonarchie;
11. nach Räumung Rumäniens, Serbiens und
25 Montenegros, nach freiem Zugang für Serbien zum Meer und nach Ordnung der balkanischen Verhältnisse;
12. nach Souveränität der Türkei bei Gewährung der Autonomie an die der Türkei unterste-
30 henden anderen Nationalitäten. Freie Durchfahrt durch die Dardanellen;
13. nach Errichtung eines polnischen States mit freiem Zugang zum Meer unter internationaler Garantie;
35 14. nach Errichtung eines Völkerbundes zur Garantierung der politischen Unabhängigkeit und territorialen Unverletzlichkeit aller großen und kleinen Staaten.

Erich Meier/Harald Oberhem/Walter Schilling/Hans-Jürgen Rautenberg: Friedens- und Sicherheitspolitik der Bundesrepublik Deutschland. Entwicklung 1945-1989, Bühl-Baden 1989, S. 13.

b) US-Präsident Woodrow Wilsons harte Haltung gegen Deutschland:

Auf Wilsons Kongreßbotschaft vom 8. Januar 1918, in der er seine 14 Punkte darlegte, reagierte die deutsche Regierung zunächst nicht. Erst im Herbst 1918 begann ein Notenwechsel zwischen Deutschland und den USA. Die Antwort des amerikanischen Präsidenten auf die dritte deutschen Note traf am 23. Oktober 1918 ein.

Es ist klar, daß das deutsche Volk kein Mittel besitzt, um zu befehlen, daß sich die deutschen Militärbehörden dem Volkswillen unterordnen, daß die Macht des Königs von Preußen, die Po-
5 litik des Reiches unter seiner Kontrolle zu halten, noch unzerstörbar ist, daß die entscheidende Initiative noch immer bei denen liegt, die bis jetzt die Herrscher in Deutschland waren.
In dem Gefühl, daß der ganze Weltfrieden jetzt
10 davon abhängt, daß klar gesprochen und aufrichtig gehandelt werde, betrachtet es der Präsident als seine Pflicht, ... auszusprechen, daß die Völker der Welt kein Vertrauen zu den Worten derjenigen hegen und hegen können, die bis jetzt die
15 deutsche Politik beherrschten, und ebenfalls zu betonen, daß beim Friedensschluß ... die Regierung der Vereinigten Staaten mit keinem andern als mit den Vertretern des deutschen Volkes verhandeln kann ...

Schönbrunn: a. a. O., S. 108.

Q 2.5
Die Parlamentarisierung des Reiches

Am 20. September 1918 gab Kaiser Wilhelm II. den Erlaß zur Parlamentarisierung heraus, den Reichskanzler von Hertling gegenzeichnete. Zugleich wurde der Rücktritt des Kanzlers von Hertling bekanntgegeben. Sein Nachfolger war Prinz Max von Baden.

Ich will, daß in dieser Schicksalsstunde Deutschlands das deutsche Volk mehr als bisher an der Bestimmung der Geschicke des Vaterlandes mitwirkt. Es ist daher Mein Wille, daß in weiterem Umfange Männer, die von dem Vertrauen des Volkes getragen sind, an den Pflichten und der Verantwortung der Regierung teilnehmen. Euer Exzellenz haben mir vorgetragen, daß Sie unter den obwaltenden Umständen Sich nicht in der Lage glauben, an der Spitze der Regierung verbleiben zu können. Ich will Mich Ihren Gründen nicht verschließen und mit schwerem Herzen Ihrer weiteren Mitarbeit entsagen. Der Dank des Vaterlandes für das von Ihnen durch Übernahme des Reichskanzleramtes in schwerer Zeit gebrachte Opfer und die von Ihnen geleisteten Dienste bleibt Ihnen sicher. Ich bitte Sie aber Ihr Werk damit abzuschließen, daß Sie die Geschäfte weiterführen und die von Mir gewollten Maßnahmen in die Wege leiten, bis Ich den Nachfolger für Sie gefunden habe. Ihren Vorschlägen hierfür sehe Ich entgegen.
gez. Wilhelm II. R.
An den Reichskanzler gez. Dr. Graf von Hertling
Reichskanzler

Heinrich Potthoff: Der Parlamentarisierungserlaß vom 30. September 1918. In: Vierteljahrshefte für Zeitgeschichte 20/1972, S. 331.

Fragen und Anregungen:

1. Beschreiben Sie, welche Eindrücke vom Krieg vermittelt werden (▷ Q 2.1).
2. Setzen Sie sich kritisch mit Ludendorffs Schuldzuweisung auseinander (▷ Q 2.3).
3. Erläutern Sie Wilsons 14-Punkte-Programm und seine Auffassung von Deutschland (▷ Q 2.4a/b).
4. Vergleichen Sie den Erlaß Wilhelms II. (▷ Q 2.5) mit der Antwortnote Wilsons (▷ Q 2.4b).
5. Die militärische Niederlage und das Ende der Monarchie in Deutschland 1918 (▷ Referat).

Zusammenfassung:

Mit dem Beginn des Ersten Weltkrieges im August 1914 ordneten sich alle politischen Kräfte, auch die Sozialdemokratie, der militärischen Führung in der OHL unter. Die sog. Burgfriedenspolitik der SPD wurde von innerparteilichen Kritikern zunehmend in Frage gestellt und führte 1917 zur Spaltung der Partei in MSPD und USPD. Neben den expansionistischen Kräften in der Armee und bei verschiedenen politischen und gesellschaftlichen Gruppen bildete sich im deutschen Reichstag der Interfraktionelle Ausschuß aus Vertretern der Mehrheitsparteien. Er erstrebte sowohl einen Verständigungsfrieden mit der Entente als auch die Parlamentarisierung der Reichsverfassung. Nach der sich abzeichnenden militärischen Niederlage und dem Rücktritt General Ludendorffs entstand im Oktober 1918 mit Zustimmung der MSPD eine parlamentarische Monarchie in Deutschland. Künftig sollte eine Regierung dem Parlament und nicht mehr dem Kaiser politisch verantwortlich sein.

3.
Die Deutsche Revolution 1918/19

1918	3. November	Beginn der Revolution in Kiel
	7. November	Revolution in München
	9. November	Revolution in Berlin
	10. November	„Rat der Volksbeauftragten"
	11. November	Unterzeichnung des Waffenstillstandes
	16.-20. Dezember	Rätekongreß in Berlin
1919	19. Januar	Wahl zur Nationalversammlung
	11. Februar	Wahl Eberts zum Reichspräsidenten
	7. Mai	Übergabe der Friedensbedingungen
	28. Juni	Unterzeichnung des Friedensvertrages
	11. August	Inkrafttreten der Weimarer Reichsverfassung

Revolutionsverlauf. Um den immer häufiger werdenden Abdankungsforde-rungen zu entgehen, fuhr der Kaiser am 29. Oktober in das Hauptquartier nach Spa (Belgien) und machte damit deutlich, daß er seine Stütze im Militär und nicht im Parlament sah. Am gleichen Tag gab die Seekriegsleitung der Hochseeflotte den Befehl, gegen England auszulaufen, ohne die Regierung Max von Baden von diesem Entschluß zu informieren.

Wegen dieser geplanten „Todesfahrt" kam es zu Meutereien auf den Schiffen. An die 1000 Matrosen wurden verhaftet und wegen Befehlsverweigerung in Militärgefängnisse eingeliefert. Solidarisierungen mit den Eingesperrten führten am 4. November 1918 zu Matrosenaufständen in Kiel. In deren Verlauf bildeten sich ein von den Mannschaften gewählter Soldatenrat, der ihre Forderungen und Interessen vertrat (▷ Q 3.1). *Aufstände der Matrosen*

In den Werften und Rüstungsbetrieben der Stadt entstand auch ein Arbeiterrat, der kurze Zeit später, gemeinsam mit dem Soldatenrat, die Macht in Kiel übernahm. Einige Tage darauf befand sich nahezu die gesamte deutsche Flotte in den Händen der Aufständischen. Die Bewegung erfaßte die Küstenstädte, überall kam es zur Bildung von Arbeiter- und Soldatenräten. In ihnen arbeiteten Mitglieder der beiden sozialdemokratischen Parteien, MSPD und USPD, zusammen und verwirklichten damit die Forderung der Aufständischen nach der „Einheit des Proletariats". *Arbeiter- und Soldatenräte*

● Städte, in denen Arbeiter- und Soldatenräte zeitweise die politische Führung übernahmen

Die Revolution beginnt – der Krieg ist aus

Revolution in Deutschland. Aufständische Matrosen vor dem Brandenburger Tor in Berlin (November 1918)

Unabhängig von den Aufstandsbewegungen in Norddeutschland war bereits am 7. November in München die Wittelsbacher Monarchie durch den Staatsstreich Kurt Eisners von der USPD gestürzt und ein Freistaat ausgerufen worden (▷ S. 174).

Revolution in Berlin

Die Hauptstadt des Deutschen Reiches wurde am 9. November zum Schauplatz einer Revolution, die zum Ende der Hohenzollern-Monarchie führte und eine parlamentarische Entwicklung einleitete. Während ein Generalstreik das Wirtschaftsleben nahezu vollständig lähmte, bemühte sich Reichskanzler Max von Baden, Wilhelm II. und den Kronprinzen zur Abdankung zu bewegen, damit die Monarchie als Staatsform erhalten blieb. Um die Mittagszeit, als sich gewaltige Demonstrationszüge von Arbeitern und Soldaten durch die Straßen bewegten, gab Max von Baden eigenmächtig die Abdankung des Kaisers bekannt und übertrug sein Amt dem Führer der Mehrheitssozialisten, Friedrich Ebert (▷ Q 3.2). Dieser wollte bis zum Zusammentritt einer aus Wahlen hervorgegangenen Nationalversammlung eine provisorische Koalitionsregierung bilden, mit Mitgliedern der MSPD, des Zentrums, der Fortschrittspartei und der USPD. Dem Druck der Straße nachgebend und aus Angst vor einer Sowjetrepublik proklamierte Eberts Parteifreund Philipp Scheidemann gegen

Ausrufung der Republik

14.00 Uhr vom Reichstagsgebäude herab die „Deutsche Republik". Zwei Stunden später rief der Führer des Spartakusbundes, Karl Liebknecht, vom Balkon des Berliner Schlosses eine „Sozialistische Republik" aus (▷ Q 3.3). Inhaber der wirklichen Macht waren zu dieser Zeit gewählte Soldatenräte, die verlangten, Rätegruppierungen an der Regierungsbildung zu beteiligen. Der MSPD-Vorstand verzichtete angesichts dieser Situation auf die politische Zusammenarbeit mit bürgerlichen Parteien und einigte sich noch am Abend mit der USPD über eine gemeinsame Revolutionsregierung, den „Rat der Volksbeauftragten" (▷ vgl. Auftaktbild S. 147). Er war paritätisch besetzt aus je drei Mitgliedern der MSPD und der USPD und übernahm am 10. November 1918 die Macht in Deutschland. Bestätigt und kontrolliert wurde diese provisorische Regierung vom Berliner „Vollzugsrat", einem von Arbeiter- und Soldatendelegierten gewählten Ausschuß.

Von vornherein befand sich die neue Revolutionsregierung in einem politischen Dilemma: Sie war wegen der sozialen Probleme, die durch die Demobilisierung der Armee entstanden, auf die loyale Mitarbeit der kaiserlichen Beamten und der militärischen Führung angewiesen und mußte sich zudem um die Aufrechterhaltung einer funktionierenden Verwaltung bemühen. Dadurch bestand die Gefahr, daß die Eliten des überwundenen Kaiserreiches auch weiterhin ihren Einfluß auf die Politik zu sichern versuchten. Auf der anderen Seite geriet der „Rat der Volksbeauftragten" unter den politischen Druck des „Vollzugsrates", der sich als das eigentliche revolutionäre Machtorgan verstand. Das spannungsreiche Verhältnis zwischen Regierung, Verwaltung und Rätegremien bestimmte die ersten beiden Revolutionsmonate in Deutschland (▷ Q 3.4).

Zwischen Rätesystem und Parlamentarisierung. Unmittelbar nach der Revolution hatte der „Rat der Volksbeauftragten" allgemeine Wahlen zu einer verfassunggebenden Nationalversammlung angekündigt. Die Mitglieder des USPD-Flügels im „Vollzugsrat" hingegen brachten einen anderen Vorschlag ein: Auf einem gesamtdeutschen Kongreß aller Arbeiter- und Soldatenräte sollte ein Zentralrat gewählt werden, der eine Verfassung, basierend auf dem Rätesystem, ausarbeiten würde. Da auch die provisorische Regierung, ungeachtet der unterschiedlichen Verfassungsvorstellungen, die Einberufung eines Rätekongresses befürwortete, konnte ein solches Gremium Mitte Dezember 1918 in Berlin zusammentreten.

Rätekongreß

Von den 514 Delegierten des Rätekongresses gehörten 300 zur MSPD, etwa 100 zur USPD, der Rest bestand aus bürgerlichen Demokraten und Parteilosen. Man erwartete von diesem Gremium die Wahl eines Zentralrats als Vertretung der Arbeiter- und Soldatenräte des Reiches. Ihm sollte die Aufgabe zufallen, die tiefgreifenden Spannungen zwischen dem „Rat der Volksbeauftragten" und dem „Vollzugsrat" zu beseitigen. Da die USPD die Wahl boykottierte, entstand mit dem Zentralrat ein Organ, das sich als politische Stütze der Sozialdemokraten in der Regierung verstand. Neben Kompetenzstreitigkeiten und Militärfragen debattierte der Rätekongreß über eine künftige Nationalversammlung und über mögliche Alternativen zu einem parlamentarischen System (▷ Q 3.5). Er stellte damit die Weichen für die politische Zukunft Deutschlands. Allerdings hatten sich die Gewerkschaften und die Unternehmer bereits am 15. November auf die Anerkennung der Privatwirtschaft geeinigt und damit auf das sozialistische Rätesystem im Bereich der Wirtschaft verzichtet (▷ Q 3.6).

Nationalversammlung

Als eine nach dem Umsturz gebildete Matroseneinheit den sozialdemokratischen Stadtkommandanten von Berlin, Otto Wels, gefangensetzte, geriet die provisorische Regierung wegen der Illoyalität dieser Revolutionstruppe in große Bedrängnis und rief die Verbände aus der alten Armee des Kaiserreiches zu Hilfe. Es kam zu blutigen Auseinandersetzungen zwischen revolutionären und gegenrevolutionären Truppen, deren Ergebnis weitreichende politische Konsequenzen hatte. Die Mitglieder der USPD verließen wegen des harten Durchgreifens der alten Armeeverbände unter Protest den „Rat der Volksbeauftragten", der nach dem Eintritt bürgerlicher Fachminister in „Reichsregierung" umbenannt wurde.

Konflikte zwischen MSPD und USPD

Die erste Phase der Deutschen Revolution, die durch die Zusammenarbeit zwischen MSPD und USPD gekennzeichnet war, ging um die Jahreswende 1918/19 zu Ende; eine bürgerlich-sozialdemokratische Koalitionspolitik bestimmte die nächsten Jahre. Zur gleichen Zeit entstand aus dem Spartakusbund, der sich von der USPD trennte, die Kommunistische Partei Deutschlands (KPD). Sie steuerte einen kompromißlosen Revolutionskurs, der den gewaltsamen Umsturz einschloß und der das erschreckte Bürgertum in Angst versetzte (▷ Q 3.7). Nach einer Aufstandsbewegung radikaler Gruppen zu Beginn des neuen Jahres („Januarunruhen") setzte der sozialdemokratische Wehrminister Gustav Noske aus Teilen der alten Armee gebildete Freikorps gegen die Radikalen ein. Die beiden Kommunistenführer Rosa Luxemburg und Karl Liebknecht wurden von Mitgliedern dieser Freikorps brutal ermordet.

Gründung der KPD

Die Feindschaft zwischen Kommunisten und Sozialdemokraten, die die Geschichte des neuen Staates durchzieht, nahm von diesem Geschehen ihren Ausgang (▷ Q 3.8).

Die Anfänge der Weimarer Republik. Am 19. Januar 1919 fanden die gesamtdeutschen Wahlen zu einer verfassunggebenden Nationalversammlung statt, an der erstmals auch die Frauen teilnahmen, denen vorher keine politische Mitsprache möglich war. Nach der Einberufung und dem Zusammentritt des Parlaments in Weimar, abseits vom unruhigen Berlin, löste sich der Zentralrat, der ein Stabilitätsfaktor gewesen war, auf. Mit großer Mehrheit (277 von 379 Stimmen) wählten die Abgeordneten des Volkes Friedrich Ebert zum Reichspräsidenten. Philipp Scheidemann wurde Kanzler der ersten parlamentarischen Demokratie in Deutschland und bildete ein Kabinett aus Mitgliedern der MSPD, der DDP und des Zentrums („Weimarer Koalition").

Friedrich Ebert

„Weimarer Koalition"

423 Abgeordnete | SPD 37,9% 163+2 aus Nachwahl | Z 19,7% 91 | DDP 18,6% 75 | **Regierung**
KPD nicht beteiligt | USPD 7,6% 22 | | DVP/4,4%/19 | DNVP 10,3 44 | Sonstige 1,5%/7 | **Opposition**

Wahl zur Nationalversammlung (19. Januar 1919)

Zu den Herausforderungen der neuen Regierung traten neben der Friedens- und der Verfassungsfrage die ungeheuren wirtschaftlichen und sozialen Probleme der Demobilisierungsphase, die den politischen Radikalismus am Leben erhielten.
Während die Räte nach der Wahl zur Nationalversammlung bedeutungslos wurden, blieb der Einfluß der Sozialdemokraten auf die Innenpolitik der neuen Republik in den ersten Jahren erhalten. Die traditionellen bürgerlichen Parteien des Kaiserreiches, die während der Revolution in den Hintergrund gedrängt wurden, bekannten sich – teilweise unter neuen Namen – entweder zur demokratischen Staatsform (DDP/Z), paßten sich den Verhältnissen an (DVP/BVP) oder versuchten, sie im Sinne einer monarchischen Reaktion zu verändern (DNVP). Die USPD war gespalten, Teile von ihr setzten, in Verbindung mit den Kommunisten, auf die proletarische Revolution, während sich andere allmählich den Positionen der MSPD näherten und 1922 die Vereinigung mit ihr vollzogen (▷ Q 3.9). Im Frühsommer 1919 präsentierten die Siegermächte des Weltkrieges dem deutschen Volk ihre harten Friedensbedingungen, die Ministerpräsident Scheidemann kategorisch ablehnte und die ihn zum Rücktritt veranlaßten.

Weimarer Parteien

Die neugebildete Reichsregierung unter dem Sozialdemokraten Gustav Bauer erklärte sich bereit, unter Vorbehalten (Auslieferungen, Kriegsschuldfrage) dem Vertrag zuzustimmen. Da die Alliierten keinerlei Entgegenkommen zeigten, sprachen sich USPD, SPD und Teile des Zentrums für die bedingungslose Zustimmung zum Friedensvertrag aus, der am 28. Juni 1919 im Spiegelsaal von Versailles unterzeichnet wurde. 1871 war an dieser Stelle Wilhelm I. zum Kaiser des Deutschen Reiches ausgerufen worden.

Vertrag von Versailles

Die sozialdemokratische Reichsregierung beauftragte unmittelbar nach der Revolution den linksliberalen Staatsrechtler Hugo Preuß, eine Verfassung für den künftigen Gesamtstaat auszuarbeiten. Sie verzichtete darauf, die eigenen politisch-gesellschaftlichen Vorstellungen der neuen Ordnung zugrundezulegen und akzeptierte, daß sich die Ideen des Liberalismus, die Preuß vertrat, im Verfassungsentwurf niederschlagen. Er und seine Mitarbeiter, darunter der Soziologe Max Weber, mußten allerdings Vorentscheidungen berücksichtigen, die die Revolution geschaffen hatte. So war eine

Ausarbeitung einer Verfassung

Rückkehr zur Monarchie unmöglich geworden, ein Einheitsstaat konnte aufgrund der bestehenden revolutionären Regierungen in den einzelnen Ländern nicht durchgesetzt werden. Aufgrund eines Übereinkommens zwischen Gewerkschaften und Unternehmern blieb das privatwirtschaftliche System erhalten: anstelle des Klassenkampfes sollte die Sozialpartnerschaft treten. Auch die Struktur des traditionellen Beamten- und Justizapparates aus der Vorkriegszeit tastete man nicht an, so daß in vielen gesellschaftlichen Bereichen die Kontinuität gewahrt blieb.

Nach langen Debatten in der Nationalversammlung wurde die Verfassung verabschiedet und von Reichspräsident Ebert am 11. August 1919, dem künftigen Verfassungstag der Weimarer Republik, unterzeichnet. Trotz großer Zustimmung gab es gesellschaftliche Gruppen, die diesen Verfassungskompromiß ablehnten und auf die Wiederherstellung des einstigen monarchischen Obrigkeitsstaates oder den kommunistischen Endzustand hofften. Die Verfassung selbst wies Widersprüche auf: Es bestanden Gegensätze zwischen den repräsentativen (Reichstag) und den plebiszitären Elementen (Volksentscheid), in der starken Stellung des Reichspräsidenten („Ersatzkaiser") gegenüber einem schwachen Reichstag, in dem aufgrund eines reinen Verhältniswahlrechtes viele Parteien vertreten waren. Die Bildung starker Regierungen mit klaren Mehrheiten wurde dadurch erschwert.

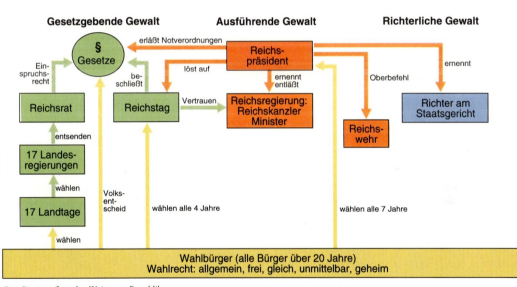

Der Staatsaufbau der Weimarer Republik

Q 3.1
Beginn der Revolution in Kiel
(5. November 1918)

Am 4. November 1918 hatte sich in der Kieler Garnison ein Soldatenrat gebildet, der tags darauf seine Forderungen veröffentlichte:

Kameraden! Der gestrige Tag wird in der Geschichte Deutschlands ewig denkwürdig sein. Zum ersten Male ist die politische Macht in die Hände der Soldaten gelegt. Ein Zurück gibt es nicht mehr! ...
1. Freilassung sämtlicher Inhaftierten und politischer Gefangener.
2. Vollständige Rede- und Pressefreiheit.
3. Aufhebung der Briefzensur.
4. Sachgemäße Behandlung der Mannschaften durch Vorgesetzte.
5. Straffreie Rückkehr sämtlicher Kameraden an Bord und in die Kasernen.
6. Die Ausfahrt der Flotte hat unter allen Umständen zu unterbleiben.
7. Jegliche Schutzmaßnahmen durch Blutvergießen haben zu unterbleiben.
8. Zurückziehung sämtlicher nicht zur Garnison gehörigen Truppen.
9. Alle Maßnahmen zum Schutze des Privateigentums werden sofort vom Soldatenrat festgesetzt.
10. Es gibt außer Dienst keine Vorgesetzten mehr.
11. Unbeschränkte persönliche Freiheit jedes Mannes von Beendigung des Dienstes bis zu Beginn des nächsten Dienstes.
12. Offiziere, die sich mit den Maßnahmen des jetzt bestehenden Soldatenrates einverstanden erklären, begrüßen wir in unserer Mitte. Alles übrige hat ohne Anspruch auf Versorgung den Dienst zu quittieren.
13. Jeder Angehörige des Soldatenrates ist von jeglichem Dienste zu befreien.
14. Sämtliche in Zukunft zu treffenden Maßnahmen sind nur mit Zustimmung des Soldatenrates zu treffen.

Diese Forderungen sind für jede Militärperson Befehle des Soldatenrates.

Der Soldatenrat

Schönbrunn: a. a. O., S. 111f.

Q 3.2
Abdankung des Kaisers

Auf der Titelseite des sozialdemokratischen Parteiblattes „Vorwärts" fand sich am 9. November 1918 folgender Beitrag:

2. Extraausgabe.   Sonnabend, den 9. November 1918.

Vorwärts
Berliner Volksblatt.
Zentralorgan der sozialdemokratischen Partei Deutschlands.

Der Kaiser hat abgedankt!

Der Reichskanzler hat folgenden Erlaß herausgegeben:

Seine Majestät der Kaiser und König haben sich entschlossen, dem Throne zu entsagen.

Der Reichskanzler bleibt noch so lange im Amte, bis die mit der Abdankung Seiner Majestät, dem Thronverzichte Seiner Kaiserlichen und Königlichen Hoheit des Kronprinzen des Deutschen Reichs und von Preußen und der Einsetzung der Regentschaft verbundenen Fragen geregelt sind. Er beabsichtigt, dem Regenten die Ernennung des Abgeordneten Ebert zum Reichskanzler und die Vorlage eines Gesetzentwurfs wegen der Ausschreibung allgemeiner Wahlen für eine verfassunggebende deutsche Nationalversammlung vorzuschlagen, der es obliegen würde, die künftige Staatsform des deutschen Volks einschließlich der Volksteile, die ihren Eintritt in die Reichsgrenzen wünschen sollten, endgültig festzustellen.

Berlin, den 9. November 1918. **Der Reichskanzler.**
Prinz Max von Baden.

Es wird nicht geschossen!

Der Reichskanzler hat angeordnet, daß seitens des Militärs von der Waffe kein Gebrauch gemacht werde.

Parteigenossen! Arbeiter! Soldaten!

Soeben sind das Alexanderregiment und die vierten Jäger geschlossen zum Volke übergegangen. Sozialdemokratische Reichstagsabgeordnete Wels u. a. haben zu den Truppen gesprochen. Offiziere haben sich den Soldaten angeschlossen.

Der sozialdemokratische Arbeiter- und Soldatenrat.

Q 3.3
Ausrufung der Republik

Am Samstag, den 9. November 1918 gegen 14.00 Uhr rief der Parteifreund von Friedrich Ebert, Philipp Scheidemann, von einem Fenster des Reichstages in Berlin die Republik aus. Seine Behauptung allerdings, Friedrich Ebert sei zum Reichskanzler ernannt worden, war nicht richtig. Zwei Stunden später proklamierte Karl Liebknecht auf einer Massenversammlung die „Sozialistische Republik" (▷ vgl. Auftaktbild S. 147):

a) Ausrufung der „Deutschen Republik"
durch Philipp Scheidemann:

Arbeiter und Soldaten!
Furchtbar waren die vier Kriegsjahre, grauenhaft waren die Opfer, die das Volk an Gut und Blut hat bringen müssen. Der unglückselige
5 Krieg ist zu Ende. Das Morden ist vorbei. Die Folgen des Kriegs, Not und Elend, werden noch viele Jahre lang auf uns lasten. Die Niederlage, die wir unter allen Umständen verhüten wollten, ist uns nicht erspart geblieben, weil unsere Ver-
10 ständigungsvorschläge sabotiert wurden, wir selbst wurden verhöhnt und verleumdet. Die Feinde des werktätigen Volkes, die wirklichen inneren Feinde, die Deutschlands Zusammenbruch verschuldet haben, sind still und unsicht-
15 bar geworden ... Der Kaiser hat abgedankt. Er und seine Freunde sind verschwunden. Über sie alle hat das Volk auf der ganzen Linie gesiegt! Der Prinz Max von Baden hat sein Reichskanzleramt dem Abgeordneten Ebert übergeben.
20 Unser Freund wird eine Arbeiterregierung bilden, der alle sozialistischen Parteien angehören werden. Die neue Regierung darf nicht gestört werden in ihrer Arbeit für den Frieden, in der Sorge um Brot und Arbeit. Arbeiter und Solda-
25 ten! Seid euch der geschichtlichen Bedeutung dieses Tages bewußt. Unerhörtes ist Geschehen. Große und unübersehbare Arbeit steht uns bevor. Alles für das Volk, alles durch das Volk! Nichts darf geschehen, was der Arbeiterbewe-
30 gung zur Unehre gereicht. Seid einig, treu und pflichtbewußt! Das Alte und Morsche, die Monarchie ist zusammengebrochen. Es lebe das Neue! Es lebe die Deutsche Republik!

b) Karl Liebknecht:

Der Tag der Revolution ist gekommen. Wir haben den Frieden erzwungen. Der Friede ist in diesem Augenblick geschlossen ...
Der Tag der Freiheit ist angebrochen. Nie wie-
5 der wird ein Hohenzoller diesen Platz betreten. Vor 70 Jahren stand hier am selben Ort Friedrich Wilhelm IV. und mußte vor dem Zug der auf den Barrikaden Berlins für die Sache der Freiheit Gefallenen, vor den fünfzig blutüber-
10 strömten Leichnamen, seine Mütze[1] abnehmen. Ein anderer Zug bewegt sich heute hier vorüber. Es sind die Geister der Millionen, die für die heilige Sache des Proletariats ihr Leben gelassen haben. Mit zerspaltenem Schädel, in Blut geba-
15 det, wanken diese Opfer der Gewaltherrschaft vorüber, und ihnen folgen die Geister von Millionen von Frauen und Kindern, die für die Sache des Proletariats in Kummer und Elend verkommen sind. Und Abermillionen von Blut-
20 opfern dieses Weltkrieges ziehen ihnen nach. Heute steht eine unübersehbare Menge begeisterter Proletarier an demselben Ort, um der neuen Freiheit zu huldigen. Parteigenossen, ich proklamiere die freie sozialistische Republik
25 Deutschland, die alle Stämme umfassen soll, in der es keine Knechte mehr geben wird, in der jeder ehrliche Arbeiter den ehrlichen Lohn seiner Arbeit finden wird. Die Herrschaft des Kapitalismus, der Europa in ein Leichenfeld verwan-
30 delt hat, ist gebrochen ...
Wir müssen alle Kräfte anspannen, um die Regierung der Arbeiter und Soldaten aufzubauen und eine neue staatliche Ordnung des Proletariats zu schaffen, eine Ordnung des Friedens,
35 des Glücks und der Freiheit unserer deutschen Brüder und unserer Brüder in der ganzen Welt. Wir reichen ihnen die Hände und rufen sie zur Vollendung der Weltrevolution auf.

Schönbrunn: a. a. O., S. 114f.

1) Der König mußte sich vor den Gefallenen verneigen.

Q 3.4
Regierung und Räte (22. November 1918)

Um die Kompetenzen der revolutionären Gremien zu regeln, einigte sich die provisorische Regierung der Volksbeauftragten mit dem „Vollzugsrat". Dieser Kompromiß wurde im Reichsanzeiger veröffentlicht:

Die Revolution hat ein neues Staatsrecht geschaffen. Für die erste Übergangszeit findet der neue Rechtszustand seinen Ausdruck in nachstehender Vereinbarung zwischen dem Vollzugs-
5 rat des Arbeiter- und Soldatenrats von Groß-Berlin und dem Rat der Volksbeauftragten:
1. Die politische Gewalt liegt in den Händen der Arbeiter- und Soldatenräte der deutschen

sozialistischen Republik. Ihre Aufgabe ist es, die Errungenschaften der Revolution zu behaupten und auszubauen, sowie die Gegenrevolution niederzuhalten.

2. Bis eine Delegiertenversammlung der Arbeiter- und Soldatenräte einen Vollzugsrat der deutschen Republik gewählt hat, übt der Berliner Vollzugsrat die Funktionen der Arbeiter- und Soldatenräte der deutschen Republik im Einverständnis mit den Arbeiter und Soldatenräten von Groß-Berlin aus.

3. Die Bestellung des Rates der Volksbeauftragten durch den Arbeiter- und Soldatenrat von Groß-Berlin bedeutet die Übertragung der Exekutive der Republik.

4. Die Berufung und Abberufung der Mitglieder des entscheidenden Kabinetts der Republik und – bis zur endgültigen Regelung der staatlichen Verhältnisse – auch Preußens erfolgt durch den zentralen Vollzugsrat, dem auch das Recht der Kontrolle zusteht.

5. Vor der Berufung der Fachminister durch das Kabinett ist der Vollzugsrat zu hören.
Sobald als möglich wird eine Reichsversammlung von Delegierten der Arbeiter- und Soldatenräte zusammentreten.

Ritter/Miller: a. a. O., S. 119.

Q 3.5
Rätesystem oder Nationalversammlung

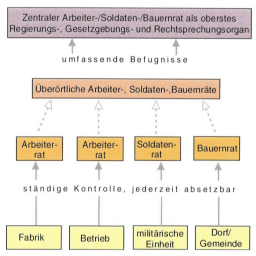

Direkte Demokratie des Rätesystems

Repräsentative oder parlamentarische Demokratie

Q 3.6
Vorentscheidung für die Privatwirtschaft
(15. November 1918)

Im sog. Stinnes-Legien-Abkommen, benannt nach dem Unternehmer Hugo Stinnes und dem Gewerkschaftsführer Carl Legien, wurde ein Zentralausschuß auf paritätischer Grundlage zwischen Unternehmern und Gewerkschaften geschaffen. Er führte die kollektive Regelung der Lohn- und Arbeitsverhältnisse ein.

Die großen Arbeitgeberverbände vereinbaren mit den Gewerkschaften der Arbeitnehmer das folgende:
1. Die Gewerkschaften werden als berufene
5 Vertretung der Arbeiterschaft anerkannt.
2. Eine Beschränkung der Koalitionsfreiheit der Arbeiter und Arbeiterinnen ist unzulässig.
3. Die Arbeitgeber und Arbeitgeberverbände werden die Werkvereine (die sogenannten wirt-
10 schaftsfriedlichen Vereine) fortab vollkommen sich selbst überlassen und sie weder mittelbar noch unmittelbar unterstützen.
4. Sämtliche aus dem Heeresdienst zurückkehrenden Arbeitnehmer haben Anspruch darauf,
15 in die Arbeitsstelle sofort nach Meldung wieder einzutreten, die sie vor dem Kriege innehatten. Die beteiligten Arbeitgeber- und Arbeitnehmerverbände werden dahin wirken, daß durch Beschaffung von Rohstoffen und Arbeitsaufträgen
20 diese Verpflichtung in vollem Umfang durchgeführt werden kann.

Ritter/Miller: a. a. O., S. 237.

Q 3.7
Gerhart Hauptmann: Eine rote Garde nach russischem Muster (8. Januar 1919)

Der Schriftsteller und Bühnenautor Gerhart Hauptmann hat sich häufig zu tagespolitischen Fragen geäußert. Er nimmt – im Gegensatz zu Tucholsky – einen konservativ-nationalen Standpunkt ein.

In Berlin sind seit Tagen blutige Straßenkämpfe. Die Spartakusgruppe will die Diktatur des Proletariats. Sie bewaffnet die Arbeiter, um ihnen die bürgerliche Welt wehrlos preiszugeben.
5 Eine rote Garde, nach russischem Muster, wird gleichsam als Geburtstagsgeschenk der neuen Menschheit ersehnt. Was auch immer der Bolschewismus wollen mag. Sein Allheilmittel, Diktatur des Proletariats, auch nur ein Jahr lang
10 restlos in Europa verwirklicht, müßte es in einen geistigen Kirchhof verwandeln. Unterbunden, vielleicht für immer erstickt, würden sein mit der Knebelung des Bürgertums das Gebiet der Religion, das Gebiet der Kunst, das Gebiet der
15 Wissenschaft ..., kurz, alle Gebiete, deren Grundlage ... die persönliche Freiheit ist. Damit würde das Proletariat nicht einmal die materielle, geschweige die geistige Erbschaft des Bürgertums angetreten haben, denn der russisch ver-
20 steinte Rest der Gedanken zweier deutscher Bürger, Marx und Engels, allein kann dafür nicht gelten.

Stephan Reinhardt (Hrsg.): Die Schriftsteller und die Weimarer Republik. Ein Lesebuch, Berlin 1982, S. 29f.

Q 3.8
Der politische Mord:
Luxemburg und Liebknecht

Der Schriftsteller Kurt Tucholsky veröffentlichte in der „Weltbühne" (Zeitschrift für Politik, Kunst und Wissenschaft) ein Gedicht über die beiden Spartakistenführer Rosa Luxemburg und Karl Liebknecht, die am 15. Januar 1919 von Freikorpsleuten ermordet wurden:

Märtyrer ...? Nein.
    Aber Pöbelsbeute.
Sie wagtens. Wie selten ist das heute.
Sie packten zu, und sie setzten sich ein:
5 sie wollten nicht nur Theoretiker sein.

Er: ein Wirrkopf von mittleren Maßen,
er suchte das Menschenheil in den Straßen.
Armer Kerl: es liegt nicht da.
Er tat das Seine, wie er es sah.
10 Er wollte die Unterdrückten heben,
er wollte für sie ein menschliches Leben.
Sie haben den Idealisten betrogen,
den Meergott verschlangen die eigenen Wogen.
Sie knackten die Kassen, der Aufruhr tollt –
15 Armer Kerl, hast du das gewollt?

Sie: der Mann von den zwei Beiden.
Ein Leben voll Hatz und Gefängnisleiden.
Hohn und Spott und schwarz-weiße Chikane
und dennoch treu der Fahne, der Fahne!
20 Und immer wieder: Haft und Gefängnis
und Spitzeljagd und Landratsbedrängnis.
Und immer wieder: Gefängnis und Haft -
Sie hatte die stärkste Manneskraft ...

Reinhardt: a. a. O., S. 28.

Q 3.9 Wahlplakate 1919

Fragen und Anregungen:

1. Beurteilen Sie die militärischen und die allgemeinen politischen Forderungen des Soldatenrates (▷ Q 3.1).
2. Interpretieren Sie die Abdankungserklärung Kaiser Wilhelms II. (▷ Q 3.2).
3. Vergleichen Sie die beiden Proklamationen von Scheidemann und Liebknecht (▷ Q 3.3). Stellen Sie in Form einer Synopse die Unterschiede dar.
4. Stellen Sie die Funktionen von „Vollzugsrat" und „Rat der Volksbeauftragten" dar (▷ Q 3.4). Wo liegen die Probleme bei der Kompetenzverteilung?
5. Diskutieren Sie unter Zuhilfenahme der Schaubilder (▷ Q 3.5) Vor- und Nachteile von Rätesystem und parlamentarischer Demokratie. Erörtern Sie, worin die Problematik des Rätesystems für einen modernen Staat liegt.
6. Erläutern Sie, gegen wen sich das Stinnes-Legien-Abkommen richtet (▷ Q 3.6).
7. Analysieren Sie anhand der Plakate die politischen Auffassungen der einzelnen Parteien. Beachten Sie die graphische Gestaltung der Plakate und erläutern Sie, welche Emotionen den Wählern suggeriert werden sollen (▷ Q 3.9).
8. Stellen Sie unter Zuhilfenahme von Q 3.7 und Q 3.8 zusammen, wie sich deutsche Künstler (Thomas und Heinrich Mann, Kurt Tucholsky, Alfred Döblin, Gerhart Hauptmann u. a.) zur Revolution von 1918 geäußert haben.
9. Erarbeiten Sie unter Bezug auf die thematische Spezialeinheit (▷ S. 224f.), in welcher Weise sich die gesellschaftliche Rolle der Frau in der Weimarer Republik verändert hat.

Zusammenfassung:

Die in den Oktoberreformen im Reich und in den Ländern entstandenen parlamentarischen Monarchien wurden alle durch die November-Revolution 1918 beseitigt. In ganz Deutschland bildeten sich sozialdemokratisch geführte Regierungen, in denen MSPD und USPD gemeinsam die Macht ausübten, während die bürgerlichen Parteien in der Anfangsphase von der politischen Verantwortung ausgeschlossen blieben. Die spontan entstandene Rätebewegung im Land beeinflußte die Politik der Regierungen. Diese stützten sich ihrerseits auf den Verwaltungsapparat und die militärische Führung des ehemaligen monarchischen Systems. Dadurch gab es Konflikte zwischen den provisorischen Regierungen und den revolutionären Massen. Mit der auf dem Berliner Rätekongreß getroffenen Entscheidung für eine Nationalversammlung, die zu Beginn des Jahres 1919 in Weimar zusammentrat, war die Entscheidung für eine parlamentarische Demokratie gefallen. Der Kampf der politisch organisierten extremen Linken in Teilen der USPD und der neugegründeten KPD für ein sozialistisches Rätesystem besaß keine Chance. Die „Weimarer Koalition" aus MSPD, Zentrum und Linksliberalen schuf sich in der Weimarer Reichsverfassung die institutionelle Grundlage für die künftige Weimarer Republik.

4.
Revolution und Gegenrevolution in Bayern (1918–1920)

1918	4. November	Beschluß zur Parlamentarisierung in Bayern
	7. November	Ausrufung der Republik („Freistaat") durch Kurt Eisner
	8. November	Bildung einer provisorischen Koalitionsregierung aus MSPD und USPD mit Eisner als Ministerpräsident
1919	12. Januar	Landtagswahl in Bayern
	21. Februar	Ermordung Eisners
	17. März	Wahl von Johannes Hoffmann zum bayerischen Ministerpräsidenten durch den Landtag
	7. April	Ausrufung der Räterepublik durch revolutionären Zentralrat
		Verlegung des Regierungssitzes nach Bamberg
	13. April	Kommunistische Räterepublik (Levien, Leviné)
	2. Mai	Militärische Liquidierung der Räterepublik
	31. Mai	Koalitionsregierung aus SPD, BVP, DDP („Bamberger Koalition")
	15. August	Verkündung der bayerischen Verfassung („Bamberger Verfassung")
1920	14. März	Erzwungener Rücktritt des bayerischen Ministerpräsidenten

Eisners Staatsstreich. Ähnlich wie das Reich sollte auch der bayerische Staat Anfang November 1918 in eine parlamentarische Monarchie mit Verhältniswahlrecht und Regierungsbeteiligung der Mehrheitssozialdemokratie umgewandelt werden. Am 7. November veranstalteten die sich bekämpfenden sozialistischen Parteien, MSPD und USPD, mit ihren Führern Erhard Auer und Kurt Eisner eine große Friedenskundgebung auf der Theresienwiese. Während Auer und seine Gefolgsleute mit einem Zug durch die Münchner Innenstadt die Veranstaltung beendeten, marschierten Eisner und seine Anhänger durch das Kasernengelände und überredeten die kriegsmüden Soldaten, die Wittelsbacher Monarchie zu stürzen. Noch am gleichen Abend konstituierte sich im Mathäserbräu ein Arbeiter- und Soldatenrat unter Vorsitz Eisners. Kurze Zeit später begründete man im Landtagsgebäude einen Arbeiter-, Soldaten- und Bauernrat, der als Revolutionsparlament galt und der Eisner als provisorischen Ministerpräsidenten bestätigte. Tags darauf veröffentlichte die neue Regierung einen Aufruf, in dem es hieß: „Bayern ist fortan ein Freistaat". Die Monarchie war gewaltlos beseitigt worden, die USPD hatte ohne Beteiligung der Mehrheitssozialdemokraten die Republik proklamiert. Bei diesen setzte sich jedoch, ähnlich wie im Reich, die Auffassung durch, daß man die Einheit mit der USPD herstellen müsse, damit die Revolution nicht außer Kontrolle gerate. Ein Parlament und keine Rätegremien sollte nach Auffassung der Mehrheitssozialisten künftig die Interessen des Volkes vertreten (▷ Q 4.1).

Freistaat Bayern

Einen Tag vor dem Umsturz in Berlin hatte sich in Bayern eine aus der Revolution hervorgegangene Koalitionsregierung gebildet, mit Eisner als provisorischem Ministerpräsidenten und seinem Stellvertreter, Johannes Hoffmann aus der MSPD, der zugleich das Kultusministerium übernahm. Erhard Auer bekam das Innenressort zugeteilt.

Räte und Parlament

Während Eisner die Räte als politische Gremien gleichberechtigt neben eine aus allgemeinen Wahlen hervorgegangene Volksvertretung stellen wollte, betrachteten sie die Mehrheitssozialisten lediglich als wirtschaftliche Interessenvertreter der Arbeiter.

Die erste Landtagswahl am 12. Januar 1919 brachte der Partei des Revolutionsführers Eisner eine vernichtende Niederlage bei, während das konservative bayerische Zentrum, das sich in Bayerische Volkspartei (BVP) umbenannt hatte, als eindeutiger Sieger aus der Parlamentswahl hervorging.

Landtagswahl 1919

Am 21. Februar 1919, auf dem Weg zur Eröffnung des neuen Landtages, wurde Kurt Eisner, das Rücktrittsgesuch in der Tasche, von dem völkisch-nationalistischen Grafen von Arco-Valley kaltblütig ermordet. Die Meldung löste mehrere Attentate im bayerischen Landtag aus, bei denen der Führer der Mehrheitssozialisten Auer schwer verletzt wurde. Der Zentralrat der bayerischen Republik übernahm im Auftrag des Rätekongresses die Macht im Staat und proklamierte die zweite Revolution.

Ermordung Eisners

Die Regierung Hoffmann. Separate Verhandlungen – abseits vom unruhigen München – zwischen Mehrheitssozialisten, Unabhängigen und dem Bauernbund, aber auch mit Politikern aus BVP und DDP in Nürnberg und Bamberg führten im März zur Bildung einer neuen Koalitionsregierung aus MSPD und USPD in der Tradition Eisners. Der Rätekongreß bestätigte und die nicht beteiligten Parteien BVP und DDP tolerierten diese Regierung unter dem Ministerpräsidenten Johannes Hoffmann aus der MSPD. Dieser wollte durch eine praktische Reformpolitik die hohe Arbeitslosigkeit, die Wohnungsnot und die Lebensmittelknappheit beseitigen, wurde aber an der Ausführung dieser Politik gehindert, als am 7. April Revolutionäre, unter anderem Erich Mühsam und Gustav Landauer, in München die Räterepublik proklamierten (▷ Q 4.2). Hoffmann zog die Konsequenzen aus dieser Entwicklung und verlegte den Regierungssitz nach Bamberg. Aufgrund der Teilung des Landes war ein Bürgerkrieg nicht ausgeschlossen. In einem Aufruf bezeichnete der Ministerpräsident sein Kabinett als die einzige vom Landtag legitimierte Regierung, die auch das Reich ausdrücklich anerkannte. Die Räterepublik radikalisierte sich zusehends, vor allem, als die Kommunisten in München an Macht gewannen und den Aufbau einer Roten Armee betrieben. Auf Befehl des Reichswehrministers Gustav Noske führten Reichswehrverbände und Freikorps Anfang Mai eine großangelegte Reichsexekution durch, in deren Verlauf die Räterepublik militärisch liquidiert wurde. Dem „roten" Terror der Kommunisten mit Geiselerschießungen folgte ein „weißer" Terror der Reichswehrtruppen. Sie fügten dem Ansehen der Regierung Hoffmann schweren Schaden zu und belasteten das Verhältnis der beiden sozialistischen Parteien nachhaltig.

Münchener Räterepublik

„Roter" und „weißer" Terror

Wie im Reich entstand in der Folgezeit eine sozialdemokratisch-bürgerliche Koalitionsregierung aus MSPD, BVP und DDP unter Hoffmann, zu deren Leistungen die Ausarbeitung einer Landesverfassung zählte („Bamberger Verfassung").

„Bamberger Verfassung"

Das Zweckbündnis der Sozialdemokraten mit BVP und DDP zerbrach, als im Zusammenhang mit dem von Berlin ausgehenden Kapp-Putsch (▷ S. 184f.) im März 1920 Gegner Hoffmanns im Militär (von Möhl), in den paramilitärischen Einwohnerwehren (Escherisch), in Beamten- und Polizeikreisen (von Kahr/Pöhner) die Initiative ergriffen und den Ministerpräsidenten zum Rücktritt zwangen; die eigene Partei versagte ihm die Unterstützung. Mit von Kahr, seinen Nachfolgern von Lerchenfeld und von Knilling entwickelte sich Bayern zur reaktionären „Ordnungszelle", die Republik und Reichseinheit künftig gleichermaßen gefährdete. Im Dunstkreis dieser Politik vollzog sich der Aufstieg Adolf Hitlers und seiner gewalttätigen Bewegung.

„Ordnungszelle" Bayern

Q 4.1 „Freistaat" Bayern

Proklamation.
Volksgenossen!

Um nach jahrelanger Vernichtung aufzubauen, hat das Volk die Macht der Zivil- und Militärbehörden gestürzt und die Regierung selbst in die Hand genommen. Die Bayerische Republik wird hierdurch proklamiert. Die oberste Behörde ist der von der Bevölkerung gewählte Arbeiter-, Soldaten- und Bauernrat, der provisorisch eingesetzt ist, bis eine endgültige Volksvertretung geschaffen werden wird. Er hat gesetzgeberische Gewalt. Die ganze Garnison hat sich der Republikanischen Regierung zur Verfügung gestellt. Generalkommando und Polizeidirektion stehen unter unserem Befehl. Die Dynastie Wittelsbach ist abgesetzt. Hoch die Republik!

Der Arbeiter- und Soldatenrat: Kurt Eisner.

Q 4.2
Ausrufung der Räterepublik in Bayern

Dieses Flugblatt wurde am 7. April 1919 vom revolutionären Zentralrat Bayerns gemeinsam mit dem revolutionären Soldatenrat herausgegeben. Es proklamierte die erste Räterepublik, die später von der kommunistischen Räterepublik abgelöst wird. Zu den ersten Anordnungen des Regimes gehörte die Anweisung, daß der Landesname künftig Baiern (statt Bayern) sei.

An das Volk in Baiern!

Die Entscheidung ist gefallen. Baiern ist Räterepublik. Das werktätige Volk ist Herr seines Geschickes. Die revolutionäre Arbeiterschaft und
5 Bauernschaft Baierns, darunter auch all unsere Brüder, die Soldaten sind, durch keine Parteigegensätze mehr getrennt, sind sich einig, daß von nun an jegliche Ausbeutung und Unterdrückung ein Ende haben muß. Die Diktatur des Prole-
10 tariats, die nun zur Tatsache geworden ist, bezweckt die Verwirklichung eines wahrhaft sozialistischen Gemeinwesens, in dem jeder arbeitende Mensch sich am öffentlichen Leben beteiligen soll, einer gerechten sozialistisch-kom-
15 munistischen Wirtschaft. Der Landtag, das unfruchtbare Gebilde des überwundenen bürgerlich-kapitalistischen Zeitalters, ist aufgelöst, das von ihm eingesetzte Ministerium zurückgetreten. Von den Räten des arbeitenden Volks be-
20 stellte, dem Volk verantwortliche Vertrauensmänner erhalten als Volksbeauftragte für bestimmte Arbeitsgebiete außerordentliche Vollmachten ... Das System der Bürokratie aber wird unverzüglich ausgetilgt. Die Presse wird so-
25 zialisiert. Zum Schutze der baierischen Räterepublik gegen reaktionäre Versuche von außen und von innen wird sofort eine rote Armee gebildet. Ein Revolutionsgericht wird jeden Anschlag gegen die Räterepublik rücksichtslos
30 ahnden. Die bairische Räterepublik folgt dem

Beispiel der russischen und ungarischen Völker ... Zum Zeichen der freudigen Hoffnung auf eine glückliche Zukunft für die ganze Menschheit wird ... der 7. April zum Nationalfeiertag erklärt. Zum Zeichen des beginnenden Abschieds vom fluchwürdigen Zeitalter des Kapitalismus ruht am Montag, dem 7. April 1919, in ganz Baiern die Arbeit, soweit sie nicht für das Leben des werktätigen Volkes notwendig ist, worüber gleichzeitig nähere Bestimmungen ergehen.

Es lebe das freie Baiern! Es lebe die Räterepublik! Es lebe die Weltrevolution!

Der revolutionäre Zentralrat Baiern:
Niekisch, Gustav Landauer, Erich Mühsam, Gandorfer (Bauernrat), Dr. Franz Lipp, Albert Schmid

Wolfgang Michalka/Gottfried Niethard: Die ungeliebte Republik: Dokumente zur Innen- und Außenpolitik Weimars 1918–1933 (= dtv-Dokumente, Nr. 2918), München 1980, S. 60f.

Fragen und Anregungen:

1. Analysieren Sie den Aufruf der revolutionären Machthaber unter innen- und außenpolitischen Gesichtspunkten. Auf welche Vorbilder bezieht er sich (▷ Q 4.1)?

2. Interpretieren Sie das Flugblatt (▷ Q 4.2) unter folgenden Aspekten:
  – Wie soll Bayern politisch umgestaltet werden?
  – Welcher „Mission" fühlt sich die Räterepublik verpflichtet?
  – Welche politischen Konsequenzen kann diese Proklamation nach sich ziehen?

3. Erarbeiten Sie aus dem Erinnerungsbuch „Eine Jugend in Deutschland" von Ernst Toller, wie dieser Autor Revolution und Räterepublik in Bayern beurteilt (▷ Referat).

Zusammenfassung:

Der USPD-Führer Kurt Eisner und seine Anhänger stürzten am 7. November 1918 die Wittelsbacher Monarchie und bildeten tags darauf eine provisorische Regierung mit der MSPD. Bis zur Landtagswahl im Januar 1919 gab es auch in Bayern Auseinandersetzungen zwischen den Kräften, die – wie Eisner – den Einfluß der Räte verstärken wollten und parlamentarisch orientierten Politikern aus der MSPD. Nach der Ermordung Eisners übernahm der Rätekongreß die Macht im Land und proklamierte die zweite Revolution. Verhandlungen zwischen der MSPD und bürgerlichen Parteivertretern führten im März 1919 zur Bildung einer sozialistischen Koalitionsregierung unter Johannes Hoffmann, die von der bürgerlichen Landtagsmehrheit toleriert wurde. Radikale Politiker aus dem linksextremen Lager proklamierten am 7. April 1919 die Münchner Räterepublik, die sich nach der Machtübernahme durch die Kommunisten zusehends radikalisierte. Die nach Bamberg ausgewichene Regierung Hoffmann ließ mit Unterstützung der Reichswehr Anfang Mai die Räterepublik militärisch beseitigen. Ähnlich wie im Reich entstand in der Folgezeit eine sozialdemokratisch-bürgerliche Koalitionsregierung unter Hoffmann, die im Zusammenhang mit dem Kapp-Putsch im März 1920 gestürzt wurde. Bayern entwickelte sich in den folgenden Jahren zur „Ordnungszelle" des Reiches, in deren Umfeld sich der Aufstieg des Nationalsozialismus unter Adolf Hitler vollzog.

5.
Die Pariser Vorortverträge und die europäische Nachkriegsordnung

1919	18. Januar	Eröffnung der Friedenskonferenz in Versailles
	29. April	Annahme der Verfassung des Völkerbundes
	7. Mai	Übergabe der Friedensbedingungen an die deutsche Delegation
	23. Juni	Abstimmung in der Nationalversammlung über den Friedensvertrag
		Unterzeichnung der Friedensverträge in:
		Trianon mit Ungarn
		Versailles mit dem Deutschen Reich
		Saint-Germain mit Österreich

Friedenspläne in Versailles. Nach dem militärischen Zusammenbruch der Mittelmächte im Herbst 1918 schlossen die siegreichen Alliierten Waffenstillstand mit Bulgarien, der Türkei, Österreich-Ungarn und dem Deutschen Reich. Damit ging ein Krieg zu Ende, der aufgrund moderner Rüstungstechnik hohe Gesamtverluste forderte. Das folgende Jahr, 1919, stand ganz im Zeichen einer großen internationalen Friedenskonferenz, zu der 32 verbündete Mächte in Versailles zusammentrafen.

Ausgeschlossen von den Sitzungen waren die Besiegten und die Vertreter des jungen bolschewistischen Sowjetstaates, so daß die Chance, eine Weltfriedensordnung zu schaffen, von vornherein vertan war. Entscheidenden Einfluß auf den Gang der Verhandlungen und die Beschlüsse nahmen nicht so sehr die Mitglieder der Vollversammlung, sondern die „Großen Drei" Woodrow Wilson, David Lloyd George und Georges Clemenceau. Ihre Vorstellungen von einer gesamteuropäischen Friedensordnung für die Nachkriegszeit bewegten sich zwischen dem von Revanche- und Sicherheitsdenken bestimmten „Clemenceau-Frieden" und dem auf der Grundlage der 14 Punkte beruhenden „Wilson-Frieden". Die Briten nahmen eine Mittelstellung ein: Deutschland sollte politisch entmachtet, aber wirtschaftlich nicht so weit geschwächt werden, daß es dem Bolschewismus anheimfiele und damit das Gleichgewicht in Europa empfindlich stören würde. Die Existenz eines bolschewistischen Rußlands beeinflußte alle Verhandlungen in Versailles.

Siegermächte in Versailles

Völkerbund Wilsons Idee eines Völkerbundes, der künftig Frieden und Sicherheit für alle Staaten garantieren sollte, erwies sich bei den Delegationen am ehesten als konsensfähig. Die Satzung dieses Bundes nahm die Vollversammlung in Versailles mit großer Mehrheit an; sie wurde wesentlicher Bestandteil aller Verträge, die man mit den einzelnen Besiegten abschloß. Internationale Gremien wie der Haager Gerichtshof und Sanktionen als Druckmittel gegen Friedensstörer sollten den Erfolg dieses Systems kollektiver Sicherheit garantieren. Der Völkerbund nahm seine Tätigkeit 1920 in Genf auf, die USA, auf deren Initiative er ins Leben gerufen worden war, traten ihm nicht bei. Ihr selbstgewählter Isolationismus verhinderte ein politisches Engagement in Europa. Sie gingen aus dem Krieg zwar als Weltmacht hervor, waren aber nicht bereit, „Weltführungsmacht" zu sein, da sie „ökonomisch anwesend, aber militärisch und bündnispolitisch abwesend" waren (Detlef Junker). Da auch die UdSSR dem Völkerbund fernblieb, konnte seine Satzung nicht als Dokument einer neuen Weltordnung gelten.

Der deutschen Delegation unter Führung des Außenministers Ulrich Graf von Brockdorff-Rantzau wurden Ende April 1919 Friedensbedingungen in der Absicht übergeben, die Großmachtstellung des Deutschen Reiches für immer zu beseitigen. Mündliche Verhandlungen, auf die Brockdorff-Rantzau hoffte, um Verbesserungen durchsetzen zu können, lehnten die Alliierten kategorisch ab; auch auf deutsche Gegenvorschläge ging man nur bedingt ein. Die Annahme der endgültigen Friedensbedingungen erzwangen die Sieger durch ein Ultimatum und die Androhung einer Invasion im Falle einer Ablehnung. Trotz der Empörung aller politischen Kräfte in der Nationalversammlung über die Forderungen und das Vorgehen der Entente mußten sich die Deutschen dem militärischen Druck beugen und den Vertrag am 28. Juni 1919 in Versailles unterzeichnen. Er trat mit Beginn des Jahres 1920 in Kraft und wurde vor allem wegen der Gebietsabtretungen und Reparationen in der Öffentlichkeit heftig kritisiert (▷ Q 5.1). Den nationalistischen Kräften diente das „Schanddiktat" als Mittel im Kampf gegen die junge Republik. Nahezu alle Parteien des Reichstages erstrebten eine Revision des Versailler Vertrages. Sie wurde zum vorrangigen Ziel deutscher Außenpolitik in der Weimarer Republik. *Diktatfriede*

In 15 Teilen mit mehreren hundert Artikeln wurden detailliert die politischen, wirtschaftlichen, finanziellen, militärischen, territorialen und juristischen Einschränkungen und Belastungen aufgeführt, die Deutschland widerspruchslos hinnehmen mußte. Während der Ausarbeitung des Vertrages hatten die Sieger nur eine Konzession gemacht: Anstelle einer bedingungslosen Abtretung Oberschlesiens an Polen sollte eine Volksabstimmung über die Zukunft des Landes entscheiden. Auf keinerlei Entgegenkommen stieß die in der Reichsverfassung niedergelegte Absichtserklärung, Deutsch-Österreich mit der Weimarer Republik zu vereinigen. Der Versailler Vertrag verfügte in Artikel 80 das Anschlußverbot, indem er die Deutschen verpflichtete, die Unabhängigkeit des Bundesstaates Österreich anzuerkennen. *Vertragsbestimmungen*

Die übernationalen Großreiche wie der Habsburger Staat, das Osmanische Reich und das zaristische Rußland verloren ihre Existenzberechtigung, als der amerikanische Präsident Wilson das Selbstbestimmungsrecht der Völker propagierte und damit das Nationalstaatsprinzip zur Basis der Neuordnung in Ost- und Südosteuropa nach dem Krieg erklärt hatte. Der Präsident verband mit dem Nationalstaat jedoch eine andere Vorstellung als die Völker des Ostens. War im westlichen Denken die Nation eine Gemeinschaft, die sich zu ihrem Staat bekennt, so galt im Osten und Südosten die ethnische Zusammengehörigkeit als Grundlage für die Nation. Angesichts gemischter nationaler Siedlungsstrukturen, die es seit Jahrhunderten gab, stellte sich bei der Entstehung neuer Nationalstaaten nach 1918 das Problem der nationalen Minderheiten. Der Minderheitenschutz wurde in die Friedensverträge mit aufgenommen, und der Völkerbund verpflichtete sich, ihn durchzusetzen. *Selbstbestimmungsrecht*

Die Österreicher und Ungarn galten den Siegern in Versailles als Mitverantwortliche für den Krieg, während man die in der Donaumonarchie lebenden Tschechen, Jugoslawen und die siebenbürgischen Rumänen zu den Siegern des Ersten Weltkrieges erklärte. Im Frieden von Saint-Germain wurde der Habsburger Vielvölkerstaat aufgelöst. Nach den Beschlüssen der Sieger entstanden auf seinem Territorium die autonomen Nationalstaaten Tschechoslowakei, Polen, Ungarn und Jugoslawien, die Deutsch-Österreich und Ungarn als Rechtsnachfolger der Donaumonarchie anzuerkennen hatten. *Habsburgs Erbe*

Südtirol bis zum Brenner fiel an Italien, ebenso das Küstenland mit Triest, Istrien, Dalmatien mit den vorgelagerten Inseln, schließlich Teile von Kärnten und Krain. Wie in Oberschlesien sollte auch in Kärnten auf der Grundlage des Selbstbestimmungsrechtes eine Volksabstimmung stattfinden. Den neuen Nationalstaaten wurden durch den Friedensvertrag, den die Ungarn 1920 in Trianon abschließen mußten, zusätzliche Länder mit verschiedenen Volksgruppen zugeteilt. Die Tschechen kamen in den Besitz der Slowakei, das Burgenland wurde österreichisch. Bosnien, die Herzegowina, Kroatien-Slawonien und Teile des Banat fielen an Jugoslawien, während die Bukowina, Siebenbürgen und der Rest des Banat zu Rumänien gelangten. Ungarn hatte zwei Drittel seines Territoriums an die Nachbarländer verloren, die Revision *Revisionspolitik*

179

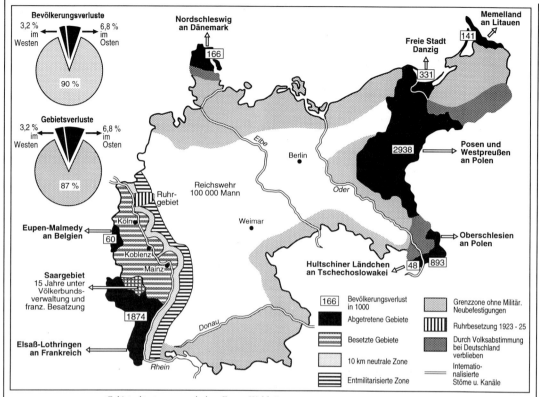

Gebietsabtretungen nach dem Ersten Weltkrieg
Die Bevölkerung in den Abstimmungsgebieten Ostpreußen und Westpreußen entschied sich mit großer Mehrheit für den Verbleib beim Deutschen Reich. In Oberschlesien stimmten zwei Drittel für Deutschland, trotzdem wurde das Gebiet von den Alliierten geteilt. Polen erhielt Ostoberschlesien, das wegen seiner Bodenschätze (Steinkohle, Blei, Zink) besonders wertvoll war.

von Trianon erhob es zum Ziel seiner Außenpolitik. Die Nationalitätenproblematik blieb eine Konstante in der Politik ost- und südosteuropäischer Staaten bis in unsere Zeit.

Nationalitätenkonflikte

Bereits während der Verhandlungen über die Pariser Vorortverträge kam es in einzelnen Gebieten zu blutigen Nationalitätenkonflikten, die verdeutlichten, welche Sprengkraft sich mit dem Begriff „Selbstbestimmungsrecht" verband. So fielen serbische Truppen in Kärnten und in die Steiermark ein und lieferten sich erbitterte Kämpfe mit örtlichen Heimwehren. Im Industriegebiet von Teschen gab es blutige Zusammenstöße zwischen Polen und Tschechen, im Burgenland entstanden mit der Grenzziehung Spannungen zwischen Ungarn und Deutsch-Österreichern. Aber auch in den ehemals zum Deutschen Reich gehörenden Gebieten wie in Oberschlesien bekämpften sich polnische Freischärler und deutsche Freikorps unter Berufung auf das Selbstbestimmungsrecht der Völker.

Die Widersprüche zwischen den übernationalen Vorstellungen des Völkerbundes, die eine friedliche Regelung von territorialen Streitigkeiten vorsahen, und den ausbrechenden Nationalitätenkonflikten in den Nachfolgestaaten einstiger Großreiche prägten nicht nur die Friedensverhandlungen in Frankreich, sondern sie beeinflußten auch die gesamte europäische Politik der Zwischenkriegszeit. Diejenigen Staaten und Volksgruppen, die mit der europäischen Neuordnung nach 1918 nicht einverstanden waren, erstrebten eine Revision der Pariser Vorortverträge, während die Gewinner von Versailles ihren Besitz durch den Abschluß von Bündnissystemen und die Berufung auf den Völkerbund abzusichern versuchten.

Kriegsschuldfrage und Dolchstoßlegende. Wie niemals zuvor war das Kriegsgeschehen von propagandistischen Aktionen ideologisch ausgerichteter Massenmedien begleitet worden, deren Aufgabe darin bestanden hatte, die nationalistischen Leidenschaften auf beiden Seiten zu mobilisieren. Der Erste Weltkrieg gewann so den Charakter eines „Kreuzzuges", in dem der Feind zum Verbrecher abgestempelt und seine moralische Schuld an der Entstehung des Krieges öffentlich festgestellt wurde. So verlangten die Strafbestimmungen des Versailler Vertrages (Art. 227–230) u. a. die Auslieferung von Kriegsverbrechern und die Anklageerhebung gegen Wilhelm II.

Die Mehrheit der Nation glaubte jedoch dem Kaiser, der seit 1914 von einem Verteidigungskrieg sprach und erlitt deshalb einen tiefen Schock, als die Ententemächte die Alleinschuld Deutschlands und seiner Verbündeten am Weltkrieg unmißverständlich aussprachen und dies im Artikel 231 des Versailler Vertrages fixierten. Trotz der vehementen Proteste des deutschen Außenministers Brockdorff-Rantzau blieb der „Kriegsschuldartikel" Bestandteil des Vertrages. Ungeachtet der moralischen Ächtung Deutschlands, die sich damit verband, diente der Artikel als juristische Begründung für die umfangreichen Reparationsforderungen der Sieger. Er leitete im Versailler Vertrag den Passus über die Reparationsforderungen an das Reich ein.

Alleinschuld Deutschlands

Die Diskussion um die Kriegsschuldfrage einte die gedemütigte Nation, sie fungierte als die einzige Integrationsklammer der Weimarer Republik. Die Nationalversammlung setzte einen parlamentarischen Untersuchungsausschuß ein, und das Auswärtige Amt schuf ein Kriegsschuldreferat, dessen Aufgabe darin bestand, die Schuldzuweisungen der Siegermächte zu entkräften. Der Versuch des bayerischen Ministerpräsidenten Kurt Eisner, durch Aktenpublikationen die deutsche Schuld am Weltkrieg zu beweisen und damit bessere Friedensbedingungen für das Reich zu erreichen, stieß auf den heftigen Widerstand aller nationalen Kreise. Die spätere NS-Bewegung benutzte die „Kriegsschuldlüge" als Agitationsmittel gegen die demokratische Republik.

Als im parlamentarischen Untersuchungsausschuß, der sich mit den Ursachen des deutschen Zusammenbruchs beschäftigte, der ehemalige Chef der OHL, Paul von Hindenburg, aussagte, leitete er mit der sog. Dolchstoßlegende eine Diffamierungskampagne gegen alle Politiker ein, die nach der Revolution die Republik geschaffen hatten (▷ Q 5.2). Wider besseres Wissen behauptete der Generalfeldmarschall, daß umstürzlerische Kräfte im Rücken der kämpfenden Truppe die militärische Niederlage verschuldet hätten und nicht die materielle Überlegenheit der Kriegsgegner. Um ihr eigenes militärisches und politisches Versagen vor der Öffentlichkeit zu verschleiern, hatten Hindenburg und Ludendorff diese Unterstellung bewußt eingesetzt. Der Dolchstoß galt vielen in der Republik als historische Tatsache und nicht als ein Mittel der Militärs, die Verantwortung auf andere abzuwälzen. Mit dieser Legende konnten die demokratischen Repräsentanten der Republik gezielt als „Novemberverbrecher" diffamiert werden. Die Kampfbegriffe wie „Schmachfriede", „Kriegsschuldlüge", „Dolchstoßlegende" und „Novemberverbrecher" besaßen in der Weimarer Republik mehrere Funktionen: Sie sollten die historische Wirklichkeit über die deutsche Niederlage im Weltkrieg verdrängen, die Verantwortlichen entlasten und die republikanischen Politiker diffamieren, um die Monarchie wiederherzustellen oder eine Diktatur zu begründen.

Kampf gegen Versailler Friedensbedingungen

Q 5.1
Mit Karikaturen gegen Versailles

Die beiden Karikaturisten Theodor Thomas Heine und Olaf Gulbransson setzten sich in der satirischen Zeitschrift „Simplicissimus" mit Versailles auseinander.

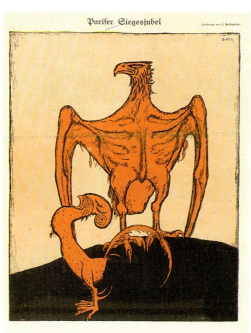

„Kräh nicht so hochmütig! Mit unseren Federn hat sich Wilson das Kopfkissen gepolstert!"

Q 5.2
Die Dolchstoßlegende

Generalfeldmarschall von Hindenburg wurde am 18. November 1919 vor einen parlamentarischen Untersuchungsausschuß, der die Ursachen des deutschen Zusammenbruchs von 1918 feststellen sollte, geladen. Seine Aussage, daß die deutsche Armee von „hinten erdolcht worden" sei, führte zur sog. Dolchstoßlegende, die bei inneren Auseinandersetzungen in den zwanziger Jahren eine wichtige Rolle spielte.

Plakat der rechtsorientierten DNVP

Fragen und Anregungen:

1. *Interpretieren Sie beide Karikaturen. Beschreiben Sie die Intentionen der Zeichner und die beabsichtigten Wirkungen auf den Betrachter (▷ Q 5.1).*
2. *Erläutern Sie anhand des Plakats den Kampfbegriff „Dolchstoß". Welche politische Funktion besitzt er? Warum spricht man von der „Dolchstoßlegende" (▷ Q 5.2)?*
3. *Erarbeiten Sie anhand der Karte auf S. 180 die Gebietsverluste aufgrund des Versailler Vertrages. Stellen Sie die Belastungen des Versailler Vertrages für das Deutsche Reich zusammen.*
4. *Erläutern Sie, unter Bezug auf aktuelle Entwicklungen, worin die Problematik des „Selbstbestimmungsrechtes" bestand.*

Zusammenfassung:

Die Siegermächte des Ersten Weltkrieges präsentierten 1919 Deutschland und seinen Verbündeten in Versailles einen Diktatfrieden, dessen weitreichende Forderungen alle Nachfolgestaaten der ehemaligen Monarchien stark belasteten. Der Kampf um die Revision des Versailler Vertrages einte in Deutschland alle politischen Kräfte, zumal es den Verantwortlichen für die militärische Niederlage im Weltkrieg gelang, durch die sog. Dolchstoßlegende die Schuld für die Katastrophe auf andere abzuwälzen. Aufgrund der Initiativen des amerikanischen Präsidenten Wilson entstanden als Nachfolger des Habsburger Vielvölkerstaates in Mittel- und Osteuropa neue Nationalstaaten mit ethnischen Minderheiten. Der neugeschaffene Völkerbund in Genf sollte allen Staaten Frieden und kollektive Sicherheit garantieren. Der Versuch, eine Weltfriedensordnung zu schaffen, schlug fehl, da sich die USA weiterhin isolierten und die Bolschewiki auch nicht dem Völkerbund beitraten.

6.
Krisenjahre der Weimarer Republik (1920–1923)

1920	13.-16. März	Kapp-Lüttwitz-Putsch
	6. Juni	Reichstagswahl: Verluste der „Weimarer Koalition"
1921	21. Februar	Londoner Konferenz über die Reparationsfrage
	20. März	Volksabstimmung in Oberschlesien
	26. August	Ermordung Erzbergers
1922	24. Juni	Ermordung Rathenaus
	18. Juli	„Gesetz zum Schutz der Republik"
	24. September	Vereinigung der Rest-USPD mit der SPD
	24. Oktober	Verlängerung der Amtszeit von Ebert
1923	11. Januar	Besetzung des Ruhrgebiets durch französische und belgische Truppen
	13. Januar	Verkündung des passiven Widerstandes
	26. September	Höhepunkt der Inflation
	Oktober	Separatistische Bewegungen im Rheinland und in der Pfalz
	8./9. November	Hitler-Ludendorff-Putsch in München
	15. November	Einführung der Rentenmark

Kapp-Putsch und politische Morde. Auch nach Inkrafttreten der Reichsverfassung konnte sich die junge Republik von Weimar nicht stabilisieren. Links- und rechtsextreme Kräfte, die sich erbittert bekämpften, da sie unterschiedliche politische Ziele verfolgten, waren sich in ihrer Feindschaft gegen das parlamentarische System einig. So propagierte eine immer radikaler werdende USPD die „Diktatur des Proletariats" und organisierte gewalttätige Massendemonstrationen, während die nationalistische und antisemitische Rechte im Kampf gegen führende Repräsentanten der Republik ihren Erfolg im politischen Mord sah. Die drängenden wirtschaftlichen und sozialen Probleme der Nachkriegszeit waren der Nährboden für den politischen Extremismus von links und rechts.

Staatsstreich von rechts Zu einer Bewährungsprobe für den Gesamtstaat geriet ein lange vorbereiteter Staatsstreich, der sich mit den Namen Kapp und von Lüttwitz verbindet.

Kapp-Putschisten mit der kaiserlichen Reichskriegsflagge (März 1920)

Ausgangspunkt für den Putsch gegen die gewählte Regierung war die im Versailler Vertrag geforderte Reduzierung der Armee auf 100 000 Mann, die die politische Führung gegen den Widerstand des Militärs vollzog. Auf Befehl des Generals von Lüttwitz, den die Regierung wegen Illoyalität entlassen hatte, besetzte die Marinebrigade Ehrhardt am 13. März 1920 das Berliner Regierungsviertel und rief Wolfgang Kapp, während des Krieges Mitbegründer der expansionistischen Vaterlandspartei, zum Reichskanzler aus. Die Reichswehr hatte im Namen General von Seeckts den Schutz der Regierung abgelehnt und ihren Standort im Konflikt zwischen Politik und Militär durch den Satz: „Reichswehr schießt nicht auf Reichswehr" (von Seeckt) unmißverständlich deutlich gemacht: Zu einer Verteidigung der Republik und ihrer verfassungsmäßigen Regierung mit Waffengewalt war sie nicht bereit. Die Flucht der Reichsregierung nach Stuttgart und der Aufruf zum Generalstreik, den Gewerkschaften und Parteien unterstützten, aber auch die Weigerung der Reichsbeamten, beendeten nach kurzer Zeit den Putschversuch rechtsradikaler Kräfte (▷ Q 6.1). Lediglich in Bayern hatten die Putschisten Erfolg, da sie den sozialdemokratischen Ministerpräsidenten Hoffmann zum Rücktritt zwingen konnten. Nahm die Reichswehr während des Kapp-Putsches eine abwartende Haltung ein, so ging sie ohne Zögern gegen bewaffnete Arbeitereinheiten vor, die sich in Thüringen, Sachsen und im Ruhrgebiet gebildet hatten. Durch ihren im Regierungsauftrag geführten Kampf gegen die „Rote Armee", die im Ruhrgebiet operierte, entstand ein Schein von Loyalität gegenüber dem Verfassungsstaat von Weimar. In Wirklichkeit entwickelte sich die Reichswehr in der „Ära Seeckt" zum „Staat im Staate", der sich der politischen Kontrolle weitgehend entzog (▷ Q 6.2).

Rolle der Reichswehr

Das Ende der „Weimarer Koalition". Die ersten Reichstagswahlen seit Verabschiedung der Verfassung vom 6. Juni 1920 brachten der Weimarer Koalition, die die Republik gegen den Umsturz von links und rechts verteidigt hatte, eine vernichtende Niederlage.

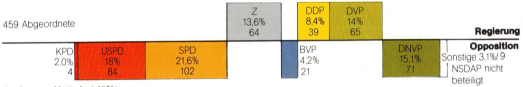

Reichstagswahl (6. Juni 1920)

Da die Sozialdemokratie aufgrund ihres verheerenden Wahlergebnisses eine weitere Regierungsverantwortung ablehnte und sich in der Opposition erneuern wollte, entstand ein bürgerliches Minderheitskabinett unter dem Zentrumspolitiker Konstantin Fehrenbach. Es begann die Phase instabiler Regierungen, die sich vor allem mit der Reparationsfrage befassen mußten. Die Alliierten hatten ihre Reparationsforderung von 132 Mrd. Goldmark, die in jährlichen Raten abzutragen waren, mit einem Ultimatum verbunden, worauf Fehrenbach zurücktrat. Nachdem sich der Reichstag für die Annahme des Zahlungsplans entschieden hatte, versuchte die neue Regierung unter Joseph Wirth (Zentrum), die Auseinandersetzung in der Reparationsfrage zu entschärfen. Diese „Erfüllungspolitik" sollte beweisen, daß trotz aufrichtigen Bemühens die Forderungen nicht zu erfüllen seien und zu einem Umschwung in der Reparationspolitik führen. Die Nationalisten durchschauten diese Strategie nicht, sie lehnten jegliche Konzessionspolitik ab und mobilisierten ihre Anhänger gegen die konzessionsbereiten Politiker. Nachdem bereits im Jahr 1921 Matthias Erzberger, der einst den Waffenstillstand unterzeichnet hatte, von Mitgliedern der rechtsextremen Organisation Consul ermordet worden war, fiel der prominenteste Vertreter der

„Erfüllungspolitiker"

Politische Morde

„Erfüllungspolitik", Außenminister Rathenau, ebenfalls einem Attentat zum Opfer (▷ Q 6.3). Der Anschlag auf Rathenau war der vorläufige Endpunkt in einer Serie von politischen Morden, die den Repräsentanten des demokratischen Staates von Weimar galten. Er bewirkte allerdings, daß die demokratischen Parteien im Reichstag ein „Gesetz zum Schutz der Republik" verabschiedeten, mit dem der Kommunismus und der völkische Nationalismus eingedämmt werden sollten. Die politische Justiz wandte dieses Gesetz vor allem gegen den Extremismus von links an und schonte in unverantwortlicher Weise den Rechtsradikalismus. Die Bereitschaft vieler Richter und Staatsanwälte, das Recht einseitig auszulegen, resultierte aus ihrer mangelnden demokratischen Gesinnung und der Orientierung an den geistigen Werten des vergangenen monarchischen Obrigkeitsstaates. Die Haltung der Justiz von Weimar erwies sich als eine schwere Belastung für die Republik, weil sie deren Abwehrkräfte schwächte.

Politische Justiz

Krisenjahr 1923. Das Jahr 1923 war gekennzeichnet durch innere und äußere Krisen, die den Bestand der Republik erheblich gefährdeten. Mit Übernahme der Kanzlerschaft durch den parteilosen Wilhelm Cuno im Herbst 1922 vollzog sich eine Änderung in der Reparationsfrage. Die deutsche Forderung nach einem Zahlungsaufschub (Moratorium) bedeutete das Ende der „Erfüllungspolitik". Der französische Ministerpräsident Poincaré, der aus innenpolitischen Gründen eine harte Haltung gegenüber dem einstigen Kriegsgegner vertrat, sah im deutschen Vorgehen die Chance, ein langfristiges Ziel französischer Rheinlandpolitik zu verwirklichen. Der Rhein sollte zur Grenze zwischen Deutschland und Frankreich werden. Poincarés Forderung, „Keine Moratorien ohne Pfänder", diente dieser politischen Strategie. Gegen den Widerstand Großbritanniens in der Reparationskommission nahm man einen Rückstand bei Sachlieferungen zum Anlaß, um die wirtschaftliche Kontrolle im Ruhrgebiet zu übernehmen („Politik der produktiven Pfänder"). Angeblich zum Schutz französischer Ingenieure, die den Vollzug der Lieferungen garantieren sollten, besetzten französische und belgische Truppen zu Beginn des Jahres 1923 diese wichtige Industrieregion. Die Empörung in Deutschland einte die gesamte Nation; Reichspräsident Ebert gab die Parole aus, die Bevölkerung solle mit passivem Widerstand auf diese Provokation der Franzosen reagieren. Den Beamten verbot man, Befehle der Besatzungsmacht entgegenzunehmen, woraufhin diese mit Repressionsmaßnahmen antwortete (Beschlagnahmungen und Massenausweisungen) und das militärische Standrecht verhängte. Sabotageakte einzelner verschärften den Ruhrkampf zusätzlich (▷ Q 6.4).

„Politik der produktiven Pfänder"

Der Ruhrkampf trieb die Inflationsrate in Deutschland in die Höhe. Die Ursachen der Geldentwertung hingen mit der Kriegsfinanzierung zusammen, da das kaiserliche Deutschland die Ausgaben nicht durch Steuererhöhungen, sondern durch Staatsverschuldung in Form von Kriegsanleihen gedeckt hatte. So waren die Schulden im Zeitraum von 1913 bis 1919 von 5 auf 144 Milliarden angestiegen. Nach 1918 setzte der Staat seine Schuldenpolitik fort, um die wirtschaftlichen und sozialen Probleme der Demobilisierungsphase finanziell bewältigen zu können. Die zerrüttete Währung verfiel angesichts der finanziellen Belastungen nach Inkrafttreten des Versailler Vertrages und der Aufrechterhaltung des passiven Widerstandes 1923 vollends. Staatliche Zuwendungen in Milliardenhöhe bei gleichzeitigem Ausfall von Steuereinnahmen und Exportverluste infolge der Arbeitsniederlegungen im Ruhrgebiet ließen den Wert der Reichsmark ins Bodenlose fallen. Mit Hilfe der Notenpresse versuchte der Staat, den ungeheuren Finanzbedarf, den der Ruhrkampf kostete, zu decken und leitete damit eine totale Entwertung des Geldes ein, die zum Zusammenbruch des gesamten Währungssystems führte.

Lebenshaltungskosten in Berlin (10. Juni 1923)	
Markenbrot (1900g)	2 500 Mark
Markenschrippe	80 Mark
Markenfreies Brot (1200g)	4 500 Mark
Milch: 1 Ltr.	1 440 Mark
Briketts: 1 Ztr.	11 430 Mark
Gas: 1 cbm	1 200 Mark
Strom: Licht und Kraft	2 000 Mark
Straßenbahn: 600, Kind 300 Mark (ab Montag)	
Hochbahn: III. Kl. 250 und 350 Mark, II. Kl. 350 u. 450 Mark	
Stadtbahn: III. Kl. 400, II. Kl. 800 Mark	
Omnibus: 600 u. 800 Mark (ab Montag)	
Droschken: Kraftdr. 7000, Pferd 4000 Mark Taxe	
Postkarte (Porto): Berlin 20 Mark, außerhalb 40 Mark	
Brief (Porto): Berlin 40 Mark, außerhalb 100 Mark	
Automatengespräch: 60 Mark	

Auf der Basis der „Bill" oder „Bi-Mark" wurde die Währung stabilisiert. Eine „Bi-Mark" entspricht einer neuen Mark.

Die sozialen Folgen dieser Hyperinflation erwiesen sich als katastrophal: Sparer, Besitzer von Hypotheken und Zeichner öffentlicher Anleihen verloren alles, während Spekulanten und Schuldner vom Währungsverfall profitierten. Große Teile des bürgerlichen Mittelstandes verarmten und wandten sich von der Republik ab, die in ihren Augen die Schuld an der ökonomischen Misere trug. Die politische Radikalisierung der Mitte setzte ein, die rechtsextremen Kräfte profitierten davon. Aufgrund der kompromißlosen Haltung der Franzosen sah sich die Regierung in Berlin gezwungen, den passiven Widerstand aufzugeben. Nach dem Sturz des Kabinetts Cuno durch die SPD entstand im Herbst 1923 ein Kabinett der „Großen Koalition" unter dem DVP-Politiker Gustav Stresemann aus den Parteien der „Weimarer Koalition" unter Einschluß der DVP. Nach Wiederaufnahme der Reparationszahlungen war der Ruhrkampf beendet, durch Schaffung einer wertbeständigen Währung konnte die Inflation beseitigt werden. Diese „Rentenmark" sollte theoretisch einer Goldmark entsprechen und wurde als Sicherungshypothek durch den gesamten deutschen Grundbesitz (Renten) gedeckt. Die Bilanz dieses deutsch-französischen Konflikts: 132 Tote, 11 Todesurteile und 150 000 Ausweisungen (▷ Q 6.5).

Hyperinflation

Radikalisierung

„Rentenmark"

In den besetzten Gebieten am Rhein hatte die Bevölkerung besonders hart unter den Folgen von Ruhrkampf und Inflation zu leiden. Es gehörte zur Strategie der französischen Besatzungsmacht, separatistische Kräfte zu fördern, die durch den Anschluß an den französischen Staat oder durch Schaffung „autonomer Republiken" mit eigener Währung den politischen Interessen Frankreichs dienen sollten. So riefen Separatisten in Aachen eine „Pfälzer Republik" und in Speyer eine „Rheinische Republik" aus, die die Reichseinheit gefährdeten. Da dieser z. T. gewalttätige Separatismus in der Bevölkerung wenig Rückhalt fand, gab Frankreich den Versuch auf, sein politisches Ziel, eine Hegemonie am Rhein mit Hilfe separatistischer Kräfte, zu erreichen.

Separatismus

Konkretes Ergebnis einer sozialistischen Einheitsfront zwischen SPD und KPD in Mitteldeutschland war die Bildung von Koalitionsregierungen zwischen Kommunisten und Sozialdemokraten in Sachsen und Thüringen („Volksfront"). Durch die Aufstellung bewaffneter „proletarischer Hundertschaften" wurde nicht nur die Wehrhoheit des Reiches verletzt, sondern man wollte künftigen Auseinandersetzungen einen militärischen Charakter geben. Da nach dem Ende des Ruhrkampfes Reichspräsident Ebert den Belagerungszustand für den Gesamtstaat verkündet hatte, ging die ausführende Gewalt auf die örtlichen Wehrkreisbefehlshaber über. Diese verfügten für beide Länder die Auflösung der „proletarischen Hundertschaften". Während Thüringen dem Befehl nachkam, weigerte sich die sächsische Regierung. Sie wurde daraufhin im Rahmen einer Reichsexekution nach Art. 48 der Verfassung abgesetzt, so daß die von der KPD gewünschte revolutionäre Erhebung in Deutschland unterblieb.

„Roter Oktober"

Nach dem Sturz des sozialdemokratischen Ministerpräsidenten Johannes Hoffmann 1920 (▷ S. 175) verschärften sich unter den Nachfolgern von Kahr, von Lerchenfeld und von Knilling die Konflikte zwischen Bayern und dem Reich. So weigerte sich die Regierung in München, die von der Entente geforderte Entwaffnung der paramilitärischen Einwohnerwehren vorzunehmen, und auch das Republikschutzgesetz von 1922 vollzog Bayern nicht. Das Land schuf sich stattdessen eine eigene Verordnung, die aber von der Reichsregierung als verfassungswidrig bezeichnet wurde.

Zur gleichen Zeit, als in Mitteldeutschland 1923 die Kommunisten durch ihr Regierungsbündnis mit der SPD die Voraussetzung für die revolutionäre Erhebung schaffen wollten, wurden die nationalistischen „Vaterländischen Verbände" in Bayern aktiv, zu denen auch die aufstrebende antisemitische Hitler-Bewegung zählte. In der angepannten Atmosphäre nach Beendigung des passiven Widerstandes berief das Gesamtstaatsministerium Gustav von Kahr zum Generalstaatskommissar und übertrug ihm damit die vollziehende Gewalt, d. h. über den Einsatz militärischer Mittel zu verfügen. Zu einem ernsthaften Konflikt mit dem Reich kam es, als sich der Chef der bayerischen Reichswehreinheit, General von Lossow, einem Befehl seines vorgesetzten Wehrministers Geßler widersetzte und von Kahr den General daraufhin in bayerische Dienste übernahm. Verschärft wurde die Auseinandersetzung durch den von Nationalsozialisten beherrschten „Kampfbund" mit Ludendorff und Hitler, die in Anlehnung an Mussolini den Marsch auf Berlin und die Proklamierung einer nationalen Diktatur planten (▷ Q 6.6). Diese Politik unterschied sich von der von Kahrs, der einem spontanen „Losschlagen" skeptisch gegenüberstand und der eher an die Wiederherstellung der Wittelsbacher Monarchie dachte. Um die Einheit der „nationalen Bewegung" Bayerns herzustellen und den Putsch gegen Berlin mit geeinten Kräften durchführen zu können, sprengte Hitler am 8. November mit Bewaffneten eine Versammlung von Kahrs im Münchner Bürgerbräukeller. Er gab eigenmächtig die Absetzung der bayerischen und der Reichsregierung bekannt und proklamierte eine „provisorische deutsche National-Regierung" unter seiner Kanzlerschaft. Die Anwesenden von Kahr, von Lossow und von Seißer – Kommandeur der bayerischen

„Brauner November"

Polizei – wurden von Hitler und Ludendorff bedrängt, sich dem Staatsstreich gegen das Reich anzuschließen. Sie widerriefen die zum Schein gegebene Zusage noch in der gleichen Nacht, weshalb Hitler und Ludendorff mit ihren Kampfverbänden am nächsten Tag, dem 9. November, durch einen machtvollen Demonstrationszug eine Entscheidung zu ihren Gunsten erzwingen wollten. Im Kugelhagel der bayerischen Polizei brach der Putschversuch vor der Münchner Feldherrnhalle zusammen.

Hitler und Ludendorff mußten sich wegen Hochverrats vor einem Volksgericht in München verantworten. In einem Urteil, das einem glatten Rechtsbruch gleichkam, verurteilte man Hitler am 1. April 1924 zu fünf Jahren Festungshaft, während Ludendorff freigesprochen wurde. Bereits im Dezember des gleichen Jahres verfügte das Oberste Landesgericht die vorzeitige Entlassung Hitlers, der während der Haftzeit sein Bekenntnisbuch „Mein Kampf" verfaßt hatte, das seine Rassen- und Lebensraumideologie enthielt (▷ Q 6.7).

Hitler-Prozeß

Die Angeklagten im Hitler-Prozeß v. l. n. r.: Heinz Pernet (Oberleutnant a. D. und Bankbeamter), Friedrich Weber (Dr. med. vet.), Wilhelm Frick (Oberamtmann, Dr. jur.), Hermann Kriebel (Oberstleutnant a. D.), Erich Ludendorff (General der Infanterie a. D.), Adolf Hitler (Schriftsteller), Wilhelm Brückner (Student und Oberleutnant der Reserve), Ernst Röhm (Hauptmann a. D.), Robert Wagner (Leutnant) (Frühjahr 1924)

Q 6.1
Ende des Putsches

Nach dem Rücktritt Kapps und von Lüttwitz' wollten die Gewerkschaften und der Deutsche Beamtenbund den Generalstreik fortsetzen, bis ihre Forderungen nach Entwaffnung der Meuterer, dem Rücktritt Noskes und der Mitwirkung der Gewerkschaften bei der Neuordnung der Verhältnisse erfüllt werden. Erst als eine nach Berlin zurückgekehrte Regierung die Forderungen annahm, wurde der Generalstreik am 23. März beendet. Die auf dem Plakat angekündigte strenge Bestrafung fand nicht statt.

Aufruf der Reichskanzlei

Kapp und Lüttwitz sind zurückgetreten.

Das verbrecherische Abenteuer in Berlin ist beendet.

Vor der ganzen Welt ist im Kampfe der letzten Tage der unwiderlegliche Beweis geführt worden, daß die Demokratie in der deutschen Republik keine Täuschung ist, sondern die alleinige Macht, die auch mit dem Versuch der Militärdiktatur im Handumdrehn fertig zu werden versteht.

Das Abenteuer ist beendet!

Der verbrecherisch unterbrochene Aufbau von Staat und Wirtschaft muß wieder aufgenommen und zum Erfolg geführt werden. Dazu ist vor allem nötig, daß die Arbeiterschaft ihre starke Waffe, den

Generalstreik niederlegt.

In zahlreichen Städten ist die Arbeit bereits wieder aufgenommen. Nun gilt es, alle Teile der Wirtschaft wieder in Gang zu setzen.

Zu allererst die Kohlenförderung, ohne die es überhaupt kein Wirtschaftsleben gibt. Arbeiter, seid jetzt ebenso tatkräftig und friedfertig zur Stelle wie bei der Abwehr der Volksverführer! Jeder Mann an die Arbeit!

Die Reichsregierung wird mit aller Kraft die Aufnahme des Wiederaufbaues fördern,

die Hochverräter

die Euch zum Generalstreik gezwungen haben,

der strengsten Bestrafung zuführen

und dafür sorgen, daß nie wieder eine Soldateska in das Geschick des Volkes eingreifen kann.

Den Sieg haben wir gemeinsam errungen! Ans Werk!

Der Reichspräsident.   **Die Reichsregierung.**
Ebert.   Bauer.

Q 6.2
Staat und Reichswehr (18. März 1920)

a) Aus einem Aufruf General von Seeckts, des Chefs der Heeresleitung, vom 18. März 1920 an die Offiziere der Reichswehr:

Mit allen Kräften soll die politische Betätigung jeder Art aus dem Heere ferngehalten werden. Politische Kämpfe innerhalb der Reichswehr vertragen sich weder mit dem Geist der Kame-
5 radschaft noch mit der Disziplin und können die militärische Ausbildung nur schädigen. Wir fragen nicht nach der politischen Färbung des einzelnen, aber von jedem, der jetzt noch in der Reichswehr dient, muß ich annehmen, daß er
10 seinen Eid ernst nimmt und sich freien Willens und als ehrlicher Soldat auf den Boden der Reichsverfassung gestellt hat ... Es ist nicht zu erwarten, daß ein jeder den Wandel der Zeit in seinem Herzen begrüßt. Durchdrungen muß
15 aber ein jeder von uns von der inneren Überzeugung sein, daß nur, wenn der Soldat treu zu seiner verfassungsmäßigen Pflicht steht, der Weg wieder aufwärts führt.

Schönbrunn: a. a. O., S. 171.

b) Kurt Tucholsky: Die Reichswehr (1922)

Der Pazifist Tucholsky gehörte dem Friedensbund der „Kriegsteilnehmer" an und beteiligte sich an dessen Kundgebungen, die gegen das Militär und für eine „Nie-wieder-Krieg"-Bewegung eintraten.

Ich halte es für meine Pflicht, noch einmal die beiden sozialdemokratischen Parteien auf die Gefahr aufmerksam zu machen, die von der Reichswehr droht. Die Truppe, in Hundert und
5 aber Hundert überflüssige Detachements gegliedert – überflüssig ihrer Quantität, überflüssig ihrer Qualität nach –, liegt hauptsächlich in kleinen und kleinsten Orten. Damit die Herren unter sich sind. Der Drill ist genau so wie unter
10 dem Kaiser – nein, er ist schlimmer, verschärfter, bösartiger, der Zeit noch mehr ins Gesicht schlagend als schon damals. Ich habe Nachrichten, die alle dasselbe besagen: viele Offiziere politisieren, schikanieren, sind Gegner der Re-
15 publik – und die Leute fürchten sich. Sie fürchten sich vor dienstlichen Unannehmlichkeiten; sie fürchten sich, vor eine Republik zu treten, die diesen Schutz gar nicht haben will, und die sie gegen die vorgesetzten Monarchisten nicht
20 schützt; sie fürchten sich vor der Entlassung und vor noch Ärgerem. Wer die Verhältnisse kennt, wird diese Andeutung verstehen.
In den Soldatenzimmern wimmelt es von kaiserlichen Abzeichen, von Kaiserbildern, von natio-
25 nalistischen Broschüren und Zeitungen. Die Offiziere, ältere Generalstäbler oder sehr junge Herren, pflegen genau dieselbe Lebens- und Staatsauffassung, deren Rückständigkeit uns in jenes Unglück gestürzt hat. Ihre politische Zu-
30 verlässigkeit verträgt keine Prüfung. Der Milliarden-Etat geht Jahr um Jahr, mit schönen Sparsamkeitsreden begleitet, im Reichstag durch – die Abgeordneten der Mehrheitssozialdemokratie versagen bei Wehrfragen in den Aus-
35 schüssen und im Plenum. Die Unabhängigen al-

lein schaffens nicht. Wirklich sachverständige Militär-Spezialisten scheint es nicht zu geben. Jedenfalls merkt man nichts von ihnen. Fast gänzlich unbeachtet, in aller Stille, reift hier ein Werk, das heute noch abzutöten ist. Über die Notwendigkeit einer Reichswehr läßt sich streiten – über die Beschaffenheit dieser Reichswehr gibt es nur eine Meinung: sie muß geändert werden. Geßler zählt nicht – denn er ist nicht Herr über seine Leute. Er hat alle Eigenschaften Noskes – ohne dessen schlimme. Also gar keine. Einst wird kommen der Tag, wo wir hier etwas erleben werden. Welche Rolle die Reichswehr bei diesem Erlebnis spielen wird, beschreiben alle Kenner auf gleiche Weise. Der Kapp-Putsch war eine mißglückte Generalprobe. Die Aufführung ist aufgeschoben. Die Realpolitiker, viel klüger und erfahrener als wir Outsider, werden mit antworten, der Staat habe jetzt keine Zeit – er müsse seine ganze Kraft an die außenpolitischen Probleme wenden.

Ich will aber nicht in acht Jahren hier eine Serie Standgerichte haben, die die gewissen raschen Kneifer nicht, wohl aber alle andern treffen werden. Ich will nicht meine Steuern für Menschen ausgeworfen wissen, die nichts andres im Kopf haben als ihre überlebte Zeit und ihre Ideale – Ideale, deren Unwert nur noch von ihren forschen Vertretern übertroffen wird. Ich will nicht. Viele wollen nicht. Und ich halte es für eine Pflichtverletzung der beamteten und gewählten Volksvertreter, sich auf Meldungen zu verlassen, die verlogen sind, und auf Gruppen zu hören, die warten und warten ... Ihre Zeit kommt. Bedankt euch in acht Jahren bei dieser Regierung, diesem Staatsrat, diesem Reichstag.

Kurt Tucholsky: Ausgewählte Werke, 2 Bde., Hamburg 1965, Bd. 1, S. 253ff.

Q 6.3
Der Feind steht rechts

a) Ausschnitt aus der Rede des Kanzlers Wirth (Zentrum) in der Reichstagsdebatte nach der Ermordung Rathenaus vom 25. Juni 1922:

Seine Sprachkenntnisse, die formvollendete Art seiner Darstellung machten ihn in erster Linie geeignet, an dieser Anknüpfung von Fäden zwischen den Völkern erfolgreich zu arbeiten. (Zustimmung links.)

Wenn dann ein Mann wie Rathenau über trennende Grenzpfähle hinaus bei aller Betonung des Deutschen, seines Wertes für die Geschichte, seiner kulturellen Taten, seines Forschungstriebes, seines Wahrheitssuchens, die großen Probleme der Kulturentwicklung Europas und der Wirtschaft organisatorisch durch seine Arbeiten in allen Ländern, dann als Staatsmann im Auswärtigen Amt mit den reichen Gaben seines Geistes und unter Anknüpfung von Beziehungen gefördert hat, die ihm ja das Judentum in der ganzen Welt, das kulturell und politisch bedeutsam ist, gewährt hat, dann hat er damit dem deutschen Volke einen großen Dienst erwiesen ... In jeder Stunde, meine Damen und Herren, Demokratie! Aber nicht Demokratie, die auf den Tisch schlägt und sagt: Wir sind an der Macht! – Nein, sondern jene Demokratie, die geduldig in jeder Lage für das eigene unglückliche Vaterland eine Förderung der Freiheit sucht! In diesem Sinne, meine Damen und Herren, Mitarbeit! In diesem Sinne müssen alle Hände, muß jeder Mund sich regen, um endlich in Deutschland diese Atmosphäre des Mordes, des Zankes, der Vergiftung zu zerstören!

Da steht (nach rechts) der Feind, der sein Gift in die Wunden eines Volkes träufelt. – Da steht der Feind – und darüber ist kein Zweifel: Dieser Feind steht rechts! (Stürmischer langanhaltender Beifall und Händeklatschen in der Mitte und links und auf sämtlichen Tribünen. – Große langandauernde Bewegung.)

Michalka/Niethard: a. a. O., S. 86ff.

b) Der sozialdemokratische Politiker Otto Wels äußerte sich in der gleichen Reichstagsdebatte nach der Ermordung Rathenaus zum Verhalten der Weimarer Justiz. Ein vehementer Kritiker der politischen Justiz von Weimar, Emil Julius Gumbel, hatte in mehreren Büchern der Justiz Einseitigkeit vorgeworfen und diese durch viele Beispiele belegt.

Meine Damen und Herren! Wir fordern ein rücksichtsloses Vorgehen der Regierung gegen die geheimen Organisationen, welche die Mörderbanden beherbergen. Wir fordern rücksichtsloses Verbot all der Regimentsfeiern und -appelle, die doch lediglich zum Gegenstand monarchistischer, antirepublikanischer Kundgebung werden. (Lebhafte Zustimmung links. – Zurufe auf der äußersten Linken: und Geßler sitzt immer noch da!)

Wir fordern rücksichtsloses Zugreifen seitens der Regierung, die uns im Namen des deutschen

Volkes dafür haftbar ist. (Sehr richtig! bei den Sozialdemokraten. – Zurufe von den Kommunisten: Und eure Minister?)

Auch die!

Wir wissen, daß die Ausführung der Verordnung der Regierung das Entscheidende ist. Wir kennen die Schwierigkeiten, die in dem reaktionären Beamtenheer dem wirkungsvollen Schutz der Republik entstehen. (Zurufe links: Aufräumen mit der Gesellschaft!)

An sie richte ich das Wort: Wer der Republik nicht dienen will, der soll darauf verzichten, von ihr Gehalt und Einkommen zu beziehen, (Wiederholte lebhafte Zustimmung links.) der soll aus ihrem Dienst ausscheiden! (Sehr wahr! links.) …

Michalka/Niethard: a. a. O., S. 84f.

Q 6.4
Plakat im Ruhrkampf (1923)

Nach der Ruhrbesetzung vom 11. Januar 1923 verkündet die Reichsregierung den passiven Widerstand, dem eine Welle patriotischer Begeisterung folgt.

Q 6.5
„Retter Stresemann" (1923)

Titelblatt des „Simplicissimus" vom 14. Mai 1923, das sich auf den künftigen Reichskanzler Stresemann bezieht. Er bildete am 13. August ein Kabinett aus Zentrum, SPD und DDP, das auch von der DVP unterstützt wurde.

„Er schaut nach rechts, er schaut nach links – er wird mich retten!"

Q 6.6
Putschversuch von rechts (1923)

a) General von Lossow:

Am 24. Oktober 1923 fand im bayerischen Wehrkreiskommando VII eine Besprechung statt, an der Vertreter der Reichswehr, der Vaterländischen Verbände und der Landpolizei teilnahmen. General von Lossow erläuterte seine Pläne.

Meine Herren! Es gibt drei Möglichkeiten:
1. Einmarsch nach Berlin und Ausrufung der Errichtung der nationalen Diktatur.
2. Weiterwursteln und „Bayern bei der Stange bleiben".
3. Trennung Bayerns vom Reich.

Für uns in Bayern kommt nur die erste Möglichkeit in Betracht. Und zwar haben wir dazu keine lange Zeit mehr; sobald alles vorbereitet ist, tritt die erste Möglichkeit in Kraft. Länger als 14 Tage oder drei Wochen warten dürfte den zweiten Punkt hervorrufen!

Ich habe Sie hierher berufen, um Sie zu fragen, wie Sie sich den Aufbau und die Weiterentwicklung bei einem evtl. Vormarsch Ihrer Verbände vorstellen. Nach meiner Ansicht ist nur eine Eingliederung sämtlicher vaterländischer Verbände in die Reichswehr bzw. Landespolizei als Mannschaftsreservoir möglich. Eine vollkommen selbständige Verwendung kann ich mir aus folgenden Gründen nicht denken: Wer sorgt für die Vaterländischen Verbände? Wer empfängt sie? Wer bezahlt die Löhnung? und wer die evtl. spätere Versorgung bei einer Verletzung etc. Sie werden daraus ersehen, daß wir auf demselben Boden stehen wie Sie als Führer der Vaterländischen Verbände und daß wir unsere Arbeit auch in diesem Sinne eingestellt haben: Wir haben alle ein Ziel, Deutschland vom Marxismus zu befreien unter dem Banner der schwarz-weiß-roten Fahne.

Michalka/Niethard: a. a. O., S. 88.

b) Hubert Friedrich Karl Freiherr von und zu Aufseß, der Stellvertreter des Generalstaatskommissars von Kahr, vor Studenten in München:

Es heißt für uns nicht: Los von Berlin! Wir sind keine Separatisten. Es heißt für uns: Auf nach Berlin! Wir sind seit zwei Monaten von Berlin in einer unerhörten Weise belogen worden. Das ist auch nicht anders zu erwarten von dieser Judenregierung, an deren Spitze ein Matratzeningenieur [Reichspräsident Ebert war gelernter Sattler] steht. Ich habe seinerzeit gesagt: In Berlin ist alles verebert und versaut, und ich halte das auch heute noch aufrecht.

Ernst Deuerlein (Hrsg.): Der Aufstieg der NSDAP in Augenzeugenberichten, München ⁴1980, S. 187ff.

c) Der Schriftsteller und Bühnenautor Carl Zuckmayer besuchte im Herbst 1923 eine der zahlreichen Versammlungen Hitlers. Zuckmayer, dessen Volksstück „Der fröhliche Weinberg" (1925) und die antimilitaristische Komödie „Der Hauptmann von Köpenick" von den völkischen Kreisen heftig kritisiert wurden, emigrierte 1933 nach Österreich.

An den Bräuhaus- und Bierhallen-Versammlungen Adolf Hitlers habe ich in dieser Zeit öfters teilgenommen. Ich wollte Bescheid wissen.
Einmal gelang es mir, so nah an der Rednertribüne zu sitzen, daß ich den Speichel unter seinem Nasenschnauz vorspritzen sah. Für unsereinen war der Mann ein heulender Derwisch. Aber er verstand es, jene dumpf im Virginia- und Würstl-Dunst zusammengedrängten Mengen aufzuputschen und mitzureißen; nicht durch Argumente, die bei den Hetzreden ja nie kontrollierbar sind, sondern durch den Fanatismus seines Auftretens, das Brüllen und Kreischen, mit biedermännischen Brusttönen gepaart, vor allem aber: durch das betäubende Hämmern der Wiederholungen, in einem bestimmten, ansteckenden Rhythmus. Das war gelernt und gekonnt und hatte eine furchterregende, barbarisch-primitive Wirksamkeit.

Deuerlein: a. a. O., S. 190.

d) Der Hitler-Putsch (1923)
Die Plakate waren ohne Datum und wurden in der Nacht zum 9. November 1923 von Anhängern Hitlers in ganz München angeschlagen.

Q 6.7
Der Hitler-Prozeß (1924)

a) Urteilsbegründung:

Auch das Gericht ist zu der Überzeugung gelangt, daß die Angeklagten bei ihrem Tun von rein vaterländischem Geiste und dem edelsten selbstlosen Willen geleitet waren. Alle Angeklagten, die in die Verhältnisse genauen Einblick hatten – und die übrigen ließen sich von den Mitangeklagten als ihren Führern und völkischen Vertrauensmännern leiten –, glaubten nach bestem Wissen und Gewissen, daß sie zur Rettung des Vaterlandes handeln müßten und daß sie dasselbe täten, was kurz zuvor noch die Absicht der leitenden bayerischen Männer gewesen war. Das rechtfertigt ihr Vorhaben nicht, aber es gibt den Schlüssel zum Verständnis ihres Tuns.

Otto Gritschneder: Bewährungsfrist für den Terroristen Adolf H. Der Hitler-Putsch und die bayerische Justiz, München 1990, S. 69f.

b) Parlamentarisches Nachspiel im Reichstag zum Hitler-Prozeß am 22. November 1923. Aus der Rede des Abgeordneten Hergt (DNVP):

Es liegt die Sache in der ganzen Bayerischen Frage. Da haben wir eine solche Explosion, die ... vom Rechtsstandpunkte aus beklagt werden kann. Die Methoden waren falsch. Vom Standpunkte des Volksfreundes aus muß aufs tiefste bedauert werden, daß frische, unverbrauchte Kräfte stillgelegt, auf ein falsches Geleise geführt worden sind ..., daß dort Nationale gegen Nationale gestanden haben ... Woher ist denn eigentlich ... die ganze bayerische Frage entstanden? Die Schuld müssen wir doch in den ganzen Regierungsverhältnissen des deutschen Volkes selbst erblicken! – Jawohl! – Die bayerische Frage ist eine deutsche Frage. Bayern hat in seiner ganzen Einstellung eine große deutsche Linie gezeigt. Das ist das Verdienst des Herrn von Kahr, der jetzt so viel angefeindet wird ... Das ist die große Linie Bayerns: die Anerkennung des Segens der Ordnung in einem Ordnungsstaat; da mögen Sie sagen, was Sie wollen. Die große Linie Bayerns finden wir in der Erkenntnis der marxistischen Abhängigkeit der Regierung in Berlin. Die große Linie Bayerns finde ich auch darin ..., daß man dort erkannt hat, daß ein deutscher Staat eben auch deutsch, von deutschen Stammesangehörigen regiert werden muß. Das ist die große Parole. Für diese große Parole sollten wir den Bayern dankbar sein ... In diesen nationalen Verbänden pocht Deutschlands Zukunft an die Mauern. Deutschland will endlich einmal jugendfrischen Geist herrschen sehen, ... nicht den überalterten, verlebten Geist der letzten fünf Jahre.

Auf der Anklagebank in München sitzt nur ein Teil von denen, die wirklich angeklagt werden müßten. Für mich ist Herr v. Kahr wahrhaftig keine sympathischere Erscheinung als die Herren Hitler und Ludendorff, jener Herr v. Kahr, von dem doch feststeht, daß er um diese Pläne der anderen gewußt hat, daß er bereit war, mit gewissen Modifikationen diese Pläne zu den seinigen zu machen, jener Herr von Kahr, der in der Angst vor einem Pistolenschuß sich Herrn Hitler und Ludendorff gegenüber bereit erklärte, mitmachen zu wollen, bis er sich am folgenden Tag auf die Gegenseite wandte. Ich frage: war der Reichsregierung bekannt, daß Herr v. Kahr in die Pläne der Ludendorff und Hitler eingeweiht gewesen ist? ... Ist die bayerische Regierung ... nicht ebenso mit verantwortlich, wie es Herr v. Kahr und Hitler gewesen sind? Hat die Reichsregierung sich jemals ernsthaften Zweifeln darüber hingeben können, daß mit Wissen der Regierungsstellen in Bayern derartige Pläne gegen das Reich geschmiedet worden sind? Nach Thüringen, nach Sachsen hat man Reichskommissare geschickt. Wo war der Reichskommissar, den man nach Bayern geschickt hat? Dort überließ man es Herrn von Kahr, der nichts anderes war als ein Hochverräter von etwas anderer Färbung als Herr Hitler und Herr Ludendorff.

Praxis Geschichte 2/1992, S. 46.

Fragen und Anregungen:

1. *Vergleichen Sie die Aussagen von Seeckts (▷ Q 6.2a) und Tucholskys (▷ Q 6.2b) über die Rolle der Reichswehr im Staat (Referat: Der Kapp-Putsch – Ursachen, Verlauf, Folgen). Erläutern Sie – auch unter aktuellen Gesichtspunkten – die Verwendung der Reichskriegsflagge durch die Kapp-Putschisten (▷ vgl. S. 184).*
2. *Fassen Sie die Aussagen des Reichskanzlers Wirth (Zentrum) zusammen. Wie beurteilt er den ermordeten Außenminister (▷ Q 6.3a)?*
3. *Formulieren Sie die von dem Abgeordneten Wels (SPD) vorgebrachte Justizkritik (▷ Q 6.3b) und vergleichen Sie damit die Urteilsbegründung im Hitler-Prozeß (▷ Q 6.7a).*
4. *Erläutern Sie die politischen Absichten, die von Lossow und von und zu Aufseß verfolgten (▷ Q 6.6a und b).*

Zusammenfassung:

Auch nach dem Inkrafttreten der Reichsverfassung konnte sich die Republik nicht stabilisieren; es gab Putschversuche und Attentate auf führende Politiker des Staates. Im Krisenjahr 1923 wurde der Staat von Weimar durch Ruhrkampf, Hyperinflation, separatistische und kommunistische Aufstände und durch den Hitler-Putsch in seiner Existenz bedroht. Ende des Jahres war es ihm gelungen, sich der Kräfte zu erwehren, die Republik und Reichseinheit zerstören wollten. Durch die Schaffung einer wertbeständigen Währung in Form der „Rentenmark" und den Abbau der Konfrontationspolitik gegenüber Frankreich waren die Voraussetzungen dafür geschaffen worden, daß auf die kritischen Jahre eine Phase der Konsolidierung folgen konnte.

7.
Konsolidierung und relative Stabilisierung (1924–1929)

1924	9. April	Dawes-Plan
	17. Dezember	Entlassung Hitlers aus der Festungshaft
1925	15. Januar	„Bürgerblock"-Regierung mit DNVP
	27. Februar	Neugründung der NSDAP
	28. Februar	Tod von Reichspräsident Ebert
	26. April	Wahl Hindenburgs zum Reichspräsidenten
	5.-16. Oktober	Konferenz von Locarno
1926	24. April	„Berliner Vertrag" mit der UdSSR
	8. September	Aufnahme Deutschlands in den Völkerbund
1927	16. Juli	Gesetz über Arbeitsvermittlung und Arbeitslosenversicherung
1928	28. Juni	Regierung der „Großen Koalition" unter Hermann Müller (SPD)
	27. August	Unterzeichnung des Kellogg-Paktes („Kriegsächtungspakt")
1929	7. Juni	Unterzeichnung des Young-Planes
	3. Oktober	Tod Stresemanns
	Oktober	Beginn der Weltwirtschaftskrise
	22. Dezember	Scheitern des Volksbegehrens gegen den Young-Plan

Deutsche Außenpolitik: Zwischen Revision, Erfüllung und Verständigung. Bezugspunkt der Außenpolitik Deutschlands zwischen 1919 und 1933 blieb der Versailler Vertrag. Da keine Regierung der Weimarer Republik die von den Siegern verfügten Gebietsverluste und die hohen Reparationen akzeptieren wollte, erhob man die friedliche Revision von Versailles zum vorrangigen außenpolitischen Ziel. Selbst die nach der Annahme des Londoner Ultimatums 1921 propagierte „Erfüllungspolitik" des Außenministers Rathenau erwies sich als eine Variante der Revisionspolitik. Sie sollte das Bemühen Deutschlands dokumentieren, die festgesetzte Reparationssumme von 132 Milliarden Goldmark in Raten abzuzahlen, zugleich aber beweisen, daß diese Forderung unerfüllbar sei und somit eine Revision des Vertrages einleiten.

„Erfüllungspolitiker"

Die seit Kriegsende bestehende außenpolitische Isolierung des Deutschen Reiches konnte zum ersten Mal durchbrochen werden, als Rathenau in Rapallo 1922 einen bilateralen Vertrag mit der Sowjetunion abschloß, die seit der Revolution international geächtet und wie Deutschland nicht im Völkerbund vertreten war (▷ Q 7.1). Die enge Verbindung zwischen außenpolitischen Aktivitäten und Reparationsfrage zeigte sich, als nach Beendigung des Ruhrkampfes mit dem Plan des amerikanischen Wirtschaftspolitikers Charles Dawes 1924 eine Neuregelung der deutschen Zahlungsverpflichtungen zustandekam, die eine Phase außenpolitischer Entspannung einleitete. Die Bedeutung dieses Planes lag darin, daß er die USA aus ihrer selbstgewählten Isolierung herausführte und zu einem wirtschaftlichen Engagement in Europa verpflichtete. Außerdem entpolitisierte er das Reparationsproblem, so daß es künftig nicht mehr als politisches Druckmittel der Sieger gegenüber Deutschland Verwendung fand.

Rapallo-Vertrag

Dawes-Plan

Die Revision des Versailler Vertrages blieb dennoch das Ziel der deutschen Außenpolitik. Mit Gustav Stresemann, der von 1924–1929 die Verantwortung für dieses Ressort trug, änderten sich zwar die Methoden, nicht aber das Ziel. Er wollte mit seiner Politik der Verständigung und Verhandlung den Wiederaufstieg des Deutschen

Gustav Stresemann

Reiches als Großmacht erreichen und stand damit in der Tradition deutscher Machtpolitiker vor 1914. Von den Annexionisten unterschied er sich dadurch, daß er das Sicherheitsbedürfnis der Franzosen anerkannte und jegliche gewalttätige Grenzveränderung ausschloß. Konkretes Ergebnis der von Großbritannien und den USA unterstützten Verhandlungspolitik Stresemanns bildeten die Locarno-Verträge vom Oktober 1925. Sie bestanden aus Garantie- und aus Schiedsverträgen: Deutschland, Frankreich und Belgien verzichteten auf eine gewaltsame Veränderung bestehender Nachkriegsgrenzen, für die England und Italien als Garantiemächte zeichneten. Die Grenzregelung des Versailler Vertrages im Westen wurde von allen Beteiligten akzeptiert. Mit Frankreich, Belgien, Polen und der Tschechoslowakei schloß das Reich zusätzlich Schiedsverträge ab. Sie bestimmten, daß Streitigkeiten auf friedlichem Wege geregelt werden sollten, verbanden aber damit nicht die Anerkennung der Grenzen der ČSSR und Polens. Auch in der Folgezeit lautete Stresemanns Maxime: Status quo im Westen, Revision im Osten (▷ Q 7.2).

Locarno-Verträge

Stabilisierung der Währung und der Wirtschaftslage. Die Stabilisierung der Währung durch die „Rentenmark", die finanzielle Regelung der Reparationsfrage und internationale Kredite infolge des Dawes-Planes führten nach 1924 zu einem Wirtschaftsaufschwung in Deutschland. Dennoch konnten die bis 1931 gewährten Kredite in Höhe von 20,5 Milliarden Reichsmark den Kapitalbedarf, den die Industrie für Investitionen dringend benötigte, nicht befriedigen. Sie erhöhten stattdessen die Auslandsverschuldung, verstärkten die Abhängigkeit vom internationalen Kapitalmarkt und belasteten wegen wachsender Zinszahlungen zusätzlich den Reichshaushalt. Aufgrund ihrer engen finanziellen Verflechtung konnten sich internationale Krisen auf die deutsche Volkswirtschaft besonders stark auswirken.
Die binnenwirtschaftliche Situation in der Konsolidierungsphase nach 1924 war dadurch gekennzeichnet, daß sich wegen des immer größer gewordenen Gewerkschaftseinflusses in der Tarifpolitik seit 1918 das Lohnniveau nicht an der Produktivitätsentwicklung orientierte. Die Investitionstätigkeit der Unternehmer blieb während der „goldenen zwanziger Jahre" relativ gering, deshalb versuchten sie, die sozialpolitischen Konzessionen aus der Anfangsphase der Republik – wie den Achtstundentag – rückgängig zu machen. Wegen des geringen Wirtschaftswachstums war die Situation auf dem Arbeitsmarkt sehr ungünstig, die Erwerbslosenzahlen stiegen bereits Ende 1925 auf 2,4 Millionen an, gingen in den folgenden Jahren zurück und überschritten 1930 die Dreimillionengrenze. Um die Lage der Arbeitslosen zu verbessern, verabschiedete der Reichstag mit großer Mehrheit 1927 das „Gesetz über Arbeitsvermittlung und Arbeitslosenversicherung", das durch Beiträge der Versicherten und der Arbeitgeber finanziert wurde, die eine neu eingerichtete Reichsanstalt für Arbeit verwaltete. Der Staat verpflichtete sich seinerseits, die Zahlungsfähigkeit der Versicherung zu garantieren. Dieses Gesetz erwies sich als die bedeutendste sozialpolitische Leistung der Weimarer Republik, weil Arbeitslose künftig nicht nur einen Rechtsanspruch auf Unterstützung besaßen, sondern durch Berufsberatung, Fortbildung und Umschulung die Chance bekamen, sich für einen neuen Arbeitsplatz zu qualifizieren.

Arbeitslosenversicherung

Um die seit Rapallo bestehenden Beziehungen zur Sowjetunion nicht durch eine einseitige Westorientierung zu gefährden, schloß Stresemann in der Folgezeit einen deutsch-russischen Freundschaftsvertrag ab. Aufgrund der Mittellage des Reiches schien ihm eine Ost- wie auch eine Westorientierung gleichermaßen geboten. Obwohl Deutschland nach Locarno die außenpolitische Isolierung überwunden hatte und in den Kreis der führenden Mächte Europas zurückkehrte, stieß die Politik Stresemanns im eigenen Land auf heftige Kritik. Das internationale Ansehen, das sich der Verlierer des Ersten Weltkrieges dank Stresemanns Politik der kleinen Schritte erworben hatte, wurde durch die Aufnahme in den Völkerbund als Folge von Locarno noch unterstrichen. Als Deutschland gegen den Widerstand Polens einen ständigen Ratssitz im Völkerbund einnehmen konnte, hatte es sich als europäische Großmacht wieder voll etabliert.

Deutschland Sitz im Völkerbund

Stresemanns außenpolitische Erfolge zeigten sich vor allem in der Verbesserung des deutsch-französischen Verhältnisses: So gab es Fortschritte bei der Räumung des Rheinlandes von alliierten Besatzungstruppen und in der wirtschaftlichen Zusammenarbeit beider Länder. Die enge Verknüpfung der Außenpolitik mit der Reparationsfrage konnte man vor allem bei der Rheinlandräumung erkennen: England und Frankreich machten ihren Rückzug aus den besetzten Gebieten von einer Lösung der Reparationsfrage abhängig. Aus diesem Grund entwickelte der amerikanische Bankier Owen Young einen Zahlungsplan, der als endgültige Reparationssumme 112 Milliarden Mark festschrieb, die in 59 Jahresraten beglichen werden sollte. Bei Annahme dieses Planes durch Deutschland versprachen die Alliierten, das gesamte Rheinland bereits 1930 zu räumen, fünf Jahre vor der im Versailler Vertrag gesetzten Frist. Obwohl der Young-Plan dem Deutschen Reich eine eindeutige finanzielle Entlastung brachte, versuchten die nationalistischen Kräfte um den DNVP-Vorsitzenden Hugenberg, zu denen auch die Hitlerbewegung stieß, die Öffentlichkeit gegen ihn zu mobilisieren. Mit Hilfe einer Volksabstimmung sollte dieser Reparationsplan verhindert und damit die gesamte erfolgreiche Verhandlungspolitik Stresemanns seit 1924 verworfen werden. Trotz der Agitation einer völkisch-nationalistischen Allianz konnte der Young-Plan vom Reichstag verabschiedet werden. Der Außenminister erlebte diesen Erfolg seiner Politik nicht mehr, am 3. Oktober 1929 starb er an den Folgen eines schweren Schlaganfalls. Für Stresemann war die Verständigungspolitik vor allem mit Frankreich eine Voraussetzung für die Wiedergewinnung einer deutschen Machtposition. Unter seinen Nachfolgern vollzog sich durch die Abwendung vom Westen ein Kurswechsel in der deutschen Außenpolitik.

Young-Plan

Von der bürgerlichen zur „Großen Koalition". Die Sozialdemokraten, die die Republik geschaffen und sie durch ihre Koalitionspolitik in den ersten Jahren mitgeprägt hatten, beteiligten sich nach dem Ende des Ruhrkampfes bis 1928 an keiner parlamentarischen Regierung. Stattdessen traten 1924 zum ersten Mal die Deutschnationalen, die den Staat von Weimar von Anfang an ablehnten, in ein bürgerliches Koalitionskabinett ein. Nach dem unerwarteten Tod des ersten Reichspräsidenten Friedrich Ebert im Jahr 1925 standen sich im Kampf um die Nachfolge u. a. der Zentrumspolitiker Wilhelm Marx als Kandidat des von den Parteien der Weimarer Koalition unterstützten „Volksblocks" und der 78jährige Paul von Hindenburg als Vertreter des rechten „Reichsblocks" (▷ Q 7.3) gegenüber. Mit dem Sieg des ehemaligen kaiserlichen Generalfeldmarschalls vollzog sich allmählich eine Abkehr von der parlamentarischen Ordnung, auch wenn Hindenburg in den ersten Jahren seiner Präsidentschaft formal die Normen der Weimarer Verfassung beachtete, die er innerlich jedoch ablehnte. Die SPD tolerierte wegen der außenpolitischen Bemühungen Stresemanns die bürgerlichen Minderheitenkabinette von Hans Luther und Wilhelm Marx, bekämpfte aber die Innen- und Wirtschaftspolitik dieser Regierungen. So mißbilligte sie die Verordnung des Reichspräsidenten, nach der auf Auslandsbotschaften neben der republikanischen schwarz-rot-goldenen die monarchische schwarz-weißrote Flagge zu hissen sei. Gegen den heftigen Widerstand aller bürgerlichen Parteien versuchten die Sozialdemokraten auch, die entschädigungslose Enteignung der deutschen Fürsten durchzusetzen; die erforderliche Mehrheit in einem Volksentscheid kam jedoch nicht zustande. Zu den Konflikten zwischen Regierung und Opposition traten zunehmend die Spannungen innerhalb der bürgerlichen Koalition selber. Der von Hindenburg gestützte, gegen die Sozialdemokratie gerichtete Bürgerblock mit

Reichspräsident Hindenburg

Einschluß der DNVP brach 1928 wegen eines Konflikts in der Bildungspolitik auseinander. Die darauf folgenden Wahlen brachten einen Linksrutsch. Die Sozialdemokraten gewannen nahezu ein Drittel aller Mandate, während sich die Deutschnationalen unter ihrem neuen Vorsitzenden Alfred Hugenberg vom Parlamentarismus ganz abwandten und eine autoritäre Staatsführung anstrebten.
Nach Bildung einer Regierung der „Großen Koalition" aus SPD, DDP, DVP, BVP und Zentrum unter dem Sozialdemokraten Hermann Müller verlagerten sich die bestehenden sozialpolitischen Konflikte zwischen Unternehmern und Gewerkschaften in das Regierungslager. Hinter SPD und DVP standen die organisierten Verbandsinteressen von Arbeit und Kapital. Bei der Verabschiedung des Young-Planes bewies das Kabinett trotz der Agitation von Hugenberg und Hitler Standfestigkeit, nicht jedoch, als sich im Zusammenhang mit der beginnenden Weltwirtschaftskrise Probleme mit der Arbeitslosenversicherung ergaben. Da wegen der sprunghaft gestiegenen Arbeitslosigkeit im Jahr 1930 die Reichsanstalt nicht in der Lage war, die benötigten Summen aufzubringen, mußte man entweder die Versicherungsbeiträge erhöhen oder die Auszahlungen an Arbeitslose kürzen. Während die DVP im Sinne der Unternehmerstrategie den Leistungsabbau favorisierte, beharrten SPD und Gewerkschaften darauf, den Versicherungsbeitrag auf 3 3/4 % festzusetzen. Ein Kompromißvorschlag des Zentrumspolitikers Heinrich Brüning scheiterte; da wegen der starren Fronten keine Einigung zustande kam, trat Reichskanzler Müller zurück. Der Zusammenbruch der „Großen Koalition" am 27. März 1930 war das Ende des parlamentarischen Regierungssystems in Deutschland bis 1945.

„Große Koalition"

Ende des Parlamentarismus

Verteidiger und Gegner der Republik. Gradmesser für die politische Kultur der Weimarer Republik war die Frage, inwieweit das Volk die neue Ordnung akzeptierte und welche Verhaltensweisen die Parteien und sozialen Gruppen gegenüber den politischen Institutionen an den Tag legten. Aufgrund der obrigkeitsstaatlichen Tradition, die auch die Revolution nicht beseitigen konnte, lehnte ein Teil der Bevölkerung die liberal-demokratische Verfassung von Anfang an ab. Bereits im Juni 1920 verloren ihre Schöpfer – die Parteien der „Weimarer Koalition" – für immer die Mehrheit, während die monarchistische DNVP und die auf das Rätesystem setzende USPD zusammen mit den Kommunisten 35,1% aller Stimmen erhielten. Die „Kompromißstruktur" (K. D. Bracher) des Staates aufgrund des Bündnisses demokratischer Politiker mit den alten Eliten in der Anfangsphase erschwerte vielen Künstlern und Intellektuellen ein uneingeschränktes Bekenntnis zur Republik, wenige überwanden ihre emotionale Distanz zum Staat von Weimar. Demgegenüber gab es die Gruppe der „Vernunftrepublikaner" wie Friedrich Meinecke und Thomas Mann, die sich mit der neuen Ordnung arrangierten, ohne sie offensiv zu verteidigen. Zu den überzeugten Vertretern der demokratischen Staatsform gehörten die Parteien der Weimarer Koalition und die sie unterstützenden Gruppen und Verbände. Ihrem politischen Engagement war es zu verdanken, daß die Republik die kritischen Anfangsjahre überlebte.

„Vernunftrepublikaner"

Auch während der Konsolidierungsphase nach 1923 setzten antidemokratische, antiliberale und antiparlamentarische Kräfte ihren Kampf gegen das verhaßte „System" fort (▷ Q 7.4). Als radikalste Gegner der Demokratie und ihrer pluralistischen Ordnung galten die Nationalsozialisten und Kommunisten. Auch wenn sie sich unterschiedlicher Mittel bedienten und verschiedene Ziele verfolgten, galt ihr Kampf gleichermaßen dem Parlamentarismus und den republikanischen Parteien.
Nachdem die seit dem Münchner Putsch verbotene NSDAP im Februar 1925 neu gegründet worden war, entwickelte sie sich zu einer von Hitler abhängigen Bewegung. Als sie ihre inneren Konflikte beigelegt und sich der Autorität Hitlers unterworfen hatte, entstand in der Folgezeit ein Führer-Mythos, den Joseph Goebbels systema-

Feinde der Republik

tisch ausbaute. Die verbindliche Einführung des Hitler-Grußes innerhalb der Partei galt als äußeres Zeichen dieser Bindung der Gefolgschaft an den Führer. Obwohl Bayern Hitler mit einem Redeverbot belegt hatte, dem andere Länder des Reiches folgten, blieb seine starke Stellung als charismatischer Führer erhalten. Die NSDAP baute ihre Parteiorganisation zielstrebig aus, sie konnte zunehmend Angehörige bestimmter Berufsgruppen wie Lehrer, Ärzte, Kaufleute und vor allem Bauern integrieren, indem sie sich eigene Standesvertretungen schuf. Dennoch blieb sie auch nach der Reichstagswahl von 1928 eine Splitterpartei, ihr Durchbruch als Massenbewegung gelang erst durch die Beteiligung an Hugenbergs Agitation gegen den Reparationsplan des amerikanischen Finanzfachmannes Young (▷ Q 7.5).

„Legalitätskurs" der NSDAP

Während Hitler als Zeuge in mehreren Prozessen die Verfassungstreue seiner Partei beschworen hatte, lehnten die Kommunisten offen das parlamentarische System ab, propagierten die „Diktatur des Proletariats" und traten für den bewaffneten Kampf ein. Der „Legalitätskurs" der Nationalsozialisten, ihr Bemühen um Bündnispartner im rechten Lager und ihr Anspruch, eine klassenübergreifende Volkspartei zu sein, erwiesen sich für den Bestand der Republik letztlich gefährlicher als der blinde Aktionismus gewalttätiger Kommunisten. Dennoch lag das Problem der Weimarer Republik nicht nur in der Stärke des politischen Extremismus von links und rechts, sondern in der Schwäche der demokratischen Mittelparteien. Die historischen Vorbelastungen des Parlamentarismus und die fehlende demokratische Traditionen in Deutschland wirkten sich verhängnisvoll aus.

Die Kultur der Weimarer Republik. In den zwanziger Jahren entwickelte sich in der politisch konservativ geprägten Republik aufgrund veränderter Lebensumstände seit 1918 eine moderne Massenkultur, die von den neuen elektronischen Medien Film und Rundfunk verbreitet wurde. Daneben existierte die in der Tradition des Expressionismus nach der Jahrhundertwende stehende Elitekultur vor allem in den Bereichen von bildender Kunst, Lyrik und Drama. Standen die Jahre der Revolution noch im Zeichen des antibürgerlichen, traditionszerstörerischen, utopisch-idealistischen Expressionismus und verwandter Erscheinungsformen wie Kubismus und Dadaismus, so kennzeichnete die „goldenen Zwanziger" eine realistische Kunst, die schon Zeitgenossen als „Neue Sachlichkeit" bezeichneten. Sie galt als die repräsentative Stilrichtung der bürgerlich-demokratischen Phase von Weimar und beeinflußt durch ihr modernes Design noch Künstler unserer Zeit. In vielen Bereichen der Kunst wie Literatur, Malerei, Architektur, Theater und Musik wurde die „Neue Sachlichkeit" zum schöpferischen Prinzip erhoben, ihre realistische, nüchterne Sichtweise entstammte dem Lebensgefühl der Zwischenkriegszeit (▷ Q 7.6). Im Zeichen der politischen Radikalisierung von links und rechts nach 1930 veränderte sich auch die Kunstszene von Weimar. Die Agitationskunst stellte sich in den Dienst der ideologischen Auseinandersetzungen bzw. propagierte die antiliberalen und antidemokratischen Werte der Extremisten.

Expressionismus

„Neue Sachlichkeit"

Romanliteratur

Zu den großen kulturellen Leistungen der Weimarer Republik in den zwanziger Jahren gehören Romane wie Thomas Manns „Zauberberg" (1924) und Alfred Döblins „Berlin Alexanderplatz" (1929), ferner bedeutende politische Zeitromane von Hans Fallada, Lion Feuchtwanger und Arnold Zweig. Der berühmte Anti-Kriegs-Roman „Im Westen nichts Neues" von Erich Maria Remarque war für die militaristischen Traditionsgruppen ein besonderes Ärgernis, seine Verfilmung löste einen Skandal im konservativen Deutschland zu Beginn der dreißiger Jahre aus. Auf der Bühne wurden die expressionistischen Stücke von Ernst Toller und Georg Kaiser und politisch-agitatorische Dramen sowie Dokumentar- und Zeitstücke von Bertolt Brecht bis Carl Zuckmayer aufgeführt. Regisseure wie Max Reinhardt, Leopold Jessner und Erwin Piscator schufen zukunftsweisende Inszenierungen, die dem Regietheater unserer Tage noch wertvolle Impulse geben können. Carl Zuckmayers „Fröhlicher Weinberg" und die „Dreigroschenoper" von Brecht zeigten die künstlerische Vielfalt deutscher Bühnenautoren. Sie galt als ein besonderes Merkmal der Weimarer Kultur. Mitte der zwanziger Jahre entwickelte sich der Film zum großen Konkurrenten des Theaters, auch wenn er sich anderen Themen zuwandte und andere Zielgruppen in der Bevölkerung ansprach. Durch die Ufa (Universum-Film-AG) wurde Deutschland zur führenden Kinonation Europas, mit dem neuentwickelten Tonfilm „Der blaue Engel" setzte dieses Genre künstlerische Maßstäbe. Auch der amerikanische und der russische Film wie Chaplins „Goldrausch" und Eisensteins „Panzerkreuzer Potemkin" fanden ihr Publikum in deutschen Kinos, so daß sich die Kultur in zunehmendem Maß europäisierte. Durch Revue-, Kostüm- und Lustspielfilme entstand eine populäre, unkritische Trivialkunst für breite Massen (▷ S. 222f.). *Medium Film*

Bedeutendes Produkt der „Neuen Sachlichkeit" war die funktionelle Architektur des „Bauhauses", die besonders in Walter Gropius ihren kreativsten Vertreter fand. Auf sie gründet – vor allem wegen der Verwendung neuer Materialien und Formen – die Architektur unserer Zeit (▷ S. 202). *„Bauhaus"*

Auch im technisch-industriellen Bereich wurden Höchstleistungen erbracht. Dem Dampfer „Bremen" wurde für die schnellste Atlantik-Überquerung nach New York das Blaue Band verliehen, das Luftschiff „Graf Zeppelin" fuhr um die Welt. 1926 nahm die deutsche Lufthansa mit der Junkers F 13 den fahrplanmäßigen Verkehr auf (▷ S. 202). Opel stellte den ersten Raketenwagen her, und im Bereich der Raketen- und Raumfahrt leisteten Wissenschaftler und Techniker wie Hermann Oberth Pionierarbeit. *Luft- und Raumfahrttechnik*

In der deutschen Metropole Berlin entstand die erste Fernsehstation, und seit 1927 konnten Presseagenturen und auch die Kriminalpolizei die regelmäßige telegraphische Bildübermittlung nutzen.

In besonderer Weise nahmen aber die Massenmedien Presse und Rundfunk an den politischen und kulturellen Auseinandersetzungen der Weimarer Republik teil. Autoren wie Kurt Tucholsky und Carl von Ossietzky übten beißende Kritik an obrigkeitsstaatlichen und undemokratischen Erscheinungen. Der Einfluß dieser Medien auf die Öffentlichkeit war beträchtlich, sie dienten auch dem rechtsextremen „Pressezar" Hugenberg als Agitationsmittel im Kampf gegen die Republik. Die gewalttätigen antidemokratischen Kräfte wie Nationalsozialisten und Kommunisten mobilisierten ihrerseits die ihnen nahestehenden Künstler, um den liberalen Staat und sein Wertesystem zu verunglimpfen. Nationalistisch-völkische und kommunistische Intellektuelle waren sich einig im Kampf gegen das „System", zerstört wurde es jedoch von den Nationalsozialisten. *Presse und Rundfunk*

Seit dem 29. Oktober 1923 gab es in Deutschland den Rundfunk, dessen Sendungen mit Kopfhörern empfangen wurden.

Deutsche Automobil- und Motorradausstellung in Berlin (1926)

Die Verkehrsmaschine Junkers F 13, in der vier Passagiere und zwei Mann Besatzung Platz fanden (1926)

„Bauhaus"-Gebäude in Dessau von Gropius. Wie in mittelalterlichen Bauhütten sollten im „Bauhaus" Künstler und Handwerker gemeinsam arbeiten und voneinander lernen.

Q 7.1
Die Vereinbarungen von Rapallo (1922)

a) Rapallo-Vertrag vom 16. April 1922:

Artikel 1.
Das Deutsche Reich und die russische Sowjetrepublik verzichten gegenseitig auf Ersatz der Kriegskosten sowie auf Ersatz der Kriegsschäden, d. h. derjenigen Schäden, die ihnen und ihren Staatsangehörigen im Kriegsgebiet durch militärische Maßregeln einschließlich aller in Feindesland vorgenommenen Requisitionen entstanden sind ...

Artikel 2.
Deutschland verzichtet auf die Ansprüche, die sich aus der bisherigen Anwendung der Gesetze und Maßregeln der Sowjetrepublik auf deutsche Reichsangehörige oder auf ihre Privatrechte sowie auf Rechte des deutschen Reichs und der Länder gegen Rußland, die sich aus von der Sowjetregierung oder ihren Organen gegen deutsche Reichsangehörige oder ihre privaten Rechte getroffenen Maßregeln ergeben, vorausgesetzt, daß die Regierung der Sowjetrepublik auch ähnliche Ansprüche dritter Staaten nicht bewilligt.

Artikel 3.
Die diplomatischen und konsularischen Beziehungen zwischen dem deutschen Reich und der Sowjetregierung werden sogleich wieder aufgenommen ...

Artikel 5.
Die beiden Regierungen werden den wirtschaftlichen Bedürfnissen der beiden Länder in wohlwollendem Geiste wechselseitig entgegenkommen.

16. April 1922   gez. Rathenau   Tschitscherin

Schönbrunn: a. a. O., S. 177.

b) Kritik an Rapallo
Der Staatssekretär im Auswärtigen Amt und seit Ende 1922 deutscher Botschafter in Moskau, Ulrich Graf von Brockdorff-Rantzau, über die Ostorientierung Deutschlands:

Der schwere Nachteil des Rapallo-Vertrages liegt in den militärischen Befürchtungen, die an ihn knüpfen. Lloyd George hat diesen Besorgnissen unlängst in einer Rede Ausdruck gegeben, in der er wörtlich ausführte, daß der Frieden der Welt durch ein hungerndes, von einem rachedurstigen Deutschland „equipiertes"[1] Rußland ernstlich gefährdet werde. Wir müssen also damit rechnen, daß England uns im Verdacht hat, eine Revanche mit Rußland vorzubereiten, und daß es in der Lage ist, falls entsprechende Vereinbarungen wirklich getroffen oder im Werden wären, uns diese nachzuweisen ...
Eine ausschließlich nach Osten orientierte deutsche Politik wäre im gegenwärtigen Augenblick nicht nur verfrüht und gefährlich, sondern aussichtslos und darum verfehlt. Verfrüht ist sie, weil wir wirtschaftlich ebenso wie Rußland außerstande sind, uns auf ein derartiges Experiment einzulassen. Gefährlich ist sie, weil wir uns der völlig skrupellosen Sowjetregierung durch Abmachungen, die uns militärisch verpflichten, in die Hand geben. Man wird in Moskau, wo man begreiflicherweise größeren Wert auf eine Verständigung mit der mächtigen Entente als mit dem um seine eigene Existenz ringenden Deutschland legt, keinen Augenblick zögern, unter der Drohung des Verrates der militärischen Vereinbarungen, Erpresserpolitik mit uns zu treiben.

Michalka/Niethard: a. a. O., S. 141f.

1) ausgerüstetes

Q 7.2
Innenpolitische Auseinandersetzungen um den Locarno-Vertrag

a) Der „Völkische Kurier" vom 19. Oktober 1925:

Die Verantwortung, die Luther und Stresemann auf sich geladen haben, wird nicht im Reichstag festgestellt werden. Darüber wird die Geschichte befinden. Deren Urteile werden die selbstgefälligen Logenbrüder von Locarno hoffentlich noch hören. Auf jeden Fall wünschen wir ihnen aus diesem Grunde ein recht langes Leben. Denn die große Gnade, die Bethmann Hollweg und Ebert widerfuhr, vor dem Tage der irdischen Abrechnung abberufen zu werden, wird nicht jedem zuteil.

b) Reichstagsabgeordneter Bartels (KPD) am 30. Oktober 1925:

Was ist Locarno? Wenn man die einzelnen Verträge und ihre Paragraphen durchgeht, so sehen wir, daß Deutschland hinreichend Garantie gibt, aber dafür lediglich die Garantie erhält, daß es Kriegsbüttldienste leisten darf und andererseits Deutschland als Kriegsschauplatz ausliefern muß. Locarno bedeutet in Wirklichkeit – das wird auch in diesem Hause niemand zu bestreiten versuchen – die Auslieferung der Rheinlande, es bedeutet direkt ein Verschenken preußisch-deutschen Gebietes, es bedeutet die Garantie des Einmarsch- und Durchmarschrechtes durch Deutschland, es bedeutet die Kriegsdienstverpflichtung der deutschen Bevölkerung für die Entente gegen Rußland, es bedeutet vor allem die Anerkennung der Aufrechterhaltung des Besatzungsregimes, und es bedeutet erneut das Bekenntnis zu dem Versailler Vertrag.

c) Reichstagsabgeordneter Hugenberg (DNVP) am 5. November 1925:

Sachlich betrachtet ist vor allem die Auffassung falsch, daß Locarno einen zehn- bis zwanzigjährigen Frieden bedeute. Gerade das Gegenteil ist richtig. Ich bin kein Pazifist, aber ich muß der Tatsache Rechnung tragen, daß Deutschland waffenlos ist, und muß deshalb verlangen, daß die deutsche auswärtige Politik mit einer dieser Tatsache Rechnung tragenden Vorsicht geführt wird! Seit unserem Zusammenbruch hat mir immer als größte Sorge vorgeschwebt, daß Deutschland der Kriegsschauplatz zwischen Rußland und dem Westen werden, daß Deutschland den Fehler einer Verfeindung mit Rußland wiederholen könnte ...
Manche Leute sind sich des Unterschiedes in der Struktur des Westens und des Ostens Deutschlands nicht bewußt. Das dichtbevölkerte industrielle Rheinland zu französisieren, würde den Franzosen auch dann nicht gelingen, wenn sie es – was Gott verhüte – eine Zeitlang beherrschten. Ganz anders im weiten Osten ... Was wir in Polen heute sehen, kann sich für den ganzen deutschen Osten wiederholen! Man muß auch als Gegner anerkennen, daß alle Regierungen seit der Revolution diesen gefahrvollen, sich jedermann aufdrängenden Tatbestand berücksichtigt haben. Es ist Herrn Stresemann vorbehalten geblieben, mit diesem Feuer zu spielen. Denn Locarno, wie es geworden ist, bedeutet tatsächlich und trotz aller Vorbehalte, daß Deutschland in dem Gegensatz Westmächte – Rußland optiert und damit – waffenlos wie es ist – sich leichtsinnig mitten in Gegensätze hineinspielt, bei deren Austragung es nur die Rolle des furchtbar Leidenden spielen kann.

d) Reichstagsabgeordneter Wels (SPD) am 24. November 1925:

Wie man auch zu den Verträgen von Locarno und zu dem Eintritt Deutschlands in den Völkerbund stehen mag, das fühlt ein jeder: wir stehen jetzt am Scheidepunkte der europäischen Politik. Es fragt sich jetzt, ob eine neue Welt, in der der Gedanke des Friedens lebendige Kraft haben soll, das Leben der Völker Europas in Zukunft beherrschen wird, oder ob die Mächte, die, auf Gewalt und kriegerischen Auseinandersetzungen fußend, dem Fortschritt, dem moralischen und materiellen Wiederaufbau den Weg dauernd versperren sollen.
... Was seit Jahrzehnten in Europa fehlte, das Bedürfnis nach europäischer Solidarität, das ist heute ein sichtbares Bedürfnis aller europäischen Völker geworden ... Es zeigt sich jetzt allerdings mehr denn je die Notwendigkeit, die Allgemeininteressen Europas, die mit den Interessen jedes einzelnen Landes identisch sind, den selbstsüchtigen von Gruppen, Cliquen und Parteien voranzustellen.

e) Reichstagsabgeordneter Fehrenbach (Zentrum) am 24. November 1925:

Oberstes Gesetz unseres politischen Handelns nach dem unglücklichen Ausgang des Weltkrieges ist die Wiederaufrichtung unseres Deutschen Reiches aus Knechtschaft zur Freiheit, aus Not und Elend zur wirtschaftlichen Gesundung.
Von dieser Überzeugung durchdrungen, haben wir im Vorjahre dem Londoner Abkommen und den Dawes-Gesetzen zugestimmt, um unseren wirtschaftlichen Wiederaufstieg zu ermöglichen. In demselben Geiste nehmen wir heute Stellung zu den Verträgen von Locarno, die der politischen Befriedung Europas dienen sollen.
Wir fragen uns: sind diese Verträge in Wirklichkeit ein Instrument des Friedens, eines Friedens, dem Deutschland in Ehren zustimmen kann?
Dazu ist unseres Erachtens zunächst erforderlich, daß sowohl in der Form wie in der Sache die volle Gleichberechtigung Deutschlands gewahrt ist und daß dem deutschen Volke nichts zugemutet wird, was seiner nationalen Würde und unveräußerlichem, durch die natürliche Ordnung der Dinge garantierten Rechten eines jeden Staatsvolkes zuwiderliefe.

Michalka/Niethard: a. a. O., S. 141ff.

f) Wahlplakat der DNVP zu Locarno

Q 7.3
Die Wende nach rechts: Reichspräsident Hindenburg

Wahlplakat des „Volksblocks" (Zentrum, SPD, DDP)
Der „Volksblock" setzte sich für die Wahl des Zentrumspolitikers Wilhelm Marx ein, während der „Reichsblock" (DNVP, BVP, Wirtschaftspartei und Bayerischer Bauernbund) für Hindenburg war.

Q 7.4
Feinde der Republik

In der Zeitschrift „Der Angriff" vom Mai 1928 äußerte sich der NS-Agitator Joseph Goebbels über sein Politikverständnis:

Wir gehen in den Reichstag hinein, um uns im Waffenarsenal der Demokratie mit deren eigenen Waffen zu versorgen. Wir werden Reichstagsabgeordnete, um die Weimarer Gesinnung mit ihrer eigenen Unterstützung lahmzulegen. Wenn die Demokratie so dumm ist, uns für diesen Bärendienst Freifahrkarten und Diäten zu geben, so ist das ihre eigene Sache ... Uns ist jedes gesetzliche Mittel recht, den Zustand von heute zu revolutionieren. Wenn es uns gelingt, bei diesen Wahlen [1928] sechzig bis siebzig Agitatoren[1] unserer Partei in die verschiedenen Parlamente hineinzustecken, so wird der Staat selbst in Zukunft unseren Kampfapparat ausstatten und besolden ... Auch Mussolini ging ins Parlament. Trotzdem marschierte er nicht lange darauf mit seinen Schwarzhemden nach Rom ... Man soll nicht glauben, der Parlamentarismus sei unser Damaskus ... Wir kommen als Feinde! Wie der Wolf in die Schafherde einbricht, so kommen wir. Jetzt seid ihr nicht mehr unter euch!

Ich bin kein Mitglied des Reichstags. Ich bin ein IdI. Ein IdF. Ein Inhaber der Immunität, ein Inhaber der Freifahrkarte ... Wir sind gegen den Reichstag gewählt worden, und wir werden auch unser Mandat im Sinne unserer Auftraggeber ausüben ... Ein IdI hat freien Eintritt zum Reichstag, ohne Vergnügungssteuer zahlen zu müssen. Er kann, wenn Herr Stresemann von Genf erzählt, unsachgemäße Zwischenfragen stellen, zum Beispiel, ob es den Tatsachen entspricht, daß besagter Stresemann Freimaurer und mit einer Jüdin verheiratet ist.

Michalka/Niethard: a. a. O., S. 251.

1) hier: Parteikämpfer

Q 7.5
Rechtsradikale und Reparationen

a) DNVP- und NSDAP-Agitation gegen die Republik 1929

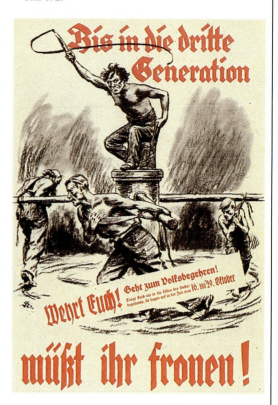

b) Außenminister Curtius (DVP) am 29. November 1929 zu Hugenberg:

Solange der Young-Plan über uns lastet, soll es nach Ihnen keine Ordnung in Deutschland, keine Freiheit, keine Ehrfurcht, kein gesundes Familienleben, keine Steuererleichterung, kein Recht und keine Wohlfahrt geben. Wenn wir aber, so sagen Sie, den Young-Plan ausschalten, so ist damit zugleich der Weg zu all diesen Gütern eröffnet. Wir hören die Botschaft dieser Schlüsselgewalt, allein uns fehlt der Glaube. Wollen Sie uns den Schlüssel zeigen, der nach der Ablehnung des Young-Planes – einer bloßen Negation – den Weg zu all diesen Gütern des Daseins eröffnet?

... Sie lehnen es ab, nach Annahme des Young-Planes an der Durchführung mit anderen annehmenden Parteien zusammenzuwirken. Sie fordern nach Ablehnung des Young-Planes eine gegen die Sozialisten gebildete Front, nicht nur im Reich, sondern auch in Preußen, als Dauerzustand. Da die bürgerlichen Parteien der Regierungskoalition rundweg jede Koalition mit Ihnen ablehnen, wollen Sie uns diejenigen politischen Kräfte weisen, mit denen Sie Ihre Ziele in Zukunft verwirklichen wollen? (Lebhafter Beifall und Heiterkeit links und in der Mitte) … Ist es zu begreifen, daß Sie trotz allem an einer Politik festhalten wollen, die unter Mißachtung aller politischen Realitäten sich in Befehlen vom grünen Tisch erschöpft, die sich in unfruchtbarer Kritik verzehrt, verneinend und zersetzend das Volk verhetzt und zerklüftet, die die eigene Partei in hoffnungslose Isolierung hineinmanövriert und, wenn sie zum Durchbruch käme, die mühsam erkämpfte Stellung Deutschlands auf das schwerste gefährden müßte? (Beifall) …

Schönbrunn: a. a. O., S. 237.

Q 7.6 Das Bild der Großstadt in den zwanziger Jahren

a) Otto Dix „Triptychon Großstadt" (1927/28), Galerie der Stadt Stuttgart, 181 x 402 cm)

Dieses dreiflügelige Tafelbild von Otto Dix (1891–1969) versucht in expressionistischer Weise das Lebensgefühl in der Großstadt zu thematisieren.

b) Das Motiv der „Stadt"-Lyrik der zwanziger Jahre

Erich Kästner: Die Zeit fährt Auto (1928)
Als Reaktion auf die Naturverherrlichung der Expressionisten priesen die Vertreter der „Neuen Sachlichkeit" die Stadt als Ort von Demokratie und Liberalität.

Die Städte wachsen. Und die Kurse steigen.
Wenn jemand Geld hat, hat er auch Kredit.
Die Konten reden. Die Bilanzen schweigen.
Die Menschen sperren aus. Die Menschen streiken.
Der Globus dreht sich. Und wir drehn uns mit.

Die Zeit fährt Auto. Doch kein Mensch kann lenken.
Das Leben fliegt wie ein Gehöft vorbei.
Minister sprechen oft vom Steuersenken.
Wer weiß, ob sie im Ernste daran denken?
Der Globus dreht sich und geht nicht entzwei.

Die Käufer kaufen. Und die Händler werben.
Das Geld kursiert, als sei das seine Pflicht.
Fabriken wachsen. Und Fabriken sterben.
Was gestern war, geht heute schon in Scherben.
Der Globus dreht sich. Doch man sieht es nicht.

Erich Kästner: Gesammelte Schriften für Erwachsene, Bd. 1: Gedichte, München/Zürich 1969, S. 85.

Kurt Tucholsky: Augen in der Großstadt (1930)
Die Stadt wird als Gegenstand der Poesie begriffen und positiv bewertet.

Wenn du zur Arbeit gehst
am frühen Morgen,
wenn du am Bahnhof stehst
mit deinen Sorgen:
5 da zeigt die Stadt
dir asphaltglatt
im Menschentrichter
Millionen Gesichter:
Zwei fremde Augen, ein kurzer Blick,
10 die Braue, Pupillen, die Lider –
Was war das? vielleicht dein Lebensglück
vorbei, verweht, nie wieder.
...

Du mußt auf deinem Gang
15 durch Städte wandern;
siehst einen Pulsschlag lang
den fremden Andern.
Es kann ein Feind sein,
es kann ein Freund sein,
20 es kann im Kampfe dein Genosse sein.
Es sieht hinüber
und zieht vorüber ...
Zwei fremde Augen, ein kurzer Blick,
die Braue, Pupillen, die Lider.
25 Was war das?
Von der großen Menschheit ein Stück!
Vorbei, verweht, nie wieder.

Kurt Tucholsky: Gesammelte Werke, Bd. 8, Reinbek 1985, S. 69f.

Fragen und Anregungen:

1. Fassen Sie die Passagen aus dem Rapallo-Vertrag zusammen und diskutieren Sie die Kritik Brockdorff-Rantzaus am Vertrag (▷ Q 7.1).
2. Stellen Sie in Gruppenarbeit die unterschiedlichen Positionen der Politiker zum Locarno-Vertrag dar (▷ Q 7.2a bis e). (▷ Referat: Die Außenpolitik der Weimarer Republik 1922 bis 1929)
3. Erläutern Sie die politische Aussage des Wahlplakats (▷ Q 7.3).
4. Versuchen Sie anhand der Aussagen von Goebbels die politische Vorstellungswelt und den Charakter des Nationalsozialismus zu erschließen (▷ Q 7.4).
5. Projekt oder Referat: Kennzeichnen Sie anhand politischer Gedichte von Bertolt Brecht und Kurt Tucholsky und von Bildern der Maler Otto Dix, Max Beckmann und George Grosz den Zeitgeist und das politsch-gesellschaftliche Klima der zwanziger Jahre.

Zusammenfassung:

Die mittlere Phase der Weimarer Republik war gekennzeichnet durch außen- und innenpolitische Stabilisierungserfolge. Dank der friedlichen Revisionspolitik des Außenministers Gustav Stresemann konnte Deutschland seine Isolierung überwinden und in den Kreis der führenden europäischen Mächte hineinwachsen. Die finanzielle Regelung der Reparationsfrage durch Dawes- und Young-Plan führte infolge internationaler Kredite zu einem Wirtschaftsaufschwung und zu wissenschaftlichen, technischen und künstlerischen Hochleistungen. Mit Hindenburg als Nachfolger des verstorbenen Reichspräsidenten Ebert vollzog sich in der Zeit bürgerlicher Koalitionsregierungen ohne Beteiligung der SPD ein politischer Rechtsruck, der durch die Reichstagswahlen von 1928 kurzzeitig unterbrochen wurde. Die extremistischen Feinde der Republik von links und rechts, Kommunisten und Nationalsozialisten, waren noch zu schwach, um die Republik in ihrer Existenz zu gefährden. Erfolge in der Außenpolitik gepaart mit innerer Festigung und einem begrenzten Wirtschaftsaufschwung trugen wesentlich zur relativen Stabilisierung der Weimarer Republik in ihrer mittleren Phase bei.

8.
Weltwirtschaftskrise und Untergang der Republik (1930–1933)

1930	12. März	Annahme des Young-Plans durch den Reichstag
	27. März	Rücktritt des Kabinetts Müller
	29. März	Heinrich Brüning Reichskanzler
	14. September	Reichstagswahlen: starke Stimmengewinne der NSDAP
	1. Dezember	Deflationspolitik Brünings
1931	6. Juli	Hoover-Moratorium
	11. Oktober	„Harzburger Front": Hugenberg-Hitler
1932	10. April	Wiederwahl Hindenburgs zum Reichspräsidenten
	13. April	Verbot von SA und SS
	30. Mai	Entlassung Brünings Bildung eines Präsidialkabinetts unter Franz von Papen
	16. Juni–9. Juli	Konferenz von Lausanne: Ende der Reparationen
	20. Juli	Absetzung der preußischen Regierung („Preußenschlag")
	22. Juli	Auszug Deutschlands aus der Genfer Abrüstungskonferenz
	31. Juli	Reichstagswahlen: NSDAP stärkste Partei
	6. November	Reichstagswahlen: starke Verluste der NSDAP
	2. Dezember	Bildung eines Präsidialkabinetts unter Kurt von Schleicher
1933	28. Januar	Rücktritt von Schleichers
	30. Januar	Ernennung Adolf Hitlers zum Reichskanzler

Ursachen der Weltwirtschaftskrise. Kennzeichen der Hyperinflation des Jahres 1923 war der Zusammenbruch des deutschen Währungssystems und die damit verbundene Enteignung aller Besitzer von Geldvermögen. Die Auswirkungen der seit 1929 verschärft einsetzenden Weltwirtschaftskrise zeigten sich in einem anderen Bereich: Millionen von Lohn- und Gehaltsempfängern wurden arbeitslos und gerieten in Existenznot. Endlose Schlangen wartender Menschen vor dem Arbeitsamt prägten das Bild der beginnenden dreißiger Jahre in allen Industriestaaten der Erde.

Die große weltweite Depression nahm ihren Ausgang von den USA. Sie erfaßte wegen der internationalen Verflechtung der amerikanischen Wirtschafts- und Finanzpolitik alle europäischen Nationalwirtschaften. *Weltweite Depression*

Ende der zwanziger Jahre kam der rasante wirtschaftliche Aufschwung zum Erliegen, weil sich der amerikanische Binnenmarkt als gesättigt erwies und auch der internationale Warenaustausch wegen der protektionistischen Politik anderer Staaten erschwert wurde. Überproduktion in Industrie und Landwirtschaft führte zu Preisverfall und Absatzschwierigkeiten, sie verminderte die Ertragslage vieler Unternehmen. Ungeachtet dieser binnenwirtschaftlichen Krise beteiligten sich weite Teile der Bevölkerung an riskanten Aktienspekulationen, da die Banken zinsgünstige Kredite vergaben und der optimistische Glaube an die Kraft der amerikanischen Wirtschaft ungebrochen schien. Der Aktienkauf auf Kredit erwies sich nach anfänglichen kräftigen Kursgewinnen als ein Fiasko für viele, denn am 24. und 29. Oktober 1929 kam es zu einem Crash an der New Yorker Börse, der Aktienwerte teilweise bis zu 90% reduzierte. Als die Banken ihre Kredite zurückverlangten, verloren Spekulanten häufig *New Yorker Börsenkrach* den gesamten Aktienbesitz und stürzten sich zusätzlich in Schulden. Die bestehende Geldknappheit setzte eine Krisenspirale in Gang: Verfall der Preise, Einschränkungen der Produktion, Lohnkürzungen und Entlassungen. Von 1929 bis 1932 stieg die Zahl der Arbeitslosen in den USA von 1,5 auf über 12 Millionen an. Aufgrund ihrer Stellung als internationaler Kreditgeber wirkte sich die Krise auf nahezu alle Staaten der Erde aus.

Auswirkungen auf das Reich. Die deutsche Wirtschaft befand sich bereits in einer Abschwungsphase, wie der Rückgang der Nettoinvestitionen zwischen 1927 und 1928 belegte, als sie von der Weltwirtschaftskrise erfaßt wurde. Da die Banken eine zu geringe Eigenkapitaldecke aufwiesen – das Verhältnis von Eigen- und Fremdmitteln im Jahr 1929 betrug 1:10,4 – führte der Abzug kurzfristig gewährter Auslandskredite zu gravierenden wirtschaftlichen und sozialen Problemen. Der staatliche Wohnungsbau und die Investitionstätigkeit der Kommunen litten unter dem Mangel an Fremdkapital; eigene Einkünfte mußten zur Finanzierung der stark angestiegenen Sozialfürsorge verwendet werden. So geriet die arbeitsintensive Bauwirtschaft in eine schwere Krise und sah sich gezwungen, Massenentlassungen vornehmen. Die deutsche Exportwirtschaft, die 1929 noch Gewinne verzeichnet hatte, brach zusammen, weil andere Länder ihre Währungen im Verlauf der Krise stark abwerteten, die Reichsregierung dagegen Wechselkursänderungen strikt ausschloß. Der Aufbau eines Systems von Einfuhrzöllen, vor allem in den neuen Staaten Osteuropas, behinderte den Export zusätzlich. So schrumpften die Erlöse der Maschinenbauindustrie von 1930 bis 1932 um 47,5 %. Der Absatzrückgang führte jedoch nicht zu Preissenkungen, weil marktbeherrschende Konzerne und Kartelle ihre Produktion einschränkten und Massenentlassungen in Kauf nahmen, aber nicht ihre Preispolitik änderten.

Das Fehlen ausländischer Kredite verstärkte sich Ende 1930 nicht zuletzt wegen des sensationellen Wahlerfolgs der NSDAP, der das Vertrauen ausländischer Anleger erschütterte. Die Reichsbank verlor in kurzer Zeit mehr als 1 Milliarde an Gold- und Devisenbeständen.

Bankenkrise Das Jahr 1931 stand ganz im Zeichen einer Bankenkrise, die den Zerfall des internationalen Währungssystems einleitete. Da aufgrund schwerer Verluste die größte österreichische Geschäftsbank ihre Zahlungsunfähigkeit bekanntgeben mußte, riefen ausländische Gläubiger nun auch in Deutschland ihr angelegtes Kapital zurück. Das Vertrauen in die Kreditinstitute schwand völlig, als die Darmstädter und Nationalbank (Danat) ihre Zahlungen einstellen mußte. Der Ansturm von Sparern auf Banken und Sparkassen führte zum Zusammenbruch des Geld- und Kreditwesens in Deutschland. Der Staat sah sich gezwungen, einzugreifen, er legte sog. Bankfeiertage fest, um Abhebungen zu verhindern und führte die Devisenzwangswirtschaft ein, damit die Kapitalflucht gedrosselt wurde. Der private Devisenhandel wurde völlig ausgesetzt, alle im Privatbesitz befindlichen ausländischen Zahlungsmittel mußten an die Reichsbank verkauft werden, die damit die Kontrolle über die Währung übernahm.

Massenarbeitslosigkeit Zu einer Sozialkrise von ungeheuren Ausmaßen, die wesentlichen Anteil an der Zerstörung der Republik hatte, entwickelte sich der ungebremste Anstieg der Arbeitslosigkeit zwischen 1930 und 1933 in Deutschland. Zwar gab es seit 1927 eine staatliche Arbeitslosenunterstützung, sie war jedoch so gering bemessen, daß sie kaum das Existenzminimum sicherte. Die sich daraus ergebende Verschlechterung der Ernährung betraf besonders die Kinder der Arbeitslosen (▷ Q 8.1). Sie galten als die Hauptopfer der Depression in Deutschland. Durch Speisungen in kommunalen Volksküchen versuchte man das soziale Elend zu lindern, Hilfsorganisationen der Parteien und Verbände richteten für arbeitslose Familien Sammelstellen für Lebensmittel und Kleider ein. Die sozialpsychologischen Folgen, die der Verlust des Arbeitsplatzes mit sich brachte, zeigten sich im Anstieg der Selbstmordrate und der Jugendkriminalität.

Sozialkrise

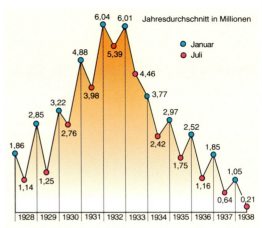

Wartende Arbeitslose vor der Zahlstelle (1932) *Entwicklung der Arbeitslosigkeit in Deutschland*

Zwischen 1928 und 1932 stieg die Zahl der Selbstmörder um 19 % an. Deutschland lag damit an der Spitze der internationalen Statistik. Auch die Jugendkriminalität wuchs auf dem Höhepunkt der Krise 1932 um 11,1 % gegenüber dem Vorjahr.
Diejenigen, die einen Arbeitsplatz besaßen, gerieten durch den Abbau ihrer Tariflöhne in den Sog der Krise, denn die Unternehmer versuchten ihrerseits durch Rationalisierungsmaßnahmen und Leistungskürzungen die Weltwirtschaftskrise zu überstehen. Der soziale Abstieg in die Arbeitslosigkeit war in Deutschland regional verschieden, er erfaßte in unterschiedlichem Maße Männer und Frauen, Arbeiter und Angestellte.
Insgesamt führte die Massenarbeitslosigkeit zwischen 1930 und 1933 zu einer Gesellschaftskrise, die den Aufstieg des Nationalsozialismus zur Massenbewegung ermöglichte.

Die Präsidialkabinette. Nach dem Ende der „Großen Koalition" unter dem Sozialdemokraten Hermann Müller am 27. März 1930 unternahmen die führenden Politiker nicht mehr den Versuch, eine Regierung zu bilden, die sich auf eine parlamentarische Mehrheit stützen konnte. Die Kreise um Reichspräsident Hindenburg wollten stattdessen den Einfluß des Reichstages auf die Regierung ausschalten, indem man sie künftig allein vom Vertrauen des Präsidenten abhängig machte. Die Umformung des parlamentarischen Systems in ein präsidiales war bereits beschlossen worden, bevor Hindenburg den Zentrumspolitiker Heinrich Brüning zum Chef einer Minderheitsregierung ernannte. Die fehlende parlamentarische Legitimation bei der Gesetzgebung sollte durch den Einsatz des Art. 48 der Reichsverfassung ausgeglichen werden. Der Artikel sah vor, daß der Kanzler Gesetze in Form von Notverordnungen verabschieden konnte. Anfangs suchte Brüning für seine Politik noch die Mehrheit im Parlament zu gewinnen. Er wollte die sich verschärfenden wirtschaftlichen Probleme während der Weltwirtschaftskrise vornehmlich durch Kürzung der Staatsausgaben bei gleichzeitiger Steuer- und Abgabenerhöhung lösen. Seine Deflationspolitik lehnte der Reichstag ab, deshalb setzte sie Brüning anschließend verfassungswidrig als Notverordnung durch. Da die von den Sozialdemokraten beantragte Aufhebung dieser Verordnung vom Reichstag beschlossen wurde, ließ Hindenburg das Parlament auflösen.

Diktatartikel 48

Die Neuwahlen am 14. September 1930 verhalfen der NSDAP zu einem sensationellen Erfolg, der ihr endgültig den Durchbruch als Massenpartei sicherte (▷ Q 8.2). Sie konnte die Zahl ihrer Mandate von 12 auf 107 erhöhen und damit gemeinsam

Sensationswahl 1930

mit den Kommunisten die Arbeit im Reichstag lähmen. Für die Sozialdemokraten stellte sich angesichts dieser Situation die Frage, ob sie durch Mobilisierung ihrer Anhänger die Deflationspolitik Brünings weiterhin bekämpfen oder ob sie einen Kurs parlamentarischer Tolerierung einschlagen sollten. Um die unter dem Parteigenossen Otto Braun im größten Reichsland Preußen noch bestehende Koalitionsregierung mit Zentrum und Liberalen nicht zu gefährden, unterstützte die SPD dieses erste Präsidialkabinett unter Brüning als das „kleinere Übel". Sie schwächte damit ihrerseits das Parlament, obwohl sie mit ihrer Tolerierungspolitik das parlamentarische System zu retten versuchte. Die Vertreter des Präsidialsystems verfolgten von Anfang an das Ziel, durch Notverordnungen den Einfluß der Exekutive beträchtlich auszuweiten und die demokratischen Parteien auszuschalten.

Deflationspolitik Brünings Deflationspolitik diente vornehmlich der Revisionspolitik, d. h. er wollte die Streichung der Reparationen dadurch erreichen. Deshalb nahm er die sich ausbreitende Massenarbeitslosigkeit in Kauf, um auf die Gläubigerstaaten einzuwirken, damit diese in der Reparationsfrage Entgegenkommen zeigten. Auf eine aktive Bekämpfung der Arbeitslosigkeit durch staatliche Beschäftigungspolitik wurde dagegen verzichtet. Wegen der Inflationsangst hätte eine Erhöhung der Staatsverschuldung bei wichtigen gesellschaftlichen Gruppen keine Unterstützung gefunden.

Das Ende deutscher Reparationen kündigte sich an, als der amerikanische Präsident Hoover angesichts der krisenhaften Entwicklung in allen Ländern einen Zahlungsaufschub für ein Jahr verkündete. Eine unmittelbare Verbesserung trat dadurch nicht ein. Der ungebremste Anstieg der Arbeitslosigkeit im Jahr 1931 verschärfte stattdessen die innenpolitischen Spannungen. Die republikanischen Kräfte verloren weiterhin an Einfluß, vor allem, als es der NSDAP gelang, in Bad Harzburg, zusammen mit *Zweckbündnis* DNVP und „Stahlhelm", eine gemeinsame Kundgebung gegen den Staat von Wei-
Hugenberg-Hitler mar zu veranstalten (▷ Q 8.3). Das kurzfristige Zweckbündnis von Hugenberg und Hitler nützte vor allem den Nationalsozialisten, da es ihnen neue Anhänger zuführte und ihnen den Zugang zu den Medien des „Pressezaren" Alfred Hugenberg erschloß. Die NSDAP entwickelte sich zunehmend zu einer alle Schichten umfassenden Volkspartei, auch wenn ihr mittelständischer Charakter vorherrschend blieb.

Als Zeichen des gewachsenen Selbstbewußtseins der NS-Bewegung konnte die Bewerbung ihres Führers Adolf Hitler für das Amt des Reichspräsidenten gelten, der 1932 neu gewählt werden mußte. Alle demokratischen Parteien unterstützten Hindenburg, um Hitler zu verhindern, der sich erst im zweiten Wahlgang geschlagen gab. Nach der Wiederwahl Hindenburgs verbot Innenminister Groener die gewalt-
SA- und SS- tätigen paramilitärischen Organisationen der NSDAP, SA und SS. In der Umgebung
Verbot des Reichspräsidenten stieß diese Maßnahme auf wenig Verständnis, da man in der NS-Bewegung einen möglichen Bündnispartner sah. Sie erschütterte die politische Position Brünings bei Hindenburg so sehr, daß seine Entlassung erwogen wurde. Als schließlich ostelbische Gutsbesitzer den Kanzler beim Reichspräsidenten zudem als „Agrarbolschewisten" in Verruf brachten, weil er hochverschuldete, unrentable Güter in Siedlungsland für Bauern umwandeln lassen wollte, entließ ihn Hindenburg ohne Zögern und berief Franz von Papen, einen Mann aus seiner Umgebung, zum Nachfolger. Auf Betreiben des hinter den Kulissen agierenden Reichswehrgenerals von Schleicher wurden das SA-Verbot aufgehoben, der Reichstag aufgelöst und der Versuch unternommen, die NSDAP in die politische Verantwortung mit einzubinden
„Zähmungs- („Zähmungskonzept"). Nach Wiederzulassung der SA kam es im ganzen Reich zu
konzept" schweren gewalttätigen Auseinandersetzungen zwischen Nationalsozialisten und Kommunisten (▷ Q 8.4). Um den autoritären, vom Einfluß des Parlaments und der demokratischen Parteien befreiten „neuen Staat" zu schaffen, versuchten von Papen, von Schleicher und andere die noch im Amt befindliche preußische Regierung unter den Sozialdemokraten Braun und Severing zu entmachten. Preußen war aufgrund

seiner Größe und Einwohnerzahl ein bedeutender Machtfaktor im Reichsverband.
Als Vorwand für den geplanten „Preußenschlag" dienten Informationen über eine
angebliche sozialdemokratisch-kommunistische Zusammenarbeit und die gewalttätigen Aktionen der Extremisten. Am 20. Juli 1932 wurde die geschäftsführende
preußische Regierung unter Bezug auf Artikel 48 der Reichsverfassung vom Reichspräsidenten entlassen und durch den Konservativen von Papen ersetzt, der als
Reichskommissar nun die Exekutive leitete (▷ Q 8.5). SPD und Gewerkschaften riskierten wegen der hohen Arbeitslosigkeit keinen Generalstreik gegen den Verfassungsbruch und riefen auch nicht die republiktreue Schutztruppe „Reichsbanner" zu
Hilfe, um einen Bürgerkrieg zu verhindern. Der Staatsstreich in Preußen konnte als
Vorstufe für den Übergang zur Diktatur gelten, zumal bei den kurz darauf folgenden
Reichstagswahlen die demokratiefeindliche NSDAP die Zahl ihrer Mandate verdoppelte und zur stärksten Fraktion im Reichstag wurde. Aufgrund des Wahlergebnisses
konnten Nationalsozialisten und Kommunisten künftig alle Notverordnungen des
Reichspräsidenten ablehnen. Schleicher bot deshalb der NSDAP eine Regierungsbeteiligung an. Hitler lehnte aber zunächst jede Koalition strikt ab und forderte stattdessen die ganze Macht. Nachdem eine überwältigende Mehrheit im Reichstag dem
Kabinett Papen das Mißtrauen ausgesprochen hatte, löste Hindenburg das Parlament zum zweiten Mal in diesem Jahr auf. Bei den Wahlen im November 1932 verloren die Nationalsozialisten ca. 2 Millionen Stimmen und gerieten daraufhin in eine
schwere innerparteiliche Krise, die Schleicher nutzen wollte. In dieser verfahrenen Situation entließ Hindenburg von Papen und ernannte den General zum Kanzler eines
weiteren Präsidialkabinetts.

Schleichers „Politik der Versöhnung" durch geplante Kontakte mit den Gewerkschaften und staatliche Beschäftigungsmaßnahmen zur Reduzierung der Massenarbeitslosigkeit, stieß bei den antisozialistischen Kräften, die Papen gegen den General
mobilisierte, auf Ablehnung. Deshalb entließ Hindenburg Schleicher nach kurzer
Kanzlerschaft ebenfalls und ernannte am 30. Januar 1933 Hitler zum Reichskanzler.
Im Gegensatz zu allen vorausgegangenen Präsidialregierungen seit Brüning wurde
dieser Regierungswechsel als eine Zäsur empfunden. Die „Machtergreifung" der Nationalsozialisten beendete denn auch die erste deutsche Demokratie im 20. Jahrhundert und etablierte die Diktatur einer Partei in Deutschland (▷ Q 8.6).

„Preußenschlag"

NSDAP und Schleicher

Q 8.1
Soziale Folgen der Arbeitslosigkeit

a) Verschlechterung der Ernährungsverhältnisse

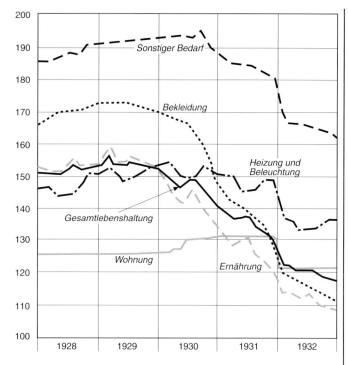

Reichsindexziffern für die Lebenshaltungskosten
Januar 1928 bis Dezember 1932

Heinrich A. Winkler: Arbeiter und Arbeiterbewegung in der Weimarer Republik, Bd. 3: Der Weg in die Katastrophe 1930–1933, Berlin/Bonn 1987, S. 83

b) Wirkung der Arbeitslosigkeit auf Kinder
Wie stark Kinder die durch die Arbeitslosigkeit veränderte Stimmung ihrer Eltern empfanden, ging aus Klassenaufsätzen zum Thema „Arbeitslos" hervor, die im Dezember 1932 von Schulen aus verschiedenen Orten der Deutschen Zentrale für freie Jugendwohlfahrt zur Verfügung gestellt wurden. So schrieb etwa die vierzehnjährige Mittelschülerin Hanna S.:

„Vater war damals zu jedem Scherz aufgelegt. Nach zwei Jahren jedoch änderte sich das Bild. Eines Tages kam Vater niedergeschlagen nach Hause. Mutter sah ihm schon an, was geschehen war. Er war arbeitslos geworden. Die ersten Tage nach seiner Entlassung war er ganz traurig. Das Scherzen unterblieb jetzt. Scheu ging ich um ihn herum. So ging es ein Jahr. Dann bekam er wieder Arbeit. War das eine Freude! Ich weiß noch, wie mein Vater mit stolzer Freude seine Lohntüte auf den Tisch legte ... Doch es wurde von Jahr zu Jahr schlechter mit der Arbeit. Eines Tages ereilte auch meinen Vater das Schicksal. Von jetzt ab hieß es für ihn: Stempeln! Jetzt ist mein Vater schon über drei Jahre arbeitslos. Früher glaubten wir noch daran, daß Vater wieder einmal Arbeit bekommen würde, heute haben selbst wir Kinder die Hoffnung aufgegeben."

„Mein Vater ist Schneidermeister von Beruf", [berichtete Ursula F., 13 Jahre]. „Nun ist es schon beinahe drei Jahre, wo mein Vater nichts mehr zu arbeiten hat ... Eines Tages sagt Vater, daß er keine Miete bezahlen kann, da er nur das nötige Geld zum Leben verdient hat. Nun grübelt er Tag und Nacht, was zu machen sei, doch es will ihm nichts einfallen. Der Hauswirt drängt um das Geld, aber er muß sich gedulden. Vater weiß keinen Rat, bis er sich endlich entschließt, zum Wohlfahrtsbüro zu gehen und wegen Erlassung der Miete zu fragen. Nach vielem vergeblichem Fragen wird ihm die Hauszinssteuer erlassen."

Winkler: a. a. O., S. 86.

c) Speisezettel der Familie eines Arbeitslosen (Sommer 1931)

	Morgens	Mittags	Nachmittags	Abends
Sonntag	Kaffee, Brot, Marmelade	Wirsingkraut, Kuhfleisch, Kartoffeln	1 Tasse Kaffee, Marmelade, Brot	Kartoffeln, Salat, Wurst
Montag	Dasselbe	Grießsuppe, Pellkartoffeln, Bohnensalat	Dasselbe	Bratkartoffeln, Salat
Dienstag	Dasselbe	Kartoffeln, rote Rüben	Dasselbe	Kartoffeln, Salat
Mittwoch	Dasselbe	1/2 Pfd. Kuhfleisch für Suppe, Kartoffeln, Gurkensalat	Dasselbe	Kaffee, Brot
Donnerstag	Dasselbe	Bohnengemüse, Kartoffeln	Dasselbe	Kaffee, Brot
Freitag	Dasselbe	Pfannkuchen mit Salat	Dasselbe	Kartoffeln, Salat
Samstag	Dasselbe	Bratkartoffeln, Salat, jeder ein Ei	Dasselbe	Kaffee, Brot

Winkler: a. a. O., S. 37.

Q 8.2
Die Sensationswahl 1930

Urteile über den NSDAP-Erfolg durch deutsche Schriftsteller

a) Klaus Mann: Jugend und Radikalismus
Der Sohn von Thomas Mann 1930 in einem offenen Brief an den Schriftsteller Stefan Zweig:

Es gibt auch ein Alles-Verstehen-Können, eine Bereitwilligkeit der Jugend gegenüber, die zu weit geht. Nicht alles, was Jugend tut, weist in die Zukunft. Ich spreche das aus, und ich bin selbst jung. Ein großer Teil meiner Altersgenossen – oder der noch Jüngeren – hat sich mit dem Elan, der dem „Vorwärts!" vorbehalten sein müßte, für das „Rückwärts!" entschieden. Das dürfen wir unter keinen Umständen gutheißen. Unter gar keinen Umständen. Sie tun es, wenn Sie den grauenerregenden Ausgang der deutschen Reichstagwahlen eine vielleicht nicht kluge, aber im Innersten natürliche und durchaus zu bejahende Revolte der Jugend gegen die Langsamkeit und Unentschlossenheit der „hohen" Politik nennen. Ihre schöne Sympathie für das Jugendliche an sich läßt Sie, fürchte ich, übersehen, worin diese Revolte besteht. Was wollen die Nationalsozialisten? (Denn um sie handelt es sich in dieser Stunde, keineswegs um die Kommunisten) Nach welcher Richtung radikalisieren sie sich? Darauf schließlich käme es doch an. Radikalismus allein ist noch nichts Positives, und nun gar, wenn er sich so wenig hinreißend, sondern so rowdyhaft und phantasielos manifestiert, wie bei unseren Rittern vom Hakenkreuz. Fensterscheiben einschlagen und mit Rizinusöl drohen kann jeder, dahinter braucht kein geistiges Pathos zu stehen.

b) Gerhart Hauptmann: Vom verwegenen Jugendsein

Heut treten diese jungen Männer wieder in Reih und Glied zum verwegenen Jugendsein.
Ihr habt sie aufgerufen kraft der Republik und ihrer Verfassung – nicht gegen sie! Nun sind sie da! – Und sie haben eine Idee: Das dritte Reich! Es sind freilich alles mißverstandene, halbe Dinge, die sie vermischen und daraus sie eine „Weltanschauung" backen, ungenießbar außer für sich selbst. Aber sie werden von dieser Speise gesund, kühn, wild! Sie werden gefährlich, wie die Amokläufer von ihrem Gift. Ihr macht zuviel in Prosa: das können diese Leute, nämlich diese Art Jugend wie die National-Sozialisten nicht vertragen. Sie wollen Dichtung, Romantik, Schwärmerei, Glauben mehr als Wissen, keine Knauserei des Herzens, nicht Wirtschaft, sondern was Ehre und Deutschsein etc. nicht erschöpft.

Reinhardt: a. a. O., S. 191f.

c) Hitlers Wähler
Der Journalist Helmut von Gerlach in der „Welt am Montag" vom 6. Oktober 1930 über den Wahlerfolg der Nationalsozialisten:

„Woher kommen Hitlers 6,5 Millionen Stimmen?" ...
Von den drei Millionen Erwerbslosen hat nur ein verschwindend geringer Prozentsatz Hitler
5 seine Stimme gegeben. Diese drei Millionen stellen vielmehr das Gros der kommunistischen Wähler dar. Wenn die KPD von 55 auf 77 Mandate gestiegen ist, so ist das die automatische Rückwirkung der steigenden Arbeitslosig-
10 keit.
Die Arbeitslosen waren also nicht die Hauptwähler Hitlers. Wohl aber ist richtig, daß die Wirtschaftskrise, deren äußeres Symptom die riesenhafte Arbeitslosigkeit ist, die Grundlage
15 des Hitlerischen Sieges war.
Die Hitlerwähler setzen sich aus zwei Kategorien zusammen: einer kleinen Minderheit von Nationalsozialisten, die auf das Hakenkreuz eingeschworen sind, und einer riesigen Mehrheit
20 von Mitläufern. Keine andere deutsche Partei ist so labil wie die nationalsozialistische, daß heißt bei keiner anderen ist das Mißverständnis zwischen Stammkunden und Laufkunden ebenso groß. Sozialdemokratie, Kommunisten, Zen-
25 trum, Demokraten, Volkspartei – überall gibt es Schwankungen, recht erhebliche vielleicht. Aber bei keiner anderen Partei ist es denkbar, daß eine plötzliche Verneunfachung erfolgt, die vielleicht bei der nächsten Wahl von einer Drittel-
30 lung abgelöst wird.
Die Nationalsozialisten haben ja schon einmal den Wechsel von Hoch und Tief erlebt. Aus den 32 Abgeordneten von 1924 wurden die 12 von 1928. Wieviel werden aus den 107 von 1930 bei
35 den Wahlen von ... werden?

Michalka/Niethard: a. a. O., S. 287.

d) Hitler in der Karikatur (1930)
Th. Th. Heine im „Simplicissimus"

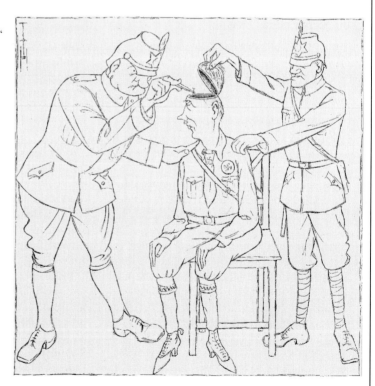

„Merkwürdig, mit wie geringen Mitteln sich viel Unheil anrichten läßt!"

Q 8.3
Das Bündnis Hitler-Hugenberg

a) Kundgebung der sog. nationalen Opposition in Bad Harzburg vom 11. Oktober 1931 („Harzburger Front"), an der Vertreter von NSDAP, DNVP, Stahlhelm u. a. teilnahmen.

Die nationale Front, einig in ihren Parteien und Gruppen, von dem Willen beseelt, gemeinsam und geschlossen zu handeln, gibt folgendes kund:
Die nationale Opposition hat seit Jahren vergeblich gewarnt vor dem Versagen der Regierungen und des Staatsapparates gegenüber dem Blutterror des Marxismus, vor dem fortschreitenden Kulturbolschewismus und der Zerreißung der Nation durch den Klassenkampf, vor der planmäßigen Ausschaltung der nationalen Kräfte aus der Leitung des Staates, vor einer Politik, die in der politischen, wirtschaftlichen und militärischen Entmannung Deutschlands noch über das Diktat von Versailles hinausgeht, vor einer Politik, die die heimische Wirtschaft zugunsten weltwirtschaftlicher Utopien preisgibt, vor einer Politik der Unterwürfigkeit dem Ausland gegenüber, die weder die Gleichberechtigung Deutschlands gebracht hat, noch den zerrissenen Osten vor einem kriegerischen Einbruch bewahrt ...
Wir sind bereit, im Reich und in Preußen in nationalgeführten Regierungen die Verantwortung zu übernehmen ... Wir fordern sofortige Neuwahlen ... Wir erklären, daß die in der nationalen Opposition stehenden Verbände bei kommenden Unruhen Wohl, Leben und Eigentum, Haus, Hof und Arbeitsstellen derjenigen verteidigen werden, die sich mit uns offen zur Nation bekennen, daß wir es aber ablehnen, die heutige Regierung und das heute herrschende System mit dem Einsatz unseres Blutes zu schützen.

b) Goebbels in seiner Zeitung „Angriff" über die Tagung in Bad Harzburg:

Die große Kundgebung der nationalen Opposition in Harzburg war ein Bekenntnis zu gemeinsamem Vorgehen zum Zwecke der Erreichung eines Teilzieles. In dieser Beziehung ging ihr Sinn nicht über taktische Bedeutung hinaus ... Da die nationalsozialistische Bewegung auf dem Legalitätsprinzip steht und keinerlei Veranlassung vorhanden ist, davon abzuweichen, kann es keinem Zweifel unterliegen, daß die Eroberung der Macht vorerst nur in einer Koalition möglich ist. Die Machteroberung aber unterscheidet sich wesentlich und grundsätzlich vom Machtziel ...
Das Programm des Nationalsozialismus ist festliegend und unabänderlich. Es ist aber ein anderes, eine Regierung zu stürzen oder ein Programm zu verwirklichen.

Schönbrunn: a. a. O., S. 255.

c) Hugenberg im Gedicht von Günter Dallmann

Alfred Hugenberg war ab 1928 Vorsitzender der Deutschnationalen Volkspartei, die im Herbst 1929 mit anderen rechtsextremen Parteien das Volksbegehren gegen den Young-Plan organisierte. Das Gedicht wurde 1929 in der Arbeiter-Illustrierten Zeitung veröffentlicht.

Ein Barde von Blut und Eisenformat
Voll schwarz-weiß-roter Courage,
General der „Propaganda der Tat"
Für Kulturreaktion in Kirche und Staat –
Der speist den Tatütata-Apparat
Mit Phrase, Reklame – und Gage.

Der macht seine eigne Kulturpolitik
in Nachtausgabe und Kino.
Persönlich verwaltet er die Rubrik:
„Letzte Enthüllung der Saurepublik",
Dann brodelt es aus seiner Meinungsfabrik
Der zündende Schlag: Revanchekrieg:
„Deutsche! Gebraucht Mussolino!"

Sein Name ist mächtig nicht Schall und nicht Rauch!
Sein Name deckt viele Geschäfte,
Vor dem liegt die Industrie auf dem Bauch
Und die Offiziere a. D. tuns auch.
Denn die warten auf Kriegsverwendungs-Gebrauch:
Abteilung: leitende Kräfte.

Der hat die Gelder, der hat die Statur
Zum monarchistischen Stellvertreter,
Der reinigt die schmutzige Literatur
Von semitischer Unzucht und Unnatur
(Allerdings: die Nacktmagazin-Konjunktur –
Geschäft ist Geschäft – die versteht er!)

Weimarer Republik, hrsg. vom Kunstamt Kreuzberg/Institut für Theaterwissenschaft der Universität Köln, Berlin/Hamburg 1977, S. 393.

Q 8.4
Das innenpolitische Klima im Spiegel der Karikatur

a) „Heil Preußen" (Karl Arnold, 1932)

„In meinem Staate kann jeder nur nach Meiner Façon selig werden!"

b) Notverordnung (Erich Schilling, 1931)

„Nach den Erfahrungen der letzten Wochen ist verfügt worden, daß jeder Demonstrationszug seinen eigenen Leichenwagen mitzuführen hat."

c) Berlin am Sonntag (Erich Schilling, 1927)

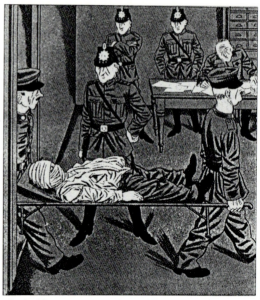

„Ist der Mann unters Auto gekommen?"
„Nein, unter Nationalsozialisten!"

Q 8.5
Der „Preußenschlag" (1932)

a) Wahlplakate zum „Preußenschlag"

b) Der Diplomat und Schriftsteller Harry Graf Kessler in seinen Tagebüchern über den „Preußenschlag"; Wilhelm Abegg war Staatssekretär im preußischen Innenministerium, Albert Grzesinski Polizeipräsident von Berlin, Heinrich Hirtsiefer preußischer Wohlfahrtsminister, Carl Severing preußischer Innenminister.

Berlin, 20. Juli 1932, Mittwoch Vormittags um zehn Uhr fünfzehn bei Abegg im Ministerium. Er teilte mir mit, daß Papen sich zum Reichskommissar ernannt und unter sich
5 als Kommissar für Preußen den Oberbürgermeister Bracht von Essen sich geholt habe. Severing und Hirtsiefer waren eben in einer Besprechung mit Papen; Abegg wußte daher noch nicht, wie sich die preußische Regierung verhalten werde.
10 Abegg war aber der Ansicht, daß Papens Streich unzweifelhaft verfassungswidrig (mithin ein Staatsstreich) sei.
Mittags kam durch den Rundfunk die Regierungserklärung und die Mitteilung, daß über
15 Berlin und Brandenburg der militärische Ausnahmezustand verhängt, die vollziehende Gewalt an einen General von Rundstedt übergegangen sei und daß der neue Reichskommissar Papen den preußischen Ministerpräsidenten
20 Braun sowie Severing und Grzesinski abgesetzt habe. Severing hat daraufhin erklärt, daß er seine Absetzung nicht annehme und nur der Gewalt weichen werde.
Hier nebenan, vor dem Reichswehrministerium,
25 stehen Doppelposten mit Karabinern vor dem Eingang. Im Innern sollen Maschinengewehre aufgefahren sein. Das preußische Staatsministerium Wilhelmstraße 63 ist seit Mittag militärisch besetzt.
30 Nachmittags um fünf kam ein Herr Krone aus dem preußischen Ministerium des Innern im Auftrage Abeggs zu mir. Er teilte mir mit, daß Abegg von Papen abgesetzt sei, seine Absetzung aber nicht als rechtsgültig anerkenne und weiter
35 amtiere. Krone sagte, man befürchte für heute nacht den Generalstreik. Die Art und Weise, wie Severing, Braun, Abegg usw. abgesetzt worden sind – Abegg zum Beispiel durch einen einfachen Telephonanruf: „Hier Reichsregierung:
40 Sie sind hiermit Ihres Amtes enthoben" – bezeichnete Krone mit Recht als denkbar formlos und ungeschickt.

Harry Graf Kessler: Tagebücher 1918-1937, hrsg. v. Wolfgang Pfeiffer-Belli, Frankfurt 1982, S. 719.

Q 8.6
Die Weimarer Republik im Urteil von Historikern

a) Hans-Ulrich Wehler

Die Weichenstellung von 1918/19 behält dabei jedoch ihre unübersehbare Bedeutung. Muß man nicht den Preis, den ein Neubeginn im Jahr 1918 gekostet hätte – die Ausschaltung der alten
5 Führungsgruppen, die Funktionsschwäche oder gar zeitweilige Funktionslähmung –, abwägen gegen die Opfer und Schrecken seit 1933? Wird nicht ein Ja zur Weimarer Lösung erkauft mit der Hinnahme ihres Endes? Wird damit aber
10 nicht auch die Behauptung vom „Bruch" im Jahre 1933 noch fragwürdiger? Muß nicht das schnelle Resultat von Versäumnissen zumindest das Urteil über die Vieldimensionalität von Entscheidungssituation und Folgeproblemen schärfen?
15 fen? Daß Kontinuität in der Reichsbürokratie und im Heer, im Bildungs- und Parteiwesen, in Wirtschaft und Interessenverbänden usw. unleugbar überwog, bewirkte zumindest eines: Die

traditionellen Machteliten konnten die Steigbügelhalter für Hitler stellen. Ob die Eigendynamik der NSDAP, die Radikalisierung des Mittelstandes, der Einbruch in die Landbevölkerung, die Schwächung der Arbeiterbewegung – ob all das die „Machtergreifung" der stärksten Partei unvermeidbar gemacht hätte, sei dahingestellt. In der konkreten Situation wäre ihr „Führer" ohne die Steigbügelhalter jedenfalls nicht in den Sattel gelangt. Unter solchen Aspekten begannen daher 1933 die Kosten der Entscheidungen von 1918/19 ungeahnte, schließlich die ganze Welt umfassende, Dimensionen anzunehmen.

Hans-Ulrich Wehler: Das deutsche Kaiserreich 1871–1918 (= Deutsche Geschichte, Bd. 9), Göttingen, ³1977, S. 226.

b) Karl Dietrich Bracher

Für die Beurteilung der Weimarer Republik insgesamt und die Frage nach den Ursachen ihres Scheiterns ergeben sich … wichtige Erkenntnisse. Es erscheint nicht länger möglich, die Strukturprobleme und die Leidensgeschichte der ersten deutschen Demokratie als von Anbeginn determinierte Folge einer antirevolutionären Grundentscheidung von 1918/19 zu deuten und abzutun. Die Frage, ob nicht erst eine konsequente, „wirkliche" Revolution anstelle der Parlamentarisierung die Sicherung der Demokratie in Deutschland ermöglicht hätte, enthält keine brauchbare Antwort, mit der man von vornherein auch die Krisen und das Scheitern der Weimarer Republik erklären könnte. Schuld war nicht das Ausbleiben der „vollen" Revolution, deren Maßstäbe und Bezugspunkte ohnehin ungewiß erscheinen, blickt man auf die diktatorischen Resultate des sozialistischen Revolutionsverständnisses in Rußland, sondern vielmehr das Zögern vor der vollen Parlamentarisierung, vor der eindeutigen Verwirklichung der parteienstaatlichen Demokratie. Neben den Belastungen der Kriegsfolgen und der rechts- wie linksradikalen Gegnerschaft war es der dualistische Geburtsfehler der Weimarer Republik, ihre ambivalente Machtstruktur zwischen Parlaments- und Präsidialsystem, die sich im weiteren Verlauf so verhängnisvoll auswirkte, nicht die Revolutions- und Rätefrage, wie uns eine teils nostalgische, teils agitatorische Geschichtslegende – häufig Hand in Hand mit einer Glorifizierung der diktatorischen Machtergreifung Lenins – zum Prototyp einer demokratischen Revolution – suggerieren möchte.

Karl Dietrich Bracher: Die Auflösung der Weimarer Republik. Eine Studie zum Problem des Machtverfalls in der Demokratie, Düsseldorf 1978, S. XVIf.

c) Michael Stürmer

Belagerte Civitas[1], stand die erste deutsche Republik von ihrem Aufstieg im Revolutionswinter 1918/19 bis zu ihrem Untergang 14 Jahre später im Schatten des Ernstfalls. In die Perspektive des Ernstfalls bleibt sie bis heute auch für die historische Betrachtung gestellt. „Weimar" mußte nicht in der totalitären Diktatur enden. Aber die freiheitliche Demokratie war auch nicht lebensfähig, da ihr der tragende Konsens der Bürger fehlte: Republik ohne Republikaner. Bis heute gilt, daß niemand die Geschichte der ersten deutschen Republik anders zu sehen vermag als im Banne des Bürgerkriegs, in dem sie zustande kam; der trügerischen Hoffnungen, die sie begleiteten; und des moralischen und politischen Höllensturzes, der ihrem Scheitern folgte.

Die Bundesrepublik Deutschland hat in jeder Phase ihrer Geschichte sich ängstlich vergewissert, daß die Gespenster von Weimar sie nicht ereilten. Es gibt kaum einen ideologischen Konflikt im Nachkriegs-Deutschland, ohne daß an die Vergangenheit erinnert und die Schuld neu vermessen würde.

Michael Stürmer: Dissonanzen des Fortschritts, München 1986, S. 166.
1) hier: Staat

d) Hans Mommsen

Im historischen Bewußtsein der Deutschen ist die Weimarer Demokratie mit dem Makel des Scheiterns behaftet. Noch in den Beratungen des Parlamentarischen Rates in Bonn galt Weimar vor allem bei der bürgerlichen Mitte und Rechten als abschreckendes Experiment, dessen Wiederholung unter allen Umständen vermieden werden müsse. „In der politischen Publizistik der Westzonen wurde bis in die fünfziger Jahre hinein an den liberalen Grundlagen der Weimarer Reichsverfassung umfassende Kritik geübt. Erst die Erfolge der Kanzlerdemokratie Konrad Adenauers bewirkten eine positivere Bewertung der Weimarer Republik, auf die man sich jetzt berief, um die Kontinuität der bis zur Paulskirche zurückreichenden demokratischen und parlamentarischen Strömungen in Deutschland hervorzuheben." Trotz der seit den fünfziger Jahren zunehmenden Bereitschaft, die Leistungen der Republik anzuerkennen, drückte sich in der vielzitierten Formel „Bonn ist nicht Weimar" ein unverkennbares Überlegenheitsgefühl aus.

Hans Mommsen: Verspielte Freiheit. Der Weg der Republik von Weimar in den Untergang 1918-1933, Frankfurt/Berlin 1990, S. 7.

Fragen und Anregungen:

1. *Beschreiben Sie anhand der Statistiken und des Textausschnitts die soziale Situation von Arbeitslosenfamilien während der Weltwirtschaftskrise (▷ Q 8.1a – c).*
2. *Vergleichen Sie die Aussagen der Schriftsteller Klaus Mann und Gerhart Hauptmann über den Wahlerfolg der Nationalsozialisten vom September 1930 (▷ Q 8.2a/b). Erstellen Sie anhand des Kommentars von Gerlachs ein Profil des typischen NS-Wählers (▷ Q 8.2c).*
3. *Stellen Sie die politischen und wirtschaftlichen Vorstellungen der Bündnispartner in Bad Harzburg dar (▷ Q 8.3a). Vergleichen Sie damit die Aussagen von Goebbels (▷ Q 8.3b). Was versteht er unter dem „Legalitätsprinzip"?*
4. *Erläutern Sie anhand der Karikaturen und Plakate die innenpolitische Situation während der großen Krise von 1930 bis 1933 (▷Q 8.4 – 8.5).*
5. *Stellen Sie anhand der Aussagen deutscher Historiker dar, warum die Republik von Weimar gescheitert ist (▷ Q 8.6a – d).*
(▷ Referat: Das Ende der ersten deutschen Republik 1930 bis 1933)
Diskutieren Sie unter diesem Gesichtspunkt den Satz eines bekannten Publizisten: „Bonn ist nicht Weimar."

Zusammenfassung:

Die von den USA ausgehende Weltwirtschaftskrise trug wesentlich zum Zusammenbruch der deutschen Volkswirtschaft bei. Die damit verbundene Sozialkrise brachte den Durchbruch der Nationalsozialisten zur demokratiezerstörenden Massenpartei. Mit der Ernennung Heinrich Brünings durch Hindenburg vollzog sich eine Abkehr vom parlamentarischen System und eine Hinwendung zu einem autoritären Präsidialregime. Die Endphase der Republik war gekennzeichnet durch den Straßenterror der Extremisten und den von konservativen Eliten praktizierten Verfassungswandel. Zu deren Strategie gehörte es, Hitler für die eigenen politischen Interessen zu benutzen. Mit seiner Ernennung zum Reichskanzler scheiterte dieses „Zähmungskonzept", sie markierte stattdessen das Ende der Weimarer Republik.

Kleine Quellenkunde: Film

Neben dem Rundfunk erlebte auch der Film in den zwanziger Jahren weltweit einen ungeheueren Aufschwung. Die Ursprünge dieses visuellen Mediums reichen bis ins Kaiserreich zurück; während des Ersten Weltkrieges galt es als ideologische Waffe der Kriegspropaganda auf beiden Seiten und erhielt dadurch entscheidende Impulse für seine künftige Entwicklung. Die Gründung der „Universum-Film-AG" (Ufa) im Jahr 1917 auf Initiative der OHL mit finanzieller Beteiligung der Deutschen Bank und des Reiches schuf die Voraussetzung für eine nationale Filmindustrie, die nach 1918 durch künstlerische Produktionen Weltruhm erlangte. Die Filme der Weimarer Republik sind – ungeachtet ihrer ästhetischen Qualität – jedoch auch als historische Quellen zu verstehen, in denen sich spezifische Zeiterscheinungen widerspiegeln und Träume, aber auch Alpträume der Deutschen in Bilder umgesetzt wurden.

So trug 1918 der breiten pazifistischen Strömung unmittelbar nach dem Ende des Krieges der Film „Die Waffen nieder" Rechnung, in dem für den Völkerbund und eine allgemeine Abrüstung geworben wurde. Neben einer Menge von trivialen und kitschigen Streifen entstand in der Folgezeit der historische Ausstattungs- und Kostümfilm, der dem Regisseur Ernst Lubitsch zum künstlerischen Durchbruch verhalf. Die Massenszenen in seinen Produktionen „Madame Dubarry" und „Anna Boleyn" (1919) wurden bereits von Zeitgenossen mit den gewaltigen Demonstrationszügen von Arbeitern während der Deutschen Revolution von 1918/19 in Zusammenhang gebracht. Franzosen und Engländer dagegen empörten sich darüber, daß wichtige Epochen ihrer eigenen Nationalgeschichte ins Lächerliche gezogen wurden. Die Historienfilme lenkten von der tristen Gegenwart ab, der vierteilige „Fridericus Rex" (1922/23) verklärte die Vergangenheit, indem er der parlamentarischen Republik die verflossene Monarchie als Ideal entgegenstellte und damit antidemokratischen Vorurteilen Vorschub leistete. Daß sowohl die Deutschnationalen als auch die Sozialdemokraten und Kommunisten ihre Mitglieder zu Aufmärschen mobilisierten, um für oder gegen diesen Film zu demonstrieren, kennzeichnete die politische Absicht des Streifens: Potsdam stand gegen Weimar, der Vater-Sohn-Konflikt in „Fridericus Rex" symbolisierte den Kampf des vordemokratischen alten gegen das neue republikanische Deutschland. „Mit der Wahl Hindenburgs", so Peter Gay, „wurde der Vater-Sohn-Konflikt auf breiterer Bühne in die Wirklichkeit übertragen". Während der Weimarer Republik entstanden allein 27 Preußenfilme; ihre von einem großen Publikum akzeptierten rückwärts gewandten Leitbilder verwiesen auf einen breiten Rechtstrend in der Bevölkerung.

Als bahnbrechendes Werk aus der Stummfilmzeit galt „Das Cabinett des Doktor Caligari" (1920) von Robert Wiene, das der Kritiker Siegfried Krakauer in seinem Buch „Von Caligari bis Hitler" (1947) als zeitgeschichtliche Quelle für den Bewußtseinszustand der gesamten Nation verstand. Mit ihrer Hilfe können auch heute noch die Wünsche und Sehnsüchte des Kinopublikums erschlossen werden, weil der Produzent aufgrund der finanziellen Risiken gezwungen war, speziell auf diese Rücksicht zu nehmen. In dem Vampirfilm „Nosferatu" (1921), den Friedrich Wilhelm Murnau drehte, und in Fritz Langs „Dr. Mabuse, der Spieler" (1922) wurden Unwirkliches und Grauenhaftes thematisiert. Mabuse galt als Prototyp der Zeit, als raffgieriger Mensch in der Art des Ruhrindustriellen und Kriegsgewinnlers Hugo Stinnes. Lang behauptete, mit seinem Fortsetzungsfilm „Das Testament des Dr. Mabuse" aus dem Jahr 1932 habe er Hitler und die Weltherrschaftspläne der Nationalsozialisten treffen wollen. Und Joseph Goebbels soll über den „Mabuse" gesagt haben, er beweise, daß eine entschlossene Gruppe von Männern in der Lage sei, „jeden Staat mit Gewalt aus den Angeln zu heben".

Die Flucht aus der drückenden Realität der Nachkriegszeit, die Ängste vor einer gefahrvollen Zukunft, aber auch die Faszination des Bösen erklärten den Publikumserfolg jener „magischen" Filme aus der Weimarer Republik. Die mittelalterlichen Kulissen in „Nosferatu", „Phantom" (1922) und „Faust" (1925/26) entsprangen zudem der „Angst vor der Modernität" (P. Gay), die auch zum Bestandteil nationalsozialistischer Ideologie gehörte.

Aufgrund der Inflationsentwicklung bis 1923 besaßen die deutschen Kinofilme internationale Wettbewerbsvorteile, die sich nach der Stabilisierung der Währung jedoch verloren, so daß die Ufa 1925 auf finanzielle Unterstützung der amerikanischen Konzerne Metro-Goldwyn-Mayer und Paramount angewiesen war. Der Weggang berühmter Filmschauspieler und Regisseure nach Hollywood (E. Lubitsch, F. W. Murnau, E. Jannings u. a.) konnte als Indiz für die Krise des deutschen Films Mitte der zwanziger Jahre gelten. Fritz Lang, der nach Hitlers Machtergreifung 1933 in die USA emigrierte, hatte mit seinem zweiteiligen Nibelungenfilm (1923/24) die durch den Versailler Vertrag gedemütigte Nation für den Germanenkult begeistert und damit unbewußt der NS-Ideologie Vorschub geleistet. Schulklassen wurden geschlossen in diesen Film aus der deutschen Sagenwelt geführt, der bewußtseinsbildend auf die junge Generation wirkte.

Durch den in Amerika entwickelten Tonfilm, der sich Ende der zwanziger Jahre auch in Deutschland durchsetzte, konnte die Krise des internationalen Films überwunden werden. Fritz Lang, der 1926 mit dem utopischen Stummfilm „Metropolis" Probleme der Automation und der Entfremdung des Menschen in der modernen Arbeitswelt darzustellen versuchte, hatte auch in seinem ersten Tonfilm „M" (1931) über einen Kindermörder das Krisenbewußtsein der sich auflösenden Republik eingefangen: Ein Triebtäter wird von der Polizei gemeinsam mit einer Verbrechergruppe, die sich anmaßt, Selbstjustiz üben zu können, gejagt. Die Staatsgewalt und das Syndikat arbeiten zusammen, während die passive Bevölkerung zum Opfer wird. Gustav Gründgens in der Rolle des Ganoven „Schränker" verkörpert das sog. gesunde Volksempfinden, das später die nationalsozialistische Rechtsvorstellung bestimmte.

Daß die Oberprüfstelle den von den Nationalsozialisten heftig bekämpften amerikanischen Antikriegsfilm „Im Westen nichts Neues" (1929/30) verbot, zeigt, wie sehr sich die Republik bereits in der Defensive befand. Demgegenüber gelang es Regisseuren wie G. W. Pabst mit politischen Filmen („Westfront 1918" und „Kameradschaft" 1930/31) für Pazifismus und Völkerverständigung zu werben. „Kameradschaft" zielte auf den Abbau des Nationalismus; im Film wurde dargestellt, wie nach einem Bergwerkunglück in Frankreich deutsche Arbeiter als Retter über die Grenze kommen.

Josef von Sternbergs „Blauer Engel" (1930), der Marlene Dietrich zu Weltruhm verhalf, kann ebenfalls als Zeugnis für diesen filmischen Wirklichkeitsbezug gelten, auch wenn er in einem anderen Sozialmilieu spielt.

Im krassen Gegensatz dazu stehen die von der Ufa produzierten Revue- und Operettenfilme wie „Die Drei von der Tankstelle" (1930) und „Der Kongreß tanzt" (1931). Vor dem Hintergrund der sich auflösenden Republik im Zeichen der politischen und sozialen Krise versuchten diese Filme durch Ausgelassenheit und Frohsinn von der Wirklichkeit abzulenken oder sie zu verfälschen.

Die Spielfilme der Weimarer Republik können, wie andere Medien auch, als historische Quellen betrachtet und analysiert werden. Da jede Quellengattung einen eigenen medienspezifischen Charakter hat, dient der Film als wertvolle Ergänzung bei der Arbeit mit anderen Quellen. Nicht nur der Inhalt, sondern Kameraführung, Bildabfolge, Beleuchtung und Untermalung durch die Filmmusik fließen in die Analyse ein. Auch die Innenausstattung der Räume, die typischen Verhaltensweisen der einzelnen Schauspieler sind Zeugnisse des Zeitgeistes jener Jahre. Die Auswertung dieses Mediums als historische Quelle kann unter dem Aspekt geschehen, ob und wie sich die soziale Realität der Weimarer Republik in ihren Filmen widerspiegelt.

Die 5000 Lichtspielhäuser im Deutschland jener Zeit zogen ein Millionenpublikum an. 1925 wurden allein in Berlin über 44 Millionen Kinokarten verkauft. Das Massenmedium Film begann in der Weimarer Republik seinen Siegeszug, wurde vom NS-System als ideologische Waffe und Propagandainstrument gebraucht und mußte sich nach 1945 völlig neu orientieren, indem es sich internationalen Entwicklungen und Trends öffnete.

Thematische Spezialeinheit: Schauspielerinnen in der Weimarer Republik

Die Verankerung des Frauenwahlrechts in der Weimarer Reichsverfassung von 1919 war ein bedeutender Schritt auf dem Weg zur politischen Gleichberechtigung der Frauen. Wenn auch der Anteil weiblicher Abgeordneter in der Nationalversammlung anfangs nur 9,6 % betrug, haben die insgesamt 111 Parlamentarierinnen zwischen 1919 und 1933 wichtige Sozialgesetze der Republik auf den Weg gebracht.

In den zwanziger Jahren versuchten viele Frauen bestehende gesellschaftliche Barrieren und Diskriminierungen zu überwinden. Obwohl traditionelle Rollenmuster (Mutter und Hausfrau) weiterhin bestimmend blieben, konnten sich Frauen in wichtigen Teilbereichen der Gesellschaft durchsetzen und soziale Anerkennung erwerben. Die 1,5 Millionen weiblichen Angestellten im Jahr 1925 galten Zeitgenossen als Verkörperung eines neuen modernen Frauentyps, auch wenn Gesellschaftskritiker auf die soziale Benachteiligung dieser Berufsgruppe hinwiesen.

Im Film als dem einflußreichsten Massenmedium jener Zeit konnte sich die Frau am ehesten verwirklichen. Die „Diva" der zwanziger Jahre beeinflußte zudem Mode, Erscheinungsbild und Verhalten vieler Frauen in Deutschland und besaß eine Vorbildfunktion. Seit sich die Schauspielerin Asta Nielsen für ihre Filmrolle im Shakespeareschen „Hamlet" die Haare abschneiden ließ, wurde der sog. Bubikopf zur Frisur modebewußter Damen. Da das Kino einen entscheidenden Einfluß auf das kulturelle und gesellschaftliche Leben der Weimarer Republik besaß, können biographische Skizzen ausgewählter Filmschauspielerinnen dazu beitragen, das Bild der Frau und ihre Rolle in der Gesellschaft besser zu verstehen.

Die Karrieren des Stummfilmstars Henny Porten aus der ersten Hälfte der Republik und des Tonfilmstars Marlene Dietrich, die Anfang der dreißiger Jahre zu Weltruhm gelangte, können als repräsentativ gelten.

Die 1890 in Magdeburg geborenen Henny Porten besaß keine Schauspielausbildung. Sie trat bereits 1907 in pantomimischen „Tonbildern", die ihr Vater inszeniert hatte, vor das Publikum und wurde während des Ersten Weltkrieges zum Star von Komödien, deren Aufgabe darin bestand, die Menschen vom Kriegselend abzulenken. Gerade in der Zeit zwischen 1914 und 1918 kletterte z.B. in Berlin die Zahl der Lichtspielhäuser von 195 auf 312; daran erkennt man die Anziehungskraft dieses Mediums. Abgeschnitten von französischen und englischen Produktionen aufgrund der alliierten Blockade entwickelte sich eine nationale Filmindustrie, in der die „Gartenlauben-Romantikerin" und „germanische Diva" Henny Porten die Emotionen des immer größer werdenden Kinopublikums zu befriedigen suchte. So bezeichnete sie den Film „Die Ehe der Luise Rohrbach" (1917) mit dem Schauspieler Emil Jannings selber als ihre „größte Kriegsleistung". Der Durchbruch als Charakterschauspielerin gelang ihr unter der Regie von Ernst Lubitsch 1920 im Film „Anna Boleyn", der vor allem wegen seiner Massenszenen berühmt wurde, und in einer Doppelrolle („Kohlhiesels Töchter"). „Geierwally" und „Die Hintertreppe" (1921) zählten zu Henny Portens bedeutenden, von Kritikern wie Kurt Pinthus hochgelobten Filmen. Mit dem unter der Regie von G. W. Pabst entstandenen Film „Gräfin Donelli" (1924) wandte sich Henny Porten wieder dem trivialen Genre zu und verkörperte alle Bereiche des Frauenlebens, von der liebenden Mutter („Mutter und Kind", 1924) bis zur entsagungsvollen Königin („Luise, Königin von Preußen", 1931). Wegen ihrer Ehe mit dem jüdischen Arzt Wilhelm von Kaufmann belegte Propagandaminister Goebbels die berühmte und populäre Porten mit Berufsverbot, weil sie eine Scheidung ablehnte. Aufgrund der Protektion durch Hitler blieben sie und ihr Mann jedoch unbehelligt. Wie bereits während des Ersten Weltkrieges, so wurde Henny Porten auch in den letzten Kriegsjahren 1943/44 wieder eingesetzt, um in Filmen wie „Familie Buchholz" (1943) und „Neigungsehe" (1944) die durch Bombenkrieg und NS-Terror verzweifelten Menschen in der Traumwelt des Kinos zu trösten. Nach dem Zweiten Weltkrieg trat sie kaum noch in Filmen auf.

Völlig anders verlief die Karriere des Tonfilmstars Marlene Dietrich. Als Tochter eines Offiziers 1901 in Berlin geboren und in Weimar aufgewachsen, sollte sie an der Musikhochschule Violine studieren. Wegen einer Sehnenzerrung mußte sie 1921 die Ausbildung abbrechen und beschloß, Schauspielerin zu werden. Sie gehörte zwar zum Ensemble des Deutschen Theaters von Max Reinhardt in Berlin, wurde aber nur in Nebenrollen eingesetzt und verdiente ihren Lebensunterhalt als Revuegirl. 1922 gab Marlene Dietrich ihr Filmdebüt als Zimmermädchen in „Der kleine Napoleon", ein Jahr später brillierte sie in Joe Mays „Tragödie der Liebe" als monokeltragendes Mädchen Lucie. Ihre Ehe mit dem Aufnahmeleiter Rudolf Sieber verhalf ihr zu Kontakten mit den Ufa-Studios und Filmgrößen wie Willi Forst. In weiteren Produktionen wie „Ich küsse Ihre Hand, Madame" (1929) verkörperte die Dietrich den von ihr geschaffenen reserviert und kühl wirkenden Frauentyp.

Die Ufa, die sich im Besitz des deutschnationalen Politikers und Republikgegners Hugenberg befand, verpflichtete den Hollywood-Regisseur Josef von Sternberg, um das Drehbuch „Der blaue Engel" nach dem Roman „Professor Unrat" von Heinrich Mann mit Emil Jannings als Hauptdarsteller zu verfilmen. Für die Rolle der Lola-Lola wurde Marlene Dietrich ausgewählt. Der Film erzählt die tragische Geschichte des Gymnasiallehrers Professor Rath, der sich in die Revuetänzerin Lola-Lola verliebt, ihretwegen von der Schule gejagt wird und schließlich als Clown in ihrer Truppe auftritt. Menschlich gedemütigt und gesellschaftlich isoliert stirbt er vereinsamt in seinem Klassenzimmer. Der Sadismus in diesem Film war ein Grund für seinen Erfolg; die Schüler im „Blauen Engel" galten als „geborene Hitlerjungen", und die öffentliche Demütigung des Gymnasiallehrers in der „Hahnschrei-Nummer" verwies auf die Brutalität der Gesellschaft. Der Film (Uraufführung: 1. Januar 1930) war eine vehemente Attacke gegen die spießige Doppelmoral des Bürgertums und wurde vor allem von den Nationalsozialisten heftig bekämpft. Anläßlich der Münchner Uraufführung im Jahr 1931 schrieb der „Völkische Beobachter" der NSDAP: „Bewußt jüdische Zersetzung und Beschmutzung deutschen Wesens und deutscher Erziehungswerte ist hier am Werke, in dem sich jüdischer Zynismus selten gemein offenbart. – Man darf nur die Namen der Macher des Ganzen durchgehen; nichts als Juden mit galizischen Visagen, die als Brechmittel wirken."

Josef von Sternberg, der aus Wien stammende jüdische Regisseur, holte die Schauspielerin anschließend nach Hollywood und drehte mit ihr in den dreißiger Jahren erfolgreiche Filme. Marlene Dietrich wurde ein Star des Hollywood-Films, sie arbeitete mit berühmten Schauspielern und Regisseuren zusammen und kümmerte sich privat um emigrierte deutsche Kollegen, die vor den Nationalsozialisten geflohen waren.

Verkörperte Henny Porten in ihren vielfältigen Rollen eher einen traditionellen Frauentyp, so konnte Marlene Dietrich, die im Film und privat häufig in Frack und Hosen auftrat, als Beispiel der modernen, weltoffenen Frau gelten. Während Henny Porten ausschließlich in Deutschland filmte, wurde die Dietrich durch ihr Hollywood-Engagement zum Star des internationalen Films.

Marlene Dietrich in Männerkleidung mit Frack und Zylinder

Reichspräsident Ebert bei den Dreharbeiten zu „Anna Boleyn" mit Henny Porten und Emil Jannings

Zum Ergebnis:

Dieses Kapitel behandelt eine nur kurze, aber folgenschwere Zeitspanne europäischer und vor allem deutscher Geschichte im 20. Jahrhundert. Geprägt durch Merkmale des Überganges wie des Bruches zwischen Altem und Neuem, beginnt sie mit Revolutionen, zuerst in Rußland, dann in Deutschland, die sich aus den militärischen Niederlagen im Ersten Weltkrieg entwickelten. Sie führten in beiden Ländern zu höchst unterschiedlichen Grundentscheidungen. In Deutschland entstand daraus, begleitet von Hypotheken der Pariser Vorortverträge, die Weimarer Republik. Bis heute am wichtigsten erscheint dabei die Frage, woran die erste deutsche Demokratie gescheitert ist, und das heißt natürlich auch, warum die Nationalsozialisten sie zerstören konnten.

Neben den Strukturschwächen der Reichsverfassung, die dem Präsidenten eine nahezu diktatorische Machtfülle gab, spielte die wirtschaftliche und soziale Entwicklung, die durch Inflation und Weltwirtschaftskrise gekennzeichnet war, eine besondere Rolle. Die dadurch bedingten gesellschaftlichen Veränderungen im Mittelstand und ideologische Faktoren wie Dolchstoßlegende und Nationalismus führten ebenfalls dazu, daß sich viele Deutsche während der zwanziger Jahre von der Demokratie abwandten. Die geschickte Massenpsychologie der nationalsozialistischen Propaganda trug ebenso zum Erfolg Hitlers bei wie die bedenkliche Politik konservativer Eliten in der Endphase der Republik. Umstritten ist, welche Bedeutung die „unvollendete" oder „steckengebliebene" Revolution des Jahres 1918 in diesem Zusammenhang hat. Wurden dadurch die autoritären Traditionen des Kaiserreiches in die Republik hinübergerettet und die Ausbildung einer demokratischen Gesinnung erschwert?

Fest steht, daß erst das Zusammenspiel dieser vielfältigen Faktoren unter Einschluß des Versailles-Syndroms Hitlers Aufstieg und den Erfolg seiner Bewegung ermöglichte.

Dennoch wäre es ungerecht, wollte man die Weimarer Republik lediglich unter dem Aspekt des Scheiterns betrachten. Die Jahre 1918 bis 1933 waren gekennzeichnet durch eine technische und künstlerische Modernität, die Deutschland zu internationalem Ansehen verhalf. Auch die Verfassung der Republik konnte trotz aller Mängel als Dokument einer echten Demokratie gelten, die dem Volk weitgehende Mitbestimmungsrechte garantierte. Die sozialen Errungenschaften und der Ausbau des deutschen Bildungssystems schufen die Voraussetzungen für einen modernen Sozialstaat, der sich nach 1945 voll entwickeln konnte. Dennoch ist die Weimarer Republik gescheitert.

Ihre Geschichte kann daher auch als Modellfall für die Gefährdung der modernen Demokratie gelten. Der Staat zwischen 1918 und 1933 wurde als „Demokratie ohne Demokraten" und als „Republik ohne Republikaner" bezeichnet. So betrachtet lautet die Lehre von „Weimar": Der demokratische Staat benötigt das Engagement demokratisch gesonnener Staatsbürger, wenn er sich behaupten und seinem System politische Stabilität verschaffen will.

V.
Totalitäre und autoritäre Systeme in Europa

Grigori Shegal: Führer, Lehrer und Freund (Ölgemälde 120 x 90 cm, 1937)

Der Maler Grigori Shegal (1889–1956) schuf mit diesem Gemälde, das in verschiedenen Versionen produziert wurde und weit verbreitet war, ein besonders sprechendes Zeugnis des Stalinkultes. Ein übergroßer Lenin schaut auf eine Szenerie, in der ein väterlicher Stalin sich Bittstellern und Ratsuchenden zuwendet. Mit dem Titel ist eine der typischen Propagandaformeln zitiert, mit der der Diktator sich Volksverbundenheit und zugleich Führerschaft bestätigte.

Zur Einführung:

Das 20. Jahrhundert gilt als eine „Zeit der Ideologien" (K. D. Bracher), die in drei verhängnisvollen diktatorischen Herrschaftssystemen politische Gestalt angenommen haben: im italienischen Faschismus, im russischen Kommunismus und im deutschen Nationalsozialismus. Allesamt nahmen sie Anleihen bei den modernen Ideenkreisen, die seit dem 18. Jahrhundert, nicht zuletzt aus der Französischen Revolution oder gegen sie, entstanden waren: Nationalismus, Konservatismus, Sozialismus und Imperialismus. In unterschiedlicher Verbindung und Akzentuierung gingen sie in das ideologische Repertoire der verschiedenen Bewegungen ein und wurden dort durch Radikalisierung und Totalitätsanspruch zu einem brisanten politischen Gemisch. Daraus entstand ein neuer Typ ideologiehaltiger diktatorischer Systeme, die bei der Umsetzung ihrer Ideen unnachsichtig und gewaltsam vorgingen.

Gerade in der Sinn- und Fortschrittskrise, die der Erste Weltkrieg europaweit ausgelöst hatte, boten sie einfache Antworten auf schwierige Zusammenhänge und erhoben zugleich den Alleinanspruch, die geschichtliche Wahrheit und den richtigen Weg in die Zukunft zu kennen. Mit den neuen Mitteln der Massenkommunikation propagierten sie ihre Ideologie, die meist bei der Machtergreifung ebenso erfolgreich eingesetzt wurde wie bei der späteren Legitimierung und Erhaltung des Systems. Ideologie wurde damit zum Massenphänomen, Propaganda zu einem zentralen Herrschaftsinstrument.

Die totalitären Weltanschauungen lebten aus der extremen Vereinfachung der Realitäten und boten damit scheinbare Sicherheit und Orientierung. Mit einem klaren Feindbild ließ sich die Welt in einfache Erklärungsmuster pressen, in gut und böse, in richtig und falsch, und zugleich aus dieser Gegnerschaft heraus die Integration der eigenen Anhängerschaft erfolgreich betreiben.

Diesem Ziel diente auch ein stark ritualisierter Personenkult, der den charismatischen Führer als Heilsbringer und Erlöser verehrte und ins Übermenschliche steigerte. Der propagandistische Blick war meist in die Zukunft gerichtet. Visionen und Verheißungen sollten die trübe Gegenwart von Not, Hunger, Krieg vergessen helfen, Zwang und Terror den Weg in diese ideale Zukunft ebnen, den der Führer als Retter und Erlöser wies.

Ohne Frage ist der Sieg des Totalitarismus im 20. Jahrhundert auch eine Niederlage der liberalen Demokratie und des westeuropäischen Parlamentarismus gewesen, verursacht nicht zuletzt durch das Versagen der bürgerlichen Führungsschichten, der demokratischen Parteien und der sozialen Systeme.

Obwohl wir wissen, daß Faschismus und Nationalsozialismus nur kurzlebige, aber umso verheerendere Herrschaftssysteme waren und nach dem Zusammenbruch der Sowjetunion auch der Kommunismus keine Zukunft mehr haben dürfte, besteht kein Anlaß zu kurzsichtiger Zufriedenheit. Denn die Geschichte des Totalitarismus im 20. Jahrhundert bleibt ein Lehrstück, aus dem sich auch weiterhin wichtige Schlüsse ableiten lassen. „Das Bedürfnis nach Weltanschauungen, die Anfälligkeit für den Gebrauch und Mißbrauch politischer Ideologien wird gerade im Augenblick der neuen dramatisierten Fortschrittsbrechungen spürbar und mobilisierbar. Wissenschaftlicher und technischer Fortschritt haben uns nicht etwa besser befähigt, ideologischen Verführungen entgegenzutreten, sie haben vielmehr die Aufgabe noch erschwert, die dem Menschen als Bürger gestellt ist: Politik selbst zu denken und mitzugestalten, um der Unterwerfung unter den Alleinanspruch politischen Glaubens entgegenzuwirken – und nicht umgekehrt, wie es seit je die Ideologen wollen" (K. D. Bracher).

Unter diesem Vorzeichen steht die historische Botschaft des folgenden Kapitels. Es zeigt Ausschnitte aus der Geschichte der Sowjetunion unter Lenin und Stalin und des faschistischen Italiens. Dabei gilt das Augenmerk gleichermaßen den Ideologien, den Stufen der Machtergreifung und den Methoden der Herrschaftsausübung. Zugleich wird damit auch der Vergleich mit der nationalsozialistischen Diktatur angeregt, die sowohl mit dem Faschismus Mussolinis als auch mit dem Stalinismus Gemeinsamkeiten aufweist.

1.
Rußland unter Lenin

1918	ab April	Beginn des Bürgerkrieges
	4.–10. Juli	Gründung der „Russischen Sozialistischen Föderativen Sowjetrepublik" (RSFSR)
1919	2.–7. März	Gründung der Komintern
	18.–23. März	Einrichtung von Politbüro, Orgbüro und Sekretariat
1921	28. Februar–18. März	Aufstand von Kronstadt
	8.–16. März	X. Parteitag: Verkündung der NEP und Verbot der Fraktionsbildung
1922	3. April	Stalin Generalsekretär der Partei
	30. Dezember	Gründung der UdSSR und „Lenin-Verfassung"
1924	21. Januar	Tod Lenins

Nach dem Sieg der Bolschewiki in der Oktoberrevolution (▷ S. 151) richtete Lenin sein Hauptaugenmerk auf die eigene Machterhaltung und die Umgestaltung der Verhältnisse im Sinne der kommunistischen Weltanschauung.

Ideologische Grundlagen. Wladimir Iljitsch Uljanow (1870–1924), seit 1901 mit dem politischen Wahlnamen Lenin, hatte sich im Kampf gegen die zaristische Autokratie schon als junger Jura-Student die Geschichts- und Gesellschaftstheorie von Marx und Engels ebenso angeeignet wie deren These, daß „Revolutionen die Lokomotiven der Geschichte" sind, gipfelnd in den proletarischen Revolutionen, die allein die Voraussetzungen für die neue sozialistische Gesellschaft schaffen konnten (▷ s. auch S. 102f.). Konsequente revolutionäre Gewaltanwendung war daher für Lenin das legitime Mittel, diese Neuordnung herzustellen und zu festigen. Was er dabei besonders betonte, war die bei Marx bereits vorhergesagte Zwischenphase der „Diktatur des Proletariats".

„Diktatur des Proletariats"

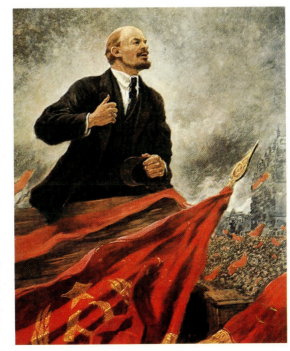

„Lenin auf der Tribüne"
(288 × 177 cm; Lenin-Museum, Moskau)
Das Gemälde von Aleksander M. Gerassimow (1881–1963) entstand im Jahre 1929, fünf Jahre nach Lenins Tod, und gehört bereits zu dem von Stalin bewußt gepflegten Lenin-Kult. Es zeigt Lenin als den erhabenen, selbstbewußten Führer des Volkes, als den zukunftsgewissen Propheten des Sieges der Volksmassen.

Parteitheorie Besonders folgenreich für die politische Praxis erwies sich die Rolle, die Lenin der bolschewistischen Partei bei diesen Vorgängen zuschrieb. Da die sozialistische Revolution – so Lenins Einschätzung – nicht spontan aus dem Proletariat heraus entstehen kann, bedarf es einer „Avantgarde", in der sich die radikale Intelligentsia mit dem „bewußten Teil" der Arbeiterklasse vereinigt. Dieser revolutionären Vorhut, der bolschewistischen Partei, wies ihr Begründer in Theorie und Praxis das Führungsmonopol zu; zusammengesetzt aus Berufsrevolutionären erhob sie den Anspruch, über den richtigen Weg in die Zukunft allein Bescheid zu wissen und bei allen ihren Entscheidungen zugleich den Willen des Proletariats zu erfüllen. Dieser Totalitätsanspruch der „Partei neuen Typs" bot zugleich die ideologische Rechtfertigung für eine Politik der harten Faust mit der proletarischen Revolution als erstem Schritt auf dem Wege zur grundlegenden gesellschaftlichen Umwälzung.

„Partei neuen Typs"

Ein Kennzeichen dieser Umwälzung war für Lenin die Beseitigung der bürgerlich-kapitalistischen Gesellschaftsordnung; gestützt sah er den Prozeß nicht zuletzt durch die aus seiner Imperialismustheorie abgeleitete Weltrevolution, d. h. durch ebenso unabweisbares wie permanentes Ausgreifen des proletarischen Sozialismus auf die westlichen Industriestaaten und auf die rückständigen Kolonialgebiete (▷ Q 1.1).

Weltrevolution

Die ideologische Komponente, die Lenin mit revolutionärer Begeisterung weitergab und propagierte, hatte auch hohen Stellenwert in seiner praktischen Politik. Sein besonderer Rang und seine Bedeutung für die Geschichte des Sowjetsystems bestehen allerdings auch darin, daß er als Organisator und Machtpolitiker ebenso unerbittlich und unbeirrbar war wie als Ideologe. So ist er zum dominierenden Kopf und zur lenkenden Hand der Revolution geworden und hat nachhaltig für die Etablierung ihrer Ergebnisse in der jungen Sowjetrepublik gesorgt.

Territoriale und innere Entwicklungen. Nach der Oktoberrevolution verfolgte Lenin in der politischen Praxis konsequent ein doppeltes Ziel: Einerseits sollte die Alleinherrschaft der Bolschewiki mit einer kleinen Führungsgruppe als Machtzentrum durchgesetzt, andererseits die Errichtung einer sozialistisch-kommunistischen Wirtschafts- und Gesellschaftsordnung in Angriff genommen werden.

Verfassung von 1918 Seit der ersten Verfassung vom Juli 1918 für die neu gebildete „Russische Sozialistische Föderative Sowjetrepublik" (RSFSR) fußte der bolschewistische Staat auf einem Rätesystem. Diese Räte stimmten mit ihren basisdemokratischen Vorgängern, den Arbeiter- und Soldatenräten von 1905 und vom Februar 1917, freilich nur noch im Namen überein. Sie wurden nach dem Vorbild der Partei zu hierarchisch gegliederten Verwaltungseinheiten umgestaltet und standen zum parlamentarischen und pluralistischen Demokratiemodell westlicher Prägung in unüberbrückbarem Gegensatz. Kompromißbereit war die Sowjetregierung aus Existenzgründen lediglich in der Außenpolitik. Der vom deutschen Kriegsgegner erzwungene Verzichtfrieden von Brest-Litowsk traf allerdings Rußland hart: Es mußte nicht nur seine Armee demobilisieren, sondern verlor über ein Viertel seiner bisherigen Bevölkerung, seines anbaufähigen Landes und seines Eisenbahnnetzes, ein Drittel seiner Textilindustrie sowie drei Viertel seiner Eisenindustrie und seiner Kohlebergwerke. Diesen Aderlaß, der auch innerhalb der Partei hart umstritten war, möglichst bald wieder auszugleichen, zeigte sich die im März zur Kommunistischen Partei Rußlands (Bolschewiki) KPR (B) umbenannte Partei fest entschlossen.

Brest-Litowsk

Bürgerkrieg Der bald darauf nicht zuletzt aus Protest gegen den harten Friedensvertrag ausbrechende Bürgerkrieg sowie militärische Interventionen der bisherigen Kriegsalliierten Rußlands brachten die junge Sowjetmacht allerdings zunächst an den Rand des Untergangs. Dennoch blieben die Bolschewiki in diesem blutigen Krieg, der 6 Millionen Tote forderte, letztlich Sieger. Das lag zum einen an der Schwäche der Weißen, einer Allianz aus Adel, Bürgertum und Militär, die nur die Gegnerschaft gegen die

Sowjetherrschaft verband. Ein wirklich konstruktives gesellschaftspolitisches Programm dagegen hatten sie nicht aufzuweisen; überdies waren ihre militärischen Aktionen mangelhaft abgestimmt. Demgegenüber konnten die Bolschewiki entscheidende Vorteile in die Waagschale legen: Unter der Leitung Trotzkis wurde in kürzester Zeit eine schlagkräftige, ideologisch motivierte „Rote Armee" aufgebaut, während Geheimpolizei (gegründet im Dezember 1917 mit zunächst der Bezeichnung Tscheka), Revolutionstribunale und einige straff organisierte Parteikader (Kriegskommissare, Politische Kommissare) auf allen Ebenen für Linientreue sorgten. So gelang es der Roten Armee nicht nur, die drohende Eroberung von Petrograd zu verhindern, sondern sich nach wechselvollem Ringen schließlich aus der Umklammerung der Weißen Truppen zu befreien.

Kriegskommunismus und Neue Ökonomische Politik (NEP). Ideologische Gründe – Lenin wollte die Sozialisierung Rußlands innerhalb von sechs Monaten erreichen – und die Bedingungen des Bürgerkrieges führten 1918 zu einer Verschärfung in der Wirtschafts- und Gesellschaftspolitik, die unter der Bezeichnung Kriegskommunismus in die Geschichte eingegangen ist.

Die Verstaatlichungsmaßnahmen von 1917 wurden zur bolschewistischen Versorgungsdiktatur ausgebaut. Nach der Verstaatlichung des Außenhandels (April 1918) und der Errichtung eines mit diktatorischen Vollmachten ausgestatteten Kommissariats für Versorgung im Mai 1918 übernahm der Staat die gesamte Verteilung der knappen Nahrungsmittel. Auf der Grundlage eines staatlichen Getreidemonopols wurden Beschlagnahmung und Rationierungen vorgenommen, in gleicher Weise Arbeit und Produktion durch zentrale Planung gelenkt. Die Verteilung der Nahrungsmittel und Industriegüter, die ebenfalls staatlich geregelt war, führte zu verstärkter Bürokratisierung und Aufblähung der Lenkungsorgane. Widerstand, der sich gegen diese radikale Sozialisierung artikulierte, erstickten Tscheka und Parteifunktionäre mit den Mitteln der Einschüchterung und Gewalt. Diese Phase, die Marktprinzip und Geldwirtschaft abzuschaffen versuchte, endete allerdings nach kurzer Zeit im totalen Verfall der agrarischen und industriellen Produktion und in einer Versorgungskrise von nie gekanntem Ausmaß. Auf dem Lande, wo starke städtische Zuwanderung, der kommunistische Kreuzzug gegen die Kulaken, d. h. die wohlhabenderen Bauern, und die brutalen Requirierungen für das Heer bereits zur Bildung antikommunistischer Guerillaeinheiten geführt hatten, verloren die bolschewistischen Machthaber zunehmend an Glaubwürdigkeit. Auch große Teile der Arbeiterschaft, die nun für weniger Lohn oder Naturalentlohnung weitaus mehr zu arbeiten hatten und statt Selbstverwaltung rigorose staatliche Bevormundung erlebten, verweigerten die weitere Gefolgschaft.

Nach Arbeiterunruhen in Petrograd wurde der Aufstand der Matrosen von Kronstadt, die einst zu den stärksten Stützen der Revolution gezählt hatten, zum härtesten Prüfstein für die junge Sowjetmacht. Ihre Forderungen stellten ein deutliches Kontrastprogramm zum System des Kriegskommunismus dar, durch den das Land offensichtlich im Chaos zu versinken drohte (▷ Q 1.2).

Lenin ließ den Aufstand, den er als gegenrevolutionäre Bewegung brandmarkte, blutig niederschlagen. Zugleich aber war er flexibel genug, unabweisbaren Sachzwängen Rechnung zu tragen. Sein Rezept bestand in einer teilweisen wirtschaftlichen Kehrtwendung. Die Neue Ökonomische Politik (NEP), die er auf dem X. Parteikongreß im März 1921 verkündete und im April ausführlich schriftlich rechtfertigte, begründete eine Wirtschaftsordnung, die ihr Schöpfer selbst unumwunden als „Staatskapitalismus" bezeichnete (▷ Q 1.3). Die willkürlichen Zwangseintreibungen auf dem Lande wurden zugunsten einer festen Naturalabgabe eingestellt. Man gestattete nicht nur freien Binnenhandel, sondern in gewissen Grenzen auch privates Unternehmer-

Versorgungsdiktatur

Produktions- und Versorgungskrise

Kronstadter Aufstand

Neue Ökonomische Politik

tum und durch ein Grund- und Bodengesetz (1922) auch kurzzeitig bäuerliches Eigentum. Wiederzugelassen wurden auch ausländische Kapitalinvestitionen. Ende 1922 erfolgte mit dem „Roten Rubel" die Rückkehr zur Geldwirtschaft, gleichzeitig wurden die vorherigen Einkommensegalisierungen durch Tarifsätze und Leistungslöhne ersetzt, so daß eine „Mischung von Kollektivismus und Individualismus, von Marktwirtschaft und Zentralverwaltungswirtschaft" (K. C. Thalheim) entstand.

Industrialisierung Dabei beharrte Lenin auf dem Ziel einer schnellen Industrialisierung, das er schon früher in die anschauliche Formel „Kommunismus = Sowjetmacht + Elektrifizierung" (▷ Q 1.4) gefaßt hatte. Nicht zufällig blieben Grundstoff- und Schwerindustrie weiterhin voll sozialisiert. Zugleich wurden die Steuerungsinstrumente der staatlichen Planung perfektioniert, mit deren Hilfe die kapitalistischen Staaten einge- und überholt werden sollten.

Trotz zweier durch gewaltige Ernteausfälle 1921 und 1922 ausgelösten Hungersnöte stiegen die Produktionszahlen in den folgenden Jahren erstaunlich stark an. Mit der Periode der NEP begann auch ein deutliches Bevölkerungswachstum, beides Indizien für wirtschaftliche Konsolidierung und soziale Stabilisierung. Alle Erfolge jedoch wurden auf Kosten der Bevölkerung, ihrer Lebensbedingungen und ihrer Freiheit errungen. Wirtschaftliche Steuerung und Zwangsstaat blieben trotz der NEP die Hauptkennzeichen Sowjetrußlands in der Leninzeit.

Herrschafts- **Elemente des Zwangsstaates.** In Tscheka, Roter Armee und straffer Kaderpartei be-
instrumente saß Lenins Sowjetmacht ihre wichtigsten Herrschaftsinstrumente. Für die Organisation der obersten Führung der bolschewistischen Partei war die Einrichtung von drei Parteiorganen im März 1919 grundlegend: einem Politischen Büro (Politbüro) für die politischen Grundsatzentscheidungen, einem Organisationsbüro (Orgbüro) für die organisatorische Abwicklung und einem Sekretariat mit zunächst nur technisch-ausführenden Funktionen. Die im gleichen Monat gegründete III. Kommunistische Internationale (Komintern) sollte die kommunistische Weltbewegung in eine „einzige kommunistische Weltpartei" überführen. Die Komintern aber war von Anfang an nicht nur Instrument der Weltrevolution, sondern auch ein Mittel zur Machtsicherung des sowjetischen Staates.

Säuberungen Auf dem X. Parteikongreß wurde im März 1921 ein Verbot der Fraktionsbildung innerhalb der Partei erlassen und anschließend durch Säuberungen die alte Kaderpartei zuverlässiger Berufsrevolutionäre wiederhergestellt, wie sie Lenins ideologischen Vorstellungen entsprach. Ergebnis dieser Maßnahme war eine erhebliche Straffung der Parteidisziplin und eine zunehmende Machtkonzentration im Politbüro. Die Prinzipien innerparteilicher Demokratie waren damit unzweideutig abgeschafft, die Gewerkschaften und andere Massenorganisationen von nun an nur noch Transmissionsriemen des obersten Parteiwillens. Die Verfolgung und Unterdrückung Andersdenkender gehörte damit ebenfalls und von Anfang an zum Sowjetsystem. In der Selbstdarstellung des Regimes freilich wurden daraus Siege und Erfolge (▷ Q 1.5).

Ein-Parteien- Bis 1922 erreichte Lenin auch sein zweites Ziel, nämlich die Errichtung der Ein-Par-
Herrschaft teien-Herrschaft, indem er Schritt für Schritt die noch bestehenden Parteien als gegenrevolutionär verbot, ihre Anhänger vor Revolutionstribunale stellen ließ oder zur Emigration zwang. Gleichzeitig wurde der Kampf gegen die orthodoxe Kirche verschärft, an deren Besitz man Interesse hatte und deren gesellschaftlichen Einfluß man ausschalten wollte. „Je mehr Vertreter des reaktionären Klerus und der reaktionären Bourgeoisie wir aus diesem Grunde erschießen, desto besser", erklärte Lenin unumwunden in einem Brief am 19. März 1922. Rigoros waren die Maßnahmen gegen al-
Kirchenkampf le Religionsgemeinschaften von Anfang an. Auf die gesetzliche Trennung von Kirche und Staat folgten eine massive Säkularisation der Kirchengüter und brutale Repressalien gegen kirchliche Amtsträger. Viele hohe kirchliche Würdenträger wurden in

Gefängnisse und Lager gesperrt, den Geistlichen verweigerte man die staatsbürgerlichen Rechte, religiöse Kulthandlungen waren in der Öffentlichkeit untersagt.

„Seit 1921 vollzog sich im Parteiapparat rasch und unaufhaltsam ein Wandel: aus Revolutionären wurden Funktionäre" (K.-H. Ruffmann). Die Bürokratie wucherte und wuchs sich in den Folgejahrzehnten zum unüberwindbaren Kraken aus, der Apparat der Partei gewann ein Eigengewicht, das Staat und Gesellschaft mediatisierte und domestizierte. Diese Tendenz verstärkte sich ganz entschieden, als im April 1922 Josef Stalin zum Generalsekretär der Partei gewählt wurde und durch erneute Parteisäuberungen den Grundstein für seine spätere diktatorische Herrschaft legte. Durch ihn wurde das Prinzip des „demokratischen Zentralismus" eingebracht, wonach Beschlüsse höherer Parteiorgane für alle niedrigeren Instanzen unbedingt verbindlich waren. Dasselbe Prinzip galt auch für Staat und Gesellschaft, wobei die von der Partei formulierte streng konsequente kommunistische Linie oberste Richtschnur für alle war. Die von Lenin ideologisch begründete „Kaderpartei" war damit zur „lenkenden Kraft" geworden, gegen die es weder Widerspruch noch Widerstand geben konnte.

Stalin Generalsekretär

„Demokratischer Zentralismus"

Im Oktober 1922 erhielt die aus der Tscheka entstandene GPU (Staatliche Politische Verwaltung) erneut das Recht, Zwangsverschickungen und Todesstrafen zu verhängen. Während durch die NEP der ökonomische Zwang gelockert wurde, verschärften die kommunistischen Funktionäre im politischen Bereich ihr Zwangssystem. Dies galt letztlich auch für die Gründung der UdSSR im Dezember 1922. Formal dem Selbstbestimmungsrecht der Völker und der Freiwilligkeit der Nationalitäten verpflichtet, war die Wirklichkeit des Verfassungslebens alles andere als föderalistisch und eigenbestimmt. Durch Angleichung der Verfassung und der politischen Systeme in den verschiedenen Föderationen an die Verfassung der RSFSR waren die Voraussetzungen für ein zentralistisches Rätesystem und die uneingeschränkte Parteiherrschaft geschaffen. Das eigentliche Machtzentrum jedoch, die alles dominierende Kommunistische Partei, erwähnt die Verfassung mit keinem Wort. Auch rechtfertigt sie weder direkt noch indirekt die Zwangsmaßnahmen gegen „bürgerliche Nationalisten", mit denen Lenin Oppositionsbewegungen gegen die Zentralisierung in vor allem nichtrussischen Gebieten ausschaltete.

GPU

UdSSR

„Lenin-Verfassung"

Insgesamt hat Lenin die Macht- und Herrschaftsstrukturen geschaffen, auf denen wenige Jahre später Stalin seine totalitäre Diktatur gründete. Offen bleibt damit allerdings die Frage, ob die Entwicklung zum Stalinismus systemimmanent oder in erster Linie von der Person Stalins bestimmt war. In seinem politischen „Testament", einem Brief an den Parteitag vom 24. Dezember 1922 und einer Ergänzung vom 4. Januar 1923, hat der schwerkranke Lenin vor einer Spaltung der Partei gewarnt und die Ablösung Stalins gefordert.

„Gen. Stalin hat, nachdem er Generalsekretär geworden ist, eine unermeßliche Macht in seinen Händen konzentriert, und ich bin nicht überzeugt, daß er immer verstehen wird, von dieser Macht vorsichtig genug Gebrauch zu machen." Diese prophetischen Worte Lenins, der am 21. Januar 1924 starb, sollten wenige Jahre nach seinem Tod in einer Weise in Erfüllung gehen, die selbst diesen konsequenten Revolutionär das Schaudern gelehrt hätte.

Q 1.1
Ideologie und Politik

Auf dem gesamtrussischen Kongreß der kommunistischen Organisationen der Völker des Ostens hielt Lenin 1919 ein Referat, in dem er besonders den Gedanken der Weltrevolution heraushielt:

Selbstverständlich kann den endgültigen Sieg nur das Proletariat aller fortgeschrittenen Länder der Welt erringen, und wir Russen beginnen das Werk, das vom englischen, französischen oder deutschen Proletariat gefestigt werden wird. Wir sehen aber, daß sie ohne die Hilfe der werktätigen Massen aller unterdrückten Kolonialvölker, und in erster Reihe der Völker des Ostens, nicht siegen werden. Wir müssen uns Rechenschaft darüber ablegen, daß die Avantgarde allein den Übergang zum Kommunismus nicht vollziehen kann. Die Aufgabe besteht darin, bei den werktätigen Massen den revolutionären Elan zur Selbständigkeit und Organisierung zu wecken, unabhängig davon, auf welchem Niveau sie stehen; die echte kommunistische Lehre, die ja für die Kommunisten der fortgeschritteneren Länder bestimmt ist, in die Sprache eines jeden Volkes zu übersetzen; die praktischen Aufgaben, die keinen Aufschub dulden, zu erfüllen und sich im gemeinsamen Kampf mit dem Proletariern der anderen Länder zu vereinigen.

Das sind die Aufgaben, deren Lösung Sie in keinem kommunistischen Buch, wohl aber in dem gemeinsamen Kampf finden werden, der von Rußland begonnen wurde. Sie werden diese Aufgabe stellen und auf Grund Ihrer eigenen Erfahrungen lösen müssen. Helfen wird Ihnen dabei einerseits das enge Bündnis der Avantgarde aller Werktätigen der anderen Länder und andererseits Ihre Fähigkeit, zu den Völkern des Ostens, die Sie hier vertreten, den richtigen Weg zu finden. Sie werden anknüpfen müssen an den bürgerlichen Nationalismus, der sich bei diesen Völkern regt und zwangsläufig regen muß und für den es eine geschichtliche Erklärung gibt. Zugleich müssen Sie den Weg zu den werktätigen und ausgebeuteten Massen eines jeden Landes finden und ihnen in einer ihnen verständlichen Sprache sagen, daß die einzige Hoffnung auf Befreiung der Sieg der internationalen Revolution ist und daß das internationale Proletariat der einzige Verbündete aller Werktätigen und Ausgebeuteten der Hundertmillionenvölker des Ostens ist.

Lenin: Aus den Schriften 1895-1923, hrsg. von Hermann Weber, München 1967, S. 234f.

Q 1.2
Das politische Programm der Kronstadter Matrosen

Der Aufstand der Kronstadter Matrosen war eine Demonstration gegen die Bevormundung des gesamten öffentlichen Lebens durch die bolschewistische Parteiführung. In der Forderung nach der Rückkehr zu den ursprünglichen Zielen der Räteherrschaft erhob sich „das Proletariat gegen die Diktatur des Proletariats".
In einer programmatischen Erklärung formulierten die Matrosen im März 1921 ihre „Kampfziele":

Als die Arbeiterklasse die Oktoberrevolution machte, hoffte sie, ihre Befreiung zu erlangen. Das Resultat war aber eine noch größere Versklavung der menschlichen Persönlichkeit. Die Macht der Polizeimonarchie ging in die Hände des Usurpatoren über, der Kommunisten, die, statt dem Volk die Freiheit zu lassen, ihm die Angst der Tscheka-Kerker brachten, deren Greuel die Methoden der zaristischen Gendarmerie vielfach übertreffen.

Nach langen Jahren des Kampfes und der Leiden erhielten die Arbeiter Sowjetrußlands nur freche Befehle, Bajonettstiche und Kugeln der Tscheka-Kosaken. Die kommunistische Macht hat das glorreiche Abzeichen der Werktätigen, Hammer und Sichel, durch Bajonett und Kerkergitter ersetzt, wodurch die neue Bürokratie, die kommunistischen Kommissare und Beamten, sich ein ruhiges und sorgloses Leben sichern.

Die geistige Versklavung, die von den Kommunisten errichtet wurde, ist aber am meisten verabscheuungswürdig und verbrecherisch: Sie legten Hand auch an den Gedanken, das moralische Leben der Werktätigen, und zwangen jeden, ausschließlich nach ihrer Vorschrift zu denken. Mit Hilfe der verstaatlichten Gewerkschaft fesselten sie die Arbeiter an die Maschinen und verwandelten die Arbeit, statt sie anziehend zu gestalten, in eine neue Sklaverei. Auf die Proteste der Bauern, die bis zu spontanen Revolten gingen, auf die Forderungen der Arbeiter, die durch die Lebensbedingungen zu Streiks gezwungen waren, antworteten sie mit Massenerschießungen und mit einer Brutalität, die die zaristischen Generäle beneidet hätten.

Das Arbeiterrußland, welches als erstes die rote Fahne der Befreiung der Arbeit erhoben hat, wird im Blut der Märtyrer, zum höheren Ruhm der kommunistischen Herrschaft, verleugnet. Die Kommunisten ersäufen in diesem Meer von

Blut alle großen und schönen Versprechen und Möglichkeiten der proletarischen Revolution.

Es wurde immer klarer und wird jetzt offensichtlich, daß die Kommunistische Partei nicht, wie sie vorgab, die Werktätigen verteidigt. Die Interessen der Arbeiterklasse sind ihr fremd. Nachdem sie die Macht ergriffen hat, kennt sie nur eine Sorge: sie nicht wieder zu verlieren. Sie verwendet dazu alle Mittel: Verleumdung, Betrug, Gewalt, Mord, Rache an den Familienangehörigen der Aufständischen.

Hans-Joachim Lieber/Karl-Heinz Ruffmann (Hrsg.): Der Sowjetkommunismus. Dokumente, Bd. 1: Die politisch-ideologischen Konzeptionen, Köln 1963, Seite 160f.

Q 1.3
Staatskapitalismus als Programm

Am 13. November 1922 hielt der schon schwerkranke Lenin ein Referat, in dem er seine wirtschaftspolitische Wende von 1921 rechtfertigte und zugleich in erstaunlicher Offenheit die Problemlagen analysierte:

Nachdem ich nun betont habe, daß wir schon 1918 den Staatskapitalismus als eine mögliche Rückzugslinie betrachtet haben, gehe ich zu den Resultaten unserer Neuen Ökonomischen Politik über. Ich wiederhole: Damals war das noch eine ganz unklare Idee, aber 1921, nachdem wir die wichtigste Etappe des Bürgerkrieges zurückgelegt, und zwar siegreich zurückgelegt hatten, stießen wir auf eine große – ich nehme an, auf die allergrößte – innere politische Krise Sowjetrußlands, die zur Unzufriedenheit eines erheblichen Teils nicht nur der Bauernschaft, sondern auch der Arbeiterschaft führte. Das war das erste und, ich hoffe, das letzte Mal in der Geschichte Sowjetrußlands, daß große Massen der Bauernschaft, wenn auch nicht bewußt, so doch instinktiv, stimmunggemäß gegen uns waren. Wodurch wurde diese eigentümliche und für uns selbstverständlich sehr unangenehme Lage hervorgerufen? Die Ursache war die, daß wir in unserer ökonomischen Offensive allzuweit vorgestoßen waren, daß wir uns nicht eine genügende Basis gesichert hatten, daß die Massen das fühlten, was wir damals noch nicht bewußt zu formulieren verstanden, was aber auch wir bald, nach einigen Wochen, anerkannten, nämlich: daß der unmittelbare Übergang zu rein sozialistischen Formen, zur rein sozialistischen Verteilung unsere Kräfte übersteigt und daß uns der Untergang droht, wenn wir nicht imstande sein werden, einen Rückzug vorzunehmen, derart, daß wir uns auf leichtere Aufgaben beschränkten. Die Krise begann, wie mir scheint, im Februar 1921. Schon im Frühjahr desselben Jahres beschlossen wir einstimmig – große Differenzen habe ich bei diesem Anlaß nicht gesehen –, zur Neuen Ökonomischen Politik überzugehen.

Lenin: a. a. O., S. 218f.

Q 1.4
Elektrifizierung

Im sogenannten Proletkult wurde das bolschewistische System verklärt und eine ideologisch gesteuerte Literatur entwickelt. M. P. Gerasimov (1889–1939) preist in seinem Gedicht (um 1920) die Elektrifizierung, die Lenin geradezu zur Voraussetzung für den Kommunismus in Rußland erklärt hatte.

Der Kreml
Ist ein Dynamogigant,
Errichtet über bemoosten Grabplatten.
Funken sprühen in Hallen
Und Schlössern,
Augen unter den Wimpern voltener Bögen ...
Unter dem voltenen Bogen
Erstrahlt festlich das Dorf.
Unter der Sternenstraße
Singt begeistert ein Kinderchor.
Das Herz in der Brust des Bauern –
Eine elektrische Birne
Vorbei der Winterschlaf auf dem Flohpelz,
In den Bärenhöhlen der Bauernkaten.
Im Bauernklub
Erklingen jetzt bis morgens früh
Skrjabin, Bach, Mozart und Schubert
Wie das Rauschen des Wasserfalls.
Die Bauern, träge vom selbstgebrannten
Wodka,
Wachen beim rhythmischen Lärm
Der Motorschlitten auf.
Jetzt reifen sogar winters im Dorfe die Birnen
Und leuchtende Trauben ...
Die Sonne lächelt,
Entfaltet ihre goldenen Haare
Auf den blauen Schultern des Horizonts.
Zelte spannen sich auf mächtigen Schloten,
Höher als Regenbogen.
Unter ihnen liegt eine gigantische Elektrowerkstatt –
Räte-Rußland.

R. Lorenz (Hrsg.): Proletarische Kulturrevolution in Sowjetrußland. Dokumente des „Proletkult" (= dtv-TB, Nr. 5374), übers. v. Uwe Brügmann und Gert Meyer, München 1969, S. 98ff. (stark gekürzt)

Q 1.5 Vier Jahre der Revolution

Propagandaplakate spielten in der Agitation der Bolschewiki eine ganz besonders wichtige Rolle, weil sie auch die zahlreichen Analphabeten erreichten. Ihre Gestaltung übernahmen oft begeisterte Anhänger, in dieser Phase nicht selten auch namhafte Künstler. Das abgedruckte Plakat eines unbekannten Künstlers aus dem Jahre 1921 verherrlicht in vier Jahresschritten den Triumphzug der Revolution. Das revolutionäre Pathos von Sieg und Neuaufbau sollte Optimismus und Zuversicht verbreiten und die Menschen zur tätigen Mitarbeit motivieren.

Vier Jahre (Plakat eines unbekannten Künstlers, veröffentlicht 1921)

Fragen und Anregungen:

1. Stellen Sie die wichtigsten Aussagen von Q 1.1 zusammen und nehmen Sie dazu kritisch Stellung.
2. Worin bestehen die Hauptvorwürfe der Kronstädter Matrosen (▷ Q 1.2)? Überprüfen Sie einzelne Vorwürfe anhand der historischen Fakten.
3. Wie begründet Lenin die NEP in Q 1.3? Halten Sie seine Ausführungen vor dem Hintergrund der historischen Ereignisse für glaubwürdig?
4. Interpretieren Sie Q 1.4 und äußern Sie sich zur literarischen Qualität des Gedichtes.
5. Beschreiben Sie kurz die vier Jahresbilder in Q 1.5 und versuchen Sie eine Deutung unter historischem Aspekt. Welche Elemente in diesen Bildern lassen erkennen, daß es sich um ein Propagandaplakat handelt?
6. In einigen Quellen dieses Abschnittes spielt Gewalt als Mittel der Politik eine unübersehbare Rolle. Stellen Sie die wichtigsten Aussagen zusammen und diskutieren Sie anhand dieser Beispiele die grundsätzliche Problematik.

Zusammenfassung:

Theoretisch wie praktisch war Lenin die dominierende Führungspersönlichkeit in der bolschewistischen Revolution in Rußland. Mit seiner Interpretation der sozialistischen Revolution und vor allem seiner Lehre von der „Partei neuen Typs" stellte er nicht nur ideologisch die Weichen, sondern war auch bei der Gestaltung des neuen politischen Systems bestimmend.

Mit dem Frieden von Brest-Litowsk gewann er für die junge Sowjetmacht eine kurze Atempause; den schwer erkämpften Sieg im Bürgerkrieg nutzte er zu ihrer inneren Konsolidierung. Nach der Niederschlagung des Kronstadter Aufstandes löste er durch die Neue Ökonomische Politik (NEP) den völlig gescheiterten Kriegskommunismus ab, verschärfte aber zugleich den Zugriff von Partei und Staat auf die Bevölkerung. Mit den Mitteln der Gewalt und des Terrors, legitimiert als Geburtshelfer des Sowjetsozialismus, setzte er schließlich die Alleinherrschaft einer „Partei neuen Typs" durch, die bis auf weiteres noch von einer kleinen Gruppe von Berufsrevolutionären geführt wurde. Die Gründung der UdSSR und die sog. Lenin-Verfassung übertrugen das Sowjetsystem auf zahlreiche nichtrussische Völkerschaften und begründeten einen ideologischen und politischen Zentralismus, der zur Voraussetzung für die stalinistische Diktatur wurde.

2.
Die UdSSR unter Stalin

1924	April	XI. Parteitag: „Aufbau des Sozialismus in einem Land"
1927	14. November	Ausschluß Trotzkis und Sinowjews aus der Partei
1928	Januar	Kollektivierung der Landwirtschaft
	1. Oktober	Beginn des 1. Fünfjahresplanes und der forcierten Industrialisierung
	Dezember	Parteibeschluß zur Liquidierung der Kulaken als Klasse
1929	November	Ausschluß Bucharins aus dem Politbüro
1932	23. April	Zwangsverbände für Künstler und Schriftsteller
	16. März	Verordnung über Unterricht im „Sowjetpatriotismus"
1934	17. August	„Sozialistischer Realismus"
	1. Dezember	Ermordung Kirows; Beginn der „Großen Säuberungen"
1935	31. August	Beginn der Stachanow-Bewegung
1936–1938		Moskauer Schauprozesse
1937	ab Mai	„Säuberung" der Roten Armee

Josef Wissarionowitsch Dschugaschwili (1879-1953), so der ursprüngliche Name des Georgiers Stalin, war schon früh zum Marxismus und zur russischen Sozialdemokratie gestoßen. Nach der Oktoberrevolution wurde er Volkskommissar für das Nationalitätenwesen, der für ca. 65 Millionen Menschen zuständig war, später zusätzlich Volkskommissar der Arbeiter- und Bauerninspektion, der die gesamte Staatsverwaltung zu überwachen hatte. Ab 1919 gehörte er dem zentralen Führungsgremium der Partei, dem Politbüro, an und seit 1922 suchte er als Generalsekretär die Fäden der Macht in seiner Hand zu konzentrieren.

„Als ein Mann mit Scharfsinn und nüchternem Verstand, aber ohne Phantasie und Originalität, benötigte er für seine politischen Machtaufstieg unbedingt das bolschewistische Regime, das ihm die institutionellen Voraussetzungen einschließlich des geistig-ideologischen Rüstzeugs lieferte" (K.-H. Ruffmann).

Stalin war weder ein Theoretiker wie Lenin noch ein intellektueller Kopf wie Trotzki, der ihn abwertend „die hervorragendste Mittelmäßigkeit der Partei" genannt hat. Dennoch wurde er in wenigen Jahren nicht nur zum Beherrscher des Parteiapparates, sondern veränderte in einer „Revolution von oben" die Sowjetunion grundlegend und nachhaltig.

„Revolution von oben"

Politisch-ideologische Neuorientierung. Schon wenige Monate nach Lenins Tod kündigte Stalin eine ideologische Neuorientierung an, mit der er den Kampf um dessen Nachfolge aufnahm. Die von ihm verkündete Theorie vom Aufbau des „Sozialismus in einem Land" widersprach scharf Trotzkis und Lenins Lehre von der „permanenten Revolution", die notwendigerweise in die Weltrevolution einmünden mußte. In richtiger Einschätzung der außenpolitischen Lage und der inneren Probleme orientierte Stalin seine Revolutionsvorstellungen nun am russischen Maßstab und schob das weltrevolutionäre Engagement damit zeitweilig auf. Im Jahre 1925 formulierte er sogar eine Theorie von der Koexistenz des kapitalistischen und des sozialistischen Systems, nach der beide bis auf weiteres friedlich nebeneinander leben könnten. Indem er den Aufbau des „Sozialismus in einem Land", nämlich der Sowjetunion, für vorrangig erklärte, konnte er sich nach außen eine Atempause verschaffen und gleichzeitig seine innenpolitischen Hauptziele umso vehementer in Angriff nehmen: agrarische Zwangskollektivierung und forcierte Industrialisierung.

„Sozialismus in einem Land"

So nahm er 1925 den politisch-ideologischen Kampf gegen Trotzki und seine Anhänger auf; 1927 wurde Trotzki aus der Partei ausgeschlossen, 1928 nach Alma Ata, ein Jahr später aus der Sowjetunion verbannt (und auf Geheiß Stalins 1940 im mexikanischen Exil ermordet). Wenig später wandte sich Stalin gegen die angebliche „linke Opposition" seiner bisherigen Bundesgenossen, die allesamt ihre Parteiämter verloren und später in Schauprozessen zum Tode verurteilt wurden. Schon 1929 feierte er seinen 50. Geburtstag als Erbe und Vollender des Werkes Lenins; unangefochten und ungehindert setzte er nun seine „Revolution von oben" ins Werk, mit beispielloser Radikalität und schonungsloser Brutalität.

Kampf gegen Abweichler

Wirtschaftliche und gesellschaftliche Umwälzungen. Die im Prinzip schon von Lenin gewollte, aber erst jetzt totale und bedingungslose Kollektivierung der Landwirtschaft, Stalins erstes wirtschaftspolitisches Hauptziel, gipfelte in dem Aufruf vom 27. Dezember 1928, die Kulaken, d. h. Groß- und Mittelbauern, als politische Klasse zu liquidieren. Im Rahmen eines von „Arbeiterbrigaden" inszenierten Bauernkrieges wurden in den folgenden Jahren mehr als 5 Millionen Menschen, manche Schätzungen sprechen sogar von 8 bis 9 Millionen, deportiert, viele kamen auf Transporten und in Lagern ums Leben (▷ Q 2.1). Der Schock dieser Maßnahmen wirkte erst mit Verzögerung. Zunächst wehrten sich die anderen Bauern noch durch Anbau- und Ablieferungsverweigerung und durch Abschlachtung des Viehs. Da auch die neuen Einrichtungen, Kolchosen (Kollektivgüter) und Sowchosen (Staatsgüter), noch längst nicht funktionsfähig waren, brach Anfang der 30er Jahre eine verheerende Hungersnot aus, die 10 bis 11 Millionen Menschenleben forderte. Mit Zwang und Gewalt wurde die Kollektivierung dennoch vorangetrieben, die für die Ernährung der Arbeiterschaft und vor allem für die Finanzierung der Industrialisierungspolitik als unverzichtbar galt. 1931 waren 58%, 1934 bereits 75%, 1937 sogar 93% der landwirtschaftlichen Nutzfläche in Kollektivwirtschaften übergeführt – eine gigantische Umstrukturierung, deren soziale und politische Folgen immens waren.

Zwangskollektivierung der Landwirtschaft

Kolchosen Sowchosen

Hungersnot

Den Rahmen für die industrielle Revolution, die eigentliche zentrale Zielsetzung Stalins, bildete der 1. Fünfjahresplan, der 1928/29 in Kraft trat. Im Mittelpunkt des forcierten Aufbaus stand die Schwer- und Rüstungsindustrie, die in diesem Zeitraum immerhin ein Wachstum von 285% aufweisen konnte. Voraussetzung dazu war allerdings der Massenimport moderner Produktionsmittel. 1932 kaufte die Sowjetunion beinahe die Hälfte des Weltexports an Maschinen. Bezahlt wurde aus den Exporterlösen für Getreide und Holz – und dies angesichts einer großen Hungersnot im eigenen Lande.

Forcierte Industrialisierung

Dennoch ließen sich beeindruckende Erfolgszahlen vorlegen, die von den kommunistischen Parteien anderer Länder als Beweis für die Vorbildfunktion der Sowjetunion gewertet wurden, die aber auch Fachleute aus dem bürgerlichen Lager beeindruckten (▷ Q 2.2). Immerhin hatte Stalin, wenngleich mit brutaler Gewalt und ohne Rücksicht auf menschliche Verluste, durch diesen Kraftakt die Sowjetunion zumindest zum Industriestaat umstrukturiert und in kürzester Frist einen Modernisierungsprozeß vorangetrieben, der in Alteuropa viele Jahrzehnte in Anspruch genommen hatte.

Den Widerstand der eigenen Wirtschaftsfachleute brach Stalin mit Prozessen und Säuberungsmaßnahmen gegen „bürgerliche Spezialisten", denen – wie im Schachty-Prozeß 1928 – Sabotagetätigkeit vorgeworfen wurde. Mit dieser Methode ließ sich nicht nur die Schuld für wirtschaftliche Probleme und Mißerfolge auf die Fachleute abwälzen, sondern auch ein wirksames System der Einschüchterung im technisch-industriellen Bereich aufbauen. Gleichzeitig bildete man sogenannte Rote Fachleute aus, bedingungslos loyale kommunistische Kader, die mehr und mehr Führungspositionen übernahmen. Strengster Disziplinierung unterlagen auch die Arbeiter, die we-

Prozesse und Säuberungen

„Rote Fachleute"

der streiken noch ihren Arbeitsplatz frei wählen durften. Rigorose Strafen wurden für Verstöße gegen die Arbeitsdisziplin, für Arbeitsverweigerung oder falschen Umgang mit Maschinen verhängt. Materielle Einbußen, wie Kürzung des Lohnes, Entzug der Lebensmittelkarte oder Verlust der Wohnung, vor allem aber die ständige Bedrohung durch Gefängnis oder Arbeitslager schufen ein dauerndes Klima der Angst, für Stalin ein offensichtlich stets einkalkuliertes Mittel der Politik. Ähnliches galt für staatliche Anreize und Leitbilder. Die sogenannte Stachanow-Bewegung, benannt nach einem Bergmann, der sein Plansoll um 1300 Prozent übertroffen hatte, sollte zur Nachahmung anspornen. Sie wurde damit aber auch zum Vergleichsmaßstab und zum Druckmittel, eine beständige Leistungssteigerung und Planübererfüllung zu erreichen. Zugleich ließ sich so der „sozialistische Wettbewerb" anregen, den Stalin der „kleinbürgerlichen Kleinmacherei" gegenüberstellte und durch Leistungslöhne und ein System von Prämien weiterentwickelte. Insgesamt entstand ein ausgeklügeltes System aus Anreizen und Einschüchterung zur möglichst intensiven Ausbeutung der Arbeiter.

Stachanow-Bewegung

Unübersehbar waren auch die gesellschaftlichen Folgen der Stalinschen „Revolution von oben": Der Prozeß der Verstädterung vollzog sich in einem Tempo, das keinen Vergleich kennt. So wuchs zwischen 1926 und 1939 die Zahl der Großstädte mit über 100 000 Einwohnern von 31 auf 82, der Anteil der Stadtbevölkerung verdoppelte sich im gleichen Zeitraum von 28,7 auf 56,1 Millionen und machte damit bereits ein Drittel der Gesamtbevölkerung aus. Durch die starke ländliche Zuwanderung und die Verstädterung der Dörfer „verbauerten" die Arbeiterschaft und das Kleinbürgertum. Immerhin wurden ca. 24 Millionen Bauern in diesen Jahren Städter. Zugleich verloren die verbliebenen Dörfer ihre bisherige Führungsschicht, mußten altes Brauchtum und religiöse Traditionen aufgeben und wurden zu willenlosen Objekten der rigiden Herrschaft der Dorfsowjets. Sozialen Abstieg erlebte auch die Mehrheit der Arbeiter und Angestellten, die beständig von der Proletarisierung bedroht waren. Eine zahlenmäßig nicht unbedeutende Gruppe bildeten die Millionen Zwangsarbeiter, die entwurzelt und rechtlos in den Lagern ihr Leben fristeten.

Gesellschaftliche Folgen

Gewinn zog aus dem System dagegen die neue Schicht der „werktätigen Intelligenz", die Stalin 1939 sogar als Klasse anerkannte. Entstanden in den Zeiten des Leninschen Kriegskommunismus und in der Periode der NEP, wuchs sie unter Stalin auf ca. 17,5 % der gesamten erwerbstätigen Bevölkerung an. Die wichtigsten Berufsgruppen waren Parteifunktionäre, leitende Angestellte der Sowjetverwaltung, Offiziere der Roten Armee, Kolchos-Vorsitzende, Leiter von Maschinen-Traktoren-Stationen, Agronomen, Ingenieure, Betriebsdirektoren, staatliche Wirtschaftsführer, anerkannte Künstler, Schriftsteller und Wissenschaftler. Diese „werktätige Intelligenz" war die eigentliche Gewinnerin des Stalinismus. Mit ihr etablierte sich eine neue Klassengesellschaft, in der die Unterschiede des Einkommens und der Lebensverhältnisse gewaltig waren. Die „neue Klasse" hatte Bestand auch über die Stalin-Ära hinaus und verteidigte ihre Interessen und Privilegien bis zum endgültigen Zusammenbruch des kommunistischen Systems in der UdSSR.

„Werktätige Intelligenz"

Ausbau des totalitären Herrschaftssystems. Während er die wichtigsten Ziele seiner planökonomischen Revolution anpeilte und erreichte, perfektionierte Stalin seine Terrorherrschaft. Als Machtinstrumente dienten ihm dabei das Parteisekretariat, mit dem ihm der Zugriff auf die gesamte Partei und bis auf die unterste Ebene der Parteisekretäre möglich war, als Element ständiger Verunsicherung die Zentrale Kontrollkommission der Partei (ZK) und der Terror der ihm direkt unterstellten Staatssicherheitspolizei, die seit 1934 NKWD genannt wurde. Angst und Schrecken durchdrangen ständig alle Lebensbereiche und gestatteten kaum mehr Reste eines ungestörten privaten Lebens.

Machtinstrumente

Säuberungen in verschiedenen Formen waren notwendiger Bestandteil dieser totalitären Diktatur. Vor allem die „Tschistka", die große Säuberungswelle der dreißiger Jahre, nahm einen alle Vergleiche sprengenden Umfang an, dessen Einzelheiten jetzt erst allmählich ans Tageslicht gelangen. Nach dem Mord an dem beliebten Parteisekretär von Leningrad, Kirow, den Stalin wohl als Rivalen fürchtete, beseitigten die Schauprozesse von 1936, 1937 und 1938 die letzten Führungspersönlichkeiten der alten bolschewistischen Garde. Doch die Säuberungen erfaßten auch breite Bevölkerungsschichten. Zwischen 1936 und 1938 befanden sich mindestens 8 Millionen Menschen aller Berufsschichten in Gefängnissen und Lagern des NKWD, etwa 5-6 Millionen in den Straflagern Nordrußlands und Sibiriens, eine Zahl, die sich zwischen 1940 und 1942 nochmals nahezu verdoppelte. Besonders schwer betroffen war das Offizierskorps der Roten Armee, das 1937/38 systematisch liquidiert wurde. 1500 von 6000 höheren Offizieren und der überwiegende Teil der Generalität fielen dem Terror zum Opfer; selbst der Bürgerkriegsheld General Tuchatschewskij blieb nicht verschont. Zusätzlich wurden an die 40 000 Offiziere aus dem Dienst entlassen.

Unübertroffen freilich war das Ausmaß der Säuberungen innerhalb der Partei. Schon 1930 war Stalin das einzige 1919 gewählte Mitglied des Politbüros, das diesem Gremium immer noch angehörte. Das 1934 gewählte Zentralkomitee schmolz von 140 auf 15 Mitglieder im Herbst 1937 zusammen. Die Mitgliederzahlen der Partei sanken vom Stand 3,6 Millionen im Jahr 1933 auf 1,9 Millionen, ehe 1939 wieder eine sprunghafte Aufwärtsentwicklung einsetzte. Mit diesen brutalen Säuberungen sicherte Stalin seine Machtposition sowohl innerhalb des Partei- und Staatsapparats als auch gegenüber regionalen Sonderwünschen der Nationalitäten. Die frei werdenden Stellen in Staat, Wirtschaft und Partei besetzte Stalin mit Leuten seiner Wahl, bestens funktionierenden Apparatschiki, die dem „großen Stalin" bedingungslos ergeben waren und seinen Anordnungen ohne Skrupel gehorchten. Daß die Partei, und damit Stalin, immer recht hatte, wurde bald nicht mehr in Frage gestellt, von den einen nicht, weil sie davon Vorteile hatten, von den anderen nicht, weil sie Nachteile fürchteten.

Der totalitäre Staat erfaßte alle Lebensbereiche. Er zwang zum Lernen und zur Ausbildung einer „sozialistischen Persönlichkeit". Das Analphabetentum wurde in kurzer Zeit beseitigt. Eine immer größer werdende Zahl von Schulen und Hochschulen bildeten neue Kader heran, die als systemkonforme Befehlsempfänger eingesetzt werden konnten. Dazu kamen Zwangskurse im Fach Gesellschaftswissenschaften, das den Lernenden die offizielle Ideologie einhämmerte. Alles Lernen war auf Pauken und Drill ausgerichtet, nicht auf Denken und Unterscheiden.

In die Pflicht genommen wurden auch Kunst und Literatur. Am 23. April 1932 löste das ZK alle Schriftstellervereinigungen auf und schuf einen einheitlichen Verband; gleiches galt für die übrigen Kunstgattungen. Maxim Gorki kreierte auf dem Schriftstellerkongreß 1934 schließlich den Begriff des „Sozialistischen Realismus", der für Jahrzente die bestimmende kulturpolitische Norm bleiben sollte (▷ Q 2.3). Danach durften Kunst und Literatur nur die positiven Seiten der sowjetischen Wirklichkeit darstellen, insbesondere die ökonomischen Erfolge der Fünfjahrespläne. Parteilichkeit im Sinne des Sozialismus war ebenso ihre Pflicht wie eine optimistische Grundhaltung und die Darbietung positiver sozialistischer Helden. Kunst und Literatur verwandelten sich unter diesem Diktat erheblich und wurden zum bloßen Instrument staatlicher Propaganda. Literatur verkam zum bloßen Agitationsschrifttum. Eine ganze Generation von Schriftstellern und Künstlern wurde so zu Anpassung, Schweigen oder Emigration gezwungen, viele endeten in Lagern, Erschießungskellern oder durch Selbstmord (▷ s. auch S. 248ff.).

Unter dem Vorzeichen eines „kämpferischen Atheismus" setzte auch Stalin die Verfolgungspolitik Lenins gegen die Kirchen fort. 1925 wurde eine „Gottlosenbewe-

Marginalia:
- „Große Säuberungen"
- Schauprozesse
- Säuberungen in der Roten Armee
- Parteisäuberungen
- „Sozialistische Persönlichkeit"
- „Sozialistischer Realismus"
- „Kämpferischer Atheismus"

gung" initiiert, die aggressiv und von der Partei dirigiert gegen alle religiösen Bekenntnisse vorging. Als letzte wurde 1929 die evangelisch-lutherische Kriche um ihre Existenz gebracht. Die orthodoxe Kirche, ohnehin bloß als Restorganisation geduldet, konnte nur unter ständiger Versicherung ihrer Ergebenheit und extremen Einschränkungen überleben. Aber trotz aller Repression und Gegenpropaganda „ist die Religion die sichtbarste Alternative zum Kommunismus geblieben. Sie ist der einzige Gegner des Kommunismus, der wenigstens einen Teil seiner institutionellen Formen bewahren konnte" (Walter Kolarz).

Neben Zwang und Terror gab es aber auch Versuche, der Bevölkerung Leitbilder und Identifikationsmöglichkeiten anzubieten. So gehörte seit den dreißiger Jahren die Pflege eines neuen Staatsbewußtseins zur Generallinie Stalins. Dieser Sowjetpatriotismus griff auf bisher verpönte Begriffe wie Vaterland, Volk und Heimat zurück und wertete Teile der großrussisch-nationalen Tradition bewußt auf. Mit einer neuen Geschichtskonzeption sollten großrussische und marxistisch-leninistische Elemente miteinander verbunden und damit eine neue nationale Identität gestiftet werden. Dieser von oben verordnete und als Instrument der Massenführung verstandene Sowjetpatriotismus, der auch in der „Stalin-Verfassung" von 1936 seinen Niederschlag fand, hat freilich erst im „Großen Vaterländischen Krieg" (1941–1945) die gewünschte motivierende Wirkung erzeugt und seine wirkliche Bewährungsprobe bestanden.

Sowjetpatriotismus

Personenkult

Der Integration sollte nicht zuletzt ein propagandistisch überhöhter Personenkult dienen, der zunächst Lenin, seit Stalins 50. Geburtstag aber diesem selbst, galt. Eine

Geliebter Stalin – Glück des Volkes
Der Personenkult, den Stalin systematisch propagierte und erzwang, hatte eine wichtige politische Funktion. Das Propagandaplakat zeigt einen gütigen Militärführer, der erhaben und weit abgesetzt dem Volk zuwinkt. Die jubelnde Masse spendet begeisterten Beifall. Bilder von Lenin und Stalin sind auf Transparenten zu sehen, im Hintergrund ist der Kreml zu erkennen.

ganze Schar von Schriftstellern verfaßte beständig Lobeshymnen, mit dem Einsatz aller Möglichkeiten der Massenmedien wurde Stalin zum „geliebten Führer", zum „genialen Denker" oder zum „größten aller Theoretiker" erhoben. Zahllose Propagandaplakate, Bilder, Filme und Gemälde zeigten ihn, sein Konterfei zierte Vasen ebenso wie Amtsstuben und Privatzimmer. Damit wurde der Führer dem politischen Alltagsgeschäft entrückt und jeder Kritik entzogen. Er stieg auf zur Idealfigur, die sich weder zu rechtfertigen noch zu verantworten hatte, und nahm übermenschliche Züge an. Der sowjetische Schriftsteller Ilja Ehrenburg bekannte unmittelbar nach dem Tode Stalins: „Wir hatten längst vergessen, daß Stalin ein Mensch war. Er hatte sich in einen allmächtigen und geheimnisvollen Gott verwandelt. Und nun war der Gott an einer Gehirnblutung gestorben. Dies erschien unvorstellbar."

Stalin und der Stalinismus – eine Bilanz. Die Zahl der Opfer des Stalinismus geht in die Millionen. Der Historiker und frühere Dissident Roy Alexandrowitsch Medwedjew hat 1989 eine erste Übersicht angefertigt, die allerdings noch viele Unsicherheiten und Schätzungen enthält. Daraus errechnet sich für die Jahre 1927-1938 eine Gesamtzahl von 22-25 Millionen Menschen, von denen mindestens 11 Millionen umkamen oder ermordet wurden. Für die Jahre zwischen 1939 und 1953 wird eine noch höhere Gesamtzahl vermutet, so daß die Gesamtbilanz der Opfer ca. 55 bis 58 Millionen Menschen lautet, von denen mindestens 18 Millionen ihr Leben verloren. „Eine grausige Statistik. Aber wir sollten sie kennen", schreibt Medwedjew zu Recht. Unabhängig von der Exaktheit dieser Zahlen steht das Faktum eines verbrecherischen Regimes fest, dessen Dimensionen jedes menschliche Maß sprengen. Die Frage nach Ursachen, Methoden und Verantwortlichen für den Stalinismus ist daher nicht nur aus historischer Neugier berechtigt. Die „Aufarbeitung dieser Vergangenheit" hat nach dem Zusammenbruch der Sowjetunion im Jahre 1991 gerade auch in deren Nachfolgestaaten besonders intensiv eingesetzt. Im Mittelpunkt der Diskussion steht immer wieder die Person Stalins, mit der sich schon die Zeitgenossen kritisch auseinandergesetzt haben.

Zahl der Opfer

Person Stalins

Auch über die Leistungen und Fragwürdigkeiten des Systems gingen und gehen die Meinungen weit auseinander. In der Sowjetunion selbst wurde erstmals offiziell unter Chruschtschow ab 1956 (▷ Q 2.4) und von 1985 an durch Gorbatschow die Auseinandersetzung mit dem Stalinismus betrieben, wobei bezeichnenderweise jeweils der ideologische Rückgriff auf den Leninismus bei dem vorgesehenen Neuanfang helfen sollte. Seit dem Zusammenbruch des Sowjetsystems wird als Ursache für den Stalinismus allerdings wieder ein breiteres Spektrum auch an längerfristigen Entwicklungen genannt. Hingewiesen wird auf die kulturelle Unterentwicklung der Bevölkerung und die ökonomische Rückständigkeit im vorrevolutionären Rußland, auf das Fehlen demokratischer Traditionen und damit verbunden das Fortwirken autoritärer Verhaltensmuster, auf die wirtschaftlichen Schwierigkeiten der zwanziger und dreißiger Jahre und nicht zuletzt auf die Vorformen des Totalitären im Leninismus.

Ursachen

Q 2.1
Kollektivierung und „Entkulakisierung"

Der 1912 in Kiew geborene Germanist Lew Kopelew war als junger Offizier der Roten Armee am „Bauernkrieg" der 30er Jahre beteiligt. Nach 1945 wurde er wegen seines Protestes gegen die Kriegsverbrechen der sowjetischen Soldaten zu zehn Jahren Straflager verurteilt. Nach seiner Rehabilitierung lehrte er in Moskau deutsche Literatur und Theaterwissenschaften; 1981 wurde er während eines Studienaufenthaltes in der Bundesrepublik Deutschland ausgebürgert.

Damals, zur Zeit dieses ersten Verhörs, war ich von einem fest überzeugt: das Ziel heiligt die Mittel. Unser großes Ziel war der Sieg des Weltkommunismus; um seinetwillen kann man und
5 muß man lügen, rauben, Hunderttausende, ja Millionen von Menschen vernichten – alle, die diesem Ziel hinderlich im Wege stehen könnten. Um das Regiment zu retten, muß man den Zug opfern, um die Armee zu retten – das Regiment.
10 Von dem, den es trifft, schwer zu verstehen. Aber jedes Schwanken, jedes Zweifeln in derartigen Fällen rührt nur von „intelligenzlerischer Wehleidigkeit" von „liberaler Schwäche" derer her, die den Wald vor Bäumen nicht sehen. So
15 wie ich urteilten auch alle meine Freunde. So erteilte ich auch zu jener Zeit, als ich bestimmte Zweifel hegte, als ich glaubte, daß Trotzki und Bucharin in manchem recht hätten, als ich sah, wie die „totale Kollektivierung" und die „Ent-
20 kulakisierung" durchgeführt wurden, sah, wie die Bauern im Winter 1932/33 erbarmungslos ausgeplündert wurden; ich war selbst dabei, suchte und grub nach verstecktem Getreide, mit der eisernen „Sonde" stieß ich in die Erde – wo
25 sie nachgab, einsackte, war die Grube mit dem Korn. Ich wühlte die Großvätertruhen um und um, hörte nicht auf das Heulen der Weiber, das Winseln der Kinder. Damals war ich überzeugt, daß wir alle die große sozialistische Umgestal-
30 tung des Dorfes vollbringen, daß es danach allen Bauern unendlich viel besser gehen würde, daß ihr Jammer, ihre Leiden nur aus „mangelnder Bewußtheit" stammten oder von den Umtrieben des Klassenfeindes herrührten, daß die,
35 die mich geschickt hatten, besser als die Bauern wußten, wie sie zu leben, zu pflügen, zu säen hätten.
Und in dem furchtbaren Frühling 1933, als ich die Verhungerten, die Frauen und Kinder sah –
40 aufgedunsen, blau, kaum noch atmend, schon mit verlöschenden, tödlich gleichgültigen Augen; die Leichen, Dutzende von Leichen in Bauernpelzen, in zerrissenen Jacken, schiefgetretenen Filzstiefeln und Bastschuhen. Die Toten la-
45 gen in den Katen auf den Öfen, auf den Fußböden, im Schneematsch der Höfe in Staraja Wodolaga, unter den Brücken in Charkow. Ich sah es und verlor darüber nicht den Verstand, brachte mich nicht um, verfluchte nicht diejeni-
50 gen, die Schuld hatten am Verderben „nichtbewußter" Bauern; ich sagte mich nicht los von denen, die mich im Winter hergeschickt hatten, um den Bauern ihr letztes Korn wegzunehmen und um jetzt, im Frühling, die zum Skelett ab-
55 gemagerten, von Ödemen Aufgedunsenen anzutreiben, aufs Feld hinauszugehen und in „Stoßarbeit den bolschewistischen Aussaatplan zu erfüllen" – nein, ich verlor nicht den Verstand, und ich brachte mich auch nicht um, ich ver-
60 fluchte niemanden und sagte mich nicht los. Ich glaubte nach wie vor, weil ich glauben wollte, so wie seit eh und je alle glauben, die vom Wunsch besessen sind, übermenschlichen und außermenschlichen Kräften und Heiligtümern zu die-
65 nen, Göttern, Imperatoren, Staaten, den Idealen Tugend, Freiheit, Nation, Rasse, Klasse, Partei; Idealen, die zu ihrer Verwirklichung Menschenopfer forderten. Die fanatischen Anhänger der edelsten Ideale verheißen den Nachkommen das
70 ewige Glück, vernichten aber gnadenlos ihre Mitmenschen – oder sie bieten den Toten die paradiesische Seligkeit, morden, verkrüppeln die Lebenden und halten sich selbst für tugendhafte Helden, sind überzeugt, daß sie Böses nur um
75 des künftigen Guten willen tun, daß sie lügen im Interesse ewiger Wahrheiten.

Lew Kopelew: Aufbewahren für alle Zeit!, übers. v. Heddy Pross-Werth und Heinz Dieter Mendel, München 1979, S. 53f.

Q 2.2
Urteil über den ersten Fünfjahresplan

Das Loblied vom übererfüllten Fünfjahresplan, das die Propaganda sang und das die amtlichen Daten auf den ersten Blick zu bestätigen schienen, relativierte der deutsche Wirtschaftswissenschaftler Robert Schweitzer in einem nüchternen Gutachten, dessen Ergebnis er zusammengefaßt hat:

Es ergibt sich abschließend folgendes:
1. Die Industrialisierung des ersten Fünfjahresplanes ist, mengenmäßig gesehen, in phantastischem Tempo vorwärtsgetrieben. Die technische
5 Rückständigkeit der russischen Industrie ist gemindert und die Abhängigkeit vom kapitalistischen Auslande geringer geworden.

2. Durch Schaffung einer zweiten industriellen Basis[1] hat sich die Verteidigungsmöglichkeit für den Kriegsfall vergrößert.

3. Die Realisation der Produktionsplanung weist starke Disproportionalitäten auf, die Störungen im Wirtschaftsablauf hervorrufen müssen, weil die einzelnen Teilpläne aufeinander abgestimmt sind.

4. Auf dem Gebiete der qualitativen Planziffern sind ganz starke Diskrepanzen vorhanden.

5. Für die Finanzierung der Industrialisierung ist in weit mehr als planmäßigem Umfange die Hilfe der Notenpresse eingesetzt worden.

6. Die sinkende Kaufkraft des Geldes und das damit verbundene Absinken des Reallohnes haben von der breiten Masse der Bevölkerung weit stärkere Opfer verlangt, als der Plan vorsah.

7. Erst spätere Jahre werden zeigen, ob die Investierungen des ersten Fünfjahresplanes wirtschaftlich sinnvolle Anlagen waren, ob die Kapitalleitungsprinzipien der Planungszentrale Willkür waren oder ob sie als Einsatz für den Marktmechanismus einer kapitalistischen Wirtschaft in Frage kommen.

8. Solange die Planwirtschaft der UdSSR so beängstigende und katastrophale Defizite auf dem Gebiet der Versorgung der Bevölkerung mit Nahrungsmitteln und Gebrauchsgütern industrieller Herkunft aufzuweisen hat, hat sie den Beweis ihrer Überlegenheit nicht erbracht.

9. Einzelne realisierte Investierungs- und einzelne erfüllte Bruttoproduktionspläne sagen an sich nichts über die Leistungsfähigkeit der Planwirtschaft aus, da die Planungszentrale in der Verwendung des Kapitals der Volkswirtschaft frei ist. Letzten Endes gibt es nur ein Kriterium für die Leistungen einer Volkswirtschaft: den Grad der Bedarfsdeckung der Bevölkerung.

Helmut Altrichter/Heiko Haumann (Hrsg.): Die Sowjetunion. Von der Oktoberrevolution bis zu Stalins Tod, Bd. 2: Wirtschaft und Gesellschaft, München 1987, S. 361f.

[1] im Osten des Landes: Magnitogorsk, Ural-Kusnez-Becken usw.

**Q 2.3
„Feier auf der Kolchose"**

Gemälde, Öl auf Leinwand, 1937, 188 x 307 cm (Russisches Museum, Leningrad)
Im Jahre 1937 entstand das Gemälde von Arkadi Alexandrowitsch Plastow (1893-1972), das den Kolchosenalltag „als vollständig aufrichtige Abbildung von großer und rückhaltloser Freude" darstellt, als einen bildhaften Mythos, „der von sorgfältig ausgeführten Typen in enthusiastischer, stolzer und unbekümmerter Ausführung bevölkert wird". Und weiter heißt es in dem in Moskau im Jahre 1988 erschienenen Katalog: „Den Künstler der Servilität oder der Beschönigung der Wahrheit zu verdächtigen, wäre unverzeihlich. Es war eine Zeit erstaunlicher Arbeitsleistungen und echten Eifers. Der Künstler konzentriert seine Kenntnis und seine Vorstellung vom besten, was im Lande geschah, auf ein besonderes Ereignis, so typisch, daß sein Gemälde journalistische Genauigkeit beanspruchen durfte. In jener Zeit glaubten viele Leute an Wunder, aber damals geschahen wirklich Wunder."

Q 2.4
Kritik am Stalinismus

Im Februar 1956 läutete Nikita Chruschtschow (1894-1971), der seit 1953 an der Spitze der Kommunistischen Partei stand, mit seiner berühmten Geheimrede auf dem XX. Parteitag der KPdSU die Entstalinisierung ein. Dabei wandte er sich insbesondere gegen den Personenkult und die Verbrechen Stalins, ohne das System selbst in Frage zu stellen und die strukturellen Ursachen des Stalinismus zu erwähnen.

Manche Genossen mögen nun fragen: Wo waren die Mitglieder des Politbüros des Zentralkomitees? Warum setzten sie sich nicht rechtzeitig gegen den Persönlichkeitskult zur Wehr? Und
5 warum tut man das erst jetzt?
Zunächst müssen wir bedenken, daß die Mitglieder des Politbüros diese Dinge zu verschiedenen Zeiten verschieden beurteilten. Anfangs gaben viele von ihnen Stalin tatkräftige Unter-
10 stützung, weil er einer der stärksten Marxisten war und mit seiner Logik, seiner Festigkeit und seinem Willen die Kader- und Parteiarbeit erheblich beeinflußte.
Es ist bekannt, daß Stalin nach Lenins Tod und
15 insbesondere in den ersten Jahren danach aktiv für den Leninismus eintrat und ihn gegen die Feinde der leninistischen Lehre und gegen Abweichler verteidigte. Von Lenins Lehre ausgehend nahm die Partei, mit dem Zentralkomitee
20 an der Spitze, auf breiter Basis die sozialistische Industrialisierung des Landes, die Kollektivierung der Landwirtschaft und die kulturelle Revolution in Angriff. Zu jener Zeit gewann Stalin große Popularität, Sympathie und Unterstüt-
25 zung. Die Partei mußte gegen jene ankämpfen, die das Land von dem richtigen leninistischen Wege abzubringen suchten; sie mußte gegen die Trotzkisten, Sinowjewisten[1], die Rechten und die bürgerlichen Nationalisten kämpfen. Dieser
30 Kampf war unerläßlich. Später allerdings begann Stalin, seine Macht in zunehmendem Maße zu mißbrauchen, den Kampf auf hervorragende Partei- und Regierungsfunktionäre auszudehnen und mit Terrormaßnahmen vorzu-
35 gehen ...
In der damaligen Situation habe ich mich oft mit Nikolai Alexandrowitsch Bulganin[2] unterhalten. Als wir einmal zu zweit im Auto fuhren, sagte er: „Es kann passieren, daß jemand einer
40 Einladung Stalins als Freund Folge leistet; und wenn er dann mit Stalin zusammensitzt, dann weiß er nicht, ob er anschließend nach Hause oder ins Gefängnis geschickt wird."
Es ist klar, daß solche Verhältnisse jedes Mit-
45 glied des Politbüros in eine sehr schwierige Situation brachten. Wenn wir dazu noch in Betracht ziehen, daß das ZK-Plenum in den letzten Jahren nicht mehr einberufen wurde und daß Politbüro-Sitzungen nur noch gelegentlich, von
50 Zeit zu Zeit, stattfanden, dann wird verständlich, wie schwierig es für die Politbüro-Mitglieder war, sich gegen die eine oder andere ungerechte oder unkorrekte Maßnahme, gegen schwere Irrtümer und Unzulänglichkeiten in der
55 Führungspraxis aufzulehnen.

Die Moskauer Schauprozesse 1936–1938, hrsg. v. Theo Pirker, München 1963, S. 277f.

1) Oppositionsgruppen um die Mitglieder des Politbüros Leo Trotzki (1879–1940) und Grigori Sinowjew (1883–1936), die von Stalin in die Emigration getrieben bzw. hingerichtet wurden
2) Bulganin, Nikolai Alexandrowitsch (1895–1975), Mitglied des Politbüros, Verteidigungsminister und Vorsitzender des Ministerrats der UdSSR; 1958 Verlust aller Ämter

Fragen und Anregungen:

1. Wie erklärt Kopelew in Q 2.1 sein Verhalten? Diskutieren Sie das Grundproblem einer Ideologie, in der der Zweck jedes Mittel heiligt.
2. In Q 2.2 wird ein sachliches Urteil über den Fünfjahresplan abgegeben. Worin sieht der Autor positive Ansätze, welche Punkte läßt er offen, wo fällt er ein eindeutiges Negativurteil?
3. Das Gemälde von Plastow stellt in einer üppigen Szene Kolchosenleben im Jahre 1937 dar. Beschreiben Sie das Bild in groben Zügen und setzen Sie sich dann mit der Glaubwürdigkeit des zitierten Katalogtextes auseinander.
4. Wie erklärt Chruschtschow (▷ Q 2.4) den Aufstieg Stalins, woran übt er besonders Kritik?
5. Informieren Sie sich und referieren Sie über einige wichtige Führungspersönlichkeiten (Trotzki, Kamenjew, Sinowjew, Rykow, Tomskij, Tuchatschewski, Kirow), die dem stalinistischen Terror zum Opfer gefallen sind.

Zusammenfassung:

Der Macht- und Gewaltmensch Stalin bezeichnete sich stets als legitimer Erbe Lenins und unterstrich dies propagandistisch durch kultische Verehrung des Gründers der UdSSR. Dennoch beschritt er mit seiner These vom Aufbau des „Sozialismus in einem Land" einen völlig abweichenden Weg, der von Lenins Hoffnung auf eine baldige Weltrevolution deutlich abwich und sogar die längerfristige Perspektive friedlicher Koexistenz zwischen Kapitalismus und Sozialismus eröffnete.

Nach der Ausschaltung aller politisch-ideologischen Rivalen, Einzelpersonen wie Gruppierungen, in der Partei realisierte Stalin zielstrebig seine „Revolution von oben" durch die gewaltsame Kollektivierung der Landwirtschaft und eine massive Industrialisierung. Ohne Rücksicht auf Verluste von Menschenleben setzte er zielstrebig das Programm der Fünfjahrespläne mit erstaunlichen Zuwachsraten, vor allem in der Schwerindustrie, um. Mit allen Methoden der Disziplinierung, der Unterdrückung und des Terrors veränderte Stalin die russische Gesellschaft total; als vielleicht wichtigstes „Produkt" entstand die neue privilegierte Klasse der „werktätigen Intelligenz".

Der totalitäre Staat erfaßte nun alle Lebensbereiche, die Erziehung ebenso wie Kunst und Literatur. Die Kirchen wurden verfolgt, Religionsbekenntnisse waren verfemt.

In den Jahren 1934–1939 wurde die UdSSR im Verlauf der „großen Säuberungen" endgültig zur totalitären Diktatur. Zugleich erhob der Personenkult Stalin ins Übermenschliche und verpflichtete die verängstigte Bevölkerung auf einen neuen Sowjetpatriotismus.

Spezialeinheit: Literarische Lebenszeugnisse aus der Sowjetunion

Literatur ist oft auch Medium gesellschaftlicher Berichterstattung und hat trotz ihrer Fiktionalität oft erheblichen Realitätsgehalt. In diktatorischen Regimen wie der Sowjetunion nahm die Literatur eine besondere Funktion ein: Einerseits hatte sie unter der Formel des „Sozialistischen Realismus" eine ideologisch geschönte Wirklichkeit nach Parteivorgaben zu liefern, andererseits vermittelte sie als Untergrund- und Emigrantenliteratur auch Einblicke in die wahre Natur des Regimes und wurde so zur Ersatzgeschichtsschreibung.

Besonders eindringlich sind Schilderungen von Lebensschicksalen, oft auch mit autobiografischem Hintergrund, die nicht nur betroffen machen, sondern auch über die konkreten Auswirkungen totalitärer Herrschaft nachdrücklich aufklären können. Diese Spezialeinheit mag deshalb beidem dienen, der Vertiefung des historischen Themas und dem individuellen Nachdenken über die Folgen von Politik für den einzelnen.

1. Isaak Babel: Der Sohn des Rabbi

Isaak Babel wurde 1894 in Odessa geboren und nach seiner Verhaftung 1939 durch die Tscheka vermutlich erschossen. Babel schrieb als gläubiger Jude und glühender Revolutionär, der an den Kämpfen der Bürgerkriegszeit selbst beteiligt war. Die folgende Kurzgeschichte lebt aus dieser Spannung und hat damit besonders authentischen Charakter.

Erinnerst du dich an Schitomir, Wassili? Erinnerst du dich an den Teterew-Fluß, Wassili, und an jene Nacht, da der Sabbat, der junge Sabbat heimlich am Sonnenuntergang entlangging und mit seinem roten Absatz die Sterne niederdrückte?

Die schmale Mondsichel badete ihre Pfeile im schwarzen Wasser des Teterew. Der spaßige Gedali, der Begründer der Vierten Internationale, führte uns zu Rabbi Motale Brazlawski zum Abendgebet. Der spaßige Gedali wedelte mit den Hahnenfedern seines Zylinders im rötlichen Rauch des Abends. Im Zimmer des Rabbi flackerten die Raubtierpupillen der Kerzen. Breitschultrige Juden waren dumpf stöhnend über ihre Gebetbücher gebeugt, und der alte Spaßmacher, der Nachfahre der Zaddiks von Tschernobyl, klimperte in seiner zerrissenen Tasche mit Kupfermünzen …

Erinnerst du dich an jene Nacht, Wassili? Hinter dem Fenster wieherten die Pferde, und die Kosaken schrien. Die Wüste des Krieges gähnte hinter dem Fenster, und Rabbi Motale Brazlawski, seine dürren Finger in den Tallit gekrallt, betete an der Ostwand. Da wurde der Vorhang vor dem Schrein geöffnet, und im traurigen Glanz der Kerzen erblickten wir die Thorarollen, gehüllt in purpurnen Samt und blaue Seide, und über die Thora gebeugt das leblose, demütige, schöne Gesicht des Elia, des Rabbi-Sohnes, des letzten Prinzen der Dynastie.

Und nun, Wassili, konnten vorgestern die Regimenter der Zwölften Armee bei Kowel den Frontdurchbruch nicht verhindern. Über der Stadt dröhnte die verächtliche Kanonade der Sieger. Durch unser Heer ging ein Zittern, und es geriet in Verwirrung. Der Eisenbahnzug der Politischen Abteilung kroch über den Rücken der toten Felder. Das Bauernvolk trug auf seinem Buckel den gewohnten Soldatentod, den Typhus. Sie sprangen auf die Trittbretter unseres Zuges und sanken, von Kolbenschlägen getroffen, wieder zurück. Sie schnaubten, sie kratzten sich, sie eilten vorwärts und schwiegen. Und nach zwölf Werst, als ich keine Kartoffeln mehr hatte, warf ich einen Haufen Flugblätter unter sie. Aber nur einer von ihnen streckte seine schmutzige Totenhand nach einem Flugblatt aus. Und ich erkannte Elia, den Sohn des Rabbi von Schitomir. Ich erkannte ihn sofort, Wassili. Und es war so bedrückend einen Prinzen zu sehen, der seine Hosen verlor und den der Soldatentornister tief beugte, daß wir uns über die Vorschriften hinwegsetzten und ihn zu uns in den Waggon zogen. Seine nackten Knie, ungelenk wie die einer Greisin, schlugen gegen das verrostete Eisen des Trittbretts; zwei vollbusige Stenotypistinnen in Matrosenblusen schleiften den langen schamhaften Körper des Sterbenden in die Redaktion, wo wir ihn in einer Ecke auf den Boden legten. Die Kosaken in roten Pluderhosen rückten ihm die heruntergerutschten Hosen zurecht. Die beiden Mädchen, ihre krummen Beine primitiver Weibchen gegen den Boden gestemmt, betrachteten teilnahmslos seine Genitalien, diese abgezehrte gekräuselte Männlichkeit eines dahinsiechenden Semiten. Und ich, der ich ihn auf einer meiner nächtlichen Wanderungen kennengelernt hatte, begann die verstreuten Habseligkeiten des Rotarmisten Brazlawski in eine Schachtel zu sammeln.

Hier war alles bunt zusammengewürfelt: sein Agitations-Ausweis und die Notizzettel des jungen Dichters; nebeneinander lagen die Bilder von Lenin und Maimonides, der knotige Eisenschädel Lenins und das matte Seidenantlitz des Maimonides; eine Frauenlocke steckte in dem Heft mit den „Beschlüssen des VI. Parteitages", und auf den Rändern kommunistischer Flugblätter zogen sich schiefe Zeilen hebräischer Verse hin. Als ein trauriger und spärlicher Regen fielen sie auf mich herab, die Seiten des „Hohenliedes" und die Revolverpatronen. Der traurige Regen der Abenddämmerung wusch mir den Staub aus dem Haar, und ich sagte zu dem Jüngling, der in der Ecke auf einer zerrissenen Matratze im Sterben lag:

„Vor vier Monaten hat mich Gedali, der Altwarenhändler, an einem Freitagabend zu Ihrem Vater, Rabbi Motale, gebracht, aber Sie waren damals nicht in der Partei, Brazlawski."

„Ich war damals in der Partei", antwortete der Jüngling, er zerkratzte sich die Brust und krümmte sich im Fieber. „Aber ich konnte meine Mutter nicht verlassen ..."

„Und jetzt, Elia?"

„Die Mutter ist in der Revolution nur eine Episode", flüsterte er und verstummte. „Mein Buchstabe kam an die Reihe, der Buchstabe B, und die Organisation schickte mich an die Front ..."

„Und so sind Sie nach Kowel gekommen, Elia?"

„So bin ich nach Kowel gekommen!" schrie er in Verzweiflung. „Die Kulaken brachen in unsere Front ein. Ich übernahm ein zusammengewürfeltes Regiment, aber es war zu spät. Ich hatte keine Artillerie ..."

Er starb, bevor wir in Rowno ankamen. Er starb, der letzte Prinz, inmitten von Versen, Amuletten und Fußlappen. Wir begruben ihn auf einer verlassenen Bahnstation. Und ich, dessen uralter Leib von den Stürmen der Phantasie fast zerrissen wurde, ich empfing den letzten Hauch meines Bruders.

Isaak Babel: So wurde es in Odessa gemacht. Geschichten, übers. v. Kay Borowsky, Stuttgart 1979, S. 37ff.

2. Arthur Koestler: Sonnenfinsternis

Der 1905 in Budapest geborene Arthur Koestler trat 1931 der KPD bei. Schon während seiner Reisen in die Sowjetunion im Jahre 1931 und 1932, endgültig aber nach den Moskauer Schauprozessen, zweifelte er am Kommunismus. 1938 trat er aus der KP aus; 1940 erschien sein Roman „Darkness at Noon", der 1946 unter dem Titel „Sonnenfinsternis" auch auf deutsch herauskam.

Das Buch gehört zu den klassischen Abrechnungen mit dem totalitären System des Stalinismus und läßt sich auch in seiner Wirkung durchaus auf eine Stufe mit Orwells „1984" stellen.

Im folgenden Ausschnitt diskutieren der ehemalige Spitzenfunktionär Rubaschow, der nun im Gefängnis sitzt und auf seinen Prozeß wartet, und der Untersuchungsrichter Iwanoff, ebenfalls ein alter Revolutionär und früherer Kampfgefährte Rubaschows, über die Grundfrage jeder Revolution: das Verhältnis von Mittel und Zweck.

Rubaschow rieb seinen Zwicker am Ärmel und blickte ihn kurzsichtig an. „Welch eine Schweinerei", sagte er, „welch eine Schweinerei haben wir aus unserem Goldenen Zeitalter gemacht!"

Iwanoff lächelte. „Zugegeben", sagte er aufgeräumt. „Aber erinnere dich an die Gracchen und Saint-Just und an die Pariser Kommune. Die großen Revolutionäre der Vergangenheit waren moralisierende Dilettanten. Sie waren voller guter Vorsätze und gingen an ihrem Dilettantismus zugrunde. Wir dagegen sind konsequent."

„Jawohl", sagte Rubaschow. „So konsequent, daß wir im Interesse einer gerechten Landverteilung fünf Millionen Bauern und ihre Familien innerhalb eines einzigen Jahres vor Hunger krepieren ließen. So konsequent, daß wir, um die Menschheit von den Ketten der Lohnarbeit zu befreien, rund zehn Millionen als Zwangsarbeiter in die Arktis und in die Urwälder verschickten – unter Bedingungen, die denen der antiken Galeerensträflinge gleichen. So konsequent, daß wir, um einen Meinungsstreit zu schlichten, nur ein Argument kennen: den Tod – ob es sich um Unterseeboote, Kunstdünger oder die Parteilinie in Indochina handelt. Unsere Ingenieure arbeiten in dem ständigen Bewußtsein, daß ein Rechenfehler sie ins Zuchthaus oder aufs Schafott bringen kann; die höheren Beamten unserer Staatsverwaltung richten ihre Untergebenen zugrunde, denn sie wissen, daß sie für den kleinsten Mißgriff verantwortlich gemacht und selbst zugrunde gerichtet werden; unsere Dichter entscheiden Diskussionen über Fragen des Stils durch Denunziation an die Geheimpolizei, denn die Expressionisten betrachten die Naturalisten als Konterrevolutionäre und vice versa. Wir sind so konsequent im Interesse der zukünftigen Generationen, daß wir der gegenwärtigen Entbehrungen in einem Ausmaß auferlegten, das die durchschnittliche Lebensdauer um ein Viertel verkürzt hat; so konsequent, daß wir im Interesse der Landesverteidigung Ausnahmebestimmungen und Übergangsgesetze erlassen, die in jedem Punkt in direktem Gegensatz zu den Zielen der Revolution stehen. Der Lebensstandard der Massen ist niedriger, als er vor der Revolution war; die Arbeitsbedingungen sind härter, die Disziplin unmenschlicher, die Akkordschinderei schlimmer als die von Kulis in kapitalistischen Kolonien; wir haben die Altersgrenze für die Todesstrafe auf zwölf Jahre herabgesetzt, unsere Sexualgesetzgebung ist spießiger als die Englands, unser Führerkult byzantinischer als unter konterrevolutionären Diktaturen. Unsere Presse und unsere Schulen züchten Chauvinismus, Militarismus, Dogmatismus, Konformismus und Ignoranz. Die willkürliche Macht in den Händen unserer Regierung ist unbeschränkt und beispiellos in der Geschichte; Presse-, Meinungs- und Bewegungsfreiheit sind so gründlich abgeschafft, als ob es niemals eine Erklärung der Menschenrechte gegeben hätte. Wir haben den gigantischsten Polizeiapparat der Geschichte aufgebaut, die gegenseitige Bespitzelung zu einer nationalen Institution erhoben und physische und geistige Folter zu einem wissenschaftlichen System ausgebaut. Wir peitschen die stöhnenden Massen des Landes einem theoretischen Zukunftsglück entgegen, das nur uns allein sichtbar ist. Denn die Kräfte dieser Generation sind erschöpft; sie wurden in der Revolution verausgabt; denn diese Generation hat sich weißgeblutet, und alles, was von ihr übrigblieb, ist eine stöhnende, dumpfe, apathische Masse von Opferfleisch. Dies sind die Konsequenzen unserer Konsequenz. Du nennst sie Vivisektionsmoral. Mir erscheint es manchmal, als ob die Experimentatoren die Haut vom Leibe des Opfers gerissen hätten, so daß es mit entblößten Geweben, Muskeln und Nerven vor uns steht ..."

„Nun, und was weiter?" fragte Iwanoff. Er schien frisch und aufgeräumt. „Siehst du nicht, wie großartig all das ist? Hat es jemals etwas Großartigeres in der Geschichte gegeben? Wir reißen der Menschheit die alte Haut vom Leibe und nähen sie in eine neue ein. Das ist kein Geschäft für Leute mit schwachen Nerven; aber es gab eine Zeit, da es dich mit Begeisterung erfüllte. Was ist mit dir passiert, daß du zu einer wehleidigen alten Jungfer geworden bist?"

„Um bei unserem Bild zu bleiben: ich sehe den geschundenen Leib dieser Generation, aber ich sehe keine Spur der neuen Haut. Wir alle waren überzeugt, daß man mit der Geschichte experimentieren kann wie im physikalischen Laboratorium. Der Unterschied ist, daß man im Laboratorium tausendmal das gleiche Experiment machen kann, aber in der Geschichte nur einmal. Danton und Saint-Just konnten nur einmal geköpft werden; ..."

„Und was folgt daraus?" fragte Iwanoff. „Sollen wir uns in einen Lehnstuhl setzen und Daumen drehen, weil die Konsequenzen einer Handlung niemals vollständig voraussehbar sind und infolgedessen alles Handeln von Übel ist? Wir haften für jede unserer Taten mit unserem Kopf – das ist alles, was man von uns erwarten kann. Auf der Gegenseite hat man nicht soviel Skrupel. Jeder alte Trottel von einem General kann mit Tausenden von lebenden Leibern experimentieren; alles, was er dabei riskiert, ist, pensioniert zu werden. Die Reaktion und Konterrevolution kennt weder Skrupel noch ethische Probleme ..."

Arthur Koestler: Sonnenfinsternis, Frankfurt u. a. 1979, S. 135ff.

Kleine Quellenkunde: Autobiographien und Memoiren

Autobiographien und Memoiren gehören zu den sogenannten „persönlichen Quellen" und stehen in enger Nachbarschaft zu Tagebüchern, Briefen und Zeitzeugenberichten.
Sie berichten aus dem subjektiven Blickwinkel einer Person und in der Regel auch aus persönlichem Erleben, d. h. sie vermitteln historisches Geschehen unmittelbar und authentisch. Zugleich aber sind sie in ihrem Aussagewert begrenzt, weil unsere Erinnerung immer fragmentarisch ist, weil Menschen nicht nur vergessen, sondern auch verdrängen und beschönigen. Autobiographie und Memoiren wollen immer Rechenschaft ablegen über ein Leben und tendieren dazu, positive Akzente zu setzen. Besonders Memoiren werden häufig mit apologetischer (sich verteidigende) Tendenz abgefaßt, manchmal auch verbunden mit der Kritik an den Zuständen der jeweiligen Gegenwart.
So sprechend autobiographische Darstellungen auch sein mögen, ist doch in jedem Einzelfall Quellenkritik erforderlich. Zu fragen ist nach dem Autor und seiner Rolle in dem historischen Geschehen, nach seinem Anliegen und seiner Glaubwürdigkeit. Wichtig sind auch Entstehungszeit und Entstehungsbedingungen. Die Frage nach zusätzlichen Informationsquellen unter Einbeziehung von Helfern ist stets zu stellen. Die bekannten „Denkwürdigkeiten" des Grafen Maximilian von Montgelas (▷ S. 11ff.) etwa sind erst im Jahre 1887 – also 70 Jahre nach dessen Rücktritt – durch seinen Sohn Ludwig und in der Übersetzung durch seinen Enkelsohn erschienen. Sicher kann diese Familienpublikation, die überdies nur einen Auszug aus einem größeren Textbestand darstellt, nur noch mit Vorbehalten als Autobiographie bezeichnet werden.
Bismarck hat seine „Gedanken und Erinnerungen" zwar dem Historiker Lothar Bucher in die Feder diktiert, dessen Anteil am Endprodukt war aber mit Sicherheit unerheblich.
Seit dem 19. Jahrhundert wenden sich Staatsmänner, Militärs, Staatsbeamte, Industrielle, Künstler, Wissenschaftler u. a. m. in immer größerer Zahl an die Öffentlichkeit, so daß eine wahre Flut an autobiographischer Literatur entstanden ist. Unter den jährlichen Neuerscheinungen auf dem Büchermarkt nimmt dieses Genre einen zunehmend größeren Anteil ein, und die Tendenz ist steigend. Der Schriftsteller Dürrenmatt hat es in tiefer Skepsis für unmöglich erklärt, daß man sein eigenes Leben beschreiben könne und dies so begründet:
„Je älter man wird, desto stärker wird der Wunsch, Bilanz zu ziehen. Der Tod rückt näher, das Leben verflüchtigt sich. Indem es sich verflüchtigt, will man es gestalten; indem man es gestaltet, verfälscht man es: So kommen die falschen Bilanzen zustande, die wir Lebensbeschreibungen nennen, manchmal große Dichtungen – die Weltliteratur beweist es -, leider oft für bare statt für kostbare Münze genommen."
Selbst wenn man die Frage nach den Möglichkeiten historischer, auch lebensgeschichtlicher Erkenntnis nicht so radikal beantworten will wie Dürrenmatt, so bleibt doch eine wertvolle Mahnung: nicht alles für „bare Münze" zu nehmen und jede autobiographische Publikation einer kritischen Prüfung zu unterziehen, wenn sie als historische Quelle verwendet werden soll. Dann allerdings gibt sie auch einen interessanten Blick auf vergangene Lebenswirklichkeiten frei, auf subjektive Einschätzungen und persönliche Gefühle, dann wird die menschliche Dimension in der Geschichte greifbarer als in jeder anderen Quellengattung.

3.
Der Faschismus in Italien

1919	23. März	Gründung des „Kampfbundes" (Fascio di Combattimento)
1921		Gründung der Faschistischen Partei
1922	28. Oktober	„Marsch auf Rom"; Mussolini Ministerpräsident
1925/26		Ausschaltung der Opposition; Säuberungen im Beamtentum
1926		Beginn der Diktatur des „Duce" Mussolini
1928		Einführung des Korporativsystems
1929		Lateranverträge mit dem Heiligen Stuhl
1935		Einfall in Abessinien
1936		Unterstützung Francos im Spanischen Bürgerkrieg
		Achse Berlin-Rom
1937	Januar	Beitritt zum „Antikominternpakt" (mit Deutschland und Japan)
1938	29. September	Mussolinis Mitwirken beim Münchener Abkommen
1939	April	Besetzung Albaniens
	22. Mai	„Stahlpakt" mit Deutschland

Ursachen und Selbstverständnis. Faschismus ist ein Schlüsselbegriff für das 20. Jahrhundert, der wie wenige andere umstritten ist und unterschiedlichste Deutungen erfahren hat. Einigkeit besteht lediglich in der Ablehnung faschistischer Systeme, im einzelnen aber liegen Welten zwischen der kommunistischen, der sozialistischen und der liberal-demokratischen Begriffsdefinition. Kontrovers wird vor allem die Frage diskutiert, ob der italienische Fascismo und der deutsche Nationalsozialismus sich unter einen gemeinsamen Begriff fassen lassen, der auch noch für andere Staaten mit ähnlicher Struktur Verwendung finden kann, oder ob eine Vergleichbarkeit vor allem zwischen Hitler-Deutschland und der Sowjetunion unter Stalin möglich ist, wie dies die Totalitarismus-Theorie betont.

Begriff
Mit Sicherheit ist die faschistische Bewegung in Italien die erste dieser Art in Europa und Vorbild für den Nationalsozialismus und zahlreiche autoritäre Systeme in ganz Europa gewesen. Das italienische Wort „fascio" leitet sich vom lateinischen „fascis" ab und bezeichnet die Rutenbündel der altrömischen Liktoren, die als Zeichen der Amtsgewalt vor den Magistraten hergetragen wurden. Zunächst bediente sich die italienische Arbeiterbewegung dieses Symbols, ehe es Mussolini zum Zeichen seines 1919 gegründeten „Kampfbundes" erhob.

„Allfeindschaft"
Anders als der Bolschewismus verfügte der Faschismus über keine fundierte Theorie (▷ Q 3.1). Bezeichnend für ihn war seine „Allfeindschaft", die sich gegen den Sozialismus wie gegen den Kapitalismus richtete und den Liberalismus ebenso ablehnte wie den Konservatismus. Den Kern der faschistischen Ideologie bildeten sicher die Ablehnung der parlamentarischen Demokratie und die Kampfhaltung gegenüber dem Sozialismus und Kommunismus. Die Schwäche des Parlamentarismus in der Zwischenkriegszeit, die Krisensymptome in Wirtschaft und Gesellschaft, die drängenden sozialen Probleme und die weit verbreitete Angst vor kommunistischen Umstürzen ließen den Faschismus bald zur Massenbewegung anschwellen, die – vergleichbar dem Nationalsozialismus – als politische Sammlungsbewegung und universale Ersatzpartei wirkte.

Militaristischer Aktionsstil
Bezeichnend für den frühen Faschismus war ein militaristischer Aktionsstil, der einerseits aus der militärischen Herkunft vieler Anhänger, andererseits aus seiner Gewaltideologie resultierte. So war der Faschismus ebenso Folge wie Ursache des Krieges, entstammte dem Krieg und führte zugleich wieder in neue kriegerische Ausein-

andersetzungen. Die „squadre d'azione", paramilitärisch organisierte Schlägertrupps, in vielem der SA Röhms ähnlich, beherrschten in Nord- und Mittelitalien bald die Straße und organisierten den Bürgerkrieg. Erhabenheit schufen sie sich für ihr schmutziges Handwerk durch Uniformierung, besondere Grußform, die Verehrung von Märtyrern der Bewegung, durch inszenierte Aufmärsche und ritualisiertes Liedgut. Ein glühender Nationalismus, der neuen Großmachtträumen von Italien als Mittelmeermacht das Wort redete und dabei bewußt an die antike römische Weltreichstradition anknüpfte, verband diese ursprünglich aus dem Sozialismus stammende Kampfgemeinschaft. *Nationalismus*

Benito Mussolini (1883–1945), der Gründer und Führer der Bewegung, war von Beruf Volksschullehrer. Zunächst radikaler Sozialist, betätigte er sich journalistisch in der Schweiz, in Frankreich und im österreichischen Trentino. Nach seiner Rückkehr war er Herausgeber eines sozialistischen Blattes, später Chefredakteur des Parteiorgans „Avanti" und Mitglied des Exekutivkomitees der Sozialdemokraten. Wegen seiner Forderung, 1914 mit den westlichen Mächten in den Krieg gegen Deutschland einzutreten, geriet er in Konflikt mit der Parteimehrheit. Er und seine Anhänger, die sogenannten Interventionisten, wurden daraufhin aus der Partei ausgeschlossen. 1917 gründete Mussolini eine eigene Zeitung und einen „Fascio d'azione rivoluzionaria", der zur Keimzelle des Faschismus in Italien wurde. Von 1915 bis zu seiner schweren Verwundung 1917 nahm Mussolini am Krieg teil. *Mussolini*

Bald widmete er sich mit Energie seiner Bewegung und wurde „der erste radikale Anführer in dem Aufstand von rechts gegen die liberale und demokratische Welt des europäischen Bürgertums" (K. D. Bracher). Ein gewiefter Taktiker und raffinierter Stratege verband er konsequente Zielstrebigkeit mit pragmatischer Kompromißfähigkeit. Opportunistisch angepaßt, einmal im Gewande des Republikaners oder Monarchisten, dann wieder mit brutaler Gewalt zuschlagend – so wurde er nicht nur zum anerkannten Führer, zum „Duce" der faschistischen Bewegung, sondern erweiterte auch ihre gesellschaftliche Basis ganz erheblich.

Am 23. März 1919 gründete er den „Kampfbund" (Fascio di Combattimento), der in Nord- und Mittelitalien bald die Straße beherrschte. In seiner Person fand die zunächst stark regionale Bewegung einen Mittelpunkt und eine Integrationsfigur. *„Kampfbund"*

Bald stießen zu den ehemaligen Arbeiterführern, den Interventionisten, auch neue Gruppen wie Künstler des Futurismus, Angehörige militärischer Sondereinheiten, vereinzelt auch schon bürgerliche Nationalisten und Republikaner. Erst als Mussolini nach der schweren Wahlniederlage vom November 1919 eine pragmatische Wendung nach rechts vollzog, war der Weg zur Massenbewegung offen. Der Faschismus entwickelte sich nun zum Kristallisationskern der bürgerlichen Reaktion gegen den Sozialismus. In einer Art Ordnungsbündnis fanden sich städtische Mittelschichten, ländliche Großgrundbesitzer und später auch Großindustrie zusammen; dazu kam die Sympathie, die der Faschismus bei Militär, Polizei und Justiz genoß. Wie ein Vorspiel mutete die fast operettenhafte Aktion des Dichters Gabriele d'Annunzio am 12. September 1919 an, der das damals jugoslawische Fiume im Handstreich nahm und 14 Monate lang mit dem Gepränge eines italienischen Renaissancefürsten herrschte. Die Wirkung in Italien war gewaltig, der Zulauf zur faschistischen Bewegung stieg sprunghaft an. *Anhängerschaft*

1921 wurde die revolutionäre Bewegung zur Partei erklärt. Die neugegründete PNF (Partito Nazionale Fascista) zog nun alle Register und entwickelte sich in Oberitalien zu einer Art Nebenregierung. Von der Drohung bis zur Gewaltanwendung setzte sie alle Mittel radikaler Politik ein, um die Macht im Lande zu erlangen.

Machtergreifung und Umgestaltung von Staat und Gesellschaft. Im Bündnis mit den Nationalisten und den Rechtsliberalen gelangte Mussolini schließlich im Oktober 1922 an die Macht, zunächst als Mitglied einer Koalitionsregierung, in der nur vier von zehn Ministern der faschistischen Partei angehörten. In der Hoffnung, Mussolini und seinen Anhang durch Einbindung zähmen zu können, waren Liberale und Konservative diese Koalition eingegangen und hatten den Faschisten damit die gewünschte „legale Machtergreifung" ermöglicht. Ohne Frage gleicht dieser Vorgang in frappierender Weise den Ereignissen um die Machteinsetzung der Nationalsozialisten im Januar 1933 (▷ vgl. S. 265ff.). Mussolini führte einen Aufstand der Jungen gegen die Etablierten an und stieß in ein Machtvakuum, das die bürgerlichen und sozialistischen „Altparteien" gelassen hatten. Mit Einschüchterungsaktionen und Straßenterror gegen Sozialisten und Kommunisten einerseits und einem geschickten Legalitätskurs andererseits gewann der Faschismus in wenigen Jahren die Oberhand und wurde salonfähig auch bei bürgerlichen Kreisen und bei der katholischen Kirche. Inflation und Arbeitslosigkeit, die man dem Versagen der herrschenden Parteien anlastete, ließen die Anhängerschaft des Faschismus ebenso anwachsen wie die Sympathie traditioneller „Ordnungskräfte". Die Unterstützung des Königs, Viktor Emanuel III., und die Tolerierung durch die Liberalen und die Konservativen gaben schließlich den Ausschlag für die Machtergreifung Mussolinis und seiner Partei. Der vielgenannte legendäre Marsch auf Rom, den 40 000 Anhänger am 27. Oktober 1922 von Neapel aus begannen, war nur ein spektakuläres, theatralisches Schaustück, das immerhin Hitler zum Vorbild für seinen ersten Putschversuch im Jahre 1923 nahm und das sich in der revolutionären Traditionspflege bestens popularisieren ließ. In Wahrheit fuhr Mussolini selbst im Schlafwagen von Mailand nach Rom, nachdem er bereits vom König den Auftrag zur Regierungsbildung erhalten hatte.

Im Kreise seiner Gefolgsleute marschierte Mussolini am 28. Oktober 1922 in Rom ein, bejubelt von seinen Anhängern. Was im Bild wie ein Triumphmarsch aussieht, war allerdings planmäßig vorbereitet worden.

Schlag auf Schlag veränderte Mussolini nun das politische System: 1923 wurde eine Parteimiliz gebildet, die nicht auf den König vereidigt war, 1924 ein Wahlgesetz erlassen, das den Anteil der Faschisten im Parlament von 10 auf über 60 % anwachsen ließ. Als nach der Ermordung des Reformsozialisten Giacomo Matteotti die Liberalen und Sozialisten aus dem Parlament auszogen, nutzte Mussolini die Gelegenheit zum Gegenschlag. Mit Hilfe der Miliz, durch Verhängung der Zensur und Säuberungen im Beamtenapparat schränkte er die Opposition ein.

Nun konnte er sogar den von seinen Gegnern formulierten Vorwurf, die Faschisten seien „totalitär", ins Positive wenden und mit der Übernahme des Begriffs den Absolutheitsanspruch seiner Partei offensiv verkünden. Ende des Jahres 1925 wurde schließlich die Opposition endgültig ausgeschaltet.

Nach der Bewegungsphase (1919–1922) und der Etablierung des Faschismus (1922–1925) begann im Jahre 1926 die Phase des faschistischen Führerstaates, der schließlich in der Diktatur Mussolinis endete (▷ Q 3.2). Der „Duce" stand gleichzeitig dem Großen Faschistischen Rat und der Partei vor und traf inhaltliche wie personelle Entscheidungen. 1927 schlossen sich alle Vertreter der Arbeitnehmer, der Arbeitgeber, des Staates und der Partei in der „Carta de Lavoro", in einer Art Arbeitsfront, zusammen, die Mussolini die Herrschaft über das Wirtschaftssystem erleichterte. Mit gelenkten Plebisziten und ab 1928 mit einer Einheitsliste hatte die faschistische Staatspartei auch die Korporationen im Griff, die eine Art Volksvertretung nach ständestaatlichem Muster bildeten. Eine besonders wichtige Rolle für die innere Konsolidierung des Systems spielte 1929 der Ausgleich mit der katholischen Kirche. In den Lateranverträgen machte der Atheist Mussolini in Fragen des Kirchenstaates und des Religionsunterrichtes Zugeständnisse und akzeptierte die weitere Anerkennung der katholischen Kirche als herrschende Staatsreligion. Dies brachte ihm nicht nur kirchliche Unterstützung und die Zustimmung breiter katholischer Bevölkerungskreise ein, sondern auch zusätzliches Ansehen im Ausland. Nicht zufällig riet er deshalb Hitler nach dessen Machtübernahme zum Abschluß eines Konkordats mit dem Heiligen Stuhl, der in der Tat 1934 erfolgte. Im Jahre 1931 schließlich erhielt er durch Gesetzesänderung das Recht, Dekrete mit Gesetzeskraft zu erlassen und übernahm damit neben der Exekutive auch wesentliche Bereiche der Legislative. Damit war Mussolinis diktatorische Herrschaft perfektioniert.

Diktatur Mussolinis

Sie stand anderen Diktaturen der Zeit an Brutalität nicht nach: Die Herrschaft der hierarchisch gegliederten Partei war durch Sondergerichte gestützt, Deportationen bedrohten jeden Abweichler, die Jugend wurde vom 6. bis zum 20. Lebensjahr staatlich erfaßt und organisiert, Bildung und Kultur waren ideologisch gleichgeschaltet, ein penetranter Führerkult wurde mit Mitteln der modernen Massenpropaganda verbreitet. Antisemitische Maßnahmen allerdings wurden erst 1938 unter dem Einfluß des nationalsozialistischen Deutschland erlassen, ohne daß man dessen Rassenideologie dabei als Begründung übernahm. Trotz dieser Gemeinsamkeiten sind einige gewichtige Unterschiede zu verzeichnen, die den italienischen Faschismus vom Stalinismus und Nationalsozialismus deutlich abgrenzen. Traditionelle Mächte, vor allem die Monarchie, das Militär und die katholische Kirche, bestanden im faschistischen Staat weiter und behielten teilweise eine durchaus gewichtige Position. Vieles an Pomp, an Erklärungen und an Säbelrasseln blieb propagandistisches Blendwerk und historisierende Maskerade, zumal die Bevölkerung mit ihrer traditionellen Abneigung gegen übertriebenen staatlichen Einfluß und allzu starke Erfassung viele Maßnahmen unterlief oder ins Leere laufen ließ. Die Mobilisierung und Verpflichtung der Massen gegen einen absoluten Feind ist nie erfolgt, weder die Klassenfeindschaft der Kommunisten noch den Rassenhaß der Nationalsozialisten kannte der italienische Faschismus, und trotz vieler polizeistaatlicher Übergriffe ist es in Italien weder zu Massenverhaftungen noch zur Massenvernichtung ganzer Bevölkerungsgruppen gekommen.

Elemente faschistischer Herrschaft

Diese gravierenden Unterschiede sprechen letztlich dafür, den Nationalsozialismus nicht als deutsche Variante des Faschismus zu betrachten, sondern trotz mancher Übereinstimmungen eine klare begriffliche Trennungslinie zwischen den beiden zu

Nationalsozialismus – Faschismus

ziehen. Manche Historiker rechnen den italienischen Faschismus deshalb zu den autoritären Systemen und grenzen ihn damit von den totalitären in der Sowjetunion und in Deutschland ab (▷ Q 3.3-Q 3.4).

Faschistische Bewegungen

Faschistische Bewegungen gab es mit Ausnahme der Sowjetunion in dieser Zeit in allen europäischen Staaten. Ob und wieweit sie sich durchsetzten und für das politische System bestimmend wurden, hing vom jeweiligen Prozeß nationaler Integration, moderner politischer Verfassungsbildung und Industrialisierung ab. Durchwegs sind die faschistischen Bewegungen eine Antwort auf Modernisierungskrisen und auf den sowjetischen Kommunismus.

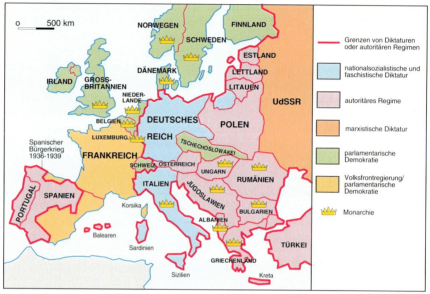

Faschistische Bewegungen in Europa

Außenpolitik Italiens bis zum Kriegsbeginn. Nachdem die innere Stabilisierung seit 1930 weitgehend erreicht war, rückten verstärkt außenpolitische Ziele in den Vordergrund. Der Krieg war als Mittel der Politik von Anfang an im Instrumentarium der Faschisten vorhanden, und die alten imperialistischen Großmachtträume vom Mittelmeer als dem italienischen „mare nostro" drängten nach Verwirklichung. Zeitweise propagierte Mussolini, indem er sich der antiken Geschichte bediente, ein faschistisches Großreich, das die ungeliebte Versailler Ordnung revidieren sollte.

Abessinienkrieg

Zu Beginn des Jahres 1935 stimmte Mussolini daher seine Kolonialpläne mit Frankreich ab, ließ sich Territorien in Libyen und Somaliland sichern und erreichte für seine Abessinienpläne französische Duldung. Am 3. Oktober 1935 fiel Italien in Abessinien ein und eroberte das Land, auch unter Einsatz von Giftgas, bis Mai 1936; anschließend wurde das Gebiet annektiert, und der italienische König zum Kaiser von Äthiopien erklärt. Der gesamte Vorgang schlug dem Völkerrecht ins Gesicht und zerstörte damit den Völkerbund, er führte aber auch zu einem gewaltigen Prestigeverlust für die beiden westlichen Demokratien, die sich als unfähig erwiesen hatten, den Gewaltstreich zu verhindern. Hitler nützte diese Situation zum Einmarsch ins besetzte Rheinland, dem ersten konkreten Schritt gegen die Ordnung von Versailles und ihre territorialen Ergebnisse.

Obwohl während des Abessinienkrieges zwischen Deutschland und Italien noch erhebliche Interessenunterschiede bestanden und Mussolini die deutschen Großmachtträume fürchtete, rückten die beiden Länder und ihre Diktatoren in der Folgezeit enger zusammen. Im Spanischen Bürgerkrieg (1936–1939) unterstützten sie General Franco mit Truppen und Kriegsmaterial gegen die republikanischen Verbündeten, die ihrerseits von der Sowjetunion Hilfe erhielten. Im Oktober trafen beide Länder eine Übereinkunft, die zur Achse Berlin-Rom führte, wie Mussolini sie in einer Rede vom 1. November 1936 nannte. Mit dieser Verbindung war nicht nur der hegemoniale Herrschaftsanspruch beider Machtzentren dokumentiert, sondern auch die gemeinsame Zielrichtung gegen „dekadente Demokratien" und die bolschewistische Diktatur. Dem „Antikominternpakt" zwischen Deutschland und Japan trat Italien konsequenterweise schon im Januar 1937 bei, so daß damit bereits die tragende Allianz des Zweiten Weltkrieges geschmiedet war. Nach dem Stillhalten bei der „Heimholung Österreichs ins Reich" (13. März 1938) wurde Mussolini noch einmal aktiv in der Sudetenfrage. Aufgrund seiner Vermittlung fand am 29. September 1938 die Münchener Konferenz statt, in der der französische Ministerpräsident Daladier und der britische Premierminister Chamberlain der Abtretung der Sudetengebiete zustimmten. Ihre Hoffnung war es, damit den Frieden für Europa gerettet zu haben. Mussolini glaubte, den nötigen Aufschub von drei bis vier Jahren zur Aufrüstung erhalten zu haben. Nach der „Erledigung der Resttschechei" (15./16. März 1939) durch Hitler annektierte Mussolini im April des Jahres Albanien, das in Personalunion mit Italien verbunden wurde. Am 22. Mai schlossen sich die beiden Diktatoren im „Stahlpakt" noch enger zusammen. Sie garantierten sich in diesem Offensivbündnis gegenseitige Unterstützung im Kriegsfalle. Erneut hoffte Mussolini, dadurch Zeit für seine Rüstungsproduktion zu gewinnen. Am 1. September 1939 marschierten deutsche Soldaten in Polen ein. Fast genau 25 Jahre nach dem Beginn des Ersten Weltkrieges brach ein Zweiter Weltkrieg aus, der nicht nur seine Urheber vernichtete, sondern die Strukturen Europas und der Welt grundlegend veränderte.

Achse Berlin-Rom

„Antikominternpakt"

„Stahlpakt"

Festzeichen zur Achse Berlin-Rom

Q 3.1
Selbstverständnis und Ziele des Faschismus in Italien

Der italienische Faschismus hat kein ideologisches System, sondern mehr eine pragmatische Machttheorie entwickelt, die sich aus verschiedenen Reden und Schriften Mussolinis, aber auch aus literarischen Zeugnissen erarbeiten läßt.

a) Am 23. März 1921 veröffentlichte Mussolini in der Zeitung „Popolo d'Italia" einen Aufsatz, der unter dem Titel „Was ist der Faschismus?" eine Art propagandistischer Ortsbestimmung versuchte.

Der Faschismus ist eine große Mobilisation materieller und moralischer Kräfte. Sein Programm ist es, die materielle und moralische Größe des italienischen Volkes zu sichern. Es stört uns nicht, daß unser Programm, was die technische, verwaltungsmäßige und politische Neuordnung unseres Landes anlangt, dem der Sozialisten nicht entgegengesetzt ist, sondern ihm weitgehend entspricht. Für uns handelt es sich jedoch um moralische und traditionelle Werte, die der Sozialismus vernachlässigt oder verachtet. Wir glauben an keine programmatischen Dogmen mit starren Kadern, welche die ständig wechselnde Komplexität der Wirklichkeit einschnüren oder verstümmeln wollen. Wir trauen es uns zu, Gegensätze zu überbrücken und in Einklang zu bringen, bei denen sich andere vergeblich abmühen und nur entweder Zustimmung oder Verneinung kennen. Wir leisten uns den Luxus, gleichzeitig Aristokratie und Demokratie, konservativ und fortschrittlich, reaktionär und revolutionär, gesetzlich und ungesetzlich zu sein, je nach den Umständen der Zeit und des Ortes. Der Faschismus ist keine Kapelle, er ist eher eine Palaestra[1]. Er ist keine Partei, er ist eine Bewegung. Er stellt kein Programm auf, das im Jahre 2000 zu verwirklichen wäre, aus dem einfachen Grunde, weil er Tag für Tag das Gebäude seines Willens und seines Glaubens aufbaut.

Eine Tatsache bezeugt unbestreitbar die stürmische Lebenskraft der faschistischen Bewegung: der dauernde Gewinn neuer Anhänger. Keine Partei kann in dieser Beziehung mit uns wetteifern. Die alten Parteien gewinnen keinen Nachwuchs mehr, sie sind zufrieden, wenn sie sich ihre Anhänger erhalten, die jedoch schon zu desertieren beginnen. Der Faschismus sieht jedoch auf allen Seiten plötzlich seine Gruppen entstehen, so daß ganz Italien in wenigen Monaten in unserer Gewalt sein wird. Uns wird es gegeben sein, die einzig mögliche Revolution in Italien durchzuführen, nämlich die Agrarrevolution. Die ländlichen Massen haben eine heilige Scheu gegen das, was man Sozialisierung des Grundeigentums nennt. Sie fühlen es, daß dies eine mörderische Verbürokratisierung des Bodens wäre. Selbstverständlich stellt unsere Bewegung nicht in Abrede, daß sie Fehler hat. Aber Schritt für Schritt werden diese Fehler des Faschismus verschwinden. Er ist bestimmt, die Geschicke des italienischen Volkes zu führen. Er ist die neue Kraft, das Signal für den Aufstieg einer neuen Zeit. Diese stolze Sicherheit tragen wir in unserem Geist; sie bestimmt den Rhythmus unseres Herzschlages. Bald wird es ein und dasselbe sein: Faschismus und Italien.

Walter Schätzel: Der Staat, Bremen o. J., S. 459f.

1) Sportkampffeld

b) Ideologie in Versen

Keine größere Befreiung wage ich zur Zeit für mein Vaterland zu träumen und keine größere Eroberung wünsche ich ihm als die des Bewußtseins vom Übel des Parlamentarismus.
Giuseppe Prezzolini (1882–1982)

Glücklich jene, die mehr haben, denn mehr werden sie geben können, mehr werden sie glühen können.
Glücklich jene, die zwanzig Jahre haben, einen reinen Geist, einen gestählten Körper, eine beherzte Mutter.
Glücklich jene, die sich von unfruchtbarer Liebe fernhielten, um jungfräulich zu sein für diese erste und letzte.
Glücklich jene, die reinen Herzens sind, glücklich jene, die siegreich heimkehren, denn sie werden das neue Gesicht Roms erblicken, die wieder bekränzte Stirn Dantes, die festliche Schönheit Italiens.
Gabriele d'Annunzio (1863–1938)

Blut ist der Wein der starken Völker: Blut ist das Öl, dessen Räder jener Maschine bedürfen, die aus der Vergangenheit in die Zukunft fliegt.
Giovanni Papini (1881–1956)

Von jetzt an wird euer Schrei das Alala sein, mit dem Achill die Pferde in die Schlacht trieb.
Das barbarische Hip! soll dem süßen Wohlklang des lateinischen Eja! weichen.
Wenn in Pola alle Bomben geworfen sind, dann wird jede Besatzung, ehe sie den Heimweg einschlägt, diesen Ruf ins Abwehrfeuer hinausschreien.

Gabriele d' Annunzio
(an seine Mannschaften vor der Bombardierung Polas)

Faschismus, hrsg. v. d. neuen Gesellschaft für bildende Kunst und dem Kunstamt Kreuzberg, Berlin 1976.

Q 3.2
Bilder von Mussolini

a) In den 30er Jahren schuf Alfredo G. Ambrosi (1901–1945) das Gemälde „Mann der Vorsehung".

b) Hitler und Mussolini in der Karikatur

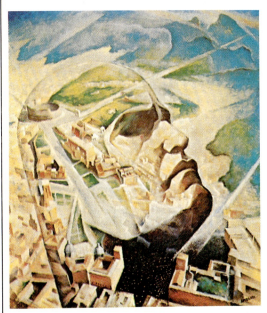

Benito Mussolini, Italiens „Mann der Vorsehung", als Herr über Rom. Gemälde von Alfredo G. Ambrosi, zwischen 1933 und 1936 (Rom, Museo Aeronautico Caproni di Taliedo).

Autokratischer Herrscherkult. Die Diktatoren Hitler und Mussolini in der Machtpose Napoleons auf dem europäischen Gipfel (Karikatur von Daniel R. Fitzpatrick für den „St. Louis Post-Dispatch" vom 22. November 1936)

Q 3.3
Faschismus und Marxismus

Der Politologe Hans Buchheim, einer der Hauptvertreter der sog. Totalitarismus-Theorie, unterscheidet klar zwischen den politischen Bewegungen, Ideologien und Herrschaftssystemen:

Will man Begriffspaare bilden, so gehören auf der einen Seite Marxismus und Faschismus als zwei politische Bewegungen zusammen, auf der anderen Seite das autoritäre und das totalitäre Regime als zwei Formen politischer Herrschaft. Nach dem ersten Einteilungsprinzip gehört der Nationalismus auf die Seite des Faschismus und muß in seinem Gegensatz zum Marxismus gesehen werden; nach dem anderen Einteilungsprinzip stellen er und der Kommunismus die beiden Fälle ausgeprägt totalitärer Herrschaft dar, denen die in den Grenzen des Autoritären bleibenden anderen (meist faschistischen) Regime gegenüberstehen. Soll von den Einteilungsprinzipien das wesentlichere hervorgehoben werden, so liegt es bei formaler Betrachtung zwar nahe, der Unterscheidung der politischen Bewegung größere Bedeutung beizumessen als der der

Herrschaftsformen. Da aber der totalitäre Herrschaftsanspruch den Horizont politischer Problematik überschreitet und an die Wurzeln der menschlichen Existenz rührt, ist doch die Gemeinsamkeit dieses Anspruchs ohne Zweifel die gewichtigere. Es stehen sich auch tatsächlich Nationalsozialismus und Kommunismus in ihrem totalitären Entwurf und dessen Konsequenzen viel näher, als der Nationalsozialismus trotz gemeinsamer faschistischer Züge den Regimes Mussolinis und Francos ähnelt. Hat doch das kommunistische Regime trotz seines freiheitlich-humanitären Pathos die Freiheit genauso abgeschafft wie der Nationalismus, während Mussolini und Franco sie trotz ihres faschistischen Pathos nur eingeengt haben.

Wo der totalitäre Verfügungsanspruch erhoben wird, entwickelt er eine überlegene Wirkungskraft, die der kommunistischen und der nationalsozialistischen Herrschaft weitgehend die gleiche Prägung gab, während die aus der marxistischen und faschistischen Herkunft stammenden Verschiedenheiten fast nur untergeordneten Einfluß behielten. Obgleich das marxistische Streben, die ganze Menschheit in einen Zustand endgültiger Freiheit und unwandelbarer Wohlfahrt zu führen, und der faschistische Freiheitshaß mit seiner Verherrlichung des Kampfes in denkbar krassem Gegensatz zueinander stehen, hat der totalitäre Machtanspruch doch in beiden Fällen die Freiheit zerstört.

Hans Buchheim: Totalitäre Herrschaft, München 1962, S. 19.

Q 3.4
Die politische Funktion des Faschismus

Der Historiker Reinhard Kühnl bietet eine Deutung der faschistischen Bewegungen, die sich ganz im Rahmen der marxistischen Faschismustheorie bewegt.

Die politische Funktion der faschistischen Bewegungen läßt sich nach den bisherigen Analysen wie folgt charakterisieren: Der Weltkrieg hatte Millionenmassen auf die Bühne der Geschichte gestellt, die sich nach 1918 nicht mehr ohne weiteres in ein beschauliches privates Dasein zurückdrängen ließen. Die revolutionären Ereignisse von 1917 bis 1923 hatten den Massen demonstriert, daß die gesellschaftliche Ordnung veränderbar, daß der Kapitalismus nicht unangreifbar war. Selbst nach der Niederlage der sozialistischen Revolutionsversuche konnte die kapitalistische Ordnung nicht als gesichert gelten. Inflation, Wirtschaftskrise und Arbeitslosigkeit zeigten in drastischer Weise, daß sie den Bedürfnissen der Gesellschaft nicht mehr genügte. Angesichts solcher Umstände bestand wenig Aussicht, mit den herkömmlichen Mitteln noch eine Massenbasis für das System zu finden, die auch in Krisenlagen zuverlässig blieb. Unter den Bedingungen des allgemeinen Wahlrechts und der parlamentarischen Demokratie konnte sich eine konkrete Gefahr für die herrschende Klasse entwickeln. Es kam also darauf an, für diesen Fall mit neuen Methoden eine Massenbasis für die bestehende Gesellschaftsordnung zu schaffen. Diese neuen Methoden mußten der veränderten sozialökonomischen Situation und der veränderten Mentalität der Massen angemessen sein. Eben dieses ist die Leistung des Faschismus.

Da das bestehende politische und gesellschaftliche System diskreditiert war, konnte eine politische Bewegung auftreten, die sich als dessen entschiedener Gegner ausgab, die bestehenden Parteien, ja Parteien im herkömmlichen Sinne überhaupt, als unfähig, die parlamentarische Demokratie als korrupt, den Kapitalismus als überholt ausgab und alles völlig neu zu ordnen versprach.

Reinhard Kühnl: Formen bürgerlicher Herrschaft. Liberalismus – Faschismus, Reinbek bei Hamburg 1971, Seite 117f.

Anregungen und Fragen:

1. *Arbeiten Sie aus dem Text von Q 3.1 die Grundelemente der faschistischen Ideologie heraus.*
2. *Vergleichen Sie die beiden Bilddarstellungen von Mussolini (▷ Q 3.2).*
   a) Erläutern Sie zunächst die Perspektive, aus der der „Duce" gesehen wird.
   b) Nennen und diskutieren Sie die Grundaussagen der beiden Bilder.
3. *Warum hält Buchheim Nationalsozialismus und Kommunismus für ähnlicher als Faschismus und Nationalsozialismus (▷ Q 3.3)?*
4. *Überprüfen Sie die Behauptungen Kühnls auf ihre Stichhaltigkeit und setzen Sie sich mit seiner Grundthese kritisch auseinander (▷ Q 3.4).*
5. *In den 20er Jahren notierte der Schriftsteller Robert Musil auf einem „Ideen-Einzelblatt": „Der Bolschewismus ist ein gradioser Versuch, der Gemeinschaft einen neuen Aufschwung zu geben. Ein anderer der Faschismus. Entweder durch Bolschewismus (Sozialismus) oder durch eine Organisation, die die geistigen Kräfte wirken läßt, kann der Zusammenbruch vermieden werden. Anders nicht. Der damals herrschende politische Zustand war hoffnungslos, hatte selbst keine Hoffnung, und die Demokratie in ihrer Gegenwartsform führt geradewegs zum Zusammenbruch hin." Wie beurteilen Sie diese Aussage Musils, die offensichtlich eine in dieser Zeit weit verbreitete Grundstimmung widerspiegelt? Zeigen Sie dabei auch die Gefahren einer derartigen Position für die Demokratie auf.*

Zusammenfassung:

Der Faschismus ist ein politischer Schlüsselbegriff für das 20. Jahrhundert, der allerdings sehr unterschiedliche Deutungen erfahren hat. Die erste faschistische Bewegung in Europa ist mit Mussolinis „Kampfbund" 1919 in Italien entstanden. Die antiparlamentarische und antisozialistische Bewegung, die vom Krieg geprägt war und durch einen fanatischen Nationalismus zusammengehalten wurde, beherrschte mit Gewalt und Terror die Straße und fand bald eine breite Anhängerschaft.

Ein Jahr nach der Parteigründung (PNF) wurde Mussolini in einem Akt der „legalen Machtergreifung" Ministerpräsident, bei dem ihn Bürgertum, Landeigentümer, Großindustrie und zuletzt auch der König unterstützten. In wenigen Jahren entledigte sich Mussolini seiner bürgerlichen Bündnispartner und schaltete die Opposition aus. Durch Einführung des Korporativsystems in Staat und Wirtschaft und zahlreiche Zwangsmaßnahmen etablierte er schließlich die faschistische Diktatur mit Einheitspartei und Führerprinzip. Die Gleichsetzung des italienischen Faschismus mit dem deutschen Nationalsozialismus ist dennoch problematisch, weil gravierende Unterschiede bestehen blieben.

In der Außenpolitik war Mussolini bestrebt, Italien zur Mittelmeergroßmacht und zum Kolonialstaat werden zu lassen. Seit 1936 durch die Achse Berlin-Rom mit dem Deutschen Reich verbunden, trat Italien 1937 dem „Antikominternpakt" bei und ging 1939 im „Stahlpakt" ein Verteidigungsbündnis mit Deutschland ein, das es wenig später in den Zweiten Weltkrieg führte.

Zum Ergebnis:

In der Zwischenkriegszeit entstanden die totalitären und autoritären Systeme des sowjetischen Kommunismus und des italienischen Faschismus, die trotz ideologischer Gegensätze strukturelle Gemeinsamkeiten in der Herrschaftspraxis aufwiesen und auch den Vergleich mit dem Nationalsozialismus erlauben.

Die dominierende Führungspersönlichkeit in der Russischen Revolution und bei der Stabilisierung ihrer Ergebnisse war in Theorie und Praxis Lenin. Er hat mit dem Sowjetsystem und der „Partei neuen Typs" aber auch das Instrumentarium für den künftigen Zwangsstaat geschaffen. Nach dem Scheitern des durch den Bürgerkrieg ausgelösten Kriegskommunismus ließ Lenin in der Neuen Ökonomischen Politik (NEP) der Wirtschaft zwar größere Spielräume, zugleich aber perfektionierte er mit Gewalt und Terror das kommunistische System, so daß am Ende seiner Ära nicht nur der bolschewistische Einheitsstaat, sondern die Herrschaft einer kleinen Gruppe von Berufsrevolutionären stand.

Stalin, seit 1922 Generalsekretär der KPdSU, baute seine Machtposition nach dem Tode Lenins systematisch aus und stieg so in wenigen Jahren zum diktatorischen Alleinherrscher auf. Konzentriert nur auf die UdSSR trieb er die Kollektivierung der Landwirtschaft und die Industrialisierung ohne Rücksicht voran. Rivalen wurden ausgeschaltet, abweichende Meinungen zum Schweigen gebracht. Durch einen Terror größten Ausmaßes, der in den Säuberungen und Schauprozessen der 30er Jahre seinen Höhepunkt fand, hat Stalin einen Teil seiner ökonomischen Ziele zwar erreicht, aber auch ein verbrecherisches Regime geschaffen, das letztlich seine Zukunftsverheißungen nicht einlösen konnte.

Stattdessen unterdrückte der totalitäre Stalinismus mit allen Mitteln der Disziplinierung und des Terrors die gesamte Gesellschaft, gestaltete sie von Grund auf um und ließ in der „werktätigen Intelligenz" eine neue Führungsschicht entstehen.

Neben dem Nationalsozialismus ist daher der Stalinismus immer wieder als das „Musterbeispiel" für ein totalitäres System bezeichnet worden. Andere Autoren dagegen sehen im Faschismus den eigentlichen Vorläufer des Nationalsozialismus oder bezeichnen diesen sogar als eine Spielart des Faschismus.

Die erste faschistische Bewegung ist unter der Führung Benito Mussolinis in Italien entstanden und hat zahlreichen ähnlich strukturierten Bewegungen in ganz Europa als Vorbild gedient. Die Hauptrichtung des Faschismus richtete sich gegen Parlamentarismus und Sozialismus; geprägt war die Bewegung vom Krieg und von einem glühenden Nationalismus. Gewalt und Terror waren ihre Mittel, mit denen sie zunächst die Herrschaft auf der Straße und später im Staate gewann.

Mussolini verfügte schon kurz nach der Parteigründung über eine breite Anhängerschaft im Bürgertum, bei den Landeigentümern und in der Großindustrie. In kurzer Zeit entledigte er sich nach der Machtübernahme seiner bürgerlichen Partner und etablierte schließlich die faschistische Diktatur mit Einheitspartei und Führerprinzip. Trotz vieler Gemeinsamkeiten in der Ideologie und Herrschaftspraxis bestanden zwischen dem italienischen Faschismus und dem Nationalsozialismus aber so viele Unterschiede, daß eine begriffliche Gleichsetzung nicht begründbar erscheint.

Außenpolitisch band sich Mussolini seit 1936 immer enger an Hitler-Deutschland in der Hoffnung, damit Italien zur Mittelmeergroßmacht und zum Kolonialstaat ausbauen zu können. Diese durch mehrere Verträge („Antikominternpakt", „Stahlpakt") sanktionierte Zusammenarbeit führte Italien an der Seite Deutschlands in den Zweiten Weltkrieg, der schließlich beiden Diktaturen ein blutiges Ende bereitete.

VI.
Deutschland unter dem Nationalsozialismus

Wohin? (Karikatur von David Low am 29. Juni 1933 im „Evening Standard", London)

Knapp ein halbes Jahr nach Hitlers Regierungsübernahme ist diese Karikatur
in einer englischen Zeitung erschienen. Sie zeigt – barfuß, mit geknebeltem Mund
im zerrissenen Büßergewand – ein tief gebeugtes „Germany", das, trotz der übergroßen Last
des unerbittlichen Hakenkreuzes, noch im Bücken die rechte Hand zum Hitlergruß erhebt.
Die Prophezeihung, die die Frage beantwortet, was Deutschland unter dem nationalsozialistischen
Regime zu erwarten hat, zeichnet den Weg des deutschen Volkes in die Katastrophe vor.

Zur Einführung:

Deutschland trägt heute noch schwer an der Last der nationalsozialistischen Vergangenheit. Eine Auseinandersetzung mit diesem Erbe ist deswegen unumgänglich. „Wer die Geschichte nicht erinnert", sagt der amerikanische Philosoph George Santayana (1863–1952), „ist verurteilt, sie neu zu durchleben."
Unmittelbar nach 1945 war die Aufarbeitung der zwölf Jahre nationalsozialistischer Diktatur zunächst nicht möglich. Wiederaufbau und staatliche Reorganisation ließen kaum Raum für eine Diskussion zur „Bewältigung der Vergangenheit". Stattdessen beschränkte man sich vielfach darauf, Hitler für alles das verantwortlich zu machen, was das Dritte Reich an Üblem hervorgebracht hatte. Er wurde deshalb zunächst als schreckliche Ausgeburt eines Diktators dämonisiert. Erst spät in den sechziger Jahren setzte eine breitgefächerte Diskussion in stark erweiterter historischer Perspektive ein. Die wissenschaftliche Literatur ist seitdem nahezu unübersehbar geworden. In vielen Einzeluntersuchungen und ergänzenden Quellendokumentationen werden immer neue Aspekte der nationalsozialistischen Herrschaft erörtert.
Gegenwärtig konzentriert sich das Interesse auf die sog. Historisierung des Nationalsozialismus. Darunter ist das Bemühen zu verstehen, das NS-Regime in den Gesamtzusammenhang der neueren deutschen Geschichte einzuordnen. Dabei geht es nicht nur um die Vorgeschichte des Dritten Reiches, sondern auch um seine Auswirkungen auf die Nachkriegsgeschichte. Die nachfolgende Darstellung, die auch diesen Aspekt (v. a. im zweiten Unterkapitel) berücksichtigt, behandelt zunächst die Frage, wie es Hitler und der nationalsozialistischen Bewegung gelingen konnte, die parlamentarische und demokratische Verfassung der Weimarer Republik aufzuheben und an ihre Stelle die Diktatur einer einzigen Partei zu setzen.
Daran schließt sich die Untersuchung der nationalsozialistischen Weltanschauung und ihrer Auswirkungen auf die Gesellschaft an. Insbesondere wird auf den Führer-Mythos, die Volksgemeinschafts-Ideologie und die sozialpolitisch unbeabsichtigt ausgelösten Entwicklungen eingegangen. Eine entscheidende Rolle spielt dabei auch die Wirtschaft, die sich ab Mitte der dreißiger Jahre unter Görings Diktat voll auf die Expansions- und Eroberungspolitik des Regimes umzustellen hatte.
Das dritte Unterkapitel zeigt, wie sich die NSDAP zu einer Massen- und Volkspartei entwickelt, die Bevölkerung organisatorisch erfaßt und ideologisch durchdrungen hat. Der einzelne war dem Zugriff indoktrinärer Beeinflussung und Propaganda voll ausgesetzt und konnte vielfach gar nicht mehr unterscheiden, wo die Grenzen zwischen Staat und Partei verliefen. Diesem Totalitätsanspruch vermochten sich selbst die Kirchen kaum zu entziehen.
Mit der Analyse des Ausmaßes von Unterdrückung und Verfolgung endet die Darstellung der innenpolitischen Situation im Dritten Reich. Polizei und Justiz standen voll und ganz im Dienst des staatlichen Terrors. Gegen die Verhängung von „Schutzhaft" und die Einweisung ins Konzentrationslager konnten keinerlei Rechtsmittel angewandt werden. Unrecht und Willkür bekamen vor allem jüdische Bürger zu spüren, die Schritt für Schritt ausgegrenzt, diskriminiert, verjagt bzw. zum Schluß systematisch ermordet wurden.

1.
Von der Regierungsübernahme zur Alleinherrschaft Hitlers

1933	30. Januar	Ernennung Hitlers zum Reichskanzler
	1. Februar	Auflösung des Reichstages
	28. Februar	Brandverordnung
	5. März	Letzte Mehrparteienwahl für den Reichstag
	23. März	Ermächtigungsgesetz
	März-Juli	Verbot und Selbstauflösung der Parteien
	2. Mai	Zerschlagung der Gewerkschaften
1934	24. Februar	Aufhebung des Föderalismus
	30. Juni	„Röhm-Putsch"
	2. August	Hitler: Führer und Reichskanzler

Das „Kabinett der nationalen Konzentration". Hitler wurde am 30. Januar 1933 von Reichspräsident Hindenburg als Reichskanzler berufen. Seine Regierung stützte sich auf eine Koalitionsvereinbarung, die Franz von Papen zwischen NSDAP und DNVP in die Wege geleitet hatte. Da den acht konservativen Ministern nur zwei Nationalsozialisten (Wilhelm Frick als Innenminister und Hermann Göring als Minister ohne Geschäftsbereich) gegenüberstanden, schien zunächst Papens „Zähmungskonzept" aufzugehen: „In zwei Monaten haben wir Hitler in die Ecke gedrängt, daß er quietscht."

Fackelzug am 30. Januar 1933 anläßlich Hitlers Ernennung zum Reichskanzler
Goebbels hat diesen Fackelzug wirkungsvoll inszeniert und durch den Rundfunk übertragen lassen. Dreieinhalb Stunden marschierten SA, SS und der Frontkämpferbund „Stahlhelm" mit Militärkapellen vom Tiergarten aus durch das Brandenburger Tor in die Wilhelmstraße.
Melita Maschmann, damals 15 Jahre alt, schreibt über dieses Ereignis in ihren Erinnerungen: „Etwas Unheimliches ist mir von dieser Nacht her gegenwärtig geblieben. Das Hämmern der Schritte, die düstere Feierlichkeit roter und schwarzer Fahnen, zuckender Widerschein der Fackeln auf den Gesichtern und Lieder, deren Melodien aufpeitschend und sentimental zugleich klangen" (Melita Maschmann; siehe auch ▷ Q 2.6, Seite 289).

In Wirklichkeit hielt Hitler von Anfang an alle Fäden in der Hand. Noch vor seiner Vereidigung als Reichskanzler setzte er seinen Willen gegen alle Koalitionsvereinbarungen durch und erreichte, daß der erst im November 1932 gewählte Reichstag am 1. Februar 1933 aufgelöst wurde. Er hoffte, über Neuwahlen die parlamentarische Mehrheit durch die NSDAP zu gewinnen.

Auflösung des Reichstages

Seine Regierungserklärung fiel gegenüber seinen bisherigen Reden und Erklärungen überraschend gemäßigt aus (▷ Q 1.1). Mit ihr begann er seine Taktik, die Öffentlichkeit mit „Friedensreden" zu beschwichtigen, gleichzeitig aber Schritt für Schritt seine wahren politischen Absichten in die Tat umzusetzen. Sein öffentliches Bekenntnis zum „Christentum als Basis" der nationalsozialistischen Politik und zur „Erhaltung und Festigung des Friedens" stand im krassen Gegensatz zu den Ausführungen, die er zwei Tage später vor den Befehlshabern der Reichswehr machte (▷ Q 1.2).

Hitlers politische Taktik

Notverordnungen und Ermächtigungsgesetz. Den Wahlkampf im Frühjahr 1933 führten die Nationalsozialisten ganz im Zeichen der von ihnen proklamierten „nationalen Revolution". Ausschreitungen der SA (Sturmabteilungen) blieben ungeahndet, weil Wilhelm Frick als Reichsinnenminister und Hermann Göring als preußischer Innenminister über die Polizei verfügten. In Preußen wurden zudem 40000 SA- und SS-Leute als Hilfspolizisten eingestellt. Von der deutschen Industrie verlangte und erhielt Hitler über 3 Mio. RM, die ihm im Wahlkampf einen Propagandafeldzug in vorher nie gekanntem Ausmaße ermöglichten (▷ Q 1.3).

Wahlkampf 1933

Mit der Notverordnung „Zum Schutz des deutschen Volkes" wurde am 4. Februar 1933 die Presse- und Versammlungsfreiheit eingeschränkt. Am 27. Februar 1933 stand das Berliner Reichstagsgebäude in Flammen. Bis heute ist umstritten, ob der am Tatort festgenommene Holländer Marinus van der Lubbe allein den Brand gelegt hat oder aber auch noch andere beteiligt waren. Hitler nahm die Brandstiftung zum Anlaß, Kommunisten, Sozialdemokraten, Gewerkschafter und viele Oppositionelle verhaften zu lassen. Am Tag darauf wurde nach Artikel 48 die „Verordnung des Reichspräsidenten zum Schutz von Volk und Staat" erlassen. Diese sog. Brandverordnung setzte die wesentlichen Grundrechte der Weimarer Verfassung außer Kraft (▷ Q 1.4). Sie blieb bis 1945 die gesetzliche Grundlage für die Einweisung ins Konzentrationlager.

Einschränkung von Grundrechten

Reichstagsbrand

Brandverordnung

Der Ausnahmezustand richtete sich im Wahlkampf vor allem gegen KPD und SPD, deren Versammlungen, Zeitungen und Flugblätter wiederholt verboten wurden. Die NSDAP gewann am 5. März 1933 10,8 Prozent hinzu, die DNVP verlor 0,8 Prozent, so daß die Regierungskoalition auf insgesamt 51,9 Prozent der Stimmen kam. Da die 81 Abgeordneten der KPD entweder verhaftet oder vom Reichstagspräsidenten erst gar nicht zur Eröffnungssitzung eingeladen wurden, verfügte Hitler mit 340 von 566 Sitzen über eine deutliche parlamentarische Mehrheit. Trotzdem verlangte er vom Reichstag, ihm für vier Jahre die Ermächtigung zur alleinigen Gesetzgebung zu überlassen (▷ Q 1.5a). Für diese Verfassungsänderung benötigte er eine Zwei-Drittel-Mehrheit, die nur mit Zustimmung der bürgerlichen Parteien zu erreichen war. Mit dem „Tag von Potsdam" wurde deshalb der Öffentlichkeit das nationale Bündnis der konservativen (Hindenburg) mit den „revolutionären" Kräften (Hitler) eindrucksvoll vor Augen geführt. Gegen die Stimmen der SPD (▷ Q 1.5b) beschloß dann am 23. März 1933 der Reichstag das „Gesetz zur Behebung der Not von Volk und Staat" (▷ Q 1.5c).

Reichstagswahl 5. März 1933

Ermächtigungsgesetz

„Tag von Potsdam"
Ganz bewußt legten die Nationalsozialisten die erste Sitzung des neugewählten Reichstages auf den 21. März 1933, den Jahrestag der feierlichen Eröffnung des Reichstages von 1871, mit dem Bismarck das „Zweite Reich" geschaffen hatte. Durch den Staatsakt sollte nun in der Potsdamer Garnisonskirche, dem Begräbnisort Friedrichs des Großen, das „Dritte Reich" aus der Taufe gehoben werden. Wehende Fahnen, Orgelspiel, Chorgesang, Reichspräsident von Hindenburg in Marschallsuniform und Hitler im zivilen Gehrock machten den „Tag von Potsdam", wie ein Zeitzeuge (Friedrich Meinecke) festgehalten hat, zu einer sentimental-pathetischen „Rührkomödie", die u. a. auch darauf abzielte, die Zustimmung der Nationalkonservativen für das Ermächtigungsgesetz zu gewinnen.

Gleichschaltung. Danach hat Hitler bis Anfang August 1934, also in weniger als anderthalb Jahren, seinen Plan durchgesetzt, einen nationalsozialistischen Einheitsstaat zu errichten. Die bisherigen demokratischen, föderalistischen und pluralistischen Strukturen wurden schrittweise beseitigt und alle selbständigen Willensträger politisch ausgeschaltet. Das Gesetz zur „Gleichschaltung der Länder mit dem Reich" vom 31. März und 7. April 1933 besetzte die Landtage nach den Ergebnissen der Reichstagswahl zugunsten der NSDAP um. An der Spitze standen Reichsstatthalter, die für die Erfüllung der vom Reichskanzler aufgestellten Richtlinien der Politik zu sorgen hatten und auch zur Absetzung der Landesregierungen berechtigt waren. Am 24. Februar wurde der Reichsrat aufgehoben. Die Länder waren nicht mehr eigenständig, sondern nur noch nachgeordnete Verwaltungsbezirke. *Aufhebung des Föderalismus*

Im Frühjahr 1933 wurden auf der Grundlage des „Gesetzes zur Wiederherstellung des Berufsbeamtentums" vom 7. April 1933 „politisch unzuverlässige" und „nichtarische" Beamte entweder zurückgestuft oder ganz entlassen. In Preußen waren davon 28 Prozent der Beamten des höheren sowie 3,5 Prozent des mittleren Dienstes *Säuberung der Beamtenschaft* betroffen (übrige Länder: 9,5 und 5,5 Prozent). Aus Opportunismus traten auf der anderen Seite jetzt erst viele im öffentlichen Dienst Beschäftigte der NSDAP bei (sog. März-Gefallene). Allein die Zahl der Mitglieder des „Bundes nationalsozialistischer Juristen" stieg innerhalb eines Jahres (1932–1933) von 1 347 auf rund 80 000 Mitglieder an.

Verbot der Gewerkschaften

Seit 1890 war der 1. Mai der Kampftag der sozialistischen Arbeiterbewegung. Mit Gesetz vom 10. April 1933 erklärte Hitler diesen Tag zum bezahlten staatlichen Feiertag. Im Gegenzug besetzten am 2. Mai 1933 SA und NSDAP im gesamten Deutschen Reich die Gewerkschaftshäuser, beschlagnahmten deren Vermögen und lösten die Organisation der Freien Gewerkschaften auf. An die Stelle der Gewerkschaften trat die Deutsche Arbeitsfront (DAF), die dem Partei- und Staatsapparat unterstellt war und ohne Unterschied Arbeiter wie auch Unternehmer vereinigte (▷ vgl. dazu auch S. 283). Das Recht der Arbeitnehmer, in Verhandlungen mit den Arbeitgebern selbst den Lohn zu bestimmen, d. h. die Tarifautonomie, wurde abgeschafft.

Deutsche Arbeitsfront

Selbstauflösung und Verbot der Parteien

Die Gleich- und Selbstausschaltung der Parteien vollzog sich in drei Stufen. Zunächst wurden die beiden Arbeiterparteien verboten: die KPD im März 1933 und die SPD im Juni 1933. Dann lösten sich unter dem Druck der Nationalsozialisten die bürgerlichen Parteien von selbst auf: die Deutsche Staatspartei (28. Juni), die DVP (4. Juli), die BVP (4. Juli) und das Zentrum (5. Juli). Anschließend wurde am 14. Juli 1933 gesetzlich die Neubildung von Parteien verboten und die NSDAP am 1. Dezember 1933 mit dem „Gesetz zur Sicherung der Einheit von Partei und Staat" zur Staats- und Monopolpartei erklärt (▷ Q 1.6). Durch einen Erlaß des Reichspräsidenten waren entgegen der Verfassung die Reichsfarben Schwarz-Rot-Gold außer Kraft gesetzt worden. An ihre Stelle traten gleichberechtigt die schwarz-weiß-rote Fahne des Kaiserreiches und die Hakenkreuzfahne (▷ S. 270f.).

NSDAP Staats- und Monopolpartei

Besetzung des Gewerkschaftshauses am Engelufer in Berlin durch die SA am 2. Mai 1933

Die Gründung der Sturmabteilungen (SA) erfolgte 1921 zum Schutz von NSDAP-Veranstaltungen. In der SA sammelten sich anfangs aus der Reichswehr entlassene Soldaten, später zunehmend Angehörige des Kleinbürgertums, die arbeitslos waren oder am Rande des Existenzminimums lebten. Sie drängten auf eine sozialrevolutionäre Veränderung, wie sie insbesondere in Punkt 16 („Kommunalisierung der Groß-Warenhäuser") und Punkt 17 („Abschaffung des Bodenzinses") des NSDAP-Programms von 1920 zum Ausdruck gekommen war, von der Hitler aber im Laufe der Jahre immer stärker abrückte.

Sturmabteilungen (SA)

Zwischen 1930 und 1933 wuchs die SA auf über 2,5 Mio. Mitglieder an. Ihre Stoßtrupps beherrschten die Straße und terrorisierten die politischen Gegner (▷ Q 1.7). Nach Hitlers Machtergreifung verstand sich die SA als Träger der „nationalen Revolution". Sie wurde als Hilfspolizei tätig, nahm „Schutzhäftlinge" fest und richtete die ersten Konzentrationslager ein. Ihr Stabschef Ernst Röhm plante, SA und Reichswehr zu einem neuen Volksheer zusammenzufassen und forderte nach der politischen Revolution eine zweite zur sozialen Umgestaltung (▷ Q 1.8). Dadurch wurde die SA für Hitler eine Belastung sowohl gegenüber der Reichswehr als auch im Verhältnis zu den Unternehmern, die auf eine Beruhigung in den Betrieben drängten und eine Veränderung der Wirtschaftsstruktur strikt ablehnten.

Hitler, der schon im Juli 1933 die „nationale Revolution" für beendet erklärt hatte, nahm deshalb angebliche Putsch-Pläne Röhms zum Vorwand, um ihn und Teile der SA-Führung im Juni 1934 ermorden zu lassen. Offiziell wurde von 77 Toten gesprochen. In Wirklichkeit waren es 150 bis 200 Opfer, weil auch Widersacher außerhalb der SA brutal beseitigt wurden. So zählten zu den Ermordeten der ehemalige Reichskanzler Kurt von Schleicher, zwei hohe Reichswehr-Generäle und sogar engste Mitarbeiter von Vizekanzler Franz von Papen.

Entmachtung der SA – der „Röhm-Putsch"

Die Mordaktion hatte Heinrich Himmler mit seiner 1923 entstandenen Schutzstaffel (SS) durchgeführt (▷ S. 307ff.). Die Entmachtung der SA kam der SS zugute, die nun selbständig und Hitler direkt unterstellt wurde. Die Morde wurden nachträglich durch ein Gesetz als „Staatsnotwehr" für rechtmäßig erklärt. Die Reichswehr schritt nicht ein, weil sie nun als „einziger Waffenträger der Nation" anerkannt wurde. In der Öffentlichkeit stieß die Niederschlagung des sog. Röhm-Putsches auf Zustimmung. Der Rechtswissenschaftler Carl Schmitt gab der Mordaktion sogar eine juristische Grundlage (▷ Q 1.9).

Schutzstaffel (SS)

Mit dem „Gesetz über das Staatsoberhaupt" wurden nach dem Tod Hindenburgs die Ämter des Reichspräsidenten und des Reichskanzlers zusammengelegt und am 2. August 1934 auf Hitler übertragen. Sein Titel war nun „Führer und Reichskanzler". Beamte, Richter und Soldaten wurden auf Vorschlag der Reichswehrführung nicht mehr auf die Verfassung, sondern auf Hitler persönlich vereidigt. Die Formel lautete: „Ich schwöre bei Gott diesen heiligen Eid, daß ich dem Führer des Deutschen Reiches und Volkes, Adolf Hitler, dem Oberbefehlshaber der Wehrmacht, unbedingten Gehorsam leisten und als tapferer Soldat bereit sein will, jederzeit für diesen Eid mein Leben einzusetzen."

Hitler: Führer und Reichskanzler

Kleine Quellenkunde: Fahnen und Flaggen

Fahnen und Flaggen spielen in der Geschichte eine große Rolle. In der Antike und im Mittelalter sammelten sich die Heere unter ihrem Banner, das als Feldzeichen im Kampf die Richtung wies. Als Hoheitszeichen kündigte eine Fahne den Status besonderer Amtswürde (Anwesenheit des Herrschers oder eines Richters) oder eines besonderen Rechtszustandes an (z. B. die Wahrung des Friedens während eines Marktes). Grundsätzlich muß man zwischen Fahne und Flagge unterscheiden: Eine Fahne ist etwas Einmaliges, das unverändert als besonderes Symbol verehrt und eigens tradiert wird. Sie verkörpert als singulärer Gegenstand Geschichte und Entwicklung einer Gemeinschaft. Flaggen dagegen sind beliebig vermehrbare Zeichen, bei denen es auf das gemeinsame äußere Erscheinungsbild ankommt. Im Dritten Reich wurde die Fahne, die die Nationalsozialisten bei ihrem Putschversuch am 9. November 1923 mitgeführt hatten, als „Blutfahne" verehrt und demonstrativ zur „Weihe" von Fahnen anderer NS-Gliederungen verwendet. Demgegenüber stand das Meer der Hakenkreuzflaggen bei Parteitagen oder als Solidaritätsbekundung an Häusern oder Straßen bei Hitler-Besuchen.

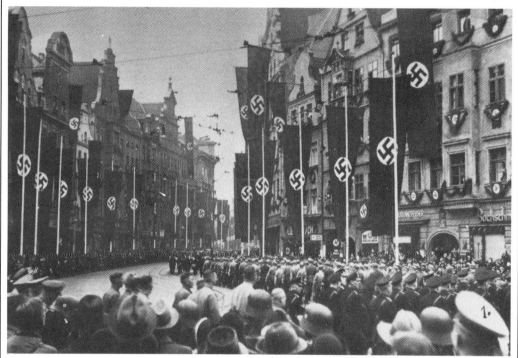

Straßenbeflaggung in Augsburg 1937 anläßlich des Besuches von Adolf Hitler

Seiner Darstellung in „Mein Kampf" zufolge hat Hitler Form und Farben der Hakenkreuzfahne „nach unzähligen Versuchen" selbst festgelegt: „eine Fahne aus rotem Grundtuch mit einer weißen Scheibe und in deren Mitte ein schwarzes Hakenkreuz". Schwarz-Weiß-Rot waren die Farben der Reichsflagge von 1871. Politisch stehen sie heute noch als Symbol für den autoritären und militaristischen Obrigkeitsstaat in Deutschland.
Im Gegensatz dazu verkörpern die heutigen Nationalfarben Schwarz-Rot-Gold die demokratische Entwicklung. Sie wurden erstmals in der Revolution von 1848 und dann in der Weimarer Republik als nationales Hoheitszeichen verwendet. Hitler hat sie sofort nach der Machtergreifung verboten und abgeschafft.

Für ihn waren die Farben Schwarz-Weiß-Rot „heißgeliebte Farben", weil sie „einst dem deutschen Volk soviel Ehre errungen" und am besten das „Wollen der Bewegung" verkörpert haben: „Im Rot sehen wir den sozialen Gedanken der Bewegung, im Weiß den nationalistischen, im Hakenkreuz die Mission des Kampfes für den Sieg des arischen Menschen". Hitler gab damit bewußt dem Schwarz-Weiß-Rot eine neue Interpretation; ursprünglich waren diese Farben nämlich bei der Gründung des Norddeutschen Bundes aus dem Rot-Weiß der Hansestädte zusammengestellt worden.

Das Hakenkreuz selbst ist auch kein von Hitler geschaffenes Symbol. Es ist bereits in der Frühgeschichte Europas und auch Asiens nachweisbar. Seine religiöse Bedeutung ist umstritten. In Kunst und Handwerk war es dekoratives Element. Erst zu Beginn des 19. Jahrhunderts wurde es in Deutschland und Österreich mit politischem Bedeutungsgehalt im Sinne eines „arischen" Symbols in Anspruch genommen. Es findet sich zu Beginn des 20. Jahrhunderts im Emblem der Freikorps und des „Wandervogels" (Jugendbewegung). Hitler hat es von dort für die NSDAP übernommen.

In Lyrik und Liedgut des Nationalsozialismus stellen Fahnen, Flaggen und Banner zentrale Motive dar. Das am weitesten verbreitete Lied, das bei offiziellen Parteiveranstaltungen nicht fehlen durfte, war das „Horst-Wessel-Lied"[1] und begann mit „Die Fahne hoch!".

2. Die Straße frei den braunen Bataillonen!
   Die Straße frei dem Sturmabteilungsmann!
   Es schaun aufs Hakenkreuz voll Hoffnung schon Millionen.
   Der Tag für Freiheit und für Brot bricht an.

3. Zum letzten Mal wird nun Appell geblasen!
   Zum Kampfe stehn wir schon bereit.
   Bald flattern Hitlerfahnen über allen Straßen,
   die Knechtschaft dauert nur noch kurze Zeit!

4. Die Fahne hoch! Die Reihen dicht geschlossen!
   SA marschiert mit ruhig festem Schritt.
   Kameraden, die Rotfront und Reaktion erschossen,
   marschier'n im Geist in unsern Reihen mit.

Liederbuch der Nationalsozialistischen Deutschen Arbeiterpartei, hrsg. im Auftrag der Parteileitung von Hans Buchner, München ¹⁷1933, S. 5f.
1) Gedichtet von dem Berliner Sturmführer Horst Wessel

Q 1.1
Aufruf der Reichsregierung an das deutsche Volk (1. Februar 1933)

So wird es die nationale Regierung als ihre oberste und erste Aufgabe ansehen, die geistige und willensmäßige Einheit unseres Volkes wiederherzustellen. Sie wird die Fundamente wahren und verteidigen, auf denen die Kraft unserer Nation beruht. Sie wird das Christentum als Basis unserer gesamten Moral, die Familie als Keimzelle unseres Volks- und Staatskörpers in ihren festen Schutz nehmen ... Die nationale Regierung wird das große Werk der Reorganisation der Wirtschaft unseres Volkes mit zwei großen Vierjahresplänen lösen: Rettung des deutschen Bauern zur Erhaltung der Ernährungs- und damit Lebensgrundlage der Nation. Rettung des deutschen Arbeiters durch einen gewaltigen und umfassenden Angriff gegen die Arbeitslosigkeit ... Außenpolitisch wird die nationale Regierung ihre höchste Mission in der Wahrung der Lebensrechte und damit der Wiedererringung der Freiheit unseres Volkes sehen ... Sie ist dabei erfüllt von der Größe der Pflicht, mit diesem freien, gleichberechtigten Volk für die Erhaltung und Festigung des Friedens einzutreten, dessen die Welt heute mehr bedarf als je zuvor ... So groß unsere Liebe zu unserem Heere als Träger unserer Waffen und Symbol unserer großen Vergangenheit ist, so wären wir doch beglückt, wenn die Welt durch eine Beschränkung ihrer Rüstungen eine Vermehrung unserer eigenen Waffen niemals mehr erforderlich machen würde.

Klaus Hohlfeld: Dokumente der Deutschen Politik und Geschichte von 1848 bis zur Gegenwart. Ein Quellenwerk für die politische Bildung und staatsbürgerliche Erziehung, hrsg. v. Johannes Hohlfeld, Bd. 4: Die Zeit der nationalsozialistischen Diktatur 1933 bis 1945, Berlin 1953, S. 8ff.

Q 1.2
Hitler vor Befehlshabern der Reichswehr (3. Februar 1933)

Ein Offizier hat in Stichworten die Ansprache Hitlers an die obersten Befehlshaber der Reichswehr mitgeschrieben. Die Notizen wurden erst nach 1945 veröffentlicht:

Ziel der Gesamtpolitik allein: Wiedergewinnung der pol. Macht ...
1. Im Innern. Völlige Umkehrung der gegenwärt. innenpol. Zustände in D. [Deutschland]. Keine Duldung der Betätigung irgendeiner Gesinnung, die dem Ziel entgegensteht (Pazifismus!). Wer sich nicht bekehren läßt, muß gebeugt werden. Ausrottung des Marxismus mit Stumpf und Stiel. Einstellung der Jugend u. des ganzen Volkes auf den Gedanken, daß nur d. Kampf uns retten kann u. diesem Gedanken gegenüber alles zurückzutreten hat ... Ertüchtigung der Jugend u. Stärkung des Wehrwillens mit allen Mitteln. Todesstrafe für Landes- u. Volksverrat. Straffste autoritäre Staatsführung. Beseitigung des Krebsschadens der Demokratie!
2. Nach außen: Kampf gegen Versailles. Gleichberechtigung in Genf ...; aber zwecklos, wenn Volk nicht auf Wehrwillen eingestellt. Sorge für Bundesgenossen ...
4. Aufbau der Wehrmacht wichtigste Voraussetzung für Erreichung des Ziels: Wiedererringung der pol. Macht. Wehrpflicht muß wieder kommen ...
Wie soll pol. Macht, wenn sie gewonnen ist, gebraucht werden? Jetzt noch nicht zu sagen. Vielleicht Erkämpfung neuer Export-Mögl., vielleicht – und wohl besser – Eroberung neuen Lebensraumes im Osten u. dessen rücksichtslose Germanisierung. Sicher, daß erst mit pol. Macht u. Kampf jetzige wirtsch. Zustände geändert werden können. Alles, was jetzt geschehen kann – Siedlung – Aushilfsmittel.

Aufzeichnung von Generalleutnant Liebmann. Zit. nach: Thilo Vogelsang: Neue Dokumente zur Geschichte der Reichswehr 1930-1933. In: Vierteljahreshefte für Zeitgeschichte II/4 (Oktober 1954), S. 434f.

Q 1.3
Hitlers Wahlkampf im Februar 1933

Die politische Stoßrichtung und die Wahlkampfstrategie der NSDAP beschreibt in knapper Zusammenfassung der Historiker Karl Dietrich Bracher:

Am 10. Februar hatte Hitler selbst den Wahlkampf mit einer Riesenkundgebung im Berliner Sportpalast eröffnet. Gemäß dem stets gleichbleibenden Aufbau seiner Reden konfrontierte er erneut das düstere Zerrbild von „Novemberverbrechern" und Republik, von Mehrparteienstaat und Parlamentarismus, von „Marxismus" und Pazifismus, von „Finanzkapital" und „entarteter" Kultur mit den kommenden Segnungen der „Nationalen Revolution". Er verkündete die Rettung des Bauernstandes, der Arbeiterschaft und des Mittelstandes, er versprach die Sicherung des Weltfriedens, er forderte die unabdingbare Grundlage einer starken eigenen Wehrmacht. Dieser Stil glühender Prophezeiung vor dem Hintergrund hemmungsloser Geschichtsklitterung[1] gipfelte wieder in dem oft wiederholten Wort: „14 Jahre lang haben die Parteien des Zerfalls, des Novembers, der Revolution das deutsche Volk geführt und mißhandelt, 14 Jahre lang zerstört, zersetzt und aufgelöst. Es ist nicht vermessen, wenn ich heute vor die Nation hintrete und sie beschwöre: 'Deutsches Volk! gib uns vier Jahre Zeit – dann richte und urteile über uns! Deutsches Volk, gib uns vier Jahre, und ich schwöre dir, so wie wir und wie ich dieses Amt antrat, so will ich dann wieder gehen ..." Der Schlußsatz steigerte sich zu der pseudoreligiösen Überhöhung nationalsozialistischen Herrschaftswillens: Es werde wieder auferstehen ein Deutsches Reich „der Größe und der Ehre und der Kraft, der Herrlichkeit und der Gerechtigkeit, Amen."

... Für die Kampagne selbst, die um der „ganz konzentrischen" Führung willen von Berlin aus organisiert wurde, sahen Goebbels' Pläne vor allem einen möglichst weitreichenden Einsatz des Rundfunks vor. Hitler sollte in allen Städten mit Sendeeinrichtungen sprechen: „Wir verlegen die Rundfunkübertragungen mitten ins Volk und geben so dem Hörer ein plastisches Bild von dem, was sich in unseren Versammlungen abspielt. Ich selbst", so fügt Goebbels hinzu, der selbst eine weitere Großkundgebung im Berliner Sportpalast am 21. Februar bestritt, „werde zu jeder Rede des Führers eine Einleitung sprechen, in der ich versuchen will, dem Hörer den Zauber und die Atmosphäre unserer Massenkundgebungen zu vermitteln." Entscheidende Bedeutung gewann daher die Tatsache, daß der deutsche Rundfunk insgesamt schon jetzt fast ausschließlich zum Instrument der nationalsozialistischen Propagandakampagne wurde.

Karl Dietrich Bracher/Gerhard Schulz/Wolfgang Sauer: Die nationalsozialistische Machtergreifung. Studien zur Errichtung des totalitären Herrschaftssystems in Deutschland 1933/34, Bd. 1: Karl Dietrich Bracher: Stufen der Machtergreifung, Frankfurt u. a., o. J., S. 108f.

1) nicht den Tatsachen entsprechende geschichtliche Darstellung

Q 1.4
„Verordnung des Reichspräsidenten zum Schutz von Volk und Staat"
(28. Februar 1933)

Auf Grund des Artikels 48 Abs. 2 der Reichsverfassung wird zur Abwehr kommunistischer staatsgefährdender Gewaltakte folgendes verordnet:

§ 1. Die Artikel 114, 115, 117, 118, 123, 124 und 153[1] der Verfassung des Deutschen Reichs werden bis auf weiteres außer Kraft gesetzt. Es sind daher Beschränkungen der persönlichen Freiheit, des Rechts der freien Meinungsäußerung, einschließlich der Pressefreiheit, des Vereins- und Versammlungsrechts, Eingriffe in das Brief-, Post-, Telegraphen- und Fernsprechgeheimnis, Anordnungen von Haussuchungen und von Beschlagnahmen sowie Beschränkungen des Eigentums auch außerhalb der sonst hierfür bestimmten gesetzlichen Grenzen zulässig.

§ 2. Werden in einem Lande die zur Wiederherstellung der öffentlichen Sicherheit und Ordnung nötigen Maßnahmen nicht getroffen, so kann die Reichsregierung insoweit die Befugnisse der obersten Landesbehörde vorübergehend wahrnehmen.

§ 3. Die Behörden der Länder und Gemeinden (Gemeindeverbände) haben den auf Grund des § 2 erlassenen Anordnungen der Reichsregierung im Rahmen ihrer Zuständigkeit Folge zu leisten.

Hohlfeld: a. a. O., S. 13f.

1) Die außer Kraft gesetzten Artikel beinhalten folgende Rechtsgarantien:
Artikel 114: Freiheit der Person
115: Unverletzlichkeit der Wohnung
117: Brief-, Post-, Telegraphen- und Fernsprechgeheimnis
118: Meinungs- und Pressefreiheit
123: Versammlungsfreiheit
124: Koalitionsfreiheit
153: Recht auf Eigentum

Q 1.5
Das Ermächtigungsgesetz

a) Hitlers Begründung für das Ermächtigungsgesetz im Reichstag am 23. März 1933:

Die Regierung beabsichtigt ... von diesem Gesetz nur insoweit Gebrauch zu machen, als es zur Durchführung der lebensnotwendigen Maßnahmen erforderlich ist. Weder die Existenz des Reichstags noch des Reichsrats soll dadurch bedroht sein. Die Stellung und die Rechte des Herrn Reichspräsidenten bleiben unberührt, die innere Übereinstimmung mit seinem Willen herbeizuführen, wird stets die oberste Aufgabe der Regierung sein. Der Bestand der Länder wird nicht beseitigt. Die Rechte der Kirchen werden nicht geschmälert, ihr Stellung zum Staate nicht geändert.

Da die Regierung an sich über eine klare Mehrheit verfügt, ist die Zahl der Fälle, in denen eine innere Notwendigkeit vorliegt, zu einem solchen Gesetz die Zuflucht zu nehmen, an sich eine begrenzte. Um so mehr aber besteht die Regierung der nationalen Erhebung auf der Verabschiedung dieses Gesetzes. Sie zieht in jedem Falle eine klare Entscheidung vor. Sie bietet den Parteien des Reichstags die Möglichkeit einer ruhigen deutschen Entwicklung und einer sich daraus in der Zukunft anbahnenden Verständigung; sie ist aber ebenso entschlossen und bereit, die Bekundung der Ablehnung und damit die Ansage des Widerstandes entgegenzunehmen. Mögen Sie, meine Herren, nunmehr selbst die Entscheidung treffen über Frieden oder Krieg.

Schönbrunn: a. a. O., S. 282.

b) Ablehnung des Ermächtigungsgesetzes durch den SPD-Fraktionsvorsitzenden Otto Wels im Reichstag am 23. März 1933:

Wels (SPD), Abgeordneter: Meine Damen und Herren …
Freiheit und Leben kann man uns nehmen, die Ehre nicht.
(Lebhafter Beifall bei den Sozialdemokraten)
Nach den Verfolgungen, die die Sozialdemokratische Partei in der letzten Zeit erfahren hat, wird billigerweise niemand von ihr verlangen oder erwarten können, daß sie für das hier eingebrachte Ermächtigungsgesetz stimmt. Die Wahlen vom 5. März haben den Regierungsparteien die Mehrheit gebracht und damit die Möglichkeit gegeben, streng nach Wortlaut und Sinn der Verfassung zu regieren. Wo diese Möglichkeit besteht, besteht auch die Pflicht.
(Sehr richtig! bei den Sozialdemokraten)
Kritik ist heilsam und notwendig. Noch niemals, seit es einen Deutschen Reichstag gibt, ist die Kontrolle der öffentlichen Angelegenheit durch die gewählten Vertreter des Volkes in solchem Maße ausgeschaltet worden, wie es jetzt geschieht!
(Sehr wahr! bei den Sozialdemokraten)
und wie es durch das neue Ermächtigungsgesetz

noch mehr geschehen soll. Eine solche Allmacht der Regierung muß sich um so schwerer auswirken, als auch die Presse jeder Bewegungsfreiheit entbehrt …
Kein Ermächtigungsgesetz gibt Ihnen die Macht, Ideen, die ewig und unzerstörbar sind, zu vernichten. Sie selbst haben sich ja zum Sozialismus bekannt. Das Sozialistengesetz hat die Sozialdemokratie nicht vernichtet. Auch aus neuen Verfolgungen kann die deutsche Sozialdemokratie neue Kraft schöpfen.
Wir grüßen die Verfolgten und Bedrängten. Wir grüßen unsere Freunde im Reich. Ihre Standhaftigkeit und Treue verdienen Bewunderung. Ihr Bekennermut, ihre ungebrochene Zuversicht
(Lachen bei den Nationalsozialisten – Bravo! bei den Sozialdemokraten)
verbürgen eine hellere Zukunft.
(Wiederholter lebhafter Beifall bei den Sozialdemokraten – Lachen bei den Nationalsozialisten)

Auszug aus dem Protokoll des Reichstages vom 23. März 1933, S. 32ff. Zit. nach: Im Namen des Deutschen Volkes. Justiz und Nationalsozialismus. Katalog zur Ausstellung des Bundesministers der Justiz, Köln 1989, S. 64.

c) „Gesetz zur Behebung der Not von Volk und Staat" vom 23. März 1933 (Ermächtigungsgesetz):

Der Reichstag hat das folgende Gesetz beschlossen, das mit Zustimmung des Reichsrats hiermit verkündet wird, nachdem festgestellt ist, daß die Erfordernisse verfassungsändernder Gesetzgebung erfüllt sind:
Artikel 1
Reichsgesetze können außer in dem in der Reichsverfassung vorgesehenen Verfahren auch durch die Reichsregierung beschlossen werden. Dies gilt auch für die in den Artikeln 85 Abs. 2 und 87 der Reichsverfassung bezeichneten Gesetze.
Artikel 2
Die von der Reichsregierung beschlossenen Reichsgesetze können von der Reichsverfassung abweichen, soweit sie nicht die Einrichtung des Reichstags und des Reichsrats als solche zum Gegenstand haben. Die Rechte des Reichspräsidenten bleiben unberührt.
Artikel 3
Die von der Reichsregierung beschlossenen Reichsgesetze werden vom Reichskanzler ausgefertigt und im Reichsgesetzblatt verkündet. Sie treten, soweit sie nichts anderes bestimmen, mit

dem auf die Verkündung folgenden Tage in Kraft. Die Artikel 68 bis 77 der Reichsverfassung finden auf die von der Reichsregierung beschlossenen Gesetze keine Anwendung.
Artikel 4
Verträge des Reichs mit fremden Staaten, die sich auf Gegenstände der Reichsgesetzgebung beziehen, bedürfen nicht der Zustimmung der an der Gesetzgebung beteiligten Körperschaften. Die Reichsregierung erläßt die zur Durchführung dieser Verträge erforderlichen Vorschriften.
Artikel 5
Dieses Gesetz tritt mit dem Tage seiner Verkündung in Kraft. Es tritt mit dem 1. April 1937 außer Kraft; es tritt ferner außer Kraft, wenn die gegenwärtige Reichsregierung durch eine andere abgelöst wird.
Berlin, den 24. März 1933

Schönbrunn: a. a. O., S. 283ff.

Q 1.6
Staat und Partei

Daß die Machtergreifung nicht mit einem gewöhnlichen Regierungswechsel zu vergleichen war, zeigt der folgende Auszug aus einem wissenschaftlichen Aufsatz:

Machtsicherung und -ausbau der NSDAP vollzogen sich nicht einfach als Übernahme von Führungsämtern in Politik und Verwaltung wie bei einem herkömmlichen Regierungswechsel, sondern vielfach in Form unkoordinierten und willkürlichen Eindringens, wobei die Nationalsozialisten ihren Zugriff aus den genannten Gründen auch auf die Verbände und Organisationen ausdehnten. Vor allem auf den unteren Ebenen standen hinter diesen Vorgängen nicht nur politische Motive, sondern auch die Ansprüche der nationalsozialistischen „alten Kämpfer" auf Lohn und Beute für ihren Einsatz und auf Beteiligung an der Herrschaft. So kam es im Kommunalbereich zu einer Ämterpatronage[1] großen Ausmaßes. Dabei fanden sich oft genug verschiedene Gliederungen und Funktionsträger der NSDAP untereinander in Konflikte verwickelt. Durch die willkürlichen Ein- und Übergriffe wurde zwar die Bürokratie als ein bis dahin relativ geschlossener und einflußreicher Herrschaftsträger politisch entmachtet, zugleich aber auch die Funktionsfähigkeit der Verwaltung beeinträchtigt, auf deren Weiterarbeit die Nationalsozialisten aus Mangel an qualifiziertem Personal und konkreten Sachprogrammen angewiesen waren ...
Die NSDAP wurde durch das „Gesetz zur Sicherung der Einheit von Partei und Staat" vom 1. Dezember 1933 zu einer Körperschaft des öffentlichen Rechts; sie wurde – als „Trägerin des deutschen Staatsgedankens und mit dem Staate unlöslich verbunden" gegenüber dem Staatsapparat zwar optisch aufgewertet, doch entsprach dem keine eindeutige Institutionalisierung ihrer Rolle. Die auf Hitler zurückgehende Parole „Die Partei befiehlt dem Staat" klang zwar eindeutig, konnte in der Praxis aber überwiegend nur auf indirektem Wege realisiert werden, nachdem die NSDAP nicht in der Lage gewesen war, die bestehenden bürokratischen Apparate sofort zu übernehmen oder wenigstens weitgehend zu infiltrieren. Außerdem teilten die meisten der Nationalsozialisten, die seit 1933 öffentliche Ämter übernahmen, das Interesse an einem geregelten Verwaltungsablauf, so daß es auf allen Ebenen – von der Ministerialbürokratie bis hinab zu den Gemeinden – zwischen den Parteiinstanzen mit ihren zahlreichen Sonderwünschen und der Verwaltung immer neue Konflikte gab ...
Diese Entwicklung spiegelte sich beispielhaft ... in dem für die zukünftige Gestaltung von Staat und Gesellschaft so wichtigen Bereich des Erziehungswesens wieder ... Das 1934 gegründete Reichsministerium für Wissenschaft, Volksbildung unter dem Studienrat a. D. Bernhard Rust sah sich ständig Pressionen von seiten des Reichsorganisationsleiters der NSDAP [Robert Ley], der HJ-Führung [Baldur von Schirach] und anderer Parteidienststellen ausgesetzt, die insbesondere Einfluß auf die Ausbildung der künftigen nationalsozialistischen Elite nehmen wollten.

Albrecht Tyrell: Voraussetzungen und Strukturelemente des nationalsozialistischen Herrschaftssystems. In: Karl Dietrich Bracher/Manfred Funke/Hans-Adolf Jacobsen (Hrsg.): Nationalsozialistische Diktatur 1933-1945 (= Schriftenreihe der Bundeszentrale für politische Bildung, Band 192), Bonn 1983, S. 63f.

[1] Günstlingswirtschaft: Parteigenossen werden bei der Vergabe von Ämtern bevorzugt.

Q 1.7 Straßenterror der SA

Öffentliche Brandmarkung: In München wird der Rechtsanwalt Dr. Siegel durch die Stadt getrieben, weil er sich bei der Polizei vor der SA schützen wollte.

Abholung eines Verhafteten durch SA-Hilfspolizisten

Verhöhnung des sozialdemokratischen Reichstagspräsidenten Paul Löbe im KZ Dürrgoy (bei Breslau). Paul Löbe berichtet über seine Einlieferung: „Als das Tor sich öffnete, standen die etwa 600 Häftlinge in Reih und Glied zu beiden Seiten der Lagerstraße. Im freien Gang dazwischen mußte der Wagen halten. Auf den Dächern der Baracken waren Fotografen postiert, um die Szene aufzunehmen. Dann kam von der anderen Seite her eine Schalmeienkapelle von verhafteten Kommunisten, dahinter Bürgermeister Mache mit einem Strauß von Brennesseln und Kartoffelkraut mit schwarz-rotgoldener Schleife, Landrat Schubert mit einer Drei-Pfeile-Fahne und zwischen ihnen Lüdemann als ‚Begrüßungsredner'. Er trat an den Wagenschlag und hielt eine so tapfere, aufrechte Empfangsrede, daß ich einen Augenblick vergessen konnte, wo wir uns befanden.
Aber nur einen Augenblick. Dann schrie mich einer der Lagerkommandanten an: ‚Jetzt hältst du eine Rede, jetzt sagst du: Grüß Gott, ihr alten Knochen, ein neuer Hammel kommt gekrochen!'"
(Paul Löbe: Der Weg war lang. Lebenserinnerungen von Paul Löbe, Berlin-Grunewald 1954, S. 223f.)

Todesanzeige im „Berliner Tageblatt" für einen Bäckerlehrling, der Mitglied eines jüdischen Sportvereins war und im SA-Keller in der Hildemannstraße ermordet worden war.

> Am 18. März 1933 verstarb infolge eines tragischen Geschickes unser heissgeliebter hoffnungsvoller Sohn und Bruder, der Bäckerlehrling
>
> **Siegbert Kindermann**
>
> im eben vollendeten 18. Lebensjahre.
>
> Schildermalermeister
>
> **Moritz Kindermann u. Frau**
>
> Franseckystrasse 5.
>
> Beisetzung: Sonntag den 26. März 1933, nachmit. 2 Uhr Weissensee, Alte Halle.
> Kondolenzbesuche dankend verbeten.

Q 1.8
Röhms Proklamation vom Juni 1933

In einer offiziellen Erklärung an die SA stellte Ernst Röhm folgende Forderungen:

Wenn die deutsche Revolution an reaktionären Widerständen, an Unfähigkeit oder Trägheit scheitert, stürzt das deutsche Volk in Verzweiflung und wird leichte Beute des blutbefleckten Wahnsinns der asiatischen Weiten.
Darum ist das im Denken mancher „Gleichgeschalteter" und sogar mancher heute sich „nationalsozialistisch" nennenden Würdenträger minderen Grades spukende Gespenst, daß Ruhe die erste Bürgerpflicht sei, Verrat an der deutschen Revolution.
Die Leute, die heute „überall dabei" sind und – vorläufig noch leise – ihr brav-bürgerliches Sprüchlein von Ruhe und Ordnung murmeln, haben wir auf unserem jahrelangen Opfergang für das neue Deutschland unseres Sehnens nicht gesehen. Bestenfalls standen sie beiseite und schauten zu, wie wir um Deutschland kämpften und bluteten. Ihnen waren wir zu unvornehm, zu laut, zu radikal! Ihnen sind wir es noch und wieder. Ihnen genügt es, daß über Deutschland die schwarz-weiß-roten Fahnen des Bismarck-Reiches und als revolutionäre Konzession die Hakenkreuzfahne wehen. Ihnen reicht auch das bisher errungene Maß äußerer Macht, an der sie teilhaben dürfen. Sie wären sogar noch mit bedeutend weniger zufrieden, denn sie haben nicht darum zu kämpfen brauchen, sondern sind nur Nutznießer unseres Sieges!
Und wenn sie heute meinen, es sei an der Zeit, mit den revolutionären Erscheinungen aufzuräumen und zu „geordneten Zuständen zurückzukehren, so sagen wir ihnen:
... Wir bekennen uns stolz und ohne Einschränkung zur hohen Ehre und schweren Verantwortung, die deutsche Revolution ins Rollen gebracht zu haben. Unter unseren Sturmfahnen marschieren heute die Träger des Willens der deutschen nationalsozialistischen Revolution: Arbeiter, Bauern und Soldaten.
Wenn die Spießerseelen meinen, daß es genüge, wenn der Staatsapparat ein anderes Vorzeichen erhalten hat, daß die „nationale" Revolution schon zu lange dauert, so pflichten wir ihnen hierin ausnahmsweise gern bei: es ist in der Tat hohe Zeit, daß die nationale Revolution aufhört und daß daraus die nationalsozialistische wird!
Ob es ihnen paßt oder nicht – wir werden unseren Kampf weiterführen. Wenn sie endlich begreifen, um was es geht: mit ihnen! Wenn sie nicht wollen: ohne sie!

Ursachen und Folgen des deutschen Zusammenbruchs von 1918 und 1945, Band 10, Dokument 2363, S. 130-132. Zitiert nach: Charles Bloch: Die SA und die Krise des NS-Regimes (= Edition Suhrkamp, Nr. 434), Frankfurt/M. 1970, S. 47ff.

Q 1.9
„Der Führer schützt das Recht"

Carl Schmitt (1888-1985) war einer der führenden Staatsrechtslehrer in der Weimarer Republik und erfolgreicher Hochschullehrer. Am 1. Mai 1933 wurde er Mitglied der NSDAP und hat opportunistisch und überschwenglich dem Nationalsozialismus gedient. Er rechtfertigte das Führerprinzip und den totalen Staat. 1936 geriet er allerdings in die Kritik der SS, die ihm seine früheren Beziehungen zu Juden und Liberalen vorwarf. Er zog sich aus der Öffentlichkeit und von der NSDAP zurück, wurde aber von den Regimegegnern nicht akzeptiert. Der nachfolgende Auszug erschien 1934 in der „Deutschen Juristenzeitung":

Der Führer schützt das Recht vor dem schlimmsten Mißbrauch, wenn er im Augenblick der Gefahr kraft seines Führertums als oberster Gerichtsherr unmittelbar Recht schafft ... Der wahre Führer ist immer auch Richter. Aus dem Führertum fließt das Richtertum. Wer beides voneinander trennen oder gar entgegensetzen will, macht den Richter entweder zum Gegenführer oder zum Werkzeug eines Gegenführers und sucht den Staat mit Hilfe der Justiz aus den Angeln zu heben ...
In Wahrheit war die Tat des Führers echte Gerichtsbarkeit. Sie untersteht nicht der Justiz, sondern war selbst höchste Justiz ...
Das Richtertum des Führers entspringt derselben Rechtsquelle, der alles Recht jedes Volkes entspringt. In der höchsten Not bewährt sich das höchste Recht und erscheint der höchste Grad richterlich rächender Verwirklichung des Rechts. Alles Recht stammt aus dem Lebensrecht des Volkes.

Carl Schmitt: Positionen und Begriffe im Kampf mit Weimar-Genf-Versailles 1923-29, Hamburg 1940, S. 200. Zit. nach: Walter Hofer: Der Nationalsozialismus. Dokumente 1933-1945 (= Fischer TB), Frankfurt/M. 1957, S. 105f.

Fragen und Anregungen:

1. Erarbeiten Sie aus Q 1.1 und der Darstellung Hitlers politisches Konzept für die Regierungsübernahme.
2. Erarbeiten Sie aus Q 1.1 und Q 1.3 die rhetorischen und massenpsychologischen Mittel, die Hitler im Wahlkampf 1933 einsetzte, und vergleichen Sie sie dann mit der Wahlwerbung, wie sie heute üblich ist.
3. Nehmen Sie Stellung zu der Behauptung, die Reichstagswahl vom 5. März 1933 habe nicht unter normalen rechtsstaatlichen Bedingungen stattgefunden.
4. Referat oder Projekt: Wahlen und Abstimmungen 1933/34 am Beispiel Ihres Heimatortes oder Ihrer Region.
5. Brandverordnung und Ermächtigungsgesetz gelten als „Verfassungsurkunden" des Dritten Reiches. Weisen Sie dies anhand geeigneter Belege aus Q 1.4 und Q 1.5c nach.
6. Erörtern Sie Begriff und Bedeutung der „Gleichschaltung" (▷ Q 1.5).
7. Untersuchen Sie das Verhältnis, in dem sich NSDAP und Staat gegenüberstanden (▷ Q 1.6). Welche Schlüsse lassen sich daraus ziehen?
8. Referat: Die SA von ihrer Gründung bis zum „Röhm-Putsch"
9. Fassen Sie Röhms Kritik und seine Forderungen stichwortartig zusammen (▷ Q 1.8).
10. Untersuchen Sie Hitlers Mordaktion vom 30. Juni 1934 aus dem Blickwinkel von Carl Schmitt (▷ Q 1.9).
11. Stellen Sie in einem Schaubild alle Ämter und Funktionen dar, die Hitler nach dem 2. August 1934 innehatte.

Zusammenfassung:

Hitler, am 30. Januar 1933 von Reichspräsident Hindenburg zum Reichskanzler eines Präsidialkabinetts ernannt, löste sofort nach seiner Regierungsübernahme den Reichstag auf und schränkte durch Notverordnungen die Grundrechte ein. Die SA beherrschte in dieser Phase die Straße und terrorisierte die politischen Gegner. Trotz dieses massiven Drucks gelang es Hitler nicht, die absolute Mehrheit für die NSDAP im Reichstag zu erringen. Gegen die Stimmen der SPD setzte er mit Hilfe der bürgerlichen Parteien das Ermächtigungsgesetz durch, das den Reichstag für vier Jahre ausschaltete und ihm selbst umfassende Rechte gab. Ohne formell die Verfassung aufzuheben, wurde die parlamentarische Demokratie in einen totalitären Einparteienstaat umgewandelt. Die Parteien wurden aufgelöst und verboten, die Länder und die staatliche Verwaltung gleichgeschaltet. Die offizielle Propaganda bezeichnete den Prozeß der Machtergreifung und des Machtausbaus als „nationale Revolution" und rechtfertigte die Ermordung der SA-Spitze und vieler Regime-Gegner im Juli 1934 als „Staatsnotwehr". Nach dem Tod Hindenburgs vereinigte Hitler das Amt des Reichspräsidenten mit dem des Reichskanzlers und nannte sich „Führer und Reichskanzler".

2.
Ideologie und Gesellschaftspolitik

1920	24. April	25-Punkte-Programm der NSDAP
1933	10. Mai	Gründung der Deutschen Arbeitsfront (DAF)
	13. September	Proklamation des Winterhilfswerks (WHW)
1936	18. Oktober	Berufung Görings zum „Generalbevollmächtigten für den Vierjahresplan"
1937	26. Juni	NS-Freizeitorganisation „Kraft durch Freude" (KdF)

Wurzeln und Struktur der nationalsozialistischen Ideologie. Der Nationalsozialismus verfügte über keine in sich schlüssige Weltanschauung, sondern kreiste primär um Gedanken und Vorurteile, die bei der sozialen Umwälzung zur modernen industriellen Massengesellschaft entstanden und nach der militärischen Niederlage Deutschlands voll zum Durchbruch gekommen waren. Die Popularität dieser Ideen beruhte psychologisch darauf, daß sie den Schichten, die durch den Krieg, den demokratischen Umsturz und die Inflation ihre Existenz gefährdet sahen, die vermeintliche Ursache wie auch die Behebung ihrer Misere einleuchtend zu erklären vermochten. Im wesentlichen setzte sich diese Ideologie aus drei Komponenten zusammen: Ausgangspunkt und Zentrum der Agitation war eine extreme Judenfeindschaft (Antisemitismus). Sie ging in ihren Wurzeln auf die christliche Judenfeindschaft des Mittelalters zurück, wurde dann im 19. Jahrhundert durch die rechtliche Gleichstellung (Emanzipationsedikte) der Juden neu belebt und bekam durch die Schriften des Franzosen Joseph Arthur Graf von Gobineau (1816–1882) und des Engländers Houston Stuart Chamberlain (1855–1927) eine biologisch-rassistische Grundlage. In Deutschland sammelten sich vor 1914 extrem antisemitische Strömungen im Alldeutschen Verband und in der Christlich-Sozialen Arbeiterpartei des preußischen Hofpredigers Adolf Stoecker (▷ Q 2.1). Im Programm der Deutsch-Konservativen Partei von 1892 hieß es: „Wir bekämpfen den vielfach sich vordrängenden und zersetzenden jüdischen Einfluss auf unser Volksleben." Nach dem Ersten Weltkrieg wurde den Juden der Vorwurf gemacht, ihr „undeutscher" Einfluß habe nicht nur zur militärischen Niederlage geführt, sondern auch den Umsturz zur „Judenrepublik" von Weimar bewirkt. Hitler machte sich diese Stimmung zunutze und steigerte den Antisemitismus, der bisher auf die Verdrängung der Juden aus Wirtschaft, Kultur und Wissenschaft gezielt hatte, zur existenziellen und physischen Vernichtung (▷ Q 2.2). Zweiter Kernpunkt in der nationalsozialistischen Ideologie war eine militante Rassenlehre, die zwischen Ariern, Nichtariern und Juden unterschied. Die Arier galten als „Herrenvolk", das allein das „höhere Menschentum" begründet habe. Kunst, Wissenschaft und Technik seien „nahezu ausschließlich" eine rein arische Leistung. Deswegen habe der Arier auch das Recht, „niedere Völker" zu „unterjochen" und sie als „technisches Instrument im Dienst einer werdenden Kultur" zu verwenden. Erhalt und Fortentwicklung hingen allein davon ab, daß sich die Arier jene „Widerstandskraft" erhielten, „die nur dem reinen Blute zu eigen ist". Hitler übertrug die Gedankengänge, die Charles Darwin (1809–1882) für das Tierreich entwickelt hatte, auf die Menschen. Danach ist das gesamte Leben ein rücksichtsloser Konkurrenzkampf, in dem nur der bestehen kann, der zu kämpfen bereit ist: „Wer leben will, der kämpfe also, und wer nicht streiten will in dieser Welt des einzigen Ringens, verdient das Leben nicht." Der von den Nationalsozialisten propagierte „völkische Staat" sollte ein ausschließlich „germanischer Staat deutscher Nation" sein, dessen oberstes Ziel die „Reinerhaltung der Rasse" war.

Aus der konsequenten Umsetzung der Rassentheorie und der Idee von den Deutschen als „Herrenvolk" ergab sich das dritte Ziel des Nationalsozialismus: die Er-

Allgemeine Ursache ihrer Popularität

Judenfeindschaft

Militante Rassenlehre

Lebensraumpolitik und Weltmachtstreben

oberung von Lebensraum. Hitler hielt die Forderung nach Wiederherstellung der deutschen Grenzen des Jahres 1914 für völlig unzureichend und forderte stattdessen die grundsätzliche Beseitigung des „Mißverhältnisses" von Bevölkerungszahl und zur Verfügung stehendem Boden. Auf Dauer könne die Existenz des deutschen Volkes nur durch eine Raumerweiterung gesichert werden. Das sei zum einen notwendig, um ausreichende „Nährquellen" zur Verfügung zu haben und zum anderen, um die damit gewonnene Vormachtstellung global abzusichern. Die Expansionsgelüste richteten sich hauptsächlich gegen Rußland, wo der Nationalsozialismus seine beiden sog. Todfeinde – Bolschewismus und Judentum – zur Herrschaft gelangt sah. Da die Russen aber aus eigener Kraft nicht im Stande seien, das Joch des Judentums abzuschütteln, die Juden andererseits unfähig wären, das Riesenreich im Osten auf Dauer zu erhalten, sei es reif für den Zusammenbruch. Daraus ergab sich für Hitler als Konsequenz seiner Weltanschauung: „Wir sind vom Schicksal ausersehen, Zeugen einer Katastrophe zu werden, die die gewaltigste Bestätigung für die Richtigkeit der völkischen Rassentheorie sein wird."

Programm kontra Rhetorik Hitlers

Das Parteiprogramm. Hitler propagierte äußerst gekonnt das politische Konzept seiner Weltanschauung in unermüdlicher Wiederholung vor immer größer werdendem Publikum. Die Entschiedenheit seiner Argumentation, die Verwendung populärer Meinungen in der Agitation gegen das „Weimarer System" und seine vor dem Spiegel einstudierte Gestik und Mimik verschafften ihm das Image eines „starken Mannes", dem man zutraute, Deutschland vor der „Versklavung" durch das „Versailler Schanddiktat" zu befreien. Dem offiziellen Parteiprogramm der NSDAP von 1920 kam gegenüber Hitlers öffentlichen Auftritten und Reden nur untergeordnete Bedeutung zu. Es vertrat die Interessen des unteren Mittelstandes und forderte ursprünglich auch die „unentgeltliche Enteignung von Boden" sowie die Überführung der „Groß-Warenhäuser" in den Besitz der Gemeinden („Kommunalisierung") (▷ S. 269). 1928 revidierte Hitler diese Forderung mit der Erklärung, daß die NSDAP „auf dem Boden des Privateigentums" stehe und sich das Enteignungsprogramm ausschließlich gegen jüdische Spekulanten richte. Die Basis des Gesamtprogramms blieb unverändert. Die NSDAP bekannte sich offiziell zu einem „positiven Christentum" und forderte gesetzliche Maßnahmen gegen den „zersetzenden Einfluß" in Presse, Kunst und Literatur.

Ruf nach einem starken „Führer"

„Führer"-Gedanke und „Volksgemeinschafts"-Ideologie. Der innen- und außenpolitische Niedergang, der durch die Kriegsniederlage von 1918 verursacht worden war, hatte in Deutschland vor allem im Bürgertum eine ausgeprägte Sehnsucht nach einem starken „Führer" zur Folge. Insbesondere bei den Feiern zur Erinnerung an die Reichsgründung 1871 kam diese Erwartungshaltung zum Ausdruck. „Wir fordern", sagte z. B. bereits 1928 der Erlanger Jura-Professor und deutschnationale Landtagsabgeordnete Friedrich Lent in seiner Gedenkrede auf das Bismarckreich, „eine Staatsspitze voll eigener Autorität, die über dem ganzen zersplitterten Parteienregiment steht, einen Monarchen, der am besten Führer sein oder doch Führer auswählen kann. Denn was ein Mann geschaffen, das kann auch ein Mann wiederherstellen, ein Genius, ein Held von Gottes Gnaden, wie Bismarck".
Hitler hat diesen Wunsch nach einem charismatischen (genialen und außergewöhnlichen) Führer zu einem Grundsatz seiner Weltanschauung gemacht. Dem demokratischen Mehrheitsprinzip setzte er das aristokratische Prinzip der „Persönlichkeit" entgegen. Wörtlich sagte er in seinem Buch „Mein Kampf": „Indem das parlamentarische Prinzip der Majoritätsbestimmung die Autorität der Person ablehnt und an deren Stelle die Zahl des jeweiligen Haufens setzt, sündigt es wider den aristokratischen Grundgedanken der Natur. So wie sich die beste Rasse gegenüber allen ande-

ren durchsetzt, so tritt der Beste kraft seiner Persönlichkeit an die Spitze und übernimmt allein die Verantwortung" (▷ Q 2.3 und 2.4).

Hitler hatte bis 1928 in der NSDAP die Berufung anstelle der Wahl von Führern durchgesetzt. Mit den Wahlerfolgen ab 1930 wurde er der unumstrittene Führer (▷ Q 2.5). Er erfüllte in seiner Person zwei Funktionen: Nach außen hin präsentierte er sich als der lange erwartete Retter der Nation und nach innen als der Mittelpunkt seiner Partei.

Seine charismatische Stellung enthob ihn jeglicher Kritik. Mit allen Mitteln der Propaganda und der Erziehung wurde der Kult um seine Person ausgebaut. Angefangen vom „Hitler-Gruß" über „Adolf-Hitler-Straßen" bis hin zu Liedern, Gedichten und Texten im Lesebuch wurde der „Führer und Reichskanzler", wie sein offizieller Titel ab 1934 lautete, verherrlicht.

Mythos vom „Führer"

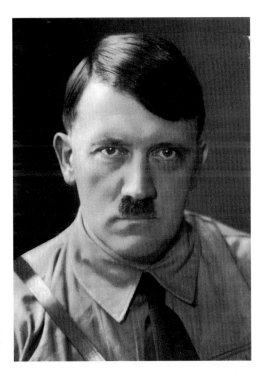

„*Ein Volk, ein Reich, ein Führer". Offizielles Porträt Hitlers, das mit dieser Unterschrift ab 1938 in allen deutschen Amtsstuben und Schulräumen hing – hängen mußte!*

Der Mythos vom Führer wurde mit dem Ziel verbunden, ein Reich neuer Qualität zu schaffen. Es sollte ein ausschließlich „germanischer Staat deutscher Nation" sein, aufgebaut auf der „Blutsgemeinschaft" und der „Gefolgschaft" aller „Volksgenossen". In der ohne Unterlaß propagierten Parole von der „Volksgemeinschaft" faßten die Nationalsozialisten den Wunschtraum von ihrer neuen „völkischen Gemeinschaft" zusammen. Nach diesem Konzept sollte ein starker Staat den Parteienstreit vergangener Zeiten ein für allemal beenden, die soziale Frage lösen und die Nation zu neuer Größe führen. Ideologisch war das Konzept rückwärts gewandt, weil es sowohl die zunehmende Verstädterung wie auch die aus der industriellen Entwicklung resultierenden sozialen Interessenunterschiede ablehnte. Als gesellschaftlicher Kern des erneuerten Volkstums wurden Arbeiter und Bauern ideologisch besonders hervorgehoben. Gerade ihre Situation verschlechterte sich aber im Dritten Reich trotz allem rhetorischen Pathos.

Schaffung eines neuen Reiches

Das Schlagwort „Volksgemeinschaft" wurde in mehrfacher Bedeutung verwendet: In der täglichen Propaganda stand es für den „Sozialismus der Tat", wie ihn die Deut-

„Volksgemeinschaft"

sche Arbeitsfront (DAF), die Nationalsozialistische Volkswohlfahrt (NSV) und das Winterhilfswerk (WHW) mit ihren Sammlungen und Aktionen pflegten. Ungewollt trugen diese Bemühungen, die auf die Hebung des Lebensstandards der unteren Gesellschaftsschichten ausgerichtet waren, dazu bei, daß Ansätze für den heutigen Sozialstaat entwickelt und damit auch die überkommenen Standes- und Klassengrenzen gesprengt wurden (▷ Q 2.6). Der Durchbruch zur egalitären (auf Gleichheit ausgerichteten) Massengesellschaft zeichnete sich ab. Zum anderen gab die Berufung auf das Wohl und das Interesse der „Volksgemeinschaft" dem Regime die Möglichkeit, hinter diesem Schein wohltätiger Fürsorge Unrecht und Gewalt zu kaschieren. Das Schlagwort bot mit der Erweiterung zu der Parole „Ein Volk, ein Reich, ein Führer" zudem die Möglichkeit, die Bevölkerung öffentlichkeitswirksam an das System zu binden und sie ideologisch permanent in Atem zu halten.

Wirtschafts- und Sozialpolitik. Bei der Regierungsübernahme hatten die Nationalsozialisten kein ausgearbeitetes Wirtschaftsprogramm. Allerdings enthielt die Parole von der „Eroberung neuen Lebensraums" nicht nur die Forderung nach neuen Siedlungsgebieten, sondern auch den Gedanken einer autarken (vom Ausland unabhängigen) Großraumwirtschaft. In der Praxis wurde das ideologische Ziel zunächst von vielfältigen Impulsen zur Überwindung der Wirtschaftskrise in den Hintergrund gedrängt. Hitler hat nicht nur die Investitionspläne seiner Vorgänger übernommen, sondern sie durch zusätzliche Arbeitsbeschaffungsprogramme (vor allem im Siedlungsbau) noch ausgeweitet. Geschickt verstand es dabei das Regime, seine Maßnahmen, wie z. B. den im Spätsommer 1933 begonnenen Autobahnbau, spektakulär in Szene zu setzen. Für die weiblichen und männlichen Jugendlichen bestand ab 1935 eine sechsmonatige Arbeitsdienstpflicht. Der Einsatz erfolgte zunächst vorrangig zur Bodenkultivierung, ab 1938 dann zum Bau von Wehranlagen (Westwall). Im industriellen Bereich führte 1933 die Aufhebung der Kfz-Steuer zu einer stärkeren Nachfrage und beschleunigte ganz erheblich die Automobilproduktion (Verdoppelung der zugelassenen Kraftfahrzeuge in der Spanne von 1932–1938). Innerhalb kürzester Zeit

Arbeitsbeschaffungsprogramme

Reichsarbeitsdienst

Arbeitsbeschaffung durch Bau von Autobahnen
Am 23. September 1933 eröffnet Hitler mit einem Spatenstich den Bau der ersten Reichsautobahn Frankfurt-Heidelberg.

wurde die Arbeitslosigkeit (▷ vgl. S. 210f.) überwunden und 1936 sogar Vollbeschäftigung erreicht. *Wirtschaftsaufschwung*

Anfangs spielten die Rüstungsausgaben noch keine entscheidende Rolle. Sie wurden zunächst nicht aus der Staatskasse, sondern zum Schein über eine Firma finanziert, die die Rüstungskonzerne unter dem Namen **Metallforschungsgesellschaft**" gegründet hatten. Auf sie gab Reichsbankpräsident Hjalmar Schacht sog. Mefo-Wechsel aus, die im Zahlungsverkehr wie Papiergeld verwendet und später bei der Reichsbank eingelöst werden konnten. 1936 forcierte Hitler die Aufrüstung und legte einen Plan vor, nach dem innerhalb von vier Jahren die „deutsche Armee einsatzfähig" und die „deutsche Wirtschaft kriegsfähig" zu machen waren (▷ Q 2.7). Hermann Göring wurde als Generalbevollmächtigter mit der Ausführung des Vierjahresplans beauftragt. Von 1938 an rief er zu „großen Erzeugungsschlachten" auf, um verstärkt einheimische Rohstoffe zu gewinnen und wirtschaftlich von Importen unabhängig zu werden. Es entstand eine zentral geplante Wirtschaft, in der sich Lohnabhängige und Unternehmer gleichermaßen auf die Vorgaben des Regimes auszurichten hatten. Die verstärkte Aufrüstung führte zu Schwierigkeiten in der Versorgung der Bevölkerung mit Konsumgütern und in der Geldwertstabilität. Aus Protest gegen die zunehmende Verschuldung trat Hjalmar Schacht 1937 als Reichswirtschaftsminister und 1939 auch als Reichsbankpräsident zurück (▷ Q 2.8). Mit Preis- und Anbauvorschriften sowie Abnahmegarantien versuchte die Regierung agrarpolitisch gegenzusteuern. Infolge dieser Entwicklung verlor die als „Reichsnährstand" ideologisch aufgewertete Landwirtschaft bis 1939 1,4 Millionen Arbeitskräfte an die Industrie. *Mefo-Wechsel*

Vierjahresplan

Landwirtschaft

In ähnlicher Weise klaffte bei den Arbeitern Anspruch und Wirklichkeit auseinander. Zwar gab es Mitte der dreißiger Jahre wieder Arbeit für alle, aber dafür hatte die Arbeiterschaft ihre Organisations- und Tarifautonomie aufgeben müssen. Auch der Lohn erreichte erst 1938 wieder das Niveau von 1929. Trotzdem stieß das Regime bis zum Kriegsausbruch auf breite Zustimmung, weil der unbestreitbare wirtschaftliche Aufschwung, die außenpolitischen Erfolge, die sportlichen Leistungen bei der Berliner Olympiade und die beeindruckend inszenierten Reichsparteitage psychologisch dazu beitrugen, sich mit Volk und Führer zu identifizieren. *Arbeiterschaft*

Nicht zu unterschätzende Bedeutung kam dabei der Deutschen Arbeitsfront (DAF) zu. Zwar hatte sie keinen Einfluß auf die Lohn- und Tarifentscheidungen, wohl aber auf die Sozialpolitik. Die DAF kümmerte sich in den Betrieben zunächst um die Sicherheit am Arbeitsplatz, die Hygiene und die Arbeitsmedizin (▷ Q 2.9). Durchschlagenden Erfolg hatte sie als Veranstalter für den Massentourismus. Als Unterorganisation war dafür eigens das KdF („Kraft durch Freude") eingerichtet worden. Mit Hilfe dieser Einrichtung *Sozialpolitik*

Kraft durch Freude

Auch Du kannst jetzt reisen!

machten bis 1939 über sieben Millionen Deutsche Urlaub. Hinzu kamen Tagesausflüge, Tanz- und Theaterveranstaltungen, Konzerte, Volksbildungsprogramme und sogar Tennis- und Reitkurse. Dieses Angebot änderte zwar nichts an den unternehmerischen Eigentumsverhältnissen, wohl aber am sozialen Bewußtsein. Daß Arbeiter und Angestellte sozialpolitische Fürsorge genossen, daß sie nun ebenso Urlaub machen und ihre Freizeit gestalten konnten wie Arbeitgeber und besser gestellte Vorgesetzte, war Anlaß genug, der Propaganda von der sozialen Gleichheit aller Volksgenossen Glauben zu schenken.

Die Nationalsozialistische Volkswohlfahrt (NSV) verstärkte mit einer Vielzahl von Aktionen den schönen Schein der nationalen Solidarität. „Eintopfessen", an denen sich unabhängig von Rang und Namen alle Schichten der Gesellschaft beteiligten, demonstrierten genauso wie die Sammlungen des Winterhilfswerks (WHW) Gleichheit und Opferbereitschaft eines neuen völkischen Denkens.

Straßenverkauf von Eintopf. Die Bevölkerung soll den gegenüber einer normalen Mahlzeit eingesparten Betrag der NSV spenden. Der Berliner Volksmund münzte diese Parole um in: „Keiner soll hungern, ohne zu frieren!"

Modernisierung durch den Nationalsozialismus?

Sowohl in der Wirtschaft als auch in der Sozialpolitik hat das nationalsozialistische Regime keine grundlegende Modernisierung bewirkt. Die überkommene privatwirtschaftliche Struktur wurde nicht angetastet. Von 1933 an hat aber der Staat im Sinne einer modernen Globalsteuerung in die Wirtschaft eingegriffen; zunächst indirekt mit Arbeitsbeschaffungsprogrammen und Staatsaufträgen zur Ankurbelung der Konjunktur, dann mit Vorschriften zur Regulierung der Außenwirtschaft und später sogar mit direkten Anweisungen zur Lohn- und Preispolitik. Die Aufrüstung setzte mit dem technologischen Ausbau der Grundstoffindustrien (Schwerindustrie und Energiewirtschaft) einen Innovationsschub in Gang, der sich nach 1945 günstig auf den Wiederaufbau auswirkte. Als „Nebenprodukt" dieser Entwicklung kam es zu tiefgreifenden Veränderungen: 1,4 Millionen Landwirte wanderten von ihrer Scholle in die Industrie ab. Mit der prinzipiellen Gleichsetzung aller „Volksgenossen" wurden überkommene Standesschranken abgebaut. DAF und KdF trugen mit ihren Freizeit- und Urlaubsprogrammen dazu bei, das gesellschaftspolitische Gefälle zwischen Mittelschicht und Arbeiterschaft abzutragen. Unbeabsichtigt und im offenen Widerspruch zur propagierten Ideologie und erklärten Forderungen Hitlers hatten die Rüstungspolitik und dann später vor allem die Kriegswirtschaft zur Folge, daß die Frauen aus ihrer traditionellen Rolle als Hausfrau und Mutter herausgelöst und sie beruflich eigenständig in das Wirtschaftsleben einbezogen wurden.

Q 2.1
Die Judenfrage im 19. Jahrhundert

Adolf Stoecker (1835-1909), Hof- und Domprediger in Berlin, gründete 1878 die Christlich-Soziale Arbeiterpartei und war zeitweise Abgeordneter im preußischen Landtag sowie im deutschen Reichstag. Als Verfechter eines wirtschaftlich-sozialen Antisemitismus hat er maßgeblich die monarchisch-nationalistischen Kreise im deutschen Kaiserreich beeinflußt.

Aus Schwärmerei, Schwachheit und Charakterlosigkeit hat man die wichtigsten nationalen und kirchlichen Aufgaben übersehen und die Juden eine Stellung einnehmen lassen, die mit dem nationalen und geistigen Wohl der Völker unverträglich ist.
Früher sind sie richtiger behandelt worden. Der große Friedrich verbot ihnen die starke Einwanderung in Breslau, damit Breslau kein Jerusalem werde, und noch Friedrich Wilhelm III. untersagte ihnen im Jahre 1834, Bauernhöfe zu kaufen, es sei denn, daß sie dieselben mit jüdischem Gesinde bewirtschafteten. Warum sollten unsere Fürsten nicht mehr in derselben fürsorgenden Regierungskunst ihres bedrängten Volkes sich annehmen? Man wird sagen, daß eine andere Zeit gekommen und der Parlamentarismus zu solcher Weisheit unfähig sei. Wir geben das in gewisser Weise zu. Aber wenn sich herausstellt, daß die Macht der Juden an den Börsen wie in der Presse, im Handel wie in der Industrie eine Gefahr für das deutsche Volk geworden ist, so versteht es sich doch ganz von selbst, daß begangene Irrtümer aufgegeben und gutgemacht werden. Man redet so viel von nationalem Geiste und jauchzt dem Worte zu, daß der Deutsche niemand fürchte als Gott; warum sollen wir uns denn vor den Juden fürchten? Es kann wirklich nur die Frage sein, ob eine Abhilfe noch möglich ist. Daß sie nötig war, darin stimmte der den Juden so gütig gesinnte Kaiser Friedrich mit uns überein. Ob sie noch möglich ist, kann nur eine Frage der praktischen Politik sein, und wir bejahen diese Frage unbedingt. Nur Mangel an staatsmännischer Einsicht oder an politischem Mut kann sich der Notwendigkeit verschließen, die Judenfrage in Angriff zu nehmen; es sei denn, daß man den Juden durch materielle Vorteile verbunden und damit verfallen ist. Gewiß gibt es Tausende in einflußreichen Kreisen, die dadurch an der richtigen Stellungnahme zur Judenfrage verhindert worden sind und noch werden. Ihnen rufen wir zu: Man hätte früher etwas tun sollen, man soll noch jetzt etwas tun, es ist die höchste Zeit, aber es ist noch nicht zu spät.

Adolf Stoecker: „Ja, man hätte früher etwas tun sollen!". In: Neue preußische Zeitung (Kreuzzeitung), 25. August 1888. Zit. nach: Hans Feustel: Im Bismarckschen Reich 1871-1890 (= Quellen zum politischen Denken der Deutschen im 19. und 20. Jahrhundert, Freiherr vom Stein-Gedächtnisausgabe, Band VI), Darmstadt 1978, S. 423f.

Q 2.2
Hitler über die Juden

Nein, der Jude besitzt keine irgendwie kulturbildende Kraft, da der Idealismus, ohne den es eine wahrhafte Höherentwicklung des Menschen nicht gibt, bei ihm nicht vorhanden ist und nie vorhanden war. Daher wird sein Intellekt niemals aufbauend wirken, sondern zerstörend und in ganz seltenen Fällen vielleicht höchstens aufpeitschend, dann aber als das Urbild der „Kraft, die stets das Böse will und stets das Gute schafft". Nicht durch ihn findet irgendein Fortschritt der Menschheit statt, sondern trotz ihm … Er ist und bleibt der ewige Parasit, ein Schmarotzer, der wie ein schädlicher Bazillus sich immer mehr ausbreitet, sowie nur ein günstiger Nährboden dazu einlädt. Die Wirkung seines Daseins aber gleicht ebenfalls der von Schmarotzern: wo er auftritt, stirbt das Wirtsvolk nach kürzerer oder längerer Zeit ab … Ein rassereines Volk, das sich seines Blutes bewußt ist, wird vom Juden niemals unterjocht werden können. Er wird auf dieser Welt ewig nur der Herr von Bastarden sein. So versucht er planmäßig, das Rassenniveau durch eine dauernde Vergiftung der einzelnen zu senken.
Planmäßig arbeitet er auf die Revolutionierung in doppelter Richtung hin: in wirtschaftlicher und politischer. Völker, die dem Angriff von innen zu heftigen Widerstand entgegensetzen, umspinnt er dank seiner internationalen Einflüsse mit einem Netz von Feinden, hetzt sie in Kriege und pflanzt endlich, wenn nötig, noch auf die Schlachtfelder die Flagge der Revolution.
Wirtschaftlich erschüttert er die Staaten so lange, bis die unrentabel gewordenen sozialen Betriebe entstaatlicht und seiner Finanzkontrolle unterstellt werden. Politisch verweigert er dem Staate die Mittel zu seiner Selbsterhaltung, zerstört die Grundlagen jeder nationalen Selbstbehauptung und Verteidigung, vernichtet den Glauben an die Führung, schmäht die Geschichte

und Vergangenheit und zieht alles wahrhaft Große in die Gosse. Kulturell verseucht er Kunst, Literatur, Theater, vernarrt das natürliche Empfinden, stürzt alle Begriffe von Schön-
45 heit und Erhabenheit, von Edel und Gut und zerrt dafür die Menschen herab in den Bannkreis seiner eigenen niedrigen Wesensart.
Die Religion wird lächerlich gemacht, Sitte und Moral als überlebt hingestellt, so lange, bis die
50 letzten Stützen eines Volkstums im Kampfe um das Dasein auf dieser Welt gefallen sind. Das furchtbarste Beispiel dieser Art bildet Rußland, wo er an dreißig Millionen Menschen in wahrhaft satanischer Wildheit teilweise unter un-
55 menschlichen Qualen tötete oder verhungern ließ, um einem Haufen jüdischer Literaten und Börsenbanditen die Herrschaft über ein großes Volk zu sichern. Das Ende aber ist nicht nur das Ende der Freiheit der vom Juden unterdrückten
60 Völker, sondern auch das Ende dieses Völkerparasiten selber. Nach dem Tode des Opfers stirbt auch früher oder später der Vampir.

Adolf Hitler: Mein Kampf, München 701.-705. Auflage 1942, S. 332, 334 und 357f.

Q 2.3
Hitler über das Führerprinzip

Es wäre ein Wahnwitz, den Wert des Menschen nach seiner Rassenzugehörigkeit abschätzen zu wollen, mithin dem marxistischen Standpunkt: Mensch ist gleich Mensch den Krieg zu erklä-
5 ren, wenn man dann doch nicht entschlossen ist, auch die letzten Konsequenzen zu ziehen. Die letzte Konsequenz der Anerkennung der Bedeutung des Blutes, also der rassenmäßigen Grundlage im allgemeinen, ist aber die Übertragung
10 dieser Einschätzung auf die einzelne Person. So wie ich im allgemeinen die Völker auf Grund ihrer rassischen Zugehörigkeit verschieden bewerten muß, so auch die einzelnen Menschen innerhalb einer Volksgemeinschaft. Die Feststellung,
15 daß Volk nicht gleich Volk ist, überträgt sich dann auf den einzelnen Menschen innerhalb einer Volksgemeinschaft etwa in dem Sinne, daß Kopf nicht gleich Kopf sein kann, weil auch hier die blutsmäßigen Bestandteile wohl in
20 großen Linien die gleichen sind, allein im einzelnen doch tausendfältigen feinsten Differenzierungen unterliegen.

Die erste Konsequenz dieser Erkenntnis ist zugleich die, ich möchte sagen, gröbere, nämlich
25 der Versuch, die innerhalb der Volksgemeinschaft als rassisch besonders wertvoll erkannten Elemente maßgeblichst zu fördern und für ihre besondere Vermehrung Sorge zu tragen. Gröber ist diese Aufgabe deshalb, weil sie fast mecha-
30 nisch erkannt und gelöst zu werden vermag. Schwieriger ist es, aus der Gesamtheit aller die geistig und ideell wirklich wertvollsten Köpfe zu erkennen und ihnen jenen Einfluß einzuräumen, der nicht nur diesen überlegenen Geistern an
35 sich zukommt, sondern der vor allem der Nation von Nutzen ist. Diese Siebung nach Fähigkeit und Tüchtigkeit kann nicht mechanisch vorgenommen werden, sondern ist eine Arbeit, die der Kampf des täglichen Lebens ununter-
40 brochen besorgt. Eine Weltanschauung, die sich bestrebt, unter Ablehnung des demokratischen Massengedankens, dem besten Volk, also den höchsten Menschen, diese Erde zu geben, muß logischerweise auch innerhalb dieses Volkes wie-
45 der dem gleichen aristokratischen Prinzip gehorchen und den besten Köpfen die Führung und den höchsten Einfluß im betreffenden Volk sichern. Damit baut sie nicht auf dem Gedanken der Majorität, sondern auf dem der Persönlich-
50 keit auf.

Hitler: a. a. O., S 492f.

Q 2.4
Der Führerkult

a) Gebet:
Die Heroisierung – ob realistisch oder symbolisch – war grenzenlos und reichte bis ins Religiöse:

Führer, mein Führer, von Gott mir gegeben,
beschütze und erhalte noch lange mein Leben!
Hast Deutschland gerettet aus tiefster Not,
Dir danke ich heute mein tägliches Brot.
5 Bleib lange noch bei mir, verlaß mich nicht,
Führer, mein Führer, mein Glaube, mein Licht!
Heil, mein Führer!

Gebet der von der Nationalsozialistischen Volkswohlfahrt betreuten Kinder. Zit. nach: Hermann Glaser: Wie es war und wie es dazu kam. Berichte und Dokumente (= Herder-TB, Nr. 774), Freiburg im Breisgau 1961, S. 68.

b) Hitler in „seinen" Bergen

c) Hitler als ritterlicher Bannerträger

Die Abbildungen zeigen Hitler in zwei besonders beliebten Posen. Oben: Der Führer in „seinen" Bergen bei Berchtesgaden, einsam und nachdenklich, nur bewacht von einem treuen Partei„jünger". Unten: Hitler hoch zu Roß in gleißender Ritterrüstung als trutziger Bannerträger seiner Partei (Gemälde von Hubert Lanziger, 1938).

Q 2.5
Erfolg und Verfall des Führer-Mythos

Der Auszug aus einer historischen Untersuchung faßt zusammen, wie sich das Bild vom Führer im Laufe des Dritten Reiches entwickelt und verändert hat.

Erst mit der September-Wahl 1930 kam der Durchbruch zur Massenpublizität. Hitler und die NS-Bewegung beherrschten die Schlagzeilen und Nachrichten. Nun entstand – schon pseu-
5 doreligiös überhöht – das Bild vom „Führer des kommenden Deutschlands". Sein erfolgreiches Abschneiden bei der Reichspräsidentenwahl im Frühjahr 1932 trug dazu nicht wenig bei. Zwar zögerte er lange mit seinem Entschluß, gegen
10 den populären Feldmarschall Paul von Hindenburg anzutreten. Vielleicht erkannte er die Gefahr, den lebenden Mythos herauszufordern. Vielleicht sah er aber auch die Chance, von diesem Mythos einmal selber zu profitieren. Jeden-
15 falls ließen Wahlkampf und Wahlausgang Hitler, die Leitfigur des „jungen", nationalsozialistischen Deutschlands, neben Hindenburg, dem ruhmreichen Feldherrn und Repräsentanten einer untergegangenen Epoche, wie selbstver-
20 ständlich als dessen Nachfolger erscheinen. So, als gäbe es die Republik schon nicht mehr.
Dabei war Hitlers Anziehungskraft auch in der Agonie[1] der Republik keineswegs unbegrenzt. Vor allem der politische Katholizismus und jene
25 Teile der Arbeiterschaft mit langjähriger Organisationsbindung in der Arbeiterbewegung standen ihm skeptisch bis ablehnend gegenüber. Der erhebliche Wählerverlust von etwa zwei Millionen Stimmen im November 1932 zeigte, daß
30 sein Aufstieg nicht unaufhaltsam war.
Als er dann wenige Wochen später doch Reichskanzler geworden war, gab das „große Wunder" dieser „historischen Wende", wie Goebbels enthusiastisch übertrieben, aber nicht ganz
35 falsch in seinem Tagebuch notierte, dem Mythos neue Nahrung. Von der NS-Propaganda wurde Hitler zum „Kanzler der nationalen Erhebung" und „Wiedergeburt" ausgerufen. Für zwei Drittel der deutschen Bevölkerung war er
40 einstweilen nur der neue Regierungschef, noch keineswegs der „Volkskanzler", zu dem ihn der Völkische Beobachter[2] schon stilisierte, und „der Führer" aller Deutschen schon gar nicht. Die NS-Propagandisten und Medienregisseure
45 handelten entsprechend. Sie nutzten jede Gelegenheit, Hitlers Popularität zu steigern, spekta-

kulär und in rascher Folge. Augen und Ohren der Massen waren immerzu beschäftigt ...

Der entstehende Hitler-Mythos wurde mehr und mehr zur Kompensation für die Kritik an der alltäglichen Lebenswirklichkeit und am politischen System der Nazis. Mißstände und Verschlechterungen wurden der Regierung, vor allem aber der Partei angelastet, den „Goldfasan-" und „Parteibuchbeamten", wie die „kleinen Hitler" verächtlich genannt wurden. Soziale Verbesserungen aber schrieb man Hitler zu, außenpolitische und militärische Erfolge – oder was man dafür hielt – sowieso. Das solchermaßen gespaltene Bewußtsein fand seinen Ausdruck in Redensarten wie „Wenn das der Führer wüßte ..." Und in völliger Verkennung der faktischen Zusammenhänge seufzte Volkes Stimme auch noch nach den sich häufenden Niederlagen und dem vermeintlichen Verrat vom 20. Juli 1944: „Dem Führer bleibt auch nichts erspart."

Es gehört wohl zu den bemerkenswerten Erkenntnissen über die Abspaltung des positiven Hitler-Bildes vom negativen Partei-Image, daß die Verfolgung und Unterdrückung bereits „diskreditierter Minderheiten" Hitlers Popularität ebenso zugute kam wie die von ihm – mit Rücksicht auf die Reichswehr – befohlene Ermordung zahlreicher SA-Führer. Der „theatromanische" Träger des Führer-Mythos hatte viele Gesichter und spielte je nach Situation und Gegenüber unterschiedliche Rollen. Mal war er „Volkskanzler", mal „durchgreifender" Garant für Ruhe und Ordnung, mal „königliche Vaterfigur". Dafür sorgte nicht zuletzt sein erfindungsreicher und zungenfertiger Propagandist und „Alter ego"[3] Joseph Goebbels.

Was immer Hitler jenseits seiner professionellen Image-Inszenierung sonst noch war oder tat, privat wie in seinen politischen Funktionen innerhalb des polykratischen Führer-Staates, als Träger und Darsteller eines Mythos war er vor allem die entscheidende Identifikations- und Projektionsfigur für die Ängste und Hoffnungen, für die Ressentiments und Sehnsüchte der Massen. Das Verhältnis zwischen ihm und den Deutschen beruhte ... weitgehend auf Täuschung und Selbsttäuschung; gegen ihre geradezu „kindliche Anhänglichkeit" stand seine Distanz zu ihnen ...

Mit dem Einmarsch der deutschen Truppen in Paris 1940 erreichte der Hitler-Mythos einen neuen und seinen letzten Höhepunkt.

Die Hochstimmung hielt sich nur einen kurzen Sommer. Nach dem Ende einer achtzehnmonatigen Serie ebenso mühelos erscheinender wie triumphal erlebter Siege, spätestens aber nach dem Angriff auf Rußland verschlechterte sich die Stimmung in der Bevölkerung zusehends. Mit den Niederlagen und Opfern an der Front, den Bombardierungen der deutschen Städte und dem scharfen Vorgehen gegen „Wehrkraftzersetzung" setzte auch der Verfall des Hitler-Mythos ein. Jetzt zeigte sich, daß Hitlers „Erfolgscharisma" die wichtigste Grundlage seines Mythos gewesen war. Wo aber nur noch Niederlagen gemeldet und Zerstörungen registriert, aber keine Erfolge mehr gefeiert werden konnten, ließ sich auch der Glaube an sie nicht länger aufrechterhalten. Mochte Hitler, der sich bald immer seltener öffentlich äußerte, anfangs auch rhetorische Siegeszuversicht verbreiten und Wunder versprechen, er verkörperte diesen Glauben nicht mehr. In persönlichen Gesprächen und halböffentlichen Reden verhehlte er nicht seine düster-drohenden Untergangs- und Zerstörungsvisionen. Zwar klammerten sich Teile der Bevölkerung bis zuletzt an den Glauben, es werde doch noch ein Wunder geschehen. Diese Hoffnung war indes Ausdruck bloßer Verzweiflung. Der Führer-Mythos hatte sich verbraucht, bevor sich Hitler im Bunker der Reichskanzlei das Leben nahm.

Hitler kam zu den Deutschen von außen ... und er ist ihnen auch von außen genommen worden. Aber wirklich losgeworden sind wir ihn bis heute noch nicht. Und er wird uns womöglich noch durch Generationen begleiten „als ewiges Denkmal des Menschenmöglichen" ...

Als „Sprecher der Nation" konnte Hitler nur deshalb so erfolgreich sein, weil er weitgehend war, was er immer wieder vorgab zu sein: ein typischer „Vertreter seines Volkes", dessen durchschnittliche Sehnsüchte und Ressentiments, Anschauungen, Neigungen und Gewohnheiten er sehr genau kannte, denn es waren weitgehend die seinen. Als das vielleicht „bedeutendste Einzelphänomen" ... seiner Epoche wird er uns wohl noch lange beschäftigen.

Peter Reichel: Hoffen auf den starken Mann. In: Die Zeit, Nr. 20 vom 12. Mai 1989 (Auszug aus: Peter Reichel: Faszination des Faschismus, München 1990).

1) Todeskampf
2) Parteizeitung der NSDAP
3) anderes Ich

Q 2.6
Dienst für die „Volksgemeinschaft"

Melita Maschmann, 1918 in Berlin geboren, begeisterte sich als junges Mädchen für den Nationalsozialismus, wurde mit 15 Jahren BDM-Mitglied und berichtete in der Lokalpresse und in Jugendzeitschriften über die Hitlerjugend. Erst nach 1945 wurde ihr bewußt, wie verblendet sie war und welchem Terrorregime sie gedient hatte. Über ihren Reichsarbeitsdienst, zu dem sie 1936 eingezogen wird, schreibt sie im Rückblick:

Der Sommer nach dem Abitur war die sorgloseste Zeit meiner Jugend. Für April war ich zum Arbeitsdienst nach Ostpreußen einberufen. Schon bei der Abfahrt vom Berliner Schlesischen Bahnhof stellte ich mich freudig darauf ein, daß jetzt eine Zeit des Dienstes an der Volksgemeinschaft mir Gelegenheit bieten würde, die Theorie meiner Zeitungsartikel hinter mir zu lassen und mich ganz in die Praxis zu stellen ...
Das Lager befand sich in der Nähe des größten masurischen Sees, in D. am Spirdingsee. Es war in einem verwohnten, viel zu engen Haus untergebracht. So schäbig wie die Räume war auch das Inventar bis zu den geflickten Strohsäcken, der abgetragenen Kleidung und den plumpen Schnürstiefeln. Dieser Ärmlichkeit entsprach der Zuschnitt unseres Lebens. Der Tag begann um sechs Uhr mit dem Frühsport. Um halb acht gingen wir zu den Bauern, nachdem eine halbe Stunde gesungen worden war. Dabei schliefen freilich die meisten von uns vor Müdigkeit wieder ein. Während der Ernte dehnte sich die Bauernarbeit bis zu fünfzehn Stunden täglich aus, in der Regel sollte sie nur sieben bis acht Stunden dauern ...
Unsere Lagergemeinschaft war ein verkleinertes Modell dessen, was ich mir unter Volksgemeinschaft vorstellte. Sie war ein vollkommen gelungenes Modell. Niemals vorher oder nachher habe ich eine so gute Zusammenarbeit erlebt, auch dort nicht, wo die Zusammensetzung in jeder Hinsicht homogener war. Unter uns gab es Bauernmädchen, Studentinnen, Arbeiterinnen, Verkäuferinnen, Friseusen, Schülerinnen, Büroangestellte usw. Geführt wurde das Lager von einer ostpreußischen Bauerntochter, die nie über ihre engere Heimat hinausgekommen war. Obwohl sie kaum je ein Fremdwort richtig aussprach, wäre niemand auf die Idee gekommen, sie auszulachen. Sie brachte uns dazu, daß jeder jeden in seiner Art gelten ließ, nachdem man die gegenseitigen Schwächen und Stärken erkannt hatte, und daß jeder sich bemühte, hilfsbereit und zuverlässig zu sein.
Daß ich dieses Modell einer Volksgemeinschaft mit so intensivem Glücksgefühl erlebt habe, hat einen Optimismus in mir entstehen lassen, an den ich mich bis 1945 eigensinnig klammerte. Gestützt auf diese Erfahrung glaubte ich allen Gegenbeweisen zum Trotz, daß der Musterfall unseres Lagers sich eines Tages ins Unendliche würde vergrößern lassen. Wenn noch nicht in der nächsten, so doch in einer künftigen Generation.

Melita Maschmann: Fazit. Mein Weg in die Hitler-Jugend (= dtv-TB, Nr. 1427), München 1980, S. 31ff.

Q 2.7
Rüstungsausgaben, öffentliche Investitionen und Sozialprodukt 1928, 1932–1938 (in Millionen RM)

	1928	1932	1933	1934	1935	1936	1937	1938
Rüstung	827	620	720	3300	5150	9000	10850	15500
Öffentl. Investitionen	6413	1970	2430	3460	3890	4220	4620	5330
davon								
– Verkehr	2234	850	1238	1694	1876	2144	2400	3376
– Wohnungsbau	1330	150	185	275	220	175	200	250
Rüstung in % der öffentl. Investitionen	12,9	21,5	29,6	96,2	132,4	213,3	234,8	280,3
Anteil der Rüstung in % des Volkseinkommens	1,1	1,4	1,6	6,3	8,7	13,7	14,7	18,8

Leicht verändert nach Wolfgang Michalka (Hrsg.): Das Dritte Reich, Bd. 1: „Volksgemeinschaft" und Großmachtpolitik 1933-1939 (= dtv-TB, Nr. 2925), München 1985, S. 308.

Q 2.8
Beschwerde des Reichsbankdirektoriums bei Hitler (9. Januar 1939)

Verfasser dieses Briefes ist Hjalmar Schacht (1877-1970). Von 1923 bis 1930 erstmals Reichsbankpräsident, hat er vor 1933 maßgeblich zum Aufstieg Hitlers beigetragen und ihn in die Kreise der Hochfinanz eingeführt. Dafür machte ihn Hitler erneut zum Reichsbankpräsidenten (1933-1939) und zum Reichswirtschaftsminister (1934-1937). Schacht war nach 1933 der finanzielle Architekt des Dritten Reiches, der Hitler den Weg für den Aufbau der Wehrmacht und die deutsche Wiederaufrüstung ebnete. 1937 geriet er mit dem NS-Regime in Konflikt, weil er sich gegen die zunehmende Inflation wehrte. 1939 trat er deswegen auch als Reichsbankpräsident zurück, hatte später Kontakt zu konservativen Widerstandskreisen und wurde nach dem mißlungenen Attentat vom 20. Juli 1944 in KZ-Haft genommen. Den Vorwurf, er habe zur Kriegsvorbereitung Hitlers beigetragen, konnte er nach 1945 in mehreren Prozessen erfolgreich abwehren. Als Finanzberater für Entwicklungsländer und Mitinhaber einer Außenhandelsbank machte er in der Bundesrepublik erneut Karriere.

In entscheidendem Maße wird die Währung von der hemmungslosen Ausgabenwirtschaft der öffentlichen Hand bedroht. Das unbegrenzte Anschwellen der Staatsausgaben sprengt jeden Versuch eines geordneten Etats, bringt trotz ungeheurer Anspannung der Steuerschraube die Staatsfinanzen an den Rand des Zusammenbruchs und zerrüttet von hier aus die Notenbank und die Währung. Es gibt kein noch so geniales und ausgeklügeltes Rezept oder System der Finanz- und Geldtechnik, keine Organisation und keine Kontrollmaßnahmen, die wirksam genug wären, die verheerenden Wirkungen einer uferlosen Ausgabenwirtschaft auf die Währung hintan zu halten. Keine Notenbank ist imstande, die Währung aufrecht zu erhalten gegen eine inflationistische Ausgabenpolitik des Staates. War während der beiden großen außenpolitischen Aktionen in der Ostmark und im Sudetenland eine Steigerung der öffentlichen Ausgaben zwangsläufig, so macht die Tatsache, daß nach Beendigung der außenpolitischen Aktionen eine Beschränkung der Ausgabenpolitik nicht zu erkennen ist, vielmehr alles darauf hindeutet, daß eine weitere Ausgabensteigerung geplant ist, es nunmehr zur gebieterischen Pflicht, auf die Folgen für die Währung hinzuweisen.

Michalka: a. a. O., S. 205f.

Q 2.9
Die Sozialpolitik der DAF

Aus einer offiziellen Publikation des Gauleiters der bayerischen Ostmark (1937):

Der ungesunden Arbeitsstätte hat die Deutsche Arbeitsfront erfolgreich den Kampf angesagt. In engster Zusammenarbeit mit dem Amt für Volksgesundheit, das die ärztlichen Berater stellt, wird durch das Amt für Schönheit der Arbeit Betrieb auf Betrieb besichtigt. Das Ergebnis war zunächst wenig ermutigend. In einer großen Zahl von Betrieben, die zu einer Zeit gegründet worden waren, in der auf das Schicksal des Arbeitenden nur sehr wenig Rücksicht genommen wurde, fehlten nicht nur Aufenthaltsräume und gute hygienische Einrichtungen, sondern selbst die Arbeitsräume entsprachen in keiner Weise auch nur den primitivsten hygienischen Anforderungen. Um nur ein einziges Beispiel von einer Betriebsbesichtigung herauszugreifen: In einem kleineren Werk, in dem sich ein Arbeitsvorgang abspielt, der viel Staubentwicklung verursacht, waren die Arbeitsräume überbelegt: es fehlten die Absaugevorrichtungen für den Staub. Ungedämpft ratterte ein nervenzermürbender Maschinenlärm. Wasch- und Umkleideräume gab es nicht. Die Abortverhältnisse spotteten jeder Beschreibung. Drei junge Mädchen hatten ihre Arbeit in einem feuchten, ungenügend durchlüfteten und belichteten Kellergelaß auszuführen. Das Eingreifen der Arbeitsfront hat hier Wandel geschaffen. Die Gemeinschaft der Schaffenden hat einer sozialen Moral zum Durchbruch verholfen, der sich keiner entziehen kann. Der eben erwähnte Betrieb z. B. ist heute ein Musterbetrieb. Ein neuer Werkbau ist errichtet. Die Arbeitsplätze sind hell. Der Lärm ist gedämpft. Staubsauger an jeder Maschine verhindern die Staubentwicklung. Wasch-, Umkleide- und Aufenthaltsräume wurden geschaffen. Ein halbes Tausend Betriebsbesichtigungen hat die Deutsche Arbeitsfront seit ihrer Begründung durchgeführt. Selbsthilfe der Gefolgschaften und Mitarbeit der Betriebsführer greifen jetzt ineinander, um schöne und würdige Arbeitsstätten zu schaffen.

Fritz Wächtler (Hrsg.): Bayerische Ostmark. Vier Jahre nationalsozialistische Aufbauarbeit in einem deutschen Grenzgau, Bayreuth o. J., S. 119.

Fragen und Anregungen:

1. Vergleichen Sie Hitlers Antisemitismus (▷ Q 2.2) mit der Judenfeindschaft im 19. Jahrhundert (▷ Q 2.1).
2. Stellen Sie Hitlers Ideologie vom „Führer" (▷ Q 2.3) der tatsächlichen Struktur des Führerstaates gegenüber.
3. „Als Träger und Darsteller eines Mythos war [Hitler] vor allem die entscheidende Identifikations- und Projektionsfigur für die Ängste und Hoffnungen, für die Ressentiments und Sehnsüchte der Massen" (▷ Q 2.5). Interpretieren Sie unter diesem Aspekt die Bilder vom Führer (▷ Q 2.4).
4. Setzen Sie die Tabelle in Q 2.7 in ein Schaubild um, das die Dimension der Rüstungsausgaben verdeutlicht.
5. Welche Vorwürfe erhebt das Reichsbankdirektorium gegenüber der Reichsregierung (Q 2.8)? Überprüfen Sie die Stichhaltigkeit der Vorwürfe.
6. Untersuchen Sie, wie sich die DAF in der Praxis zugunsten der Arbeiterschaft einsetzt (Q 2.9).
7. Fassen Sie zusammen, warum bis 1938 breite Schichten des deutschen Volkes dem NS-Regime durchaus positiv gegenübergestanden sind (▷ vgl. dazu auch Q 2.6).
8. Welche Merkmale moderner Daseinsvorsorge sind in der Wirtschafts- und Sozialpolitik des NS-Regimes erkennbar?
9. Informieren Sie sich über die soziale Lage der Arbeiterschaft im Dritten Reich (▷ Referat).
10. Geben Sie eine kurze Darstellung zur Situation der Frau im Dritten Reich (▷ Referat).

Zusammenfassung:

Die nationalsozialistische Weltanschauung ist aus populären Vorurteilen und Strömungen entstanden, die um die Jahrhundertwende beim Durchbruch zur modernen industriellen Massengesellschaft bereits vorhanden waren und nach der militärischen Niederlage Deutschlands im Ersten Weltkrieg voll zur Geltung kamen. Im Zentrum der gegen Demokratie und Parlamentarismus gerichteten Ideologie stand rassistisches Gedankengut (Antisemitismus, Herrenmenschentum) und kriegerische Expansion (Lebensraumpolitik). Nach innen erfüllte Hitler die Sehnsucht vor allem des Mittelstandes nach einem „starken Mann", der über alle Parteien hinweg Deutschland wieder zu neuer Geltung verhelfen sollte.

Gesellschaftspolitisch trug die Propagierung der „Volksgemeinschaft" dazu bei, überkommene Klassenschranken abzubauen und erste Ansätze einer modernen Leistungsgesellschaft zu entwickeln. Allerdings widersprach diese Entwicklung der Rolle, die der Nationalsozialismus den Bauern und den Frauen in seiner Ideologie zugedacht hatte. Bei seiner Regierungsübernahme hatte Hitler kein detailliertes Wirtschaftsprogramm. Sein primäres Interesse galt machtpolitischen Fragen. Dem Streben nach Expansion war auch die Wirtschaft untergeordnet. Um „kriegsfähig" zu werden, gab er ihr 1936 vier Jahre Zeit, die Versorgung mit Lebensmitteln und kriegswichtigen Grundstoffen aus eigenen Kräften sicherzustellen und autark zu werden. Dieses Ziel wurde zwar nicht erreicht, aber die Arbeitsbeschaffungsprogramme und die verstärkte Aufrüstung führten zur Überwindung der Arbeitslosigkeit.

3.
Machtentfaltung und Herrschaftstechnik

1933	13. März	Einrichtung des Propagandaministeriums
	10. Mai	„Aktion wider den undeutschen Geist"
	20. Juli	Reichskonkordat
	22. September	Reichskulturkammer
1934	29.–31. Mai	Gründung der „Bekennenden Kirche"
1937	14. März	Enzyklika „Mit brennender Sorge"
	Juli–November	Ausstellung „Entartete Kunst" in München

Entwicklung der NSDAP zur Massenpartei. Vor Beginn der Weltwirtschaftskrise hatte die NSDAP rund 100 000 Mitglieder und zwölf Mandate im Reichstag (2,6 Prozent der Stimmen). Sie verstand sich nicht als Partei im herkömmlichen Sinn, sondern als eine radikale und grundsätzliche Protestbewegung gegen den bestehenden Staat und die ihn tragenden Kräfte. Sie bot kein konkretes Sachprogramm an, sondern die Vision, eine „nationale Revolution" zur Durchsetzung eines neuen und mächtigen Dritten Reiches vorzubereiten. Mit dieser Antihaltung gelang ihr im September 1930, als sich in Deutschland die Folgen der Weltwirtschaftskrise auswirkten, der Durchbruch zur zweitstärksten Fraktion im Reichstag.

Wählerpotential Bis 1930 kamen die Stimmen für die NSDAP aus dem existentiell verunsicherten Mittelstand, der prozentual auch die meisten Mitglieder stellte (▷ Q 3.1). Nach 1930 erfaßte sie auch die Arbeiterschaft und vor allem die Jugend, die NSDAP wurde zur Volkspartei, zur „ersten modernen Integrationspartei der deutschen Geschichte" (Jürgen W. Falter).

Eher umgekehrt entwickelte sich das Verhältnis der traditionellen Eliten in Verwaltung, Justiz, Militär, Wirtschaft und an den Universitäten zum Nationalsozialismus. Bereits vor 1933 hatten sie mehrheitlich die Weimarer Republik und den Parteienstaat abgelehnt (▷ vgl. S. 295). Stattdessen sehnten sie sich nach einer „nationalen Wiedergeburt", in der das Deutsche Reich in alter Größe erstehen und die konservativen Werte wieder Geltung haben sollten. In Hitler und seiner NSDAP sahen sie deshalb zunächst einen gleichgesinnten Partner zur Durchsetzung ihrer Ziele. Das Bündnis der alten Eliten mit dem Nationalsozialismus begann mit der „Harzburger Front" (▷ vgl. S. 212), erlebte seinen Höhepunkt in der gemeinsamen Regierungsbildung von 1933 und zerbrach 1934/35, als nach der Phase der Gleichschaltung der totalitäre Führerstaat erzwungen wurde.

Hitler schaltete nach und nach seine Bündnispartner aus und machte die NSDAP zur Staats- und Monopolpartei des Dritten Reiches (▷ vgl. S. 268). Er selbst wußte seine Rolle politisch zu nutzen. Nach dem Prinzip „divide et impera" (teile und herrsche) verteilte er die Kompetenzen auf miteinander konkurrierende Institutionen, so daß er selbst als Schiedsrichter angerufen werden mußte. Der Führerstaat war aber keine von oben nach unten durchorganisierte Einheitsdiktatur, sondern eine „autoritäre Anarchie" (▷ Q 3.2). Mit dem „Gesetz zur Sicherung der Einheit von Partei *Dualismus von* und Staat" vom 1. Dezember 1933 wurde die NSDAP zwar „Trägerin des deutschen *Staat und Partei* Staatsgedankens und mit dem Staat unlöslich verbunden", aber in der Praxis blieb das Verhältnis zwischen Partei und Staat in der Schwebe (▷ Q 1.6). So gab es für ein und dieselbe Angelegenheit sowohl Zuständigkeiten der Partei wie auch des Staates, wobei die Ämter zusätzlich noch personell und institutionell verzahnt sein konnten, wie z. B. bei Joseph Goebbels, der sowohl Reichspropagandaleiter der NSDAP als auch Reichsminister für Volksaufklärung und Propaganda war.

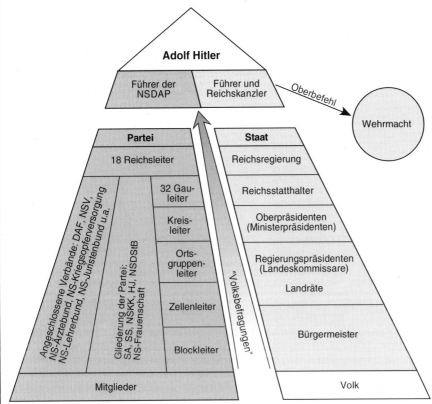

Die Verfassungsstruktur des Führerstaates

System der totalen Indoktrination. Mit der Einrichtung des Reichsministeriums für Volksaufklärung und Propaganda begann Joseph Goebbels am 13. März 1933 den Aufbau eines umfassenden Meinungs-, Informations- und Kulturmonopols. Über tägliche Pressekonferenzen reglementierte er die Verbreitung von Nachrichten bis hin zur sprachlichen Gestaltung. Die Zeitungen wurden nicht nur in ihrer Zahl reduziert, sondern gleichzeitig auch auf die nationalsozialistische Sichtweise ausgerichtet und festgelegt.

Reichsministerium für Volksaufklärung und Propaganda

Goebbels Hauptinteresse galt dem Rundfunk, der sich zum wichtigsten Medium der nationalsozialistischen Weltanschauung entwickelte. Innerhalb kürzester Zeit wurden die staatlichen Rundfunkanstalten personell gesäubert und mit zuverlässigen Parteileuten besetzt. Besonders propagiert wurde der Gemeinschaftsempfang. So mußten die großen Hitler-Reden in Schule und Betrieb gemeinsam angehört werden. Geplant war, den kollektivem Empfang durch „Reichslautsprechersäulen" auf Straßen und Plätzen direkt zu erzwingen. Um eine individuelle Senderwahl zu verhindern, wurde auch die Einführung des Drahtfunks in Erwägung gezogen. Noch 1933 wurde die serienmäßige Produktion billiger Empfangsgeräte aufgenommen.

Rundfunk als Propagandamittel

Reklameplakat für den Volksempfänger anläßlich der Rundfunkausstellung in Berlin 1936
Der Volksempfänger VE 301 wurde ganz bewußt zu einem Niedrigpreis verkauft. Mit ihm konnte man nur den nächstgelegenen Regionalsender, den zentralen Deutschlandsender, nicht aber ausländische Stationen empfangen. Goebbels hat dem Rundfunk die gleiche Bedeutung zugemessen wie zuvor im 19. Jahrhundert der Presse. 1933/34 wurden über eine Million Apparate verkauft. Den Käufern wurde die Möglichkeit der Ratenzahlung eingeräumt. Ab 1934 waren Rundfunkgeräte grundsätzlich unpfändbar. Goebbels, der für den Rundfunk allein zuständig war, richtete die Programme sehr schnell nach dem Publikumsgeschmack aus: Vorrang hatte die Unterhaltung, verboten waren jüdische Musik und amerikanischer Jazz. Die weltanschauliche Beeinflussung erfolgte nicht in direkter politischer Propaganda, sondern in der vordergründig unpolitischen Unterhaltung. 1939 verfügten bereits 70 Prozent der deutschen Haushalte über ein eigenes Radio. Das war mehr als in jedem anderen Staat zu dieser Zeit.

Joseph Goebbels (1897–1945), hier 1934 bei einer Rede vor SA-Leuten, hatte Germanistik studiert und war als Schriftsteller gescheitert. 1924 trat er der NSDAP bei, redigierte ab 1927 das nationalsozialistische Kampfblatt „Der Angriff", wurde Gauleiter von Berlin, später Reichspropagandaleiter der NSDAP und 1933 Propagandaminister. Hitler bestimmte ihn testamentarisch zu seinem Nachfolger. Bei Kriegsende, als die Situation ausweglos schien, nahm er sich, zusammen mit seiner Familie, das Leben.

Goebbels in seiner Eröffnungsrede zur Funkausstellung:

„Der Volksempfänger ist die nationale und soziale Tat, die der Verwirklichung dieses großen Zieles dient.

Er ist eine nationale Tat: Durch ihn soll der Rundfunk Nationaleigentum im besten Sinne werden.

Er ist eine soziale Tat: Die 28 apparatebauenden deutschen Firmen haben sich in Gemeinschaftsarbeit zum Bau des Volksempfängers zusammengeschlossen. Dieses Einheitsgerät, das nur 76 Mark kostet, macht dem Rundfunk den Weg in jedes Haus frei.

So ist der Volksempfänger Ausdruck des nationalsozialistischen Geistes, der sich am 30. Januar 1933 das Reich eroberte. Von diesem denkwürdigen 30.1. kann er sich mit Recht seine Typenbezeichnung herleiten VE 301."

Per Gesetz wurde im September 1933 eine „Reichskulturkammer" geschaffen, deren Vorsitz Goebbels übernahm. Ihm unterstanden sieben Reichskammern (für Schrifttum, Presse, Rundfunk, Theater, Musik, Bildende Künste, Film), die durch die Ausgabe eines Mitgliedsausweises darüber entschieden, wer als Kulturtätiger seinen Beruf ausüben durfte. So konnte z. B. als Schriftleiter (Redakteur) nur tätig werden, wer arischer Herkunft war und sich verpflichtete, alle Nachrichten fernzuhalten, die „die Kraft des Dritten Reiches" beeinträchtigten.

„Reichskulturkammer"

Erziehung, Wissenschaft und Kultur. Das besondere Interesse des Regimes galt der Erziehung der Jugend. Die NSDAP hatte als Jugendorganisation für die 14- bis 18jährigen bereits 1926 die Hitlerjugend (HJ) gegründet. 1933 wurden die konkurrierenden Jugendverbände nach und nach verboten und HJ-Führer Baldur von Schirach zum „Jugendführer des Deutschen Reiches" ernannt. Bis 1939 gelang es ihm, die außerschulische öffentlich-rechtliche Erziehungsgewalt über die Jugend an sich zu ziehen: Zunächst erreichte er, daß ab 1934 HJ-Mitglieder zur Ausübung ihres Dienstes am Samstag von Beruf und Schule freigestellt wurden. 1936 erhielt die HJ-Jugend per Gesetz die offizielle Bezeichnung „Staatsjugend" und damit auch die Anerkennung als eigenständige Erziehungseinrichtung. Schließlich wurde ab 1939 für alle der Dienst in der HJ neben Arbeitsdienst und Wehrpflicht eingeführt. Zu diesem Zeitpunkt zählte die Organisation rund acht Millionen Mitglieder im „Jungvolk" (für die Zehn- bis Vierzehnjährigen) und in der „Hitlerjugend" (für die Vierzehn- bis Achtzehnjährigen). In deren Alltag war sie, je nach persönlicher Einstellung, teils interessant und attraktiv, teils ermüdend und einfach lästig. In jedem Fall verlangte ein Korps haupt- und nebenamtlicher Führer (zusammen mehr als 700 000) unablässig Aktivität und Aufmerksamkeit.

Hitlerjugend

Für die Schulen war nach der Gleichschaltung der Länder das neu eingerichtete Reichserziehungsministerium zuständig. Zunächst wurden mit Hilfe des Gesetzes zur Wiederherstellung des Berufsbeamtentums (▷ vgl. S. 267f.) jüdische und politisch unzuverlässige Lehrer entlassen. Der NS-Lehrerbund hatte nun großen Zulauf. Das dreigliedrige Schulsystem blieb aber entgegen allen Reformankündigungen erhalten. Allerdings wurde die Schulzeit des Gymnasiums von neun auf acht Jahre verkürzt und die Konfessionsschule unter massivem Druck in die „Deutsche Gemeinschaftsschule" umgewandelt.

Schule und Lehrerschaft

Am weitreichendsten war der Eingriff in die Lehrpläne. Vor allem die Fächer Biologie, Sport, Geschichte und Deutsch waren davon betroffen. Sie mußten die Inhalte der nationalsozialistischen Weltanschauung in ihren Lehrstoff aufnehmen. In der Überbetonung der Körperertüchtigung kam das Ressentiment (Vorbehalte) der Nationalsozialisten gegen geistige Bildung und intellektuelle Fähigkeiten deutlich zum Ausdruck (▷ Q 3.3).

Die Universitäten wurden ebenso wie das übrige öffentliche Leben gleichgeschaltet. Dabei stieß diese Umgestaltung auf keinen großen Widerstand. Zwar gehörten vor 1933 nur wenige Hochschullehrer der NSDAP an, aber der Großteil von ihnen lehnte die Weimarer Republik ab und sympathisierte mit antidemokratischen Strömungen (▷ Q 3.4). Trotzdem wurden bis 1939 etwa 45 Prozent aller Universitätsstellen neu besetzt. Die Universitäten verloren ihr Selbstverwaltungsrecht. Ohne die Mitgliedschaft im NS-Dozentenbund wurde es schwer, auf einen Lehrstuhl berufen zu werden. Karrieristen paßten sich der völkischen Ideologie an und nahmen die Inhalte der NS-Weltanschauung in ihre Lehre und Forschung auf. Das galt für die Rechtswissenschaft und die Medizin (▷ vgl. S. 310 und 313f.) ebenso wie für die Geistes- und selbst die Naturwissenschaften.

Verhalten der Hochschullehrer

In der Physik z. B. vertraten die Nobelpreisträger Johannes Stark und Philipp Lenard zusammen mit einer kleinen Gruppe von Kollegen eine eigene „arische", „nordische" oder „deutsche Physik", die die theoretische Physik als „jüdisch" ablehnte. Sie wandte sich gegen Einsteins Relativitätstheorie und die Quantenmechanik. Albert Einstein selbst kehrte nach der nationalsozialistischen Machtergreifung von einer Auslandsreise nicht mehr nach Deutschland zurück und erklärte seinen Austritt aus der Preußischen Akademie der Wissenschaften. Sein Göttinger Kollege und Nobelpreisträger James Franck legte aus Protest gegen die nationalsozialistische Politik seine Professur und den Institutsvorsitz nieder. Mutig erklärte er in seinem Rücktrittsschreiben: „Wir Deutsche jüdischer Abstammung werden als Fremde und Feinde des Vaterlandes behandelt. Man fordert, daß unsere Kinder in dem Bewußtsein aufwachsen, sich nicht als Deutsche bewähren zu dürfen. Wer im Kriege war, soll die Erlaubnis erhalten, weiter dem Staate zu dienen. Ich lehne es ab, von dieser Vergünstigung Gebrauch zu machen." Später emigrierte Franck in die USA. Bis 1938 haben etwa 2000 Wissenschaftler Deutschland verlassen, darunter allein 20 Nobelpreisträger aus der Physik, der Chemie und der Medizin.

Studenten Bei den Wahlen zu den Allgemeinen Studentenausschüssen (AStA) gab es bereits ab 1929 an vielen Universitäten absolute Mehrheiten für den NS-Studentenbund. Die akademische Jugend unterstützte in weiten Teilen den Nationalsozialismus, wobei vor allem die Burschenschaften Wegbereiter waren. Im Frühjahr 1933 führte die Studentenschaft in Zusammenarbeit mit dem Propagandaministerium die „Aktion wider den undeutschen Geist" durch. Anhand sog. Schwarzer Listen, die Goebbels' Ministerium erarbeitet hatte, wurden über 130 Autoren und vier Anthologien (Gedichtsammlungen) der schöngeistigen Literatur sowie 82 Verfasser von politisch-staatstheoretischen Werken verboten. Im gesamten Reich beschlagnahmten Studenten *Bücherverbrennungen* (zusammen mit SA und Polizei) die Bücher dieser Autoren und verbrannten sie am 10. Mai 1933 öffentlich in den Universitätsstädten. Unter den verfemten Autoren waren u. a. Sigmund Freud, Erich Kästner, Heinrich und Thomas Mann, Erich Maria Remarque, Kurt Tucholsky, Arnold und Stefan Zweig. Systematisch wurden anschließend Volksbüchereien, Buchhandlungen und Verlage durchforstet und bis Ende 1934 das Verbot auf rund 4100 Druckschriften ausgedehnt.

Bücherverbrennung in Berlin (10. Mai 1933)

Vom „Kampfbund für deutsche Kultur" ging auch die Initiative zu einem Bildersturm gegen die moderne Kunst aus. Im Juli 1937 eröffnete Adolf Ziegler in München die von ihm zusammengestellte Ausstellung „Entartete Kunst", für die rund 5000 Gemälde und Plastiken sowie 1200 graphische Arbeiten aus deutschen Museen entwendet wurden. Als „entartet" wurden die Werke jüdischer Künstler, jüdischer und pazifistischer Thematik, sozialistischer und marxistischer Tendenzen, „unschöne Gestalten" und abstrakte Kunst bezeichnet. Unter den 730 ausgestellten Arbeiten waren die Werke von über 110 Künstlern, darunter Oskar Kokoschka, Emil Nolde, Ernst Ludwig Kirchner, Lovis Corinth, Lyonel Feininger, Franz Marc, Otto Dix, Ernst Barlach, Wilhelm Lehmbruck, aber auch ausländischer Künstler wie Marc Chagall, Wassily Kandinsky und Pablo Picasso. Über zwei Millionen Besucher kamen in München zu dieser Ausstellung, die anschließend in weiteren Städten gezeigt wurde. Die „international verwertbaren" Arbeiten wurden später auf Kunstauktionen im Ausland versteigert bzw. gegen „hochwertige deutsche Kunst" getauscht; an die 1000 Ölgemälde sowie 3800 Aquarelle, Zeichnungen und graphische Blätter wurden als angeblich „nicht verwertbar" 1939 in Berlin verbrannt.

„Bilderstürmer"

Die Ausstellung „Entartete Kunst"

Parallel zu dieser Ausstellung wurde im Münchner „Haus der deutschen Kunst", das nach Hitlers Entwürfen gebaut worden war, die „Große Deutsche Kunstausstellung 1937" gezeigt. Sie offenbarte das nationalsozialistische Kunstverständnis: den heroischen Realismus, orientiert am Genrebild (Darstellung von Alltagsszenen) des 19. Jahrhunderts, mit Themen aus dem bäuerlichen, von Handarbeit geprägten Leben („Blut- und Boden-Romantik"), und die Vorliebe für Kolossalbauten, die der Antike nachempfunden, aber ins Überdimensionale gesteigert wurden.

Verfemte Kunst:
Ernst Barlach: Drei Figuren aus dem Fries der Lauschenden (1938)

Nationalsozialistische Kunst:
Relief „Kameraden" von Arno Breker

Die Kirchen und der Nationalsozialismus. Etwa zwei Drittel der Bevölkerung im Deutschen Reich waren evangelisch, ein Drittel katholisch. Teilweise sympathisierten sie mit der nationalsozialistischen Bewegung, die sich in ihrem Programm von 1920 zur „Freiheit aller religiösen Bekenntnisse" und zu einem „positiven Christentum" bekannt hatte. In Gebieten mit überwiegend evangelischer Bevölkerung erzielte die NSDAP ab 1930 größere Stimmengewinne als in den katholischen, in denen das Zentrum und die Bayerische Volkspartei (BVP) eine nahezu konstante Wählerschaft hatten. Die evangelische Kirche war in 28 voneinander unabhängige Landeskirchen gegliedert. In weiten Teilen wurde die Ernennung Hitlers zum Reichskanzler begrüßt. Man hoffte auf einen „neuen Staat" mit mehr Autorität als in der Zeit der Republik. Eine einflußreiche Gruppe, die vollinhaltlich den Rassismus und Antisemitismus der Nationalsozialisten übernahm, gewann unter der Bezeichnung „Deutsche Christen" die Kirchenwahlen vom Juli 1933. Mit ihrer Mehrheit setzten sie durch, daß der sog. Arierparagraph auf protestantische Pfarrer angewendet und der von Hitler als „Bevollmächtigter für Angelegenheiten der evangelischen Kirchen" eingesetzte Ludwig Müller zum Reichsbischof gewählt wurde. Gegen Müllers Politik der Gleichschaltung der evangelischen Kirchen bildete sich ab Mai 1934 eine Oppositionsbewegung, die sich „Bekennende Kirche" nannte.

Ab 1935 verschärfte das NS-Regime den Druck auf die Kirchen. Vor allem Joseph Goebbels und Heinrich Himmler drängten auf die Entkonfessionalisierung des öffentlichen Lebens. Beide Kirchen sahen sich scharfen Angriffen ausgesetzt, ihre Presse und die Jugendarbeit wurden eingeschränkt und der Religionsunterricht in den Schulen behindert. Eine Denkschrift, die die „Bekennende Kirche" im Mai 1936 vertraulich an Hitler richtete, kritisierte sowohl staatliche Übergriffe als auch die Ideologie der Nationalsozialisten. Nach der Veröffentlichung dieser Denkschrift in ameri-

„Deutsche Christen"

„Bekennende Kirche"

Denkschrift der „Bekennenden Kirche"

Hitler begrüßt Reichsbischof Müller auf der Ehrentribüne des Reichsparteitags in Nürnberg
Ludwig Müller (1883-1945) hatte sich vor 1933 als Pfarrer durch besonders nationalistische und antisemitische Predigten hervorgetan. 1933 übernahm er die Führung der „Deutschen Christen" und wurde noch im gleichen Jahr zum Reichsbischof gewählt. Trotz dieses Engagements schwand ab 1935 sein Einfluß, weil Hitler sich nicht sonderlich für kirchliche Fragen interessierte. Müller nahm sich 1945 in Berlin das Leben.

kanischen Zeitungen nahm die evangelische Kirchenleitung in einer „Kanzelabkündigung" die schärfsten Kritikpunkte zurück und protestierte auch nicht, als der für die Weitergabe der Denkschrift verantwortliche Mitarbeiter verhaftet wurde und im KZ Sachsenhausen zu Tode kam. In Preußen wurden 1937 viele Pfarrer der „Bekennenden Kirche" festgenommen und als „Staatsfeinde" vor Gericht gestellt. Zu den Verhafteten zählte auch Pastor Martin Niemöller, der wegen „Gefährdung des öffentlichen Friedens" zu acht Monaten Gefängnis verurteilt und anschließend als „persönlicher Gefangener Hitlers" ins KZ eingeliefert wurde. Trotz heftiger Proteste aus dem In- und Ausland blieb er bis 1945 in Haft, aus der ihn erst die US-Truppen befreiten.

In der katholischen Kirche hatte das Mainzer Bistum im Herbst 1930 ihren Gläubigen die Mitgliedschaft in der NSDAP als unvereinbar „mit katholischen Lehren und Grundsätzen" untersagt. Dieses Verbot übernahmen die anderen Diözesen, ausgenommen die in Bayern. Sie schlossen nur aktive NSDAP-Funktionäre, nicht aber bloße „Mitläufer" von den kirchlichen Sakramenten aus. Nach seinem Amtsantritt sagte Hitler in seiner Regierungserklärung zu, die Rechte der beiden Konfessionen nicht anzutasten und sie „als wichtigste Faktoren [des] Volkstums" zu respektieren. Daraufhin hoben die Bischöfe das Mitgliedsverbot auf, und Zentrum und BVP stimmten im Reichstag Hitlers Ermächtigungsgesetz zu. Auf Hitlers Initiative kam es im Juli 1933 sogar zu einer vertraglichen Regelung zwischen dem Dritten Reich und dem Vatikan, in dem die Freiheit der Religionsausübung und der Religionsunterricht in der Schule staatlich garantiert wurden.

Reichskonkordat

Diese Zugeständnisse machte das nationalsozialistische Regime wegen des Prestigegewinns, den der Abschluß des spektakulären außenpolitischen Vertrages in der Öffentlichkeit brachte.

Entgegen den zugesagten Rechtsgarantien wurden die katholische Publizistik und das Vereinsleben aber zunehmend eingeengt. Höhepunkt war 1936/37 eine Kampagne gegen Geistliche (▷ 3.5), die gegen Devisenbestimmungen und gegen die Sittlichkeit verstoßen hatten. In täglichen Pressekonferenzen gab das Propagandaministerium die Sprachregelungen vor, in denen über die laufenden Gerichtsprozesse zu berichten war. Die maßlose Übertreibung und Einseitigkeit zwang die katholische Kirche zur Intervention. Nach einem Entwurf des Münchner Kardinals Michael von Faulhaber verfaßte Papst Pius XI. unter dem Titel „Mit brennender Sorge" ein Rundschreiben (Enzyklika), das in Deutschland heimlich vervielfältigt und im März 1937 in den Kirchen verlesen wurde. Die Aktion war so geheim vorbereitet worden, daß die Gestapo die Veröffentlichung nicht mehr verhindern konnte. Die Enzyklika machte den Gläubigen die grundsätzlichen Unterschiede zur nationalsozialistischen Weltanschauung deutlich und warf Hitler den mehrfachen Bruch des Konkordats vor. Das Regime reagierte scharf, ließ zwölf beteiligte Druckereien entschädigungslos enteignen und mehrere Personen verhaften, die das Rundschreiben geheim verbreitet hatten. Bis 1939 wurden eine Reihe von Bekenntnisschulen, Klöstern sowie mehrere theologische Fakultäten und Hochschulen geschlossen.

Enzyklika „Mit brennender Sorge"

Die staatlichen Repressalien trugen aber letztlich dazu bei, die Widerstandskraft in den beiden Kirchen zu stärken (▷ Q 3.6 und Q 3.7). Der Berliner Bischof Konrad Graf von Preysing, der als einziger unter den katholischen Bischöfen von Anfang an eine konsequent antinationalsozialistische Haltung eingenommen hatte, forderte nun den kompromißlosen Abbruch aller Beziehungen zum Staat, konnte sich damit aber nicht gegen den Vorsitzenden der Bischofskonferenz, den Breslauer Kardinal Bertram, durchsetzen. Weder die katholische noch die evangelische Kirche unternahmen Schritte gegen die Verdrängung der Juden aus der Öffentlichkeit und ihre zunehmende Verfolgung durch den nationalsozialistischen Terror.

Widerstand Einzelner

Mutige Einzelbeispiele bildeten in beiden Kirchen die Ausnahme. Nach dem „Reichskristallnacht"-Pogrom betete der katholische Probst Bernhard Lichtenberg (1875–1943) im Berliner Hedwigsdom regelmäßig für die verfolgten Juden und KZ-Häftlinge. 1942 wurde er verhaftet und wegen „Kanzelmißbrauchs" zu zwei Jahren Gefängnis verurteilt. Nach der Verbüßung seiner Haft starb er auf dem Transport ins KZ Dachau, wo zwischen 1938 und 1945 2762 Geistliche verschiedener Nationen wegen regimefeindlicher Äußerungen gefangen gehalten wurden. Klemens August Kardinal Graf von Galen (1878–1946) hatte sich bereits 1934 in einem Buch gegen den Nationalsozialismus gewandt und predigte 1941 unerschrocken gegen den NS-Terror und den Kampf des Regimes gegen die Klöster. Der Jesuitenpater Alfred Delp (1907–1945) beteiligte sich aktiv an Graf Stauffenbergs Vorbereitungen zum Attentat auf Hitler und wurde am 2. Februar 1945 hingerichtet. Dietrich Bonhoeffer (1906–1945) erhielt wegen seines aktiven Eintretens für die „Bekennende Kirche" 1941 Rede- und Schreibverbot, wurde 1943 verhaftet und 1945 in den letzten Kriegstagen als Widerstandskämpfer im KZ Flossenbürg gehängt.

Q 3.1
Mitglieder und Wählerschaft der NSDAP

Der folgende Text aus einer wissenschaftlichen Untersuchung geht gezielt der Frage nach, welchen Anteil der Mittelstand am Aufstieg des Nationalsozialismus hat:

Daß der Nationalsozialismus seinen Aufstieg vor allem dem durch die Wirtschaftskrise in besonderem Maße verunsicherten Mittelstand verdankte, war eine Erkenntnis, die sich dem deutschen Soziologen Theodor Geiger bereits unmittelbar nach den Septemberwahlen 1930 aufdrängte. Auch die Wahlergebnisse der nächsten Jahre änderten nichts an diesem Trend, der Dezimierung der bürgerlich-liberalen Parteien zugunsten der NSDAP. Aus der ersten großen Parteistatistik des Jahres 1935 geht zudem hervor, daß auch unter den Parteimitgliedern vor dem 14. September 1930 die Angehörigen des alten und neuen Mittelstandes, nämlich Handwerker, kleine Gewerbetreibende und Angestellte, eindeutig dominierten: 33 944 Arbeitern und 3 586 freiberuflich Tätigen standen nicht weniger als 52 044 Mitglieder des unteren Mittelstandes gegenüber; rechnet man Bauern und Beamte hinzu, so steigt die Zahl auf 79 240, mit einem prozentualen Anteil innerhalb der Partei von 61 Prozent gegenüber 26,3 Prozent Arbeitern und 2,8 Prozent freien Berufen. Dagegen betrug der Anteil der Beamten und Angestellten, der mit 31,7 Prozent größten Gruppe an der Gesamtzahl der Erwerbstätigen, im Jahre 1925 nur 16,5 Prozent. Berücksichtigt man dazu noch das Gewicht der in der Partei aktiven Politischen Leiter vor 1930, so nimmt der Mittelstand gar 73 Prozent ein, gegenüber 18,5 Prozent Arbeitern und 2,3 Prozent freien Berufen. Während die Beamten, einschließlich der Lehrer, noch nicht zur Partei drängten, – ihre Zahl stieg dann erst nach der Machtergreifung gewaltig an, sie sind die eigentlichen „März-Gefallenen" – betätigte sich doch schon ein sehr hoher Prozentsatz dieser Parteimitglieder, fast jeder zweite, als Politischer Leiter. Noch vor dem Einbruch der Wirtschaftskrise setzten sich also die Kader der Partei und die Gefolgschaft vorwiegend aus Angehörigen des unteren Mittelstandes zusammen. Trotz aller Verschiebung in den oberen Rängen änderte sich auch nach 1933 nichts an der „geistigen Vorherrschaft der Kleinbürger".

Lothar Kettenacker: Sozialpsychologische Aspekte der Führer-Herrschaft. Zit. in: Bracher/Funke/Jacobsen: a. a. O., S. 107f.

Q 3.2
Die Struktur des Führerstaates

Wenn man vom Aufbau des Dritten Reiches spricht, herrscht landläufig die Meinung vor, der Staat sei wie ein Block einheitlich organisiert gewesen und Hitler habe als alleiniger Herrscher seinen Willen streng von oben nach unten in allen Bereichen durchgesetzt.
Daß dem nicht so war, zeigt die folgende Darstellung aus der Sekundärliteratur:

Hitler beherrscht die alte Machiavelli[1]-Kunst, Feinde gegeneinander auszuspielen, Eifersucht und Neid rege zu halten, bei Kontroversen den Schiedsrichter zu spielen. In die von den diversen Bürokratien betriebene Politik pflegt sich Hitler nur zögernd und erst dann einzuschalten, wenn seine eigene Machtstellung bedroht scheint.
Reinhard Bollmus bilanziert 1970: „Niemals in deutscher Geschichte war der Parteihader heftiger, der gegenseitige Haß der Verantwortlichen größer, die charakterliche und materielle Korruption verbreiteter und der Staat verwirrender organisiert" als unter Hitler. Im NSDAP-Programm vom 24. Februar 1920 heißt es, „man bekämpfe die korrumpierende Parlamentswirtschaft einer Stellenbesetzung nur nach Parteigesichtspunkten ohne Rücksicht auf Charakter und Fähigkeiten". Ebendies geschieht in aller Regel im NS-Regime. Die Korruption nimmt im Dritten Reich bald unvorstellbare Ausmaße an. Alle Korruption hat aber nichts mit Auflösung oder Zersetzung der Macht zu tun – wie Emigranten im Wunschdenken vermeinen.
Die „Gleichschaltung" des Volkes ist im Dritten Reich keineswegs perfekt, geschweige total. Hitler erhebt zwar monolithischen[2] Herrschaftsanspruch, aber das NS-Regime schafft, entgegen einer nach 1945 vertretenen Legende, keinen monolithischen totalitären Staat.
Die Tatsachen sehen anders aus. Die teils monokratische, teils polykratische[3] Struktur des Dritten Reiches wird geprägt zum einen durch zahlreiche, miteinander rivalisierende Machtgruppen, zum anderen durch einen in stetem Wandel begriffenen bürokratischen Apparat. Dem Kampf um Zuständigkeiten steht die verbreitete Tendenz entgegen, sich dort für unzuständig zu erklären oder Kompetenzen sogar bereitwillig abzugeben, wo unbequeme oder moralisch fragwürdige Aktionen im Spiel sind. Ein Beispiel: Das Reichsministerium des Inneren achtet sorgfältig darauf, daß Deportations-

maßnahmen durch Verordnungen abgestützt werden, die ausdrücklich seine Nichtzuständigkeit festlegen.

Die dauernden, oft jahrelangen Kompetenzkriege und Interessenkonflikte, gleichsam „autoritäre Anarchie"[4], werden durch Hitlers Charisma oberflächlich überbrückt. Es existiert aber weder eine formlose Polykratie, noch ist Hitler ein „schwacher Diktator" (Hans Mommsen 1971). Vielmehr: Das unübersichtliche Neben- und Gegeneinander konkurrierender Bürokratien begründet die Schlüsselstellung Hitlers und seines Bormann-Stabes[5]. Hitler kennt jene Zusammenhänge von Wirrwarr genau, sie sind ihm aber herzlich gleichgültig – solange er die Macht über Leben und Tod der Menschen ausüben kann. Die Widersprüche im NS-Programm werden nie aufgelöst, können nicht aufgelöst werden, sondern gehen im für die NS-Gläubigen unantastbaren Charisma Hitlers auf. Umgekehrt fängt der Führerkult die Gefährdung des Zusammenhalts der NSDAP auf. Die Schüler des griechischen Philosophen Pythagoras (um 570 bis 480 v. Chr.) sagten: „autos epha" (ipse dixit) = Er (Der Meister) hat's gesagt! Diese Formel blinden Autoritätsglaubens vollziehen die Hitler-Gläubigen nach.

Hans-Jürgen Eitner: Hitlers Deutsche. Das Ende eines Tabus, Gernsbach 1990, S. 173f.

1) Niccolo Machiavelli (1469–1527) vertritt in seinem Buch „Il Principe" („Der Fürst") den Grundsatz, daß in der Politik alles erlaubt ist, was der Macht und dem Ansehen des Staates dient.
2) monolithisch: fugenlos aus einem Stück
3) Monokratie: Herrschaft eines einzelnen; Polykratie: Herrschaft von vielen; hier in der Bedeutung: Nebeneinander zahlreicher Machtgruppierungen
4) autoritär: diktatorisch; Anarchie: herrschafts- und gesetzloser Zustand
5) Martin Bormann (1900–1945), Leiter der Parteikanzlei und Hitlers Sekretär, ab 1942 Hitlers engster Mitarbeiter, der gegen Ende des Krieges sogar Göring, Goebbels und Himmler aus ihren Vertrauensstellungen gegenüber Hitler verdrängte.

Q 3.3
Hitler über die Erziehung der Jugend

Meine Pädagogik ist hart, das Schwache muß weggehämmert werden. In meinen Ordensburgen wird eine Jugend heranwachsen, vor der sich die Welt erschrecken wird. Eine gewalttätige, herrische, unerschrockene, grausame Jugend will ich. Jugend muß das alles sein. Schmerzen muß sie ertragen. Es darf nichts Schwaches und Zärtliches an ihr sein. Das freie, herrliche Raubtier muß erst wieder aus ihren Augen blitzen. Stark und schön will ich meine Jugend. Ich werde sie in allen Leibesübungen ausbilden lassen. Ich will eine athletische Jugend. Das ist das Erste und Wichtigste. So merze ich die Tausende von Jahren der menschlichen Domestikation aus. So habe ich das reine, edle Material der Natur vor mir. So kann ich das Neue schaffen. Ich will keine intellektuelle Erziehung. Mit Wissen verderbe ich mir die Jugend. Am liebsten ließe ich sie nur das lernen, was sie, ihrem Spieltriebe folgend, sich freiwillig aneignet. Aber Beherrschung müssen sie lernen. Sie sollen mir in den schwierigsten Proben die Todesfurcht besiegen lernen. Das ist die Stufe der heroischen Jugend. Aus ihr wächst die Stufe des Freien, des Menschen, der Maß und Mitte der Welt ist, des schaffenden Menschen, des Gottmenschen. In meinen Ordensburgen wird der schöne, sich selbst gebietende Gottmensch als kultisches Bild stehen und die Jugend auf die kommende Stufe der männlichen Reife vorbereiten.

Hermann Rauschning: Gespräche mit Hitler, Zürich/Wien/New York 1940, S. 237. Zit. nach: Glaser: a. a. O., S. 113f.

Q 3.4
Das Versagen des kritischen Geistes

Welchen Anteil die deutschen Hochschullehrer am Aufstieg und an der Durchsetzung des Nationalsozialismus haben, faßt der folgende Textauszug aus einer historischen Einzeluntersuchung zusammen:

In dem beschämenden Schweigen von Deutschlands Professoren zu der massenweisen, würdelosen Vertreibung ihrer jüdischen und antifaschistischen Kollegen offenbarte sich die Wirkung der völkischen Ideen und des latenten Antisemitismus, denen an deutschen Hochschulen seit Jahrzehnten gehuldigt wurde. Es steckten darin die bürgerlichen und beruflichen Ressentiments gegen die tüchtigen und erfolgreichen Juden. Es sprach daraus der Widerwille gegen alles, was demokratisch, was aufkärerisch, was rationalistisch war. Und es war darin auch das beflissene Bemühen enthalten, nicht anders zu sein als die andern; der als „sozial" behauptete Wille, ganz zum Volk zu gehören und dann vielleicht als Elite noch ein wenig völkischer zu sein als das Volk. Man wollte zur Volksgemeinschaft gehören, und etwaige Skrupel wurden mit der Beschwichtigung geheilt, dies seien nur unbedeutende Entartungen des Übergangs, die am guten Kern der Sache nichts änderten: bedauerliche Trümmer am Wege der Nation zu ihrer endlichen Selbstverwirklichung …

Deutschlands Professoren konnten sich nicht darauf berufen, nicht gewußt zu haben, was sich hier vorbereitete und ausbreitete. Sie erlebten die Judenhetze an ihren Hochschulen, und sie sahen zu, wie jüdische Kollegen und politische Gegner des Regimes rücksichtslos von ihren Lehrstühlen gestoßen und in die Emigration getrieben wurden. Sie ließen es zu, daß die Rechte akademischer Freiheit und Selbstverwaltung Stück für Stück beschnitten wurden und die Hochschule immer mehr unter die Herrschaft des Staates geriet. Sie beteiligten sich sogar selbst an der Propagierung eines Wissenschaftsbegriffs und eines Bildungsideals, die dem Geist der Wisssenschaft und der Idee der Universität strikt zuwiderliefen. Um zu erkennen, welche Ziele der Nationalsozialismus im Dritten Reich von Anbeginn verfolgte, hätten die Gelehrten nicht einmal „Mein Kampf" oder den „Mythos des 20. Jahrhunderts" mit wachen Augen lesen müssen; obschon auch das dem „Gewissen der Nation" wohl angestanden hätte. Es wäre jedoch nur nötig gewesen, die spürbaren Maßnahmen und die offiziellen Verlautbarungen der Nationalsozialisten zu betrachten und die naheliegenden Schlußfolgerungen daraus zu ziehen. Die deutschen Professoren waren dazu nicht imstande. Sie waren keine Anhänger des Nationalsozialismus; waren es weder vor noch nach 1933. Dennoch haben sie ihm den Weg bereitet und ihn selber gutgäubig und fast zwangsläufig mißverstanden, weil sie zu tief in ihre romantischen und irrationalen Staatsvorstellungen verstrickt waren. Den Blick für die gesellschaftliche Realität hatten sie längst verloren; ihr politischer Sinn war auf Träume großer Vergangenheit und Zukunft gerichtet, die Gegenwart blieb ihm verschlossen.
Als die befeindete Republik von Weimar endlich zerschlagen war, erkannten die akademischen Lehrer in dem neuen Führer nicht den neuen Gegner, sondern nur den Vollstrecker ihrer Bestrebungen. Die Selbsttäuschung fiel um so leichter, als sich der Nationalsozialismus ihrer eigenen antirationalistischen Argumente und ihres eigenen mystischen Vokabulars bedienen konnte. Es hat Jahre gedauert, bis sich die Universität über die Geistfeindlichkeit und die Inhumanität des totalitären Herrschaftssystems klar wurde. Da aber war es zu spät. Nicht zu spät für den Widerstand, von dem die Professorenschaft weniger gezeigt hat, als nötig gewesen wäre. Aber zu spät für die Professoren, weil ihr bedenkliches Mißverständnis und die offensichtliche Mißdeutbarkeit ihrer politischen Vorstellungen zu sehr an ihrer kritischen und moralischen Kraft gezehrt hatten.
Das Versagen der deutschen Professoren in der Bewährungsprobe von 1933 ist erklärlich; aber es ist nicht schuldlos.

Hans Peter Bleuel: Deutschlands Bekenner. Professoren zwischen Kaiserreich und Diktatur, Bern/München/Wien 1968, S. 220f. und S. 223ff.

Q 3.5
Der Kampf gegen die katholische Kirche

Die Karikatur aus Julius Streichers Hetzschrift „Der Stürmer" trägt die Bildunterschrift: „Dem politischen Katholizismus – sage mir, mit wem du Umgang pflegst und ich sage dir, wer du bist." Die Karikatur stellt die katholische Kirche in eine Reihe mit den ideologischen Todfeinden des Nationalsozialismus.

Q 3.6
Die Kirchen in der Auseinandersetzung mit dem Nationalsozialismus

Die nachstehenden Auszüge sind Berichten der Polizei und des Landrats eines ländlichen Bezirks in Oberfranken entnommen. Der Bezirk war einer der ärmsten in ganz Bayern, hatte keinerlei Industrie und wechselte von Dorf zu Dorf die Konfession. Er umfaßte 1933 67 Gemeinden mit 22 575 Einwohnern.

In den Februar-Berichten wurde im allgemeinen eine ruhige politische Lage sowie auch ein Abflauen der kirchlichen Opposition gemeldet. Eine Ausnahme bildet der Bericht der Gendarmerie-Station Aufseß (24.2.1937): „Die katholische wie auch die protestantische Kirche sind hinsichtlich der Einführung der Gemeinschaftsschule weniger zufrieden". Wegen dieser Frage „kommt es zwischen Kirche und Schule, d. h. zwischen Pfarrer und Lehrer zu Unstimmigkeiten ... Überall finden sich Anhänger in beiden Richtungen, was zur Folge hat, daß innerhalb der Gemeinde zwei Anschauungen bestehen, obwohl die Einwohner (sonst) mit der Staatsführung zufrieden sind ..."

Die März-Berichte enthalten wenige Neuigkeiten. Verschiedene Stationen meldeten, anläßlich der bevorstehenden Wahlen zur Generalsynode der Deutschen Evangelischen Kirche würden die Gottesdienste der evangelischen Gemeinden überwacht. Am 21. März sei in den katholischen Kirchen das päpstliche Rundschreiben über die kirchliche Lage in Deutschland ohne Kommentar durch die Geistlichen verlesen worden.

Aus dem Monatsbericht der Gendarmerie-Hauptstation Ebermannstadt, 27. Mai 1937:

Die evangelischen und katholischen Bezirksbewohner fühlen sich durch verächtliche Redensarten durch Personen, die über diese Religion spotten oder Kirchenaustritte empfehlen, gekränkt. Besonders die Aufmachung der angeblichen Sittlichkeitsprozesse der Geistlichen verstimmt teilweise, während über gleiche Prozesse von Parteimitgliedern die Presse wenig und teilweise auch gar nichts bringt. Bei letzteren wird weder Beruf noch Parteizugehörigkeit in den sehr kuzen Presseberichten gebracht. Das Volk ist der Meinung, daß mit zweierlei Maß gehandelt wird ...

Verschiedentlich hört man, daß die Zeitung nicht mehr gehalten werden will, weil sie nur die Fehler der Geistlichen aufzeigt, während andere Vorkommnisse aus bestimmten Gründen nicht gebracht werden. Gegen den Presseinhalt besteht Mißtrauen ... Die Fronleichnamsprozessionen im Bezirk sind ohne Störungen verlaufen. Die Anordnung, nur mit Nationalflaggen zu schmücken, hat die Bevölkerung als Schikane aufgefaßt, weil es sich um einen kirchlichen Feiertag gehandelt hat. Trotz des Verbotes hatten die meisten Leute weiß-rote Fahnen und Nationalflaggen angebracht. Erst auf Veranlassung der Gendarmerie wurden die weiß-roten Flaggen eingezogen. Teilweise haben dann die Leute gar nicht beflaggt. Es wurde geäußert, daß dann an anderen Festen auch nicht mehr beflaggt wird.

Aus dem Monatsbericht der Gendarmerie-Station Aufseß, 25. Juli 1937:

Allgemein ist zu bemerken, daß die Geistlichen beider Konfessionen in der Bevölkerung noch ziemlichen Rückhalt haben. In Neuhaus ist es vorgekommen, daß zwei Gemeinderäte, die ersucht wurden, sich in die Partei aufnehmen zu lassen, eine Aufnahme in die Partei ablehnten. Der Grund scheint der zu sein, um das Wohlwollen des Herrn Pfarrer nicht zu verlieren. Auch merkt man, daß viele Landbewohner unter dem Einfluß ihrer Geistlichen stehen, denn sie halten streng zu ihrem Pfarrer und stehen auf dem Boden der Bekenntnisfront. Im großen und ganzen liegt die vaterländische Einstellung der Gesamtbevölkerung auf einer Linie, was aber die Volksgemeinschaft anbelangt, so läßt diese noch viel zu wünschen übrig. Vor allem hier in Aufseß merkt man, daß Neid und Ungunst in geschäftlicher Hinsicht eine Rolle spielt und die Leute einfach nicht zusammenkommen läßt. Dem einen paßt der Bürgermeister nicht, der andere will selbst eine Rolle spielen und ist verärgert, und so kommt es, daß manche mit schönen Reden und wenig Wahrhaftigkeit um die Gunst buhlen und gleich darauf einer anderen Person gegenüber wieder gegenteiliger Meinung sind. In dem katholischen Teil des hiesigen Bezirks steht die Bevölkerung noch unter ziemlichen Einfluß ihres Pfarrers, so daß dort der Nationalsozialismus auf schwachen Füßen steht.

Aus dem Monatsbericht des Bezirksamtes, 3. September 1937:

Die Bestrebungen der Partei und des Volkes zur Einführung der Gemeinschaftsschule, die zur Zeit im Gange sind, stießen in einzelnen Orten auf heftigen Widerstand der evangelischen Geistlichkeit und der Anhänger der Bekenntnisfront. Besonders in den Gemeinden Muggendorf und Hetzelsdorf haben die dortigen evangelischen Pfarrer die Erziehungsberechtigten in und außerhalb der Kirche dahin zu beeinflussen versucht, daß sie unter allen Umständen die Gemeinschaftsschule ablehnen sollen und keine Unterschrift für die Gemeinschaftsschule hergeben sollen. In Wannbach, zur Pfarrei Hetzelsdorf gehörig, war die Abstimmung ein völliger Mißerfolg, auch in der Gemeinde Dürrbrunn lehnte die Mehrzahl der Erziehungsberechtigten die Gemeinschaftsschule ab. Der Bürgermeister der letztgenannten Gemeinde hetzte die Wähler gegen die Gemeinschaftsschule auf und mußte deshalb auf Veranlassung der Kreisleitung der NSDAP von seinem Posten als Bürgermeister wegen partei- und staatsabträglichen Verhaltens vorläufig enthoben werden.

Aus dem Monatsbericht der Gendarmerie-Station Unterweilersbach, 26. Dezember 1937:

Der Kuratus Freitag von Niedermirsberg hat in seiner Kirchengemeinde das sogenannte „Herbergsuchen" neu eingeführt. Diese Veranstaltung findet in der Weise statt, daß ab 1. Advent bis Weihnachten alle Tage abends nach eingetretener Dunkelheit ein Bild von einem Haus in das andere feierlich überführt wird, welches das Sinnbild der Muttergottes bei der Herbergsuche sein soll. Die Überführung des Bildes von einem Haus in das andere erfolgt unter Beteiligung vieler Bewohner des Ortes, wobei Lieder gesungen, Gebete gesprochen und Lampions getragen werden. In dem neuen Haus wird dann das Bild in einem Zimmer feierlich aufgestellt. Am 1. Weihnachtsfeiertag gegen 18 Uhr machte ich die Wahrnehmung, daß das Bild von Rüssenbach unter großer Beteiligung der Bewohner, die bengalische Lichter trugen und durch das Dorf „Stille Nacht, heilige Nacht" sangen, nach Niedermirsberg in die Kirche überführt wurde. Wie mir gesagt wurde, soll zu gleicher Zeit auch das Bild von Neuses-Poxstall und Niedermirsberg in die Kirche überführt worden sein. Vor Niedermirsberg sollen sich die Züge getroffen und zusammengeschlossen haben und dann gemeinsam in die Kirche gegangen sein ... Diese religiöse Veranstaltung ist in der Kirchengemeinde Niedermirsberg kein altherkömmlicher Brauch, sondern wurde in Niedermirsberg im Jahre 1936 und in Rüssenbach und Neuses heuer das erste Mal eingeführt.

Martin Broszat/Elke Fröhlich/Falk Wiesemann (Hrsg.): Bayern in der NS-Zeit. Soziale Lage und politisches Verhalten der Bevölkerung um Spiegel vertraulicher Berichte, München/Wien 1977, S. 99ff.

Q 3.7
Austritte aus der katholischen Kirche

Der Text ist einem Aufsatz über den Kirchenkampf im Dritten Reich entnommen:

„Wie wirkungsvoll war der Propagandafeldzug gegen die katholische Kirche in den Jahren 1935–1937?"
Aufschluß darüber geben eine Reihe bemerkenswerter Zahlen. So sank die Anzahl der Kirchenaustritte seit 1931 (56 000) bis 1934 auf 31 000, stieg dann wieder an, um im Jahre 1937 mit 108 000 einen absoluten Höhepunkt zu erreichen. 1938 sank sie jedoch wieder auf 88 700 und fiel in den nächsten Erhebungsjahren allmählich wieder unter die 40 000-Grenze. Gemessen an der Gesamtzahl der Katholiken im Reich ergibt die hohe Austrittsquote von 1937, dem Höhepunkt der Diffamierungskampagne, einen Prozentsatz von 0,43 % – ein „Massenaustritt" war das nicht. Dieselbe Tendenz bestätigt auch die Osterkommunion-Statistik. Danach war die Anzahl der Katholiken, die ihrer Osterpflicht nachkamen, seit 1919 (56,3 %) langsam, aber beständig gestiegen, um im Jahre 1935 den Höchststand von 61,7 % zu erreichen. Im Verlauf des Kirchenkampfes sank die Quote dann geringfügig: von 60,8 % (1936) über 60,1 % (1937) auf 59,9 % (1938; spätere Erhebungen liegen nicht vor). Rechnet man dazu noch die Anzahl der Kinder, die die Erstkommunion noch nicht empfangen hatten (knapp 17 %), und ca. 2 % für soche Personen, die aus Alters- und Krankheitsgründen zur Osterkommunion nicht verpflichtet waren, so ergibt sich ein Prozentsatz von 21 % Katholiken, die ihrer Osterpflicht nicht nachkamen. Ergebnis dieser Zwischenbilanz: die deutschen Katholiken haben dem Vernichtungsfeldzug der Nazis bewundernswert einmütig widerstanden.

Herbert Immenkötter: Höhepunkt des Kirchenkampfes. Die katholische Kirche 1935–1939. In: Johannes Hampel (Hrsg.) Der Nationalsozialismus in Bayern, Bd. 2: Friedenspropaganda und Kriegsvorbereitung 1935–1939 (= Bayer. Landeszentrale für politische Bildungsarbeit), München 1989, S. 197f.

Fragen und Anregungen:

1. Erstellen Sie aus Q 3.1 eine Analyse der Wähler- und Mitgliederschaft der NSDAP.
2. Zeigen Sie anhand geeigneter Beispiele, was man unter „autoritärer Anarchie" und „polykratischer Struktur" (Q 3.2) versteht.
3. Skizzieren Sie in Stichworten die Erziehungsprinzipien Hitlers (▷ Q 3.3).
4. Worin sieht der Autor von Q 3.4 die Ursache für das Versagen der deutschen Professoren?
5. Erörtern Sie den Begriff „positives Christentum".
6. Sammeln Sie stichwortartig, welche Folgen die Indoktrination und die Propaganda für das geistige Leben in Deutschland hatten.
7. Gehen Sie kritisch auf die Grundlagen und das Instrumentarium der NS-Diktatur ein.
8. Vergleichen Sie Goebbels Machtstellung mit der Himmlers.
9. Deuten Sie die politische Aussage der Karikatur Q 3.5.
10. Untersuchen Sie, wie die Bevölkerung auf die Auseinandersetzung des NS-Regimes mit den Kirchen reagierte (▷ Q 3.6–Q 3.7).
11. Zeigen Sie am Beispiel der NS-Diktatur die Merkmale „totalitärer" Herrschaft auf (▷ Glossar) und überprüfen Sie dann, inwieweit diese Merkmale auf andere Staaten zutreffen.

Zusammenfassung:

Nach 1934 zerbrach das Bündnis zwischen den konservativen Eliten und dem Nationalsozialismus. Die NSDAP dehnte aber im Gegenzug ihren Einfluß auf die Arbeiterschaft und auch die Jugend aus, so daß sie soziologisch mehr und mehr zur „Volkspartei" wurde. Unter der Parole „ein Reich, ein Volk, ein Führer" entstand ein diktatorischer Einparteienstaat, in dem intern eine Vielzahl von Parteigliederungen und Personen um Einfluß und Macht rivalisierten. Unangefochten stand nur Hitler über allen Kompetenzkonflikten. Auf der anderen Seite sorgte Joseph Goebbels mit seinem Propagandaministerium für die ideologische Ausrichtung der Gesellschaft. Rundfunk, Presse und Kultur waren sowohl inhaltlich wie auch organisatorisch seinen Anweisungen unterworfen. Die Indoktrination ließ dem einzelnen keinerlei Möglichkeit für eine freie Entfaltung schöpferischer Kräfte. Die ideologische Erfassung erfolgte sowohl in der Schule wie in einer Vielzahl von Einrichtungen, in die man von Berufs wegen eintreten mußte oder die auch für die Gestaltung der Freizeit ein Vereinsmonopol hatten. Dieser Gleichschaltung waren auch die Kirchen ausgesetzt. Die katholische Kirche hob 1933 das Verbot auf, Mitglied bei der NSDAP zu werden, und schloß mit dem NS-Regime sogar ein Konkordat. Weite Teile der evangelischen Kirche begrüßten anfangs die Regierungsübernahme Hitlers. Erst als der Druck gegen beide Konfessionen zunahm, kam es bei den Evangelischen zur Gründung einer oppositionellen Bewegung, die sich „Bekennende Kirche" nannte. Der Papst reagierte 1937 mit einer Enzyklika, in der den Katholiken das Trennende zur nationalsozialistischen Weltanschauung deutlich gemacht wurde.

4.
Unterdrückung und Verfolgung

1933	21. März	Einsetzung von Sondergerichten
	22. März	Errichtung des Konzentrationslagers Dachau
	1. April	Boykott von jüdischen Geschäften, Ärzten und Rechtsanwälten
1934	20. April	Heinrich Himmler wird Chef der Gestapo
	24. April	Einrichtung des Volksgerichtshofes
	30. Juni	SS selbständige NS-Gliederung; allein zuständig für die KZs
1935	15. September	Nürnberger „Blutgesetze"
1936	17. Juni	Heinrich Himmler „Chef der deutschen Polizei"
1938	8.–13. November	Massenpogrome gegen Juden („Reichskristallnacht")
	3. Dezember	Zwangsveräußerung jüdischen Eigentums

Der Polizeiapparat. Vor 1933 unterstand die Polizei den Innenministern der Länder. Heinrich Himmler, seit März 1933 Polizeipräsident in München und Kommandeur der Politischen Polizei in Bayern, hat als Reichsführer der SS Schritt für Schritt seine Position ausgebaut. Mit der Berufung zum Inspekteur der Politischen Polizei auch in Preußen wurde er am 20. April 1934 faktisch zum Chef der Geheimen Staatspolizei (Gestapo). Sein Ziel war es, die Politische Polizei vollständig aus dem staatlichen Machtbereich herauszulösen. Deswegen wurden die Gestapo und auch die Kriminalpolizei mit Leuten aus der SS besetzt.

Heinrich Himmler

Die Schutzstaffel (SS), im März 1923 als Stabs- und Leibwächtertruppe Hitlers entstanden, war im Gegensatz zur SA bereit, sich politisch bedingungslos der NSDAP unterzuordnen. Obwohl sie 1926 als Unterorganisation der SA unterstellt wurde, sah Hitler in der SS die Elite der Partei: „Der SS-Mann ist das vorbildlichste Parteimitglied, das sich denken läßt", lautete die Parole. Heinrich Himmler hat die SS, deren Reichsleiter er 1929 wurde, unter diesem Eliteanspruch ausgebaut und sie mit ihrer schwarzen Uniform ganz bewußt von den „proletarischen" Braunhemden der SA abgesetzt. Bei der Durchführung der Mordaktion vom 30. Juni 1934 (▷ S. 269) stellte Himmler Hitler die bedingungslose Gefolgschaft seiner SS unter Beweis. Aus der Konkurrenz mit der SA ging er als Sieger hervor. Himmler erhielt für seine SS die Selbständigkeit und war nun Hitler direkt unterstellt. Ab 1934 war die SS allein für die KZs zuständig und entwickelte sich von da an zum wirkungsvollsten Instrument der nationalsozialistischen Diktatur.

Entstehung und Entwicklung der SS

Konzentrationslager und Schutzhaft

Erste KZs waren bereits unmittelbar nach der Machtergreifung Hitlers entstanden. Sie wurden von der SA und der SS in den größeren Städten errichtet, weil die staatlichen Gefängnisse die vielen „Schutzhäftlinge" gar nicht mehr fassen konnten. Festgenommen wurden zunächst die politischen Gegner. Ab 1935 kamen die Personen hinzu, die als „Volksschädlinge" und „Gemeinschaftsfremde" ausgegrenzt wurden. Das waren aus ideologischen Gründen Geistliche und Bibelforscher, aus rassischen und nationalen Gründen Juden, Polen und Emigranten sowie aus sozialen Gründen „Arbeitsscheue", „Gewohnheitsverbrecher" und Homosexuelle.

Das am 22. März 1933 von Himmler in einer ehemaligen Munitionsfabrik bei Dachau errichtete KZ wurde Vorbild für alle anderen. Der 2. Lagerkommandant, SS-Oberführer Theodor Eicke, gründete für die Bewachung der Lager die SS-Totenkopfverbände. Als er später „Inspekteur aller KZs" wurde, übernahmen die anderen Lager die von ihm entwickelte Strafordnung für Häftlinge und die Dienstvorschriften für das Wachpersonal (▷ Q 4.1). In Dachau bildete man seit jenem Zeitpunkt das Führungspersonal für alle Wachmannschaften aus.

Die Einweisung ins KZ Dachau wurde nicht verschwiegen. Sie wurde öffentlich – in der Presse oder wie hier auch auf Plakaten – bekanntgegeben. Die Warnung: „Halts Maul, sonst kommst nach Dachau" verdeutlicht, daß der Bevölkerung auch die besondere Gefahr bewußt war, die den „Schutzhäftling" dort erwartete.

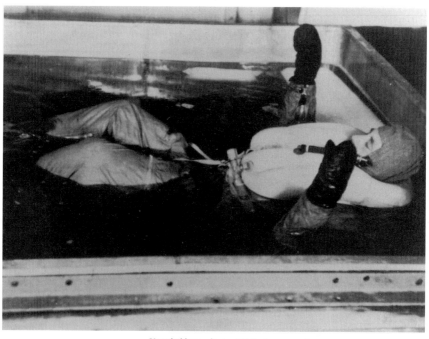

*Unterkühlversuche im KZ Dachau
(Fotoserie, aufgenommen von einem SS-Arzt; vgl. dazu auch Q 4.2)*

Ab 1938 hatten die Häftlinge vorwiegend für die Rüstung zu arbeiten. Ihre Arbeitskraft beutete nach Kriegsbeginn das SS-Wirtschaftshauptverwaltungsamt bis auf das letzte aus. Die auf deutschem Staatsgebiet errichteten KZs waren zwar keine Massenvernichtungslager wie die in Polen und der Tschechoslowakei, für die Häftlinge im Einzelfall aber dennoch ein tödliches Risiko. Allein in Dachau kamen von den zwischen 1933 und 1945 registrierten 200 000 Häftlingen über 30 000 durch Erschöpfung, Krankheiten oder bei Fluchtversuchen um. Über 100 Menschen starben bei Versuchen, die SS-Mediziner durchführten (▷ S. 308 und Q 4.2).

1936 wurde Himmler zum „Chef der deutschen Polizei" ernannt. Er vereinigte damit in seiner Person die umfassende Macht von Staat und Partei. Was staatlich nicht angeordnet werden konnte, führte die SS als stramme Elitetruppe der Partei außerhalb von Gesetz und staatlicher Ordnung im blinden Gehorsam aus. Die SS war das Instrument der totalitären Herrschaft. Schutzhaft wurde nach eigenem Ermessen und ab 1936 ohne jede richterliche Kontrolle verhängt. Geschützt wurde nicht die in Haft genommene Person, sondern die „Volksgemeinschaft" vor dem „Volksschädling". Dabei kam es sogar vor, daß die Gestapo bei einem nach ihrer Meinung zu milden Urteil den Angeklagten noch im Gerichtssaal verhaftete und ins KZ verschleppte. 1936 wurde der Gestapo die „verschärfte Vernehmung" erlaubt, nach der ein Beschuldigter mit bis zu 25 Stockhieben bestraft werden konnte.

Terrorsystem der Gestapo und der SS

Zentrum des SS-Staates war das Reichssicherheitshauptamt (RSHA), das den Terror perfekt organisierte. Im RSHA waren der Sicherheitsdienst (SD) der NSDAP und die Staatliche Sicherheitspolizei (Sipo) organisatorisch zusammengefaßt. Himmler hat die SS noch vor Beginn des Zweiten Weltkrieges zu einem elitären „Männeror-

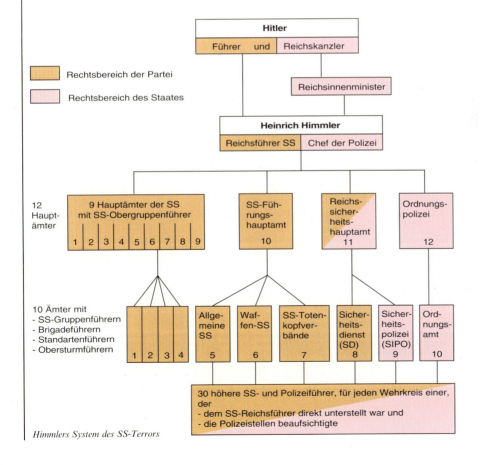

Himmlers System des SS-Terrors

den" ausgebaut. Die Aufnahme wurde begrenzt, jedes Mitglied „rassisch" überprüft und einer strengen Kontrolle unterworfen. Im Krieg war die SS für die rücksichtslose Umsiedlungs- und Germanisierungspolitik in den Ostgebieten verantwortlich und maßgeblich an der „Endlösung" der Judenfrage beteiligt.

Die Justiz im Dritten Reich. Die Richterschaft war schon vor 1933 stark national und konservativ ausgerichtet gewesen, so daß eine „Säuberung" im Sinne des NS nur im geringen Umfang notwendig wurde. Unmittelbar nach der Machtergreifung ordnete die Reichsregierung die Einführung von Sondergerichten an. Sie sollten als Notgerichte für eine schnelle Aburteilung von politischen Straftaten sorgen. Im Krieg konnten dann die Sondergerichte auf Antrag der Staatsanwaltschaft ab 1940 jedes Delikt verhandeln, wenn eine schnelle Aburteilung von den Machthabern gewünscht wurde.

Sondergerichte

Volksgerichtshof

Im April 1934 kam es zur Errichtung des Volksgerichtshofes als oberste und letzte Instanz in politischen Strafsachen. Seine Mitglieder wurden direkt von Hitler berufen. Vor dem Volksgerichtshof mußten sich über 16 000 Angeklagte verantworten, von ihnen wurden über 5000 zum Tode verurteilt.

Abkehr von rechtsstaatlichen Grundsätzen

Mit dem „Gesetz zur Änderung des Strafgesetzbuches" vom 28. Juni 1935 wurde der Artikel 116 der Reichsverfassung aufgehoben, der garantiert hatte, daß eine Tat nur dann bestraft wird, wenn zuvor ein Gesetz die Strafbarkeit bestimmt (rechtsstaatlicher Grundsatz: „nulla poena sine lege"). Nach Artikel 2 des neuen Gesetzes konnte jetzt auch jemand für eine Tat verurteilt werden, „die nach dem gesunden Volksempfinden Bestrafung verdient". Die Verpflichtung der Richterschaft auf den nationalsozialisten Staat fand am 1. Oktober 1936 ihren Abschluß in der Anlegung des NS-Hoheitszeichens an die Amtsrobe.

Feier im Kriminalgericht Moabit aus Anlaß der Anlegung des NS-Hoheitszeichens an die Richterrobe

Zwischen 1933 und 1945 haben Zivil- und Kriegsgerichte insgesamt mindestens 41 000 Todesurteile verhängt (zum Vergleich 1907–1932: 1 500), von denen der Großteil auch vollstreckt worden ist. Die Hinrichtungen wurden von der Verurteilung bis zur Vollstreckung bürokratisch genau protokolliert und den Hinterbliebenen in Rechnung gestellt (▷ Q 4.3).

Rassenpolitik und Gewalt gegen Juden. Seine Maßnahmen gegen die Juden hatte Hitler sowohl in seinem Buch „Mein Kampf" wie auch im Parteiprogramm von 1920 angekündigt. Obwohl der jüdische Anteil an der Bevölkerung 1933 mit ca. 500 000 Personen nur knapp 0,8 Prozent ausmachte (▷ Q 4.4), waren antisemitische Einstellungen gesellschaftlich weitverbreitet. Der Ausschluß der Juden aus der „Volksgemeinschaft" konnte deswegen in aller Öffentlichkeit vollzogen werden.

Zunächst wurden die Juden schrittweise an den Rand der Gesellschaft gedrängt. Es begann mit dem Boykott vom 1. April 1933 gegen jüdische Geschäfte, Ärzte und Rechtsanwälte. Sechs Tage später trat das „Gesetz zur Wiederherstellung des Berufsbeamtentums" in Kraft, das Nicht-Arier vom Staatsdienst ausschloß. Im Herbst 1933 wurden mit der Errichtung der Reichskulturkammer die Berufsverbote auf die Betätigung in den Medien, der Kunst und der Kultur ausgedehnt. Ihren Abschluß fand diese erste Phase im Sommer 1935 mit der Aufstellung von „Juden unerwünscht"-Schildern an Ortseingängen, vor Geschäften und Restaurants.

Mit den im September 1935 auf dem „Reichsparteitag der Freiheit" verabschiedeten „Nürnberger Gesetzen" verschärfte der Staat die Ausgrenzung. Das „Gesetz zum Schutz des deutschen Blutes und der deutschen Ehre" stellte sowohl den außerehelichen Verkehr wie die Eheschließung zwischen Juden und Deutschen unter Strafe. Juden wurde es zudem verboten, weibliche „Staatsangehörige deutschen oder artverwandten Blutes unter 45 Jahren" im Haushalt zu beschäftigen. Mit dem zweiten, dem sog. Reichsbürgergesetz, wurden den Juden alle politischen Rechte aberkannt. Jude war, „wer von mindestens drei der Rasse nach volljüdischen Großeltern" abstammte, wobei die Glaubenszugehörigkeit einziges Kriterium der „Rassenzugehörigkeit" war. Ab 1. Januar 1939 mußten sich die Juden mit einer besonderen „Kennkarte" ausweisen, in die für alle jüdischen Frauen der Zusatzvorname Sara und für die Männer Israel eingetragen wurde. Die Reisepässe wurden mit einem großen „J" gestempelt.

„Nürnberger Gesetze"

Höhepunkt war 1938 der „Reichskristallnacht"-Pogrom vom 9. November. Zwei Tage zuvor hatte der siebzehnjährige Herschel Grynszpan aus Protest dagegen, daß seine Eltern nach Polen ausgewiesen worden waren, in Paris den deutschen Botschaftssekretär Ernst von Rath mit Pistolenschüssen tödlich verletzt. Goebbels heizte mit einer gezielten Pressekampagne die Stimmung an. In der Nacht vom 9. auf den 10. November organisierten SA und NSDAP Ausschreitungen gegen die jüdische Bevölkerung. Mindestens 91 Juden kamen ums Leben, 7 500 Geschäfte und über 260 Synagogen wurden zerstört, an die 26 000 Juden unter schikanöser Behandlung in die Konzentrationslager (KZ) Dachau, Buchenwald und Sachsenhausen gebracht. Den angerichteten Schaden mußten die Juden selbst bezahlen, die Versicherungsleistungen in Höhe von 225 Millionen RM behielt der Staat ein. Zusätzlich hatten sie als „Sühneleistung" 1,127 Milliarden RM zu entrichten. Ab Dezember 1938 waren Juden von den öffentlichen Schulen und Universitäten ausgeschlossen.

Die Öffentlichkeit schaut zu, als in Regenburg am 10. November 1938 jüdische Bürger in einem Schandmarsch durch die Straßen getrieben werden.

„Arisierung der Wirtschaft"

Zur „Entjudung der Wirtschaft" wurden über 430 Verordnungen und Ausführungsbestimmungen erlassen. Im April 1938 mußten alle jüdischen Vermögenswerte über 5 000 RM angemeldet werden. Am 3. Dezember folgte ein Erlaß, nach dem Juden gezwungen wurden, innerhalb einer bestimmten Frist ihr Unternehmen zu verkaufen. Geschah das nicht, ordnete der Staat die zwangsweise Veräußerung an. An dem Vermögen bereicherten sich nicht nur deutsche Geschäftsleute, sondern auch Parteifunktionäre in einem Ausmaß, das die Parteigerichte der NSDAP zum Handeln zwang (▷ Q 4.5). Im Februar 1939 wurde den Juden der gesamte Besitz an Gold, Platin, Silber, Edelsteinen und Perlen abgenommen. Ausgenommen waren nur Eheringe.

Bis November 1938 wanderten etwa 170 000 Juden aus, danach bis Kriegsbeginn noch einmal 115 000. Sie mußten ihr Eigentum verkaufen und eine „Reichsfluchtsteuer" entrichten, die dem Reich mehrere Milliarden RM einbrachte.

Mit Kriegsausbruch trat die Judenfrage in ein neues Stadium. Die Juden wurden nun als „innerer Feind" betrachtet, dem Stück für Stück alle Lebensgrundlagen entzogen wurden. Es begann mit einem nächtlichen Ausgehverbot und der Ablieferung aller Radiogeräte (September 1939). Später mußten sie auf die Zuteilung von Kleiderkarten verzichten (Februar 1940), alle entbehrlichen Kleidungsstücke (Juni 1942) sowie Fotoapparate, Plattenspieler, Fahrräder, Schreib- und Rechenmaschinen abliefern. Lebensmittel durften sie nur im begrenzten Umfang und zu besonderen Geschäftszeiten einkaufen. Sie verloren jeglichen Mieterschutz, wurden in eigens für sie ausgewiesenen Wohnungen separiert und aus den Krankenkassen ausgeschlossen. Ab September 1941 mußten alle Juden einen „handtellergroßen, schwarz ausgezogenen Sechsstern aus gelbem Stoff mit der schwarzen Aufschrift 'Jude'" deutlich sichtbar auf der linken Brustseite tragen. Sie durften weder öffentliche Verkehrmittel benützen noch Haustiere halten (1942). Im Oktober 1939 begannen in Österreich die ersten Deportationen (Zwangsaussiedlungen) nach Polen. Die „Endlösung" warf ihre Schatten voraus.

Thematische Spezialeinheit: Lebensläufe im 20. Jahrhundert

Julius Moses (Arzt)

1868 geboren in Posen als Sohn eines jüdischen Kaufmanns; 1888–1892 Studium der Medizin; 1893 Niederlassung als praktischer Arzt in einem Berliner Arbeiterviertel; 1913 öffentliche Aufforderung an die proletarischen Frauen zum bewußten Verzicht auf Schwangerschaften („Gebärstreik"); 1919 Mitbegründer der USPD; ab 1920 Eintreten für die Abschaffung des § 218 (Strafandrohung bei Abtreibung); 1920–1932 Reichstagsabgeordneter der USPD und dann der SPD: gesundheitspolitischer Sprecher seiner Fraktion, Einsatz für Gesetze zur Ausbildung des Krankenpflegepersonals und für soziale Maßnahmen zum Abbau von Volkskrankheiten (z. B. Tuberkulose); Ablehnung von Experimenten an lebenden Menschen: „Der Patient ist kein 'Material', kein 'Fall', kein 'Versuchsobjekt', sondern ein Mensch mit eigenem Willen und Verfügungsrecht." Ab 1924 Herausgabe der Fachzeitschrift „Der Kassenarzt", die für die Erhaltung der Volksgesundheit, die Rechte sozial schwacher Schichten und zur Zurückhaltung in der Erbforschung (Eugenik) eintrat. 1929–1932 Mitglied im Hauptausschuß „Notgemeinschaft der Deutschen Wissenschaft" (1920 zur Förderung von Forschung und Lehre gegründet, heute: Deutsche Forschungsgemeinschaft); 1938 Entzug der ärztlichen Approbation; 1942 Deportation ins KZ Theresienstadt, wo Moses am 24. September 1942 an Hunger und Entkräftung stirbt.

Eugen Fischer (Arzt)

1874 geboren in Karlsruhe als Sohn eines Kaufmanns; Studium der Medizin, Volkskunde und Naturwissenschaften; 1900 Habilitaton (Erwerb der Lehrbefugnis als Hochschulprofessor) für Anatomie und Anthropologie; 1908 Untersuchung von 310 „Mischlingen" (Mutter Farbige, Vater Weißer) in der Kolonie Deutsch-Südwestafrika; 1910 Mitbegründer der „Deutschen Gesellschaft für Rassenhygiene" in Freiburg; 1913 Veröffentlichung der Ergebnisse seiner Afrika-Forschungen unter dem Titel „Die Rehoboter Bastards und das Bastardierungsproblem beim Menschen" (= Hauptwerk Fischers, das 1961 (!) als „wissenschaftliches Grundlagenwerk der Humangenetik" unter Weglassung des Schlußteils nachgedruckt wurde); 1916–1926 Mitglied der DNVP; 1921 Mitverfasser des Standardwerks Bauer/Fischer/Lenz: Menschliche Erblehre und Rassenhygiene; 1923/25 Hitler liest den „Bauer/Fischer/Lenz" und übernimmt wesentliche Gedankengänge für sein Buch „Mein Kampf"; 1927 Berufung Fischers als Direktor an das neugegründete Kaiser-Wilhelm-Institut für Anthropologie, menschliche Erblehre und Eugenik in Berlin (bis 1942). Das Institut war zuständig für die Politikberatung und hat auch SS-Ärzte in „Erb- und Rassenkunde" ausgebildet. U. a. hat Josef Mengele als Assistent bei Prof. von Verschuer, dem Kollegen und Nachfolger Fischers, gearbeitet. Mengele hat ab 1942 „genetisches und anthropologisches Material" aus Auschwitz an das Institut geliefert. 1933 Rektor der Berliner Universität: Fischer war maßgeblich an der Entlassung jüdischer Professoren und am Ausschluß kommunistischer Studenten beteiligt. 1940 Eintritt in die NSDAP; 1945 Arbeit an einem Buch mit dem Titel „Lebensgesetzliche (biologische) Unterlagen der Rassenpolitik" für die Propagandapolitik des Auswärtigen Amtes; 1945 Entnazifizierung als „Mitläufer"; 1952 Ehrenvorsitzender der „Deutschen Anthropologischen Gesellschaft"; 1967 verstorben.

Hans Achim Litten (Zeichnung eines KZ-Mithäftlings)

Wolfgang Fränkel bei seiner Amtseinführung als Generalbundesanwalt im März 1962

Hans Achim Litten (Jurist)
1903 als Sohn eines jüdischen Hochschulprofessors (später Rektor der Universität Königsberg) in Halle geboren, während seiner Gymnasialzeit führendes Mitglied deutsch-jüdischer Jugendgruppen mit sozialrevolutionären Ideen, auf Wunsch des Vaters Studium der Rechtswissenschaften, 1929 Zulassung als Rechtsanwalt, vertritt vor Gericht häufig Kommunisten, weil er sich selbst als „proletarischer Anwalt" versteht. In einem Strafverfahren gegen den berüchtigten SA-Sturm 33 setzt er 1931 durch, daß Hitler zur Frage des Verhältnisses der NSDAP zur Gewalt als Zeuge vernommen wird und treibt ihn durch seine eindringliche Befragung in die Enge. Wegen seines mutigen Eintretens gegen den Straßenterror der SA hetzt die nationalsozialistische Presse gegen ihn als „Rot-Mord-Verteidiger". Trotz wiederholter Warnungen bleibt er nach Hitlers Machtergreifung in Deutschland. Nach dem Reichstagsbrand wird er noch in der Nacht des 28. Februar 1933 verhaftet und in „Schutzhaft" genommen. Stationen waren die KZs Sonnenberg, Brannenburg, Papenburg, Buchenwald und Dachau. Um aus ihm Informationen zu erpressen und ihm eine Lektion wegen seines Verhaltens gegenüber Hitler zu erteilen, wird er gefoltert und gequält. Selbst als auf Bitten seiner Mutter sich u. a. der Reichswehrminister von Blomberg, Reichsjustizminister Gürtner, der berühmte Dirigent Furtwängler und sogar der Volksgerichtspräsident Freisler für ihn verwenden, bleibt Hitler unnachgiebig. Nach fünf Jahren Schutzhaft nimmt sich Litten am 5. Februar 1938 im KZ Dachau das Leben.

Wolfgang Fränkel (Jurist)
1905 als Sohn eines evangelischen Pfarrers in Gablonz (Böhmen) geboren, nach dem Abitur Studium der Rechtswissenschaften, anschließend Gerichtsassessor in Kiel. 1936 wird er als wissenschaftlicher Hilfsarbeiter ans Reichsgericht in Leipzig berufen. Hier bearbeitet er in der Reichsanwaltschaft sog. Nichtigkeitsbeschwerden, die als Rechtsmittel 1940 eingeführt wurden, um rechtskräftige Strafurteile der Amts-, Land- und Sondergerichte nachträglich zu korrigieren, meist mit dem Ziel einer Strafverschärfung. Als z. B. ein vorbestrafter zwanzigjähriger Tscheche vom Sondergericht Prag wegen mehrerer Einbrüche zu sechs Jahren Zuchthaus verurteilt wird, empfiehlt er die Aufhebung des Urteils mit folgender Begründung: „M. E. völliges Fehlurteil. K. hat sich durch seine Taten in schwerster Weise gegen die öffentliche Ordnung in Prag aufgelehnt. Das Leben dieses, freilich noch jungen, Menschen ist offensichtlich das eines geborenen Schwerverbrechers. Ich würde unbedenklich die Todesstrafe aus § 2 VschVO [Volksschädlings-Verordnung] verhängen." 1943 wird Fränkel zum Wehrdienst eingezogen und gerät in Kriegsgefangenschaft (bis 1946). Nach seiner Entlassung tritt er wieder in den Justizdienst ein, wird Amtsrichter in Rendsburg und kommt 1951 zur Bundesanwaltschaft beim Bundesgerichtshof in Karlsruhe, wo er u. a. mit der Frage der Verfolgung von Naziverbrechen betraut wird. 1962 wird er zum Generalbundesanwalt berufen. Als daraufhin die DDR Dokumente veröffentlicht, die ihn als einen dem NS-Regime angepaßten Juristen belasten und den Vorwurf erheben, seine juristische Stellungnahmen hätten in mehreren Fällen den Tod der zu Unrecht Verurteilten nach sich gezogen, wird Fränkel nach heftigen öffentlichen Protesten im Juli 1962 mit vollem Ruhegehalt in den einstweiligen Ruhestand versetzt. Drei Jahre später spricht ihn der Bundesgerichtshof von allen Vorwürfen frei und erklärt: „Im übrigen ist in der Verhandlung urkundlich bewiesen worden, daß Fränkel dem Nationalsozialismus betont ablehnend gegenübergestanden hat." 1979 hat Rolf Hochhuth den „Fall Fränkel" in seinem Theaterstück „Juristen" verarbeitet. In diesem Theaterstück kritisiert er heftig das Verhalten der Justiz im Dritten Reich.

Q 4.1
Alltag im KZ Dachau

Reception – Deception
Trügerische Aufnahme (Holzschnitt von David Ludwig Bloch, undat., 30,8 x 24 cm)
Das alte Motiv des Todes als Fiedler bezieht der Künstler auf den von der Lagerleitung des Konzentrationslagers angeordneten Brauch, die Neuankömmlinge von einem Lagerorchester begrüßen zu lassen (▷ vgl. dazu auch Q 1.7, S. 276: Einlieferung Paul Löbes ins KZ). Die Bildkomposition bringt die Tortur der Häftlinge zum Ausdruck. Bloch, 1910 in Floss/Bayern geboren, wuchs als Waise auf, wurde bereits als Kind taub, war zunächst in einer Weidener Porzellanfabrik beschäftigt und hat dann ein Stipendium für die Kunstakademie in München bekommen. Weil er Jude war, wurde er 1936 relegiert und 1938 nach der sog. Reichskristallnacht ins KZ Dachau eingeliefert. Durch die Bemühungen eines Verwandten kam er frei, lebte von 1940–1949 in Schanghai, emigrierte dann in die USA, wo er als Lithograph arbeitete. Seine Erlebnisse im KZ hat er künstlerisch eindrucksvoll in mehreren Holzschnitten verarbeitet.

Q 4.2
Schreiben des SS-Arztes Dr. Sigmund Rascher über seine Versuche in Dachau

Sigmund Rascher (1909–1945) ist 1933 in die NSDAP, 1939 in die SS eingetreten. Nach seinem Medizin-Examen war er von 1936 bis 1939 am Schwabinger Krankenhaus in München tätig. Über die Bekanntschaft seiner Lebensgefährtin erreichte der ehrgeizige Mediziner über Heinrich Himmler 1939 seine Aufnahme in die „Lehr- und Forschungsgemeinschaft Ahnenerbe" der SS. 1941 erhielt er von Himmler die Genehmigung, im KZ Dachau Berufsverbrecher als Versuchspersonen für Höhentests der Luftwaffe einzusetzen. Die Tests wurden von Februar bis Mai 1942 in Dachau an 180 bis 200 Häftlingen durchgeführt. 70 bis 80 von ihnen starben, alle durch die Schuld Raschers. Von August bis Oktober 1942 führte Rascher Unterkühlungsversuche mit dem Ziel durch, Methoden zur Wiedererwärmung ins Meer abgestürzter Piloten zu entwickeln. Zu den schlimmsten dieser Experimente gehörte der Tod von zwei sowjetischen Offizieren, die nackt in eiskaltem Wasser stundenlang zu Tode gequält wurden. Kurz vor seiner Habilitation an der Reichsuniversität Straßburg endete seine Karriere: Seine Frau kam als Kindesentführerin ins Gefängnis und er wegen unerlaubter Geschäfte mit Häftlingen ins KZ. In Dachau wurde er kurz vor Befreiung des Lagers am 26. April 1945 getötet.

a) An Heinrich Himmler am 17. Februar 1943:

Hochverehrter Reichsführer!
In der Anlage überreiche ich, in kurze Form gebracht, eine Zusammenstellung der Resultate, welche bei den Erwärmungsversuchen an ausge-
5 kühlten Menschen durch animalische Wärme gewonnen wurden. Zur Zeit arbeite ich daran, durch Menschenversuche nachzuweisen, daß Menschen, welche durch trockene Kälte ausgekühlt wurden, ebenso schnell wieder erwärmt
10 werden können als solche, welche durch Verweilen im kalten Wasser auskühlten. Der Reichsarzt SS, SS-Gruppenführer Dr. Gravitz, bezweifelte diese Möglichkeit allerdings stärkstens und meinte, daß ich dies erst durch 100 Versuche beweisen müsse. Bis jetzt habe ich etwa 30 Men-
15 schen unbekleidet im Freien innerhalb 9–14 Stunden auf 27°–29° abgekühlt. Nach einer Zeit, welche einem Transport von einer Stunde entsprach, habe ich die Versuchspersonen in ein
20 heißes Vollbad gelegt. Bis jetzt war in jedem Fall, trotz teilweise weißgefrorener Hände und Füße, der Patient innerhalb längstens einer Stunde wieder völlig aufgewärmt. Bei einigen Versuchspersonen trat am Tage nach dem Ver-
25 such eine geringe Mattigkeit mit leichtem Temperaturanstieg auf. Tödlichen Ausgang dieser

außerordentlich schnellen Erwärmung konnte ich noch nicht beobachten. Die von Ihnen, hochverehrter Reichsführer, befohlene Aufwärmung durch Sauna konnte ich noch nicht durchführen, da im Dezember und Januar für Versuche im Freien zu warmes Wasser war und jetzt Lagersperre wegen Typhus ist und ich daher die Versuchspersonen nicht in die SS-Sauna bringen darf. Ich habe mich mehrmals impfen lassen und führe die Versuche im Lager, trotz Typhus im Lager, selbst weiter durch. Am einfachsten wäre es, wenn ich, bald zur Waffen-SS überstellt, nach Auschwitz fahren würde und dort die Frage der Wiedererwärmung an Land Erfrorener schnell in einem großen Reihenversuch klären würde. Auschwitz ist für einen derartigen Reihenversuch in jeder Beziehung besser geeignet als Dachau, da es dort kälter ist und durch die Größe des Geländes im Lager selbst weniger Aufsehen erregt wird (die Versuchspersonen brüllen[!], wenn sie sehr frieren). Wenn es, hochverehrter Reichsführer, in Ihrem Sinne ist, diese für das Landheer wichtigen Versuche in Auschwitz (oder Lublin oder sonst einem Lager im Osten) beschleunigt durchzuführen, so bitte ich gehorsamst, mir bald einen entsprechenden Befehl zu geben, damit die letzte Winterkälte noch genützt werden kann.

Mit gehorsamsten Grüßen
bin ich in aufrichtiger Dankbarkeit
mit Heil Hitler
Ihr Ihnen stets ergebener
S. Rascher

b) An den Lagerkommandanten Weiß, Dachau 10. Dezember 1942:

Am 28. September wurde mir der russische Kriegsgefangene Cho., geb. 24. Mai 1920 ... zu Versuchszwecken übergeben. Es handelt sich bei Ch. um einen Russen, welcher exekutiert werden sollte. Da mir vom RF SS[1] befohlen wurde, für gefährliche Versuche zu Tode Verurteilte zu nehmen, wollte ich bei diesem Russen einen Versuch vornehmen, bei dem mit absoluter Sicherheit anzunehmen war, daß die Versuchsperson den Versuch nicht überleben würde. Ich meldete ihm damals: „Sie können sich darauf verlassen, daß der Russe den Versuch mit Bestimmtheit nicht überleben würde und zu dem befohlenen Termin tot sei." Entgegen jeder Annahme überstand der betroffene Russe drei Versuche, die bei jedem anderen tödlich ausgelaufen wären. Entsprechend dem Befehl des RF SS, daß solche Versuchspersonen, die zum Tode verurteilt sind, aber lebensgefährliche Versuche überstehen, zu begnadigen, bitte ich, entsprechende Schritte vornehmen zu wollen. Es tut mir leid, daß durch unsere falsche Annahme nun Schreibereien entstehen.
mit bestem Dank und Heil Hitler

Beide Schreiben aus: Konzentrationslager Dachau 1933–1945. Dokumentation, hrsg. v. Comité International de Dachau, Redaktion Barbara Distel, München ³1978, S. 135f.

1) Reichsführer SS

Q 4.3
Verkündung und Vollstreckung eines Todesurteils

a) Todesurteil gegen Emmy Z.:

Im Namen des Deutschen Volkes
In der Strafsache gegen die Zeitungsausträgerin Emmy Z., geborene W. aus Berlin-Gatow, geboren am ..., zur Zeit in dieser Sache in gerichtlicher Untersuchungshaft, wegen Wehrkraftzersetzung hat der Volksgerichtshof, 6. Senat, auf Grund der Hauptverhandlung vom 19. November 1943, an welcher teilgenommen haben
als Richter: Volksgerichtsrat H., Vorsitzer, Landgerichtsdirektor Dr. L., NSKK-Obergruppenführer O., Generalleutnant C., Oberarbeitsführer G., als Vertreter des Oberreichsanwalts: Erster Staatsanwalt R.
für Recht erkannt:
Die Angeklagte Z. hat es in den Jahren 1940 bis 1942 in Berlin als Anhängerin der Vereinigung internationaler Bibelforscher unternommen, drei Wehrpflichtige, die ebenfalls dieser Vereinigung angehörten, durch Gewährung von Unterschlupf und Verpflegung der Erfüllung der Wehrpflicht zu entziehen. Sie wird deshalb wegen Wehrkraftzersetzung in Verbindung mit landesverräterischer Begünstigung des Feindes zum Tode und zu lebenslangem Ehrverlust verurteilt. Die Angeklagte trägt die Kosten des Verfahrens. Diese Urteilsformel ist wiederhergestellt. Die Urschrift derselben und der Urteilsgründe ist durch Feindeinwirkung vernichtet worden.
gez. H.
Dr. L.

b) Protokoll über die Hinrichtung:

Der Oberreichsanwalt
beim Volksgerichtshof
1 J 56/43
Berlin-Plötzensee,
den 9. Juni 1944
(Richtstätte des Strafgefängnisses)
Vollstreckung des Todesurteils gegen Emmy Z.
Gegenwärtig: als Vollstreckungsleiter:
LGR. Dr. K.
als Beamter der Geschäftsstelle: Justizangestellter K.
Um 13.00 Uhr wurde die Verurteilte, die Hände auf den Rücken gefesselt, durch zwei Gefängnisbeamte vorgeführt. Der Scharfrichter R. aus Berlin stand mit seinen drei Gehilfen bereit. Anwesend war ferner: der Gefängnisbeamte O.-Insp. A. Nach Feststellung der Personengleichheit der Vorgeführten mit der Verurteilten beauftragte der Vollstreckungsleiter den Scharfrichter mit der Vollstreckung. Die Verurteilte, die ruhig und gefaßt war, ließ sich ohne Widerstreben auf das Fallbeilgerät legen, worauf der Scharfrichter die Enthauptung mit dem Fallbeil ausführte und sodann meldete, daß das Urteil vollstreckt sei.
Die Vollstreckung dauerte von der Vorführung bis zur Vollstreckung 7 Sekunden.
Unterschriften

Alle Quellen zit. nach: Im Namen des Deutschen Volkes: a. a. O., S. 237ff.

Q 4.4
Juden in Deutschland

Im folgenden Text sind Fakten und Daten zur gesellschaftlichen Situation der Juden in der Weimarer Republik zusammengestellt:

Im Reich lebten 1925 rd. 568 000, 1933 rd. 503 000 Juden oder 0,90 % bzw. 0,76 % der Gesamtbevölkerung. Die Hälfte aller erwerbstätigen Juden waren Selbständige; 61,0 % betätigten sich in Handel und Gewerbe, gegenüber 16,4 % der Gesamtbevölkerung. Vor allem dank ihrer Tüchtigkeit stellten die Juden 5 % der Universitätslehrer, Journalisten und Theater-Intendanten, 10% der Ärzte und Zahnärzte, 16 % der Rechtsanwälte. Noch mehr überrepräsentiert waren die Juden mit 25 % im Einzelhandel, mit 30 % im Kleiderhandel, mit 48 % in Privatbanken, mit 70 % im Feinmetallhandel, mit 79 % in Warenhäusern ... Die Berliner Jüdische Gemeinschaft war die größte Deutschlands und die fünftgrößte der Welt. 1925 lebten 30,6 % der deutschen Juden in Berlin, bildeten dort 4,3 % der Einwohnerschaft, stellten jedoch 34 % der Universitätslehrer, 42 % der Mediziner, 48 % der Rechtsanwälte, 56 % der Notare. Diese Tatsachen erregten vielfach Anstoß, mehr noch Neid und nährten den traditionellen Antisemitismus. Hinzu kam: Die Juden ließen fühlen und erkennen, daß sie sich geistig und kulturell überlegen fühlten. Andererseits: Von den 1,657 Mio. preußischen Beamten der Weimarer Republik waren nur 5446 oder 0,33 % Juden. Nicht ein einziger der zwölf Oberpräsidenten, 35 Regierungspräsidenten und mehr als 400 Landräte in Preußen war Jude. Von den etwa 550 000 Juden im Kaiserreich waren rd. 96 000 Kriegsteilnehmer, davon 80 000 Frontkämpfer. 12 % der jüdischen Soldaten waren Kriegsfreiwillige, 12 000 sind gefallen, fast 30 000 wurden dekoriert, fast 20 000 befördert. Diese Zahlen entsprachen dem Reichsdurchschnitt. Der Anteil gefallener jüdischer Offiziere lag sogar 1,3 % über dem aller gefallenen Offiziere. Diese Tatsachen werden von deutschnationalen und NS-Kreisen vor und nach 1933 verschwiegen oder verleugnet, weil sie nicht ins Propaganda-Klischee passen. Das Dritte Reich wird 1935 auch jüdische Kriegsteilnehmer und deren Hinterbliebene nicht schonen. Die Juden zahlten im Kaiserreich etwa drei- bis siebenmal mehr Steuern als die Nichtjuden. In Preußen waren 1910 unter den hundert Reichsten 29 Juden. Diese und andere finanzielle Tatsachen wurden allmählich bekannt, erregten Neid, förderten den traditionellen Antisemitismus. Über Vermögen und Einkommen der Juden in der Weimarer Republik gibt es keine amtlichen Statistiken. Der weit überwiegende Teil der Juden gehörte dem Mittelstand an und geriet ebenfalls in den Strudel der Wirtschaftskrise. Die katholischen Studentenorganisationen führten 1923 den „Arier-Paragraph" ein ..., schlossen mithin Juden aus. 1927 forderten 77 % der Studenten in Preußen, den „Arier-Paragraph" in die Verfassung der Universitäten aufzunehmen. Es beeindruckte sie nicht, daß unter den 150 Nobelpreis-Trägern von 1901 bis 1930 14 Juden sind, die 9,3 % der Preisträger ausmachen oder etwa fünfmal so viel, wie der Anteil der Juden von 1,8 % unter der weißen Kulturmenschheit erwarten ließe.

Eitner: a. a. O., S. 375f.

Q 4.5
„Arisierung" ohne Beispiel

50 Jahre nach der „Reichskristallnacht" berichtet die örtliche Tagespresse, wie in Nürnberg jüdische Betriebe zugunsten arischer Aufkäufer enteignet wurden.

Noch 1935 waren 21 Prozent der knapp 2 400 Nürnberger Firmen in jüdischem Besitz. Sie alle wurden in Windeseile enteignet, verschachert und ausgeplündert bis zum letzten Bleistift. Die Franken-Nazis unter Streicher[1] überließen das „Geschäft" nicht den staatlichen Stellen. Sie nahmen die Arisierung selbst in die Hand – und steckten die Gewinne in die eigene Tasche. Der stellvertretende Gauleiter Karl Holz und weitere Strohmänner organisierten die Raubzüge. Betriebe, Grundstücke und Mobilien gingen zu Spottpreisen in „arischen" Besitz über. So mußte Julius Langstadt, der Eigentümer des Textilgeschäfts „Marmorecke" am Nürnberger Josephsplatz, für rund 250 000 Reichsmark verkaufen. Tatsächlich war das Unternehmen mehr als 700 000 Mark wert. Doch Langstadt konnte nicht einmal über das Geld aus dem Zwangsverkauf verfügen. Es wurde auf einem Sperrkonto eingefroren. Eines von vielen Beispielen. Etwa 21 Millionen Mark sprangen allein beim Verkauf von Grundstücken und Häusern an Arisierungsgewinnen heraus. Die Stadt Fürth erwarb für 100 (!) Mark den gesamten Grundstücksbesitz der jüdischen Kultusgemeinde im geschätzten Wert von 100 000 Mark. Fritz Herwerth, der Chauffeur Streichers, riß sich für hundert Mark einen 3 000-Mark-Wagen unter den Nagel. Die „arischen" Ankäufer von Maschinen, Teppichen, Klavieren, Schmuck oder Hausrat aus jüdischem Eigentum teilten dem Gauamtsleiter Schröder jeweils nur schriftlich mit, wieviel sie zu bezahlen bereit waren. Der NS-Bürokrat akzeptierte die Vorschläge meist anstandslos und wies lediglich darauf hin, daß eine „Arisierungsabgabe" von 25 Prozent (manchmal auch 50 Prozent) auf ein Parteikonto zu überweisen war. Gauwirtschaftsberater Strobl (zugleich Präsident der Industrie- und Handelskammer) gab dazu noch seinen Segen – und das Raubgeschäft war gelaufen. Mindestens 230 Nürnberger Unternehmen sind „arisiert" worden. Als die Vorgänge ruchbar wurden, setzte Reichsminister Hermann Göring eine parteiinterne Untersuchungskommission ein. Die Folge: Julius Streicher und Konsorten waren selbst für die Nazi-Partei nicht mehr tragbar. „Zur Menschenführung nicht geeignet" stellte das Oberste Parteigericht fest. So mancher honorige „Arier" verdiente an Streichers „Privatfeldzug" kräftig mit. Es waren nicht nur die Arisierungsgewinner wie Helmut Horten, Friedrich Flick oder Josef Neckermann (der seine Karriere mit dem Erwerb des jüdischen Versandhauses Joel startete), die Jahre später zu den Vätern des „Wirtschaftswunders" mutierten[2].

Zeitungsbericht von Siegfried Zelnhefer. In: Nordbayerische Nachrichten vom 5. Dezember 1988.

[1] Julius Streicher (1885–1946), von Beruf Volksschullehrer, begründete 1923 das antisemitische Hetzblatt „Der Stürmer" und war von 1925 bis 1929 NSDAP-Gauleiter in Franken. Seine Stellung nutzte er aus, um mehrere Zeitungsverlage und jüdisches Vermögen zu erwerben. 1940 wurde er wegen seiner sexuellen Ausschweifungen und seiner zweifelhaften Geschäfte aller Parteiämter enthoben. 1946 wurde er in den Nürnberger Kriegsverbrecherprozessen wegen „Verbrechen gegen die Menschlichkeit" zum Tode verurteilt.
[2] hier: sprunghaft die Stellung wechseln

Fragen und Anregungen:

1. Interpretieren Sie Blochs Holzschnitt „Reception – Deception" (▷ Q 4.1).
2. Untersuchen Sie am Beispiel der Funktionen Heinrich Himmlers als „Reichsführer SS" und „Chef der deutschen Polizei" (▷ Schaubilder S. 293 und S. 309) das Verhältnis von Partei und Staat im Dritten Reich.
3. Erörtern Sie die beiden Schreiben des SS-Arztes (▷ Q 4.2) vor dem Hintergrund der NS-Ideologie.
4. Diskutieren Sie Inhalt, Sprache und Form der amtlichen Mitteilungen über Todesurteil sowie Vollstreckung der Hinrichtung (▷ Q 4.3).
5. Skizzieren Sie Umfang und Verfahren der „Arisierung" von jüdischem Eigentum in Nürnberg (▷ Q 4.5).
6. Fassen Sie in einer Stichwortchronologie die Stationen der Judenverfolgung zwischen 1933 und 1939 zusammen.
7. Begründen Sie, von welchem Zeitpunkt an das Dritte Reich als „SS-Staat" bezeichnet werden kann.
8. Wie war die gesellschaftliche Situation der Juden um 1930 in Deutschland (▷ Q 4.4)?

Zusammenfassung:

Politische Gegner und nichtarische Bürger wurden weltanschaulich diskriminiert und mit allen zur Verfügung stehenden Mitteln staatlich ausgegrenzt. Die Beamtenstellen bei Polizei und Justiz waren nach den „Säuberungen" von 1933 fest in der Hand überzeugter Nationalsozialisten. Unter der Führung von Heinrich Himmler stieg die SS zur mächtigsten Organisation im politischen System des Dritten Reiches auf. Als „Chef der deutschen Polizei" und „Reichsführer der SS" vereinigte er in seiner Person die umfassende Macht von Staat und Partei. Damit war dem Terror Tür und Tor geöffnet. Für die „Schutzhäftlinge" in den Konzentrationslagern gab es keinerlei Rechtsgarantien mehr. Die Verfolgung richtete sich vor allem gegen die 500 000 Juden, die Schritt für Schritt aus dem öffentlichen Leben verdrängt und rassisch ausgegrenzt wurden. Die „Nürnberger Blutgesetze" und der „Reichskristallnacht"-Pogrom waren vor Kriegsbeginn die einschneidendsten Stationen dieses Terrors.

Zum Ergebnis:

Hitler hat seine Berufung zum Reichskanzler eines Präsidialkabinetts dazu genutzt, die anderen Parteien schrittweise auszuschalten, Staat und Gesellschaft gleichzuschalten und die elementarsten Grundrechte der Weimarer Verfassung außer Kraft zu setzen. Formal konnte er sich bei der Errichtung seiner Einparteienherrschaft auf das Ermächtigungsgesetz stützen, dem alle Parteien mit Ausnahme der SPD im Reichstag zugestimmt hatten. Allerdings fand er auch Zustimmung in der Bevölkerung, in der breite Kreise unzufrieden über die wirtschaftliche und politische Entwicklung nach 1918 waren. Nach der Ermordung von über 200 Regimegegnern und dem Tod Hindenburgs erklärte Hitler die „nationale Revolution" für beendet. Er vereinigte am 2. August 1934 das Amt des Reichspräsidenten mit dem des Reichskanzlers und nannte sich „Führer und Reichskanzler".

Im Mittelpunkt der gegen Demokratie und Parlamentarismus gerichteten nationalsozialistischen Weltanschauung standen rassistische Gedanken (Antisemitismus, Herrenmenschentum) und kriegerische Expansion (Lebensraumpolitik). Nach innen erfüllte Hitler die Sehnsucht nach einem „starken Mann", der über alle Parteien hinweg Deutschland zu neuer Geltung verhelfen sollte. In der Praxis rivalisierten aber eine Vielzahl von Parteigliederungen und Personen um Einfluß und Macht.

In die Wirtschaftsstruktur hat Hitler zunächst nicht eingegriffen. Nach seiner Regierungsübernahme wurde durch staatliche Aufträge und später durch die starke Aufrüstung sehr schnell die Arbeitslosigkeit überwunden. 1936 gab der Vierjahresplan das Ziel vor, die Wirtschaft bis 1940 „kriegsfähig" zu machen. Deutschland sollte in der Lebensmittel- und der kriegswichtigen Grundstoffversorgung autark werden. Trotz aller Anstrengungen wurde dieses Ziel nicht erreicht.

Die Sozialpolitik zeigte erste Ansätze einer modernen Leistungsgesellschaft. Allerdings stand diese Entwicklung in Widerspruch zur nationalsozialistischen Ideologie, die rückwärtsgewandt die traditionelle Rolle der Bauern als „Reichsnährstand" und der Frauen als unselbständige Nur-Hausfrauen und Mütter propagierte.

Für die ideologische Erfassung der Gesellschaft sorgte Joseph Goebbels mit dem Propagandaministerium. Rundfunk, Presse und Kultur waren sowohl inhaltlich wie auch organisatorisch seinen Anweisungen unterworfen. Schulen, Universitäten, Vereine und Berufsorganisationen wurden gleichgeschaltet und mußten sich nach der offiziellen Parteidoktrin ausrichten. Die christlichen Kirchen reagierten mit Abwehrmaßnahmen gegen den Nationalsozialismus erst, als der Druck gegen beide Konfessionen zunahm. Innerhalb der protestantischen Kirche kam es zur Gründung der „Bekennenden Kirche". In der katholischen Kirche erließ der Papst 1937 eine Enzyklika, die das Trennende zur nationalsozialistischen Weltanschauung deutlich machte.

Politische Gegner und nichtarische Bürger wurden von 1933 an verfolgt. Die Diskriminierung reichte vom Boykott über Berufsverbote und gesellschaftliche Ausgrenzung bis hin zur Verhaftung und Ermordung in der „Schutzhaft" und in seit 1933 errichteten Konzentrationslagern. Am stärksten betroffen waren davon die etwa 500 000 deutsche Juden, deren Rechts- und Lebensgrundlagen gezielt zerstört wurden.

Die mächtigste Organisation im politischen System des Dritten Reiches war die SS. Sie stand unter dem Befehl von Heinrich Himmler, der als „Chef der deutschen Polizei" und „Reichsführer der SS" in seiner Person die umfassende Macht von Staat und Partei vereinigte. Damit verfügte er über ein Gewaltmonopol, das ihm nahezu unumgrenzte Kompetenzen gab. Joseph Goebbels und Heinrich Himmler waren nach Hitler die entscheidenden Funktionsträger der NS-Diktatur.

Literaturhinweise

Allgemeines

dtv-Atlas zur Weltgeschichte, Bd. 2, München ²⁴1990.
(Wichtiges Hilfsmittel mit Übersichten, Karten und Skizzen)

Andrea van Dülmen (Hrsg.): Frauen. Ein historisches Lesebuch (= Beck'sche Reihe, Nr. 370), München ⁵1991.
(Frauendasein im Vergleich über Jahrhunderte)

Fragen an die deutsche Geschichte. Ideen, Kräfte, Entscheidungen (von 1800 bis zur Gegenwart), Berlin ²1974.
(Katalog zur Historischen Ausstellung im Reichstagsgebäude in Berlin; bietet eine umfangreiche Bestandsaufnahme der deutschen Geschichte des 19. und 20. Jahrhunderts mit einem ausführlichen Textteil sowie vielen eindrucksvollen repräsentativen Bilddokumenten.)

Manfred Görtemaker: Deutschland im 19. Jahrhundert. Entwicklungslinien (= Schriftenreihe der Bundeszentrale für politische Bildung, Bd. 274), Bonn ³1989.
(Grundlegende, sehr gut lesbare, übersichtlich gegliederte, zusammenfassende Darstellung der Entwicklungslinien, die für die Geschichte des 19. Jahrhunderts bestimmend wurden. Mit Schwarz-Weiß-Bildmaterial, Zeittafeln, biographischen Kurzinformationen und Quellenmaterial)

Informationen zur politischen Bildung: Heft 1/Nr. 163: Das 19. Jahrhundert. Monarchie – Demokratie – Nationalstaat, Neudruck 1992. Heft 2/Nr. 164: Das 19. Jahrhundert. Industrialisierung – Soziale Frage, Neudruck 1988. Beide Hefte hrsg. v. der Bundeszentrale für politische Bildung, Bonn.
(Prägnante Zusammenfassungen des Wesentlichen mit unterschiedlichstem Quellenmaterial)

Ekkehard Kuhn: Einigkeit und Recht und Freiheit. Die nationalen Symbole der Deutschen, Berlin/Frankfurt 1991.
(Reich bebilderte, gut kommentierte Sammlung der nationalen Symbole in der deutschen Geschichte vom Heiligen Römischen Reich Deutscher Nation bis zum 3. Oktober 1990)

Helmuth M. Müller: Schlaglichter der deutschen Geschichte, Bibliographisches Institut Mannheim 1986 (Lizenzausgabe für die Bundeszentrale für politische Bildung Bonn).
(Informationshandbuch mit Abbildungen und Skizzen zur gesamten deutschen Geschichte)

ders.: Schlaglichter der Weltgeschichte, Bonn 1992.
(Informationshandbuch zur Weltgeschichte; hilfreich zur Orientierung; besonders durch übersichtliche Struktur, durch Karten und Register)

Einschlägige Publikationen sind auch erhältlich bei der Bundeszentrale für politische Bildung in Bonn und bei den jeweiligen Landeszentralen.

I. Bayern auf dem Weg zum modernen Staat

Elisabeth Fehrenbach: Vom Ancien Régime zum Wiener Kongreß (= Oldenbourg Grundriß der Geschichte, Bd. 12), München ³1993.
(Aktueller Überblick über Forschungsstand; für Referate besonders geeignet)

dies.: Verfassungsstaat und Nationsbildung 1817–1871 (= Enzyklopädie deutscher Geschichte, Bd. 22), München 1992.
(Gute Übersicht der Strukturen und Ereignisse wie der Probleme und Forschungskontroversen zu diesem zentralen Thema des 19. Jahrhunderts; für Referate und zur Klärung von Spezialfragen besonders hilfreich.)

Peter Claus Hartmann: Bayerns Weg in die Gegenwart. Vom Stammesherzogtum zum Freistaat heute, München 1989, bes. S. 351–460.
(Vorzügliches Handbuch, das sowohl Übersicht verschafft als auch detaillierte Hinweise gibt. Ein ausführliches Register und aktuelles Literaturverzeichnis machen es zum unentbehrlichen Hilfsmittel für Referate und Facharbeiten.)

Kataloge und Begleitbände zu Ausstellungen des Hauses der Bayerischen Geschichte:
1985: Aufbruch ins Industriezeitalter / 1986: Ludwig I. / 1988: Geschichte und Kultur der Juden in Bayern / 1991: Glanz und Ende der alten Klöster / 1992: Bauern in Bayern (Informationen: Haus der Bayerischen Geschichte, Postfach 10 17 47, 86007 Augsburg)

Peter Kritzer: Bayern ist fortan ein Freistaat. Stationen bayerischer Verfassungsgeschichte von 1803 bis 1946, Rosenheim 1992.
(Materialreicher, gut kommentierter Band, der eine knappe Übersicht bietet und zugleich wichtige verfassungsgeschichtliche Quellen zugänglich macht.)

Dieter Langewiesche: Europa zwischen Restauration und Revolution 1815–1849 (= Oldenbourg Grundriß der Geschichte, Bd. 13), München ²1989.
(Vorzüglicher Überblick über die Forschung; für Referate und Spezialfragen sehr gut geeignet.)

Politische Geschichte Bayerns, hrsg. vom Haus der Bayerischen Geschichte, München ⁴1990, bes. S. 39–45.
(Leitfadenartiger Überblick mit Datenübersicht, Literaturhinweisen und Glossar; als Einstiegshilfe für Referate und zur Grundorientierung hilfreich.)

Manfred Treml (Hrsg.): Geschichte des modernen Bayern (= Bayerische Landeszentrale für politische Bildung), München 1994.
(Darstellung der politischen Geschichte Bayerns im 19. und 20. Jahrhundert; reiche Ausstattung mit Bildern, Dokumenten und Quellen; gutes Grundlagenwerk für Referate und Facharbeiten)

Unternehmer – Arbeitnehmer. Lebensbilder aus der Frühzeit der Industrialisierung in Bayern, hrsg. v. Rainer A. Müller, München 1985.

Historische Liederbücher:
Franz Wilhelm Frhr. von Ditfurth: Die historischen Volkslieder vom Ende des Dreißigjährigen Krieges bis zum Kriege von 1870/71, 7 Bde., Berlin und Heilbronn 1871–1877.
(Umfassende Sammlung ohne Erläuterungen)

August Hartmann: Historische Volkslieder und Zeitgedichte vom sechzehnten bis neunzehnten Jahrhundert, 3 Bde., München 1907–1913.
(Gute Kommentare und Erläuterungen)

Wolfgang Steinitz: Deutsche Volkslieder demokratischen Charakters aus sechs Jahrhunderten, 2 Bde., Berlin (Ost) 1955–1962.
(Wichtige Sammlung mit allerdings eindeutiger ideologischer Ausrichtung)

II. Von der Reaktion zur Reichsgründung (1850–1871)

Dominik Bartmann: Anton von Werner. Zur Kunst und Kunstpolitik im Deutschen Kaiserreich, Berlin 1985.
(Gut lesbare Darstellung von Leben und Werk des Historienmalers Anton von Werner. Zahlreiche Abbildungen der Werke des Malers tragen zur Veranschaulichung bei. Bartmann befaßt sich auch mit Entstehungsgeschichte und Entstehungshintergrund von Werners Werken.)

Lothar Gall: Bismarck. Der weiße Revolutionär, Frankfurt ⁵1981.
(Ausführliche und grundlegende Biographie Bismarcks, die besonders betont, wo Bismarck der politischen Entwicklung jeweils eine wirklich entscheidende Wendung gegeben hat.)

ders.: Europa auf dem Weg in die Moderne 1850–1890 (= Oldenbourg Grundriß der Geschichte, Bd. 14), München ²1989.
(Guter zusammenfassender Überblick; ausführliche Information über Stand und Probleme der Forschung, umfangreiche Bibliographie.)

Eberhard Kolb (Hrsg.): Europa vor dem Krieg von 1870. Mächtekonstellation – Konfliktfelder – Kriegsausbruch, München 1987.
(Übersichtlich gegliederter Sammelband von Einzelbeiträgen eines Symposiums zu außenpolitischen Konstellationen, Prioritäten, Lagebeurteilungen und Krisenzonen der europäischen Mächte vor Ausbruch des Deutsch-Französischen Krieges 1870)

Heinrich Lutz: Zwischen Habsburg und Preußen. Deutschland 1815–1866 (= Die Deutschen und ihre Nation, Bd. 2), Berlin 1985.
(Der Autor reduziert die Geschichte der Jahre 1815–1866 nicht auf einen preußisch-österreichischen Gegensatz, sondern berücksichtigt auch die Politik der süddeutschen Staaten.)

Thomas Nipperdey: Deutsche Geschichte 1800–1866. Bürgerwelt und starker Staat, München ⁵1991.
(Ein Standardwerk. Umfassende deutsche Geschichte der Zeit von 1800–1866, die sich den politischen Institutionen und Ereignissen, den einzelstaatlichen wie gesamtdeutschen Entwicklungen ebenso widmet wie der Wirtschafts-, Religions-, Geistes- und Kulturgeschichte.)

ders.: Deutsche Geschichte 1866–1918, 2 Bde., Bd. 1: Arbeitswelt und Bürgergeist. Bd. 2: Verfassung und Imperium, München 1991.
(Sozial- und verfassungsgeschichtlich ausgerichtetes, breit gefächertes Werk, das viele Aspekte der Geschichte dieser Jahrzehnte aufnimmt.)

III. Die Entwicklung Deutschlands zum Industriestaat und zur Großmacht (1800–1914)

Imanuel Geiss: Der lange Weg in die Katastrophe. Die Vorgeschichte des Ersten Weltkriegs 1815–1914 (= Serie Piper, Nr. 943), München ²1991.
(Die Analyse beginnt bei der Herausbildung des europäischen Staatensystems seit dem Wiener Kongreß, um die weit zurückreichende Ursachenkette des Ersten Weltkriegs aufzudecken.)

Robert Hofmann: Geschichte der deutschen Parteien, München 1993 (= Serie Piper, Nr. 1648).
(In einem Überblick von der Kaiserzeit bis zur Gegenwart wird die Programmatik, Organisation und Wirkungsgeschichte der Parteien ausgebreitet. In die Texte sind Statistiken zur Mitglieder- und Wählerentwicklung einbezogen.)

Arno Klönne: Die deutsche Arbeiterbewegung. Geschichte, Ziele, Wirkungen, Düsseldorf 1980 (auch als dtv-TB, Nr. 11 073).
(Bürgerliche Revolution und Arbeiterschaft, Arbeiterbewegung und Sozialdemokratie, Gegenstrategien des Obrigkeitsstaates, Streikbewegung und gewerkschaftliche Organisation, die Entwicklung von 1880 bis 1914, die Sozialdemokratie als Teil der wilhelminischen Gesellschaft sind Gegenstand des ersten Buchdrittels.)

Peter Marschalck: Bevölkerungsgeschichte Deutschlands im 19. und 20. Jahrhundert (= edition suhrkamp, Nr. 1244), Frankfurt am Main 1984.
(Vorindustrielle Bevölkerung, sich wandelnde soziale Strukturen mit den Folgen für das Bevölkerungswachstum sind zusammen mit sozioökonomischen Veränderungen und zeitgenössischen Stellungnahmen berücksichtigt. Zahlreiche Tabellen und Diagramme)

Wolfgang J. Mommsen: Das Zeitalter des Imperialismus (= Fischers Weltgeschichte, Bd. 28), Frankfurt am Main ¹⁸1991.
(Vielschichtige Betrachtungsweise durch Einbeziehung von Ideologien, Industrie- und Sozialgeschichte, Verzahnung von Innen- und Außenpolitik, Wandlungen des Nationalismus. Mit Abbildungen, Graphiken, Karten)

Gregor Schöllgen: Das Zeitalter des Imperialismus (= Oldenbourg Grundriß der Geschichte, Bd. 15), München ²1991.
(Fundierte wissenschaftliche Aufbereitung zu diesem Thema. Neuester Forschungsstand wird dargelegt. Wertvolle Hilfe bei Referaten. Umfangreiche Bibliographie.)

Michael Stürmer: Die Reichsgründung. Deutscher Nationalstaat und europäisches Gleichgewicht im Zeitalter Bismarcks (= dtv-TB, Nr. 4504), München 1984.
(Setzt ein mit der Frage nach der Kontinuität zwischen Altem und Bismarckreich. Im zweiten Teil treffend ausgewählte Quellentexte.)

Richard H. Tilly: Vom Zollverein zum Industriestaat. Die wirtschaftlich-soziale Entwicklung Deutschlands 1834–1914 (= dtv-TB, Nr. 4506), München 1990.
(Anspruchsvolle, gedrängte Darstellung mit umfangreichem eingearbeiteten Material. Die wirtschafts- und konjunkturgeschichtliche Leitlinie wird herausgearbeitet.)

IV. Die Neuordnung Europas und die Weimarer Republik

Wolfgang Benz/Hermann Graml: Biographisches Lexikon zur Weimarer Republik, München 1988.
(Wichtiges Nachschlagewerk mit nahezu 500 Biographien zur Zeit der Weimarer Republik)

Karl Dietrich Bracher/Manfred Funke/Hans-Adolf Jacobsen (Hrsg.): Die Weimarer Republik 1918–1933. Politik, Wirtschaft, Gesellschaft (= Schriftenreihe der Bundeszentrale für politische Bildung, Bd. 251), Bonn 1987.
(Sammlung der wichtigsten Aufsätze zur Geschichte und Politik der Weimarer Republik; sehr gut für Referate geeignet)

Karlheinz Dederke: Reich und Republik. Deutschland 1917–1933, Stuttgart ^{4}1981 (= Klett-Studienbuch).
(Sehr gut gegliederte Darstellung, die im dritten Teil Wirtschaft, Gesellschaft und kulturelles Leben der zwanziger Jahre vorstellt.)

Jost Hermand/Frank Trummler: Die Kultur der Weimarer Republik (= Fischer-TB, Nr. 4397), Frankfurt ^{2}1989.
(Kunstszene, Literatur, Theater, Film, Musik und bildende Kunst werden anschaulich und verständlich dargestellt.)

Eberhard Kolb: Die Weimarer Republik (= Oldenbourg Grundriß der Geschichte, Bd. 16), München ^{2}1988.
(Hervorragender Überblick über die Geschichte der Republik mit wichtigen Fragestellungen zu Grundproblemen der Forschung, beste Gesamtdarstellung)

Hans Kreimeier: Die Ufa-Story. Geschichte eines Filmkonzerns, München 1992.
(Neben der Entwicklung der Ufa von 1917 bis zur Entflechtung durch die Alliierten nach 1945 wird vor allem die Rolle des Konzerns im Dritten Reich beschrieben und analysiert. Ein guter Überblick über alle wichtigen Produktionen und eine Darstellung über den Zusammenhang von Kunst und Politik)

Horst Möller: Weimar. Die unvollendete Demokratie (= dtv-Geschichte der neuesten Zeit, Nr. 4512), München 1985.
(Porträts von Friedrich Ebert und Paul von Hindenburg; gut ausgewählter Quellenteil)

Hans Mommsen: Die verspielte Freiheit. Der Weg der Republik von Weimar in den Untergang 1918 bis 1933, Frankfurt/Berlin 1990.
(Detaillierte Darstellung vor allem der wirtschaftlichen und sozialen Probleme in den zwanziger Jahren mit kritischer Behandlung der Rolle der Eliten beim Niedergang der Republik)

Hagen Schulze: Weimar. Deutschland 1917–1933, Berlin 1982.
(Ausführliche Darstellung der politischen, wirtschaftlichen, gesellschaftlichen und kulturellen Tendenzen der zwanziger Jahre anhand von vielen konkreten Beispielen)

Theo Stammen: Die Weimarer Republik. Das schwere Erbe, Bd. 1: 1918–1923 (= Bayer. Landeszentrale für politische Bildungsarbeit, A 81), München 1987 (mit begleitenden Tondokumenten).
(In mehreren Aufsätzen von verschiedenen Autoren werden zahlreiche Aspekte der Weimarer Republik analysiert. Gutes Bild- und Quellenmaterial. Eignet sich für Hausarbeiten und Referate.)

Hanna Vollmer-Heitmann: Wir sind von Kopf bis Fuß auf Liebe eingestellt. Die zwanziger Jahre, Hamburg 1993.
(Gute Zusammenschau über Frauen(rechte) in der Weimarer Zeit)

Heinrich August Winkler: Weimar 1918–1933. Die Geschichte der ersten Deutschen Demokratie, München 1993.
(Eine auf Quellen basierende Darstellung, die den neuesten Wissensstand wiedergibt.)

V. Totalitäre und autoritäre Systeme in Europa

Helmut Altrichter: Kleine Geschichte der Sowjetunion 1917–1971 (= BSR 1015), München 1993.
(Neueste Überblicksdarstellung; für Referate und intensivere Beschäftigung mit dem Thema sehr zu empfehlen)

Helmut Altrichter/Heiko Hausmann (Hrsg.): Die Sowjetunion. Von der Oktoberrevolution bis zu Stalins Tod, 2 Bde. (= dtv-TB, Nr. 2948/2949), München 1986/87.
(Neueste Quellensammlung mit reichem Quellenangebot und fundierten Einführungen)

Karl Dietrich Bracher: Zeit der Ideologien. Eine Geschichte des politischen Denkens im 20. Jahrhundert, Stuttgart 1982.
(Empfehlenswerte vergleichende Darstellung der totalitären und autoritären Ideologien und ihrer politischen Systeme; grundlegende Analyse des Faschismus und Totalitarismus)

Ernst Nolte: Die faschistischen Bewegungen. Die Krise des liberalen Systems und die Entwicklung der Faschismen (= dtv-Weltgeschichte des 20. Jahrhunderts, Nr. 4004), München 1973.
(Standardwerk eines der namhaftesten deutschen Spezialisten für das Thema Faschismus, dessen Thesen allerdings in jüngster Zeit deutlicher Kritik unterzogen wurden.)

Karl-Heinz Ruffmann: Sowjetrußland 1917–1977. Struktur und Entfaltung einer Weltmacht (= dtv-Weltgeschichte des 20. Jahrhunderts, Nr. 4008), München 1981.
(Standardwerk; für eine intensivere Beschäftigung mit dem Thema unverzichtbar)

ders.: Fragen an die sowjetische Geschichte. Von Lenin bis Gorbatschow, München 1987.
(Bilanz von sieben Jahrzehnten sowjetischer Geschichte unter der aktuellen Fragestellung nach den Auswirkungen der neuen Politik Gorbatschows; aufschlußreiche Kapitel über Revolution, Lenin und Stalin und die Bedeutung der Ideologie)

Die Sowjetunion 1917–1953 (= Informationen zur politischen Bildung, Nr. 235), hrsg. von der Bundeszentrale für politische Bildung, Bonn 1992.
(Das Heft gibt einen sehr soliden historischen Überblick, bietet wertvolle Materialien, ein Literaturverzeichnis,

Glossar und Kurzbiographien; für die Folgezeit (1953 1991) ▷ Heft Nr. 236 mit Unterrichtshinweisen)

Hans-Joachim Torke (Hrsg.): Historisches Lexikon der Sowjetunion 1917/22 bis 1991, München 1993.
(Knappe und präzise Darstellung der wichtigsten Regionen, Völker, Ereignisse, Persönlichkeiten und Begriffe durch neun namhafte Wissenschaftler)

VI. Deutschland unter dem Nationalsozialismus

Avraham Barkai: Das Wirtschaftssystem des Nationalsozialismus. Ideologie, Theorie, Politik 1933–1945 (= Fischer-TB, Nr. 4401), Frankfurt/M. 1988.
(Sehr gründliche und umfassende Untersuchung, die nicht nur auf die Wirtschaftspolitik des Nationalsozialismus eingeht, sondern im Vorwort zur Neuausgabe von 1988 auch einen Überblick über den Forschungsstand gibt.)

Karl Dietrich Bracher/Manfred Funke/Hans-Adolf Jacobsen (Hrsg.): Nationalsozialistische Diktatur 1933–1945. Eine Bilanz. Studien zur Geschichte und Politik (= Schriftenreihe der Bundeszentrale für polit. Bildung, Bd. 192), Bonn 1983.
(In drei Themenkreisen [I. Herrschaftssystem und Politik des NS-Regimes bis 1939, II. Nationalsozialistische Herrschaft im Kriege 1939–1945, III. Fragen, Deutungen, Ergebnisse] wird in 37 Beiträgen von namhaften Wissenschaftlern das Dritte Reich umfassend und gründlich unter Einzelaspekten analysiert und interpretiert; mit sehr ausführlicher Zeittafel und informativen Schaubildern. Der umfangreiche Band gibt Impulse und bietet ausreichend Materialien für die Ausarbeitung von Kurzreferaten.)

dies.: Deutschland 1933–1945. Neue Studien zur nationalsozialistischen Herrschaft (= Schriftenreihe der Bundeszentrale für politische Bildung, Bd. 314), Bonn 1992.
(Ergänzung zu dem Sammelband „Nationalsozialistische Diktatur 1933–1945" mit neuen Forschungsergebnissen und thematischen Ergänzungen. Drei Abteilungen: I. Vom Beginn der Diktatur bis zur Entfesselung des Krieges. II. NS-Herrschaft im Zweiten Weltkrieg. III. Das Dritte Reich im Spiegel der Forschung: Positionen und Perspektiven.)

Martin Broszat: Der Staat Hitlers. Grundlegung und Entwicklung seiner Verfassung (= dtv-Weltgeschichte des 20. Jahrhunderts, Nr. 4009), München 1969.
(Umfassende Gesamtdarstellung der inneren Struktur des Dritten Reiches, in deren Mittelpunkt das Verhältnis von Partei und Staat und die Herrschaftstechnik Hitlers steht.)

Georg Denzler/Volker Fabricius: Die Kirchen im Dritten Reich. Christen und Nazis Hand in Hand? Band 1: Darstellung. Band 2: Dokumente (= Fischer-TB, Nr. 4320/ 4321), Frankfurt/M. 1984.
(Ausführliche Darstellung und Quellendokumentation des Verhältnisses der beiden Kirchen zum NS-Regime.)

Norbert Frei: Der Führerstaat. Nationalsozialistische Herrschaft 1933 bis 1945 (= Deutsche Geschichte der neuesten Zeit vom 19. Jahrhundert bis zur Gegenwart, dtv-TB, Nr. 4517), München 1987.
(Übersichtliche Zusammenfassung, die in vier Kapiteln die innenpolitische Entwicklung des Dritten Reiches vorstellt und abschließend den Führerstaat analysiert. Im Anhang ein Dokumententeil, ein kommentierender Bericht über „Quellenlage, Forschungsstand, Literatur", eine Zeittafel [1933–45] sowie Statistiken [Mitgliederentwicklung der NSDAP, Arbeitslosigkeit, Bruttoarbeitsverdienst, Industrieproduktion] und eine Übersicht über Organisation und Führung der NSDAP.)

Johannes Hampel (Hrsg): Der Nationalsozialismus. Band I: Machtergreifung und Machtsicherung 1933–1935. Band II: Friedenspropaganda und Kriegsvorbereitung (= Bayer. Landeszentrale für polit. Bildungsarbeit); mit begleitenden Tondokumenten, München 1985 und 1989.
(Unter Einbeziehung der Außenpolitik und des Widerstandes werden in mehreren Beiträgen einzelne Themen untersucht. Die Beiträge sind reichhaltig illustriert, enthalten zusätzliche Literaturhinweise und repräsentativ ausgewählte Dokumente. Auf Kassetten werden zusätzlich Original-Tonaufnahmen angeboten.)

Klaus Hildebrand: Das Dritte Reich (= Oldenbourg Grundriß Geschichte, Bd. 17), München ⁴1991.
(Mehrfach überarbeitete Fassung, jeweils den neuesten Forschungsstand wiedergebend. Umfangreiche bibliographische Daten.)

Walther Hofer (Hrsg): Der Nationalsozialismus. Dokumente 1933–1945 (= Fischer-TB), Frankfurt/M. erstmals 1957.
(Das in zahlreichen Auflagen erschienene Taschenbuch bietet eine repräsentative Auswahl von einschlägigen Quellen; eingeordnet in acht Themenkreisen mit jeweils einer knappen Einleitung.)

Wolfgang Michalka (Hrsg): Das Dritte Reich. Dokumente zur Innen- und Außenpolitik, Band 1: „Volksgemeinschaft" und Großmachtpolitik 1933–1939 (= dtv-TB, Nr. 2925) München 1985.
(Die Quellensammlung hat ihren Schwerpunkt in Materialien zum politischen System, zu Herrschaftsmethoden, Entscheidungsprozessen sowie zur Wirtschafts- und Sozialgeschichte. Kultur- und Geistesgeschichte werden nur am Rande dokumentiert. Ergänzend zu den Texten bietet der tabellarische und statistische Anhang ausgewähltes Datenmaterial.)

David Schoenbaum: Die braune Revolution. Eine Sozialgeschichte des Dritten Reichs (= dtv-TB, Nr. 1590), München 1980.
(Erste grundlegende Untersuchung über die gesellschaftlichen Auswirkungen des NS-Regimes. Aufbereitung einer Fülle von Daten und Material über den Alltag der wichtigsten gesellschaftlichen Gruppen.)

Robert Wistrich: Wer war wer im Dritten Reich? Ein biographisches Lexikon. Anhänger, Mitläufer, Gegner aus Politik, Wirtschaft, Militär, Kunst und Wissenschaft (= Fischer-TB, Nr. 4373), Frankfurt/M. 1987.
(Sehr hilfreiches Nachschlagewerk mit knappen Informationen über die Personen, die während des Dritten Reiches eine Rolle gespielt haben.)

Glossar

Absolutismus: Regierungsform, bei welcher der Inhaber der Staatsgewalt, meist ein Monarch, uneingeschränkt durch andere Menschen, Institutionen oder Gesetze herrscht und als Souverän die ungeteilte Staatsgewalt in seiner Person vereinigt. Der Absolutismus erfuhr seine stärkste Ausprägung in Frankreich unter Ludwig XIV. und bestimmte die Regierungspraxis der meisten europäischen Staaten bis zur Französischen Revolution.

Aktiengesellschaft: Diese Unternehmensform (Kapitalgesellschaft) ist seit dem 19. Jahrhundert die vorherrschende Form des Großbetriebes. Der Aktionär ist durch die Aktie Mitbesitzer eines Unternehmens, dessen Wirtschaftspolitik durch Vorstand und Aufsichtsrat bestimmt und durch die Versammlung der Aktionäre kontrolliert wird. Praktisch haben nur die Stimmen der Inhaber größerer Aktienpakete Gewicht. Ein Teil des Gewinnes wird meist als Dividende an die Aktionäre ausgeschüttet. Die Aktie (Anteilschein) wird zum Tageskurs an der Börse gehandelt.

Alldeutsche: Auch Alldeutscher Verband. Überparteiliche Organisation, die 1891 als Antwort auf die angeblich fehlerhafte Politik Caprivis beim Abschluß des Helgoland-Sansibar-Vertrages mit Großbritannien gegründet wurde. Sie erstrebte die Hebung des Nationalbewußtseins, vertrat eine Politik der Expansion, betonte das „Völkische", forderte einen großgermanischen „Lebensraum" und propagierte den Antisemitismus. Im Ersten Weltkrieg befürwortete sie eine rücksichtslose Kriegspolitik.

Annexionismus: Eine Politik, die auf Eingliederung eines fremden Staates oder Landesteiles unter dem Schein des Rechts und mit Anwendung von Gewalt zielt.

Antisemitismus: Um 1879 von dem deutschen Publizisten Wilhelm Marr geprägte Bezeichnung für die grundsätzliche Ablehnung des Judentums. Beschränkte sich die Diskriminierung der Juden im Mittelalter auf religiöse und wirtschaftliche Motive, so entwickelte sie sich im 19. Jahrhundert zu einem politischen Vorurteil, das biologisch-rassistische Gedanken aufnahm und in dieser Form über Deutschland hinaus in ganz Europa in nationalistischen Kreisen verbreitet war. Von Deutschland aus ging der Begriff in andere Sprachen ein. Allein der Nationalsozialismus aber steigerte die Judenfeindschaft zu einer systematischen Vernichtung aller Juden in Europa.

Arbeiter- und Soldatenräte: In der Russischen Revolution von 1905 entstandene Selbstverwaltungsorgane, die Streikaktionen organisierten. Diese Räte (russisch: Sowjets) wurden wiederum sowohl in der Februar- als in der Oktoberrevolution von 1917 aktiv. In der Deutschen Revolution von 1918/19 bildeten sich in den Betrieben und in der Armee ebenfalls Arbeiter- und Soldatenräte.

Arier: In der Sprachwissenschaft und der Völkerkunde Bezeichnung für die frühgeschichtlichen indogermanischen Völker in Indien und im Iran, nach der nationalsozialistischen Rassenlehre in der Bedeutung: Angehörige der „nordischen" (germanischen) Rasse.

Arierparagraph: Paragraph 3 Absatz 1 im „Gesetz zur Wiederherstellung des Berufsbeamtentums" (1933), nach dem „Beamte nichtarischer Abstammung" aus dem Dienst zu entlassen waren.

Arisierung: Im Dritten Reich die Bezeichnung für die Verdrängung der Juden aus Wirtschaft, Gesellschaft und Kultur („Entjudung") in Deutschland. Zwischen 1933 und 1938 wurde den Juden zunächst die Ausübung vieler Berufe verboten, z. B. im gesamten öffentlichen Dienst und in allen akademischen Berufen. Nach der „Reichskristallnacht" mußten sie die Geschäftsführung in ihren Unternehmen niederlegen und ihre Betriebe weit unter Wert an Arier verkaufen.

Aufklärung: Tiefgreifende geistige Bewegung im 18. Jahrhundert. Ihre Anhänger sahen in der Vernunft das einzige Mittel, die Welt zu begreifen, das Dunkel der Unwissenheit und der Vorurteile aufzuklären und die gesellschaftlichen Zustände zu verbessern. Bedeutende Denker der Aufklärung waren Voltaire, Rousseau, die Enzyklopädisten, Lessing und Kant. Die Gedanken der Aufklärung haben in der Französischen Revolution politische Wirksamkeit erlangt.

Autoritär (lat. auctoritas = Ansehen, Einfluß, Vollmacht): Ist in einer politischen Einheit nicht der Wille der Mehrheit oder wenigstens eine Übereinkunft vieler Gleichberechtigter maßgebend, sondern der Wille eines einzelnen, so hat dieser eine autoritäre Stellung inne (Autokratie). Anders als in einem totalitären Staat ist der Herrschaftsanspruch eines autoritären Regimes insofern geringer, als es vom Staat noch unberührte - meist private - Bereiche gibt. Während in einer Demokratie Konflikte offen ausgetragen werden, werden sie von einem autoritären Regime im Sinne der Regierung durch Anordnungen beseitigt oder verdeckt. Meist gibt es in einem autoritären Staat eine kleine privilegierte Gesellschaftsschicht (z. B. Offiziere, Großgrundbesitzer, Industrielle, Funktionäre).

Bauernräte: Entstanden in der Bayerischen Revolution von 1918. Sie wurden als Alternative zum konservativen Bayerischen Bauernverein gebildet. Ihre Aufgabe war, Ordnung in die Lebensmittelversorgung zu bringen und mit den Arbeiterräten zusammenzuarbeiten.

Bayerische Volkspartei (BVP): Am 12. November 1918 in Regensburg gegründeter Zweig des bayerischen Zentrums als Protest gegen die Benachteiligung Bayerns im Reichszentrum und vor allem wegen der Politik Erzbergers. Die BVP war mittelständisch orientiert, konservativ, streng föderalistisch und akzeptierte die Umwälzungen von 1918. Es gab aber auch starke monarchistische Kräfte in der Partei. Während der Weimarer Republik war sie die stärkste politische Kraft in Bayern.

Bekennende Kirche: Zusammenschluß von evangelischen Christen, die sich 1934 gegen den Versuch der „Deutschen Christen" wehrten, die protestantische Kirche in eine nationalsozialistische „Reichskirche" umzuwandeln. Im Kirchenkampf 1936/37 wurden mehrere Pfarrer der Bekennenden Kirche als „Staatsfeinde" verhaftet und verurteilt. Unter ihnen war auch Pastor Martin Niemöller, der bis 1945 in KZ-Haft blieb.

Bolschewiki (russ. bolschinstwo = Mehrheit): 1903 spaltete sich die Sozialdemokratische Arbeiterpartei Rußlands auf ihrem II. Parteitag in London. Die Mehrheit (Bolschewiki) unter Lenin wollte die Gedanken von Karl Marx durch eine Revolution verwirklichen, während die Minderheit (Menschewiki) durch Reformen zu diesem Ziel gelangen wollte. Die bolschewistische Partei erhielt durch Lenin eine straff aufgebaute Parteiorganisation, in der Berufsrevolutionäre eine wichtige Rolle spielten. Ihr zielbewußtes Handeln brachte sie 1917 in der Oktoberrevolution an die Macht.

Budgetrecht (frz. budget = Geldbehälter des Schatzkanzlers): Heißt seit dem 19. Jahrhundert das wichtige Recht eines Parlamentes, den Staatshaushalt zu genehmigen.

Bund: Als politische Organisationsform dauerhafter Zusammenschluß mehrerer gleichberechtigter Staaten auf der Basis gemeinsamer Ziele. Die Einzelstaaten behalten zwar ihre staatliche Selbständigkeit, schränken jedoch ihre Souveränität ein, um eine gemeinsame innere Ordnung zu gestalten und ihre Unabhängigkeit und Unverletzlichkeit nach außen zu gewährleisten.

Bundesakte: Verfassungsvertrag des Deutschen Bundes, der von 39 deutschen Staaten am 8. Juni 1815 in Wien als Bestandteil der Schlußakte des Wiener Kongresses unterschrieben, durch die Karlsbader Beschlüsse (1819), die Wiener Schlußakte (1820) und die Wiener Ministerialkonferenzen (1834) ergänzt und umgedeutet wurde.

Bundesrat: Im Norddeutschen Bund und im zweiten Deutschen Reich Vertretung der Regierung der Einzelstaaten, Organ für Gesetzgebung und Durchführung von Bundesbeschlüssen. Der preußische Ministerpräsident führte den Vorsitz.

Bundestag: Zunächst inoffizielle, später übliche Bezeichnung für die Bundesversammlung des Deutschen Bundes.

Bundesversammlung: Im Deutschen Bund ständiger Gesandtenkongreß der deutschen Fürsten und freien Städte unter österreichischem Vorsitz mit Tagungsort Frankfurt. Wegen der Regierungsabhängigkeit und der Weisungsgebundenheit der Gesandten keine Volksvertretung.

Burgfriedenspolitik: Die Mehrheit in der SPD gab im Zeichen des Kriegszustandes von 1914 ihre grundsätzliche Oppositionspolitik gegen den monarchischen Staat auf und reihte sich in die nationale Front ein. Sie bewilligte in der Folgezeit die Kriegskredite des kaiserlichen Deutschlands.

Deflationspolitik: Forderungen von Bankiers und Unternehmern nach Kostensenkungen, d. h. Einsparungen, Lohnabbau, Steuer- und Abgabenbefreiung, um die Wirtschaftskrise der beginnenden dreißiger Jahre zu überwinden. Diese Sparpolitik wurde 1931 auch von Kanzler Brüning verfolgt, um die Staatsfinanzen zu sanieren.

Demobilisierung: Auflösung und geordnete Rückführung des acht Millionen starken Westheeres nach dem Waffenstillstandsverhandlungen vom 11. November 1918 unter Mithilfe der OHL und Eingliederung der Soldaten in den Wirtschaftsprozeß in Zusammenarbeit mit den Gewerkschaften.

Deutsche Arbeitsfront (DAF): An die NSDAP angeschlossener Verband, der nach dem Verbot der Gewerkschaften am 10. Mai 1933 für Arbeitnehmer und Arbeitgeber gebildet wurde. Formell beruhte die Mitgliedschaft auf Freiwilligkeit, in der Praxis jedoch wurden die Arbeitgeber mit Nachdruck zum Beitritt angehalten. Die DAF übernahm das Vermögen der früheren Gewerkschaften, jedoch nicht ihre Rechte und Aufgaben (Tarif- und Streikrecht). 1936 hatte sie etwa 20 Millionen Mitglieder.

Deutsche Christen: Die Bezeichnung umfaßt eine Richtung innerhalb der evangelischen Kirche, die bereits vor 1933 eine eigene Nationalkirche anstrebte und sich ideologisch am Nationalsozialismus ausrichtete. Nach der Machtergreifung unterstützte Hitler die Bewegung, so daß sie bei den Kirchenwahlen im Juli 1933 eine deutliche Mehrheit erzielte und viele Kirchenämter besetzte. Auf der Nationalsynode setzten sich die Deutschen Christen im September 1933 mit der Wahl Ludwig Müllers (1883–1945) zum Reichsbischof durch.

Deutsche Demokratische Partei (DDP): Linksliberale Partei, die am 16. November 1918 durch Zusammenschluß von Fortschrittspartei und dem linken Flügel der Nationalliberalen entstanden ist. Sie nahm vor allem durch ihren Vertreter Hugo Preuß starken Einfluß auf die Ausarbeitung der Weimarer Verfassung und war durch Außenminister Rathenau und Reichswehrminister Geßler zwischen 1919 und 1932, zuletzt als Deutsche Staatspartei, an allen Regierungen der Weimarer Republik beteiligt.

Deutsche Volkspartei (DVP): Von Banken und der Schwerindustrie unterstützte, vom rechten Flügel der Nationalliberalen im Dezember 1918 gegründete Partei, die in Außenminister Gustav Stresemann bis 1928 einen bedeutenden Vorsitzenden hatte. In ihr gab es Kräfte, die sich nicht vorbehaltlos zur republikanischen Staatsform bekannten.

Deutscher Bund: Staatenbund der deutschen Einzelstaaten zwischen 1815 und 1866. Begründet durch die Bundesakte von 1815. Zugehörigkeit ausländischer Staaten (Dänemark, England, Niederlande) und der deutschen Großmächte Österreich und Preußen nur mit den Teilen, die bis 1806 Reichsterritorium waren.

Deutsches Reich: 1) Das alte Deutsche Reich vom 10. Jahrhundert bis 1806, seit dem 11. Jahrhundert als Römisches, im 12. Jahrhundert als Heiliges Römisches Reich bezeichnet, im 15. Jahrhundert um den Zusatz Deutscher Nation erweitert (Heiliges Römisches Reich Deutscher Nation). 2) Amtliche Bezeichnung für das durch Bismarck begründete zweite (Kaiser)Reich (1871–1918), das einen deutschen Nationalstaat unter Hegemonie Preußens schuf und damit die deutsche Frage im Sinne der Kleindeutschen löste. Das Reich bestand staatsrechtlich auch nach Änderung der Regierungsform weiter. 3) Nach 1933 Anspruch der nationalsozialistischen Führung, ein Drittes Reich begründet zu haben, das tausend Jahre Bestand haben sollte (1933–1945).

Deutschnationale Volkspartei (DNVP): Am 22. November 1918 gegründete rechtsextreme Partei durch den Zusammenschluß der Konservativen, der Vaterlandspartei und alldeutscher Kreise, die vor dem Eintritt der NSDAP die entschiedenste Gegnerin der Republik war.

Sie vertrat autoritäre, monarchistische und nationalistische Ziele, nahm dennoch zeitweilig an Koalitionsregierungen teil und radikalisierte sich ab 1928 unter dem Vorsitz von Alfred Hugenberg.

Dolchstoßlegende: Entstanden aufgrund einer Aussage von Hindenburg vor einem parlamentarischen Untersuchungsausschuß am 18. November 1918, der die Ursachen des militärischen Zusammenbruches klären sollte. („Die deutsche Armee ist von hinten erdolcht worden.") Diese Unwahrheit sollte der Öffentlichkeit den Eindruck vermitteln, daß das deutsche Heer auf dem Schlachtfeld unbesiegt gewesen sei und die Niederlage durch Verrat in der Heimat zustandekam. Den Revolutionspolitikern, nicht den Militärs, sollte damit die politische Verantwortung für die Niederlage zugeschoben werden.

Dreiklassenwahlrecht: Nach ihm wurde das preußische Abgeordnetenhaus von 1849 bis 1918 gewählt. Die Bevölkerung war dabei in drei Klassen eingeteilt, von denen jede ein Drittel der Steuern aufbrachte und ein Drittel der Abgeordneten wählte. Die Wahl war aber sehr ungleich, denn zur ersten Klasse zählten etwa 4 %, zur zweiten 16 % und zur dritten 80 % der Wähler. In direkter, öffentlicher Wahl wählten die Urwähler Wahlmänner, die ihrerseits die Abgeordneten wählten.

Dualismus: Teilung der politischen Gewalt in einem Staatenbund oder Bundesstaat zwischen zwei gleich mächtigen, rivalisierenden Staaten. In der deutschen Geschichte bezeichnet Dualismus insbesondere das Verhältnis zwischen Preußen und Österreich, wie es sich seit dem Aufstieg Preußens im 18. Jahrhundert herausgebildet hatte. Dieser Dualismus wurde nach dem Preußisch-Österreichischen Krieg (1866) durch den Ausschluß Österreichs aus dem Deutschen Bund beendet.

Einparteienstaat: In einem Einparteienstaat sind außer einer Partei alle anderen verboten oder zu einer Scheinexistenz herabgedrückt. Die Macht im Staat wird von einer Partei ausgeübt. Deshalb sind Regierungsstellen und Verwaltung von Funktionären dieser Partei besetzt (vgl. z. B. Partei- und Staatsaufbau im nationalsozialistischen Deutschland und in der UdSSR).

Einwohnerwehren: Paramilitärische Selbstschutzorganisationen aus dem bürgerlichen und bäuerlichen Mittelstand, die sich in Bayern zur Bekämpfung der kommunistischen Räterepublik bildeten. Sie traten für die Wiederherstellung der Monarchie in Bayern ein und wurden vom Ministerpräsidenten von Kahr unterstützt.

Erfüllungspolitik: Polemische Bezeichnung für die Außenpolitik Deutschlands unter Rathenau, der durch Erfüllung der Forderungen von Versailles (Reparationen und Entwaffnung) die Kriegsgegner davon überzeugen wollte, daß der Vertrag auch bei gutem Willen unerfüllbar war.

Expansionismus: Eine Politik, die die Ausweitung des Machtbereichs eines Staates anstrebt, was durch militärische oder wirtschaftliche Unterwerfung eines fremden Gebietes geschehen kann. Im Zeitalter des europäischen Imperialismus war Expansionsstreben selbstverständlicher Bestandteil der Außenpolitik.

Faschismus (lat. fasces = Rutenbündel mit Beil, das als Zeichen der Strafgewalt den höchsten römischen Magistraten vorangetragen wurde): Der Begriff – ursprünglich nur für die italienische Bewegung Mussolinis (1883-1945) benutzt – bezeichnet eine politische Bewegung, die in verschiedenen Erscheinungsformen in Europa zwischen 1920 und 1945 mächtig war und auch heute noch nachwirkt.

Föderalismus (lat. foedus = Bund, Bündnis, Pakt, Vertrag): Eine seit dem 18. Jahrhundert gebrauchte Bezeichnung für das Gestaltungsprinzip einer aus mehreren Staaten zusammengesetzten rechtlichen Gemeinschaft, die den Gliedstaaten weitgehende Selbst- und Mitbestimmungsrechte garantiert. Die meist in der Form eines Staatenbundes als Vereinigung selbständiger Staaten auf völkerrechtlicher Grundlage organisierte Föderation kennt in der Regel keine eigene Staatsgewalt und keine eigenen Gesetzgebungsbefugnisse, daher auch keine einheitliche Rechtsordnung des Bundes; Teilbefugnisse (z. B. Verteidigung oder innere Sicherheit) können durch Vertrag auf den Bund übertragen werden. Im Bundesstaat erfolgt die Vereinigung auf staatsrechtlicher Grundlage und Aufteilung der staatlichen Aufgaben zwischen Gesamtstaat und Gliedstaaten.

Freihandel: Nach Adam Smith ist das freie Spiel der Kräfte das Grundgesetz der Wirtschaft. Wenn der Staat den Freihandel nicht behindere, werde sich das Wohl aller von selbst einstellen.

Freiheit und Gleichheit: Zwei zentrale Begriffe der Aufklärung und der Französischen Revolution. Montesquieu sah in der Freiheit des Bürgers das höchste Ziel, das der Staat zu verwirklichen habe. Dazu diene die Gewaltenteilung. Diese hielt Rousseau nicht für erforderlich. Da für ihn alle Menschen ursprünglich gleich gut waren, sei es nur eine Frage der Erziehung, ob und wann sie es – zurückgekehrt zur Natur – wieder würden. Deshalb brauche eine Regierung, die dann auf Grund der freien Entscheidung aller gebildet werde, keiner Aufsicht unterworfen zu werden, weil sie das allgemein Beste, nämlich Freiheit und Gleichheit aller, bezwecke. Freiheit und Gleichheit stehen in einem wechselseitigen Spannungsverhältnis zueinander und begrenzen sich gegenseitig.

Freistaat: Deutsche Bezeichnung für Republik. Für die meisten deutschen Länder nach 1918 die offizielle Bezeichnung. In Bayern proklamierte Kurt Eisner den Freistaat. Nach Art. 17 der Weimarer Verfassung mußte jedes deutsche Land eine freistaatliche Verfassung haben.

Führerkult: Als Führer wird im Faschismus der allein an der Spitze stehende und mit umfassenden Vollmachten ausgestattete Diktator bezeichnet (Hitler: „Führer", Mussolini: „Duce", Franco: „Caudillo"). Seine charismatische Machtstellung enthebt ihn jeder Kontrolle und jeglicher Kritik. Als letzte und unumstößliche Instanz (Motto: „Der Führer hat immer recht") genießt er höchste Autorität. Die ihm in vielfacher Form entgegengebrachte Verehrung und Glorifizierung (Lieder, Gedichte, Bilder, Briefmarken, Aufmärsche usw.) wird als Führerkult bezeichnet.

Führermythos: Bezeichnung für das bewußt von der nationalsozialistischen Propaganda gezeichnete Bild vom Führer, der mit unumstößlicher Willenskraft Wollen und Handeln der Nation verkörpert. In Hitler identifizierte sich die Volksgemeinschaft mit all ihren Ängsten und Sehnsüchten, auf ihn übertrug sie ihre Hoffnungen. Die Erfolge des Dritten Reiches wurden allein ihm zugeschrieben und steigerten seine Popularität, Mißerfolge und Fehlleistungen seiner Partei angelastet („Wenn das der Führer wüßte!").

Fünfjahresplan: Seit 1928 wurde in der Sowjetunion die wirtschaftliche und gesellschaftliche Entwicklung in Fünfjahresplänen vorausgeplant. Alle Produktionsbetriebe erhielten entsprechend dem Gesamtziel des Plans ihr „Plansoll" zugewiesen, das sie zu erfüllen hatten. Ziel der ersten Fünfjahrespläne war der beschleunigte Ausbau der Schwerindustrie auf Kosten anderer Wirtschaftszweige (Landwirtschaft, Konsumgüter), um den Rückstand der Sowjetunion auf diesem – auch für die Rüstung – wichtigen Gebiet gegenüber den kapitalistischen Staaten zu verringern. Durch die Fünfjahrespläne wurde die UdSSR trotz mißlungener Experimente und schwerer Entbehrungen der Bevölkerung ein moderner Industriestaat.

Generalstreik: Ein von Gewerkschaften ausgerufener Streik, der die Arbeiter aller Branchen erfaßt und der vornehmlich politische Ziele verfolgt wie z. B. der Generalstreik gegen den Kapp-Putsch.

Gesetzesinitiative: Recht eines Parlaments, selbständig Gesetzesvorschläge einzubringen und damit bestimmenden Einfluß auf die Gesetzgebung zu gewinnen. Das Recht, das zunächst der Monarch ausschließlich für sich beanspruchte, wurde in der zweiten Hälfte des 19. Jahrhunderts den meisten deutschen Landtagen zugestanden.

Gestapo (Geheime Staatspolizei): 1933 als politische Polizei in den Ländern entstanden, wurde sie 1934 unter Himmler auf Reichsebene einheitlich organisiert und 1936 mit der Kriminalpolizei zur Sicherheitspolizei (Sipo) zusammengefaßt. Sicherheitsdienst (SD) der SS und Sipo wurden 1939 im Reichssicherheitshauptamt integriert. Aufgabe der Gestapo war die Verfolgung und Bekämpfung aller politischen Vergehen gegen den Nationalsozialismus. Sie war dabei weder an Recht noch Gesetz gebunden. Sie verhängte „Schutzhaft", führte Folterungen und im Krieg auch Hinrichtungen durch und war an der Massenvernichtung der Juden beteiligt. Vom Internationalen Militärgerichtshof in Nürnberg wurde sie als verbrecherische Organisation abgeurteilt.

Gewaltenteilung: Aufteilung der drei wesentlichen Staatsaufgaben, der Gesetzgebung (Legislative), der Regierung und Verwaltung (Exekutive) und der Rechtsprechung (Judikative, Jurisdiktion), auf voneinander unabhängige Staatsorgane, um durch gegenseitige Kontrolle der Gefahr des Machtmißbrauchs vorzubeugen. Die von Locke und Montesquieu entwickelte Theorie wurde zuerst in der amerikanischen Verfassung von 1787 und in der französischen Verfassung von 1791 konsequent umgesetzt.

Gewerbefreiheit: Dem Beispiel der Französischen Revolution folgend, wurde im 19. Jahrhundert überall in Europa der Zunftzwang aufgehoben und die Gewerbefreiheit eingeführt. Im Zuge der Reformen in Preußen beseitigte Staatskanzler Hardenberg die Zünfte. Von da an war es jedem rechtlich möglich, ein Geschäft zu eröffnen. Er mußte nur einen Gewerbeschein vorweisen können.

Gleichschaltung: Bezeichnung für die etappenweise Ausschaltung aller selbständigen Willensträger in der Phase von Hitlers Machtergreifung (Januar bis Juli 1933). Staat und Gesellschaft wurden dem totalitären Zwang der nationalsozialistischen Alleinherrschaft unterworfen.

Gosplan: Abkürzung für die russische Bezeichnung des „Staatlichen Plankomitees des Ministerrats der UdSSR" im Rang eines Unionsministeriums. Das 1921 gegründete Gosplan war die zentrale Koordinierungsinstanz der Planwirtschaft sowjetischen Typs zur Steuerung und Kontrolle des gesamtstaatlichen Wirtschaftsmechanismus im Rahmen von Fünfjahresplänen.

Gottesgnadentum: Abgeleitet aus der Demuts- und Würdeformel „von Gottes Gnaden" und die Legitimation von Herrschaft auf dem Willen Gottes. Ausdruck des fürstlichen Absolutismus und konservativer Staatsauffassung.

Großdeutsch: Im Bemühen um die Bildung eines einheitlichen deutschen Nationalstaates im 19. Jahrhundert ging es auch um die Frage, ob Österreich Teil dieses Staates werden sollte (großdeutsche Lösung) oder nicht (kleindeutsche Lösung).

Harzburger Front: Treffen der Republikgegner in Bad Harzburg am 11. Oktober 1931 auf Initiative von Hugenberg. Außer der DNVP und der NSDAP fanden sich Vertreter von „Stahlhelm", Reichslandbund, der DVP und der Alldeutschen ein. Aufsehen erregte das Auftreten des Reichsbankpräsidenten Hjalmar Schacht, der sich zu dieser „nationalen Opposition" bekannte.

Hitlerjugend (HJ): 1926 als Unterorganisation der NSDAP für Jugendliche gegründet. 1936 wurde sie durch ein Gesetz zu einer offiziellen staatlichen Einrichtung, in der die Jugendlichen „körperlich, geistig und sittlich im Geiste des Nationalsozialismus zum Dienst am Volk und zur Volksgemeinschaft" erzogen werden sollten. Das Gesetz machte den Beitritt zwar nicht zur Pflicht, ließ aber gesellschaftlich kaum Raum, sich dem HJ-Dienst zu entziehen. Die HJ im engeren Sinne bildeten die 14- bis 18jährigen Jungen und Mädchen, die im Bund deutscher Mädel (BdM) erfaßt wurden. Für die 10- bis 14jährigen („Pimpfe") gab es das Jungvolk (Jungen) und die Jungmädel. Leiter der HJ war von 1931 bis 1940 Reichsjugendführer Baldur von Schirach.

Hitlerputsch: Versuch Hitlers und Ludendorffs, von Bayern aus mit einem Marsch auf Berlin am 8./9. November 1923 die Reichsregierung zu stürzen. Die bayerische Regierung unter Kahr, die ähnliche Ziele verfolgte, ließ nach anfänglichem Zögern den Aufmarsch zur Feldherrnhalle in München durch die Polizei stoppen. Dabei kamen 16 Putschisten um Leben. Sie wurden nach 1933 alljährlich am 9. November als „Blutzeugen" der NS-Bewegung mit großem Pomp gefeiert. Hitler selbst wurde zur gesetzlichen Mindeststrafe von fünf Jahren Festungshaft verurteilt, aus der man ihn aber schon nach acht Monaten auf Bewährung entließ.

Ideologie (gr. = Ideenlehre): Im weiteren Sinn wird oft jedes Gedankengebäude als Ideologie bezeichnet. Im engeren Sinn wird der Begriff von der Soziologie (Wissenschaft von der Gesellschaft) gebraucht. In einer Ideologie sind Denken und Wertvorstellungen einer bestimmten gesellschaftlichen Gruppe mit dem Anspruch auf allgemeine Gültigkeit zusammengefaßt, die mit ihrer Hilfe die Interessen dieser Gruppe zu rechtfertigen oder auch zu bemänteln und ihre Durchsetzung zu ermöglichen. Dieser Ideologiebegriff geht auf Karl Marx zurück, der den Inhalt einer Ideologie jeweils von den Interessen der sozialen Klasse bestimmt sah, die sich ihrer zuerst bediente.

Allgemein wird ein Standpunkt als ideologisch bezeichnet, wenn in ihm neben Selbsttäuschung die Unfähigkeit vorherrscht, Sachverhalte auch von anderen Gesichtspunkten aus zu erwägen.

Imperialismus (lat. imperium = oberste Befehlsgewalt): Streben nach weltweiter politischer und wirtschaftlicher Macht oder wenigstens Geltung. Als Mittel dienten Eroberung, Annexion und wirtschaftliche Durchdringung fremder Gebiete. Im engeren Sinn werden als Zeit des

Imperialismus die Jahre von etwa 1890 bis 1914 angesehen, für die die Verbindung von Politik, wirtschaftlicher Expansion und Nationalismus charakteristisch war; expansive Politik im Dienst expansiver nationaler Wirtschaft.

Indemnität (lat. indemnatus = unverurteilt; lat. indemnitas = Schadloshaltung, Straflosigkeit): Vor allem im englischen parlamentarischen Leben übliche Entbindung des Ministeriums von der Verantwortlichkeit für eigenmächtiges Handeln durch nachträgliche Zustimmung der Kammern.

Industrialisierung: Überwindung der menschheitsgeschichtlichen Entwicklungsstufe der Agrargesellschaft durch Nutzung technischer Erfindungen und die Anwendung von Wirtschaftsprinzipien, die eine vom Kapital abhängige, auf maschineller Fertigung beruhende Produktion erlauben. Die Industrialisierung wird als nicht umkehrbarer Fortschritt angesehen, der gegenwärtig die sog. Schwellenländer erfaßt hat.

Intelligentsia: Um 1860 im Zarenreich entstandene Bezeichnung für die radikale bzw. revolutionäre geistige Elite der russischen Bildungsschicht. Seit der UdSSR-Verfassung von 1936 offiziell als „Zwischenschicht" definiert, die mit Arbeitern und Bauern die (angeblich) nicht antagonistische sowjetische Klassengesellschaft bildete. Die Intelligentsia spielte gesellschaftlich eine Rolle, die mit der des westeuropäischen Bildungsbürgertums vergleichbar ist.

Kampfverbände: Im engeren Wortsinn werden so die politischen uniformierten Abteilungen genannt, die sich in den letzten Jahren der Weimarer Republik häufig blutige Straßenkämpfe lieferten. Die größten Kampfverbände waren die nationalsozialistische „SA" (Sturmabteilung) und „SS" (Schutzstaffel). Weiters der kommunistische „Rote Frontkämpferbund", der „Stahlhelm", der den Deutschnationalen nahestehender „Frontkämpferverband" und das „Reichsbanner Schwarz-Rot-Gold", das die Parteien der Weimarer Koalition aufgestellt hatten. Als Vorläufer galten die Verbände der italienischen Faschisten.

Kapitalismus (lat. capitalis pars = Hauptsumme): Wirtschaftsweise, für die die Verwendung von Kapital charakteristisch ist. Kapital ist ein Vermögen, das derjenige, der das Kapital besitzt oder über es verfügt, so im Wirtschaftsprozeß einsetzt, daß es sich möglichst schnell und möglichst stark vermehrt. Es gibt Geldkapital und – wichtiger – Produktivkapital. Kapital entsteht aus Arbeit. Es ist der Ertrag der Arbeit, der nicht zum Leben verbraucht wird.

Kapp-Putsch: Umsturzversuch rechtsradikaler Kräfte vom 13.–17. März 1920 in Berlin, die von dem Mitglied der Vaterlandspartei Wolfgang Kapp, General von Lüttwitz und dem Freikorpsführer Kapitän Ehrhardt durchgeführt wurde. Ziel war der Sturz der Reichsregierung und die Errichtung einer „nationalen Diktatur". Anlaß war eine Verfügung der Regierung, die Freikorpsverbände gemäß den Bestimmungen des Versailler Vertrages aufzulösen. Aufgrund der neutralen Haltung der Reichswehr konnte der Putsch nur durch einen Generalstreik und den Widerstand der Beamten unterdrückt werden.

Kleindeutsch: Lösung der deutschen Frage unter preußischer Führung und Ausschluß Österreichs. Wurde nach 1866 durch Bismarck realisiert.

Kolchose: Russische Bezeichnung einer landwirtschaftlichen Kollektivwirtschaft, in der die Höfe der Einzelbauern zu einer Produktionsgemeinschaft zusammengefaßt sind. Im Gegensatz zur Sowchose bleiben die „Genossen" juristisch weiterhin Eigentümer aller beweglichen und unbeweglichen Güter mit Ausnahme von Grund und Boden, den der Staat unentgeltlich und unbefristet zur Verfügung stellt. Staatlich fixierte Abgabequoten mit festen Preisen. Überschuß der Produktion zum Eigenverbrauch oder -verkauf auf privaten Märkten.

Kollektive Sicherheit: Hauptziel des nach 1918 gegründeten Völkerbundes, den Schutz seiner Mitglieder auch durch Sanktionen gegen Friedensbrecher nach Art. 16 der Satzung zu garantieren.

Kollektivierung (lat. collectio = zusammenfassen): Überführung von Produktionsmitteln, insbesondere des bäuerlichen Privatbesitzes, in Gemeineigentum, das gemeinsam bearbeitet wird. Dabei entstanden in der Sowjetunion Kolchosen und Sowchosen.

Komintern (Abkürzung von „Kommunistische Internationale"): 1919 in Moskau gegründeter Zusammenschluß der Kommunistischen Parteien aller Länder. Er sollte nach Lenin den „Weltsieg des Kommunismus" vorbereiten. Während der Herrschaft Stalins war die Komintern nur noch ein Instrument zur Unterwerfung der ausländischen KP unter die KPdSU und damit der nationalen Politik der Sowjetunion. 1943 wurde die Komintern als Folge des Kriegsbündnisses mit den Westmächten aufgelöst, ohne daß Moskau den Anspruch auf die Führung des Weltkommunismus aufgab.

Kommunismus (lat. communis = gemeinsam): Der Begriff kam um 1840 auf und wurde durch Karl Marx' Schrift „Das Kommunistische Manifest" 1848 bekannt. Er ist in seinem Inhalt nicht fest umrissen. Er bezeichnet: 1) Jede Art von gesellschaftlicher Gütergemeinschaft (im weitesten Sinn; Aufhebung des Privateigentums überhaupt; im engeren Sinn: kein Privateigentum an Produktionsmitteln) 2) Die politisch revolutionäre Richtung des Sozialismus (kommunistische Parteien, im Gegensatz dazu Revisionismus) 3) Nach Marx das Endziel der Geschichte, ein Zustand ohne Staat, ohne Klassen, jeder arbeitet nach seinen Fähigkeiten und wird entsprechend seinen Bedürfnissen versorgt.

Kommunistische Partei (KPD): Am 30. Dezember 1918 durch Zusammenschluß von Spartakus und Bremer Linksradikalen gegründet unter Führung von Karl Liebknecht und Rosa Luxemburg. Erst durch Vereinigung mit dem linken Flügel der USPD 1920 wurde die KPD zur Massenpartei. Mit Ernst Thälmann setzte sich der Bolschewismus in Theorie und Praxis innerhalb der Partei durch. Starker Zuwachs während der Weltwirtschaftskrise.

Konkordat (lat. concordare = übereinstimmen): Vertrag zwischen der katholischen Kirche, repräsentiert durch den Papst im Vatikan, und einem Staat zur Regelung der beiderseitigen Interessen, z. B. Konkordat zwischen dem Heiligen Stuhl und dem Deutschen Reich vom 20. Juli 1933.

Konstitutionalismus (lat. constitutio = Verfassung): Regierungsform, in der die Gewalt des erblichen Herrschers durch eine Verfassung beschränkt wird. Grundprinzipien sind: Gewaltenteilung; verfassunggebende Gewalt bei Fürst und Volk gemeinsam; Mitwirkung der Volksvertretung an der Gesetzgebung, Kontrolle der Exekutive und Bewilligung des Budgets; Fixierung unveräußerlicher Menschenrechte; Elemente des Rechts- und Verfassungsstaates.

Konzentrationslager (KZ; in der zeitgenössischen Abkürzung meist als KL): Massenlager, in denen politische Gegner inhaftiert wurden. Vorläufer waren die Lager der

Südstaaten im amerikanischen Sezessionskrieg (1861–1865) und der Engländer im Burenkrieg (1899–1902). Die Bezeichnung selbst geht auf die Spanier zurück, die im kubanischen Unabhängigkeitskrieg (1895–1902) von den Kubanern als „reconcentrados" (= Zurückgehaltene) sprachen. Im Dritten Reich richtete zunächst die SA für die in „Schutzhaft" genommenen Regimegegner KZ ein, später übernahm die SS die Bewachung (1945 mit 40 000 Mann). Die Häftlinge waren der ordentlichen Rechtsprechung entzogen, mußten Zwangsarbeit verrichten, wurden schikaniert, gefoltert und viele von ihnen auch ermordet. Außerhalb Deutschlands errichtete im Krieg die SS zur „Endlösung der Judenfrage" ab 1941 Vernichtungslager, in denen mindestens sechs Millionen Juden und über eine halbe Million nichtjüdische Deportierte systematisch ermordet wurden. 1944 bestanden 20 KZ mit 165 angeschlossenen Arbeitslagern, denen wiederum Hunderte von Außenlagern unterstanden.

KPdSU: Abkürzung für „Kommunistische Partei der Sowjet-Union". Hervorgegangen ist die KPdSU aus der Sozialdemokratischen Arbeiterpartei Rußlands (1903). Zwischen 1918 und 1925 gab sie sich die Bezeichnung Kommunistische Partei (Bolschewiki), zwischen 1925 und 1952 KPdSU (B). Begründer und erster Führer war Lenin, der die KPdSU zu einer straff nach dem Prinzip des demokratischen Zentralismus organisierten Kaderpartei formte und ihre spätere Entwicklung zur Massenpartei vorbereitete. Aufgrund personeller Verzahnung mit allen wesentlichen politischen, gesellschaftlichen, wirtschaftlichen, militärischen und kulturellen Bereichen wurde die Partei zur zentralen Machtsäule im politischen System der UdSSR.

Kraft durch Freude (KdF): Untergliederung der DAF zur Organisation von Urlaub, Reisen und der Freizeitgestaltung.

Kriegsschuldfrage: Bereits 1916/17 formulierten die Alliierten die Alleinschuld Deutschlands am Kriegsausbruch und bekräftigten diese Auffassung im Kriegsschuldartikel 231 des Versailler Vertrages 1919. Damit war innenpolitischer Zündstoff bis in die Zeit Hitlers geliefert. Den vielfachen Bemühungen von Politikern und Historikern der zwanziger Jahre, Deutschlands Unschuld zu beweisen, stehen neuere Erkenntnisse entgegen, die nach 1960 zu einer bewegten Debatte unter den deutschen Historikern führten.

Kriegskommunismus: Von Lenin nachträglich geprägte Bezeichnung für die sowjetische Wirtschaftspolitik im Bürgerkrieg 1918–1921. Hauptmerkmale waren: totale Zentralisierung von Produktion und Verteilung, Verstaatlichung auch der kleineren und mittleren Industriebetriebe, Verbot des Privatmarktes, Abgabezwang für Nahrungsmittel und allgemeine Arbeitspflicht. Wegen katastrophaler wirtschaftlicher Folgen, Arbeiterstreiks und Bauernaufständen wurde der Kriegskommunismus im Frühjahr 1921 durch die Neue Ökonomische Politik (NEP) abgelöst.

Kulaken (russ. kulak = Faust, Großbauer): Reiche Bauern, die sich in Rußland seit der Bauernbefreiung als eigene Schicht herausgebildet hatten, 50 % der Agrarproduktion lieferten und dem Bolschewismus als ländliche Bourgeoisie und Herd der Reaktion im Weg waren; die Kulaken wurden von Stalin ab 1929 im Zuge der Kollektivierung der Landwirtschaft liquidiert.

Landstände: 1) In den Territorialstaaten des Mittelalters und der frühen Neuzeit Bezeichnung für Geistlichkeit (Prälaten), landsässigen Adel und städtische Bürger, in einigen Territorien auch für die Bauern, welche als Stände im Zusammenwirken mit dem Landesherrn das Land regierten und es ihm gegenüber vertraten 2) In den deutschen Einzelstaaten der frühkonstitutionellen Zeit (1815–48) Bezeichnung für die Volksvertretungen, die häufig nach dem Vorbild des englischen Zweikammersystems gebildet wurden. Statt des ständischen drang das Repräsentativsystem immer stärker vor, nach dem die Abgeordneten nicht mehr eine durch Beruf, Bildung und Herkunft abgegrenzte und gesellschaftlich geschlossene Schicht, sondern das gesamte Volk vertraten. Seit 1848 wurde ausnahmslos die Bezeichnung Landtag oder Kammern verwendet.

Landtag: 1) Bereits im Ständestaat Bezeichnung für landständische Vertretungen 2) Im konstitutionellen Staat des 19. Jahrhunderts mit Zweikammersystem vielfach Bezeichnung für beide Kammern zusammen 3) Seit 1919 Bezeichnung für die Volksvertretungen der deutschen Länder.

Lebensraumpolitik: Begriff aus der Geopolitik und der Rassenlehre des Nationalsozialismus zur Bezeichnung der Anstrengungen, sich die Gebiete (notfalls auch mit Gewalt) anzueignen, die ein Volk zu seiner biologischen und wirtschaftlichen Entfaltung beansprucht.

Legalitätskurs: Hitlers Taktik, nach dem gescheiterten Putsch von 1923 und dem NSDAP-Verbot beim Wiederaufbau der Partei ab 1925 nicht auf den revolutionären Weg, sondern über Wahlen zunächst die parlamentarische Mehrheit zu gewinnen und ganz „legal" an die Macht zu kommen. Erst nach der Regierungsübernahme wollte er dann die nach wie vor propagierte „nationalsozialistische Revolution" durchführen.

Liberalismus: Erstmals zu Beginn des 19. Jhs. von der spanischen Fortschrittspartei („los liberalos") verwendeter Begriff, durch Napoleonische Kriege vermittelt und als „freiheitlich" oder „freisinnig" ins Deutsche übersetzt. Allgemein aus der Aufklärung stammende Prinzipien des Liberalismus sind: Anerkennung des einzelnen als selbständig denkendes, urteilendes und handelndes Wesen, Toleranzidee und Fortschrittsgläubigkeit. Daraus leitete das sich emanzipierende Bürgertum die Forderungen nach gesetzlich garantierter Unantastbarkeit von Menschen- und Freiheitsrechten, politischer Mitbestimmung und Abbau monarchischer Herrschaftsprivilegien ab.

Londoner Ultimatum: Nach der Weigerung der deutschen Regierung, dem 1921 festgesetzten Zahlungsplan für Reparationen zuzustimmen, stellten die Alliierten am 5. Mai 1921 das Ultimatum, entweder die Reparationssumme von 132 Milliarden Goldmark anzuerkennen oder eine Besetzung des Ruhrgebietes hinnehmen zu müssen. Unter diesem Druck fügte sich die Regierung Wirth.

Machtergreifung: Propagandabegriff der Nationalsozialisten für die Ernennung Hitlers zum Reichskanzler eines Präsidialkabinetts am 30. Januar 1933 und den sich daran anschließenden Prozeß zur Durchsetzung der nationalsozialistischen Alleinherrschaft. Die Machtergreifung war Bestandteil des Legalitätskurses, mit dem Hitler die Macht errang.

Marxismus-Leninismus: Der Marxismus ist in der Auslegung und Weiterentwicklung durch Lenin als Marxismus-Leninismus zur Ideologie des Bolschewismus geworden. Lenin sah im Imperialismus das „höchste Stadium des Kapitalismus". Die unvermeidbaren imperialistischen Kriege müßten zur Vernichtung des Kapitalismus führen. Vor allem betonte er, daß auch in einem industriell rückständigen Land, wie Rußland es am Anfang dieses Jahrhunderts war, durch Verbindung von Arbeitern und Bauern eine erfolgreiche proletarische Revolution stattfinden könne, die als Weltrevolution dann auf die hochindustrialisierten Staaten übergreifen könne. Dazu sei eine straff organisierte Partei mit Berufsrevolutionären erforderlich. Der Marxismus-Leninismus wurde von Stalin um einige Thesen erweitert.

Mediatisierung: Übergabe reichsunmittelbarer Territorien am Ende des alten Deutschen Reiches (bis 1806) in die Hoheit von Landesherren. Durch den Reichsdeputationshauptschluß (1803) und die Rheinbundakte (1806) verloren die meisten immediaten weltlichen Herrschaften (Reichsstädte, Reichsritterschaften und reichsunmittelbare Adelsherrschaften) und alle geistlichen Territorien ihre Landeshoheit. Die Bundesakte von 1815 gewährte den Mediatisierten zum Ausgleich politische Vorrechte.

Mehrheitssozialdemokratische Partei (MSPD): Bis 1922 Bezeichnung für die stärkste Gruppe der SPD nach Abspaltung der Sozialdemokratischen Arbeitsgemeinschaft (1916) und Bildung der USPD. Sie galt als die Verfassungspartei der Republik und stellte mit Friedrich Ebert den ersten Reichspräsidenten und Philipp Scheidemann den ersten Regierungschef. 1922 vereinigte sich die MSPD mit Teilen der USPD zur Vereinigten Sozialdemokratie. Während die SPD in der Folgezeit fünf Jahre im Reichstag in der Opposition blieb, regierte sie ununterbrochen von 1919 bis 1932 unter Otto Braun in Preußen.

Militarismus: Bezeichnung seit dem Ende des 19. Jahrhunderts für das Übergewicht des Militärs in der Gesellschaft und das Vorherrschen militärisch orientierten Denkens in der Politik. Z. B. gaben die starke Betonung militärischer Gesichtspunkte in Wirtschaft, Gesellschaft und Politik im Deutschen Reich vor dem Ersten Weltkrieg dem Staat militaristische Züge.

Mittelmächte (auch Zentralmächte genannt): So hießen im Ersten Weltkrieg das Deutsche Reich, Österreich-Ungarn, später auch Bulgarien und die Türkei nach ihrer geographischen Lage zwischen den west- und osteuropäischen Feindstaaten.

Monarchisches Prinzip: Grundsatz, nach dem der Monarch der bestimmende und allein entscheidende Faktor im staatlich-politischen Bereich bleibt und alle Rechte der Staatsgewalt trotz Verfassungsbeschränkung in seiner Person vereinigt sind. Die erste vorbildhafte Formulierung erfolgte in der französischen Charte Constitutionelle von 1814. Ziel war die Erhaltung der königlichen Rechte beim Übergang vom Absolutismus zum Verfassungsstaat und die Abwehr der durch die Französische Revolution in Geltung gekommenen Prinzipien der Gewaltenteilung und der Volkssouveränität.

Nation/Nationalstaat (lat. natio = Geburt, Völkerschaft, angeborene Volkszugehörigkeit): Der moderne Begriff entstand im Verlauf der Französischen Revolution. Theoretische begründet war er bereits bei Rousseau, der eine Gleichsetzung von Volk und Nation vornahm und enge Verbindung mit den Forderungen nach Demokratie herstellte. Daher ist im westlichen Denken häufig eine Gleichsetzung von Staat und Nation (Staatsnation) zu finden. In Deutschland wurde unter dem Einfluß der Romantik (Herder) der Akzent stärker auf gemeinsame Abstammung, Sprache und Tradition (Kulturnation) gelegt. Nach heutiger Auffassung gilt Nation als Ausdruck eines politisch geeinten Volkes, das ein Machtgebilde darstellt und in der Lage ist, bestimmte gemeinsame Ansprüche durchzusetzen. Hauptmerkmale sind: gemeinsame Abstammung und Sprache, aber auch persönliches Zugehörigkeitsgefühl und daraus resultierende Entscheidungsfreiheit (Selbstbestimmungsrecht).

Nationalismus: Übersteigertes Nationalbewußtsein, wobei die Betonung der Macht der eigenen Nation zu Intoleranz gegenüber anderen Nationen führt.

Nationalliberale Partei: In Deutschland 1867 gegründete, aus der Fortschrittspartei entstandene liberale Partei. Sie war die Partei des Bildungs- und Besitzbürgertums. Während des Kulturkampfes war sie die parlamentarische Hauptstütze Bismarcks. Nach dem Austritt einer für Schutzzölle eintretenden Gruppe und einer linken Gruppe (Sezessionisten) war sie seit 1880 eine Partei mittlerer Stärke. Im Ersten Weltkrieg schloß sich ein Teil der Anhänger der Deutschen Demokratischen Partei an; die Tradition der Nationalliberalen Partei führte die Deutsche Volkspartei weiter.

Nationalsozialismus: Bezeichnung sowohl für das extrem antidemokratische, nationalistisch-rassistische und antisemitische Gedankengut, das sich in Deutschland nach dem Ersten Weltkrieg entwickelt hatte und ab 1921 von der NSDAP programmatisch vertreten wurde als auch für das totalitäre Herrschaftssystem im Dritten Reich.

Nationalsozialistische Volkswohlfahrt (NSV): Der NSDAP angeschlossener Wohlfahrtsverband (Gründung 1933). Nach dem Zusammenschluß mit der Inneren Mission, der Caritas und dem Deutschen Roten Kreuz ab 1936 der wichtigste Träger der öffentlichen Wohlfahrtspflege. Hauptaufgabengebiet war die Organisation und die Durchführung des „Winterhilfswerks" und des Hilfswerks „Mutter und Kind".

NEP (Neue Ökonomische Politik): Wirtschaftsstrategie Lenins zur Behebung der katastrophalen wirtschaftlichen und sozialen Folgen des sog. Kriegskommunismus.

Neutralität: Unparteiliche Haltung und Nichtbeteiligung eines Staates im Falle von Kriegen oder Bürgerkriegen. Neutralität kann Willensausdruck eines Staates im Einzelfall oder auf Dauer sein, sie kann jedoch auch durch den Druck anderer Mächte auferlegt werden.

Norddeutscher Bund: Der nach dem Preußisch-Österreichischen Krieg 1866 von Bismarck unter preußischer Führung zusammen mit allen nördlich des Mains gelegenen deutschen Staaten gegründeter Bundesstaat. Die von Bismarck entworfene Verfassung (1867) war föderalistisch, sicherte jedoch die Hegemonie Preußens.

Novemberverbrecher: Diffamierende Bezeichnung der Nationalsozialisten – vor allem Hitlers – für die Revolutionspolitiker von 1918. Später wurden alle republikanischen Politiker mit diesem Etikett versehen.

NSDAP: Nationalsozialistische Deutsche Arbeiterpartei, die 1920 durch die von Hitler durchgesetzte Umbenennung der Deutschen Arbeiterpartei (Gründung 1919) entstanden ist. Als rechtsextremistische Kampfbewegung zielte sie auf die Zerstörung der parlamentarischen Demokratie der Weimarer Republik. Nach dem gescheiterten Hitler-Putsch war die NSDAP bis 1925 verboten. Nach ihrer Wiedergründung wurde sie 1930, als die Wirtschaftskrise sich auch auf Deutschland auswirkte, in den sog. Septemberwahlen zur zweitstärksten Partei im Reichstag. Nach Hitlers Machtergreifung und dem Verbot aller übrigen Parteien stieg sie 1933 zur Staats- und Monopolpartei des Dritten Reiches auf.

Oberste Heeresleitung (OHL): Die höchste deutsche Kommandobehörde im Ersten Weltkrieg mit dem Chef des Generalstabs des Feldheeres an der Spitze (bis 1914 von Moltke, 1914–1916 von Falkenhayn). Ab 1916 übernahmen von Hindenburg und General Ludendorff die Führung der OHL.

Oktoberrevolution: Gewaltsame Machtergreifung der Bolschewiki in Petrograd am 7. November 1917 (nach dem Julianischen Kalender am 25. Oktober, daher Oktoberrevolution). Im Gegensatz zur bürgerlichen Februarrevolution wurde die Oktoberrevolution von Lenin planmäßig vorbereitet und durch Trotzkis „Rote Garden" erfolgreich durchgeführt. Nach dem Sturm auf das Winterpalais und der Verhaftung der Mitglieder der provisorischen Regierung bestätigte der 2. Allrussische Sowjetkongreß einen bolschewistischen „Rat der Volkskommissare" unter Lenins Vorsitz, der Rußland politisch, wirtschaftlich und sozial umgestaltete.

Ordnungszelle Bayern: Bezeichnung für die reaktionäre bayerische Politik unter von Kahr nach dem Sturz des Ministerpräsidenten Johannes Hoffmann im Zusammenhang mit dem Kapp-Putsch 1920. Das Land, wegen der Weigerung, seine Einwohnerwehren aufzulösen, im Konflikt mit dem Reich, wurde in dieser Zeit zum Tummelplatz republikfeindlicher Kräfte.

Parlament (mittellat. parlamentum = Besprechung): Verfassungsmäßige Versammlung mit Charakter einer Volksvertretung und häufig der juristischen Stellung eines obersten Staatsorgans. Wesentliche Rechte waren: Mitwirkung bei oder alleinige Ausübung der Gesetzgebung, Bestellung und Kontrolle der Regierung.

Partei: Im weiteren Sinn eine organisierte Gruppe Gleichgesinnter. Politische Parteien sind Verbindungen von Staatsbürgern, die aufgrund gleichgerichteter politischer Ideen oder Interessen Einfluß auf die staatliche Willensbildung erstreben. Sie stellen Kandidaten für die Wahl zur Volksvertretung. In Deutschland kam es erst in der Revolution von 1848 zu einer stärkeren Parteienbildung.

Partikularismus (lat. pars = Teil): Moderne, abwertende Bezeichnung für Sonderbestrebungen der Glieder eines Bundes, eine Haltung, die dem Separatismus näher liegt als dem Föderalismus. In der deutschen Geschichte reicht der Partikularismusvorwurf von den Sonderinteressen der frühmittelalterlichen Stammesherzogtümer über die Hausmacht- und Territorialstaatsbildungen bis hin zu den Reservatrechten Bayerns im Jahre 1871.

Patrimonialstaat: Bezeichnung für einen Staat, in dem sich die Staatsgewalt aus dem Patrimonium, d. h. dem väterlichen Erbgut, ableitet; der Herrscher besitzt hier das Obereigentum gegenüber sämtlichen Einzeleigentümern. Zur Rechtfertigung der an das Grundeigentum angeknüpften Hoheitsrechte des Gutsherrn diente das Patrimonialprinzip ebenfalls.

Patriotismus: Vaterländische Gesinnung, idealistisch gefärbter Ausdruck des Nationalbewußtseins, der vom Nationalismus durch die zum Teil nur programmatische Betonung des defensiven Charakters geschieden ist. Häufig wurde er auch im vorrevolutionären Sinne als Liebe zu Fürst und Vaterland verstanden.

Planwirtschaft: System der „Zentralen Verwaltungswirtschaft" zur Planung, Leitung und Kontrolle aller relevanten ökonomischen Prozesse durch den Staat und dessen Organe. In der Sowjetunion war die Planwirtschaft seit Stalin die „grundlegende Methode zur Verwirklichung der Wirtschaftspolitik der KPdSU" im Sinne einer administrativen Kommandowirtschaft von oben nach unten.

Politbüro: Kurzwort für „Politisches Büro des Zentralkomitees der KPdSU". Geschaffen durch das Parteistatut vom Dezember 1919 hatte es den Auftrag, die politische Arbeit, also die laufenden Aufgaben zwischen den einzelnen Treffen des ZK zu erledigen. In der Realität fungierte es als höchstes kollektives Führungsgremium mit Entscheidungsbefugnissen in allen politischen, gesellschaftlichen, wirtschaftlichen, kulturellen, militärischen und personellen Fragen. Unter Stalin wurde das Politbüro jedoch praktisch entmachtet und ist selten zusammengetreten.

Präsidialsystem: Politische Ordnung, in der vornehmlich der Staatspräsident mit einer von ihm abhängigen Behörde die Staatsgewalt ausübt. Meistens bezieht der Präsident seine Legitimität und Autorität aus der Volkswahl. In Weimar gab es eine Kombination von parlamentarischem System und Präsidialsystem. Ab 1931 entstand ein reines Präsidialsystem, in dem die Kanzler allein vom Vertrauen des Präsidenten Hindenburg abhängig waren, der über große Machtbefugnisse verfügte (Notverordnung, Diktaturgewalt, Auflösungsrecht).

Preußenschlag: Bezeichnung für die verfassungswidrige Absetzung des preußischen Ministerpräsidenten Otto Braun (SPD) durch das Kabinett von Papen aufgrund einer Notverordnung vom 20. Juli 1932. Papen übernahm als Reichskommissar die preußischen Regierungsgeschäfte.

Rassismus/Rassenideologie/Rassenlehre: Politische Theorie, in der der Begriff „Rasse" aus dem Tierreich auf die Menschen angewendet und die Trennung von biologisch „höheren" und „niederen Menschenrassen" programmatisch vertreten wird. Der Nationalsozialismus verabsolutierte die „Arier", zu denen er die „germanischen" Deutschen zählte, als einzige „kulturtragende" und „-schaffende" Rasse („Herrenmenschen"), während die Juden als „minderwertige Rasse" („Untermenschen") verfolgt wurden und im Zweiten Weltkrieg dann in ganz Europa ermordet werden sollten. Mit den „Nürnberger Gesetzen" (1935) wurden gesetzliche Vorschriften zur „Reinhaltung der Rasse" erlassen.

Rat der Volksbeauftragten: Die provisorische deutsche Regierung nach der Revolution vom 9. November 1918, die von der Vollversammlung der Berliner Arbeiter- und Soldatenräte bestätigt wurde. Diese Regierung war eine Koalition aus je drei Mitgliedern der MSPD und der USPD unter Vorsitz von Friedrich Ebert und Hugo Haase. Sie blieb bis zur Nationalversammlungswahl vom Januar 1919 im Amt. Am 29. Dezember 1918 verließen die USPD-Politiker den Rat der Volksbeauftragten, der sich daraufhin in Reichsregierung umbenannte.

Rätekongreß: Ungefähr 500 Delegierte aller Arbeiter- und Soldatenräte, die vom 16.–20. Dezember 1918 in Berlin tagten und die den Termin für die Wahl zur Nationalversammlung festlegten. Mit großer Mehrheit lehnte der Rätekongreß dagegen die Einführung eines Rätesystems in Deutschland ab.

Räterepublik: Sozialistische Republik auf der Basis der „Diktatur des Proletariats" mit Ablehnung des „bürgerlichen" Parlamentarismus und der kapitalistischen Wirtschaftsordnung. Das Vorbild deutscher Räterepubliken in Bremen und Bayern 1919 waren Rußland und Ungarn, wo sich sozialistisch-kommunistische Räterepubliken im gleichen Jahr gebildet hatten.

Reaktion: Im 19. Jahrhundert Sammelbegriff für alle gegenrevolutionären Kräfte. Als Epochenbegriff kennzeichnet „Reaktion" die Zeit von 1850–1860, als die liberal-demokratischen Errungenschaften beseitigt und die führenden Repräsentanten der Revolution von 1848/49 massiv verfolgt wurden. Seitdem heißt jede reform- oder fortschrittsfeindliche Haltung „reaktionär".

Realpolitik: Eine Politik, die angeblich mit den Realitäten, wie sie in Geschichte und Gegenwart vorgefunden werden, maßvoll umgeht und daher allzu weitreichende, letztlich unerfüllbare Zielsetzungen ebenso vermeidet wie die rücksichtslose Durchsetzung einzelner Augenblicksinteressen. Der Begriff wurde 1853 zuerst als Mahnung an die deutschen Liberalen verwendet, sich nicht an eine Ideologie zu verlieren. Hauptsächlich diente der Begriff jedoch zur Charakterisierung und Rechtfertigung von Bismarcks „Politik des Möglichen".

Rechtsstaat: Bezeichnung für einen Staat, in dem dem Recht der Primat zukommt und die Staatsmacht zum Schutz der Freiheit eingeschränkt ist. Allerdings nach heutiger Auffassung ist eine rein formale Beachtung rechtsstaatlicher Elemente (Gesetzmäßigkeit der Verwaltung, Rechtsschutz = Legalitätsprinzip) nicht ausreichend, vielmehr sind auch materielle (Verwirklichung der Gerechtigkeit = Legitimitätsprinzip) und politische Rechtsstaatlichkeit (Mäßigung der politischen Macht durch freie Verfassungsordnung = demokratisches Prinzip) nötig. Der bürgerliche Rechtsstaat entstand als Gegenkonzept zum absoluten Fürstenstaat des 18. und zum Polizeistaat des 19. Jahrhunderts, wobei der Einfluß der Staatsphilosophie der Aufklärung und des politischen Liberalismus wirksam waren. Im Gefolge rechtsstaatlicher Theorien veränderte sich die Stellung des Monarchen durch Bindung an das Gesetz, das unter bestimmender Mitwirkung der Volksvertretung entstanden war.

Reichskanzler: Ab 1871 entsprechend der Reichsverfassung der höchste, vom Kaiser ernannte Regierungsbeamte und einzige Minister des Reiches, der weitere hohe politische Ämter auf sich vereinigte (Ministerpräsident und Außenminister Preußens, Bundesratsvorsitzender). Er war nur vom Kaiser, nicht vom Reichstag, abhängig. Ab 1919 der vom Reichspräsident ernannte bzw. entlassene Leiter der Reichsregierung, deren Mitglieder er dem Reichspräsidenten zwecks Ernennung bzw. Entlassung benannte. Er benötigte das Vertrauen des Reichstages.

Reichskommissar: Beauftragter, der mit Sondervollmachten zur Erledigung besonderer Aufgaben von der Reichsregierung eingesetzt wurde. Hitler berief nach der Machtergreifung NSDAP-Gauleiter als „Reichsstatthalter", die in den Ländern gegenüber Landesregierung und Landtagen weisungsbefugt waren. Im Zweiten Weltkrieg wurden Reichskommissare auch zur Verwaltung der besetzten Gebiete eingesetzt.

Reichskristallnacht: Die Ermordung des deutschen Botschaftsrates Ernst vom Rath durch einen jungen Juden in Paris nahm Goebbels zum Anlaß, über NSDAP und SA in der Nacht vom 9. auf den 10. November 1938 gegen jüdische Bürger in ganz Deutschland vorzugehen. Mindestens 91 Juden wurden ermordet, über 26 000 wurden ins KZ verschleppt, der Sachschaden an den zerstörten Geschäften und Synagogen betrug mehrere hundert Millionen Mark. Darüber hinaus mußten die Juden noch eine „Sühneleistung" in Höhe von einer Milliarde Mark an das Reich entrichten.

Reichskulturkammer: Im September 1933 zur Gleichschaltung aller kulturellen Bereiche eingerichtet. Goebbels stand als Präsident sieben Einzelkammern (Schrifttum, Presse, Rundfunk, Theater, Musik, Bildende Künste, Film) vor, die durch die Ausgabe eines Mitgliedsausweises über die Berufsausübung entschieden.

Reichssicherheitshauptamt (RSHA): 1939 durch die Zusammenfassung von staatlicher Sicherheitspolizei (Sipo) und Sicherheitsdienst (SD) der NSDAP als Kern von Himmlers Polizei- und SS-System geschaffen. Bis 1942 war Reinhard Heydrich der Leiter des RSHA, das für die Konzentrationslager und in den besetzten Gebieten auch für die „Lösung der Judenfrage" verantwortlich war.

Reichstag: Im Norddeutschen Bund und ab 1871 im Deutschen Reich das aufgrund allgemeinen Wahlrechts gebildete Reichsparlament. Der Reichstag war für das Zustandekommen von Gesetzen, insbesondere Staatshaushaltsgesetz, unentbehrlich, doch bedurfte der Reichskanzler nicht des förmlichen Vertrauens der Reichstagsmehrheit. Der Bundesrat konnte den Reichstag mit dem Ziel von Neuwahlen auflösen.

Ab 1919 die gewählte, von einer Berufung durch den Reichspräsidenten nicht abhängige Volksvertretung mit weitgehend alleiniger Gesetzgebungsbefugnis. Auf die Regierungsbildung der Weimarer Zeit hatte dieser Reichstag erheblichen Einfluß, da der Reichskanzler und die Reichsminister (die Reichsregierung) das Vertrauen des Reichstages benötigten.

Reichswehr: Die nach dem Versailler Vertrag von 1920 auf 100 000 Mann (96 000 Mannschaften, 4000 Offiziere) zahlenmäßig beschränkte Berufsarmee. Ihre Aufgabe war die Aufrechterhaltung der inneren Ordnung; schwere Waffen und einen Generalstab durfte die Reichswehr nicht haben.

Rentenmark: Neue Währung, die am 16. November 1923 die bisherige Reichsmark der Inflationszeit ablöste. Ihr Kurs wurde zwangsweise auf 1 Billion Papiermark = 1 Goldmark festgelegt. Als Deckung wurde eine Hypothek von Grundbesitz, Banken, Handel und Industrie in Höhe von 3,2 Mrd. Goldmark an das Reich vorgenommen.

Reparationen: Aufgrund des Kriegschuldartikels 231 des Versailler Vertrages wurde Deutschland verpflichtet, Wiedergutmachung zu leisten. Nach Goldmarkzahlungen und Sachlieferungen bis 1921 wurde der endgültige Reparationsbetrag auf 132 Mrd. Goldmark festgesetzt, der in jährlichen Raten bezahlt werden mußte. Der Dawes-Plan von 1924 und der Young-Plan von 1930 versuchten, die Reparationen der Zahlungsfähigkeit Deutschlands anzupassen. Aufgrund des Hoover-Moratoriums von 1931 während der Weltwirtschaftskrise wurden die Reparationen auf ein Jahr gestundet, im Abkommen von Lausanne 1932 wurde die endgültige Streichung vereinbart.

Repräsentation: Stellvertretung, Vorstellung, Aufwand, standesgemäßes Auftreten. Im Verfassungsrecht Verkörperung des Gesamtvolkes durch ein Repräsentativorgan, vor allem eine gewählte Volksvertretung.

Republikschutzgesetz: Nach der Ermordung von Walther Rathenau 1922 erlassenes „Gesetz zum Schutz der Republik", das mehrmals verlängert und 1932 außer Kraft gesetzt wurde. Es enthielt Strafbestimmungen zum

Schutz des Lebens von Regierungsmitgliedern und vor Verunglimpfung der Demokratie.

Reservatrechte: Sonderrechte, die einigen deutschen Einzelstaaten in einem 1870 geschlossenen Staatsvertrag vor Eintritt in das Deutsche Reich belassen wurden. So behielten Württemberg und Bayern ein eigenes Post- und Eisenbahnwesen, Bayern zusätzlich eine eigene Heeresverwaltung in Friedenszeiten sowie das Recht, selbständig Bier- und Branntweinsteuer zu erheben.

Restauration (lat. restaurare = wiederherstellen): Wiederherstellung eines früheren politischen, sozialen oder religiösen Zustandes, meist Wiedereinsetzung von Dynastien, die auf revolutionärem Wege beseitigt worden waren. Epochenbezeichnung für die europäische Geschichte zwischen 1815 und 1848.

Revolution: gewaltsamer Umsturz einer bestehenden politischen oder sozialen Ordnung mit dem Ziel einer bewußten, totalen und endgültigen Veränderung; Haupttypen sind: ständische, bürgerliche, proletarische Revolution. Die wichtigsten modernen Revolutionen waren: Puritanische (1642) und Glorious Revolution (1688) in England, Französische Revolutionen von 1789, 1830 und 1848, Deutsche Revolutionen von 1848 und 1918/19, Russische Revolution von 1917.

Rheinbund: 1806 traten sechzehn deutsche Reichsstände aus dem Reich aus und gründeten den Rheinbund, dessen Protektor Napoleon war. Daraufhin legte der Kaiser die Krone des Heiligen Römischen Reiches Deutscher Nation nieder.

Röhm-Putsch: Mit dieser Bezeichnung rechtfertigte die nationalsozialistische Propaganda im nachhinein die Mordaktion vom 30. Juni 1934 gegen die SA-Führung und andere politische Gegner. Ernst Röhm hatte als Stabschef der SA, nachdem Hitler den „Abschluß der nationalen Revolution" erklärt hatte, auf eine Fortführung als soziale Revolution gedrängt, aber keinerlei Putsch-Pläne damit verbunden. Hitler entledigte sich mit den Morden über die SA hinaus auch völlig unbeteiligter politischer Widersacher.

Rote Armee: Armee der UdSSR bis zu deren Zusammenbruch. Sie wurde nach der Oktoberrevolution von 1917 aus den „Roten Garden" durch Leo Trotzki aufgestellt.

Ruhrkampf: Auseinandersetzung zwischen Deutschland und Frankreich im Ruhrgebiet 1923. Nach der militärischen Besetzung des Ruhrgebietes durch französische und belgische Truppen wurde zum passiven Widerstand durch die deutsche Reichsregierung aufgerufen. Daneben gab es Sabotage- und Terrorakte gegen die Besatzungstruppen, die mit Kriegsgerichtsurteilen antworteten.

Säkularisation: Enteignung kirchlichen Eigentums durch den Staat. Nahezu alle nach der Reformation in Deutschland verbliebenen geistlichen Territorien wurden 1803 im Reichsdeputationshauptschluß aufgelöst und den jeweiligen Landesherrschaften zugeschlagen; die Säkularisation erfaßte nicht nur reichsunmittelbare kirchliche Territorien (Hochstifte, Reichsabteien), sondern auch die landsässigen Klöster, deren wirtschaftliche (Grundbesitz und Grundherrschaft), politische (Vertreter des 1. Standes in den Landtagen) und kulturelle (Schulwesen, Bildungstradition) Bedeutung die Struktur der deutschen Einzelstaaten entscheidend mitgeprägt hatte. Zusammen mit der Mediatisierung bildete die Säkularisation den tiefsten Einschnitt in die Verfassungsentwicklung seit dem Frühmittelalter und wurde zur Voraussetzung für den modernen souveränen Verwaltungsstaat.

Schutzhaft: In Umkehrung der Wortbedeutung wurde nicht die in Haft genommene Person geschützt, sondern die „Volksgemeinschaft" vor dem „Volksschädling". Ab 1936 konnte die Gestapo ohne jede gerichtliche Kontrolle politisch mißliebige Personen in Schutzhaft nehmen und ins KZ einweisen. Formalrechtliche Grundlage war die Notverordnung vom 28. Februar 1933 („Brandverordnung"). Die Schutzhaft diente zur Ausschaltung politischer Gegner und wurde dort eingesetzt, wo die Anschuldigung einer rechtlichen Beweiswürdigung nicht standhielt.

Schutzstaffel (SS): 1923 als Stabs- und Leibwächtertruppe Hitlers innerhalb der SA entstanden und unter der Führung Heinrich Himmlers (ab 1923) zu einer nationalsozialistischen Elitetruppe ausgebaut. Nach der Liquidierung der SA-Führung wurde die SS selbständig, erhielt die alleinige Zuständigkeit für die KZ-Verwaltung und beherrschte mit Himmler an der Spitze den gesamten Polizeiapparat. Die SS wurde 1946 in den Nürnberger Prozessen als verbrecherische Organisation eingestuft, weil sie mit ihrer nahezu unbegrenzten Macht der Kern des Terrorsystems im Dritten Reich war.

Schutzzoll: Zoll, der die inländische Wirtschaft vor ausländischer Konkurrenz schützen soll. In Deutschland nach 1878 erneut eingeführt, nachdem zunächst der liberale Freihandel praktiziert worden war.

Selbstbestimmungsrecht: Von Präsident Wilson in 14 Punkten vom 8. Januar 1918 verkündetes Recht eines jeden Volkes, seine nationale Eigenart frei entwickeln zu können. In den Friedensverträgen fand das Selbstbestimmungsrecht Eingang, wurde aber weder in Südtirol noch in Oberschlesien und Danzig den Deutschen zugestanden.

Separatismus: Allgemein das Bestreben politischer, religiöser oder ethnischer Minderheiten nach Loslösung eines bestimmten Gebietes aus einem Staatsverband. Nach dem Ersten Weltkrieg verstand man darunter vor allem Versuche im Rheingebiet, sich in Absprache mit Frankreich vom Deutschen Reich zu lösen und sog. autonome Republiken zu schaffen.

Sowchose: Abkürzung für die russische Bezeichnung eines Staatsgutes in der sowjetischen Landwirtschaft. Im Gegensatz zur Kolchose bezeichnete Sowchose bewegliche und unbewegliche Güter im Eigentum des Staates. Mitarbeiter waren staatliche Angestellte, Direktoren wurden staatlich eingesetzt. Nach der marxistisch-leninistischen Ideologie war die Sowchose die höchste sozialistische Form des landwirtschaftlichen Produktionseigentums, die vor allem in der Phase der Kollektivierung entstand.

Sowjets (russ. sowjet = Rat): In der Russischen Revolution 1917 (Oktoberrevolution) bildeten sich, wie schon während der Revolution von 1905, spontan Räte: In Städten, Dörfern, Betrieben, Militäreinheiten wurden – nach ganz verschiedenen Wahlmethoden – Vertreter gewählt, die Beschlüsse zu fassen und auszuführen hatten, also die Macht ausübten. In diesen revolutionären Arbeiter-, Bauern- und Soldatensowjets gewann die Minderheit der Bolschewiki schnell den maßgebenden Einfluß, vor allem weil sie den Krieg zu beenden und den Bauern Land zuzuteilen versprachen. Im Sommer 1918 wurde die „Russische-Sozialistische-Föderative-Sowjet-Republik" konstituiert. Seit 1922 hieß dieser Staat „Union der Sozialistischen Sowjetrepubliken" (UdSSR). Oberster Sowjet hieß seit 1936 das Parlament der Sowjetunion. Es wurde alle vier Jahre gewählt, wobei die Kandidaten nur von der Kommunistischen Partei und ihren angeschlossenen Organisationen nominiert wurden.

Sozialdarwinismus: Die u. a. vom englischen Naturforscher Charles Darwin aufgestellte Theorie, daß im „Kampf ums Dasein" die am besten an die Umwelt angepaßten Arten von Lebewesen im Wettbewerb miteinander überleben, wird vom Sozialdarwinismus auf menschliche Verhältnisse, u. a. auf die geistige und kulturelle Entwicklung, übertragen. Im Sozialdarwinismus wird die Höherentwicklung innerhalb der menschlichen Gesellschaft als ein Erfolg derer erklärt, die sich durchgesetzt haben. In weiterer gedanklicher Verflachung und Einengung wurde sodann der „Kampf" ums Dasein einseitig als gewaltsame Auseinandersetzung gesehen, in der sich das „Recht des Stärkeren" durchsetze. Im Zeitalter des Imperialismus und des Faschismus/Nationalismus bezog sich diese Ansicht weniger auf den einzelnen als vielmehr auf eine bestimmte Nation, ein bestimmtes Volk oder eine „Rasse".

Sozialismus (lat. socius = Bundesgenosse; gemeinsam, verbunden): Im Zusammenhang mit der Industrialisierung entstand in der ersten Hälfte des 19. Jahrhunderts der Sozialismus. Die Sozialisten strebten eine gerechte Verteilung des materiellen Besitzes an. Durch Beseitigung des Privateigentums an den Produktionsmitteln sollte der krasse Gegensatz zwischen Arm und Reich verschwinden und eine Gesellschaftsordnung erreicht werden, die nicht vom Profitstreben einzelner, sondern vom Wohl der Gemeinschaft geprägt ist. In der Lehre von Karl Marx trat zum Bemühen um Änderung des Bestehenden der Gedanke des Klassenkampfes hinzu, der notwendig zur Weltrevolution führen werde. Seit der Wende zum 20. Jahrhundert bildeten sich zwei sozialistische Richtungen: die radikale kommunistische, und die gemäßigte revisionistische. Letztere erstrebt schrittweise Reformen, Eingliederung der Arbeiter in die bestehende Gesellschaftsordnung und Teilhabe an der Staatsgewalt im Rahmen der parlamentarischen Demokratie.

Spartakusbund: Linksextreme Oppositionsbewegung, die am 1. Januar 1916 von Karl Liebknecht, Rosa Luxemburg und Franz Mehring gegründet wurde. Er bekämpfte die Burgfriedenspolitik der SPD in seinen „Spartakusbriefen", die illegal erschienen. Das von Rosa Luxemburg entworfene Programm unterschied sich von der bolschewistischen Richtung. Ende 1918 gründeten der Spartakusbund und andere Linksradikale die Kommunistische Partei Deutschlands.

Stalinismus: a) Die – relativ geringfügige – Erweiterung der Lehren von Marx und Engels durch Stalin, so z. B. eine Theorie von der Verschärfung des Klassenkampfs beim Aufbau des Sozialismus b) Die Periode in der Geschichte der Sowjetunion, in der Stalin die unumschränkte Herrschaft ausübte (seit etwa 1929–1953). Terror und Rechtsunsicherheit, Verhaftungen, Schauprozesse und Deportationen waren die hervorstechenden Merkmale dieser Zeit. Das brutale System der Unterdrückung kann zum Teil dadurch erklärt werden, daß der rasche Ausbau der Sowjetunion von einem rückständigen Agrarstaat zu einer modernen Industrie- und Militärmacht durch Disziplinierung, d. h. Anspannung aller Kräfte, weitgehenden Verzicht auf Konsum und straffe Organisation erreicht werden sollte.

Sturmabteilungen (SA): 1921 gegründete Unterorganisation der NSDAP zum Schutz ihrer Veranstaltungen. Von ihrer Mitgliederstruktur her war die SA ein Sammelbecken vorwiegend des Kleinbürgertums und der Arbeitslosen mit sozialrevolutionären Vorstellungen. Ihren größten Zuwachs hatte die SA während der Weltwirtschaftskrise (1933: 2,5 Mio. Mitglieder). Nach Hitlers Machtergreifung terrorisierte sie die Straße, richtete die ersten KZ ein und konkurrierte mit der Reichswehr als „Waffenträger" der Nation. Nach der Ermordung der SA-Führung am 30. Juni 1934 verlor die SA an politischem Gewicht und mußte der SS den Vorrang lassen.

Terror: Für Lenin „Hebamme", für Stalin „Mutter" beim Hervor- und Voranbringen der neuen sozialistischen Gesellschaft. Lenin unterwarf mit Hilfe der von ihm errichteten und ihm unterstellten Tscheka, dem Organ der „revolutionären Gewalt", alle „Feinde der Arbeiterklasse" unter eine brutale Terrorjustiz. Nicht nur quantitative, sondern auch qualitative Steigerung erfuhr der Terror durch Stalins „Revolution von oben", die in der Liquidierung der bisherigen Führungsschicht in Partei, Staat und Armee, der Deportation ganzer Völkerschaften sowie totaler Terrorherrschaft seiner politischen Staatspolizei gipfelte.

Totalitär (lat. totus = ganz): In einem totalitären Staat hat die herrschende Gruppe alle Bereiche des öffentlichen und weite Bereiche des privaten Lebens unter ihre Kontrolle gebracht. Der einzelne ist dem Staat völlig untergeordnet und schutzlos preisgegeben (Aufhebung der Gewaltenteilung, Nichtachtung der Menschenrechte). Ein totalitärer Staat ist eine durch moderne Technik und Bürokratie zu nahezu grenzenloser Macht gesteigerte Diktatur. Zu seinem Wesen gehören u. a. Ideologie („Ersatzreligion"), Führerprinzip, Geheimpolizei, Verfügungsgewalt über die Kommunikationsmittel und über die Wirtschaft. Wenn es sich nicht um einen Einparteienstaat handelt, so sind andere Parteien und parlamentarische Einrichtungen zu Scheininstitutionen erniedrigt. Deutschland unter Hitler (1933–1945) und die Sowjetunion unter Stalin (seit etwa 1929–1953) waren – bei entgegengesetzten ideologischen Grundlagen – ausgeprägt totalitäre Staaten.

Tscheka (dt. außerordentliche Kommission): Gegründet als Geheimpolizei im Dezember 1917 von Lenin, zwischen 1922 und 1944 mehrfach umbenannt in GPU, NKWD, MWD und umorganisiert. Stalin benutzte diese politische Staatspolizei als Hauptinstrument zur Ausübung von gesetzlichem wie ungesetzlichem, individuellem und kollektivem Terror. Das Ergebnis war eine bis heute nicht genau ermittelte Millionenzahl an Opfern, vor allem während der Säuberungen in den dreißiger Jahren.

Unabhängige Sozialdemokratische Partei (USPD): Im April 1917 in Gotha gegründete linke Oppositionspartei unter Führung von Hugo Haase aus Protest gegen die Burgfriedenspolitik der SPD. Sie spaltete sich im Oktober 1920, ein Teil vereinigte sich mit der SPD, ein anderer wandte sich der KPD zu.

Verfassung (Konstitution): Allg. die Gesamtheit der als rechtsverbindlich anerkannten Regeln, die Struktur, Zuständigkeiten und Funktionen der höchsten Organe eines Staatswesens festlegen. Zum meist schriftlichen Staatsgrundgesetz wird die Verfassung erst in Verbindung mit dem Prinzip der Volkssouveränität. Im Zeitalter des Konstitutionalismus stand die verfassunggebende

Gewalt Volk und Fürst gemeinsam zu (Verfassungsvertrag) oder wurde bei oktroyierten Verfassungen nur vom Monarchen beansprucht.

Verfassungskonflikt: Streit zwischen Regierung und Parlament um ihre verfassungsmäßigen Rechte. Klassisches Beispiel ist der preußische Verfassungskonflikt von 1861 bis 1866 um die Frage der Mittelbewilligung zur Durchführung der Heeresreform.

Vierjahresplan: am 18. Oktober 1936 verkündeter Plan des NS-Regimes mit dem Ziel, innerhalb von vier Jahren auf dem Sektor der Grund- und Rohstoffe für Deutschland die „Autarkie" (Selbständigkeit) zu erreichen sowie Wirtschaft und Wehrmacht einsatz- und kriegsfähig zu machen. Beauftragter für den Vierjahresplan war Hermann Göring.

Völkerbund: Die erste internationale Organisation zur Sicherung des Weltfriedens nach 1918 mit Sitz in Genf, die vor allem von Wilson propagiert wurde. Zunächst waren die Siegermächte des Ersten Weltkrieges und ihre Verbündeten Mitglieder im Völkerbund, später kamen auch die unterlegenen Staaten wie Österreich (1920) und Deutschland (1926) hinzu. Vermittlungsbemühungen, Schlichtung von Streitigkeiten und Schutz der nationalen Minderheiten sah der V. als seine Aufgabe an. 1946 löste er sich auf.

Volksblock: Bei der Präsidentenwahl im Jahr 1925 gebildete Vereinigung von Parteien der „Weimarer Koalition", um den Zentrumsvorsitzenden Wilhelm Marx gegen Hindenburg zu stärken, der vom Reichsblock (DNVP und DVP) unterstützt wurde.

Volksfront: Versuch der Kommunisten, eine Koalition aus bürgerlichen Linken, Sozialdemokraten und Kommunisten zu erreichen. Von den Kommunisten als Voraussetzung für die eigene Machtergreifung verstanden.

Volksgemeinschaft: Zentraler Begriff in der nationalsozialistischen Terminologie, der die völkische Geschlossenheit zum obersten Ziel setzte. Er war politisch gegen den marxistischen Begriff der Klassengesellschaft und den Pluralismus des Liberalismus gerichtet, warb gleichzeitig aber für einen „Sozialismus der Tat" („Winterhilfswerk", „Kraft durch Freude"), der zur Überwindung überkommener Klassen- und Standesschranken und in Richtung einer modernen egalitären Klassengesellschaft führte. Auf der anderen Seite wurde als „Volksschädling" sozial ausgegrenzt, wer dem totalitären Anspruch des Nationalsozialismus nicht genügte (Juden, politische Gegner).

Volksgerichtshof: 1934 geschaffenes Sondergericht zur Aburteilung von Landes- und Hochverrat sowie politischen Vergehen, gegen dessen Entscheidung keine Rechtsmittel mehr möglich waren. Die Mitglieder des Volksgerichtshofs wurden direkt von Hitler ernannt und mußten bis auf den Vorsitzenden und einen Beisitzer keine juristische Ausbildung haben. Die Berufung überzeugter Nationalsozialisten unterstreicht, daß der Volksgerichtshof der nationalsozialistischen Diktatur als Terrorinstrument diente. Er hat bis Ende 1944 über 5200 Todesurteile verhängt, die auch vollstreckt wurden. Der in einem Film von den Nationalsozialisten selbst dokumentierte Schauprozeß, den der seit 1942 amtierende Vorsitzende Roland Freisler gegen die Widerstandskämpfer vom 20. Juli 1944 führte, offenbart die brutale Willkürjustiz.

Vollzugsrat: In der Versammlung der 3000 Arbeiter- und Soldatenräte am 9./10. November 1918 wurde ein 14köpfiges Aktionskomitee aus Parteilosen, Mitgliedern der MSPD und der USPD unter Vorsitz von Richard Müller gewählt, das die Mitglieder des Rates der Volksbeauftragten bestätigte.

Weimarer Koalition: Nach der ersten Reichstagswahl und der Bildung einer Regierung unter Scheidemann verbanden sich MSPD, Zentrum und DDP zu einer sozialistisch-bürgerlichen Koalition, die zu einem stabilen Faktor für das parlamentarische System in den Anfangsjahren der Republik wurde.

Weiße Truppen: Bezeichnung für konservative Militärverbände als Gegensatz zu den „Roten Garden" der Kommunisten.

Weltwirtschaftskrise: Durch den Kurssturz an der New Yorker Börse vom 24. Oktober 1929 ausgelöste wirtschaftliche Depression, die bis 1932 weltweit zu mehr als 30 Millionen Arbeitslosen führte. Aufgrund des Rückrufs von kurzfristig in Deutschland angelegtem Kapital erfaßte die amerikanische Krise auch das Reich. Die Folgen waren eine politische Radikalisierung, die vor allem den Nationalsozialisten zugute kam und die wesentlich zur Auflösung der Weimarer Republik beitrug.

Winterhilfswerk (WHW): 1933 gegründete Unterorganisation der NSV, die Geld- und Sachspenden für Arbeitslose und Hilfsbedürftige sammelte und über die NSDAP verteilte.

Zähmungskonzept: Franz von Papen hat sowohl als Reichskanzler als auch nach seinem Sturz die Zusammenarbeit mit den Nationalsozialisten gesucht. Bei Reichspräsident von Hindenburg setzte er sich ab Dezember 1932 für die Ernennung Hitlers zum Reichskanzler ein. Er argumentierte dabei, es werde ihm gelingen, Hitler in der Regierungsverantwortung zu zähmen, weil man diesem in einem Kabinett, in dem bürgerlich-konservative Minister die Mehrheit hätten, Zügel anlegen werde.

Zentralkomitee (ZK): Bezeichnung für den Parteivorstand der KPdSU als nach den Statuten höchstes Gremium zwischen den Parteitagen. Mitglieder und Kandidaten wurden vom Parteitag gewählt. Das aus dem ZK hervorgegangene Politbüro war das eigentliche Machtzentrum.

Zensuswahlrecht (lat. census = Vermögenseinschätzung, Besitz, Abgabe): Wahlrecht, das nur ausgeübt werden kann, wenn der Wähler eine bestimmte Höhe des Besitzes oder der Steuerleistung nachweisen kann. Im Unterschied dazu ist das allgemeine Wahlrecht nicht an Besitzverhältnisse oder Steuerleistungen gebunden.

Zentralismus: Staatliche Organisationsform, bei der die wichtigen politischen Entscheidungen von einer Zentrale gefällt und mit Hilfe eines auf diese ausgerichteten Apparats durchgesetzt und kontrolliert werden. In der Sowjetunion wurde das System des „Demokratischen Zentralismus" Aufbau- und Lenkungsprinzip des Herrschaftsmonopols der KPdSU und damit auch des Staates und der Wirtschaft. Eine Beschreibung dieses Prinzips erfolgte auf dem XXII. Parteitag der KPdSU: Wählbarkeit aller leitenden Organe der Partei von unten nach oben, regelmäßige Rechenschaftslegung der Parteiorgane vor ihren Parteiorganisationen und ihren übergeordneten Organen, straffe Parteidisziplin und Unterordnung der Minderheit unter die Mehrheit und unbedingte Verbindlichkeit der Beschlüsse der höheren Organe für die unteren.

Zentralrat: Der vom Rätekongreß gewählte Zentralrat, bestehend aus 27 SPD-Mitgliedern, unterstützte die Politik der provisorischen Regierung Ebert und trug damit zu ihrer Stabilisierung bei.

Zentrumspartei: An allen Kabinetten der Republik bis 1932 beteiligte katholische Partei, die viele Schichten integrierte und somit die einzige Volkspartei der Republik bis zum Durchbruch des Nationalsozialismus war. Unter dem Einfluß von Erzberger hatte sie sich 1917 mit der SPD und der Fortschrittspartei anläßlich einer Friedensresolution des Reichstages verbunden. Diese Zusammenarbeit fand in der „Weimarer Koalition" nach 1918 ihre Fortsetzung. Unter Brüning öffnete sich die Partei am Ende der Republik zunehmend nach rechts.

Zollparlament: Nach der Gründung des Norddeutschen Bundes 1867 zur Verstärkung des 1834 gegründeten Deutschen Zollvereins geschaffenes Parlament. Es bestand aus den Mitgliedern des Norddeutschen Reichstages und aus Abgeordneten, die in den süddeutschen Staaten gewählt wurden. Ziel der Gründung des Zollparlaments war die Verstärkung der deutschen Wirtschaftseinheit.

Zollpolitik: Abgabenerhebung oder -erlaß für die Ein-, Aus- und Durchfuhr von Waren unter wirtschafts- oder außenpolitischen Gesichtspunkten.

Zweikammersystem: Zusammensetzung eines Parlaments aus zwei Kammern oder Häusern, die getrennt beraten und beschließen. Die erste Kammer war meist ein feudales Oberhaus (Adel, Klerus und vom Monarchen berufene Persönlichkeiten) oder ein regionaler Senat (Vertretung der Einzelstaaten), die zweite Kammer die durch das Volk gewählte demokratische Vertretung.

Personen- und Sachregister

A

Achse Berlin-Rom 252, 257, 261
Adel 23, 48, 84, 89, 104f., 128, 325
Aktiengesellschaften 48, 95
Aktion wider den undeutschen Geist 292, 296
Alldeutscher Verband 119, 127, 136, 141, 279, 325
Allgemeiner Deutscher Arbeiterverein (ADAV) 103, 116
Allgemeiner Deutscher Frauenverein 105
Altkonservative 116
Annexionismus 65f., 74, 85f., 157, 325
Antikominternpakt 252, 257, 261f.
Antisemitismus 113f., 127, 184, 188, 208, 225, 255, 264, 279f., 285f., 291, 296ff., 307ff., 320, 325
Aprilthesen 149f., 153
Arbeiter- und Soldatenräte 149ff., 163ff., 168, 170, 174, 176, 230, 325
Arbeiter(schaft) 23, 33, 47, 88f., 92ff., 100ff., 106ff., 112, 117ff., 146, 151, 157, 171, 185, 230f., 239f., 281, 283
Arbeitsbeschaffungsprogramme 282, 284, 291
Arisierung/Arier 297, 312, 318, 325
Arierparagraph 299, 325
Armee 56, 158, 162, 165
Auer, Erhard 159, 174f.
Aufklärung 10f., 17, 40, 42, 325
Auswanderung 90, 100, 107, 112ff., 118, 127, 135, 232, 241
Autarkie 135, 282, 291, 320
Autokratie 136, 149f., 229
Autonomie 188
Autoritärer Staat 148, 252, 255, 262, 270, 280, 325

B

Baden, Prinz Max von 157, 159, 161, 163f.
Balkan(kriege) 58, 124ff., 134ff., 145, 179f.
Bamberger Verfassung 174f.
Banken 48, 91, 95, 114, 118, 127, 137, 210
Bauer, Andreas Friedrich 32, 34

Bauernbefreiung 48, 58, 89, 92
Bauernräte 174, 325
Bayerische Hypotheken- und Wechselbank 31, 33, 37f.
Bayerische Patriotenpartei 75, 81, 85f., 115f.
Bayerische Verfassung ▷ Verfassung
Bayerische Volkspartei (BVP) 166, 174f., 205, 268, 299f., 325
Bayerischer Landtag ▷ Landtag
Bayern 8ff., 46, 66f., 75ff., 81, 90f., 101, 115, 174ff., 188, 192
Beamte 46, 104, 165, 167, 175, 185f., 267ff., 296, 319
Bebel, August 83, 103, 116
Befreiungskriege 22
Bekennende Kirche 292, 298ff., 306, 320, 325f.
Benedetti, Vincent 67, 72
Berliner Kongreß 124f., 131
Bethmann Hollweg, Theobald von 137f.
Binnenzölle 48, 89f.
Bismarck, Otto Fürst von 10, 41ff., 55ff., 64ff., 70ff., 75ff., 83, 88, 103f., 115ff., 120ff., 124ff., 130ff., 141f., 145f., 251, 267, 280
Bolschewismus 148ff., 157f., 229f., 252, 280, 325
Bonhoeffer, Dietrich 300
Bourbonen 19, 21
Brandverordnung 265f., 273
Brest-Litowsk, Friede von 149, 151, 158, 230, 237
Brockdorff-Rantzau, Ulrich Graf von 178, 181, 203
Brüning, Heinrich 199, 209, 211f., 221
Bücherverbrennung 296
Budgetrecht 20, 46, 56
Bülow, Bernhard von 136
Bund der Landwirte 115, 119, 127
Bundesakte 19, 42, 326
Bundesstaaten 58, 65f., 76f.
Bündnispolitik/Bündnis(system) 88, 124ff., 130, 133, 145ff.
Bürgerkrieg
– russ. 230f., 237
– span. 252, 257
Bürgertum 42, 44ff., 54, 56, 86, 89, 104, 132, 146, 165, 261f.
Burgfriedenspolitik 157, 162, 326

C

Campoformio, Friede von 11f.
Caprivi, Leo von 124, 127, 134
Chamberlain, Houston Stuart 279
Clemenceau, George 178
Cramer-Klett, Theodor von 35
Cuno, Wilhelm 186f.

D

D'Annunzio, Gabriele 253, 258f.
Dänemark 65, 74, 115,
Dardanellen 57, 124
Darwin, Charles 135, 279
Dawes-Plan 197f., 204, 208
Deflationspolitik 209, 212, 326
Dekret über Grund und Boden 151, 154
Delp, Alfred 300
Demagogenverfolgungen 21, 42f., 86
Demokratie 10, 23, 46, 116, 170, 173, 230, 232
Demokratischer Zentralismus 233
Deportationen 312
Deutsch-Dänischer Krieg (1864) 56, 64f., 86
Deutsch-Französischer Krieg (1870/71) 64, 66, 70, 73f., 85f., 113, 119, 128, 133f.
Deutsch-Nationale Volkspartei (DNVP) 166, 196, 198f., 205, 212, 265f., 313, 326
Deutsche Arbeitsfront (DAF) 268, 279, 282ff., 290, 326
Deutsche Christen 299, 326
Deutsche Demokratische Partei (DDP) 166, 174f., 199, 205, 326
Deutsche Fortschrittspartei (DFP) 48, 52, 54f., 59, 86, 116, 120, 164
Deutsche Volkspartei (DVP) 166, 187, 199, 268, 326
Deutscher Bund 10, 19ff., 23, 26, 42, 44ff., 54, 57f., 61, 64f., 70, 74f., 86, 91, 99, 326
Deutscher Flottenverein 135
Deutscher Nationalverein (DNV) 45, 48, 51, 54, 59, 86
Deutscher Zollverein ▷ Zollverein
Deutsches Reich
– Außenpolitik 45f., 50, 55ff., 61ff., 77, 88, 105, 124ff., 133, 179, 196f., 256f.

- Gründung 10, 33, 41, 44, 64ff., 75ff., 85ff., 92, 124, 326
- Industrialisierung 87ff.
- Innenpolitik 55ff., 75ff., 87ff. 100ff., 115ff., 157ff., 163ff., 184ff., 196ff., 209ff., 265ff.
- Verfassung ▷ Verfassung

Diktatfriede 179, 183
Diktatur 8, 228, 233, 240ff., 252ff., 292ff., 302ff., 320
Diktatur des Proletariats 200, 229f., 234
Dolchstoßlegende 181ff., 226, 326f.
Dreibund 124, 126, 132, 136, 142
Dreikaiserabkommen 125, 132
Dreikaiserbund 124, 126, 130
Dreiklassenwahlrecht ▷ Wahlrecht
Dresdener Konferenzen 45, 54
Drittes Reich 8, 264ff.
Duma 150

E

Ebert, Friedrich 147, 157, 159f., 163f., 166f., 169, 184, 186, 188, 196, 199, 208, 225
Ehrenburg, Ilja 243
Einheits- und Freiheitsbewegung 10, 21, 42, 49, 51f., 54, 58
Einigungsbewegungen 42ff., 49, 55ff., 68, 75ff., 89, 91
Eisenbahnbau 48, 56, 76, 89ff., 99, 113, 118,
Eisner, Kurt 174f., 177, 181
Elsaß-Lothringen 67, 115, 126, 128, 138, 161
Emser Depesche 67, 72, 128
Endlösung 310, 312
Engels, Friedrich 48, 70, 88, 100, 102f., 110, 229
England/Großbritannien 42, 45, 57., 63, 65f., 68, 87ff., 97, 101, 117f., 124, 126ff., 133ff., 145, 178, 186, 197
Entartete Kunst 292, 297
Entente cordiale 135ff.
Enzyklika „Mit brennender Sorge" 292, 300, 306, 329
Erfüllungspolitik 185f., 197, 328
Ermächtigungsgesetz 265ff., 273ff., 278, 320
Erzberger, Matthias 159, 184f.
Europa 8, 44f., 55, 58, 65, 82, 88ff., 124ff., 134ff., 147ff., 252, 262
Expansionspolitik 264, 327
Expressionismus 200, 206

F

Faber, Lothar von 35
Fahnen/Flaggen 184, 198f., 268, 270f.
Faschismus 148, 228, 252ff., 327
Faulhaber, Michael von 300
Favre, Jules 67
Februar-Revolution ▷ Revolutionen
Film (Ufa) 201, 222ff.

Fischer, Eugen 313
Föderalismus 10, 85, 327
Franco, Francisco 252, 257
Fränkel, Wolfgang 314
Frankfurter Frieden (1871) 67, 85, 125, 128
Frankfurter Fürstentag (1863) 58, 61f.
Frankreich 10, 22, 42ff., 58, 63, 66ff., 88, 114, 124ff., 132ff., 180, 186, 188, 196ff., 198f.,
Franz I., Kaiser von Österreich 62
Französische Revolution ▷ Revolutionen
Frauen(frage) 100, 104f., 111, 224f.
Freikorps 165, 175, 180, 271
Friedrich Wilhelm IV., preußischer König 43, 46, 49, 80
Führer-Mythos 199, 228, 255, 264, 281f., 286ff., 327
Führerprinzip 227f., 261f., 269, 277, 280f., 286
Fünfjahrespläne 238f., 241, 244f., 247, 327

G

Gaibach, Konstitutionssäule zu 9
Galen, Klemens A. Graf von 300
Generalstreik 164, 185, 327
Gambetta, Léon 67
Gesetz zum Schutz der Republik 184, 186, 188, 334
Gesetz zum Schutz des deutschen Blutes 311
Gesetz zur Sicherung der Einheit von Partei und Staat 268, 292
Gesetzgebung 46, 56, 66, 76
Gestapo 307, 309, 329
Gewaltenteilung 76, 167, 170, 329
Gewerbefreiheit 31, 33, 90, 100, 329
Gewerkschaften 106, 115, 118f., 123, 157, 165, 167, 171, 185, 198, 232, 268
Gleichschaltung 267ff., 278, 292ff., 320, 329
Gobineau, Arthur Graf von 279
Goebbels, Joseph 114, 199, 206, 217, 224, 265, 292ff., 297, 299, 306, 311, 320
Göring, Hermann 264ff., 279
Groener, Wilhelm 159, 212
Großdeutsche Lösung 43, 328
Große Koalition 187, 196, 199
Gründerjahre 90f., 113, 118
Grundgesetz 49
Grundherrschaft 12, 23, 46, 92, 100, 104, 136
Grundrechte 43, 45ff., 54, 86, 115, 266, 278, 310, 320

H

Haager Friedenskonferenzen 135f.
Habsburger Monarchie 57, 65, 125, 142f., 145, 148, 179f., 183
Hambacher Fest 19, 21, 26, 30, 40, 42f.

Handels- und Zollpolitik ▷ Zollpolitik
Handwerk 89f., 100, 105, 119
Harzburger Front 209, 212, 217, 292, 329
Hauptmann, Gerhart 171
Heer 47, 55f., 59, 63, 66, 76f., 136ff., 146, 157ff.
Hegemonie 58, 65, 77, 125, 128, 138, 146
Heiliges Römisches Reich Deutscher Nation 10ff.
Himmler, Heinrich 269, 298f., 307, 309, 319f.
Hindenburg, Paul von 148, 157ff., 181ff., 196, 198f., 205, 208ff., 211ff., 221f., 265, 267, 269, 278, 320
Hirsch-Dunckersche Gewerkvereine 119
Historismus 49, 78
Hitler, Adolf 175, 177, 188f., 195ff., 209, 212, 216f., 222ff., 252, 255, 257, 259, 262ff., 306, 313f., 320
Hitlerputsch 184, 193ff., 199f., 270, 328
Hitlerjugend (HJ) 293, 295, 328
Hoffmann, Johannes 174f., 177, 185, 188
Hohenlohe-Schillingsfürst, Chlodwig von 127
Hohenzollern 67, 76, 148, 164
Hoover-Moratorium 209, 212
Hugenberg, Alfred 199ff., 209, 212, 217, 225

I

Ideologie
- nationalsozialistische 119, 188f., 279ff., 291, 306, 320, 328
- kommunistische 228ff., 234ff., 238f.
- faschistische 252, 258

Imperialismus 88, 134f., 137, 141, 145, 228, 230, 256f., 329
Indemnität 56, 66, 329
Indoktrination 293ff.
Industrialisierung 10, 31ff., 42, 47f., 87ff., 97ff., 112, 127, 135, 146, 232, 238f., 247, 262, 329
Industrie 8, 87f., 91f., 119, 125, 127, 137
Inflation 98, 184, 186ff., 195, 209f., 223, 226, 254
Intelligentsia 329
Italien 48, 51, 53, 55, 58, 63, 65, 121, 124, 126, 135f., 179, 198, 228, 252ff.

J

Japan 134ff., 143, 149, 257
Juden 13, 113f., 136, 248, 279f., 285f., 296ff., 307ff., 317, 319f.
Juli-Revolution ▷ Revolutionen
Jungvolk 295
Junkertum 46f., 77, 84, 104

339

Justiz 58, 167, 186, 191, 264, 268f., 310f., 314, 319

K
Kabinetts- und Geheimdiplomatie 57, 66, 125
Kader(partei) 231ff., 239, 241
Kahr, Gustav von 175, 188, 195
Kaiserproklamation 75, 78ff., 85f.
Kampfbund 188, 253, 261
Kanzelparagraph 115
Kap-Kairo-Linie 134
Kapitalismus 101ff., 329
Kapp-Putsch 175, 177, 184f., 190, 329
Karlsbader Beschlüsse 21, 26, 30, 40, 42
Katholiken ▷ Kirchen
Kellogg-Pakt 196
Kerenski, Alexander Feodorowitsch 149ff.
Ketteler, Wilhelm Emanuel von 102
Kinderarbeit 101, 112
Kirchen
– katholische 13, 102, 109, 115f., 119, 123, 254f., 299ff., 306
– protestantische 13, 102, 108, 115, 119, 242, 299ff., 306
– orthodoxe 136, 232f., 242
Klett, Johann Friedrich 32, 35
Kleindeutsche Lösung 23, 43f., 55f., 63, 74, 76, 79, 86, 99, 124, 329
Koenig, Friedrich 32, 34
Kolchose 239, 245, 329
Kollektivierung ▷ Zwangskollektivierung
Kolonialpolitik 124, 134f., 138
Kolonialismus 89, 134f., 141
Kolping, Adolph 100, 102, 108
Komintern 229, 232, 330
Kommunalisierung 280
Kommunismus 103, 109f., 112, 114, 148, 186, 228ff., 255, 262, 330
Kommunistische Partei Deutschlands (KPD) 165f., 173, 175, 188, 201, 208, 212, 222f., 266, 268, 330
Kommunistische Partei Rußlands (▷ Bolschewiki) 149ff., 230ff., 238ff.
Kommunistisches Manifest 48, 100, 104, 109f.
Kongo-Konferenz 124, 126
Konkordat ▷ Reichskonkordat
Konservative 116f., 127
Kontinentalsperre 89
Konzentrationslager 264, 266, 269, 276, 299, 307ff., 311, 313ff., 319f., 329
Kraft durch Freude (KdF) 279, 283f., 330
Kriegsentschädigung ▷ Reparationen
Kriegskommunismus 231f., 237, 240, 262, 330

Kriegsschuldfrage 138, 144ff., 166, 181, 330
Kriegsziele 138
Krimkrieg 57f., 124f.
Kronstadter Aufstand 229, 231, 234, 237
Krupp, Alfred 101
Kulaken 231, 238f., 244, 330
Kulturkampf 77, 88, 115f., 118, 120f., 123
Kulturkönigtum 10, 30, 40

L
Landgerichte 12
Landkreise 12
Landwirtschaft 87ff., 92, 97, 99, 118, 123, 125, 127, 239, 283f.
Lassalle, Ferdinand 103, 114
Lebensraumpolitik 119, 189, 280, 282, 291, 320, 330
Legien, Carl 119, 171
Leibeigenschaft 136, 149
Lenin, eigtl. Wladimir Iljitsch Uljanow 136, 149ff., 229ff., 239, 243, 247, 262
Leo XIII., Papst 102
Leopold von Hohenzollern-Sigmaringen 67
Levien, Max 174
Leviné, Eugen 174
Liberale Partei 56, 116ff., 159
Liberalismus 21, 23, 33, 40, 42, 45, 60, 166, 330
Liebknecht, Karl 164f., 169, 171
Liebknecht, Wilhelm 103, 110, 116
List, Friedrich 56, 89, 96
Litten, Hans Achim 314
Lloyd George, David 145, 178
Locarno-Vertrag 196f., 203ff.
Londoner Protokolle 65
Londoner Ultimatum 330
Lossow, Otto Hermann von 188, 192
Lückentheorie 55f., 63
Ludendorff, Erich 157ff., 161f., 181, 188f.
Ludwig I., König von Bayern 9f., 19, 21ff., 27f., 30f., 37, 40, 75
Ludwig II, König von Bayern 19, 83
Ludwig-Donau-Main-Kanal 32, 37
Lunéville, Friede von 11f.
Lüttwitz, Walther Frhr. von 184f.
Luxemburg, Rosa 165, 171

M
Machtergreifung 265ff., 330
Maigesetze 115
Marokkokrisen 134, 136, 143
Marsch auf Rom 252, 254
Marx, Karl 48, 88, 100, 103, 110, 114, 118, 171, 229
Marxismus 70, 103f., 117, 136, 238, 330
Märzrevolution ▷ Revolutionen
Massenmedien 181, 201f., 222ff., 228

Matrosenaufstand (Kiel) 163ff., 168
Max I. Joseph, König von Bayern 11f., 14, 20, 30
Max II., König von Bayern 19, 23, 37
Mediatisierung 12f., 330
Mehrheitssozialdemokratische Partei Deutschlands (MSPD) 147, 158f., 162ff., 173ff., 177, 330
Metternich, Clemens Fürst 19ff., 26, 30, 40, 42
Militarismus 331
Minderheitenproblem 179f., 183
Mittelmächte 149, 178, 331
Mittelmeerabkommen 124, 126, 132
Mobilmachung 65, 114, 137f.
Moltke, Graf von 75, 78f.
Monarchie,
– konstitutionelle 42, 14, 19, 23f., 33, 40, 43, 76, 85, 148, 158
– parlamentarische 148, 158f., 162, 173f.
Monopolstaat 10, 12
Montgelas, Maximilian Joseph Freiherr von 11, 13f., 16f., 19, 22, 34, 40, 251
Moses, Julius 313
Müller, Hermann 196, 199, 209, 211
Münchener Konferenz 252, 257
Mussolini, Benito 188, 228, 252ff.

N
Napoleon I. Bonaparte 10ff., 40, 42, 89
Napoleon III., frz. Kaiser 22, 55, 58, 65ff., 71ff.
Nationalbewegung 43f., 48, 52f., 55ff., 331
Nationalbewußtsein 22, 128
Nationalismus 47ff., 55, 72, 104, 119, 127f., 137, 146, 180, 184, 186, 188, 223, 226, 228, 253, 261f., 331
Nationalitätenfrage 180f.
Nationalliberale Partei (NLP) 55f., 59, 61, 63, 66, 74, 86, 114, 116, 118, 120, 127, 331
Nationalsozialismus 114, 148, 177, 180, 188, 211, 222, 228, 252, 254f., 262ff., 331
Nationalsozialistische Deutsche Arbeiterpartei (NSDAP) 197, 199ff., 207ff., 221ff., 226, 264ff., 292ff., 331
Nationalsozialistische Volkswohlfahrt (NSV) 282, 284
Nationalstaat 8, 10, 21, 42ff., 48, 58, 77, 115, 124, 148, 179, 331
Nationalversammlung 43, 51, 82, 163ff., 173, 178ff.
Neoabsolutismus 21f., 40, 47, 54, 86
Neue Ökonomische Politik (NEP) 229, 231ff., 237, 240, 262, 331
Neue Sachlichkeit 200
Neuer Curs 124, 127

Neutralität 65, 125, 331
Niemöller, Martin 299
Nikolaus II., russ. Zar 149, 152
Norddeutscher Bund 64ff., 75f., 82, 85f., 89, 92, 271, 331
Noske, Gustav 165, 175
Notverordnungen 211f., 218, 266, 278
Novemberverbrecher 181, 331
Nürnberger Gesetze 307, 311, 319

O
Oberste Heeresleitung (OHL) 157ff., 162, 181, 190, 222, 331
Oktoberrevolution ▷ Revolutionen
Österreich 10, 12, 23, 44ff., 54f., 58, 63ff., 70, 74, 82, 86, 101, 124ff., 131, 133, 149, 157, 179f.

P
Panslawismus 136ff.
Papen, Franz von 209, 212f., 265
Pariser Friede (1856) 58
Pariser Vorortverträge 178, 180, 226
Parlament 42, 56, 58, 65, 76, 159, 331f.
Parlamentarisierung 30, 52, 61, 159, 161f., 165f.
Parlamentarismus 10, 21, 76, 116, 228, 252, 262
Parteien 18, 23, 28, 30, 33, 40, 76f., 88, 103f., 115ff., 123, 148, 167, 173, 332
Partei neuen Typs 230, 237, 262
Partikularismus 10, 332
Patriotismus 22, 30, 40, 67, 114, 238, 242, 247, 332
Pauperismus 93, 100, 106
Personenkult 228, 242f., 246f.
Pfälzer Aufstand 22f.
Pius IX., Papst 71, 115, 121
Planwirtschaft 231ff., 238ff., 247, 262, 283, 332
Plebiszit ▷ Volksentscheid
Poincaré, Raymond 186
Politbüro 229, 232, 238, 241, 332
Prager Friede (1866) 66, 70, 74
Pragmatismus 48
Präsidialkabinette 148, 209, 211ff., 221, 278, 320, 332
Pressefreiheit 23, 26, 45f., 148, 152
Pressezensur 42, 45f., 266, 280, 295f., 300
Preuß, Hugo 166
Preußen 10, 12, 23, 43ff., 54ff., 64ff., 73ff., 84ff., 88ff., 100, 103f., 114ff., 118, 124f., 127, 138
Preußenschlag 209, 218f., 332
Preußisch-Hessischer Zollverein ▷ Zollvereinigungen
Preußisch-Österreichischer Dualismus 43, 45f., 64f., 124
Preußisch-Österreichischer Krieg (1866) 23, 56, 64ff., 70, 74, 85f.
Proletarisierung 101, 103f.

Propaganda 132, 180, 222ff.,
– kommunistische 227f., 236, 242f.,
– faschistische 255
– nationalsozialistische 264ff., 278, 281f., 284, 295
Protektionismus 118, 126f.
Protestanten ▷ Kirchen

R
Radikalismus 43, 57, 136, 184ff., 208, 228
Rapallo-Vertrag 197f., 203
Rassenlehre 279, 291, 313, 320
Rassenpolitik 255, 307, 311f., 332
Rat der Volksbeauftragten 163ff., 169f., 332
Räterepublik 43, 174ff., 332
Rätesystem 147, 150, 165f., 169f., 173, 230, 233f.
Rathenau, Walther 113, 184, 186, 191f., 196
Reaktion(spolitik) 23, 41ff., 54, 66, 68, 86, 148, 332
Realismus,
– heroischer 297
– literarischer 49, 78
– poetischer 52
– sozialistischer 78, 28, 241, 248
Realpolitik 48f., 332
Rechtspflege 12
Reichsbürgergesetz 311
Reichsdeputationshauptschluß 11
Reichskanzler 76f., 333
Reichskonkordat 255, 292, 299f., 306, 329
Reichskristallnacht 300, 307, 311, 319, 333
Reichskulturkammer 292, 295, 311, 333
Reichsministerium für Volkserziehung und Propaganda 114, 292ff., 300, 306, 320
Reichssicherheitshauptamt (RSHA) 309, 333
Reichsstatthalter 267, 292f.
Reichstag(swahlen) 12, 59, 66, 76f., 79f., 85f., 116ff., 127, 148, 157f., 162, 184ff., 200, 208f., 212, 215, 265ff., 292, 333
Reichstagsbrand 265f.
Reichswehr 175, 177, 185, 188, 190, 192f., 265, 269, 272, 278
Rentenmark 187, 196, 198, 333
Reparationen 67, 91, 114, 148, 179f., 185ff., 197ff., 208f., 212, 333
Reservatrechte 75f., 333
Restauration 20, 26, 42, 333
Revisionspolitik 180ff., 208
Revolution 333
– Bayern (1918–20) 174ff.
– Deutschland (1848/49) 8, 10, 19, 22f., 28, 30, 40, 42ff., 46ff., 104f., 113, 270
– Deutschland (1918/19) 24, 30, 148, 163ff., 173, 222, 226
– Frankreich (1789) 10f., 17, 40, 42, 103, 228
– Frankreich (1830) 10, 19, 21, 30, 42
– Frankreich (1848) 22, 43
– Rußland (1905) 136, 149
– Rußland (1917/18) 149ff., 157f., 226, 229ff., 237f., 262, 331
– von oben 17, 40, 66, 126, 158f., 238ff., 247
Revolutionstribunal 231f.
Rheinbund 11f., 333
Rheinland 65, 67, 90, 128, 186ff., 199, 204, 259
Rheinpfalz 12
Röhm, Ernst 189, 253, 269, 277
Röhm-Putsch 265, 269, 333
Roon, Albrecht von 56, 78f.
Rote Armee 149, 185, 231f., 238, 240f., 244, 333
Rückversicherungsvertrag 124, 126, 132
Ruhrgebiet 90, 92, 94
Ruhrkampf 184, 186, 192, 196ff., 334
Rundfunk 201f., 222, 265, 294f., 320
Rüstung 87ff., 102, 119, 124, 127, 132, 135f., 137, 146, 157, 178, 239, 257, 283, 289, 291
Rußland/UdSSR 18, 35, 50, 57, 63, 65f., 88, 114, 124ff., 131ff., 143, 148ff., 157f., 178, 183, 197f., 227ff., 258f., 280

S
Säkularisation 12f., 31, 232
Säuberungen
– stalinistische 232f., 238ff., 252, 262,
– nationalsozialistische 267, 310, 319
Schacht, Hjalmar 283, 290, 328
Schauprozesse 239, 241, 248, 262
Scheidemann, Philipp 147, 164, 166, 169
Schirach, Baldur von 295
Schleicher, Kurt von 209, 212f., 269
Schleswig-Holstein 43, 65f., 69, 74, 92, 115
Schlieffenplan 134f., 137f., 145
Schutzstaffel (SS) 209, 212, 265f., 269, 277, 307, 309, 313f., 334
Schutz- und Trutzbündnisse 66
Schutzhaft 264, 307, 309, 314, 319f., 334
Schutzzölle 37, 88, 91, 115, 119, 123, 125, 334
Schwerindustrie 90, 95, 118f., 127, 247
Sedan 67, 72
Seeckt, Hans von 185, 190
Seisser, Hans von 188, 193
Selbstbestimmungsrecht 179f., 334
Separatismus 184, 188, 195, 334
Società Nazionale 48, 51

Souveränität 12, 20ff., 25, 40
Sowchosen 239, 334
Sowjet, Petersburger 149ff., 158, 334
Sowjetsystem 149ff., 230f., 237, 243, 262
Sozialdarwinismus 135, 334
Sozialdemokratie 104, 111, 115ff., 123, 146, 148, 162, 173, 185, 238
Sozialdemokratische Arbeiterpartei (SDAP) 30, 40, 100, 103, 116f.
Sozialdemokratische Partei (SPD) 23, 105, 114, 116ff., 162, 166, 174, 184, 187f., 199f., 205, 208, 212, 222, 266, 268, 278
Soziale Frage 88, 100ff., 123, 146
Sozialgesetzgebung 40, 102f., 115, 197f., 224
Sozialismus 103f., 173, 228, 230, 241, 247, 252f., 262
Sozialismus in einem Land 238, 247
Sozialisten 46f., 103f., 114, 116f., 254
Sozialistengesetze 77, 88, 105, 111, 115, 117ff., 121ff.
Sozialistische Arbeiterpartei Deutschlands 110, 116f.
Sozialpolitik 101f., 108, 117, 282ff., 320
Spartakusbund 164f., 171, 334
Staatsnation 22
Staatssicherheitspolizei 240f.
Stahlpakt 252, 257, 261f.
Stalinismus 228, 233, 238ff., 255, 262, 335
Ständegesellschaft 8
Ständeversammlung 19, 25
Staufenberg, Graf von 300
Steuer 20, 76, 91, 119
Stinnes-Legien-Abkommen 171
Stresemann, Gustav 187, 192, 197ff., 203, 208.
Sturmabteilungen (SA) 209, 212, 252, 265f., 269, 276f., 307, 311, 314, 335

T
Tag von Potsdam 267
Technisierung 31, 45, 48, 89f., 95, 97ff., 146, 201
Terrorherrschaft 335
– faschistische 255ff., 261f.
– kommunistische 228, 232f., 237ff.,
– nationalsozialistische 269, 276, 278, 292ff., 307ff.
Thiers, Adolph 67
Tirpitz, Alfred von 124, 137, 158
Totalitarismus 228, 240ff., 252, 255, 260, 262, 335
Totalitätsanspruch 228, 264
Triple-Entente 134, 136ff.
Trotzki, Leo Dawidowitsch 151, 156, 231, 238
Tscheka 149, 151, 231ff., 248, 335
Tschistka 241
Two-Power-Standard 127

U
Ufa ▷ Film
Ultramontanismus 115
Unabhängige Sozialdemokratische Partei Deutschlands (USPD) 147, 157ff., 162ff., 173ff., 177, 184, 313, 335
Ungarn 47, 82, 124f., 179f.
Universitäten 33, 42, 295f., 302f., 320
Unternehmer 32, 34, 40, 89ff., 102ff., 113, 118f., 165, 167, 171, 198, 268f.
Utzschneider, Joseph von 34

V
Verbände 118f., 122f.
Vereine 23, 28, 40, 104, 116f.
Vereinigte Staaten von Amerika 45, 56, 100, 107, 113f., 127, 134f. 157ff., 178, 183, 197f., 221, 223
Verfassung 335
– Bayern 9ff., 13, 17, 19f., 23, 25, 30, 40, 46, 82
– Deutsches Reich 75ff., 82, 85f., 113, 122f., 146, 159, 162
– Norddeutscher Bund 66, 74, 82
– Paulskirche 43, 82
– Preußen 46f., 50, 54ff., 59
– Weimar 49, 163, 166f., 173, 179, 184, 196, 211, 224, 226, 164, 266, 320
– UdSSR (Lenin-Verfassung) 229f., 233, 237 (Stalin-Verfassung) 238, 242
Verfassungsoktroy 30, 45ff., 54, 82, 86
Verfassungsstaat 8, 10, 13, 17, 30, 40, 42, 48, 52, 56, 66, 82, 185
Verordnung des Reichspräsidenten zum Schutz von Volk und Staat ▷ Brandverordnung
Versailler Verträge 75, 148, 163, 166, 178ff., 183, 185f., 197f., 223, 256f.
Versorgungsdiktatur 231
Vetorecht 66, 76
Viktor Emanuel III., ital. König 254, 261
Völkerbund 161, 178ff., 183, 197, 199, 259, 335
Volksentscheid 167
Volksfront 188, 335
Volksgemeinschafts-Ideologie 264, 280ff., 289, 291, 309, 311
Volksgerichtshof 307, 310, 335f.
Volkslied 18
Volkssouveränität 21, 43
Volksvertretung 13, 19, 21, 30
Vollzugsrat 164f., 169, 336
Vormärz 43f., 48f., 86

W
Waffenstillstand 67, 158f., 163
Wahlrecht 66, 104f., 113, 117, 167
– Dreiklassenwahlrecht 46f., 54, 86, 327
– Frauenwahlrecht 166, 224
– Mehrheitswahlrecht 76f., 85
– Verhältniswahlrecht 174
– Zensuswahlrecht 19, 30, 40
Weimarer Koalition 148, 166, 173, 184, 187, 199, 336
Weimarer Republik 8, 10, 113, 147ff., 166ff., 270, 317
Wels, Otto 165, 191, 204
Weltkrieg,
– Erster 8, 87f., 113f., 133, 137f., 145f., 148, 157ff., 162, 166, 180ff., 198, 222, 226, 228, 257, 279, 291
– Zweiter 8, 257, 261f.
Weltwirtschaftskrise 148, 197, 209ff., 221, 223, 226, 292, 336
Werktätige Intelligenz 240, 247, 262
Werner, Anton von 75, 78f.
Widerstand, passiver 186
Wiener Kongreß 12, 19, 42, 90f.,
Wilhelm I., dt. Kaiser 48, 55f., 59, 67, 71, 75f., 78ff., 83, 117, 122, 131f., 166
Wilhelm II., dt. Kaiser 88, 114, 127, 137f., 142, 144, 146, 157ff., 161, 163f., 168, 180
Wilson, Woodrow 157ff., 161, 178f., 183
Windthorst, Ludwig 115, 120
Winterhilfswerk (WHW) 279, 282, 284
Wirtschaft(spolitik) 10, 31ff., 45, 86, 88ff., 118, 124, 127, 135, 165, 167, 171, 198f., 231f., 235, 282ff., 291, 320
Wohlfahrtsstaat 118

Y
Young-Plan 197, 199ff., 208f.

Z
Zähmungskonzept 212, 221, 265, 336
Zentralismus 47, 336
Zentralregierung 12
Zentralrat 336
Zentralstaat 17
Zentrumspartei 23, 56, 115ff., 120, 127, 146, 159, 164, 166, 173, 175, 185, 205, 268, 299f., 336
Zollparlament 33, 55f., 91, 336
Zollpolitik 33, 37, 40, 66, 89f., 91, 96, 118f., 125, 127, 336
Zollverein, Deutscher 31, 33, 55f., 89, 91, 97
Zollvereinigungen 31, 56f., 66, 91, 99
Zwangskollektivierung 238f., 244, 247, 262, 329
Zweibund 124ff., 137
Zweikammersystem 19f., 30, 34, 46, 56, 336

Textquellenverzeichnis

Abel, Wilhelm: Massenarmut und Hungerkrisen im vorindustriellen Deutschland, Göttingen 1972.
Altrichter, Helmut/Haumann, Heiko (Hrsg.): Die Sowjetunion. Von der Oktoberrevolution bis zu Stalins Tod, Bd. 2: Wirtschaft und Gesellschaft, München 1987.
Aretin, Johann Christoph Freiherr von: Briefe über meine literarische Geschäftsreise in die baierischen Abteyen, München 1971.
Aubin, Hermann/Zorn, Wolfgang: Handbuch der deutschen Wirtschafts- und Sozialgeschichte, Bd. 2: Das 19. und 20. Jahrhundert, Stuttgart 1976.
Aufbruch ins Industriezeitalter. Zur Wirtschafts- und Sozialgeschichte Bayerns von 1750–1850, Bd. 1: Linien der Entwicklungsgeschichte (= Veröffentlichungen zur Bayerischen Geschichte und Kultur, Nr. 6/85, hrsg. v. Claus Grimm), München 1985.
Babel, Isaak: So wurde es in Odessa gemacht. Geschichten, übers. v. Kay Borowsky, Stuttgart 1979.
Baumgarten, Hermann: Der Deutsche Liberalismus. Eine Selbstkritik, hrsg. von Adolf M. Birke, Frankfurt 1974.
Bayern 1813. Vaterländisches Gedenkbuch, München 1913.
Beneš, Edvard: Der Aufstand der Nationen, Berlin 1928.
Bismarck, Otto von: Die gesammelten Werke (= GW), Friedrichsruher Ausgabe, Bd. 11 und 12, Berlin ²1929.
Bismarck, Otto von: Gedanken und Erinnerungen, Bd. 1, Stuttgart 1936.
Bismarcks Briefwechsel mit dem Minister Freiherrn von Schleinitz 1858–1861, hrsg. von Alexander von Schleinitz, Stuttgart 1905.
Bleuel, Hans Peter: Deutschlands Bekenner. Professoren zwischen Kaiserreich und Diktatur, Bern/München/Wien 1968.
Blinn, Hans-Jürgen (Hrsg.): Emanzipation und Literatur, Frankfurt a. M. 1984.
Bloch, Charles: Die SA und die Krise des NS-Regimes (= Edition Suhrkamp, Nr. 434), Frankfurt/M. 1970.
Bracher, Karl Dietrich: Die Auflösung der Weimarer Republik. Eine Studie zum Problem des Machtverfalls in der Demokratie, Düsseldorf 1978.
Bracher, Karl Dietrich/Funke, Manfred/Jacobsen, Hans-Adolf (Hrsg.): Die Weimarer Republik 1918. Politik, Wirtschaft, Gesellschaft (= Bundeszentrale für politische Bildung, Bd. 251), Bonn 1987.
Dies. (Hrsg.): Nationalsozialistische Diktatur 1933–1945 (= Schriftenreihe der Bundeszentrale für politische Bildung, Bd. 192), Bonn 1983.
Bracher, Karl Dietrich/Schulz, Gerhard/Sauer, Wolfgang: Die nationalsozialistische Machtergreifung. Studien zur Errichtung des totalitären Herrschaftssystems in Deutschland 1933/34, Bd. 1: Karl Dietrich Bracher: Stufen der Machtergreifung, Frankfurt u. a. o. J.
Broszat, Martin/Fröhlich, Elke/Wiesemann, Falk (Hrsg.): Bayern in der NS-Zeit. Soziale Lage und politisches Verhalten der Bevölkerung im Spiegel vertraulicher Berichte, München/Wien 1977.
Buchheim, Hans: Totalitäre Herrschaft, München 1962.
Collection d'Histoire 1848–1914, dirigée par Louis Girard, Paris o. J.
Denkwürdigkeiten des Bayerischen Staatsministers Grafen von Montgelas, übers. v. M. Frhr. v. Freyberg-Eisenberg, hrsg. v. L. Gf. v. Montgelas, Stuttgart 1887.
Deuerlein, Ernst (Hrsg.): Der Aufstieg der NSDAP in Augenzeugenberichten, München ⁴1980.
Ders.: Gesellschaft im Maschinenzeitalter, Hamburg 1970.
Ditfurth, Franz Wilhelm Freiherr von: Historische Volkslieder der Zeit um 1756 bis 1871, Bd. 2, Berlin 1871–1872.
Eitner, Hans-Jürgen: Hitlers Deutsche. Das Ende eines Tabus, Gernsbach 1990.
Emmerich, Wolfgang (Hrsg): Proletarische Lebensläufe. Autobiographische Dokumente zur Entstehung der zweiten Kultur in Deutschland, Bd. 1, Reinbek 1974.
Faschismus. Hrsg. v. d. neuen Gesellschaft für bildende Kunst und dem Kunstamt Kreuzberg, Berlin 1976.
Fetscher, Iring (Hrsg.): Der Marxismus, seine Geschichte in Dokumenten, Band 2, München 1983.
Ders. (Hrsg.): Karl Marx und Friedrich Engels. Deutsche Geschichte im 19. Jahrhundert, Frankfurt am Main 1969.
Feustel, Hans: Im Bismarckschen Reich 1871–1890 (= Quellen zum politischen Denken der Deutschen im 19. und 20. Jahrhundert, Freiherr vom Stein-Gedächtnisausgabe, Bd. 6), Darmstadt 1978.
Fontane, Theodor: Effi Briest. Mit einem Nachwort und Anmerkungen von Gotthard Erler, Berlin/Weimar 1985.
Freund, Michael (Hrsg.): Der Liberalismus, Stuttgart 1965.
Friedemann, Peter (Hrsg.): Reichskonferenz der Sozialdemokratie März 1917, Bd. 2: Materialien zum politischen Richtungsstreit in der deutschen Sozialdemokratie 1890–1917, Frankfurt/Berlin/Wien 1978.
Glaser, Hermann: Wie es war und wie es dazu kam. Berichte und Dokumente (= Herder-TB, Nr. 774), Freiburg im Breisgau 1961.
Glossy, Karl: Politik in Karlsbad. Aus Metternichs Geheimakten. In: Österreichische Rundschau, Bd. 60, Wien 1919.
Görlitz, Walter (Hrsg.): Der Kaiser. Aufzeichnungen des Chefs des Marinekabinetts Admiral Georg Alexander von Müller über die Ära Wilhelms II., Göttingen 1965.
Görres, Joseph: Teutschland und die Revolution, Koblenz 1819.
Gritschneder, Otto: Bewährungsfrist für den Terroristen Adolf H. Der Hitler-Putsch und die bayerische Justiz, München 1990.
Hampel, Johannes (Hrsg): Der Nationalsozialismus in Bayern, Band II: Friedenspropaganda und Kriegsvorbe-

reitung 1935–1939 (= Bayer. Landeszentrale für politische Bildungsarbeit), München 1989.
Handbuch der sozialdemokratischen Parteitage von 1863 bis 1909, Bd. I, bearb. v. Wilhelm Schröder, München 1910.
Helfferich, Karl: Deutschlands Volkswohlstand 1888–1913, Berlin ³1915.
Hellmann, Manfred (Hrsg.): Die russische Revolution 1917. Von der Abdankung des Zaren bis zum Staatsstreich der Bolschewiki (= dtv-Dokumente 227/28), München 1964.
Hellwig, Fritz: Carl Ferdinand Freiherr von Stumm-Halberg, Heidelberg/Saarbrücken 1936.
Henning, Friedrich Wilhelm: Die Industrialisierung in Deutschland 1800 bis 1914, Paderborn 1973.
Herz, Rudolf/Halford, Dirk: Revolution und Fotographie, München 1918/19, Berlin 1988.
Hitler, Adolf: Mein Kampf, München 701.–705. Auflage 1942.
Hofer, Walther: Der Nationalsozialismus. Dokumente 1933–1945 (= Fischer-TB), Frankfurt/M. 1957.
Hohlfeld, Johannes: Deutsche Reichsgeschichte in Dokumenten, Urkunden und Aktenstücke zur inneren und äußeren Politik des Deutschen Reiches, Bd. 1, Berlin/Leipzig 1932.
Ders.: Dokumente der deutschen Politik und Geschichte von 1848 bis zur Gegenwart, Bd. 1, Bd. 4, Berlin/München 1951–1956.
Hubatsch, Walter: Die Ära Tirpitz, Göttingen 1955.
Im Namen des Deutschen Volkes. Justiz und Nationalsozialismus. Katalog zur Ausstellung des Bundesministers der Justiz, Köln 1989.
Johann, Ernst (Hrsg.): Reden des Kaisers. Ansprachen, Predigten und Trinksprüche Wilhelm II., München 1966.
Kästner, Erich: Gesammelte Schriften für Erwachsene, Bd. 1: Gedichte, München/Zürich 1969.
Keller, Gottfried: Der grüne Heinrich. Vollständige Ausgabe. Nach dem Text der Ausgabe von 1879/80. Mit einem Nachwort und Anmerkungen von Helmuth Nürnberger, München ¹⁰1991.
Kessler, Harry Graf: Tagebücher 1918–1937, hrsg. v. Wolfgang Pfeiffer-Belli, Frankfurt 1982.
Koestler, Arthur: Sonnenfinsternis, Frankfurt u. a. 1979.
Kohl, Horst (Hrsg.): Die politischen Reden des Fürsten Bismarck. Historisch-kritische Gesamtausgabe, Bd. 2: 1862–1865, Stuttgart 1903 (Neudruck der 2. Aufl. Aalen 1970).
Kolping, Adolph: Ausgewählte pädagogische Schriften, hrsg. v. H. Göbels, Paderborn 1964.
König Maximilian II. von Bayern 1848–1864, hrsg. v. Haus der Bayerischen Geschichte, Rosenheim 1988.
Konzentrationslager Dachau 1933–1945. Dokumentation, hrsg. v. Comité International de Dachau, Redaktion Barbara Distel, München ⁵1978.
Kopelew, Lew: Aufbewahren für alle Zeit, übers. v. Heddy Pross-Werth und Heinz Dieter Mendel, München 1979.
Kotowski, Georg (Hrsg.): Historisches Lesebuch, Bd. 3: 1914–1933 (= Fischer-TB, Nr. 825), Frankfurt/Main 1968.
Krockow, Christian Graf von: Die Deutschen in ihrem Jahrhundert 1890–1990, Hamburg 1992.
Kuhn, Ekkehard: Einigkeit und Recht und Freiheit. Die nationalen Symbole der Deutschen, Berlin/Frankfurt a. M. 1991.
Kühnl, Reinhard: Formen bürgerlicher Herrschaft. Liberalismus – Faschismus, Reinbek bei Hamburg 1971.

Kunstamt Kreuzberg/Institut für Theaterwissenschaft der Universität Köln (Hrsg.): Weimarer Republik, Berlin/Hamburg 1977.
Landtagsverhandlungen, Kammer der Abgeordneten, 1870/71, IV, LXXII. Stenographischer Bericht der öffentlichen Sitzung vom 11. Januar 1871.
Lenin: Aus den Schriften 1895–1923, hrsg. von Hermann Weber, München 1967.
Lepsius, Johannes/Mendelssohn-Bartholdy, Albrecht/Thieme, Friedrich (Hrsg.): Die große Politik der europäischen Kabinette 1871–1914. Sammlung der diplomatischen Akten des Auswärtigen Amtes, Bd. 2, Berlin 1922.
Lieber, Hans-Joachim/Ruffmann, Karl-Heinz (Hrsg.): Der Sowjetkommunismus. Dokumente, Bd. 1: Die politisch-ideologischen Konzeptionen, Köln 1963.
Liebl, Toni: Aufgeh'n wird die Erde in Rauch. Geschichte der ersten privaten Eisenbahnen in Bayern, München 1985.
Liederbuch der Nationalsozialistischen Deutschen Arbeiterpartei, hrsg. im Auftrag der Parteileitung von Hans Buchner, München ¹⁷1933.
List, Friedrich: Werke, Bd. I, 2. Teil, Berlin 1933.
Marx, Karl: Manifest der kommunistischen Partei, hrsg. v. Theo Stammen, München 1969.
Löbe, Paul: Der Weg war lang. Lebenserinnerungen von Paul Löbe, Berlin 1954.
Lorenz, R. (Hrsg.): Proletarische Kulturrevolution in Sowjetrußland. Dokumente des „Proletkult" (= dtv-TB, Nr. 5374), übers. v. Uwe Brügmann und Gert Meyer, München 1969.
Maschmann, Melita: Fazit. Mein Weg in die Hitler-Jugend (= dtv-TB, Nr. 1427), München 1980.
Meier, Erich/Oberhem, Harald/Schilling, Walter/Rautenberg, Hans-Jürgen: Friedens- und Sicherheitspolitik der Bundesrepublik Deutschland. Entwicklung 1945–1989, Bühl-Baden 1989.
Michalka, Wolfgang (Hrsg.): Das Dritte Reich, Bd. 1: „Volksgemeinschaft" und Großmachtpolitik 1933–1939 (= dtv-TB, Nr. 2925), München 1985.
Michalka, Wolfgang/Niethard, Gottfried: Die ungeliebte Republik: Dokumente zur Innen- und Außenpolitik Weimars 1918–1933 (= dtv-Dokumente, Nr. 2918), München 1980.
Mickel, Wolfgang/Baumgarten, Lothar/Müller-Temme, Lothar (Hrsg.): Politik und Gesellschaft. Grundlagen der modernen Welt, Bd. 1: Von 1789–1914, Frankfurt/Main 1973.
Mickel, Wolfgang/Kampmann, Wanda/Wiegand, Berthold: Politik und Gesellschaft, Bd. 1, Frankfurt/Main 1973.
Mommsen, Hans: Verspielte Freiheit. Der Weg der Republik von Weimar in den Untergang 1918–1933, Frankfurt/Berlin 1990.
Mumbauer J. (Hrsg.): Wilhelm E. v. Kettelers Schriften, Bd. 2, Kempten/München 1911.
Nipperdey, Thomas: Deutsche Geschichte 1800–1866. Bürgerwelt und starker Staat, München 1983.
Pipes, Richard: Die Russische Revolution, Bd. 1: Der Zerfall des Zarenreiches, Berlin 1992.
Pirker, Theo (Hrsg.): Die Moskauer Schauprozesse 1936–1938, München 1963.
Pius XII.: Die Sozialllehre der Kirche, Nürnberg 1947.
Pogge von Strandmann, Hartmut: Warum die Deutschen den Krieg wollten. In: Die Zeit, Nr. 10, 4. März 1988.

Pollmann, Bernhard (Hrsg.): Lesebuch zur deutschen Geschichte, Bd. 3, Dortmund 1984.
Reichel, Peter: Faszination des Faschismus, München 1990.
Potthoff, Heinrich: Der Parlamentarisierungserlaß vom 30. September 1918. In: Vierteljahrshefte für Zeitgeschichte 20/1972.
Reinhardt, Stephan (Hrsg.): Die Schriftsteller und die Weimarer Republik. Ein Lesebuch, Berlin 1982.
Reulecke, Jürgen/Dietz, Burkhard (Hrsg.): Mit Kutsche, Dampfroß, Schwebebahn. Reisen im Bergischen Land II (1750–1910), Neustadt/Aisch 1984.
Ritter, Gerhard A. (Hrsg.): Der Aufstieg der deutschen Arbeiterbewegung, München 1990.
Ritter, Gerhard A./Miller Susanne (Hrsg.): Die Deutsche Revolution 1918–1919. Dokumente (= Fischer Taschenbuch), Frankfurt/Main 1983.
Ritter, Georg (Hrsg.): Das Deutsche Kaiserreich 1871–1914. Ein historisches Lesebuch, Göttingen 1975.
Schätzel, Walter: Der Staat, Bremen o. J.
Ruppert, Wolfgang (Hrsg.): Zur deutschen Sozialgeschichte 1850–1950, Nürnberg 1980.
Schleglmann, A. M.: Geschichte der Säkularisation im rechtsrheinischen Bayern, Bd. I, Regensburg 1903.
Schönbrunn, Günter: Das bürgerliche Zeitalter 1815–1914 (= Geschichte in Quellen, Bd. 4, hrsg. v. Wolfgang Lautemann und Manfred Schlenke), München 1980.
Ders.: Weltkriege und Revolutionen 1914–1945 (= Geschichte in Quellen, Bd. 5, hrsg. von Wolfgang Lautemann und Manfred Schlenke), München ³1979.
Schwertfeger, Bernhard: Die diplomatischen Akten des Auswärtigen Amtes 1871–1914, Teil I: Die Bismarckzeit, Berlin 1927.
Steinitz, Wolfgang: Deutsche Volkslieder demokratischen Charakters aus sechs Jahrhunderten, Bd. 1, Westberlin 1979.
Stenographische Berichte über die Verhandlungen des Reichstages. 1. Legislaturperiode. 2. Session, Bd. 1, Berlin 1871.
Stürmer, Michael: Dissonanzen des Fortschritts, München 1986.
Tiedemann, Christoph von: Aus sieben Jahrzehnten, Bd. 2: Sechs Jahre Chef der Reichskanzlei unter dem Fürsten Bismarck, Leipzig 1909.
Treitschke, Heinrich von: Das constitutionelle Königtum in Deutschland. Zit. in: Ders.: Historische und politische Aufsätze, Leipzig 1870.
Treue, Wilhelm/Pönicke, Herbert/Manegold, Karl-Heinz: Quellen zur Geschichte der industriellen Revolution, Göttingen 1966.
Tucholsky, Kurt: Ausgewählte Werke, 2 Bde., Hamburg 1965, Bd. 1.
Ders.: Gesammelte Werke, Bd. 8, Reinbek 1985.
Viebahn, Georg v.: Statistik des zollvereinten und nördlichen Deutschlands, Bd. 2, Berlin 1862.
Vogelsang, Thilo: Neue Dokumente zur Geschichte der Reichswehr 1930–1933. In: Vierteljahrshefte für Zeitgeschichte II/4 (Oktober 1954).
Wächtler, Fritz (Hrsg.): Bayerische Ostmark. Vier Jahre nationalsozialistische Aufbauarbeit in einem deutschen Grenzgau, Bayreuth o. J.
Wehler, Hans-Ulrich: Das deutsche Kaiserreich 1871–1918 (= Deutsche Geschichte, Bd. 9), Göttingen ³1977.
Wichern, Johann Hinrich: Sämtliche Werke, hrsg. v. Peter Meinhold, Berlin/Hamburg 1962, Bd. I.
Winkler, Heinrich A.: Arbeiter und Arbeiterbewegung in der Weimarer Republik, Bd. 3: Der Weg in die Katastrophe 1930–1933, Berlin/Bonn 1987.
Wirtschaft und Gesellschaft im Zeitalter der Industrialisierung, Göttingen 1972.

Bildquellenverzeichnis

Archiv für Kunst und Geschichte, Berlin: S. 41, 55, 129, 187, 192.2, 225.1, 229, 298.2; Archiv Gerstenberg, Wietze: S. 52, 138, 143, 190, 192.1, 263, 276.2–4, 287, 294.1; Artothek, Peissenberg: S. 14.1; Leo Baeck Institut, New York/USA: S. 315; Ernst Barlach Haus, Stiftung Hermann Reemtsma, Hamburg (Fotograf: H.-P. Cordes, Hamburg): S. 298.1; Bavaria Verlag, Gauting (Foto: Pabst): S. 207; Bayer. Staatsbibliothek – Fotoarchiv Hoffmann, München: S. 281, 294.2; Bildarchiv Preußischer Kulturbesitz, Berlin: S. 16, 67, 70, 71, 75, 78, 80, 105, 121, 147, 164, 168, 202.1, 202.3, 202.4; Bundesarchiv Koblenz: S. 172.3, 176, 211, 314.2; Deutsches Museum, München: S. 34.1; Farber-Castell Archiv und Sammlung, Stein: S. 35.2; Germanisches Nationalmuseum, Nürnberg: S. 27, S. 83; Hessisches Landesmuseum Darmstadt: S. 205.2; Historisches Archiv der MAN AG, Nürnberg: S. 35.1; Historisches Museum, Frankfurt/M.: S. 62; Institut für Zeitungsforschung Stadt Dortmund: S. 218.4, 219; Interfoto, München: S. 87, S. 225.2 (Kerger-Decker); KBA-König & Bauer AG, Würzburg: S. 34.2; Keystone, Hamburg: S. 113; Landesbildstelle Berlin: S. 184; Mainfränkisches Museum Würzburg: S. 9; Staatl. Landesbildstelle Südbayern. Haus der Bayer. Geschichte, München: S. 32, 38; Staatliche Münzsammlung, München: S. 25; Stadtarchiv Regensburg: S. 312; Stadtmuseum München: S. 11; Süddeutscher Bilderdienst, München: S. 218 b), 276.1, 282, 297, 299, 308.1; Transglobe, Hamburg (Foto: Popperfoto): S. 150; Ullstein Bilderdienst, Berlin: S. 114, 159, 182.3, 189, 202.2, 254, 265, 267, 268, 296, 310, 313; Universitätsbibliothek der Technischen Uni, Berlin: S. 97;

Die folgenden Abbildungen sind entnommen: Seite 14.1: Ausstellungskatalog „Krone und Verfassung III.", München 1980. Seite 98: „Fliegende Blätter" 1888, 2233 LXXX VIII. Zug der Zeit – Zeit der Züge. Deutsche Eisenbahn 1835–1985, Bd. 2, Berlin 1985. Seite 106: Leipziger Illustrierte Zeitung 1848, X, 1, Nr. 235 in: Aufbruch ins Industriezeitalter, Bd. 4, R. Oldenbourg Verlag, München 1985. Seite 140: Atlas zur Universalgeschichte, Schroedel Schulbuchverlag GmbH, Hannover. Seite 155: GARRUBA/GARITANO – 40 Plakate der Russ. Revolution (1917–29). Gerhard Verlag, Berlin. Seite 160, 182.1, 182.2, 216: Ausstellungskatalog „Simplicissimus". Haus der Kunst, München 1977/78. Seite: 172.2, 172.4, 205.1, 206, 283: Anschläge. Politische Plakate in Deutschland 1900–1970; hrsg. und kommentiert von Friedrich Arnold. Büchergilde Gutenberg, Frankfurt, Wien, Zürich 1979. Seite 218 a), c): „Simplicissimus" Jg. 37, Nr. 7. Seite 227: Katalog „Soviet Socialist Realist Painting 1930–1960", Museum of Modern Art, Oxford 1992. Seite 236: Illustrierte Geschichte der Großen Sozialistischen Oktoberrevolution, Dietz Verlag, Berlin 1982. Seite 242: Informationen zur politischen Bildung. Heft Nr. 235, hrsg. v. Bundeszentrale für politische Bildung, Bonn. Seite 245: Sowjet Kunst – 20er und 30er Jahre. Aus dem Russischen Museum, Leningrad. Sowjetski Chudoshnik, Moskau; deutsche Übersetzung Hoffmann u. Campe Verlag, Hamburg. Seite 270, 284: „Mein Augsburg. Zeitgeschichtliches miterlebt – Stadtentwicklung mitgestaltet". Katalog zur Ausstellung im Zeughaus 1983, hrsg. v. Hans Thieme und Hermann Lamprecht. Seite 287: Unser Jahrhundert im Bild. Bertelsmann Lesering, Gütersloh 1964. Seite 308.2: „Konzentrationslager Dachau 1933–45". Dokumentation, hrsg. v. Comité International de Dachau, München. Seite 314.1: Carlheinz von Brück: „Ein Mann, der Hitler in die Enge trieb". Hans Littens Kampf gegen den Faschismus. Union Verlag, Berlin; Fotonachweis: Margot Fürst, Stuttgart.